아리스토텔레스
『정치학』 연구
플라톤과의 대화

아리스토텔레스
『정치학』 연구

플라톤과의 대화

손병석 지음

한국문화사

손병석 고려대학교 철학과 교수. 국제 그리스 철학회 명예위원. 하버드 대학교 철학과 방문교수. 주요 저서로 『고대 희랍·로마의 분노론』(바다출판사, 2013), 『호모 주리디쿠스 : 정의로운 인간을 찾아서』(열린책들, 2016) 등이 있고, 역서로는 『소크라테스의 비밀』(간디서원, 2006)이 있다.

주요 논문으로는 「부동의 원동자로서의 신은 목적인이자 작용인이 될 수 있는가?」, 「공적주의 정의론과 최선의 국가」 등이 있다. EBS 민주주의 특강 시리즈(2016년 6월)에서 '최초의 민주주의'에 관해 강의하였다.

아리스토텔레스 『정치학』 연구
플라톤과의 대화

1판1쇄 발행 2019년 2월 20일
1판2쇄 발행 2019년 11월 30일

지은이	손병석
펴낸이	김진수
펴낸곳	**한국문화사**
등 록	1991년 11월 9일 제2-1276호
주 소	서울특별시 성동구 광나루로 130 서울숲 IT캐슬 1310호
전 화	02-464-7708
팩 스	02-499-0846
이메일	hkm7708@hanmail.net
홈페이지	www.hankookmunhwasa.co.kr

책값은 뒤표지에 있습니다.

잘못된 책은 구매처에서 바꾸어 드립니다.
이 책의 내용은 저작권법에 따라 보호받고 있습니다.

ISBN 978-89-6817-732-3 93190

이 도서의 국립중앙도서관 출판예정도서목록(CIP)은 서지정보유통지원시스템 홈페이지(http://seoji.nl.go.kr)와 국가자료공동목록시스템(http://www.nl.go.kr/kolisnet)에서 이용하실 수 있습니다.(CIP제어번호: CIP2019003319)

이 저서는 2014년 정부(교육부)의 재원으로 한국연구재단의 지원을 받아 수행된 연구임 (NRF-2014S1A6A4025089)

| 머리말 |

  80년대 중반에 대학을 다닌 사람들이 대부분 그렇겠지만 나 역시 기대했던 상아탑에서의 낭만과 지적인 기쁨을 경험하기에는 당시의 상황이 녹록지 않았다. 다행히 졸업 전에 몇 권의 철학 고전을 읽어보자는 몇 명의 동학들과 의기투합하여 읽은 첫 번째 책이 플라톤의 『국가』(Politeia)편이고, 그 다음이 아리스토텔레스의 『정치학』(Politika)이었다. 그런데 플라톤과 같은 위대한 철학자가 민주주의를 신랄하게 비판한 것에 실망했던 기억이 난다. 반면에 민주정의 상대적인 장점을 기술하는 아리스토텔레스에게는 친근함을 느꼈었다. 아마도 당시의 민주주의에 대한 열망이 강하게 작용한 한국의 정치적 상황도 영향을 준 것 같다. 그런데 여성의 정치적 평등권과 관련해서는 플라톤이 아리스토텔레스보다 진보적인 견해를 보인 것도 사실이다. 플라톤은 여성도 남성과 동등한 교육을 받고 철학자-왕이 될 수 있도록 해야 함을 주장하는 반면에 아리스토텔레스는 여성의 정치적 참정권을 부정하고 있기 때문이다. 어쨌든 플라톤과 아리스토텔레스의 정치철학서를 독해하면서 갖게 된 두 철학자에 대한 관심이 결국 대학원에서 고대철학, 특히 아리스토텔레스의 윤리학과 정치학에 관심을 갖고 공부를 하게 된 동기가 된 것 같다. 물론 당시에 고려대학교 철학과에서 고대철학을 가르치셨던 고(故) 권창은 선생님의 영향을 받은 것도 중요한 계기가 되었다.

  아리스토텔레스의 『정치학』에 관한 본 연구는 대학교 시절부터 관심을 가졌던 아리스토텔레스와 플라톤의 정치철학에 관한 필자의 지적인 여정의 결과물이다. 연구의 기본적인 문제의식은 아리스토텔레스의 『정치학』을 플라톤의 정치철학에 대한 응답으로 독해하는 것이다. 그것은 '좋은 국가란 무엇인가'의 물음에 대한 아리스토텔레스의 답변을 플라톤의 이상국가와 비교하여 고찰하는 것이다. 나는 『정치학』 8권 전체에 대한 심층적인 분석을 통해 아리스토텔레스의 정치철학이 플라톤의 견해와 어떤 점에서 다르고 유사한지를 밝히려고 하였다.

본 저술을 통해 나는, 또한, 기원전 4세기에 쓰인 『정치학』이 오늘날의 정치환경에 어떤 정치철학적 메시지를 가질 수 있는지도 생각해보았다. 물론 우리는 아리스토텔레스가 살던 시대와는 확연히 다른 정치, 문화적 상황 속에 살고 있는 것이 사실이다. 현대의 국가는 폴리스(polis)가 아닌 그 몇 십 배 이상의 광대한 영토와 수많은 인구로 이루어진 메가폴리스(megapolis) 사회에 살고 있기 때문이다. 또한 우리는 몇 초 내지 몇 분만에 특정 철학자나 사상가가 어떤 사람이고 어떤 말을 했는지를 어렵지 않게 알 수 있는 인터넷 시대와 AI 로봇이 주목받는 4차 산업혁명 시대에 살고 있다. 하지만 고대와 현대의 이러한 차이에도 불구하고 여전히 아리스토텔레스가 묻고 답했던 그래서 우리가 공명(共鳴)할 수 있는 정치철학적인 주제가 있다. 그것은 '최선의 국가는 어떤 정체유형이며', '인간에게 최선의 삶은 어떤 것인가'하는 것이다. 또한 '정치적 통치권은 소수의 엘리트에게만 주어져야 하는가' 아니면 '시민 모두의 정치적 참여에 의해 발휘되도록 해야 하는가'이다. 이밖에도 극단을 피한 중용의 정치가 왜 정체의 안정과 조화를 위해 필요하며, 참된 시민정신과 교육이 왜 최선의 국가를 실현하기 위해 핵심적 가치를 가져야하는지의 물음이 이에 해당된다. 이러한 물음들은 오늘날에도 여전히 중요한 물음이고 그 답이 요구되는 주제들이라고 말할 수 있다.

이러한 물음에 대한 답을 찾기 위해 본 저술은 『정치학』에 나타난 아리스토텔레스의 정치철학적 견해들을 분석하고 그 의미들을 반추(反芻)할 것이다. 그래서 왜 아리스토텔레스가 참된 정치란 시민 모두의 인간적인 행복을 목표로 삼아야 하고, 교육의 목적이 단순히 부나 권력을 획득하기 위한 것이 아니라 시민 개개인 모두의 덕의 역량을 개발하고 함양하는데 두어져야 함을 주장하는지를 밝힐 것이다. 이렇게 나는 『정치학』에 담겨있는 최선정체의 이념이나 훌륭한 정치가의 리더십 또는 정의나 민주주의 이념, 또는 교육과 바람직한 시민정신에 관한 아리스토텔레스의 정치철학적 사색이 여전히 우리가 귀 기울일만한 가치가 있는지를 생각해보고자 하였다.

이 책이 나오기까지 여러분들의 도움이 컸다. 사학과 김경현 교수님의 『정치학』에 대한 관심과 특히 고대 그리스 역사와 민주주의에 관한 유익한 자료 제공과 조언에 감사드린다. 또한 처음부터 끝까지 원고를 꼼꼼하게 읽고 교정해준 대학원생 김동근씨와 김동훈씨 그리고 송동현씨에게 고마움을 표한다. 그리고 무엇보다 한국문화사 출판사 선생님들께 감사드린다. 적극적으로 출판을 권유한 조정흠 차장님, 표지변경을 흔쾌히 수락해준 김태균 전무님과 이은하 과장님, 여러 번의 변경을 통해 멋있게 표지 디자인을 해준 김솔희 대리님께 감사드린다. 2018년 여름 천염의 더위 속에서도 쾌적하게 작업을 할 수 있도록 넓은 안방을 내어준 사랑하는 아내 경선씨와 입시준비에 여념이 없는 아들 제하, 그리고 항상 옆에서 묵묵히 지켜봐준 반려견 먼지에게 고마움을 전한다.

2019년 2월

손 병 석

| 차례 |

- 머리말 _ v

- 서론 ··· 1

제1부 인간과 폴리스:『정치학』1권
  제1장 인간과 폴리스(Polis)의 관계 ······································ 19
      1. 플라톤의 기술적 폴리스관 ··· 20
      2. 아리스토텔레스의 자연적 폴리스론 ··························· 24
         1) 폴리스는 자연적 존재다 ·· 24
         2) 폴리스는 본성상 개인에 우선한다 ························ 53

  제2장 노예제의 정당성 ·· 85
      1. 고대 그리스 노예제와 아테네 민주주의 ··················· 85
      2. 플라톤의 노예관 ··· 87
      3. 아리스토텔레스의 노예관 ··· 93
         1) 본성상의 노예(ho physei doulos) ························· 94
         2) 몇 가지 아포리아들(aporiai) ······························· 110
         3) 노예와 튀모스(thymos)의 관계 ·························· 119

  제3장 여성의 평등권 문제 ·· 128
      1. 플라톤의 여성관 검토 ··· 129
      2. 아리스토텔레스의 여성관 ······································· 140

제4장 가정경영술과 부의 문제 ·· 152
    1. 플라톤의 부에 대한 견해 ······································ 154
    2. 아리스토텔레스의 경제관 ····································· 160
        1) 부획득술의 두 종류 ··· 160
        2) 부에 기반한 덕 활동: 자유인다움과 관대함 ············ 168

제2부 최선정체론에 대한 비판적 검토: 『정치학』 2권

제5장 플라톤 이상국가 비판 ·· 178
    1. 단일성과 자족성의 관점에서 본 플라톤 공유제의 문제점·· 180
    2. 처자공유제 비판 ·· 188
    3. 재산공유제에 대한 비판 ······································ 192
    4. 아리스토텔레스의 제안: 사적 소유, 공동 이용 ··········· 197
    5. 플라톤의 가능한 반론과 아리스토텔레스 비판의 타당성·· 202

제6장 최선정체론과 세 종류의 현실정체 ······························ 208
    1. 팔레아스와 힙포다모스, 그리고 솔론의 최선정체론 ······ 208
    2. 최선의 현실정체들: 스파르타, 크레테, 카르케돈 ············ 219

제3부 정체와 시민, 그리고 정치적 정의: 『정치학』 3권

제7장 정체(politeia)와 시민(politēs) ·································· 242
    1. 정체(politeia)와 시민(politēs)의 관계 ···················· 242
    2. 플라톤의 시민관 ·· 243
    3. 아리스토텔레스의 시민에 대한 정의 ······················· 248

제8장 좋은 인간과 훌륭한 시민의 동일성 문제 ······················· 251

제9장 정체분류와 정치적 정의(politikon dikaion) ·················· 261
    1. 정체분류와 그 기준: 플라톤과 트라시마코스의 통치술
       비판 ··· 261
    2. 분배적 정의의 가치(axia)와 정체의 목표(telos) ············ 269

제10장 최고통치권 분배와 민주정의 우월성 논증 ················· 284
    1. 플라톤과 아리스토텔레스의 민주정에 대한 견해 ············ 286
    2. 플라톤의 민주주의론 ··· 288
    3. 아리스토텔레스의 민주주의론 ···································· 309
       1) 문제제기 ··· 309
       2) 데모스와 소수의 정치적 판단의 우월성 문제:
          『정치학』3권 11장을 중심으로 ································· 311
       3) 1인의 통치와 법의 통치: 3권 15장을 중심으로 ············ 324

제4부 현실정체 분석: 『정치학』 4권 ~ 6권

제11장 정치학의 연구과제와 혼합정(politeia) ····················· 342
    1. 정치학 연구의 4가지 분야 ·· 342
    2. 아리스토텔레스의 혼합정(politeia)에 대한 견해 ··········· 346
       1) 혼합정체의 정의(定義)와 이해의 어려움 ···················· 349
       2) 왜 혼합정이 매력적인 정체인가? ····························· 352
       3) 중산정을 최선정체로 볼 수 있는가? ························ 360

제12장 스타시스(stasis)론 분석 ·· 366
    1. 아리스토텔레스의 스타시스(stasis)론 ··························· 368
    2. 플라톤의 정체변화론에 대한 아리스토텔레스의 비판 ······· 381

제13장 정체의 보존방법과 참주정 ···································· 388
    1. 정체의 보존과 플라톤의 참주정 비판 ·························· 388
    2. 아리스토텔레스에 따른 참주정의 두 가지 보존방법 ········ 391

제5부 최선정체론: 『정치학』 7권 ~ 8권

제14장 아리스토텔레스의 바람에 따른 폴리스(kat' euchēn polis) ·· 405
1. 두 가지 구성요소: 운(tychē)과 이성 ································ 405
2. 최선의 정체와 최선의 삶 ·· 410
   1) 정치적 삶과 철학적 삶의 관계 ·································· 412
   2) 최선국가의 질료적 구성요건 ···································· 417

제15장 최선정체의 시민교육론 ·· 423
1. 공교육(hē koinē paideia)의 필요성 ································ 423
2. 여가(scholē)와 음악(mousikē) 교육 ······························ 432

제16장 아리스토텔레스의 '바람에 따른 폴리스'는 어떤 정체인가?
·· 448
1. 최선정체에 관한 해석들 ··· 449
2. '바람에 따른 폴리스'에 대한 검토 ······························· 459
3. 여가(scholē)와 철학교육의 가능성 ································ 466
4. 정치적 자연주의에 근거한 자연적 귀족정 ··················· 478
5. '바람에 따른 폴리스'는 최선의 정체가 될 수 있는가? ········· 482

결론 / 아리스토텔레스 『정치학』은 오늘날에도 여전히 유효한가?
·· 489

부록 / 아리스토텔레스 정치철학의 근·현대 정치철학에의
영향사적 개관 ··· 505

- 참고문헌 ·· 519
- 찾아보기 ·· 546
- 본문출처 ·· 552

서론

저술의 연구사적 배경과 필요성

일찍이 영국 시인 콜리지(S. T. Coleridge)는 '모든 사람은 플라톤주의자이거나 아니면 아리스토텔레스주의자이다'라고 말을 했다. 간단하게 말하면 인간은 기질상 이상주의적이거나 아니면 현실주의적인 경향이 더 강한 두 종류로 나누어 볼 수 있다는 말이다. 모든 인간이 두 종류로 나누어진다는 발상 자체가 인간의 다양성을 무시하는 극히 단순한 이분법적 구분이라고 생각할 수 있다. 그렇지만 플라톤과 아리스토텔레스가 적어도 철학사 내지 서양 지성사에 남긴 족적(足跡)을 고려하면 콜리지의 말은 과장된 말이 아니다. 이 두 철학자의 견해는 어떤 식으로든 우리가 세상을 바라보는 두 가지 주요한 관점을 제공함으로써 유한자인 인간의 사고의 지평을 넓히는데 크게 기여한 것이 부정될 수 없기 때문이다. 그러면 플라톤의 이상주의적인 관점과 아리스토텔레스의 현실주의적인 관점은 정치공동체와 관련된 정치철학 분야에서는 어떻게 나타나고 있을까? 일반적으로 플라톤은 『국가』(Politeia) 편에서 지식을 소유한 철학자-왕(들)에 의한 통치가 이루어지는 정체를 이상국가로 주창한 것으로 알려져 있다. 이에 반해 아리스토텔레스는 플라톤의 이상국가를 현실 속에 구현하기 어려운 것으로 비판하면서 실재(實在)할 수 있는 최선정체를 제시한 것으로 말해진다. 고대 철학에서 두 거봉에 해당되는 이 두 철학자의 정치철학을 비교하여 이해할 수 있는 작품이 아리스토텔레스의 『정치학』(Politika)이라고 말할 수 있다. 명시적이든 암묵적이든 『정치학』은 플라톤 이상국가에 대한 비판적 검토를 통해 제시된 아리스토텔레스의 최선정체론에 관한 작품으로 볼 수 있기 때문이다.

그동안 아리스토텔레스의 『정치학』은 그의 실천철학 영역에 속하는 『니코마코스 윤리학』(Ethica Nicomachea)[1] 또는 플라톤의 『국가』 편에 비해 상대적으로 덜 주목을 받아왔다. 일찍이 뉴만(W. L. Newman)의 방대한 『정치학』 주해서가 19세기 말에 완료됨으로써 그 초석을 깔았음에도 불구하고, 『정치학』에 대한 연구는 90년대 말까지 상대적으로 소극적으로 이루어졌다. 이후에 일련의 여러 학자들에 의해(대표적으로 Barker, Schűtrumpf, Mulgan, Miller, Nussbaum, Kraut, Koutras) 『정치학』의 풍부한 내용과 그 현대적 의미가 관심 있게 조명되어왔다. 이들 학자들의 아리스토텔레스 『정치학』에 대한 기여도가 충분히 인정될 수 있음에도 불구하고 만족스럽지 못한 점이 있다. 왜냐하면 기본적으로 아리스토텔레스 『정치학』이 플라톤과의 대화서 내지 응답서라는 관점에서 『정치학』 전체에 대한 독해가 이루어지지 않았기 때문이다. 본 저술은 『정치학』의 독해가 기본적으로 플라톤이 『국가』(Politeia) 편과 『정치가』(Politikos) 편, 그리고 『법률』(Nomoi) 편에서 던진 정치철학적 물음들에 대한 아리스토텔레스의 응답서라는 관점에서 전체적으로 심도 있게 재해석되어야 한다는 목표를 갖고 출발한다.

이것은 『정치학』 1권부터 8권 전체가 아리스토텔레스가 약 20년간 플라

---

[1] 본 저술의 각주에서 아리스토텔레스의 『정치학』은 *Pol*로 『니코마코스 윤리학』은 *EN*으로 표기하여 사용할 것이다.

톤의 아카데메이아 학원에서 수학하면서, 플라톤이 제기한 중요한 물음들에 대한 자신의 비판적 답변을 제시하고 있기 때문이다. 그러한 물음들은 다음과 같은 것들이다. '이상국가의 실현은 어떻게 가능한가', '처자공유제와 사적 소유는 인간본성에 부합하며, 현실적으로 실현 가능한가', '정치적 통치는 소수의 전문가에 의해서만 이루어져야 하는가 아니면 다수 시민에게도 그 기회가 주어져야 하는가', '민주정은 그릇된 정체로써 비판받아야만 하는가', '이상국가 건설을 위해 왜 교육이 중요하며, 시민덕을 위한 교육은 어떤 방식과 어떤 교과목에 의해 가르쳐져야 하는가'. 이러한 물음들을 둘러싼 플라톤의 견해에 대한 아리스토텔레스의 응답이 『정치학』에 담긴 것으로 볼 수 있다. 이것은 달리 말해 『정치학』이 두 철학자들 사이의 정치철학적 대화(dialogos) 내지 일종의 문답이라는 거시적 관점에서 독해되어야 함을 뜻한다. 그렇지 않게 되면 『정치학』에 담겨있는 아리스토텔레스의 압축적이면서도 모호한 또는 일견 모순된 것으로 보이는 언급들을 통해 기술되는 그의 정치철학적 견해를 이해하기 어렵거나 또는 그 의미를 재발견하기 어렵다. 물론 『정치학』 2권에서 아리스토텔레스가 플라톤의 공유제에 기반을 둔 이상국가론 주장에 나타난 비현실성을 문제 삼고 있기 때문에 『정치학』이 어떤 식으로든 플라톤과 관련된 작품이라는 것에 학자들이 주목하지 않은 것은 아니다.[2] 하지만 이 부분을 제외한 『정치학』의 나머지 다른 부분에서 플라톤과의 연관성에 대한 학자들의 관심과 연구는 생각 이상으로 부재하다. 본 연구를 통해 밝혀지겠지만 아리스토텔레스의 플라톤에 대한 비판은 단지 『정치학』 2권에만 국한된 것이 아니다. 그것은 동서(同書) 1권에서의 폴리스(polis)관부터 시작해서 8권의 최선정체론에 이르기까지 직, 간접적으로 플라톤의 견해를 염두에 두고

---

[2] 대표적으로 Mayhew(1997)를 들 수 있다.

기술된 것으로 보아야 한다. 본 저술의 이러한 연구목표는 다음과 같은 두 가지 문제의식을 통해 설명될 수 있다.

첫째 문제의식으로, 『정치학』은 아리스토텔레스와 플라톤의 정치철학적 공통분모가 무엇이고 그 차이점이 정확히 어느 지점에서 가름될 수 있는지를 알기 위한 유용한 작품이라는 점에서 재해석될 필요가 있다. 일반적으로 작품의 내용에서 알 수 있듯 아리스토텔레스의 많은 작품들은 플라톤 철학에 대한 비판적 검토를 수행하고 있다. 이것은 『니코마코스 윤리학』이 플라톤 『국가』편이나 『필레보스』에서의 좋음(agathon)의 단일성이나 쾌락론을, 『형이상학』이 플라톤의 『파르메니데스』나 『소피스테스』에서의 이데아의 단일성을, 『자연학』이 플라톤의 『티마이오스』에서의 기하학적 천체관 내지 운동론을 염두에 두고 그에 대한 비판을 시도한 작품들이라는 것이 그러한 예들에 속한다. 『정치학』 역시 내용적인 측면에서, 그것이 명시적으로든 암묵적으로든, 또 논리적인 측면에서 플라톤 정치철학과의 긴장 관계 속에서 기술된 작품으로 보아야 한다는 것이 나의 생각이다. 물론 『정치학』에서 플라톤의 주장과 그 입김을 감지하고 그것을 플라톤의 대화편에서 추적해, 확증하는 것은 녹록지 않은 작업이다. 일단 『정치학』 2권에서 기술되는 플라톤의 처자공유제에 대한 비판은 그것이 플라톤 대화편 『국가』편에 조준된 비판이라는 것을 어렵지 않게 알 수 있다. 그러나 『정치학』의 각권에서 아리스토텔레스가 선대 철학자 중 구체적으로 누구를 염두에 두고 자신의 주장을 펼치는지를 분명하게 파악하기는 쉽지 않다. 설사 플라톤의 견해임을 간파하더라도 그것이 플라톤의 어떤 대화편의 어떤 주장을 염두에 두고 논의되고 있는지를 확정 짓는 것은 단순한 작업이 아니다.

그럼에도 불구하고 플라톤을 통한 아리스토텔레스의 『정치학』 다시 읽기는 중요하다. 그 이유는 먼저 (1) 플라톤의 정치철학에 대한 아리스토텔레스의 비판이 과연 정당화될 수 있는지 재검토될 필요가 있기 때문이다. 지금까지 연구자들의 입장은 플라톤의 이상국가에 대한 아리스토텔레스의 비판에 우호적인 경향이 강하다. 그러나 아리스토텔레스가 플라톤의 주장을 공정하게 인용하거나 특정 문맥 속에서 플라톤의 의도를 온전하게 파악하고 있는지에 대해선 비판적 검토가 필요하다. 아리스토텔레스가 자신의 비판을 정당화하기 위해 플라톤이 불분명하게 기술한, 그러나 텍스트 전체의 독해를 거치면 알 수 있는 입장을 선별하여 주관적으로 해석했다는 혐의로부터 자유롭지 않은 이유다. 다른 중요한 이유는 (2) 두 철학자의 정치철학적 견해가 정확하게 어느 지점에서 나뉘게 되는지를 보다 명확히 할 수 있기 때문이다. 실상 많은 연구자들이 『정치학』에서의 아리스토텔레스의 플라톤 비판이 플라톤 『국가』 편을 대상으로 이루어진 것으로 간주하여 왔다. 그러나 아래의 연구내용에서 설명되겠지만 실상 아리스토텔레스의 플라톤 비판의 많은 내용은 『국가』 편 못지 않게 플라톤의 후기 작품 특히 『정치가』와 『법률』 편과 관련되어 분석될 필요가 있다. 예를 들어 『정치학』 3권에서의 아리스토텔레스의 정체분류 기준은 플라톤 『정치가』 편에서의 정체분류 기준과 비교되어 이해될 필요가 있고, 『정치학』 4권에서의 혼합정은 플라톤 『법률』 편에서의 혼합정과 비교되어 이해되는 것이 두 철학자의 유사성과 차이점을 보다 명확히 하는 데 도움이 될 수 있다. 이런 이유에서 본 저술은 아리스토텔레스의 『정치학』에 대한 전체적인 독해를 플라톤 『국가』 편뿐만 아니라 후기 대화편인 『정치가』와 『법률』 편을 함께 고려하여 진행할 것이다. 이러한 작업을 통해 기존에 우리가 알고 있었던 것보다 아리스토텔레스와 플라톤이 특정 주제와 관련해선 보다 가까운 관계였을 수도, 또 다른 주제와 관련해선 양자의 생각 차이가 생각보다 깊을 수도 있음을 확인할 수 있을 것이다.

둘째, 『정치학』은 아리스토텔레스의 윤리학이나 형이상학 또는 영혼론에 관한 철학이 망라된, 달리 말해 이론(theōria)과 실천(praxis)이 함께 어우러진 작품이라는 점에서 연구 가치가 있다. '현상을 구제함'(sōzein ta phainomena)이라는 철학적 모토를 자신의 철학적 신념으로 삼았던 아리스토텔레스에게 이론은 현실을 설명할 수 있을 때 진리를 담보한 힘 있는 이론이 될 수 있다. 『정치학』은 이러한 그의 이론과 실천, 진리와 경험사이의 일치를 가장 잘 보여주는 작품이다. 이런 점에서 『정치학』은 한편으론 실천철학의 한 분야라는 학문의 자기 준거(self-reference)적인 특성과, 다른 한편으론 그의 『형이상학』(Metaphysica)이나 『자연학』(Physica) 또는 『영혼론』(De anima)과 같은 이론철학 일반에 대한 앎이 함께 반영된 작품이라고 볼 수 있다. 지금까지의 『정치학』에 대한 부정확한 이해와 잘못된 평가의 원인은 『정치학』에 반영된 그의 실천철학과 이론철학에 대한 충분한 선행지식이 담보되지 않은 데서 대부분 비롯되었다. 따라서 『정치학』에 대한 전체적인 이해를 위해서는 그의 윤리학과 이론철학을 연관시켜 접근하는 것이 요구된다. (1) 먼저 『니코마코스 윤리학』을 포함한 아리스토텔레스 윤리학 전반에 대한 이해가 필요하다. 예컨대 『정치학』 7권 2장과 3장에서의 철학적 삶과 정치적 삶의 우열관계에 대한, 일견 갑작스러운 언급 역시 '윤리학'에서의 최고의 행복이 무엇인가의 논제를 둘러싼 관조적 삶(theōrētikos bios)과 실천적 삶(praktikos bios)에 대한 이해 없이는 전체적이며 일관성 있는 이해가 어렵다는 점도 마찬가지다. 또한 아리스토텔레스가 자신의 최선정체에서 덕의 연마를 위한 여가(scholē)를 강조하면서 노예나 농부 또는 상인이나 직공을 시민계급으로 인정하지 않는 이유 역시 그 근거로 제시되는 숙고능력(to bouleutikon)이나 실천지(phronēsis)와 같은 윤리학적인 덕(aretē) 개념이 전제되지 않으면 이해하기 어렵다. 이런 점에서 『정치학』과 『니코마코스 윤리학』은 아리스토텔레스의 시민학(hē politikē) 내지 정치학으로 명명될 수 있는 하나의 논문을 구성하는 두 부분으로 볼 수 있다. (2) 다른 하나는 아리스토텔레스의 형이상학과 자연학에 대한 기본적인 이해가 필요하다. 폴리스의 궁극적인 목적이나 시민의 활동이나 역량개념 또는 개별자를 중시하는 이론은 telos(목적), energeia(활동, 현실태), dynamis(역량), 그리고 tode ti(개별)와 같은 형이상학적인 개념에 대한 선이해가 뒷받침되지 않으면 이해하기 어렵다. 또한 인간본성이나 폴리스의 자연성, 노예나 여성에 대한 지배의 정당성, 정체변혁, 신체의 손과 발에 관한 다양한 비유들은 physis(본성, 자연성), metabolē(변화), thymos(기개), organon(도구, 수단) 등과 같은 자연학적 내지 도덕 심리학적인 앎이 없이는 이해하기 어렵다. 아리스토텔레스의 『정치학』은 이렇듯 한편으론 플라톤의 정치철학적 물음에 대한 비판적 응답과 다른 한편으론 아리스토텔레스의 윤리학과 형이상학 그리고 자연학에 관한 철학과 원리가 정체에 접목된 정치철학서라고 볼 수 있다.

  본 저술이 무엇보다 『정치학』 전체를 통해 그 답을 찾고자 하는 물음은 '아리스토텔레스의 이상국가 내지 최선정체를 어떤 유형의 정체로 보아야 하는가'이다. 실상 『정치학』 전체 8권의 내용을 보면 결국 7권과 8권에서 기술되고 있는 "바람에 따른 폴리스"(kat' euchēn polis) 또는 "최선의 정체"(hē aristē politeia)에 수렴된다고 볼 수 있다. 전체적인 얼개를 통해 설명하면 동서(同書) 1권은 인간의 자연적 본성(physis)이 추구하는 텔로스(telos), 즉 목적을 실현할 수 있는 참된 폴리스란 어떠해야 하는지를, 2권에선 한편으론 플라톤이나 팔레아스 또는 솔론에 의해 제안된 최선정체론을, 다른 한편으론 스파르타, 크레테, 그리고 카르케돈과 같은 당시에 최선의 현실정체로 평가된 세 종류의 정체에 대한 비판적 검토를 하고 있다는 점에서 결국 최선의 폴리스 또는 이상국가를 찾기 위한 고찰이라고 볼 수 있다. 3권 역시 폴리스가 폴리테이아(politeia)[3]란 용어로 바뀌어 표현되고 있지만 그 기본적인 내용은 참된 폴리스에 대한 고찰이라고 말할 수 있다. 이렇게 보면 『정치학』의 1권부터 3권까지는 결국 최선의 정체를 찾기 위한 비판적 검토가 이루어지는 것으로 볼 수 있다. 4권부터 6권은 일반적으로 아리스토텔레스의 현실정체에 대한 경험주의적 분석으로 간주될 수 있다. 그러나 이 부분 역시 단순히 실증적인 기술로만 보는 것은 문제가 있다. 다양한 현실정체의 장점과 단점에 대한 분석의 이면에는 최선정체에 관한 아리스토텔레스의 규범적 평가가 전제되어 있는 것으로 보아야 하기 때문이다. 결국 4권과 6권 역시 7권과 8권에서 기술되는 현실적으로 구현가능한 최선정체를 건설하기 위한 경험적인 차원에서의 정체에 관한 사전 작업으로 볼 수 있다. 그렇다면 아리스토텔레스의 『정치학』은 결국 '완벽한 폴리스 또는 최선정체에 관한 연구서'라고 말해도 과언이 아니다. 플라톤 『국가』편의 핵심적 주제가 이상국가와 그것을 실현하기 위한 정의원리와 철학자 왕에 대한 고찰이듯이, 아리스토텔레스의 『정치학』 역시 동일한 물음과 그 답을 찾고자 시도하는 작품인 것이다. 본 저술은 『정치학』 전권, 특히 7권과 8권에 대한 천착된 분석을 통해 아리스토텔레스의 '바람에 따른 폴리스' 또는 '최선정체'가 어떤 정체로 간주되어야 할지에 대한 심도 있는 답변을

---

[3] 폴리테이아는 정체일반을 의미하기도 하고, 정체분류상에서의 혼합정을 의미하기도 한다. 여기서는 정체일반을 가리킨다.

제시할 것이다.

연구목표와 연구내용

본 저술은『정치학』을 크게 다섯 부분으로 나누어 고찰한다. 첫 번째 부분은『정치학』1권을, 두 번째 부분은 2권을, 세 번째 부분은 3권을, 네 번째 부분은 4권부터 6권까지를, 그리고 다섯 번째 부분은 7권과 8권을 분석한다.『정치학』을 이렇게 다섯 부분으로 나누어 접근하는 이유는 이것이 아리스토텔레스가『정치학』을 쓴 저술동기와 목표를 가장 잘 드러낼 수 있을 것으로 생각하기 때문이다. 일찍이 예거(W. Jaeger)가『정치학』7권과 8권을 플라톤의 영향을 받아 쓰인 것으로 보고, 그 배치를 3권 이후에 놓아야 함을 주장했지만,[4] 본 저술은 현재의 순서에 따라 연구를 진행한다. 현재의『정치학』의 순서에 따라 전체를 다섯 부분으로 나누어 연구를 진행하는 것이 내용적인 면에서나 논리적인 면에서 본 저술의 목표를 달성하는데 효과적일 수 있기 때문이다. 또한 1권부터 6권까지의

---

[4] W. Jaeger(1948), 273-276.『정치학』을 구성하는 전체 8권의 순서에 관한 학자들 사이의 이견은 연대기적 순서와 관련된다. 다시 말해 7권과 8권은 플라톤적인 이상주의적 영향을 받은 권들이고, 4권부터 6권은 경험주의적 또는 현실주의적인 접근이 강하기 때문에『정치학』전체의 순서를 재배치해서 독해할 필요가 있다는 것이다. 대표적으로 예거(Jaeger)는『정치학』전체를 두 부분으로 구분해서 읽어야 함을 주장하는데, 플라톤의 이상주의적인 영향을 받은 7권과 8권, 그리고 경험주의적인 특성이 강한 4권부터 6권 이렇게 두 그룹으로 구분되어야 한다는 것이다. 따라서 예거에 따르면『정치학』을 구성하는 권들의 순서는 1-2-3-7-8-4-5-6이 되어야 한다. 로스(Ross)와 스톡스(Stocks)는 예거의 해석을 지지하지만, 아르님(von Arnim)은 예거의 주장에 반대한다(D. Ross(1923), 18-19, 236. J. L. Stocks(1937), 177-87참조). 예거나 아르님의『정치학』의 순서에 대한 해석들은 아리스토텔레스『정치학』에 대한 새로운 관심을 부분적으로 불러일으켰지만, 실상 모든 문제들을 해결한 것으로 보기는 어렵다. 그래서 바커(Barker)는『정치학』의 모든 권들의 순서를 현재의 그대로 두는 것이 더 낫다고 주장하면서,『정치학』의 권들이 모두 아리스토텔레스가 뤼케이온에서 활동하던 시기에 쓰인 것으로 보아야 함을 주장한다(E. Barker(1958), xli-xlvi 참조). 이에 관한 논의는 C. Rowe(1991), 57-74. 노희천(2014), 89-114 참조.

기술은 최종적으로 7권과 8권에서의 아리스토텔레스의 최선정체의 청사진을 그리기 위한 사전 작업으로 볼 수 있기 때문이다.

먼저 본 저술의 첫 번째 부분에서는 『정치학』 1권에서 기술되고 있는 인간과 폴리스의 관계를 '폴리스의 자연성 테제', '노예제의 정당성', '여성의 판단능력' 그리고 '경제적 부'의 문제를 통해 밝힌다. 1권을 플라톤에 대한 아리스토텔레스의 답변 내지 비판적 응답으로 볼 수 있는 중요한 이유는 폴리스에 대한 검토를 그 구성부분이 되는 가정에 대한 분석을 통해 진행하고 있다는 점에서 찾을 수 있다. 플라톤이 공유제에 근거한 가족제도의 해체를 통해 이상국가 건설을 주장한 것은 주지의 사실이다. 따라서 플라톤은 지식(epistēmē)에 근거한 하나의 통치술(politikē archē)만 존재하는 것으로 본다. 그러나 아리스토텔레스는 통치의 대상이 누구인가에 따라 통치술의 종류는 다양한 것으로 본다. 즉, 통치의 대상이 노예인가, 아니면 여성과 아이인가, 아니면 자유롭고 동등한 시민인가에 따라 주인에 의한 전제적 통치술, 여성과 아이에 대한 귀족주의적 내지 왕정적 통치술, 그리고 정치적 통치술이 있게 된다. 이러한 이유로 『정치학』 1권은 폴리스에 대한 분석을 시도하기 전에 그 구성부분인 가정에 대한 분석을 시도한다. 아리스토텔레스는 플라톤에 의해 부정된 가정을 폴리스에 관한 논의를 위한 중요한 부분으로 인정하는 것이다.

두 번째 부분은 『정치학』 2권에 나타난 기존에 제시되었던 최선정체론에 대한 아리스토텔레스의 비판적 검토를 살펴본다. 플라톤의 이상국가를 비롯한 입법가 솔론과 팔레아스 그리고 힙포다모스와 같은 정치철학자의 최선정체에 관한 제안들, 그리고 스파르타와 크레테 그리고 카르케돈과 같은 당시에 최선정체로 평판이 높았던 정체들에 대한 검토가 이루어진다. 『정치학』 2권은 본 저술이 기본적으로 잡고 있는 문제의식, 즉 아리스토텔레스와 플라톤의 정치철학적 대화를 분명하게 알 수 있게 해 준다는 점에서 중요하다. 이곳에서 아리스토텔레스는 플라톤 이상국가를 전면에 내세우면서 처자공유제와 재산공유제를 주장하는 플라톤에 대한 체계적이며 심도 있는 비판을 시도한다. 이런 점에서 『정치학』 2권은 두 철학자의 정치철학적 견해를 비교하여 평가할 수 있는 중요한 내용을 담고 있다. 팔레아스나 힙포다모스 그리고 세종류의 현실정체, 즉 스파르타, 크레테, 카르케돈에 관한 비판적 검토 역시 향후 『정치학』 7권과 8권에서 제시되는 아리스토텔레스의 최선정체 구상을 위한 사전 분석 작업이라는 점에서 이해가 필요하다.

세 번째 부분에서는 『정치학』 3권에 나타난 정체(politeia)와 시민(politēs)의 관계를 검토한다. 특히 정체에 대한 정의항(definiens)이 시민인 점에 주목하여 '좋은 인간과 훌륭한 시민'의 동일성 문제를 검토한다. 또한 정치적 정의(to politikon dikaion)의 관점에서 다양한 정체들에 대한 분류를 살펴본다. 마지막으로 최고통치권을 누구에게 주어야하는지의 문제를 민주정의 우월성 논제를 통해 조명한다. 『정치학』 3권 역시 몇 가지 점에서 아리스토텔레스의 플라톤에 대한 응답이 반영된 것으로 볼 수 있다. 첫째는 시민의 정치적 참여에 대한 두 철학자의 견해가 상반되게 나타난다는 점이 주목될 수 있다. 플라톤이 통치자의 통치술에 방점을 두면서 시민의 정치적 참여를 부정적으로 본다면, 아리스토텔레스는 시민의 적극적인 정치적 참여를 강조한다는 점에서 차이가 있다. 즉, 플라톤에게 시민은 통치자의 지시와 명령에 복종하는 것이 강조된다면, 아리스토텔레스에게 시민은 폴리스적 동물로서의 정치적 활동이 강조된다. 둘째로 민주정에 대한 두 철학자의 견해가 대비된다. 즉, 플라톤이 민주정에 대한 강한 부정적인 입장을 보인 반면에, 아리스토텔레스는 민주정의 상대적 장점을 인정한다. 아리스토텔레스는 사려있는 데모스(dēmos)의 집합적 지혜를 인정하면서, 다수 시민들의 정치적 참여가 정체의 안정과 조화를 위해 필요하다고 말하기 때문이다. 셋째로 1인의 최선자에 의한 통치와 법의 통치 중 어느 것이 바람직한가의 논제에 대한 두 철학자의 견해에서 편차가 있다. 플라톤의 『국가』편을 놓고 보면 플라톤의 철학자-왕의 통치는 『정치학』3권에서 부정적으로 평가된다고 말할 수 있다. 그런데 플라톤 『법률』편을 갖고 보면 두 철학자의 견해는 법의 통치의 필요성과 순기능의 장점을 공유한 것으로 볼 수 있다.

네 번째 부분에서는 『정치학』 4권부터 6권까지의 분석이 이루어진다. 무엇보다 4권에서 기술된 혼합정(politeia)과 5권과 6권에서 논의된 스타시스(stasis)론, 즉 파쟁(faction)과 참주정을 포함한 정체의 보존방법에 주목하여 검토가 이루어진다. 이 부분들은 아리스토텔레스의 현실정체들에 대한 체계적인 분석이 이루어진다는 점에서 그의 경험주의적인 정치철학적 면모와 통찰력을 알 수 있게 해준다. 4권과 6권에서 아리스토텔레스가 염두에 두고 있는 플라톤의 정치철학은 혼합정과 정체변혁에 관한 견해다. 아리스토텔레스는 플라톤의 『법률』편에서의 혼합정에 대한 제안을 큰 틀에서 계승하면서도 보다 체계적이며 심도 있는 논의를 진행한다는 점에서 한층 발전된 견해를 제시한다고 평가할 수 있다. 그런데 스타시스(stasis), 즉 파쟁이나 정체변혁과 관련해서는 아리스토텔레스는 특히 『정치학』 5권 11장에서 플라톤의 정체 변혁관을 비판한다. 플라톤의 영혼의 타락에 의한 정체변혁은 정치적 현상에 대한 적확(的確)한 분석이 아니라는 이유에서다.

『정치학』 4권부터 6권까지는 아리스토텔레스의 현실정체에 대한 실증적 분석이 강한 부분으로 볼 수 있다. 그러나 그의 다양한 현실정체에 대한 분석이 단순히 가치중립적인(value-neutral) 내지 경험주의적인 분석으로만 국한시켜 보는 것은 곤란하다. 이 부분에서의 다양한 정체들에 대한 평가는 실상 아리스토텔레스가 기획하는 '최선정체'의 목적과 원리라는 규범론적(normative) 내지 규제적(regulative) 원리에 따라 이루어지는 것으로 볼 필요가 있기 때문이다.

마지막으로 다섯 번째 부분에 해당되는 『정치학』 7권과 8권을 통해서는 아리스토텔레스의 '바람에 따른 폴리스' 또는 최선국가론을 고찰한다.5 특히 최선국가가 추구하는 최선의 삶과 시민계급 구성, 그리고 여가교육에 관한 검토를 통해 최선정체의 실체성에 대한 고찰이 이루어진다. 이러한 검토를 통해 아리스토텔레스의 '바람에 따른 폴리스'가 '정치적 자연주의'(political naturalism) 관점에서 특히 덕(aretē)과 '잘 사는 삶'(eu zēn)의 기준에서 '자연적 귀족정'으로 이해되어야 함을 밝힐 것이다.

이러한 본 저술의 연구 목표는 앞서 언급한 것처럼 기본적으로 해당 부분에서 먼저 플라톤의 각각의 견해에 대한 고찰을 통해 연구가 진행될 것이다. 주제에 따라 플라톤의 여러 대화편이 비교대상이 되겠지만, 특히 플라톤의 『국가』편, 『정치가』편 그리고 『법률』편이 검토될 것이다. 그러나 플라톤 정치철학에 대한 고찰은 이들 작품 자체에 대한 독립된 연구가 아니라, 어디까지나 아리스토텔레스의 『정치학』의 영역 내에서,

---

[5] 『정치학』 1권부터 8권까지에 대한 검토는 큰 틀에서 아리스토텔레스의 4원인설의 구도를 통해 『정치학』을 이해하는 것이 될 수도 있다. 즉, 1권부터 3권까지는 목적인(causa finalis)의 관점에서 폴리스의 탄생목적을 고찰한다면, 4권부터 6권까지는 질료인(causa materialis)의 관점에서 다양한 현실 정체들의 역동적 변화와 정체들 사이의 함수 관계에 대한, 그래서 장차 실현가능한 이상국가의 청사진을 위한 자료나 정보 분석이 이루어지는 것으로 볼 수 있다. 그리고 7권과 8권은 아리스토텔레스가 제시하는 최선국가가 어떤 점에서 폴리스의 형상인(causa formalis), 달리 말해 자연적 목적(telos)이 실현될 수 있는 실체적(substantial) 국가가 될 수 있는지를 규명하는 것으로 이해하는 것이다. 아리스토텔레스의 4원인설을 통한 『정치학』에 대한 이해시도는 Roochnik(2010), 275-291 참조.

다시 말해『정치학』에서 다루어진 주제와 관련되는 한에서 그 비교와 검토가 이루어질 것이다.

제1부

·

인간과 폴리스
『정치학』 1권

『정치학』 1권의 첫 번째 핵심적 내용은 '인간과 폴리스(polis)의 관계성'에 관한 것이다. 그 관계성은 "인간은 본성상 폴리스적 동물이다"(1253a2-3)라는 말로 표현된다. 이 말을 구성하는 핵심적 명제는 "폴리스는 자연적 존재이다"(1252b30), "인간만이 로고스(logos)를 가진 동물이다"(1253a9-10), 그리고 "폴리스는 본성상 개인에 우선한다"(1253a25-26)는 아리스토텔레스의 주장이다. 인간과 폴리스의 관계에 대한 이 테제들은 실상 『정치학』 전체를 규정하고 있는 아리스토텔레스의 핵심적 주장이 된다는 점에서 각각의 주장에 대한 세밀한 검토가 필요하다. 두 번째 핵심적 주제는 노예제에 관한 것이다. 특히 본성상의 노예에 대한 주인의 지배는 양자에게 이익이 되고 정의롭다고 말해진다. 아리스토텔레스가 어떤 근거로 본성상의 노예에 대한 지배가 정당화될 수 있는 것으로 보는지가 규명될 필요가 있다. 세 번째 주제는 가정에서의 여성의 역할과 여성의 정치적 판단능력에 관한 것이다. 여성은 노예와 다른 자유인이면서도 숙고하는 능력의 결여로 정치적 참정권이 부정된다. 1권에서 다루어지는 마지막 주제는 부의 획득술에 관한 것이다. 아리스토텔레스는 경제적 부의 추구가 자연적인 획득인 경우 인정하지만 비(非)자연적인 획득의 경우 부정한다.

　『정치학』 1권에서의 폴리스와 그 구성부분인 가정에 대한 아리스토텔레스의 논의는 플라톤의 견해와 비교해서 중요한 의미를 갖는다. 무엇보다 통치술(politikē archē)과 관련하여 아리스토텔레스와 플라톤의 견해가 다르다는 이유에서다. 다시 말해 플라톤에게서는 통치권을 행사하는 주체가 강조된다면, 아리스토텔레스에게서는 통치권의 행사가 통치주체와 통치대상이 모두 고려된다는 것이다. 이것은 폴리스에서 작동되는 통치술과 가정에서의 통치술이 다른 방식으로 적용됨을 의미한다. 즉, 플라톤에게서는 모든 통치방식이 앎(epistēmē)에 근거한 통치자의 정치술로 환원되지만, 아리스토텔레스에게서는 폴리스의 구성원과 가정의 구성원들에 대한 지배방식은 구분되어야 한다. 『정치학』 1권에서 아리스토텔레스는 이러한 통치방식의 다름을 가정의 구성원의 구분을 통해 설명한다. 그것은 노예에 대한 주인의 지배방식, 자식에 대한 아버지의 지배방식, 그리고 아내에 대한 남편의 지배방식이 각기 다르다는 것이다. 플라톤이 가정의 영역을 폴리스로 편입시켜 폴리스적 통치원리만 존재하는 것으로 본다면, 아리스토텔레스는 폴리스의 시민들에게 적용되는 정치적 통치원리가 가정영역에 적용되는 것을 올바른 통치방식이 아니라고 보는 것이다. 따라서 『정치학』 1권에서의 노예나 여성 또는 가정경영술에 관한 아리스토텔레스의 논의는 실상 모든 통치를 지식에 근거한 하나의 단일한 방식으로만 보는 플라톤의 통치술에 관한 비판적 관점에서 기술되는 것으로 볼 수 있다.

   본 저술에서는 폴리스의 자연성에 관한 아리스토텔레스의 견해를 먼저 검토한 후, 가정의 영역에서 논의되는 노예의 문제와 여성의 문제 그리고 부의 문제를 차례대로 살펴볼 것이다. 상술한 각각의 주제에 대한 아리스토텔레스의 견해는 마찬가지로 그에 해당하는 플라톤의 견해를 먼저 검토한 후 순차적으로 이루어진다.

1장
인간과 폴리스(Polis)의 관계

아리스토텔레스는 『정치학』 1권 1장을 시작하면서 폴리스를 공동체(koinōnia) 중에서 최고의 것이며, 다른 모든 좋음을 포함하는 최고의 좋음을 실현해줄 수 있는 정치 공동체(politikē koinōnia)라고 말한다.[1] 이어서 1권 2장에서 아리스토텔레스는 인간과 폴리스의 관계를 다음과 같은 테제들을 통해 규정한다. (1) 폴리스는 자연적 존재이다. (2) 인간은 본성상 폴리스적 동물이다. (3) 폴리스는 개인보다 본성상 우선한다. 이 세 테제는 인간과 폴리스의 관계에 대한 아리스토텔레스의 중요한 견해를 요약해서 말해주고 있다는 점에서 이 테제들에 대한 면밀한 검토가 필요하다. 아래에서 이에 관한 검토를 '폴리스의 자연성 주장'과 '폴리스의 우선성 주장'으로 나누어 진행할 것이다. '인간은 본성상 폴리스적 동물이다'라는 말은 폴리스의 자연성 주장을 검토하면서 함께 포함시켜 그 의미를 밝힐 것이다.

'폴리스의 자연적 존재성'에 관한 아리스토텔레스의 주장은 그의 정치철학적인 특성을 단적으로 보여준다는 점에서 흥미롭다.[2] 무엇보다 폴리

---

[1] Pol., I.1, 1252a1-6.
[2] 이것은 홉스와 같은 근대철학자가 리바이던(Leviathan)과 같은 국가를 기술에 의한 인

스를 기술(technē)에 의한 산물로 보는 플라톤의 견해와 비교된다는 점에서 더 주목된다. 『정치학』 1권에서의 폴리스의 자연성 주장이 플라톤의 기술적 폴리스관에 대한 암묵적인 전제나 명시적인 언급에 대한 아리스토텔레스의 응답이라는 점이 염두에 두어 이해되어야 하는 이유가 여기에 있다. 플라톤의 폴리스관을 『정치가』 편에 나타난 견해를 중심으로 살펴보고 이후에 계속해서 아리스토텔레스의 폴리스관을 살펴보도록 하겠다.

1. 플라톤의 기술적 폴리스관

폴리스의 존재론적 위상에 관한 플라톤의 명시적인 언급을 찾기는 어렵다. 일단은 『국가』 편 2권과 3권에 걸쳐 기술되고 있는 말(logos)을 통한 국가의 탄생에 근거해서 가능한 이해를 시도해 볼 수 있다. 플라톤은 이곳에서 인간은 기본적으로 결여된 존재이기 때문에 '필요'에 의해 타인과 함께하는 공동체적 삶의 형태를 취하게 된다고 말한다. 그래서 최초의 국가는 농부, 직공, 제화공, 그리고 목수와 같은 네 종류의 직업을 가진 사람들에 의해 존재하게 된다.[3] 플라톤에게 있어 폴리스는 생존을 위한 물품을 제공하기 위한 경제적인 필요성에 의해 형성되는 것이다. 이것은 경제적인 필요성에 대한 인간의 욕망이 증가할 수 있고 이를 충족하기 위한 더 확장된 폴리스로의 이행이 가능함을 의미한다. 결국 『국가』 편에

공적 존재로 본다는 점에서도 그렇다. 홉스의 견해는 부록 부분의 '아리스토텔레스의 『정치학』의 근현대에 대한 영향사적 개관'에서 별도로 다루겠다.

[3] Platon, *Politeia*, 369b-370a 참조.

서 플라톤이 묘사하는 나라는 인간의 모든 욕구를 실현해주면서도 욕구의 부작용을 시정하고 정화할 수 있는 기제가 갖추어진 폴리스가 되어야 한다. 이런 점을 고려하면 『국가』 편에서 국가가 탄생하게 된 동기는 경제적인 데서 찾을 수 있지만 국가의 최종적인 건설이 무엇에 의해 이루어졌는가에 대한 분명한 언급은 찾기 어렵다.

국가의 존재론적 특성에 대한 플라톤의 견해를 좀 더 파악할 수 있는 대화편은 『정치가』(Politikos) 편이다. 후기 대화편에 속하는 『정치가』 편은 정치가와 정치술(politikē technē)이 무엇인가에 대한 답을 찾기 위한 것이며, 플라톤은 나눔의 방법을 통해 그 답을 찾고자 한다. 특히 신화(mythos)를 통한 설명이 플라톤의 폴리스관을 알 수 있는 중요한 전거가 될 수 있다. 신화는 정치술의 정의를 찾는 과정에서 논의가 교착상태에 빠졌을 때 이것을 극복하기 위한 방안으로 도입된다.[4] 여기서 엘레아의 이방인은 젊은 소크라테스에게 "새로운 시작"(268d)의 필요성을 말하게 되고 그것을 세 시기의 신화이야기를 통해 전개한다. 크로노스가 통치하던 시기와 우주의 전도(顚倒)가 발생하게 된 시기, 이로 인한 제우스의 통치시대가 여기에 해당된다.

신화 이야기에 따르면 크로노스가 지배하던 시기는 현재와는 다른 시기, 즉 천체의 방향이 전진이 아니라 반대 방향으로 가는 시기에 속한다. 이 시기는 전지전능한 크로노스가 통치하기 때문에 모든 것이 다 충족된 상태에 있다. 크로노스 시대에는 필요한 모든 것이 자비로운 신에 의해 제공되었기 때문에 인간은 생존을 위한 수고나 노력을 하지 않고도 평화롭게 살 수 있었다. 따라서 이 시기의 우주는 조화롭고 질서있게 진행되었고, 인간들 역시 어떤 걱정이나 부족함이 없는 완벽한 시기에 살고 있었

---

[4] Platon, *Politikos*, 267e-268d.

다.[5] 그래서 플라톤은 이 시기에는 정치와 철학이 필요하지 않다고 말한다. 신이 알아서 인간들을 위해 통치해주기 때문에 인간들은 고민할 필요가 없었기 때문이다.

그런데 어느 땐가 신이 인간세계에서 손을 떼게 되고, 이때부터 우주는 서서히 타락하기 시작한다. 우주는 몸을 갖고 있고, 물질적인 속성에 따라 이성에 복종하지 않으려는 경향을 갖고 있기 때문이다. 그래서 우주의 타락의 속도는 빨라지게 되고 결국 우주의 질서가 파괴되고 혼동과 멸망으로 치닫게 된다. 그런데 플라톤에 따르면 우주 전체의 전도현상이 있게 되어 종국을 향해갈 때쯤 또 다른 신, 즉 제우스가 우주의 타락을 제어한다.

제우스 신이 통치하는 시기가 시작되는 것이다. 그런데 제우스 신의 통치는 크로노스 신이 통치할 때와는 다르다. 제우스 신은 인간들을 대신해서 모든 것을 알아서 통치해주지 않기 때문이다. 제우스는 우주가 파멸하는 것을 막아줄 버팀대 정도의 역할만 수행하지 인간의 모든 생존과 평화를 해결해 주지는 않는다. 이것은 제우스 시대에는 인간 스스로가 자신의 생존을 해결해야만 함을 의미한다. 다행히 프로메테우스나 다른 신들이 인간에게 생존의 수단들을 제공하여 인간은 간신히 생존을 유지할 수는 있게 되었다. 그런데 인간이 인간다운 삶을 확보하기 위해서는 다른 중요한 수단이 필요하게 되었다. 플라톤은 그것을 바로 *폴리티케 테크네*(politikē technē), 즉 정치술이라고 말한다. 정치술은 신이 더 이상 인간의 생존과 안전을 보살피지 않을 때 인간 스스로가 자신의 존재를 책임지기 위한 목적을 갖고 존재하게 된 것이다.[6] 따라서 제우스가 통치하는 시대에 인간에게 가장 중요한 생존의 수단이 정치술이고 국가는

---

[5] Platon, *Politikos*, 271d-72b.
[6] S. Rosen(1995). 63. J. F. M. Arends(1993), 167.

바로 이러한 정치적 기술에 의해 있게 되는 것이다.

플라톤의 기술적 폴리스관은 『정치가』 편에서 정치술을 설명하기 위한 하나의 본(paradeigma)으로써 직조술을 인용하는 것에서 보다 분명해진다. 플라톤은 최선의 국가를 만들기 위한 방법으로 날실과 씨실을 엮어서 옷감을 짜는 직조술과 같은 것으로 설명하고 있기 때문이다. 플라톤에 따르면 직조술은 날실과 씨실을 엮어 하나의 직물로 짜내는 기술이다.[7] 직조술은 서로 엇갈리는 방향으로 움직이는 날실과 씨실을 조화롭게 결합시켜 완전한 직물로 만드는 기술이다. 정치술은 직조술처럼 상반된 성향을 가진 시민들을 조화롭게 결합하는 기술이다. 플라톤에 따르면 직조술의 방식은 정치술의 발휘에도 유용하게 활용될 수 있다. 즉, 그것은 만용과 비겁함을 용기의 덕을 갖춘 시민들로 만드는 기술인 것이다. 또한 정치술은 용기 있는 시민과 신중함과 절제 있는 시민을 결합하는 것이다. 요컨대 정치술은 자연에 의해 주어진 다양한 위험으로부터 인간생존을 위한 기술로 볼 수 있다. 그리고 폴리스는 인간이 기아와 전쟁상태와 같은 생존이 위협받는 상태에서 생존의 필요를 위해 정치술의 도움을 받아 건설한 이성의 산물로 볼 수 있다.[8] 상술한 것을 고려하면 플라톤은 폴리스를 기본적으로 자연의 인간에 대한 도전과 그에 대한 응전에 의해 구성된 기술의 산물로 본다고 말할 수 있다. 요컨대 폴리티케 테크네의 산물이 폴리스가 되는 것이다.

반면에 아리스토텔레스는 자연적 폴리스론을 주장한다. 그는 자연(physis) 상태를 인간의 생존을 위협하는 적대적인 대상으로 보지 않는다. 오히려 자연은 인간의 본성을 완성시켜 인간이 추구하는 자족적이며

---

[7] Platon, *Politikos*, 281a-283b 참조.
[8] 플라톤의 기술적 폴리스관에 관한 상세한 논의는 K. M. Cherry(2012), 48-57 참조할 것.

잘 사는 삶을 실현시켜준다는 점에서 인간에게 우호적인 것이다. 즉, 아리스토텔레스에게 폴리스는 인간에게 자연적 존재이며, 인간은 폴리스적 삶을 살아가는 동물인 것이다. 이것이 아리스토텔레스에게서 어떻게 가능한지를 아래에서 살펴보도록 하겠다.

2. 아리스토텔레스의 자연적 폴리스론

1) 폴리스는 자연적 존재다

아리스토텔레스에게 있어서 폴리스는 '자족'(autarkeia)과 '잘 사는 삶'(eu zēn)을 실현할 수 있는 최고의 완성된 공동체로서 인간(anthrōpos) 혹은 가족(oikia) 그리고 마을(komē)과 같은 자연적 공동체들이 그 목적으로 지향하는 "자연적 존재"(physei esti)[9]로 규정된다.[10] 그러나 그는 다른 곳에서 정치가(politikos) 또는 입법가(nomothetēs)와 같은 사람을 폴리스를 처음으로 건설한 자로서 그들을 좋은 것들을 베푼 자 중에서도 최상의 선을 베푼 시혜자로 기술한다.[11] 조선공이나 직조공이 나무 혹은 천과 같은 질료(hylē)에 일정한 형태를 부여하여 배나 옷을 만드는 것처럼,

---

[9] 여기서 "자연적 존재"로 번역한 희랍어는 physei esti이다. 일반적으로 physis는 '본성' 또는 '자연'으로 번역된다. 따라서 폴리스를 '본성적 존재'로 번역해도 틀린 표현은 아니다. 그러나 폴리스의 실체성 규정과 관련해서는 '본성'이란 말보다는 '자연'이라는 번역이 '인위적 존재'와 더 잘 대비가 되는 것으로 생각되기 때문에 physei esti를 '자연적 존재'로 표현할 것이다. 그러나 주어진 대상에 따라 특히 인간과 관련해서 physis는 본성으로 번역될 것이다.

[10] *Pol.*, I.2 1252b30, 1253a2. 1252b27-1253a3.

[11] Pol., I.2. 1253a30-31, VII.4, 1325b40-1326a8, II.12, 1273b30-1274b19. 또한 Platon, *Politeia*, 421c. *Nomoi*, 857a-c 참조할 것.

폴리스의 건설자, 즉 정치가나 입법가는 자신의 '실천지'(phronēsis)[12]와 같은 덕에 의거해 일정한 영토와 인구에 일종의 정체(politeia)와 같은 형상을 부여함으로써 폴리스를 건설한다는 것이다.

이처럼 폴리스의 건설자를 장인(dēmiourgos)으로 그리고 폴리스에 관한 '정치술'(hē politikē)을 배에 관한 조선술로 비유하는 아리스토텔레스의 표현은 우리로 하여금 폴리스가 자연적 존재로서보다는 일종의 '제작술'(technē)에 의해 만들어진 인공물(artifact)이라는 생각을 가지게 한다. 그런데 아리스토텔레스에게 있어서 자연(physis)에 의한 산물은 제작에 의한 산물과 일반적으로 구분된다고 말할 수 있다. 다시 말해 자연적 존재는 그것이 이루어지는 원인(aitia)이 자연이지, 제작(혹은 기술 technē)이나 우연(tychē) 또는 자동성(automaton)과 같은 것들이 그 원인이 될 수는 없다.[13] 이는 결국 폴리스가 정치가 또는 입법가의 정치술에 의해 건설된 것이라면 그것은 어디까지나 제작에 의한 산물로서 인위적인 것이지 자연적 존재가 아님을 뜻한다고 볼 수 있다.

그런데 왜 아리스토텔레스는 폴리스가 정치가와 같은 건설자의 이성에 의한 제작의 산물이라고 말하면서도 그것을 인공적 존재로 보지 않고 자연적 존재로 규정하는 것일까? 아리스토텔레스는 분명 당시의 소피스트들이 퓌시스(physis, 자연)와 노모스(nomos, 인위)의 구분을 강조하면

---

[12] 프로네시스는 아리스토텔레스의 지적인 덕에 해당된다. 지적인 덕 중에 유일하게 인간의 행위와 관련된 덕으로써, 특히 중용에 따른 행위를 적중시키게 하는 올바른 이성의 역할을 한다. 프로네시스에 관한 아리스토텔레스의 논의는 『니코마코스 윤리학』 6권 참조.

[13] *Metaphysica*, VII.7, 1032a15 이하 계속, *Physica*, II.1,192b13-19, II.8, 199a3-8. Keyt는 이러한 것의 예외로써 아리스토텔레스의 우주론에서 나타나고 있는 천체(celestial bodies)를 제시한다. 그에 따르면 천체계는 자연적인 존재지만 그것의 영원성은 그 원인이 자연에 따른 것이 아니라고 주장한다. 그러나 Miller가 비판하는 것처럼 우리의 고찰대상인 폴리스는 월하계(sublunary region)에 속하는 존재라는 사실에 주목하면 Keyt의 반박은 그리 큰 문제가 되는 것으로 보이지 않는다. D. Keyt(1991), 123. F. D. Miller(1995), 37. 각주 25.

서 폴리스는 이기주의적이며 탐욕스러운 사람들의 합의의 산물로써 인위적 존재지 자연적 존재가 아니라고 주장한 것을 인지하고 있었음에도 불구하고,[14] 어떤 이유로 폴리스가 노모스의 산물이 아니라 퓌시스에 따른 자연적인 존재라고 단언하는 것일까? 우리는 키트(Keyt)가 비판하는 것처럼[15] 아리스토텔레스는 폴리스에 대해 일관적이지 못한 혼란된 견해를 가지고 있었고 따라서 그의 정치철학 내에 하나의 피할 수 없는 근본적인 오류가 있는 것으로 간주해야만 하는가?

위의 물음들과 관련하여 나는 기본적으로 폴리스를 자연적 존재로 규정하는 아리스토텔레스의 견해가 나름대로의 일관성을 유지하고 있다는 입장을 취하면서, 그의 폴리스관이 어떻게 이해되어야 하는지를 다음과 같이 진행시켜 나가고자 한다. 먼저 폴리스의 자연적 존재성을 입증하려는 대표적인 두 해석을 비판적으로 검토하고, 다음으로 폴리스적 삶을 가능하게 하는 인간의 두 가지 특성으로 제시되고 있는 충동(hormē)과 로고스(logos)를 각각 "인간은 본성적으로 폴리스적(politikon) 동물이다"[16]와 "인간만이 로고스(logos)를 가진 동물이다"[17]라는 아리스토텔레스의 두 테제를 분석하면서 이 두 주장이 어떻게 이해되어야 하는지를 밝힐 것이다. 마지막으로 폴리스의 건설자로 간주되는 정치가 또는 입법가의 역할이 폴리스의 자연적 존재성과 상충되는 것이 아님을 실천지

---

[14] *Pol.* III.9, 1280b11 이하 계속, 1253b20-1. *EN.*, I.3, 1094b16, V.7, 1134b24-5, *Sophistici Elenchi*, 173a7-18. 또한 Platon, *Politeia*, 358e-361d, *Gorgias*, 483a-484c, 491e-492c. *Nomoi*, 889b-890a. 폴리스의 노모스적 특성을 주장하는 소피스트들에 대한 아리스토텔레스의 비판과 관련해선 다음을 참조할 것. W. L. Newman(1887), Vol. 1, 24-27. E. Barker(1906), 272-73. A. C. Bradley(1991), 190,199. K. von Fritz and E. Kapp(1977), 126.
[15] D. Keyt(1991), 118-141.
[16] *Pol.*, I.2, 1253a2-3.
[17] *Pol.*, I.2, 1253a9-10.

(phronēsis)와 기술지(technē) 그리고 자연과 기술의 관계에 대한 비교를 통해 주장할 것이다.

(1) 폴리스의 자연적 존재성을 증명하려는 두 해석

폴리스의 자연적 존재성을 증명하려는 문제와 관련하여 제시되는 학자들의 해석은 크게 두 종류가 있다. 자연성의 내적 이행에 근거한 '자체원인 해석'[18]과 인간의 본성적 목적에 근거한 소위 "목적론적 해석"(teleological interpretation)[19]이 그것이다. 이 두 해석을 본격적으로 살펴보기 전에 먼저『정치학』1권 2장에서 기술되고 있는 폴리스의 탄생과 관련한 아리스토텔레스의 설명을 이해하는 것이 필요할 것 같다. 그 이유는 위에서 말한 두 해석들이 모두 폴리스의 발생 과정을 그들의 중요한 단서로 삼고 논의를 전개시키고 있기 때문이다.

아리스토텔레스에 따르면 인간은 남자와 여자 또는 주인과 노예의 본성적인(physikon) 결합에 의해 제일 먼저 가족(oikia)이라는 공동체를 이루게 된다. 그러나 가족은 일시적인 필요성(anankē)만을 충족시키는 한계를 가진다. 그래서 좀 더 크고 지속적인 필요성을 충족시킬 수 있는 다음 단계의 공동체로 이행하게 되는데 '마을'이 그것이다. 그럼에도 불구하고 인간은 가족 혹은 마을과 같은 공동체의 단계에서는 아직까지 완전한

---

[18] 내가 칭한 '자체원인해석'을 Miller는 "the internal-cause interpretation"으로, Keyt는 "The genetic Argument"로 부른다. F. D. Miller(1995), 37. Keyt(1991), 128. Barker와 Day-Chamber가 이러한 자체 원인 해석을 지지하는 입장에 서 있다고 볼 수 있다. E. Barker(1906), 276. J. H. Day-M. Chamber(1962), 42.

[19] 이 용어는 Miller의 표현을 따랐으며, Keyt는 이를 the telic argument로 부른다. 입장에 있어서 약간의 차이가 있지만 전체적인 면에서 Everson, Kullman, Yack, Kamp 그리고 Miller가 이 해석을 지지한다. S. Everson(1988), 95. W. Kullman(1991), 108-114. B. Yack(1993), 90-96. A. Kamp(1985), 106-17. F .D. Miller(1995), 40-45.

의미에서의 자족적인 삶을 실현할 수 없다. 이런 이유로 여기에서 공동체 발전의 종착지라 할 수 있는 마지막 단계의 공동체에 도달하게 되는데 폴리스(polis) 또는 정치 공동체(hē politikē koinōnia)가 바로 그것이다. 다시 말해 폴리스는 인간의 자족적인 삶을 충족시키기 위해 추구되는 공동체의 진행과정에서 마지막으로 등장하게 되는 공동체이다. 이러한 폴리스에 대한 아리스토텔레스의 견해는 다음과 같은 그의 표현 속에 잘 나타나 있다.

> "다수의 마을로 이루어진 최종적인 공동체가 바로 폴리스이다. 우리는 그것을 완전한 자족의 단계에 이른 공동체라고 말할 수 있다. 그것은 단순하게 그저 사는 것만을 위하여(tou zēn heneken) 발생하지만, 그러나 잘 사는 것을 위하여 존재한다. 따라서 처음의 공동체들이(가족, 마을) 그러한 것처럼 모든 폴리스는 자연적으로 존재한다. 왜냐하면 폴리스는 그러한 공동체들의 목적(telos)이 되기 때문이며, 그리고 자연(physis)은 목적(telos)이기 때문이다. 이는 개개의 것의 발전이 완료되었을 때 우리는 그것이 인간이든 또는 말이든 또는 가족이든 그러한 것의 본성이라고 말하고 있기 때문이다. 다시 말해 목적(to hou heneka), 즉 끝(to telos)은 최선의 것(to beltiston)이다. 자족(autarkeia)이 목적이고 또 최선의 것이다. 이로부터 폴리스가 자연적으로 존재하고 그리고 인간이 본성적으로 폴리스적 동물이라고 하는 것은 명백하다."(*Pol.*, I.2, 1252b27-1253a3)

위에서 우리는 아리스토텔레스의 폴리스에 대한 설명이 소위 자연주의적 목적론에 의거해 이루어짐을 알 수 있는데 이는 퓌시스(physis, 자연) 또는 텔로스(telos, 목적)와 같은 용어들에 의해 폴리스의 실체가 규정되고 있다는 점에서 그러하다. 다시 말해 어떤 한 존재의 본성(physis)은 그것이 완전한 상태로 발전한 것이며, 이것은 곧 그 목적에 이르렀을 때이다. 폴리스 역시 완전한 자족의 단계에 도달한 공동체로서 그에 앞서 존재하는 공동체들의 텔로스, 즉 목적이자 끝이 되는 것으로 볼 수 있다. 아리스토텔레스에 따르면 자연은 항상 아무런 이유 없이 행하지 않고 항상 '최선의 것'(beltiston)을 그 목적으로 삼는다.[20] 그리고 이것은 공동체 진행이라는 긴 여정에서도 마찬가지이다. 즉, 공동체 역시 어떠한 최선의 목적을 향한 이행이 이루어지는데 그것이 자족적이며 잘 사는 삶이며, 이러한 최선의 것을 실현할 수 있는 최종적인 공동체가 바로 폴리스인 것이다.

그런데 아리스토텔레스의 폴리스의 자연성에 대한 규정은 두 가지 측면에 그 초점이 맞추어져 접근되고 있는 것으로 보인다. 하나는 가족이나 마을과 같은 폴리스 이전의 공동체와의 관계 속에서이고, 다른 하나는 남성과 여성의 본성적 결합 욕구와 같은 인간 본성과의 관계 속에서이다. 그리고 여기서 폴리스의 자연적 존재를 증명하려는 해석 중의 하나인 소위 '자체원인 해석'은 바로 폴리스와 이전 공동체들과의 관계에 주목하여 그 주장을 전개한다고 볼 수 있다. 이와 달리 '목적론적 해석'은 인간본성과의 관계에 초점을 두어 그 논의를 전개하는 것으로 볼 수 있다. 다시 말해 자체원인 해석은 그 출발점을 첫 번째 자연 공동체인 가족에 두고 이러한 가족의 physis가 마을을 거쳐 그대로 폴리스에 이전된다는 주장이다. 목적론적 해석은 인간본성에 초점을 맞추어 폴리스를 인간의 본성적 충동, 즉 '자족'과 '잘 사는 것'에 대한 목적의 추구로써 얻게 되는 자연적 존재로 간주하는 입장으로 이해할 수 있다.

이러한 두 가지 설명방식을 좀 더 살펴보면, 먼저 자체원인 해석은 아리스토텔레스에게 있어서 폴리스가 자연적 존재로서 간주될 수 있는

---

[20] *De Caelo*, II.5, 288a2-3.

이유는 바로 폴리스가 가족이나 마을과 같은 자연적 공동체들의 목적이 되기 때문이라는 것이다. 즉, 가족이나 마을에 내재된 자연성이 그대로 폴리스에 이행되기 때문에 폴리스 역시 자연적인 존재라는 것이다. 달리 말해 가족은 남자와 여자의 본성적인 결합에 의해 이루어졌기 때문에 자연적 공동체이며, 이러한 가족의 자연성은 여러 가족들로 이루어진 마을에 그대로 이전되며 다시 여러 마을로 이루어진 폴리스 또한 마을에 내재되어 있던 자연성을 그대로 전수 받기 때문에 자연적 존재라는 것이다. 요컨대 자체원인 해석은 다음과 같은 형식으로 정리될 수 있다: 1) 존재(공동체) A가 존재 B보다 더 자족적이라면. 2) 그런데 여기서 존재 B가 자연적 존재라면. 3) 따라서 존재 A 역시 자연적 존재이다. 이는 일종의 자연성의 내적 이행성에 그 원인을 두고 이루어지는 해석으로써 가족의 자연성이 마을로 이전되고 다시 마을의 자연성이 폴리스로 이전되어 결국 폴리스 내에 physis가 그대로 내재되어 있음으로 해서 폴리스는 자연적 존재라는 것을 주장하는 것이다.

이러한 자체원인 해석은 설명에 있어서의 단순성을 확보할 수 있다는 점에서 어느 정도 설득력을 가지는 것으로 보인다. 즉, 자연적으로 존재하는 것은 그 원인이 우연이나 자동성 또는 기술과 같은 것에 의해 이루어지는 것이 아니라 physis에 의해 이루어진다는 형이상학적 자연주의를 정치적 자연주의에 그대로 적용할 수 있다는 장점을 지닌다.[21] 그러나 자연성의 내적 이행성에 근거한 설명은 다음과 같은 몇 가지 점에서 그 타당성이 의문시된다.[22] 먼저 아리스토텔레스에게 있어서 자연적 존재는 그것이 이동, 성장과 같은 변화의 특성을 지니고 있어야 한다. 예를 들어 변화를

---

[21] F. D. Miller(1995), 37-8 참조할 것.
[22] 이하의 비판과 관련해선 다음을 참조할 것. F. D. Miller(1995), 38-40. D. Keyt(1991), 130-31.

가능하게 해주는 내적인 원리로서의 physis를 지니고 있는 물고기는 성장하고(양의 변화), 헤엄치고(장소의 변화) 또 감각할 수 있다(질의 변화).[23] 그러나 아리스토텔레스는 폴리스가 자연적 존재임을 증명하기 위해 폴리스 역시 물고기나 식물처럼 성장하고 이동할 수 있다는 것에 전혀 관심을 두고 있지 않은 것으로 보인다. 폴리스가 자체의 본성을 가진 자연적 존재라면 인간이 인간을 낳듯이,[24] 굳이 가족이나 마을과 같은 공동체에 의존하지 않고서도 폴리스를 탄생시킬 수 있어야 할 것이다. 둘째로 '자연성의 이행성 원리가 정당화될 수 있는가'라는 점이다. 앞에서 언급한 것처럼 폴리스의 자연성은 폴리스를 이루고 있는 가족과 마을의 자연성이 폴리스에 이행되었다는 것에 근거하고 있다. 그러나 키트(Keyt)가 지적하는 것처럼[25] 집은 자연적인 재료로 이루어졌음에도 불구하고 그것이 자연에 의해 이루어진 것이 아니라 기술(craft)에 의해 존재함으로써 자체의 퓌시스를 가지지 못한다. 마찬가지로 폴리스가 그것을 이루는 부분들로 볼 수 있는 가정이나 마을이 자연적 공동체라고 해서 그 자체의 내적 원리로서의 퓌시스를 갖고 있다는 결론이 도출될 수는 없다.

하지만 무엇보다 우리로 하여금 이 해석을 받아들이기 어렵게 만드는 것은 폴리스가 자연적 존재로 정의되면서도 그것이 장인에 비견될 수 있는 입법가에 의해 만들어진다는 것이다. 이미 앞에서 언급한 것처럼 아리스토텔레스는 폴리스의 건설자, 즉 정치가 혹은 입법가를 장인에 비유하면서 입법가는 일정한 인구와 영토라는 질료에 정체와 같은 형상을 부여하는 것으로 보고 있다.[26] 이는 달리 말해 배, 옷, 그리고 신발이

---

[23] *De Anima*, II.4, 415b21-8. *Physica*, II.1, 192b13-19 참조할 것.
[24] *Metaphysica*, VII.7 1032a25, XII.3, 1070a8.
[25] D. Keyt(1991), 130-31.
[26] *Pol.*, III.3 1276b1-11, VII.4, 1326a35-8.

각각 조선공, 직조공 그리고 신기료장수와 같은 장인의 제작지(technē)에 의한 인공물이듯이 폴리스 역시 입법가의 실천지와 같은 정치술(politikē)에 의한 인위적인 존재라는 것을 뜻한다. 그런데 그의 이러한 비유는 결국 (1) '폴리스는 자연적 존재이다', 그런데 (2) '폴리스는 장인인 입법가에 의해 탄생하게 된다', 그러나 (3) '자연적으로 존재하는 것은 또한 인공물이 될 수 없다'라는 소위 퓌시스와 테크네 사이에서의 딜레마를 해결하지 못하는 약점을 노출시킨다. 한편으론 폴리스의 자연성을 주장하면서[27] 다른 한편으론 폴리스를 입법가에 의해 탄생하게 된 인위적 존재로 간주하는 것으로 생각되기 때문이다.[28] 그러나 자연적으로 존재하는 것이 인공물이 되는 것으로 보기는 어렵다.[29] 아리스토텔레스에게서 있어서 자연적으로 존재하는 것은 그 원인이 어디까지나 자연이지 기술이 되어서는 안 되기 때문이다. 요컨대 그에게 있어서 제작에 의한 산물은 어디까지나 인위적 존재이지 자연적 존재가 될 수 없다.

반면에 목적론적 해석은 폴리스의 자연적 존재성을 그 이전에 존재하는 자연적 공동체에 근거해서 설명하는 것이 아니라 인간 본성(physis)에 근거하여 논증하는 방식이다. 다시 말해 폴리스가 자연적 존재로서 간주될 수 있는 이유는 폴리스 자신이 그 자체의 자연성을 가지고 있기 때문이 아니라 그것이 인간 본성의 목적이 되기 때문이라는 것이다. 인간은 폴리스에 살려는 본성을 가지고 있는데 이는 폴리스가 바로 인간의 본성적 목적, 즉 "잘 사는 삶을 위한 자족"(autarkes pros to eu zēn, 1326b8-9)을 실현해줄 수 있는 공동체이기 때문이다. 앞에서도 살펴보았듯이 폴리스

---

[27] *Pol.*, I.2, 1252b30, 1253a2.
[28] *Pol.*, VII.4, 1325b40-1326a5, II.12, 1273b32-3, 1274b18-9.
[29] *Physica*, II.2, 192b17-9, *Metaphysica*, VII.7, 1032a12-3, XI.8, 1065b3-4, XII.3, 1070a6-9. *EN*, III.3, 1112a31-3, VI.4, 1140a14-6, *Rhetorica*, I.4, 1359a30-b2.

는 식물이나 물고기처럼 운동, 변화할 수 있는 자체의 내적인 원리로서의 본성은 가지고 있지 않다. 그러나 아리스토텔레스는 『자연학』에서 자체의 내적 원리로서의 physis를 가진 존재뿐만 아니라 넓은 의미에서 그러한 원리에 따라 이루어지는 존재를 "본성에 있어서"(physei) 또는 "본성에 따른"(kata physin)이라는 용어를 통해 그것의 자연적 존재성을 인정하고 있다.[30] 따라서 우리는 넓은 의미에서 폴리스가 자체의 내적인 운동원리로써의 physis를 가지고 있지는 않지만 physis를 가진 어떤 존재의 본성에 따른 존재로서의 자연적 존재성을 받아들일 수 있을 것이다.

그러면 폴리스는 어떤 것에 따른 자연적 존재인가? 우리는 『정치학』에서의 "폴리스는 자유로운 시민들의 공동체이다"(III.6, 1279a21)와 "폴리스는 그 본성상 다수의 사람들로 이루어져 있다"(II.1, 1261a18)라는 아리스토텔레스의 언급으로부터 폴리스의 자연성이 기본적으로 그것을 이루고 있는 인간의 '본성'과 분리되어 생각될 수 없다는 것을 알 수 있다. 그리고 목적론적 해석은 이러한 인간의 본성을 구체적으로 아리스토텔레스의 다음과 같은 언급 속에서 찾고 있다: "인간은 본성적으로 폴리스에 살려는 충동(hormē)을 가지고 있다"(I.2, 1253a29-30). 이로부터 우리는 목적론적 해석이 폴리스의 자연적 존재성을 충동과 같은 인간의 본성에 따른 것으로 설명하고 있음을 알 수 있다. 요컨대 이 해석에 따르면 폴리스는 마치 새의 보금자리와 거미의 집이 새와 거미의 본성적인 충동에 따라 이루어진 자연적 존재이듯이[31] 인간의 본성적인 충동에 따라 탄생된 것이기 때문에 자연적 존재라는 것이다.

목적론적 설명에 의해 폴리스의 자연적 존재성을 증명하려는 이와 같

---

[30] *Physica*, II.1, 192b35 이하 계속 참조할 것.
[31] *Physica*, II.8, 199a7-8, 29-30.

은 시도는 자연의 이행성에 기초한 앞의 '자체적 원인에 근거한 해석'보다는 좀 더 설득력이 있는 것으로 보인다. 왜냐하면 이 해석은 폴리스가 이전의 자연공동체들로부터 발전하였다는 사실을 인정하면서도 이러한 과정이 기본적으로 '자족'과 '잘 사는 것'에 대한 인간의 본성적 충동에 의해 관철되고 있다는 일종의 설명에 있어서의 포괄성을 담보하고 있기 때문이다. 이밖에도 이 설명은 충동과 같은 인간의 본성적 요소와 입법가의 역할과 같은 인위적 요소가 서로 충돌하지 않는 것으로 해석할 수 있는 장점을 가지고 있는 것으로 보인다. 이는 뒤에서 조금 더 자세히 살펴보겠지만 입법가의 정치술과 같은 제작지가 인간의 본성적 충동의 협력자로서 인간의 목적을 완성시키는 역할을 하는 것으로 해석할 수 있기 때문이다.[32] 실제로 아리스토텔레스는 『자연학』에서 physis가 자신의 역할을 충분히 행할 수 없을 경우에는 technē가 자연의 목적을 완성시키는 일을 행할 수 있음을 인정하고 있다. 이것은 충동과 같은 본성적 요소와 입법가의 정치술과 같은 제작적 요소가 서로 모순관계에 있는 것으로 이해하지 않아도 됨을 의미한다.[33]

그러나 목적론적 해석은 앞의 장점들에도 불구하고 여전히 physis와 technē의 딜레마에서 완전히 자유롭지 않다는 비판이 제기될 수 있다. 폴리스의 자연적 존재성이 인간의 본성적인 요소에만 의존하기 때문에 부분적 자연성만을 확보하며 결국 약한 인과적 요건만을 충족시키고 있는 것으로 보이기 때문이다. 나는 이러한 비판이 목적론적 해석을 주장하는 캄프(Kamp)의 주장에도 그대로 적용될 수 있다고 생각한다. 즉, 캄프는 폴리스의 자연적 존재성을 인간본성의 관점에서 이해한다는 점에서는

---

[32] E. Barker(1958), 7. 각주 1.
[33] *Physica*, II.8, 199a15-7, II.2, 194a21 이하 계속. 또한 Platon, *Nomoi*, X. 889d4-6 참조할 것.

옳지만, 여전히 그의 폴리스가 반만 자연적인 존재라는 비판으로부터 자유롭지는 않기 때문이다.[34] 캄프보다 좀 더 적극적으로 대응하고 있는 밀러(Miller) 역시 이 문제를 충분히 만족할 만한 정도로 설명을 해내고 있는 것 같지는 않다.[35] 그는 폴리스의 자연적 존재성이 인간의 본성적인 요소로서의 충동과 정치가의 정치술과 같은 인간의 이성 양자 모두에 근거하며 이루어지기 때문에 약한 인과적 요건을 충족시키는 것이 아니라고 주장한다. 다시 말해 밀러는 의사가 의술을 가지고 자연적인 몸의 상태가 깨진 환자에게 건강을 회복시켜주듯이, 정치가는 폴리스적 삶을 지향하는 인간의 본성적인 충동을 정치술을 통해 실현할 수 있다는 점에서 양자가 모순 없이 인정될 수 있다는 것이다. 그의 이러한 주장은 『자연학』에서 기술되고 있는 physis와 technē의 상호협력에 대한 아리스토텔레스의 견해를 염두에 둘 때 올바른 주장이라 말할 수 있다. 그러나 밀러의 주장은 사실상 어떤 새로운 사실도 더 보태어 주는 것이 없는데, 그것은 '정치가가 활용하는 이성에 의한 정치술이 어떻게 충동과 같은 자연적 요소로 간주될 수 있는가'의 문제를 해결하지 못하기 때문이다. 분명 정치가의 정치술은 인간이 태어날 때부터 가지는 충동과 같은 physis가 아니기 때문이다. 그렇다면 결국 폴리스는 인간의 자연적 충동과 정치가의 이성에 의한 정치술이라는 인위적 요소, 이 두 가지에 의해 건설된다는 점이 부정될 수 없다. 그리고 앞의 학자들의 해석 역시 여전히 폴리스의 자연성이 인간의 자연적 본성에만 국한됨으로써 결과적으로 폴리스가 반만 자연적이라는 비판에 적극적으로 응답하지 못하고 있다고 말할 수 있다. 이제 나는 기본적으로 목적론적 입장에 서서 앞서 제기된 폴리스의

---

[34] A. Kamp(1985), 106-117.
[35] F. D. Miller, 41-45.

반자연성 문제에 대한 해결을 모색하고자 한다. 나는 이것을 아리스토텔레스의 인간에 대한 중요한 규정으로 간주되는 두 명제, 즉 "인간은 본성적으로 폴리스적 동물이다"와 "인간만이 로고스를 가진 동물이다"를 분석하면서 가능한 답을 모색할 것이다.

(2) 충동(hormē)과 로고스(logos)

잘 알려진 것처럼 아리스토텔레스에게 있어서 "인간은 본성적으로 폴리스적 동물"(ho anthrōpos physei politikon zōon, 1253a2-3)으로 규정된다. 그러나 이때의 '폴리티콘'(politikon)이란 말은 앞으로의 분석에서 밝혀지겠지만 주어진 문맥 속에서 사실상 여러 의미로 사용되고 있기 때문에 그리 간단하게 해석되기 어려운 의미를 갖고 있다. 그래서 먼저 이 말이 아리스토텔레스에게 있어서 어떤 의미로 사용되고 있는지를 밝히고, 계속해서 폴리스의 탄생을 가능하게 하는 인간의 기본적인 두 가지 속성인 충동과 로고스를 어떻게 이해해야 하는지를 규명하는 방향으로 논의를 이끌어 나가도록 하겠다.

먼저 아리스토텔레스의 인간에 대한 규정으로서의 '폴리티콘'이란 말은 그의 저술 『동물의 역사』(historia animalium) 1권 1장에서 다루어지고 있는 생물학적인 분류 속에서 발견된다.[36] 이 분류에 따르면 모든 동물은 삶의 방식과 그 행동에 따라 군거적(agelaia) 동물과 고립적(monadika) 동물이라는 두 범주로 나누어진다. 여기서 군거적 동물은 다시 함께 모여 사는가 아니면 흩어져 사는가에 따라 사회적(politika) 동물과 분산적(sporadika) 동물로 나뉜다.[37] 그런데 이러한 분류에서 인간은 벌, 개미,

---

[36] *Historia animalium*, I.1, 487b33-488a13.
[37] 여기서 사회적 동물(politika)이 아닌 군거적 동물(agelaia)에만 속하는 것인지 아니면

그리고 학과 더불어 사회적 동물에 속하는 것으로 기술된다. 다시 말해 인간은 생물학적인 측면에서 유일한 폴리티콘, 즉 사회적 동물은 아니다. 이처럼 폴리티콘이란 말은 아리스토텔레스에게 있어서 일차적으로 사회적 혹은 공생적이라는 뜻을 가진다. 또 이러한 의미로 사용될 경우 이 말은 인간에게만 고유하게 적용되는 것이 아니라 공동적인 삶의 형태를 취할 수 있는 벌이나 개미와 같은 다른 동물에게도 함께 사용될 수 있는 폭넓은 의미를 지닌다고 말할 수 있다.

폴리티콘이란 말이 이처럼 '함께 사는', 즉 '사회적'이란 의미로써 인간에 대한 수식어로 사용되고 있는 예들을 우리는 다음과 같은 표현 속에서 확인할 수 있다: 1) "왜냐하면 어느 누구도 자기 자신만을 위해 모든 좋은 것들을 취하지는 않을 것이다. 왜냐하면 인간은 사회적(politikon) 동물로서 본성적으로(pephukos) 함께 살려고 하기 때문이다"(EN, I.9, 1169b17-9). 2) "우리는 자족적(autarkes)이란 말을 그 자신이 혼자 떨어져 사는 것을

군거적 동물과 고립적 동물 양자에 함께 속하는지에 대한 학자들의 논쟁이 있다. Mulgan은 사회적 동물이 군거적 동물과 고립적 동물(monadika) 양자에 함께 속한다고 주장한다. 그는 분산적 동물로 명확히 간주될 수 있는 일군의 군거적 동물과 일단의 절대적인 고립적 동물이 있을 수 있다는 가능성을 받아들이면서, 이러한 특별한 경우를 제외하곤 거의 모든 군거적 동물과 고립적 동물이 비록 부분적이지만 사회적 동물이 될 수 있다고 주장한다. R. G. Mulgan(1974), 439. 특히 주 3. 이와 반대로 Cooper는 고립적 동물이 사회적 동물이 될 수 있다는 주장을 인정하지 않는다. 따라서 그에 따르면 군거적 동물에 속하는 동물들만이 사회적 동물과 분산적 동물로 나누어질 수 있다. 특히 그는 인간은 사회적 동물이면서 동시에 분산적 동물이라는 아리스토텔레스의 언급에 주목하면서 인간을 군거적 동물과 분산적 동물 사이에 위치시키는 Kullman의 의견을 비판하면서 인간을 군거적 동물에 속하는 것으로 간주한다. 물개는 비록 바다와 육지에 살 수 있지만 기본적으로 수중동물로 간주되듯이 인간 역시 고립적 동물로서 혼자 살 수는 있겠지만 본질적으로 군거적 동물에 속하는 사회적 동물이라는 것이 Cooper의 주장이다. M. Cooper(1990), 222-24, 각주 5. 한편 위 학자들의 이분법적 분류 주장에 대해 Depew는 기본적으로 반대하면서 그 대안으로 소위 '동물들이 가지는 특성의 더 많음과 더 적음의 정도'에 따른 해석을 주장한다. 이 해석에 따르면 동물들의 종류사이에는 단지 다음과 같이 기술될 수 있는 더 적음과 더 큰 차이점만이 존재한다: 고립적 < 분산적 < 군거적 < 사회적. D. J. Depew(1995), 174-175.

의미하는 것이 아니라 부모, 아이들, 부인 그리고 모든 친구들과 동료 시민들에 대해 말하는 것이다. 왜냐하면 인간은 본성적으로(physei) 사회적(politikon)이기 때문이다"(*EN*, I.5, 1097b8-11). 위의 두 인용부분에서 아리스토텔레스는 인간이 자기 자신만을 위해 모든 좋은 것을 선택하지 않는다는 점과 또 자족성이란 말이 홀로 사는 것이 아니라 함께 살고자 하는 인간의 사회성을 의미하는 것으로 말하고 있다. 그러면 '폴리티콘'이란 말은 이처럼 '사회적'이란 의미로만 사용되는 것인가?

폴리티콘이란 말이 인간에 대한 일의적 규정으로서 사회적이라는 뜻만을 지니는 말로써 사용되었다면 분명 쿨만(Kullman)이 지적하는 것처럼[38] 이 말은 인간에 대한 본질적인 정의로 간주될 수는 없을 것이다. 그러나 우리는 아리스토텔레스의 윤리학과 관련된 저술들 속에서 이 말을 광의의 의미로서의 사회적인 의미로만 해석할 수 없는 다음과 같은 구절들을 발견하게 된다: 1) "(인간은) 폴리스적(politikon) 동물일 뿐만 아니라 가족적 동물(oikonomikon zōon)이다."(*EE*, IV.10, 1242a22-23). 그리고 2) "남자와 여자 사이에는 본성에 따라(kata physin) 친애(philia)가 있는 것으로 보인다. 왜냐하면 가족이 폴리스보다 더 우선하고 더 필요한 것만큼, 그리고 동물들에게 종족번식이 더 공통된 것만큼 인간은 본성적으로 폴리스적 동물인 것보다 더 결합적(sundyastikon) 동물이기 때문이다"(*EN*, VIII.4, 1162a16-9).

위의 인용부분에서 폴리티콘이란 말은 인간에 대해 수식을 하고 있는 형용사 '가족적' 또는 '결합적'이란 말의 대칭어로써 폴리스에 사는 동물로서의 '폴리스적'이란 의미로 사용되고 있다고 볼 수 있다. 요컨대 politikon이란 말은 일반적으로 넓은 의미로는 벌, 개미와 같은 일군의

---

[38] W. Kullman(1991), 100-101. G. Bien(1985), 171 참조.

집단적 생활을 하는 동물들과 더불어 인간에 대해서도 사용할 수 있는 '사회적' 혹은 '공동적'이란 의미를 가진다. 또한 다른 한편으론 폴리티콘은 좁은 의미로 '잘 사는 것'과 '자족성'을 실현할 수 있는 최고의 완성된 윤리적 - 정치적 공동체로서의 '폴리스적'을 의미하는 이중적 의미를 가지고 있다고 말할 수 있다.

그런데 여기서 우리가 관심을 두고 있는 것은 인간이 개미나 벌처럼 함께 살 수 있다는 '사회적 동물'로서가 아니라 인간만이 가질 수 있는 최고의 완성된 공동체 형태로서의 폴리스에 살 수 있다는 '폴리스적 동물'이라는 사실이다. 그러면 인간으로 하여금 본성적으로 폴리스적 동물이 되는 것을 가능하게 해주는 것은 무엇인가? 이미 우리는 앞에서 목적론적 해석을 살펴볼 때 인간의 충동(hormē)이 그러한 본성임을 지적하였다. 다시 말해 아리스토텔레스에 따르면 씨앗이 나무로 발전될 수 있는 본성적인 충동을 가지고 있는 것처럼,[39] 인간 역시 폴리스에 살려는 본성적인 '충동'을 가지고 있다는 것이다.[40] 물론 그가 폴리스에 살려는 인간의 동기로서 충동만을 인정하고 있는 것은 아니다. 그는 『정치학』 3권 6장에서 인간이 폴리스를 이루려는 동기로서 충동 이외에 '공동이익'(to koinei sympheron)이라든지 개인의 '사적이익' 추구와 같은 이유를 그 동기로서 제시한다.[41] 그러나 그는 어떠한 이익이, 그것이 공동이익이든 단순한 삶을 위한 사적이익이든, 없어도 인간은 폴리스에 살려는 충동을 가지고 있는데, 이것을 바로 충동과 같은 인간의 본성(physis)에서 비롯한 것으로 말한다. 홉스와는 달리[42] 아리스토텔레스는 폴리스를 어떤 이익을

---

[39] De Anima, II.4, 415b25-416a18. De Partibus animalium, I.1, 640a19-26.
[40] Pol., I.2, 1253a29-30.
[41] Pol., III.6, 1278b17-30.
[42] T. Hobbes(1949), II.2.

얻을 수 있는 한에서 추구되는 그런 인공적 존재로 간주하는 것이 아니다. 그 반대로 폴리스를 인간 그 자체의 자연적 욕구 또는 충동에서 비롯하는 존재로서 그 안에 인간의 본성을 담지한 자연적 존재로 보는 것이다. 왜냐하면 외부의 어떤 공격으로부터의 생존이나 또는 단순한 이기주의적 목적을 위해 인간이 어떤 공동체의 형태를 필요로 한다면 그것은 일종의 동맹공동체이지 아리스토텔레스적인 의미에서의 진정한 폴리스는 아니기 때문이다.

그러면 아리스토텔레스는 인간이 자신에 내재되어 있는 충동에만 근거하여 아무런 문제없이 폴리스의 단계에 도달할 수 있다고 보았을까? 인간은 올림픽 경기의 우승자가 되고자 하는 충동을 가지고 있지만 그것이 충동에 의해서만 가능하지는 않은 것이 사실이다.[43] 올림픽 경기의 우승자가 되어 월계수 관을 머리에 쓸 수 있기 위해서는 우승자가 되고자 하는 욕구 외에 이성에 의해 짜인 올바른 운동술(gymnastikē)에 입각한 철저한 경험적 훈련이 뒤따라야만 할 것이다. 이와 마찬가지로 인간이 폴리스에 살려는 충동을 본성적으로 지니고 있다고 해서 폴리스가 이러한 인간의 본성에 의해 자연적으로 건설되는 것은 아니다. 여기서 우리는 아리스토텔레스가 충동 이외에 폴리스의 성립을 가능하게 해주는 중요한 다른 요소를 인정하고 있음을 알게 되는데 "인간만이 로고스를 가진 동물이다"(*Pol.*, I.2, 1253a9-10)라는 표현 속에서 발견하게 되는 로고스(logos)가 그것이다.

폴리스의 성립을 가능하게 해주는 요소로써 충동 이외에 로고스가 필요하다는 아리스토텔레스의 견해는 『정치학』1권 2장 1253a7-18행에서 잘 나타나고 있다. 이 부분에서 그는 인간이 벌과 같은 다른 사회적 동물들보

---

[43] *EN*, VII.6, 1147b35.

다 "좀 더"(mallon)[44] "폴리스적 동물"(politikon zōon)이 될 수 있는 이유를 인간의 "로고스"(logos)[45]에서 찾고 있다. 인간은 새가 "소리"(phonē)를 통해 단순히 고통과 쾌락의 감각을 전달할 수 있는[46] 것과는 달리 로고스를 통해 단순한 감각적 성질들뿐만 아니라 "정의로운 것"(to dikaion)과 "불의로운 것"(to adikon) 혹은 "선"(agathon)과 "악"(kakon)과 같은 윤리적인 덕들을 파악할 수 있고 또 이러한 것들을 타인에게 전달할 수 있다. 이렇듯 로고스는 인간으로 하여금 좀 더 복잡하고 차원 높은 공동의 일을 수행할 수 있게 해주는 능력으로서 가족과 폴리스를 건설하게 해주는 인간의 고유한 특성이다. 다시 말해 폴리스의 탄생이 가능할 수 있는 것은 인간이 바로 로고스를 가지고 있기 때문이다. 그런데 문제는 '아리스토텔

---

[44] 여기서 희랍어 mallon을 어떻게 해석하는 가의 문제가 제기될 수 있다. mallon은 mala의 비교급으로서 '좀 더'(more) 또는 '-보다는 차라리'(rather than)의 의미로 해석될 수 있다. 그런데 후자의 의미를 택했을 경우 사회적 동물은 오직 인간만이라는 결론이 도출된다. 그러나 이와 같은 해석은 Mulgan이 지적하는 것처럼 인간 이외에도 벌이나 개미와 같은 동물들 역시 사회적(politikon)동물이라는 아리스토텔레스의 언급과 일치되지 않는 것으로 보인다. 따라서 우리는 mallon을 '좀 더'의 의미로 해석하는 것이 타당하다고 볼 수 있다. 즉, 인간은 개미 또는 벌과 함께 같은 사회적 동물에 속하면서도 인간만이 로고스를 소유함으로 인해서 좀 더 사회적 동물, 즉 폴리스적 동물이 될 수 있는 것이다. R. G. Mulgan(1974), 443.

[45] 인간의 고유한 특성으로 사용되고 있는 logos는 일단 새가 가지는 phone, 즉 소리와 구별되고 있다는 점에서 말(언어, speech)을 의미하는 것으로 볼 수 있다. 그런데 이러한 인간의 말이란 그것이 기본적으로 이성에 의해 사고된 것을 표현하는 수단이기 때문에 logos를 이성으로 해석해도 무방할 것이다. 아리스토텔레스에게 있어서 문자는 언어 말의 기호들(semeia)이고 말- 언어는 사고된 것들의 상징들(symbloa)이므로 말이 이성을 함축하고 있는 것은 당연하기 때문이다(*De anima*, II.5, 11, 12, IV.4, 429a14-23). 그러나 주어진 부분에서 logos가 관계하는 대상이 정의라든지 선과 같은 윤리적 덕이라는 점을 고려하면 logos는 윤리적인 문제들을 파악하는 활동과 관련된 일종의 실천적 인식능력으로 이해될 수 있을 것이다. 본 저술에서는 logos를 말이라든지 또는 이성과 같은 표현으로 사용하지 않고 logos란 말을 그대로 사용할 것이고, 필요한 경우에만 말 또는 이성으로 번역할 것이다. 약간의 차이점은 있지만 한석환이 이와 비슷한 견해를 가지고 해석하고 있다. 한석환(1998), 230-3. J. P. Anton(1996), 11-21 참조할 것.

[46] *De Historia Animalium*, IX.1, 608a17-21. IV.9, 536b14 이하 계속 참조.

레스에게 있어서 로고스는 인간이 태어나면서부터 가지게 되는 자연적인 능력으로 간주되는 것인가?'하는 점이다.

정의와 불의 혹은 선과 악과 같은 윤리적인 문제들을 올바르게 파악할 수 있는 능력으로써의 로고스는 일단은 아리스토텔레스에게 있어서 인간이 자연적으로 가지게 되는 것은 아닌 것으로 보인다. 왜냐하면 정의 혹은 선과 같은 덕들은 그것의 정의(definition)가 구체적인 실천 속에서 가장 잘 드러난다는 특성을 가지고 있어서 이러한 것들을 파악할 수 있는 로고스 역시 경험적인 특성을 가지고 있는 인간의 능력으로 볼 수 있기 때문이다. 잘 알려진 것처럼 아리스토텔레스에게 있어서 정의(to dikaion)는 정의로운 행위를 구체적인 상황 속에서 여러 번 반복적으로 실천한 사람에게만 하나의 굳건한 성품(hexis)으로서 내재화될 수 있는 덕(aretē)이다. 이것은 무엇이 올바른 행위인가에 대한 로고스적 판단이 인간의 실천을 통해 획득될 수 있는 후천적(a posteriori) 능력임을 의미한다.[47] 따라서 폴리스가 입법가의 로고스에 의해 탄생한다면 이것은 결국 폴리스를 자연적 존재보다는 인위적 존재로 보아야 함을 시사해준다. 이렇게 볼 때 폴리스는 결국 인간의 본성적인 충동과 비(非)본성적인 로고스라는 차원을 달리하는 두 요소에 의한 산물로 보아야 할 것이다. 이는 결국 앞에서 말한 것처럼 폴리스는 완전한 의미에서의 자연적 존재가 아니라 어디까지나 인간의 충동과 같은 본성(physis)에서만 그 자연성을 확보하게 됨으로써 일종의 반(半)자연적 존재라는 목적론적 해석의 약점을 확인시켜주는 것이다. 그런데 여기서 우리는 아리스토텔레스에게서 로고스가 과연 인간의 자연적 특성을 전혀 포함하지 않는 요소인지를 좀 더

---

[47] *EN.*, II.1, 1103a34-1103b1, 1103a14 이하 참조. II.5, 1105b19 이하 참조. VI.3, 1139b31-32.

면밀하게 확인해 볼 필요가 있다.

분명 정의와 불의, 선과 악을 구별할 수 있는 능력으로서의 로고스는 시력처럼 인간이 태어날 때부터 가지게 되는 그런 선천적, 자연적 능력은 아니다. 그러나 우리는 가치와 관련된 인간의 여러 윤리적 행위(praxis)를 판단할 수 있는 로고스의 자연적인 능력을 완전하게 부정할 수는 없는 것으로 보이는데, 이는 우리가 로고스를 다음과 같이 크게 두 단계로 나누어 생각해볼 수 있기 때문이다.[48]

> 1단계: 잠재적 가능태로서의 로고스. 소년 테세우스는 정의와 선을 이해할 잠재적 능력으로서의 로고스를 가지고 있다. 왜냐하면 그는 인간이고 인간은 실천지와 같은 이성적 덕을 본성적으로 가지고 있고 이것에 의해 정의와 선을 파악할 수 있기 때문이다.

> 2단계: 현실태로서의 로고스. 성인 정치가 테세우스는 정의로운 것과 선한 것을 파악할 능력(로고스)을 소유하고 있고, 더 나아가 그것을 현재의 주어진 상황 속에서 정의로운 것을 파악하는 데 사용하고 있다. 이는 그가 도덕적 교육과 습관의 과정을 거쳤고 그래서 이러한 일련의 훈련과정을 통해 올바른 선택 결정을 할 수 있는 하나의 정착된 성품(hexis)을 소유하고 있기 때문이다.

위의 두 단계 중에서 우리가 로고스를 인간의 본성적인 것으로 볼 수 있는 단계는 첫 번째이다. 두 번째 단계의 로고스는 그것이 단지 소유한 상태이든 혹은 활동(energeia)의 상태이든 분명 충동처럼 인간이 자연적으로 가지게 되는 그런 자연적인 로고스는 아니다. 키트(Keyt)를 포함한

---

[48] *De Anima*, II.5, 417a21-b2. *De genera Anima*, II.1. 735a9-11. J. Lear(1988), 119. F. D. Miller, 33-35 참조할 것.

지금까지의 학자들의 일반적인 경향은 바로 두 번째의 로고스에 주목하여 폴리스의 자연적 존재성을 부정하려는 시도가 강한 것으로 보인다. 그러나 아리스토텔레스가 인간만이 로고스를 가짐으로써 다른 군거적 또는 사회적 동물들과는 다르게 폴리스적 동물이 될 수 있다고 선언했을 때 무엇보다 첫 번째 단계의 로고스를 염두에 두고 있음이 고려되어야 할 것 같다. 로고스의 자연적 특성이 부정되고 있지 않다는 근거는 무엇보다도 로고스에 대한 설명이 이루어지고 있는 부분에서 확인된다.[49] 즉, 아리스토텔레스는 "인간이 모든 벌과 모든 다른 사회적 동물들보다 더 사회적(politikon) 동물이다"라는 대전제와 "인간만이 동물들 중에서 로고스를 가진다"라는 결론 사이에 일종의 원인을 제시하는 중간 명제를 기술하고 있는데, "왜냐하면 우리는 자연(physis)은 아무것도 헛되이 목적 없이 행하지는 않기 때문이다"라는 것이 그것이다.

이는 다시 말해 인간만이 유일하게 폴리스적 동물이 될 수 있도록 해주는 로고스가 바로 자연(physis)이 인간에게 특별한 목적을 가지고 부여한 자연적 능력이라는 것을 의미한다. 물론 이 때의 특별한 목적은 '자족적이며 잘 사는 삶'을 실현할 수 있는 최고의 공동체 형태로써의 폴리스적 삶임은 당연하다. 이 밖에도 그는 『동물의 발생』[50]과 『동물 부분론』[51]에서 로고스를 인간의 보편적인 특성으로서 자연이 인간에게만 준 것으로 설명하고 있다. 지금까지의 언급으로부터 우리는 "폴리스는 자연적 존재이다"라는 아리스토텔레스의 말이 기본적으로 인간이 본성적으로(physei) 가지고 있는 두 요소에 근거해서 선언되고 있다는 것을 알 수 있다. 즉, 인간의 충동과

---

[49] *Pol.*, I.2, 1253a7-10.
[50] V.7, 786b19-22.
[51] II.16, 659b30-660a2, 1.7, 660a17-23.

로고스가 그것이다. 충동은 어떠한 '이익'(sympheron)이 없이도 인간이 폴리스에 살고자 하는 인간의 '본성적인'(physikon) 특성이다.

그런데 이러한 충동은 사실상 사회적 동물이라 할 수 있는 개미나 벌이 가지고 있는 본능과 같은 것이라 볼 수 있다. 그러나 인간의 충동에 의해 이루어진 폴리스는 개미나 벌이 그들의 본능에 의해 세운 사회형태와는 본질적인 차이점을 가진다. 다시 말해 폴리스는 다른 사회적 동물이 취하는 공동체와는 달리 윤리적인 삶이 가능한 형태로써의 공동체이다. 그리고 이러한 자족과 잘 삶을 가능하게 해주고 이를 지속시켜주는 인간의 고유한 본성적 특성이 바로 로고스이다. 개미와 벌은 인간처럼 사회적 동물이지만 로고스를 소유하고 있지 않기 때문에 폴리스와 같은 형태의 공동체를 가질 수 없다. 그러나 아리스토텔레스가 폴리스를 로고스에 의해서만 건설된 이성의 현실태로서 간주하지 않은 것 역시 자명하다. 그에게 있어서 폴리스는 홉스나 헤겔이 본 것처럼[52] 이성에 의해서만 창조된 이성의 현실태로서의 순수한 인공적 창조물은 아니다. 인간의 본성적인 특성으로서의 충동 역시 폴리스의 탄생과 관련하여 중요하게 인정되고 있기 때문이다. 결국 아리스토텔레스에게 있어서 폴리스의 탄생은 한편으론 자연적인 충동 그리고 자연적인 잠재적 능력으로서의 로고스와 다른 한편으론 경험적인 반복적 훈련에 의해 획득된 현실태로서의 로고스와 같은 요소들의 상호협력에 의해 가능한 것으로 보인다.

지금까지의 검토로부터 우리는 "폴리스는 자연적 존재이다"라는 아리스토텔레스의 말이 다음과 같이 이해되어야 함을 알 수 있다. 첫째 이 명제는 인간의 자연적인 본성과 관련되어 이해되어야 한다. 다시 말해 폴리스적 삶을 가능하게 하는 인간의 physis가 있는데, 충동과 (잠재적

---

[52] T. Hobbes(1968), introd., I. G. W. Hegel(1970), 399 참조할 것.

능력으로서의)로고스가 그것이다. 폴리스가 이처럼 인간의 자연적인 두 요소에 근거하여 성립되었다는 사실은 우리가 앞에서 제기하였던 폴리스의 반(半)자연성 문제 역시 그리 어렵지 않게 해소될 수 있음을 알 수 있다. 다시 말해 폴리스의 자연성은 단지 인간의 본성적인 요소로서의 충동에만 근거한 것이 아니라 인간의 잠재적 가능태로서의 로고스에도 공히 근거하고 있다는 점에서 부분적으로만 자연적인 존재가 아니다. 둘째는 폴리스의 자연성이 인간의 목적과 관련되어 이해되어야 한다는 것이다. 인간은 자족과 잘 사는 것에 대한 본성적 욕구를 가지고 있는데 폴리스는 이러한 인간의 목적을 실현시킬 수 있는 존재이기 때문에 자연적 존재라는 것이다.

목적론적 해석은 이처럼 폴리스가 인간의 본성적 충동과 자연적 로고스에 근거하고 있고 또 이러한 인간본성이 그 목적으로 지향하는 자족적이며 잘 사는 삶을 구현할 수 있다는 점에서 자연적 존재임을 간파하였고 이 점에서 "자체원인해석" 보다 더 나은 해석이라고 말할 수 있다. "폴리스가 개인보다 본성적으로 더 우선한다"[53]라는 아리스토텔레스의 말 역시 바로 인간은 결여적 존재인 반면에 폴리스는 완전한 의미에서의 자족적 존재로서 인간의 행복을 구현할 수 있다는 점에서 목적상 바로 개인에 우선한다는 의미이다. 물론 인간은 폴리스를 떠나 다른 공동체에서도 인간으로서의 삶을 지속시킬 수는 있지만 폴리스 내에서 가능한 윤리적 혹은 자족적인 삶의 형태를 가질 수 없는 것은 분명하다.[54] 이처럼 아리스토텔레스에게 있어 폴리스의 자연적 존재성은 이중적인 측면에서 이해되어야 한다. 즉, 폴리스는 인간의 자연적 요소로서의 충동과 로고스에 기반

---

[53] *Pol.*, I.2, 1253a25.
[54] D. Keyt(1991), 135-140 참조할 것.

하여 자연적이라는 점과 다른 하나는 폴리스만이 이러한 인간 본성이 지향하는 목적을 실현할 수 있는 존재라는 목적의 측면에서 자연적이라는 것이다.

이제 남은 문제는 '테세우스와 같은 폴리스의 수립자가 사용하는 완전한 현실태로서의 이성에 의한 정치술을 어떻게 해석할 것인가'이다. 왜냐하면 인간의 본성적인 요소로서의 충동과 로고스를 자연적인 것으로 인정하더라도 완전한 현실태로서의 이성을 소유한 입법가의 정치술에 의해 폴리스가 건설된다는 것은 여전히 폴리스가 일종의 제작술에 의한 인공물일 수 있음을 암시하고 있기 때문이다. 우리는 이와 관련된 어느 정도의 답을 앞의 목적론적 해석을 살펴볼 때 제시하였는데 그것은 physis가 그 기능을 제대로 행할 수 없을 때 technē는 이러한 자연의 목적을 도와 그것을 완수하는 일종의 자연의 동반자 역할을 할 수 있다고 말하였다. 아래에서 논자는 이러한 자연을 돕는 입법가의 정치술에 대한 아리스토텔레스의 인정이 그의 폴리스에 대한 자연적 존재성 주장과 모순되는 것이 아님을 두 가지 논거를 들어 밝혀보도록 하겠다.

(3) 자연(physis)의 동반자로서의 정치술(hē politikē)

아리스토텔레스는 『정치학』 1권 2장에서 모든 사람에게 폴리스에 살려는 본성적인 충동이 있다고 말한 후에 곧바로 폴리스의 건설자에 대한 그의 견해를 다음과 같이 기술한다. "그러나 그 무엇보다도 폴리스를 처음으로 건설한 자가 선들을 베푼 자 중에서도 최상의 선을 베푼 사람이다."[55] 또 그는 아테네와 스파르타를 각각 만든 솔론과 뤼쿠르고스와 같은 정치가 또는 입법가를 영토와 인구라는 질료에 일정한 형태, 즉 정체

---

[55] *Pol*, I.2, 1253a30-31.

(politeia, politeuma)를 부여하여 폴리스를 만든 장인(dēmiourgos)으로 비유하면서 그들의 역할에 대한 중요성을 표명하고 있다.[56] 이러한 그의 언급들은 폴리스의 건설에 있어 인간의 본성적인 두 요소로써의 충동과 로고스 이외에도 인위적인 요소로서의 입법가에 의해 이루어지는 정치술이 필요함을 인정하는 것으로 볼 수 있다.

그런데 이러한 그의 정치가 혹은 입법가의 역할에 대한 적극적인 평가는 폴리스의 탄생에 있어 충동이나 로고스와 같은 physis의 측면보다도 정치술과 같은 일종의 제작적 측면이 더 중요한 것으로 해석될 수 있는 여지를 남기고 있는 것이 사실이다. 이처럼 자연의 측면보다 제작의 요소가 더 주된 것으로 간주된다면 결국 폴리스의 자연적 존재성이 의심되는 것은 당연한 것으로 보인다. 우리는 앞에서 목적론적 해석을 살펴볼 때 이러한 입법가 또는 정치가의 역할을 일종의 physis를 돕는 technē의 관계로 이해되어야 함을 주장하였다. 그럼에도 불구하고 정치가의 정치술이 아리스토텔레스에게 있어서 적극적으로 평가되고 있다는 사실은 우리로 하여금 일종의 제작술로서의 정치술이 단순한 자연의 부차적인 협력자가 아니라 폴리스의 건설이라는 일련의 과정에 있어 좀 더 주도적인 역할을 하는 것으로 인정이 되어야 하는 것으로 생각하게 한다. 그런데 이러한 생각은 폴리스의 자연적 존재성을 약화 또는 부정하는 것으로 귀결될 수 있는 여지를 보인다. 나는 입법가의 정치술에 대한 아리스토텔레스의 강조가 결코 그 자신의 폴리스의 자연적 존재성에 대한 규정과 모순되거나 그것을 부정 또는 약화시키는 것으로 해석되어서는 안 된다고 생각하는데, 이는 다음과 같은 두 가지 이유에서 그러하다.

첫째로, 우리는 입법가의 정치술이 일반적인 의미에서 제작술과는 다

---

[56] Pol., VI.14, 1325b40-1326a5. II.12, 1273b32-3.

르다는 점을 지적해야만 할 것이다. 물론 아리스토텔레스가 폴리스를 처음 세운 사람, 즉 입법가나 혹은 정치를 건축술이나 혹은 조선술에 의해 각각 집이라든지 배를 만드는 건축가나 조선공과 같은 장인에 비유한 것은 사실이다. 그러나 이러한 비유가 곧 폴리스 역시 정치가의 정치술에 의한 일종의 인공물과 같은 것으로 해석된다면 이는 아리스토텔레스의 진의를 오해하는 것이라 볼 수 있다. 왜냐하면 장인이 그의 생산물을 만들기 위해 갖춰야 할 덕은 제작지(technē)이지만 정치가나 입법가가 지녀야 할 덕은 인간의 "실천적 삶"(praktikos bios)과 관련하여 요구되는 실천지(phronēsis)이기 때문이다.[57] 물론 제작지의 대상이 "다르게 될 수 있는 것"(to endechomenon allōs echein)이고 또 그것이 "이성과 함께하는 성품"(hē meta logou hexis)이라는 점에서는 실천지와 일치한다고 볼 수 있다.[58] 그러나 이러한 양자의 공통점에도 불구하고 '제작활동'(poiēsis)과 '실천활동'(praxis)은 다르다고 할 수 있는데, 이는 전자가 행위 그 자체의 목적을 위해서가 아니라 일상적인 생활에서의 외적 필요를 충족시키기 위해서나 또는 미적 혹은 정신적 쾌락을 위하여 생산물을 창조하는 수단적 활동임에 비해,[59] 후자는 자체목적적인 행위이기 때문이다. 그리고 이러한 자체목적적인 행위는 최고의 궁극목적이라 할 수 있는 '최고선'(to ariston)을 향하여 이루어지는데 아리스토텔레스에게 있어서 이러한 최고선이 바로 "잘 사는 것"(eu zēn) 또는 '행복'(eudaimonia)이라 할 수 있다.[60] 정치학이 "가장 중요하며(kuriotatē), "최고 기술 자격의(architektonikē) 학문으로서 강조되고 있는 이유도 바로 이러한 공동체 구성원 모두의

---

[57] *Pol.*, IV.4 1277b25-29, VII.2, 1324a33-35. *EN*, 1141b23-33, 1140b7-10.
[58] *EN.*, VI.4, 1140a11-12, 1140a10.
[59] *EN.*, VI.5, 1140b4-7, VI.2, 1139b1-4. *Metaphysica*, I.1, 981b17-18.
[60] I.2, 1095a18-20, I.5, 1097b5-7.

행복을 어떻게 구현할 것인가를 탐구하는 학문이기 때문이다.[61] 그리고 이러한 정치학의 목적을 구체적으로 잘 실현할 수 있는 자가 바로 정치가 혹은 입법가라 할 수 있다. 아리스토텔레스는 정치가 혹은 입법가가 그들 본연의 고유한 임무, 즉 "시민들을 선하고 정의롭게 만드는 것"[62]을 올바르게 현실 속에 구현하기 위해서는 실천지를 소유하고 있어야 함을 강조한다. 그런데 실천지는 그것이 수단에만 관계하는 것이 아니라 "전체적으로 잘 살아가는 것과 관련해서(pros to eu zēn holōs) 무엇이 좋고 유익한지 잘 숙고하는 것"(EN, 1140a22-28)을 의미하기 때문에 이 점에서 제작지와는 다르다.[63] 요컨대 정치가의 실천지에 의해 이루어지는 정치술은 그것이 인간의 본성적 목적이라 할 수 있는 행복의 구현을 목적으로 삼기 때문에, 인간의 일상적인 생활의 외적 필요를 충족시키기 위한 수단으로서 이루어지는 장인의 제작술과는 구별된다고 볼 수 있다. 이는 정치술에 의해 이루어지는 폴리스가 장인의 제작술에 의해 만들어지는 인공물과 같은 것으로 간주될 수는 없다는 것을 의미한다.

둘째로 폴리스의 건설에 있어 더 주도적이며 중요한 것으로 간주되어야 하는 것은 인간의 충동과 자연적인 로고스이지 이성에 의한 정치가의 정치술과 같은 일종의 테크네적 측면이 아니다. 여기서 우리는 『자연학』 2권에서 전개되고 있는 physis와 technē의 관계에 대한 아리스토텔레스의 견해를 간단하게 살펴볼 필요가 있다. 그에 따르면 자연(physis)은 제작(기술, technē)의 원형임으로 해서, 제작은 자연을 '모방'(mimēsis)하며 자연의 모형과 그 기능에 따라 이루어져야 한다.[64] 물론 제작이 단순한

---

[61] *EN.*, I.2, 1094a26-27.
[62] *Pol.*, III.9, 1280b12. *Pol.*, I.1, 1252a1-6. *EN.*, I.2, 1095a14-7, I.10, 1099b29 -32.
[63] 덕과 프로네시스의 관계에 대한 상세한 논의는 편상범(1998) 참조할 것.
[64] *Physica*, II.8, 199a15-20.

자연의 모방 또는 복사에 불과한 것은 아니다. 그 반대로 자연이 자신만의 힘으로 목적을 실현할 수 없는 경우에 제작은 자연의 동반자로서 활동하면서 자연의 목적을 완성시킨다. 이런 점에서 테크네는 단순한 자연의 협력자라기보다 자연과 마찬가지로 공동의 창조자라 말할 수 있을 것이다. 그러나 이러한 모든 사실에도 불구하고 아리스토텔레스에게 있어서 제작에 의한 과정은 제작 자체의 원리에 따라 이루어지는 것이 아니라 자연의 원리에 따라 이루어져야 한다. 왜냐하면 자연은 제작의 원인(aitia)이자 제작이 실현하고자 하는 '목적'(hou heneka)이라 볼 수 있기 때문이다.[65] 그래서 아리스토텔레스는 자연이 항상 자신의 목적을 이루는 것만은 아니지만,[66] 그럼에도 불구하고 자연은 "항상 또는 대부분의 경우에 있어서" 자신의 목적을 최선의 과정을 따라 성취하기 때문에 테크네보다 "더 정확하고 더 낫다"라고 말한다.[67]

이러한 자연의 테크네에 대한 우월성은 아리스토텔레스의 주석가들에 의해서도 강조되고 있다. 그중에서도 "자연이 테크네보다 더 완전하다"고 해석한 포르퓌리오스의 견해에 대한 심플리키오스의 해설이 도움이 된다. 심플리키우스는 여기서 퓌시스 자체가 자신의 목적을 완성시킬 수 없는 경우에는 테크네가 자연의 목적을 완성시켜주며, 더 나아가서는 자연에 대한 단순한 모방을 넘어 창조적인 일을 행할 수 있음에도 불구하고 왜 자연이 아리스토텔레스에게 있어서 테크네보다 더 완전한 것으로 말해지는지를 밝히고자 한다. 심플리키우스는 그 이유를 테크네의 "결핍성"(to leipon anaplērousēs)에서 찾고 있다.[68] 달리 말해 한 그루의 아름다

---

[65] *Physica*, II.8, 199b29-32.
[66] *Physica*, II.8, 199a16.
[67] *De Caelo*, II.5, 288a2-3. *EN*, II.5, 1106b14-6.
[68] Simplicios, Comm. in Aristo. Gr., IX, 378.

운 나무, 도도하게 흐르는 강물, 그리고 장엄한 자태의 산봉우리는 제작에 의한 그 어떤 모방, 즉 그림도 그것을 똑같이 화폭에 옮기는 것이 불가능하다.[69] 그래서 아리스토텔레스에게 있어서 자연에 어긋나는 어떠한 테크네도 좋은 것으로 간주될 수 없는 반면에 테크네에 어긋난 어떠한 자연도 잘못되고 나쁜 것이 아닌 것으로 말해질 수 있다.[70] 요컨대 자연은 자신이 "원하는 것"(bouletai)을, "행하면서"(prattei, poiei, ergazetai, kinei) 자신의 "목적을 향해"(stochazetai) 나아가는 "창조자"(dēmiourgos)이다.[71]

이러한 퓌시스와 테크네의 관계는 폴리스의 건설과 관련하여서도 유효한 것으로 보인다. 다시 말해 정치가 혹은 입법가의 정치술이 폴리스의 건설과 관련하여 인간의 physis적 특성으로서의 충동과 로고스보다 더 중요한 것으로 인정될 수는 없다는 것이다. 왜냐하면 위대한 입법가 또는 정치가에 의해 행사되는 어떠한 정치술에 의해서도 인간의 본성적인 충동과 로고스가 그 목적으로 지향하는 자족과 행복을 완벽하게 구현할 수는 없는 반면에 실천지를 담지한 훌륭한 폴리스의 건설자들이라면 그들이 세우고자 하는 최선의 폴리스(정체)는 항상 인간본성이 목적하는바, 즉 윤리적 잘 삶을 그 척도로 삼고 그것을 구현할 수 있어야 하기 때문이다. 프로메테우스가 신의 나라로부터 훔쳐 온 자연적인 불 없이는 인간의 문화(예술, technē)가 불가능했듯이, 인간의 자족과 행복에 대한 인간의 충동, 그리고 로고스와 같은 physis 없이는 폴리스의 수립자가 발휘하는 정치술은 아리스토텔레스에게 있어서 그 의미가 없는 것이다.

인간이 자연적으로 가지고 있는 physis는 그것이 무(無)목적적인 것이

---

[69] D. D. Moukanou(1993), 70.

[70] *Pol.*, VII.3, 1325b9-10 참조할 것.

[71] Themistius, Comm., in Aristo, Gr., V.II, Academia Borussica, 37, 61-62. Simplicios, 311, 364, 385.

아니다. 그 반대로 그것은 항상 "숭고하고"(kalon), "좋은 것"(agathon)을 그 목적대상으로 가지며, 이런 이유로 그것이 없이는 어떠한 활동도 이루어질 수 없다.[72] 이런 점에서 충동 그리고 로고스와 같은 인간의 physis는 입법가의 정치술이 무엇을 지향하고 무엇을 실현시켜야만 되도록 기획되어야 하는지를 규정하는 목적인이자 형상인(形相因)이다. 이러한 앞의 언급으로부터 우리는 정치가 혹은 입법가가 폴리스를 건설함에 있어 그 본(本)과 목적으로 삼아야 할 것은 '천상에 그려진 그 어떤 것'이 아니라 정치가 자신을 포함한 인간에 내재되어 있는 physis, 즉 선하고 정의로운 폴리스적 동물로서 자족과 행복을 향유하고자 하는 인간이 태어날 때부터 누구나 지니고 있는 자연적 욕구라는 것을 알 수 있다. 어쩌면 이러한 인간의 physis는 마치 연어가 망망대해에서 수년을 보낸 후에 새끼를 부화하기 위해 자기가 태어난 강으로 돌아오는 모천회귀성(母川回歸性)적인 자연적 본능보다 결코 덜한 본성이 아닌 것으로 생각된다.

2) 폴리스는 본성상 개인에 우선한다

(1) 폴리스는 개인에 우선하는가?

"폴리스는 본성적으로 개인에 우선한다"라는 아리스토텔레스의 말은 개인과 폴리스의 관계에 대한 그의 단적인 견해를 보여주는 것으로 잘 알려져 있다. 많은 학자들이[73] 선언적인 이 말에 근거하여 아리스토텔레

---

[72] *Magna Moralia*, I.4, 118528, II.7, 1206b23-24. *De Historia animalium*, VII.2, 582a34 참조할 것.

[73] 예를 들어 Hegel, Newman, Barker, Mulgan, Barns, Lord 그리고 Popper. G. W. F. Hegel(1971), 225-229. W. L. Newman(1887), 31-33. E. Barker(1906), 276-7, 281. R. G. Mulgan(1977), 33. J. Barns(1990), 249-263, 특히 259, 263. C. Lord(1982), 49. K. R. Popper(1993), vol.2, 22,181,194. vol.1, 31-34, 79-80.

스 정치철학내의 전체주의적 또는 권위주의적 요소가 존재함을 강조한다. 즉, 그에게 있어서 개인보다는 전체로서의 폴리스가 강조되며, 따라서 개인은 폴리스의 좋음을 이루기 위한 수단으로 간주되고 있다는 것이다. 이러한 여러 학자들의 견해는 사실상 아리스토텔레스의 폴리스에 대한 중요성을 강조하는 그의 다른 언급들을 고려할 때 설득력 있는 해석으로 보인다. 예를 들어 그는 『니코마코스 윤리학』에서 좋음(agathon)이 개인과 폴리스 모두에게 같은 것이라 할지라도 폴리스의 좋음이 개인의 좋음보다 더 크고(meizon) 더 완전한 것(teleoteron, 1094b78)임으로 해서 폴리스의 좋음을 유지하는 것이 "더 낫고(kallion) 더 신적인(theioteron) 것이다"(I.2, 1094b10)라고 말을 하고 있다. 또한 『정치학』에서는 "시민들 중의 어느 누구도 자기 자신에 속하는 것으로 생각해서는 안 되며, 그들 모두가 폴리스에 속하는 것으로 생각해야만 한다. 왜냐하면 개인은 폴리스의 부분(morion)이기 때문이다"(VIII.1, 1337a27-29)라고 기술하고 있다. 이러한 모든 표현들은 결국 전체로서의 폴리스가 개인보다 더 중요시되고 있음을 보여주고 있는 것이 분명하다. 심지어 그는 개인의 자살이 "자기 자신에 대해서가 아니라 폴리스에 대해"(hē tēn polin auton d' ou) '불의를 행하는 것'(adikein)이기 때문에 법에 의해 금지되어야 하는 것으로 보고 있는데 이러한 그의 자살에 대한 견해 역시 그의 폴리스 중심주의적인 사고와 무관한 것이 아닌 것으로 생각된다.[74]

그러나 다른 한편으로 우리는 아리스토텔레스 형이상학의 중요한 특성으로서 그의 개별(hekastos 또는 tode ti) 존중사상을 그의 실천철학을 이해하는데 있어서도 전혀 고려하지 않을 수 없다. 예를 들어 아리스토텔레스는 『정치학』 3권 6장에서 "개별적인 사람들은 자신이 고상한 삶(to zēn kalōs)

---

[74] *EN.*, V.15, 1138a4-14.

의 몫(meros)을 나누어 가질 수 있는 한에서 공동의 이익에 의해 함께 뭉친다"(1278b21-23)라고 말을 하고 있으며 또 같은 책 2권 5장에서는 수호자들의 행복은 주어지지 말아야 한다는 플라톤의 주장에 대해 "만약에 폴리스의 대부분 또는 모든 또는 적어도 어떤 부분이 행복을 소유하지 않는다면 폴리스 전체가 행복하다는 것은 불가능하다"(1264b17-19)라고 이의를 제기하고 있다. 이러한 그의 언급들은 개인의 이익과 행복이 전체 폴리스의 이익에 앞서 우선할 수 있다는 그의 개별존중사상이 여전히 그의 실천철학에서도 견지되고 있음을 보여주는 것으로 생각할 수 있다. 그래서 젤러(Zeller)와 같은 학자는[75] 아리스토텔레스의 폴리스에 대한 강조는 결국 시민 개개인 모두의 행복과 이익을 위한 것이기 때문에, 개별존중이라는 아리스토텔레스의 형이상학적 틀이 그대로 정치학에 있어서도 적용되어야 함을 강조한다.

이러한 앞의 언급들은 우리로 하여금 아리스토텔레스에 있어서 보편의 구현자라 할 수 있는 폴리스, 그리고 그 구성원이라 볼 수 있는 개인 이 양자 중 어느 것이 과연 그의 정치철학에서 더 중요시되어야 하는가를 결정하기 어렵게 만든다. 그런데 이러한 어려움은 『형이상학』 7권 10장에서 전개되고 있는 주제, 즉 '전체가 우선하는가 아니면 개체가 우선하는가'의 문제에서 전체와 부분 이 양자 중 어느 것이 더 우선하는가에 대해 "단적으로 명확하게 말해서는 안 된다"(aplōs d'ou phaeton, 1036a23)는 아리스토텔레스 자신의 결론을 고려할 때 우리의 당혹감은 더욱더 커질 수밖에 없다. 우리는 과연 아리스토텔레스의 전체론적 특성을 강조하는 여러 학자들의 주장을 따라 아리스토텔레스가 형이상학적인 그의 개별존

---

[75] E. Zeller(1897), ii. 224-6. 이밖에도 개인주의적 해석을 지지하는 학자로는 Allen, Guthrie 그리고 Miller등이 있다. D. J. Allen(1964), 53-95. W. K. Guthrie(1981), vol.6, 333. F. D. Miller(1995), 201-224 참조.

중사상을 『정치학』에서는 포기한 것으로 간주해야만 할까? 아니면 개별존중사상이 여전히 그의 실천철학 속에서도 일관성 있게 관통하고 있으며 따라서 그의 정치철학에 대한 올바른 이해를 위한 하나의 중요한 축으로써 그의 개별을 중시하는 관점을 고려해야만 할까? 그는 과연 폴리스의 개인에 대한 우선성의 명제를 기술하면서 이를 각기 상반되게 해석하는 현대의 여러 학자들처럼 폴리스와 개인을 대립적 관계로 보았을까? 그는 마치 본성적 노예가 주인을 위한 도구이듯이 과연 자유민을 폴리스를 위한 노예와 같은 존재로 간주함으로써 개인은 결코 자신의 이익과 권리를 추구할 수 없는 수단적 존재로 이해하였을까?

나는 여기서 아리스토텔레스의 실천철학 속에서 중요하게 자리 잡고 있는 부분과 전체의 관계를 바로 그의 가장 대표적인 명제로 간주되는 "폴리스는 본성적으로 개인에 우선한다"라는 표현을 통해 살펴보고자 한다. 지금까지의 아리스토텔레스의 이 말에 대한 많은 학자들의 해석은 그 부분적인 정당성에도 불구하고 지나치게 과장된 경향이 있는 것으로 보인다. 이는 이들의 해석이 아리스토텔레스가 이 말을 통해 실제로 강조하고자 했던 바를 그리 충분한 근거를 통해 또 그의 실천철학 전체 속에서 조명하지 못한 데에서 연유하는 것으로 판단되기 때문이다. 이를 위해 먼저 '우선하는'(proteron)이라는 용어에 주목해서 이 말이 아리스토텔레스에게서 어떤 의미로 사용되고 있는지를 살펴볼 것이다. 특히 이러한 검토를 행하면서 proteron에 대한 설득력 있는 해석으로 제시되고 있는 두 가지 해석방식, 즉 "유기체적 주장"과 "자족성에 의한 주장"을 그의 『정치학』 1권 2장을 분석하면서 그 주장의 타당성을 검토할 것이다. 이러한 검토 후에 나는 폴리스에 대한 아리스토텔레스의 강조가 곧 개인에 대한 그의 평가절하로 이해되어서는 안 됨을 몇 가지 논거를 들어 주장할 것이다. 이러한 시도를 통해 아리스토텔레스의 정치철학에서도 개별을 존중하는 그의 형이상학적 입장이 그대로 유효할 수 있다는 점과 더 나아가 근대 이후의 '수단-목적'이라는 이분법적 대립구도 속에서 개인과 폴리스의 관계가 이해되어서는 안 됨을 강조할 것이다. 사실상 폴리스와 개인을 대립적 관계가 아닌 조화적 또는 통일된 관계로 보는 입장은 그 주장의 논거 제시가 어떠하든지 간에 이미 일반화된 이해라고 말할 수 있다. 그러나 양자를 통일된 관점에서 보려는 지금까지의 연구 역시 아리스토텔레스의 전체 철학 속에서 그리 충분하게 그 근거가 제시되지 못한 것으로 생각된다. 그래서 이를 아리스토텔레스 철학 내에 존재하는 개인주의적 특성을 부각시킴으로써 기존의 폴리스 중심적 입장에 선 전체론적 편향성을 극복, 보완하고자 한다.

(2) 우선하는(Proteron)의 여러 의미

"폴리스는 본성적으로 개인에 우선한다"라는 아리스토텔레스의 선언적인 이 명제는 생각하는 것처럼 그리 간단명료하게 이해되기에는 어려운 다양한 의미를 함축하고 있다. 그래서 폴리스의 우선성에 관한 말을 올바르게 이해하기 위해서는 먼저 proteron, 즉 '우선하는'이라는 말이 어떤 의미로 사용되었는지 밝힐 필요가 있다. 그런데 아리스토텔레스에게서 proteron이라는 말은 문맥 속에서 여러 가지 의미로 사용되고 있기 때문에 그것의 의미가 명료하게 정리되어 나타나고 있는 것은 아니다.[76] 그럼에도 불구하고 우리는 proteron을 크게 네 가지의 의미를 가지는 것으로 분류할 수 있다.[77] 첫째, '발생에 따른'(tēi genesei) 또는 '시간적으

---

[76] *Physica*, VII.7, 260b17 이하 참조. *Metaphysica*, VII.1, 1028a31-b2, *Categoriae*, 1.2, 14a26 이하 계속 참조.

로'(tōi chronōi 또는 kata chronon) A는 B에 우선한다.[78] 예를 들어 아침은 오후에 앞선다. 둘째, '정의에 있어서'(kata ton logon) A는 B에 우선한다.[79] 직각은 여각에 우선하는데 왜냐하면 여각을 정의하기 위해서는 직각을 이용해야만 하며, 이는 여각이 직각보다 더 작기 때문에 그러하다.[80] 셋째, '본성에 따라'(kata physin) A는 B에 우선한다.[81] A는 B 없이도 존재할 수 있으나 그 반대가 가능하지는 않다. 예를 들어 태양은 식물보다 우선한다. 왜냐하면 전자는 후자 없이도 존재할 수 있으나 후자는 전자가 없이는 존재할 수 없기 때문이다.[82] 마지막으로 '실체에 있어서'(tēi ousia) A는 B에 우선한다. 아리스토텔레스에 따르면 A가 발생 또는 시간에 따라서는 B보다 더 우선하지 않을지라도 A가 B보다 더 완전하면 실체적인 면에서 A는 B에 우선한다. 완전히 성장한 성인의 소년에 대한 관계가 이러한 예에 해당된다.[83]

이제 앞에서 언급한 proteron에 대한 몇 가지 의미들을 개인과 폴리스의 관계에 적용시키면 첫 번째와 두 번째 의미, 즉 '발생 - 시간에 따른 것'과 '정의(定義)에 따른' 우선성의 의미는 폴리스의 우선성을 지지하지 않는 것으로 보인다. 왜냐하면 시간적인 발생순서에 있어서 폴리스가 마을이라든지 가족 그리고 개인보다 선행하지는 않기 때문이다. 이를

---

[77] proteron의 여러 용법에 관한 설명에 관해서는 다음을 참조할 것. W. D. Ross(1981), 316-8. D. Bostock(1995), 57-65. D. Keyt(1991), 126-127. F. D. Miller,(1995), 46-47. G. Boas(1943), 181-186.

[78] *Metaphysica*, IX.8, 1050a4-7. *Physica*, VIII.7, 260b17-9.

[79] *Metaphysica*, VII.10, 1035b4-11, IX.8, 1049b12-17, XIII.2, 1077b3-8.

[80] *Metaphysica*, VII.10, 1035b6-8.

[81] *Metaphysica*, V.11, 1019a2-4. *Categoriae*, 1.2, 14a29-35. *Physica*, VIII.7, 260b17-9.

[82] D. Keyt(1991), 127.

[83] *De generatione animalium*, II.6, 742a19-22. *Metaphysica*, IX.8, 1050a4-7. *Rhetorica*, II.19, 1392a20-23.

아리스토텔레스는 『정치학』 1권 2장(1252a24 이하 계속 참조)에서 상세하게 기술하고 있는데, 이곳에서 그는 인간이 필요(anankē)에 의해 가족을 이루고, 계속해서 더 큰 필요를 충족시키기 위해 마을이라는 공동체를 거쳐 마침내 자족(autarkeia)을 실현할 수 있는 최고의 공동체로서의 폴리스에 이르게 됨을 설명하고 있다. 이것은 역사적으로도 자명한 사실인데 왜냐하면 폴리스가 존재하기 이전에 이미 인간은 유목시기 또는 이보다 훨씬 이전의 야생적인 수렵시기와 같은 상태에서도 살았기 때문이다.[84] 마찬가지로 정의에 따른 의미에서 볼 때 폴리스는 일면 개인에 우선한다는 주장이 가능한데, 이는 인간이 본성적으로 폴리스적 동물로서 폴리스에 의해 정의되고 있기 때문에 그러하다.[85] 그러나 다른 측면에서 볼 때 폴리스는 개인보다 우선한다고 볼 수 없는데, 이는 폴리스가 그 본성상 '자유로운 다수의 개인들'로 이루어진 공동체임으로 해서 기본적으로 개인에 의해 정의되고 있기 때문이다.[86] 따라서 정의에 따른 의미에서 볼 때 폴리스와 개인 중 어느 한 쪽이 우선한다고 규정하기는 어려운 것으로 보인다.[87] 결과적으로 proteron에 대한 첫 번째 그리고 두 번째 방식의 의미는 폴리스가 개인보다 우선함을 입증하고 있지 못하다.

이제 proteron에 대한 다른 두 가지 방식의 의미, 즉 '본성에 따른' 의미와 '실체에 있어서'의 의미를 살펴보자. 일단은 이 두 가지 방식에 따른 의미에서 볼 때 "폴리스는 개인에 우선한다"라고 말해질 수 있을 것 같다. 왜냐하면 본성에 따른 의미란 앞에서도 말한 바와 같이 A와 B의 관계를

---

[84] G. Huxley(1978), 263. G. Santas(1995), 164 참조.
[85] *Pol*., III.6, 1278b19, I.2, 1253a7, *EN*., VIII.12, 1162a17-18, IX.9, 1169b18, 1097b11, *EE*, VII.10, 1242a21-6.
[86] *Pol*., III.6, 1279a21, II.2, 1261a18.
[87] D. Keyt(1991), 126-7. F. D. Miller(1995), 47 참조.

'독립성' 또는 '분리성'의 관점에서 보는 것인데, 이 점에서 폴리스는 어떤 특정 개인에 의존하지 않고도 존재할 수 있는 반면에 그 개인은 폴리스를 떠나서는 자신의 삶을 유지할 수 없는 것으로 생각되기 때문이다. 마찬가지로 두 존재를 '자족성' 또는 '완전성'의 관점에서 보는 실체의 의미에서 볼 때 폴리스는 개인보다 발생학적인 측면에서는 앞서지 않지만, 그러나 개인보다 자족적이라는 점에서 우선하는 것으로 생각된다. 이상과 같이 이 두 해석 방식은 폴리스의 우선성을 그런대로 설득력 있게 설명해주고 있다는 점에서 여러 학자들에 의해 지지되고 있는 것이 사실이다.[88] 그러나 이 두 해석 방식이 정말로 아리스토텔레스의 폴리스의 우선성에 관한 명제를 올바르게 설명하고 있는지 또는 이 양자 중 어느 해석에 의해 아리스토텔레스의 진의(眞意)가 보다 더 잘 드러날 수 있는지는 지금부터 검토되어야만 할 것이다. 아래에서 '본성에 따른' 우선성의 의미와 '실체에 따른' 우선성의 의미를 좀 더 그 성격을 부각시키기 위해 각각 '유기체적 주장'과 '자족성에 근거한 주장'으로 바꾸어 표현하여 검토하겠다.

유기체적 주장

폴리스의 개체에 대한 우선성을 논증하기 위한 시도 중의 하나가 소위 "유기체적 주장"(the organic argument)[89]인데 이는 폴리스와 개인의 관계

---

[88] 예를 들어 Barker는 '실체에 따른 의미'에 근거해서 폴리스의 우선성을 지지하고 있고, Newman은 '본성에 따른 의미'에 근거해 폴리스의 우선성을 지지한다. E. Barker(1958), 5, 각주. 2 참조할 것. W. L. Newman(1887), vol. II, 125.

[89] Miller는 폴리스의 선행성 논의 중에서 '본성에 따른 의미'를 "분리된 존재 해석"(the separate-existence interpretation)으로 명하고, Keyt는 그것을 "유기체적 주장"(the organic argument)으로 부르고 있다. 여기서는 Keyt의 명칭을 따른다. F. D. Miller, (1995), 47 이하 계속. D. Keyt(1991), 135 이하 계속 참조.

를 분리 혹은 독립성의 관점에서 접근하는 해석이라 말할 수 있다. 먼저 이 해석이 그 주된 논거로 삼고 있는 아리스토텔레스의 다음과 같은 언급을 살펴보자.

> "따라서 폴리스는 본성적으로 가족이나 그리고 우리 개개인보다 우선한다. 왜냐하면 전체(to holon)는 필연적으로 부분(to meros)에 우선하기 때문이다. 만약 전체로서의 몸이 파괴되면 누군가가 돌로 만들어진 손도 손이라고 말하는 것처럼 다의어적으로(homōnymōs) 그렇게 말하는 경우를 제외하고는, 발과 손 역시 존재할 수 없을 것이다. 왜냐하면 모든 것은 그 기능(to ergon)과 능력(dynamis)에 의해 정의되는데, 이와 같이 전체로서의 몸이 파괴된다면 그 부분들은 더 이상 그러한 존재들이 아니기 때문에 다의어로서가 아니라면 더 이상 같은 존재들로 불려서는 안 되기 때문이다. 따라서 폴리스가 자연적으로 존재하고 개인에 우선함은 명확하다."(*Pol.*, I.2, 1253a18-26)

위에서 아리스토텔레스는 폴리스와 개인의 관계를 전체로서의 몸과 그것을 이루는 신체 기관에 비유하여 설명하고 있다. 우리는 그의 이러한 유기체적 설명을 다음과 같은 과정으로 구분하여 이해할 수 있을 것이다.[90]

(1) 모든 것은 그 고유한 기능을 수행할 수 있는 능력에 의하여 정의된다.[91]
(1-1) 그런데 부분(예를 들어 손 또는 발)은 그것이 전체(몸)의 부분일 경우에만 그 고유한 기능과 능력을 가질 수 있다(잠재적 명제)
(2) 따라서 부분은 그것이 전체로부터 분리된다면 다의어적(多義語的)인 경우를 제외하고는 존재할 수 없다.[92]

---

[90] F. D. Miller(1995), 48. D. Keyt(1991), 136-8 참조.
[91] *Meteorologica*, IV.12, 390a10-3.
[92] *Metaphysica*, VII.10, 1035b23-5 참조.

(2-1) 그런데 전체는 부분으로부터 분리되어도 계속해서 존재할 수 있다 (잠재적 명제).
(3) 이로부터 결국 전체는 분리의 측면에서 부분에 우선한다.
(4) 마찬가지로 개인은 폴리스로부터 떨어져서는 완전하게 존재할 수 없다.
(4-1) 개인의 폴리스에 대한 관계는 부분의 전체에 대한 관계와 같기 때문이다(잠재적 명제).
(5) 따라서 폴리스는 분리의 측면에서 개인에 우선한다.

그런데 우리는 아리스토텔레스의 이러한 유기체적 설명에 대해 다음과 같은 물음을 제기할 수 있다. 그것은 '만약에 우리가 폴리스를 인간의 몸에 상응하는 일종의 사회적 유기체[93]로 간주한다면, 손과 발이 전체로서의 몸 없이는 존재할 수 없는 것처럼 폴리스의 구성원, 즉 개인은 폴리스로부터 떨어져서는 존재할 수 없는가'하는 것이다. 이 물음에 대한 답을 우리는 『정치학』1권 2장에서 기술되고 있는 아리스토텔레스의 다음과 같은 진술을 통해 모색할 수 있다.

"인간은 본성적으로 폴리스적 동물이다. 그리고 우연에 의해서가 아니라 본성에 의해서 폴리스적이지 않은 사람은 곧 인간보다 못한 존재이거나 아니면 인간 이상의 존재이다."(*Pol.*, I.2, 1253a2-4)

이곳에서 아리스토텔레스는 인간이 폴리스 없이도 살 수 있음을 암시하고 있는 것으로 보인다. 먼저 위 인용부분에서 언급된 것처럼 그는

---

[93] 조립에 의하여 인위적으로 만들어진 조립식 집의 예는 여기서 일단 제외되어야 하는 것으로 생각된다. 이는 조립식 집과 같은 인위적 전체물이 그 부분들로 해체가 되었을 때, 벽돌, 문 그리고 대들보와 같은 부분들은 여전히 자신의 형태를 가질 수 있으며 이런 이유에서 계속해서 벽돌, 문 그리고 대들보로 불릴 수 있기 때문이다. 결국 분리의 관점에서 완성된 전체로서의 조립식 집은 그것을 구성하고 있는 부분보다 더 우선하다고 볼 수 없다. F. D. Miller(1995), 48-9 참조.

어떤 사람이 "본성적으로"(dia physin) "폴리스적이지 못한 자"(ho apolis) 라면, 그때 그는 짐승에 가까운 존재이거나 또는 인간보다 우월한 어떤 존재가 되는 것으로 기술하고 있다. 이에 해당하는 존재를 우리는 본성적으로 치유가 불가능한 바보나 또는 선천적으로 신에 가까운 지혜를 가진, 즉 인간들 속의 신과 같은 뛰어난 현자로 각각 생각해볼 수 있다. 이들은 폴리스에 의존할 필요성을 가지고 있지 않다는 점에서 비(非)폴리스적인 존재라 할 수 있다. 왜냐하면 전자는 본성적으로 폴리스가 제공할 수 있는 외적인 수단에 의한 어떠한 시도에 의해서도 치유될 수 없기 때문에 폴리스적 삶에 부적합하기 때문이다. 후자 역시 본성상 그 자신이 완전하게 자족적임으로 인하여 폴리스로부터 아무것도 필요로 하지 않으며 이 점에서 폴리스에 의존할 이유가 없다.[94] 이와 같은 경우를 고려할 때 우리는 인간이 폴리스 없이는 존재할 수 없다는 소위 '유기체적 주장'을 그리 만족할 만한 논증으로 받아들일 수 없다는 결론에 이르게 된다. 그러나 아리스토텔레스가 폴리스의 우선성 명제를 언급할 때 위에서 언급한 것처럼 '본성적으로' 비(非)폴리스적인 경우를 염두에 두고 있는 것 같지는 않은 것으로 판단된다.[95]

이제 우리는 한 인간이 본성적으로가 아니라 우연적으로(dia tychēn) 폴리스 없이 사는 그러한 경우를 생각해 보자. 우리는 어떤 사람이 항해에서의 사고로 인하여[96] 또는 갑자기 어떤 심각한 병에 걸려서 다른 사람에게서 그 병을 전염시키지 않도록 하기 위해 어쩔 수 없이 폴리스로부터 멀리 떨어져 고립된 섬에 홀로 살게 된 경우를 상상해 볼 수 있다. 이때

---

[94] *EN*, VIII.10, 1160b2-6, *Pol.*, III.13, 1284a10-11.
[95] G. Santas(1995), 165.
[96] *Metaphysica*, V.30, 1025a19-29.

그의 삶의 수준은 분명히 열등한 동물의 그것처럼 낮은 단계로 전락할 것이다. 이러한 상황에 처해있는 사람이 행복하게 또는 자족적으로 살 수 없다는 것은 그리 어렵지 않게 생각할 수 있다. 왜냐하면 자족적인 삶은 아리스토텔레스에게 있어서는 폴리스의 단계에서만 가능하기 때문이다.[97] 그러나 우리는 그의 삶이 폴리스에서 가능한 그러한 동일한 수준은 분명 아니지만 그럼에도 불구하고 그가 폴리스로부터 멀리 떨어진 외딴 섬에서 자신의 삶을 지속시킬 수 있음을 또한 인정할 수 있다. 키트(Keyt)가 인용한 필록테테스(Philoktetes)의 예가 보여주는 것처럼[98] 비록 필록테테스가 우연히 폴리스로부터 멀리 떨어져 있다 할지라도 그가 '좋은 삶' 또는 '행복'을 누릴 수 있는 능력을 상실한 것은 아니다. 그는 단지 우연적으로 그의 순간적인 잠재능력을 현실화할 수 있는 기회를 잃어버린 것에 불과하다. 다시 말해 비폴리스적인 상태에 있는 필록테테스는 신체의 일부분인 손의 경우에 나타나는 것처럼 시민으로서는 죽었다고 할 수 있지만 그러나 인간으로서 죽은 것은 아니라고 말할 수 있다. 폴리스로부터 떨어져 산다고 할지라도 개체로서의 인간이기를 그만둔 것은 아니기 때문이다. 따라서 우리는 부분으로서의 개인이 폴리스 없이 살 수 없다는 사실이 마치 벌이 그의 둥지에서 이탈해서는 분명히 죽을 것이라는 경우처럼 결과적으로 그의 파멸을 야기하지는 않는다고 볼 수 있다. 단지 폴리스에서 떨어져 사는 인간의 경우처럼 그의 삶의 수준이 하급 동물의 단계와 별로 다를 바 없는 정도까지 전락할 수 있다는 것을 함축할 뿐이다.

    이외에도 우리가 폴리스가 아닌 다른 공동체를, 예를 들어 마을 그리고

---

[97] *Pol.*, I.2, 1252b27-1253a3.
[98] D. Keyt(1991), 139.

가족을 고려한다면 개인이 실제로 폴리스로부터 떨어져서도 살 수 있음을 알 수 있다. 물론 마을 그리고 가족과 같은 공동체 내에서 개인이 폴리스에서 가능한 최대한의 자족적이며 행복한 삶을 향유할 수 없다는 것은 분명하지만 그럼에도 불구하고 불충분한 상황 속에서 그의 삶을 계속할 수 있음이 부정되고 있는 것은 아니다. 이러한 앞의 언급으로부터 우리는 개인이 폴리스로부터 떨어진 상황이 손이 몸 전체에 대한 관계에서 나타나는 경우와 완전히 동일시될 수 없다고 말할 수 있다. 즉, 아리스토텔레스의 폴리스의 개인에 대한 우선성 명제가 유기체적 주장에 의한 해석에 의해서는 완전하게 설명될 수 없다는 것을 뜻한다.

자족성에 근거한 주장

폴리스의 우선성을 입증하려는 좀 더 설득력 있는 해석은 폴리스의 "자족성에 근거한 주장"[99]으로부터 제시되는 것 같다. 이 주장은 아리스토텔레스의 다음과 같은 언급에 근거하고 있다.

> "따라서 폴리스가 본성적으로 개인에 우선함은 분명하다. 왜냐하면 홀로 떨어져 있을 경우에 개인이 자족성(autarkēs)이지 못하다면, 이는 부분들이 전체에 의존하는 관계와 같기 때문이다. 타인과 교섭(koinōnein)할 수 없는 사람이거나 또는 자족함으로 해서 그렇게 꼭 하지 않아도 될 사람은 폴리스의 부분(meros)이 아니며 따라서 짐승(thērion)이거나 또는 신(theos)일 것이다."(*Pol.*, I.2, 1253a25-29)

---

[99] Miller는 이를 '완전성에 의한 주장'(the completeness interpretation)으로 부르고 있으나 아리스토텔레스 자신이 사용하고 있는 자족이란 말로써 그 의미가 충분히 전달되고 있는 것으로 생각되어 여기서는 '자족성에 의한 주장'으로 표현한다. F. D. Miller(1995), 50. 참조.

위에서 아리스토텔레스는 폴리스가 개인에 우선하는 이유를 '자족성'(autarkeia)의 관점에서 설명하고 있는데[100] 이를 우리는 다음과 같이 이해할 수 있을 것 같다.

(1) 전체는 자족적이고 부분은 자족적이지 못한데, 개인과 폴리스의 관계는 부분과 전체의 관계이다.
(2) 이는 개인은 자족적이지 못한 반면에 폴리스는 자족적임을 의미한다.
(3) 따라서 폴리스는 자족이란 관점에서 개인에 우선한다.

아리스토텔레스에 따르면 결국 개인이 자신의 자족을 실현할 수 있는 경우란 오로지 폴리스에 속할 경우에만 가능하다. 그에게 있어서 타인과 더불어 공생할 수 없거나 혹은 자족적인 이유로 해서 어떤 것도 필요로 하지 않는 존재는 결국은 짐승이거나 또는 신이며 이들은 결국 폴리스의 구성원이 될 수 없다. 개인이 자족적이지 못한 결여적인 존재임으로 해서 자족적인 삶을 가능하게 해줄 수 있는 폴리스에 의존해야만 한다는 아리스토텔레스의 생각은 분명 자족성을 비교기준으로 할 때 폴리스가 개인에 우선함을 인정하는 것으로 이해할 수 있다. 물론 여기서 그가 개인이 반드시 폴리스에서만 살아야 하는 것으로 단정 짓고 있는 것은 아니다. 앞에서 인용한 필록테테스의 예가 보여주는 것처럼 개인은 얼마든지 폴리스가 아닌 다른 형태의 공동체들, 예를 들어 마을이나 가족, 심지어 홀로 떨어진 섬에서도 자신의 삶의 형태를 취할 수 있기 때문이다. 그러나 아리스토텔레스가 폴리스가 아닌 여타의 공동체 속에서 필록테테스가 최대한으로 자족적이며 더 나아가 덕스러운 삶에서 오는 행복을 향유할 수 있다고 믿지 않은 것은 분명하다. 왜냐하면 아리스토텔레스에게 있어서는 폴리스

---

[100] *EN*, I.7, 1097b18-13.

만이 인간으로 하여금 단순히 '살기 위한 것'(tou zēn hekenen)이거나 또는 '함께 살기 위한 것'(syzēn)이 아니라, '잘 사는 것'(eu zēn) 혹은 '고상한 삶'(to zēn kalōs)을 구현하게 해줄 수 있는 공동체 형태이기 때문이다.[101]

이는 그가『정치학』1권 2장에서 왜 가족이나 혹은 마을이 공동체 발전의 마지막 단계에 해당되는 폴리스로 필히 이행되어야만 하는지를 설명하는 가운데에서 분명하게 나타난다. 가족이나 마을의 단계에서는 바로 자족적이며 잘 사는 삶을 실현할 수 없기 때문에 이것을 실현하기 위해 폴리스를 지향할 수밖에 없다는 것이 아리스토텔레스의 생각이다. 물론 이러한 폴리스에 살고자 하는 지향성은 인간의 본성적인 '충동'(hormē)과 실천적 인식능력으로서의 로고스(logos)에 의해 이루어지는 것으로 볼 수 있다.[102] 그러나 이미 폴리스의 자연성에 관한 논의에서 살펴본 것처럼 아리스토텔레스는 또한 인간이 추구하는 행복이 단순히 충동과 로고스에 의해서만 성취될 수 없음도 분명 인식하고 있다. 에우다이모니아(eudaimonia), 즉 행복은 덕(aretē)의 활동에 의해 성취되는 것인데, 이러한 덕의 획득은 누구든지 어릴 때부터 시작되는 긴 시간 속에서의 반복적인 습관화 과정이 필요하기 때문이다.[103] 그런데 아리스토텔레스에 따르면 이러한 올바른 성품의 상태를 정착시키기 위한 습관화 과정은 인간의 쾌락에 대한 본성적인 욕구와 이를 복종시킬 이성의 연약함으로 인해 쉽게 이루어질 수 없다.[104] 그래서 그는 성품과 관련된 훈련과정이 가족

---

[101] *Pol.*, I.2, 1252b27-30, III.9, 1280b39-1281a4.
[102] *Pol.*, I.2, 1253a29-30, 1253a7-18.
[103] *EN.*, II.1, 1103b23-4, X.9, 1179b10-16, 1180a4-10, I.2, 1103b23-4, *Pol.*, VIII.1, 1137a11-14, II.5, 1263b36-37. M. C. Nussbaum(1986), 345-353. P. Simson(1990), 157 이하 참조. B. Yack(1993), 95.
[104] *EN.*, 1179b34 이하 계속 참조.

내에서만 이루어지는 것은 충분치 않고 이것이 폴리스에 의해 행해져야 함을 역설한다. 즉, 법률(규범, nomos)과 교육(paideia)이 올바른 습관화 과정을 이끌 수 있는 수단으로 사용되어야 한다.[105] 결국 인간의 행복은 실천지(phronēsis)와 이성(nous)에 근거한 법과 규범과 같은 규율과 교육을 통하여 그리고 "일반적으로 삶의 전 과정을 통해"(*EN*., X.10, 1180a4) 얻어질 수 있는 최고선인 것이다. 이런 이유로 아리스토텔레스는『정치학』 1권 2장(1253a31-33)에서 "인간이 완성에 이른 경우에는 모든 동물들 중에서 가장 최선의 동물이 되는 것과 같이 규범과 정의로부터 멀어질 때는 모든 동물들 중에서 가장 나쁘게 될 수 있음"을 강조하고 있는 것이다. 요컨대 그는 폴리스가 개인의 행복을 최대한 완성시키고 또 개인의 발전을 도모하면서 성공적으로 "시민들을 선하고 정의롭게 만들 수 있는"(poiein agathous kai dikaious tous politas,)[106] 중요한 역할을 수행한다는 이유에서 폴리스를 개인에 우선하는 것으로 규정한다고 말할 수 있다.

지금까지의 언급으로부터 우리는 "잘 사는 것을 향한 자족"(autarkes pros to eu zēn, 1326b8-9)[107]이라는 잣대를 통해 폴리스의 우선성을 지지하려는 '자족성에 근거한 주장'은 아리스토텔레스의 명제인 "폴리스는 본성상 개인에 우선한다"라는 말을 가장 설득력 있게 설명하고 있는 것으로 받아들일 수 있다. 왜냐하면 이 해석에 따라서만 우리는 개인과 폴리스의 관계에 대한 아리스토텔레스적인 견해를 만족할만한 방식에 따라 이해할 수 있는 것으로 생각되기 때문이다. 개인보다 폴리스를 더 중요하게 평가하는 그의 입장은 실제로『정치학』전반에 걸쳐 발견되고 있는 것이

---

[105] *EN*., X.10, 1179b31-2, 1180a19-22.
[106] *Pol*., III.9, 1280b12, I.1, 1252a1-6. *EN*, I.2, 1095a14-7, I.10, 1099b29-32.
[107] *Pol*., I.1, 1252b27-1253a2 참조.

사실이다. 특히 같은 책 4권[108]에서 아리스토텔레스는 모든 정체가 가지는 세 가지 요소를 설명하면서 시민의 모든 영역을 관리하는 관직의 종류를 열거하고 있는데 이 가운데는 몇몇 학자들이 지적하는 것처럼 오늘날의 사적 혹은 개인적 영역과 같은 세세한 부분까지 폴리스의 간섭대상으로 삼고 있다. 요컨대 그는 일반적으로 "시민들의(역자 삽입) 삶 전체에 대한"(holōs dē peri panta ton bion, *EN*., 1180a4) 폴리스의 간섭이 정당화될 수 있다고 믿은 것으로 보인다. 그리고 이러한 그의 정치적인 차원에서의 전체론적 경향은 바로 폴리스는 본성상 개인에 우선한다는 그의 폴리스 중심적 입장과 무관한 것이 아닌 것으로 생각된다.

 그러면 완전성의 관점에서 폴리스가 목적상 개인에 우선할 수 있다는 아리스토텔레스의 견해는 많은 학자들이 주장하는 것처럼 폴리스에 대한 복종 혹은 종속을 의미하는 것일까? 달리 말해 개인은 폴리스를 위한 수단으로써 폴리스의 좋음을 위해서는 개인의 좋음은 불가피하게 희생될 수도 있다는 것을 의미하는 것인가? 일단 아리스토텔레스 정치철학에 나타나는 폴리스 중심적 사상이 분명 아리스토텔레스에 의해 강조되고 있는 것이 부정되기는 어렵다. 그러나 나는 이것이 곧 개인이 폴리스를 위한 단순한 수단으로서 전체의 공동선을 위해서는 개인의 이익은 포기 혹은 희생되어도 무방하다는 것으로 이해되는 것은 아리스토텔레스의 진의를 간과하는 것으로 생각한다. 이것을 나는 아리스토텔레스 철학 내에서 발견되고 있는 개인중시적인 견해를 뒷받침하는 것으로 볼 수 있는 그의 몇 가지 진술을 통해 주장해보고자 한다.

---

[108] *Pol*., IV.14, 1297b35-1298a3, VI.8, 1321b12-1322b37.

(3) 개인과 폴리스의 조화

위에서 살펴본 것처럼 아리스토텔레스는 폴리스가 본성상 개인에 우선할 수 있음을 '단순한 필요를 위한 자족'이 아니라 '잘 사는 삶을 위한 자족'을 실현할 수 있는 이유에 근거하여 설명한다. 그런데 이러한 '자족적으로 잘 사는 것'의 측면에서 폴리스와 개인의 관계가 목적 - 수단의 관계로 이해되어서는 곤란하다. 이것은 아리스토텔레스의 다음과 같은 견해에 비추어 볼 때 더욱 명백하다.

첫째로 아리스토텔레스적인 의미에서의 폴리스란 기본적으로 '자유롭고 동등한 시민들의 자율적인 공동체'[109]란 점에서 개인과 폴리스는 수단과 목적의 관계가 될 수 없다. 아리스토텔레스는 폴리스를 "다수의 시민들"(1274b41)로 이루어진 공동체로 규정하기 때문에 폴리스의 정체성을 그 구성원인 시민 개개인의 본성과 밀접한 관계를 갖는 것으로 본다. 다시 말해 '다수의 시민들'은 폴리스의 가장 지배적인 부분(to kyriōtaton)으로서 폴리스의 본질을 규정한다고 볼 수 있다.[110] 이런 점에서 아리스토텔레스적인 의미에서의 폴리스란 주인과 노예 사이에서의 지배와 복종의 관계에 의해 이루어지는 전제적 공동체가 아니다. 그 반대로 아리스토텔레스적인 의미의 폴리스란 자유로운 시민들 사이에서 "교대로 통치하고 통치받는",[111] 이를테면 "시민적 통치원리"(politikē archē)에 따른 정치공동체이다. 그래서 모든 시민들에게 공동체의 문제에 평등하게 참여할 수 있는 정치적 참정권이 보장된 자율적인 공동체이다. 이것은 아리스토텔레스가 『정치학』 3권에서 '시민'(politēs)을 권력(eksousia)에 참여할 수 있는 자유

---

[109] *Pol.*, III.6, 1279a21. II.2, 1261a18, 1261a30-34, VII.8, 1328a35-7.
[110] *EN.*, IX.8, 1168b31-32.
[111] *Pol.*, VI.2, 1317b2-3, III.4, 1277b7-9.

로운 사람들로 정의하고 있다는 점에서도 알 수 있다.[112] 즉, 시민이라면 누구든지 공동체의 문제와 관련된 법률을 입법하는 민회에서 발언하고 투표할 권리가 있고 또 이러한 법률이 적용되고 해석되는 법정에서 배심원으로서 참여할 권리가 있는 것이다. 이처럼 폴리테스(politēs), 즉 시민이 된다는 것은 자신의 삶과 공동체에 영향을 미치는 결정사항에 대해 토론하고 투표할 권리를 갖는다는 것을 함축한다. 이런 점에서 시민들이 폴리스를 자신들에게 낯선 이질적 존재로서 자신들 위에 군림하면서 '자신들을 지배한다'라는 생각을 가지지 않은 것은 당연하다. 그 반대로 그들은 폴리스를 자신들의 권리와 행복을 도모해주는 존재로서 자신과 동일시하였다고 볼 수 있다.[113] 요컨대 시민 개개인이 직접 공동체의 문제에 참여할 수 있음으로 해서 폴리스 전체의 문제가 자신들에 의해 - 현대적인 의미에서의 소위 "민치"(the rule by the people) - 직접적이고 자율적으로 이루어지는 곳에서 폴리스는 개인을 규제하거나 복종시키려는 일종의 초시민적인 권위체로서가 아니라 자신들의 '또 다른 자아'(alter ego)로서 양자는 조화로운 관계에 있었다고 말할 수 있다.[114]

---

[112] *Pol.*, III.15, 1286a26-1286b1, III.1, 1275a22-23, 1275b18-20.

[113] *EN.*, V.7, 1131b27-31. D. Ross(1923), 210. J. Burnet(1900), 212. E. Barker(1906), 338-9 참조.

[114] 폴리스를 시민공동체와 동일시하는 이러한 아리스토텔레스의 견해는 당시의 다른 사상가들에 의해서도 강조되고 있는데, 예를 들어 폴리스는 일차적으로 '아테네인들' 혹은 '스파르타인들'이 되는 것으로 간주되며, 그다음에 부차적으로 '아테네' 혹은 '스파르타'를 일컫는 말로 사용되었다(Sophocles, *Oidipous Tyrannos*, 56-57, Thoukydidēs, *History*, VII.77.7: "Andres gar polis"). 폴리스를 이처럼 지역적인 공간의 의미가 아니라 그 구성원인 "사람들"(andres)을 통해 그 실체를 규정한 것은 당시의 희랍인들에게 폴리스의 기본적인 성격이 바로 인간 개개인의 정체성에 의해 그 성격이 규정되고 있다는 것을 말해주는 것으로 볼 수 있다. 이러한 폴리스와 시민단의 동일시는 "폴리스가 결정했었다"(edoxe tai poli)라든지 "데모스가 결정했었다"(edoxen tōi dēmōi) 또는 "시민심의회와 데모스가 결정했었다"(edoxen tēi boulēi kai tōi dēmōi)라는 당시의 표현들 속에서 확인된다(앞의 표현들은 V. Solomou-Papanikolaou(1989), 14에서 재인용하였음). 시민단과 데모스의 결정이 곧 폴리스의 결정이라는 고대희랍인들의 이러한 생각

다음으로 폴리스가 "다수의 시민들"(politōn ti plēthos, 1274b41)로 이루어진 공동체라는 아리스토텔레스의 말은 폴리스의 상이한 구성원들에 대한 각각의 중요성을 인정한다는 점에서 개인과 폴리스는 수단과 목적의 관계가 아니다. 이는 『정치학』 2권 2장[115]에서 전개되고 있는 플라톤의 소위 공유제(communism)에 대한 아리스토텔레스의 비판에서 잘 드러난다. 그는 플라톤의 폴리스관을 검토하면서 플라톤의 이상적 정체에서 강조되는 '단일성'(mia)에 대한 지나친 강조에 반론을 제기하고 있다. 그에 따르면 다양성은 플라톤이 말하는 것처럼 악의 근원이 아니라 폴리스의 자족을 위한 선이다. 왜냐하면 플라톤의 단일성에 대한 지나친 강조는 결국 폴리스보다는 마을을, 마을보다는 가족을, 가족보다는 개인의 단일성을 강조하는 것으로 귀결될 수 있는데 이는 결국 자족성을 실현할 수 없게 함으로써 폴리스를 파괴하는 것이기 때문이다.[116] 다시 말해 폴리스를 단일한 존재로 만들려는 이러한 지나친 추구는 한편으로 "폴리스가 되기를 중지하는 것"이며, 다른 한편으론 "마치 음악에 있어서 화음을 동음으로 만들어 버리거나 혹은 하나의 리듬을 하나의 박자로 처리하는 것과 마찬가지로 결과적으로 가장 나쁜 폴리스(cheirōn polis)를 만드는 것이 된다"(1263b32-35)는 것이다. 요컨대 아리스토텔레스에게 있어서는 "더 자족적인 것이 더 바람직한 것이라면, 단일성이 더 큰 것보다는 작은 것이 보다 바람직하다"(1261b14-5)고 볼 수 있다. 그리고 이러한 그의 견해는 폴리스의 자족이 플라톤이 주장하는 것처럼 단일성에 의해 가능한 것이 아니라 공동체의 각기 상이한 역할을 담당하고 있는 "다수의"(ek pleionōn anthrōpōn) 그리

으로부터 폴리스가 시민 개개인들에게 낯선 이질적 존재로서 개인보다 상위에 있는 그런 초시민적인 존재가 아니라는 인식이 도출되는 것은 필연적이라 할 수 있다.

[115] *Pol.*, 1264b16 이하 계속 참조. Platon, *Politeia*, IV, 419a-421c.
[116] *Pol.*, II.2, 1261b6-15, 1261a20-2.

고 "다양한 종류"(ex eidei diapherontōn)의 개인들의 능력과 또 그들의 본성에 의해 더욱더 그 자족을 실현할 수 있다는 것이다. 이것은 다수의 개인에 의해 폴리스의 본질이 규정되고 있음을 의미한다는 점에서 아리스토텔레스의 개인에 대한 강조를 보여주는 것이다.[117]

아리스토텔레스의 다양성의 강조는 또한 폴리스가 결과적으로 일종의 유기체로 간주되어서는 안 된다는 것을 보여준다. 물론 그에게 있어서 폴리스가 일종의 유기체적 존재로 표현되고 있는 것은 사실이지만[118] 이러한 비유가 곧 폴리스가 식물이나 동물과 같은 유기체적 존재라는 것으로 해석될 수는 없다. 예를 들어 식물의 부분이라 할 수 있는 잎은 과피를 보호하기 위한 수단이고 또 과피는 씨앗의 보호를 그 목적으로 하는 수단이라 할 수 있다.[119] 또 동물의 경우에 있어서도 인간의 눈썹이나 폐는 각각 눈의 보호와 숨 쉬는 것을 그 목적으로 하는 도구들(organa)이다.[120] 그런데 폴리스와 개인의 관계는 앞의 식물과 동물의 예에서 나타나는 것과 같은 목적과 수단의 관계는 아닌 것으로 보인다. 앞의 '유기체적 주장'에서 살펴보았듯이 아리스토텔레스에게 있어서 인간은 손과 발이 몸으로부터 분리되어서는 존재할 수 없는 것과는 달리 폴리스를 떠나 존재할 수 있으며 이런 점에서 폴리스는 몸과 같은 일종의 유기체적 존재가 아니다. 다만 폴리스를 떠난 인간은 자족적이며 행복한 삶을 누릴 수 없다는 것을 뜻하였다. 이는 폴리스의 구성원인 개인이 폴리스의 목적을 실현하기 위한 단순한 수단으로 간주될 수 없다는 것을 의미한다.

---

[117] *Pol*, II.2, 1261a22-4.

[118] *Pol.*, IV.4, 1291a24-8, V.3, 1302b33-1303a2, *De motu Animalium*, 10, 703a29-b2, *EN.*, IX.8, 1168b31-3.

[119] *De Anima*, II.1, 412b1-4.

[120] *De partibus Animalium*, II.15, 658b14 이하 계속 참조. III.6, 669b8.

시민 개개인은 노예처럼 폴리스의 행복을 위한 단순한 도구가 아니기 때문이다. 그와는 반대로 시민 모두는 폴리스의 목적으로서의 '공동이익'(to koinē sympheron)[121] 혹은 '공동선'(to koinon agathon)과 '잘 사는 것'(eu zēn)에 직접적으로, 적극적으로 "참여하는"(koinōnein) 구성원으로서 폴리스와 동일시된다고 볼 수 있다. 다시 말해 아리스토텔레스는 반즈(Barns)가 생각하는 것처럼[122] 노예가 주인을 위한 도구로서의 수단

---

[121] 여기서 "공동이익"을 어떻게 해석할 것인가의 문제가 있을 수 있는데 이와 관련한 학자들의 해석이 일치된 것은 물론 아니다. 간단하게나마 이들의 입장을 대략적으로 분류하면 "공동이익"이란 말은 '전체론적인'(holistic) 각도와 '개인주의적인'(individualistic) 각도에서 해석될 수 있다. Hegel, Popper, Mulgan 그리고 Barns는 '공동이익' 혹은 '공동선'을 전체론적인 의미로 해석한다. 이들의 주장에 따르면 폴리스는 그 자체 목적적인 존재로서, 폴리스가 추구하는 공동이익은 개인이 추구하는 이익과는 독립된 것으로서 개인의 목적에 상위하는 것으로 간주된다(G. W. F. Hegel(1971), 225-9. K. R. Popper(1993), 22,181. R. G. Mulgan(1977), 33. J. Barns(1990), 259-63 참조). 반면에 Zeller, Allan, Nussbaum 그리고 MIller는 '공동선'을 개인주의적인 각도에서 해석한다. 이들 학자들에 따르면 폴리스가 추구하는 공동선은 어디까지나 인간 개개인의 행복을 증진시키는 데에 그 의미가 있으며, 이와 독립된 폴리스의 이익은 부정된다(E. Zeller(1897), 224-6. D. J. Allan(1964), 53-95. M. C. Nussbaum(1980), 395. F. D. Miller(1995), 204-224 참조). 요컨대 전자를 주장하는 입장에 따르면 개인의 목적은 폴리스의 더 높은 목적을 위한 단순한 수단에 불과하고, 후자의 입장에 따르면 폴리스의 목적은 인간 개개인의 행복에 기여해야만 하는 수단에 불과하다. 물론 같은 해석방식을 채택하는 학자들 사이에서도 그 입장에 있어 약간의 차이점이 존재한다. 예를 들어 전체론적인 해석을 지지하는 학자들 중에서 Hegel, Popper 그리고 Barns는 일반적으로 '극단주의적인 전체론자들'(extreme-holists)로서 간주될 수 있다. 반면에 MacIntyre와 Irwin은 '온건주의적 전체론자들'(moderate holists)로 볼 수 있다. 이들은 폴리스의 선이 공동적-정치적인 선인 이유로 해서 기본적으로 개인선보다 더 중요한 것으로 간주된다 할지라도, 폴리스 구성원 개개인의 이익증진을 배제하지는 않는 것으로 본다.(A. MacIntyre(1981), 141, 146-7, 213. T. H. Irwin(1988), 425-6 참조). 마찬가지로 개인주의적 해석을 지지하는 학자들 중에서도 Zeller, Miller 그리고 Cooper는 온건 개인주의자들로 분류될 수 있다. Zeller와 Miller는 아리스토텔레스적인 의미에서 폴리스의 목적이 시민-개인들의 목적으로부터 독립된 것으로 보는 것을 부정하면서, 개인의 선이 덕에 기초한 '타인의 행동에 대한 고려'(other-regarding virtuous activities)를 내포하고 있는 것으로 해석한다. 따라서 이들 학자들에 따르면 시민들의 폴리스에의 참여의 필요성은 배제되지 않는다. 한편 Irwin과 Copper는 개인주의적 특성과 전체주의적 특성을 절충시키려는 시도를 하는 것으로 보인다. T. H. Irwin(1988), 430-1. J. M. Cooper(1990), 236-40 참조. 공동이익의 해석을 둘러싼 논의는 다음을 참조할 것. F. D. Miller(1995), 191-224. J. R. Wallach(1990), 613-641.

인 것처럼 시민을 폴리스를 위한 수단으로 간주한 것이 아니다. 폴리스의 목적 실현은 그 구성원 모두의 목적실현을 초월하거나 대치하는 것이 아니라 그것을 포함해야만 하기 때문이다.[123] 이는 아리스토텔레스에게 있어서 개인의 행복이 폴리스의 행복을 위해 포기될 수 없다는 것을 의미한다. 오히려 우리는 약(Yack)이 주장하는 것처럼[124] 행복이란 관점에서 볼 때 폴리스는 개인의 행복을 실현하기 위한 수단으로 이해하는 것이 더 타당한 것으로 생각할 수 있다. 에우다이모니아(eudaimonia)는 어디까지나 인간의 '행복'이지 폴리스 자체를 위한 것이 아니기 때문이다. 이러한 모든 것들은 결국 우리로 하여금 폴리스가 결코 자체목적적인 존재가 아니라 오히려 인간을 윤리적, 정신적 완전성으로서의 행복으로 이끌 수단이라고 생각하게 해준다.

셋째로 아리스토텔레스에게 있어서 '개인의 권리'가 인정되고 있다는 점에서 개인은 폴리스를 위한 수단이 될 수 없다. 물론 그에게 있어서 오늘날의 '권리'라는 개념에 상응하는 용어가 정확하게 사용되고 있는 것은 아니다.[125] 그럼에도 불구하고 우리는 권리라는 의미를 지니는 용어를 발견할 수 있다 '정의로운 것'(to dikaion)이라든지 "더 많은 것"(to pleon) 또는 "더 적은 것"(to elatton)을 "가짐"(echein)과 같은 용어들이 그것이다.[126] 일반적으로 '정의로운 것' 또는 '정의' 혹은 '올바른 것'으로 해석될 수 있는 희랍어 토 디카이온(to dikaion)은 또한 '정의'(dikaiosynē)에 근거한 "정당

---

[122] J. Barns(1990), 262-3.
[123] *Pol*, II.5, 1264b17-19)
[124] B. Yack(1993), 96-100. D. N. Koutras(1983), 339 참조.
[125] A. MacIntyre(1981), 67. G. H. Sabine(1973), 5. D. Koutras(1995), 52 참조. 아리스토텔레스의 권리관에 관한 상세한 논의는 손병석(2004), 75-101 참조.
[126] F. D. Miller(1995), 93-106 참조.

한 요구로서의 권리"(just-claim rights)라는 말로도 사용된다.[127] 예컨대 아리스토텔레스는 『니코마코스 윤리학』 5권에서(1132a19-24) 정의에 관해 논하면서 "시정정의"(ta diorthōtikon dikaion 혹은 to epanorthōtikon dikaion)에 관련된 설명에서 사람들이 "자신들의 몫"(ta autōn)을 올바르게 가졌다고 생각되지 않을 때 이러한 문제를 해결하기 위해 일종의 '중재인'(mesidios)이라 말할 수 있는 '재판관'(ho dikastēs)을 찾아가는 것을 기술하고 있는데, 이때의 '자신의 것'이 바로 '자신의 권리'를 주장하기 위한 것임은 분명하다. 이처럼 to dikaion이란 말은 '자신의 정당한 몫'을 받기 위한 것으로서의 '권리'를 함의한다고 볼 수 있다. 다시 말해 정의란 더 많이 가지지도 않고 더 적게 가지지도 않는 중용(to meson)의 상태이며 이는 정의가 '자신의 정당한 몫'을 가지는 권리와 그 의미가 상통하는 것이라고 볼 수 있다.[128] 또한 『수사학』에서는 "정의는 법에 따라 모든 개인들이 자신의 것을 가지게끔 하는 덕이다"[129]라고 말하고 있는데 이때의 정의 역시 "개인들이 자신의 것을 가지기"(ta autōn hekastoi echousi) 위한 권리라는 의미를 지니고 있다고 볼 수 있다. 이밖에도 『정치학』 3권 9장에서는 "법이 계약"(ho nomos synthēkē, 1280b10)이며 "인간들 상호간의 정당한 권리의 보증자"(engytēs allēlois tōs di kaiōn, 1280b11) 라고 기술되고 있는데, 이 말 역시 개인의 권리가 법에 의해 인정되고 있음을 보여주는 예라 할 수 있다.

이러한 앞의 언급들로부터 우리는 to dikaion이란 말이 개인의 정당한 몫을 요구할 수 있는 '권리'라는 의미로 이해될 수 있음을 알 수 있다.

---

[127] F. D. Miller(1995), 87 이하 계속 참조.
[128] *EN.*, V.7, 1132a32-1132b20.
[129] *Rhetorica*, I.9, 1366b9-10. Platon, *Politeia*, IV, 433e6-434a1 참조.

또한 이러한 권리가 실현된 상태를 '정의' 또는 '정의로운 것'으로 표현하고 있다고 볼 수 있다. 이러한 개인의 권리에 대한 인정은 무엇보다 『니코마코스 윤리학』 5권에서(1131b29-31) 분명하게 드러난다. 이곳에서 아리스토텔레스는 폴리스를 일종의 주식회사로 비유하면서 각각의 시민이 주주로서 폴리스에 "기여한바"(ta eisen echthenta)에 따라 자신의 정당한 몫을 배분받을 수 있는 권리가 있는 것으로 인정하고 있기 때문이다. 어쩌면 '권리'(rights)라는 용어가 다양하게 사용되고 또 그것이 강하게 주장되면서도 개인의 권리가 제대로 구현되지 않는 오늘날의 현실과는 다르게 고대 희랍인들의 사고 속에서는 개인의 권리를 표현할 수 있는 용어가 따로 필요하지 않았을지도 모른다. 이는 당시의 희랍인들에게 폴리스는 어디까지나 인간의 행복을 위해 존재하는 것임으로 해서 당연히 권리가 폴리스에 의해 인정되고 있었다는 것을 역설적으로 보여준다고도 생각해 볼 수 있다. 아리스토텔레스 역시 당시의 이러한 희랍인들의 생각을 반영하고 있다고 볼 수 있으며, 그래서 폴리스 속에서 개인이 정의의 원리에 근거하여 자신의 정당한 권리를 주장할 수 있는, 달리 말해 '자기행복 결정권'을 가진 자율적 존재임을 인정한 것으로 볼 수 있다.

또한 이러한 개인의 권리에 대한 아리스토텔레스의 인정은 『정치학』 2권에서 개진되고 있는 사유재산에 대한 그의 승인과 무관하지 않은 것으로 보인다. 그는 여기에서 사유재산을 부정하는 플라톤의 견해에 회의적인데, 이는 무엇보다 인간의 본성에 어긋나기 때문인 것으로 설명하고 있다. 그에 따르면 인간으로 하여금 어떤 대상에 "관심을 가지도록"(kēdesthai)하고 그 대상을 "사랑하도록"(philein)하는 두 가지 동기는 그것이 "자기의 소유라는 것"(to idion)과 또 그것이 "좋아하는 대상(to agapēton)이어야 한다는 것이다.[130] 그런데 아리스토텔레스에 따르면 어떠한 것이 자기 것이라고 생각하는 사람은 그 사람이 느끼는 쾌락(hēdonē)의 정도에 있어서도 매우 큰 차이를 나타낸다. 이는 각자가 자신의 것에 대해 가지는 사랑이라는 느낌은 그것이 "무목적적인 것"(matēn)이 아니라 어디까지나 인간에게 '자연적인 것'(physikon)이기 때문이다.[131] 그리고 아리스토텔레스에 따르면 무엇보다 재산의 사적 소유를 부정하는 것이 폴리스와 개인을 위해 유익하지 못한 것은 인간의 중요한 두 덕인 "절제"(sophrosynē)와 "자유인다움"(eleutheriotēs)을 제거하는 일이 되기 때문이다.[132] 절제란 다른 남성에게 속한 여자에 대한 욕망을 잘 억제하는 것과 같은 덕이며, 자유인다움이란 재산을 적절하게 사용하는 일과 관련된 덕이라 할 수 있다.[133] 그런데 자유인다움이란 덕은 특히 재산(ktēsis)이 없이는 이루어질 수 없는 덕이다. 예를 들어 경제적인 어려움에 처한 자신의 친구에게 우정을 보여주고 싶고 또 적극적으로 그를 돕고자 하는 행위를 실제로 수행하고 싶어도 자신에게 재산이 있지 않은 한 그를 돕는 것은 불가능하기 때문이다.[134] 이런 이유로 아리스토텔레스는 인간 공동체에 존재하는 모든 악들은 플라톤이 주장하는 것처럼 "공동주의의 부재"(akoinōnēsia), 즉 재산소유를 금지하지 않았거나 처자를 공유하지 않은 것에서 비롯된 것이 아니라 어디까지나 인간의 사악함(mochthēria)에서 연유하는 것으로 보고 있다.[135]

아리스토텔레스의 개인의 권리에 대한 인정은 그의 "친애"(philia)에

---

[130] *Pol*, II.4, 1262b22-3.
[131] *Pol*, II.5, 1263a40-1263b1.
[132] *Pol*, II.5, 1263a40-b7.
[133] T. H. Irwin(1991), 213-224 참조. 외적 좋음과 행복에 관한 상세한 논의는 손병석(2017), 177-208 참조할 것.
[134] *Pol*, II.5, 1263b11-4.
[135] *Pol*, II.5, 1263b22-3.

대한 설명에서도 발견된다. 그에게 있어서 친애는 정의와 더불어 공동체의 중요한 덕을 이룬다.[136] 더 나아가 그는 정의보다도 친애를 입법가 혹은 정치가가 더 고려해야만 하는 것으로 강조하는데, 이는 친애가 없이는 폴리스의 지속(synecheia)이 불가능하기 때문이다. 친애가 공동체 구성원들의 '일치감'(homonoia)을 도모할 수 있음으로 해서, 서로 간의 적의에서 비롯되는 파쟁(stasis)과 같은 공동체의 악을 제거할 수 있기 때문이다.[137] 그래서 아리스토텔레스는 친애가 폴리스의 조화를 도모할 수 있는 "좋음 중의 가장 큰 좋음"(megiston tōn agathōn)으로써 폴리스의 존립근거가 된다고 말한다.[138] 특히 그는 친애의 여러 종류를 설명하면서 그중에서도 공동체 내에서 이루어지는 '시민적 친애'(politikē philia)를 강조하는데 이는 이것이 폴리스의 통일성을 실현할 수 있는 기초가 되기 때문이다. 그런데 이러한 시민적 친애는 그것이 어디까지나 "유용성에 따른"(kata to chrēsimon) 친애라는 점에서 "덕에 따른"(kat' aretēn) 또는 "쾌락에 따른"(di' hēdonēn) 친애와 다르다.[139] 달리 말해 시민적 친애는 그것이 이성에 근거하여 자신들의 이익추구를 그 목적으로 하고 있기 때문에 이러한 이익을 함께 도모할 수 있는 한에서는 언제든지 폴리스 내의 광범위한 시민들 사이에서 공유될 수 있기 때문에, 덕에 근거한 소수의 덕인(德人)들 사이에서 이루어지는 '완전한 친애'(teleia philia)와는 다르다.[140] 왜냐하면 덕에 근거해서 이루어지는 친애는 서로가 잘 알기

---

[136] 아리스토텔레스에게서 정의와 친애의 밀접한 관계성과 그것의 공동체 내에서의 중요한 역할에 대해서는 D. Koutras(1973), 참조할 것. 공동체의 근본원리로서의 되갚는 정의(to antipeponthos diakion)의 중요성에 관한 글은 권창은(1996), 7-16 참조.

[137] *EN*., VIII.1, 1155a22-28.

[138] *Pol*, II.4, 1262b7-9.

[139] *EN*., VIII.2, 1155b17 이하 계속 참조.

[140] D. Koutras(1973), 154. B. Yack(1993), 117.

위해, 그리고 상호신뢰감을 공유하기 위해서는 상당한 교제시간이 필요하지만, 시민적 친애는 이러한 서로 간의 인간적인 완전한 교분이 이루어지지 않은 상태에서도 얼마든지 서로 간의 이익만 일치하면 그 관계가 형성될 수 있기 때문이다.[141]

그런데 시민 친애의 본질적인 특성으로서의 유용성에 대한 아리스토텔레스의 강조는 그것의 두 종류를 이루는 "윤리적인"(ēthikē) 친애와 "법적인"(nomikē) 친애의 구별에서 보다 분명해진다. 그에 따르면 윤리적 친애는 그 목적을 유용성에 두고 있지만 그것이 상호 신뢰감이라든지 윤리적인 결속력에 의해 이루어지는 것이고, 법적 친애는 그 유용성이 "명언된 조건 위에서"(epi rhētois) 이루어지는 친애이다.[142] 그런데 아리스토텔레스는 여기서 명언된 조건에 근거하여 이루어지는 법적인 시민 친애를 윤리적인 친애보다 '정의로운 것'으로 간주한다.[143] 다시 말해 그는 윤리적 친애가 법적 친애보다 "더 나은 것"(kalliōn)이지만, 실제적으로 "더 필요한 것"(anankaiotera)은 법적 친애임을 강조한다. 아리스토텔레스의 이러한 생각은 다음과 같은 진술 속에서 그 이유를 찾을 수 있을 것

---

[141] *EN.*, VIII.7, 1158a10-14, IX.10, 1171a19-20. 정치적 친애 또는 시민친애의 성격과 관련한 학자들의 의견은 상이하다. 예를 들어 Cooper는 친애의 일반적 특성, 즉 서로 간의 친밀한 느낌, 상호신뢰감, 상호주고 받음과 같은 친애의 기본적인 특성들이 시민적 친애에도 그대로 담지되고 있음을 강조하면서 시민적 친애가 일종의 확장된 친애라고 간주한다. 달리 말해 그에 따르면 시민친애는 시민들을 일종의 대가족에 속하는 사람들처럼 살 수 있게 하는 친애와 같다. 이에 반해 Annas는 시민친애는 일종의 확장된 특수한 친애로 간주될 수 없다고 본다. 즉, 시민친애는 모든 시민들이 마치 가족적 친애에서 나타나는 것과 같은 특성들을 즐길 수 있는 종류의 친애가 아니라는 것이 그녀의 해석이다. Yack 역시 시민친애가 기본적으로 이익이라든지 유용성에 의해 규정되고 있다는 점에서 여타의 친애들과 다름을 강조한다. 이와 관련된 학자들의 주장은 다음의 글들을 참조할 것. J. M. Cooper(1990), 220-241, 특히 pp. 232-41. J. Annas(1990), 242-8. B. Yack(1993), 117이하 참조.

[142] *EN.*, VIII.15, 1162b21-6.

[143] *EE*, VII.10, 1243a33-5.

같다: "사람들은 덕에 따라 윤리적인 친구들로서 그 관계를 시작한다. 그러나 어떤 사적 소유와 관련하여 서로가 충돌하게 되었을 때, 그들이 처음과는 달리 남남이 되는 것은 명확하다".[144]

위의 언급에서 나타나는 것처럼, 아리스토텔레스는 사람들이 친애를 갖고자 하는 시초 단계에서는 덕에 근거하여 그들의 관계를 발전시키지만, 그들의 사적(idion) 이익과 관련하여 서로 다투기 시작하면 처음에 그들이 상호신뢰감에 기초하여 가졌던 관계와는 전혀 다른 양태의 관계를 보여준다는 점을 지적한다. 이런 이유로 그는 서로 간의 이익을 명확하게 규정하고 시작하는 법적인 시민적 친애가 더 공동체에 필요하고 또 정의를 그 공동체에 가져다줄 수 있는 것으로 믿었다고 볼 수 있다. 이러한 아리스토텔레스의 입장은 왜 『정치학』 3권 6장에서 그가 "개별적인 사람들은 자신이 좋은 삶(to zēn kalōs)의 몫(meros)을 나누어 가질 수 있는 한에서 공동의 이익에 의해 함께 뭉친다"(1278b21-23)라고 말을 했는지를 우리로 하여금 이해할 수 있게 해준다. 즉, 아리스토텔레스는 공동체를 이루고 있는 개개의 시민들은 자신들의 이익이 보장될 수 있는 한에서만 타인과 더불어 '공동이익'을 추구하면서 서로 간의 '필리아', 즉 친애를 공유하지만, 만약 이러한 각각의 이익보장이 전제되지 않는다면 진정한 의미에서의 폴리스적 친애를 공유할 수 없다고 본 것이다. 개인의 권리와 관련되어 언급된 지금까지의 논의로부터 우리는 아리스토텔레스에게 있어서 개인의 권리가 강하게 인정되고 있고, 더 나아가 폴리스의 존립과 그 발전이 이러한 개인의 권리를 보장할 수 있는 한에서만 가능하다는 것을 알 수 있다.

마지막으로 시민의 '자유'(eleutheria)가 아리스토텔레스에 의해 긍정적

---

[144] *EE*, VII.10, 1243a35-7.

으로 평가되고 있다는 사실이 고려되어야 할 것 같다.[145] 아리스토텔레스는 "자기가 원하는 대로 사는 것"(1317b11-12) 을 자유인의 기본적인 특징이라고 하면서 이러한 자유관이 노예와 자유시민을 구분시켜주는 것으로 설명한다.[146] 또한 이러한 자유관은 자유민으로 하여금 "타인이 아닌 자기 자신을 위해 존재한다"(*Metaphysica*, I.2, 982b26) 라는 생각을 가지게 하는데 이것 역시 자신들을 "본성적 노예"(ho physei doulos)와 구분해주는 점이라고 아리스토텔레스는 보고 있다. 왜냐하면 노예란 자기 자신을 위해 존재하는 것이 아니라 타인, 즉 주인(despotēs)의 필요를 만족시키기 위한 '영혼을 가진 재산'(ktēma empsychon) 또는 '도구'(organon)로 간주되기 때문이다.[147] 이런 점에서 아리스토텔레스는 시민 개개인의 사적 자유를 긍정적으로 평가한다고 볼 수 있다. 그러나 그가 '어떻게 해도 좋다'라는 소위 급진 민주주의자들의 극단적인 무정부주의적 자유관을 받아들인 것은 아니다.[148] 아리스토텔레스가 보기에 이러한 시민들의 자유에 대한 무제한한 요구는 사실상 그 어느 누구로부터의 지배나 간섭도 거부하는 것인데, 이는 결국 무정부주의적 혼란을 야기함으로써 폴리스 자체의 와해를 초래할 수 있기 때문이다. 그래서 그는 자유시민에 적합한 통치형태로서 '시민적 통치'(politikē archē)를 강조한다. 그에 따르면 '시민적 통치'의 본질적 특성은 "교대로 통치받고 통치하는 것"(to en merei archesthai kai archein, 1317b2-3, 1277b7-9)에 있다. 이는 만약에 어느 누구로부터도 지배를 받지 않는 것이 불가능하다면, 서로가 "교대로"(kata meros) 통치하고 통치 받는 것 이외에 다른 대안이 없다는 생각에서 비롯한 통치원리라 할 수 있다.

---

[145] *Pol*, V.9, 1310a28-30. VI.2, 1317a40-b16.
[146] *Pol*, VI.2, 1317b11-3.
[147] *Pol*., I.4, 1253b32-3, I.5, 1254b20-23. N. D. Smith(1991), 412-155 참조.
[148] *Pol*., VI.2, 1317b11-13, V.9, 1310a31-2, *Metaphysica*, XII.10, 1075a19-22 참조.

아리스토텔레스는 이러한 시민적 통치원리에 따른 시민의 '권력에로의 교대로의 참여'와 같은 정치적 자유를 긍정적으로 평가한다. 왜냐하면 아리스토텔레스의 생각에 따르면 이상적인 시민 공동체(politikē koinōnia) 또는 폴리스란 이성을 소유한 자유롭고 동등한 시민들의 정치적 자유를 인정함으로써 그들의 적극적인 정치적 참여를 통해 개인과 폴리스 양자의 동일한 목적인 '잘 사는 삶' 혹은 '훌륭한 삶'을 실현하는데 기여할 수 있도록 그들에게 최대한의 기회를 줄 수 있어야 하기 때문이다.[149] 이처럼 아리스토텔레스의 시민의 자유에 대한 긍정적인 평가는 곧 자유시민이 폴리스를 위한 단순한 수단이 될 수 없다는 우리의 생각을 뒷받침한다.

지금까지 아리스토텔레스에게 있어 중요한 명제들 중의 하나로서 강조되는 "폴리스는 본성적으로 개인에 우선한다"라는 말이 어떻게 이해되어야 하는지를 살펴보았다. 그리고 이러한 분석을 통해 다음과 같은 결론에 이르게 되었다. 먼저 아리스토텔레스는 이 말을 통해 기본적으로 개인은 결여적인 존재이나 폴리스는 자족적임으로 해서 이러한 '자족적이며 잘사는 삶'을 실현하기 위해서는 폴리스에 의존해서 살아야 한다는 점에서 폴리스가 목적상 개인에 우선함을 인정하고 있다. 이는 또한 당시에 희랍공동체가 처해있던 정치적, 사회적 상황을 반영한 그의 현실주의적 통찰의 표현으로도 생각해볼 수 있을 것이다. 그럼에도 불구하고 이러한 아리스토텔레스의 폴리스의 개인에 대한 우선성이 전체론자들의 주장처럼 수단과 목적의 관점에서 개인이 폴리스의 목적을 위해 희생되어도 되는 그런 수단에 불과한 것으로 해석되어서는 안됨이 강조되어야 할 것이다. 요컨대 우리는 폴리스를 이루는 구성원으로서의 개별적인 시민

---

[149] *Pol.*, II.2, 1261a39-1261b4, VII.14, 1332b25-7, III.13, 1284a1-3. M. C. Nussbaum(1990), 73-98 참조.

들은 자신의 개별적 고유성을 그대로 유지하면서 폴리스에 참여하며 또한 공동체의 문제를 결정하는 자유로운 주체임으로 해서 폴리스의 수단이 될 수 없다고 말할 수 있다. 이는 달리 말해 아리스토텔레스의 정치철학 속에서 여전히 개별존중사상이 유지되고 있으며 또 이러한 개인에 대한 강조를 통해 아리스토텔레스 자신이 부분과 전체의 조화를 모색하였다고 생각할 수 있다.

2장
노예제의 정당성

1. 고대 그리스 노예제와 아테네 민주주의

고대 아테네 참여 민주주의는 시민들 모두의 자유와 평등한 정치적 참정권을 인정하는 정체라는 점에서 민주주의의 이상적인 모델이 된다고 말할 수 있다. 그러나 자유와 평등을 기치로 내걸었던 직접 민주주의하에서 비(非)인간적인 노예제가 존재했었다는 것 역시 부정할 수 없는 역사적 사실이다. "고도의 문화적 업적을 성취하고 인간정신에 대해 깊은 존경심을 보인 희랍인들이 어떻게 비인도적인 노예제를 정당화하고, 그것을 민주정의 이상과 조화시킬 수 있었던가"[150]의 물음은 이런 점에서 시사하는 바가 크다. 모든 시민들의 자유와 평등을 정체의 모토로 삼았던 고대 아테네 민주주의가 경제적 노동력과 물품 공급의 상당부분을 일부의 인간들을 노예로 삼은 비인간적인 경제적 제도를 통해 유지되었던 것은 사실이기 때문이다. 당시의 고대 그리스 사회에서 노예는 가정과 국가의 경제적 활동을 위한 필수적인 역할을 수행하였다. 그러나 노예는 인간 이하의 짐승과 같은 열등한 존재로 간주되었고, 노예의 정치·사회

---
[150] J. Vogt(1974), 2-3.

적 지위는 실상 그림자 같은 비실체적인 존재로 간주되었다고 말할 수 있다.[151] 인간의 권리와 행복을 최고로 삼았던 민주정하에서 어떻게 이런 비인간적인 노예제가 존재할 수 있었을까? 참여 민주주의의 이상적인 모델로 평가되는 아테네 민주주의 역시 잔인한 노예제를 기반으로 한 일종의 허구적인 유토피아가 아니었는지를 묻지 않을 수 없다. 이런 점에서 고대 그리스 민주주의 사회에서 노예제가 존재했었다는 것은 분명 불편한 역사적 사실이며 아이러니가 아닐 수 없다.

그러면 아리스토텔레스는 인간의 평등이 강조되던 시대에 인간을 노예로 삼았던 모순에 대해 어떤 입장을 피력하였을까? 그는 인간의 동등성을 주창하면서 노예제의 허구성을 지적한 비판적인 지식인의 입장을 취했을까? 아니면 아리스토텔레스 역시 당시의 많은 사상가들이 그런 것처럼 당시의 시대적 편견을 극복하지 못하고 노예제의 혜택에 무임승차한 기회주의적인 한 명의 희랍인에 불과했을까? 『정치학』 1권에서 기술되고 있는 그의 노예제에 대한 견해가 특별히 우리의 관심을 끄는 이유가 여기에 있다. 특히 그의 "본성상의 노예"(ho physei doulos)에 대한 기술은 가장 논란이 되는 주제 중의 하나다.[152] 본성상의 노예에 대한 아리스토텔레스의 언급이 노예제를 정당화하기 위한 이론적 수단으로 쓰여 졌는지,[153] 아니면 당시의 노예제의 허구성을 폭로하거나 비판하기 위한 지식

---

[151] 고대 노예제에 관한 상세한 논의는 Moss Finley(1980). 이 책은 송문현 역에 의해 『고대 노예제도와 모던 이데올로기』, 민음사, 1998 출판됨. 이밖에도 김진경, 『고대 노예제』, 탐구당 1976. 지동식편역, 『희랍사 연구의 제문제』, 고대 출판부, 1976 참조할 것.

[152] 본성상의 노예에 대한 아리스토텔레스의 견해는 현대 학자들을 불편하게 하는 것이 사실이다. J. McDowell(1995), 201-18. Kraut(2002), 277. M. Schofield (1999), 115-40.

[153] 아리스토텔레스의 노예제에 관한 이론적 견해가 어떤 식으로든 당시의 노예제를 정당화하는 이데올로기적인 수단으로 보아야하는지에 대해선 학자들 사이에 이견이 존재한다. 예를 들어 Schofield는 아리스토텔레스의 위치가 마르크스적인 의미의 이데올로기로 보는 것에 반대하는 입장에 있다면, Pelegrin은 이에 반대하는 입장을 보인다. M.

인의 신념을 갖고 쓴 것인지 불분명하기 때문이다. 본 저술에서는 아리스토텔레스의 본성적 노예에 대한 견해가 무엇인지에 초점을 맞추어 해당 부분에 대한 충실한 분석을 시도할 것이다. 이러한 작업을 통해 아리스토텔레스의 노예제에 대한 정치철학적 견해를 어떻게 평가해야 할지를 내 나름대로 정리해볼까 한다. 먼저 플라톤의 노예(제)에 대한 견해가 어떤 것인지를 간단하게 살펴본 이후에 아리스토텔레스의 노예에 대한 견해를 살펴보도록 하겠다.

2. 플라톤의 노예관

플라톤의 노예(제)에 대한 관심은 의외로 다른 주제에 비해 주목되지 않은 것이 사실이다. 일단 30여 편 이상이나 되는 그의 대화편에서 노예제에 관한 그의 언급이 이론적인 체계성이 없이 단지 단편적으로만 언급되고 있다는 점이 이를 말해준다. 또한 대화편에서 발견되는 단편적인 노예에 관한 언급들에서도 플라톤은 특별히 노예제를 폐지해야 한다든지 또는 노예제는 자연스러운 제도이기 때문에 도덕적으로 별 문제가 없다든지와 같은 식으로 자신의 입장을 밝히지 않는다.[154] 그런데 플라톤의 노예제의 정당성 여부에 대한 논의의 부재는 남녀의 동등한 교육론과 여성 통치자론에 대한 강한 주장과 비교할 때 쉽게 이해되지 않는 점이 있다. 잘 알려진 것처럼 플라톤은 『국가』 편에서 이성적인 영혼의 능력이 탁월한 여성은 남성과 동등한 교육을 받고 국가의 최고 통치자가 될 수

Schofield(1990), 1-27. P. Pellegrin(2013), 92-93.
[154] G. Vlastos(1969), 133. 송문현(1979), 155-157.

있어야 함을 역설한다.[155] 여성 철학자 왕을 주장하는 플라톤의 진의를 어느 정도까지 인정해야 될지는 좀 더 살펴보아야 하겠지만, 그의 여성에 대한 견해는 분명 진보적인 측면이 있다.[156] 그래서 플라톤의 능력에 따른 남녀의 동등한 교육과 정치적 권리에 관한 주장은 노예제와 같은 비(非)인간적이며 반(反)평등주의적인 제도에 대해서도 마찬가지로 적용될 수 있지 않을까 하는 기대를 갖게 한다. 그러면 플라톤은 과연 노예(제)에 대해서는 어떤 생각을 가졌을까? 세 계급으로 구성된 이상국가에서도 노예는 존재하며, 존재한다면 어떤 계급에 속하는가?

일단 플라톤이 노예의 존재에 대한 개념적 이해를 - 그것이 비유적이건 (metaphoric) 또는 실제적인(literal) 의미이든 - 하고 있다는 것을 『국가』 편 몇 군데서 확인할 수 있다. (1) 첫째부분은 433d에서 '각자가 자신의 일을 하고 참견하지 않는 것', "이것이 아이들, 여자, 노예, 자유민, 장인, 그리고 통치자와 피통치자에게 실현될 때에", '훌륭한 나라를 만드는데 가장 큰 기여를 할 수 있다'라는 언급에서다. (2) 다음으로 5권에서 통치자들이 민중(demos)을 "보수를 주는 자들 그리고 부양자들"이라고 부르는데, 다른 나라들에서는 통치자들이 이들을 '노예'(doulos)라고 부른다는 언급이다(463b). (3) 세 번째는 헬라스 국가가 헬라스인들을 노예로 만들어 소유하는 것은 옳지 않다는 말에서다(469b). (4) 또한 10권에서 플라톤은 '나라나 군대에 반역을 하면 노예 신세가 되도록 하는 벌을 받게 해야 한다'고 말한다(615b). (5) 용기의 덕을 함양하기 위한 시가교육에서도 노예에 대한 언급이 발견된다. 이곳에서 플라톤은 용기라는 덕을 가르치기 위해서는 죽음을 두려워해서는 안 되며, 그렇기 때문에

---

[155] Platon, *Politeia*, 454d, 456a-456b.
[156] 플라톤의 여성관에 관한 논의는 손병석(2013), 349-353 참조.

비겁하게 목숨을 구해 사느니 노예 신세가 되는 것을 더 두려워해야 할 수 있도록 교육이 이루어져야함을 강조한다(386b, 387b). (6) 마지막으로 『국가』 편 9권에서 발견되는데, 노예가 최선자의 지배를 받는 것이 서로에게 이익이 되는데, 이것은 영혼의 신적인 부분에 해당되는 이성에 의해 욕구적인 부분이 지배받는 것이 좋은 것과 같기 때문이다(590c-d). 즉, 생산자 계급은 이성적인 능력을 소유한 최선자의 지배를 받는 것이 낫다는 말이다. 플라톤은 기본적으로 인간의 영혼 중 신적(神的)인 부분에 해당되는 이성적 부분(logistikon)이 주인의 역할을 하고, 반면에 욕구적 부분(epithymētikon)은 노예의 역할을 해야 한다고 보는 것이다.[157] 그래서 플라톤은 이성적인 부분을 자신이 갖고 있지 못한 경우에는 외부의 누군가의 이성의 도움을 받는 것이 필요하며, 이것이 이성을 소유하지 않은 자에게 좋은 일이라고 말한다. 노예에 관한 위의 언급들을 종합하면 플라톤은 노예라는 말을 한편으론 이상국가로서의 칼리폴리스(kallipolis)와 그 밖의 다른 정체로 구분해서(인용 2), 또는 헬라스 정체와 비헬라스 정체와 구분해서(인용 3), 다른 한편으론 비유적인 의미와 실제적인 의미로 구분하여(특히 인용 6) 사용한다고 말할 수 있다.

문제는 이러한 구분이 정작 플라톤의 이상국가에서의 노예의 존재성과 노예제에 대한 플라톤의 분명한 입장을 밝히는데 아직까지 충분하지 않다는 것이다. 과연 플라톤이 주장하는 이상국가에서 노예제는 존재하며 그러한 노예제는 정당화될 수 있는 것으로 플라톤은 보는 것일까?

---

[157] 플라톤에 따르면 이성이 영혼속에서 주도권을 잡고 욕구를 제압할 수 있는 우세한 힘을 발휘할 경우 최선자가 되지만, 그 반대로 욕구가 이성을 제압하고 주인이 된 경우, 그래서 영혼의 조화가 파괴된 상태에 있는 사람은 참주가 된다.플라톤에 따르면 "영혼과 육체가 결합하였을 때, 자연은 영혼으로 하여금 지배하게 하고, 육체는 노예가 되어 영혼을 섬기도록 하였다"(*Phaidon*, 80a-b). 그렇기 때문에 자연적이며 정의로운 상태는 어디까지나 영혼이 육체를 지배하는 경우다.

일단 블라스토스(Vlastos)는 플라톤의 이상국가에서 노예제는 존재했으며 플라톤은 노예를 일종의 제4계급으로 인정했다고 주장한다.[158] 블라스토스는 "수공업자가 자기 자신이 신적인 통치자를 가진 최선자의 노예가 되어야만 한다고 말해야 하지 않을까?(490c)를 언급하면서 이때의 노예라는 표현은 비유적인 말로 사용된 것이기 때문에 수공업자를 실제의 노예로 간주해서는 안 된다고 말한다. 블라스토스의 주장에 따르면 수공업자와 노예는 구분되어야 하기 때문이다. 노예라는 말이 비유적인 말로 사용된 것으로 보아야 한다는 블라스토스의 주장은 앞의 인용문 (6)의 전후 문맥을 고려할 때 올바른 해석으로 생각된다. 또한 노예에 관한 위의 인용문 (1)에서 좋은 나라란 각자가 자신의 일을 충실히 맡아 실천할 때 가능하다고 말하면서 그 대상을 노예(doulos)와 장인(dēmiourgos)으로 구분되어 열거하고 있다는 점에서도 노예의 존재성일 인정될 수 있다.

그런데 블라스토스가 주장하는 것처럼 플라톤의 이상국가에서 노예가 제4계급으로 인정될 경우 또 다른 문제가 발생한다는 것이다. 그것은 칼버트(Calvert)가 주장하는 것처럼[159] 노예를 생산자 계급과 별개의 계급으로 인정할 경우 플라톤의 영혼삼분설에 근거한 이상국가의 정체성이 문제가 될 수 있다. 왜냐하면 플라톤이 노예를 자신의 이상국가에서 별도의 계급으로 인정했을 경우 노예의 영혼에 상응하는 제4의 영혼의 부분이 인정되어야 하기 때문이다.[160] 그런데 플라톤은 영혼 삼분설에서 노예의 존재에 상응하는 영혼의 부분을 인정하지 않았을 뿐만 아니라 실제로 폴리스의 하찮은 노동일은 생산자계급이 담당했기 때문에 별도로 노예의

---

[158] G. Vlastos(1941), 292-293. 또한 동일인(1973), 142-149 참조.
[159] B. Calvert(1987), 367-372 참조.
[160] B. Calvert(1987), 370.

노동력을 필요로 하지 않은 것으로 보았다는 것이다. 즉, 칼버트의 주장에 따르면 생산자계급이 제3계급으로서 플라톤의 이상국가를 완벽하게 할 수 있기 때문에 별도로 노예제가 요구되지 않았다는 것이다. 이런 이유로 칼버트는 플라톤이 노예제에 큰 관심을 두지 않았으며, 자신의 이상국가에 대한 청사진에서 실상 당시에 존재했던 노예제에 대한 실질적인 개혁이나 진보적인 제도적 개선을 주창하지 않았다고 주장한다.

칼버트의 블라스토스에 대한 비판은 플라톤의 영혼삼분설과 이상국가의 세 계급 구성에 비추어보았을 때 타당한 것으로 생각된다. 이것은 노예에 대한 기본적인 정의에서 노예는 전적으로 타인에게 속한 소유물 내지 도구라는 기준에서 보았을 때도 마찬가지다.[161] 즉, '노예는 누구에게 속한 존재인가'의 물음을 갖고 이 문제에 접근할 경우, 블라스토스의 주장에 따르면 노예는 상인이자 생산자에 의해 필요로 된다. 즉, 노예는 생산자계급에 의해 지배되며, 그들을 돕는 도구로서의 역할을 한다는 것이다. 그런데 플라톤에게서 노예에 대한 절대적인 지배권을 가지기 위한 조건은 지식을 가진 자여야 한다. 그렇다면 이러한 지식을 소유한 자는 생산자계급이 아니라 최선자인 통치자가 되어야만 한다. 문제는 플라톤이 이상국가의 수호자는 그 어떤 소유물도 허용되지 않는 것으로 말한다는 것이다. 따라서 아이러니하게도 노예를 지배하거나 소유할 수 있는 자격을 갖춘 계급이 노예를 절대적으로 지배하거나 소유해서는 안 된다는 결론에 이르게 된다. 이런 문제점들을 고려하면 결국 플라톤의 이상국가에서 실질적인 노예의 역할을 하는 것은 생산자 계급이라고 볼 수 있는 여지가 커진다. 이들은 이성을 소유한 최선자 계급의 지배를 받으면서 실질적으로 노예가 담당하는 노동을 통한 경제적 활동을 떠맡

---

[161] G. R. Morrow(1939), 188.

고 있기 때문이다. 이것은 폴리스의 탄생과 그 발전과정에 관한 플라톤의 설명에서도 알 수 있다. 즉, 최소한도의 나라에서 점차 부풀어 오른 나라를 거쳐 사치스러운 나라로 이행하는 과정에서도 노예를 위한 특정의 역할과 활동에 관한 언급이 부재하다는 것이다. 또한 노예에 관한 언급으로 열거한 위의 인용문 (2)에서도 이상국가의 통치자들이 민중(demos)을 "보수를 주는 자들 그리고 부양자들"이라고 부르는데, 다른 나라들에서는 통치자들이 이들을 노예(doulos)라고 부른다는 언급도 플라톤의 칼리폴리스(kallipolis)에서 생산자계급을 노예로 볼 수 있는 가능성을 말해준다. 이런 점에서 『정치학』 2권에서 아리스토텔레스가 플라톤의 아름다운 나라에서 생산자 계급은 실제적으로 노예와 같다고 비판한 것은 시사하는 바가 크다.[162]

플라톤의 이상국가에서 노예제가 존재하였는지의 여부는 적어도 우리에게 전승되고 있는 플라톤의 대화편을 갖고서는 분명하게 확인하기 어려운 점이 있다. 그러나 여성의 남성과의 동등한 교육과 여성의 통치자 직분수행을 인정하는 플라톤의 진보적인 주장이 노예제 폐지론 주장으로 이어지지 않은 것은 분명하다.[163] 그렇다면 지금까지 살펴본 플라톤의 노예제에 관한 견해는 아리스토텔레스의 노예제관에 어떤 영향을 끼친 것으로 볼 수 있을까? 플라톤을 절대적인 노예제 폐지론자로 볼 수 없다는 점에서 일단은 아리스토텔레스 역시 노예에 관한 기본적인 입장을 공유한다고 볼 수 있을 것 같다. 특히 앞으로 살펴보겠지만, 플라톤이

---

[162] *Pol.*, II.5, 1264a20, 1264a35.
[163] 『법률』 편 4권과 9권에서 기술되는 노예의사의 경우를 고려할 때 플라톤은 노예의 존재성을 분명 인지하고 있었던 것으로 말할 수 있다. 그러나 플라톤의 노예에 대한 견해는 이전 대화편에서보다 훨씬 가혹한 태도를 보인다. 노예를 살해한 사람은 종교적인 정화의식만으로 속죄를 받을 수 있지만, 노예에 의해 살해된 사람의 친척에게는 노예를 살해할 수 있는 권리가 부여된다고 말한다는 점에서도 알 수 있다.

노예에 대한 지배의 정당성을 영혼의 구성 부분 간의 우월성을 통해 논증하고 있다는 점은 아리스토텔레스의 본성상의 노예에 대한 지배의 정당성에도 유효한 것으로 볼 수 있다. 그러나 노예제의 정당성 문제와 관련해서 우리가 아리스토텔레스의 견해를 좀 더 적극적으로 평가해야 하는 이유가 있다. 그것은 플라톤이 노예와 노예제의 문제에 관한 논의를 실질적으로 회피했다면, 아리스토텔레스는 『정치학』에서 노예제 문제를 직접적으로 언급하면서 그에 대한 심도있는 철학적 분석을 시도한다는 것이다. 적어도 이 점에서 아리스토텔레스는 플라톤보다 노예제에 대한 옹호나 반대 여부를 떠나 일단은 철학자로서의 지적인 충실성이나 용기를 보여주는 것으로 생각된다.

3. 아리스토텔레스의 노예관

『정치학』 1권의 주된 논의 대상은 앞서 살펴본 폴리스라고 말할 수 있다. 그런데 아리스토텔레스는 폴리스가 무엇인지를 알기 위해선 그 구성부분인 가족을 먼저 검토해야 한다고 말한다. 폴리스는 기본적으로 가족에 의해 구성되기 때문이다. 아리스토텔레스에 따르면 가족은 부모와 자식, 남편과 부인, 그리고 주인과 노예라는 세 종류의 부분으로 구성된다. 중요한 점은 아리스토텔레스가 이 세 종류의 각각의 통치방식이 동일하지 않다고 본다는 것이다. 즉, 부자관계는 왕정적 통치방식이, 부부관계는 귀족정 내지 시민적 통치방식[164]이 그리고 주인과 노예 사이는

---

[164] 부부관계를 귀족정 통치방식과 시민적 통치방식이라는 이중적인 통치방식으로 규정하는 것은 보다 해명될 필요가 있다. 이에 관한 논의는 다음장에서 다루어지는 여성문제 부분을 참고할 것.

전제적 통치방식이 적용된다는 이유에서다. 이것은 가족의 구성원들 사이의 이해관계가 다르기 때문인데, 즉 부자관계는 그 이익이 자식에게, 부부관계는 상호 간의 이익이 공유되지만, 주인과 노예의 관계는 주인의 이익을 추구한다는 점에서 각기 다르기 때문이다. 그리고 아리스토텔레스의 이러한 생각이 바로 모든 통치술을 지식 내지 앎에 의한 단일한 통치방식으로 보는 플라톤의 생각과 기본적으로 다른 이유이다.

가족구성원 사이의 세 관계에서 아리스토텔레스가 가장 많은 부분을 할애하여 다루고 있는 주제가 주인과 노예의 관계이다. 『정치학』 1권 4장부터 7장에 걸쳐 기술되고 있는 노예제에 대한 아리스토텔레스의 견해는 현재까지 가장 논란이 되는 주제이다. 앞서 살펴본 것처럼 플라톤이 고대 헬라스에 광범위하게 존재했었던 노예제에 대한 심도 있는 논의를 하지 않았다는 점에서도 아리스토텔레스의 노예제에 관한 언급은 우리의 관심을 끌기에 충분하다.

1) 본성상의 노예(ho physei doulos)

아리스토텔레스는 노예에 대한 본격적인 논의에 들어가기에 앞서 노예제를 반대하는 어떤 사람들이 있다고 말한다. 노예제를 반대하는 진영에 속하는 사람들은 "노예와 주인 사이의 구별은 법에 의한 것이지, 그들 사이에 자연적인 차이는 아무것도 없다"(1253b21-22)고 주장한다. 그러면 노예제를 반대하는 사람들은 누구인가? 아리스토텔레스는 알키다마스(Alikidamas)를 들고 있는데, 그는 "신은 모든 인간들에게 자유를 주었으며, 자연은 아무도 노예로 만들지 않았다"[165]라고 노예제를 비판했다고

---

[165] Aristoteles, *Rhetorica* 1.13 1373b18.

한다. 또한 아리스토텔레스가 명시적으로 밝히고 있지 않지만 필레몬(Philemon) 역시 노예제를 신랄하게 비판한 것으로 알려진다. 그는 "어떤 사람이 비록 노예일지라도 그는 당신과 똑같은 육체로 창조되었다. 왜냐하면 아무도 본성적인 노예로 창조된 적은 없으며 오직 우연히 어떤 사람의 육체가 노예화되었을 뿐이기 때문이다"[166]라고 말한다.

그러면 아리스토텔레스는 노예를 어떻게 정의하는가? 노예는 어떤 존재이며 노예는 왜 필요한가?『정치학』1권 4장에서 아리스토텔레스는 노예에 대한 명목적 정의(nominal definition)를 다음과 같이 내린다.

> "재산은 삶을 위한 도구이고, 재산은 이러한 도구들의 집합이다. 노예는 또한 일종의 영혼을 가진 소유물이고, 모든 보조자들은 도구들 중에 앞선 도구다. 왜냐하면 모든 도구가 명령을 받았을 때나 또는 무엇을 해야 하는지를 미리 알아차려 자신의 일을 수행할 수 있다면, 마치 다이달로스가 만든 조각상들이나 또는 저절로 신들의 회의장으로 갔다고 시인이 말하는 헤파이스토스의 삼발이 솥들처럼, 베틀의 북이 저절로 옷을 짜고, 채가 저절로 리라를 연주한다면, 최고의 장인에게는 조수가 필요 없고, 주인에게는 노예가 필요 없을 것이다."(*Pol.*, I.4, 1253b30-1254a1)

위에서 아리스토텔레스는 노예를 재산의 일종으로서 "영혼을 가진 소유물"(ktēma ti empsychon) 또는 "도구"(organon)라고 정의한다. 도구는 다시 생명이 없는 도구와 생명을 가진 도구로 나누어진다. 쟁기는 밭을 갈기 위한 생명이 없는 도구이며, 소는 농사를 짓기 위한 생명을 가진 도구이다. 그런데 아리스토텔레스는 만약에 다이달로스의 조각상이나 헤파이스토스의 삼발이 솥들처럼 스스로 움직일 수 있거나 또는 베틀의

---

[166] Philemon, frg.95. W. L. Westmann(1995), 24에서 재인용.

북이 스스로 옷을 짜거나 또는 채가 리라를 연주할 수 있다면, 주인에게 노예가 필요 없을 것이라고 말한다. 그러나 쟁기나 소는 스스로 밭을 갈 수 없기 때문에 이것들의 사용을 위해서는 노예가 필요할 수밖에 없다는 것이다. 이런 이유로 아리스토텔레스는 생명을 가진 도구 중에서 노예를 가장 발달한 최고의 도구라고 말한다. 중요한 것은 노예가 단순히 생산(poiēsis)을 위한 도구가 아니라 주인의 삶의 활동(praxis)을 위한 도구로 규정된다는 점이다. 이런 점에서 노예는 유(類)적으로 여타의 도구와는 다른 살아 숨 쉬는 최고의 도구인 것이다.[167]

그러면 아리스토텔레스는 노예와 주인의 관계를 정확하게 어떻게 규정하는 것일까? 이 물음은 제기될 수밖에 없는데, 그것은 노예의 위상이 한편으론 기능적인 용도 면에서 소나 쟁기와 별 차이가 없는 도구로 규정되면서도[168] 다른 한편으론 주인의 활동을 위한 최고의 보조자로 간주되기 때문이다. 이와 관련해서 아리스토텔레스는 노예의 존재론적 위상을 주인과 관련시켜 다음과 같이 말한다.

> "... 주인은 노예의 주인일 뿐 노예에게 속하지는 않는데, 노예는 주인의 노예일 뿐 아니라 전적으로 주인에게 속한다. 이로써 노예의 본성과 기능이 무엇인지 분명해졌다. 본성적으로 자신이 아닌 다른 사람에게 속하는 인간은 '본성적인 노예'다. 또한 인간이라 할지라도, 재산이 되는 인간은 다른 사람에게 속해 있는 것이며, 그러한 재산은 행위를 위한 도구이며 또한 그 소유자와 분리될 수 있는 존재이다."(*Pol.*, I.4, 1254a11-17)

위 인용문에서 알 수 있는 것처럼 주인과 노예의 존재론적 지위는 확연

---

[167] P. Pellegrin(2013), 97-98. 아리스토텔레스의 노예의 정의에 관한 변증법적 방법에 관한 상세한 논의는 J. A. Karbowski(2013), 331-353 참조.
[168] *Pol.*, I.5, 1254b24-6.

하게 구분된다. 그것은 무엇보다 "본성상의 노예"(physei doulos)는 단지 신체적으로만 "분리되지"(chōriston) 본질적으로 주인에게 전적으로 속한 영혼을 가진 도구라는 것이다. "자연은 어떤 것도 헛되이 만들지 않는다"(I.9, 1256b20-21)는 아리스토텔레스의 목적론적 관점에서 볼 때 노예의 존재목적은 주인에게 봉사하기 위한 종속적인 위치에 있는 것이다. 그런데 본성상의 노예는 주인에게 전적으로 속한 도구에 불과하다는 아리스토텔레스의 주장은 정당화될 수 있을까? 아직까지 노예의 본성이 구체적으로 어떤 것인지에 대한 분명한 이유가 제시되고 있지 않기 때문에 아리스토텔레스가 '본성상'(physei)이란 말을 통해 의미한 바가 좀 더 분명하게 밝혀질 필요가 있다. 이와 관련하여 아리스토텔레스는 『정치학』 1권 5장에서(1254b27-32) 신체상의 차이에 주목하여 자연은 주인과 노예의 육체의 목적을 다르게 설정하였다는 것이다. 즉, 노예는 강한 육체를 주었는데, 그 이유는 노동을 통한 생필품을 잘 사용할 수 있도록 하기 위한 것이다. 이와 달리 주인은 곧은 육체를 갖고 있는데 그 목적은 노동을 위한 것이 아니라 정치적 삶(politikos bios, 1254b30-31)을 위한 것이다.

그러면 노예가 자유인인 주인의 지배를 받아야 하는 이유가 신체적인 용도에 의해 이루어지는 것으로 보아야 하는가? 아리스토텔레스는 결론적으로 신체적 기준은 본성상 노예를 규정짓는 시험을 통과하지 못한다고 말한다. 신체적 목적에서의 차이가 주인과 노예를 구분하는 필요조건은 될 수 있어도 양자를 구분하는 충분조건은 될 수 없다는 것이다. 그것은 "자연의 의도에 반대되는 경우가 가끔 발생하기 때문이며, 어떤 노예는 자유인의 몸을 갖고 있기 때문이다"(1254b31-32).[169] 이런 이유로 아리

---

[169] 그런데 노예가 자유인의 육체를 가질 수는 없을까? 이솝이나 에픽테토스는 자유인의 육체를 가진 것으로 볼 수 있다.

스토텔레스는 주인과 노예를 구분 짓는 결정적 기준은 신체적인 특성의 차이에서가 아니라 영혼의 관점에서 찾아져야 한다고 말한다. 단지 "영혼의 아름다움"(to tēs psychēs kallos, 1255a1)은 몸처럼 보이는 것이 아니기 때문에 그 차이성을 보기가 쉽지 않지만 인간이 갖고 있는 영혼의 능력의 차이는 분명 있기 때문이다. 육체에서도 훌륭한 것과 열등한 것이 있고, 그래서 후자가 전자의 노예가 되어야 하는 것처럼 영혼은 더욱더 그러하다는 것이 아리스토텔레스의 생각이다. 즉, 본성상의 노예는 주인과 달리 불완전한 영혼을 가졌다는 것이 그 이유다. 결국 아리스토텔레스가 본성상의 노예에서 '본성상'의 의미는 신체적인 것과 관련해서가 아닌 영혼의 측면에서 이해될 필요가 있다. 이것은 노예제가 자연적인 것인가를 묻고 그에 대한 답변을 시도하는 다음의 인용문을 통해 알 수 있다.

> "우선 생명이 있는 것들 속에서 주인이 노예에게 행사하는 것과 같은 전제적 통치와 정치가가 동료시민들에게 행사하는 것과 같은 시민적 통치라는 두 가지 형태의 다스림을 볼 수 있다. 몸에 대한 영혼의 지배는 주인의 통치와 같고, 욕망에 대한 지성의 지배는 정치나 왕의 통치와 같기 때문이다. 그리고 분명 몸은 영혼의 지배를 받는 것이, 감정적(pathetikon) 부분은 지성과 이성적 부분의 지배를 받는 것이 자연스럽고 유익하다."(*Pol.*, I.5, 1254b2-9)

위 인용문에서 아리스토텔레스는 노예의 지배방식을 설명하기 위해 두 가지 통치방식을 언급한다. 하나는 전제적(despotikē) 통치방식이고, 다른 하나는 시민적(politikē) 통치방식이다. 전자는 노예에 대한 주인의 통치방식이고, 후자는 동료시민들에 대한 정치가의 통치방식이다. 전자의 전제적 통치방식은 영혼의 몸에 대한 지배로, 후자의 시민적 통치방식은 지성의 욕망에 대한 지배와 유사하다. 아리스토텔레스에 따르면 인간들 사이에도 우월한 자와 열등한 자가 있고 이들 사이에는 지배와 복종의 관계가 형성될 수밖에 없다. 우월한 자는 이성적인 영혼을 소유한 자이고 열등한 자는 욕망에 의해 지배되는 육체를 가진 자이다. 그리고 아리스토텔레스는 몸이 영혼에 의해 지배되고, 감정적 부분이 이성에 의해 지배되는 것은 "자연스럽고 유익하다"고 말한다. 영혼과 몸의 이러한 관계는 주인과 노예의 관계에도 그대로 적용될 수 있다.[170] 이것은 곧 주인의 노예에 대한 전제적 지배가 마치 영혼의 몸에 대한 통치처럼 자연스럽고 유익하다는 것을 의미한다. 이러한 언급들을 고려할 때 주인이 노예를 지배할 수 있는 중요한 기준은 영혼의 우월성에서 찾아질 수 있다. 이것은 여성과 노예 그리고 어린아이의 영혼의 능력에 대한 구별을 하고 있는 아래의 인용문에서도 확인된다.

> "영혼에는 본성적으로 지배적인 부분과 피지배적인 부분이 있고, 이들의 덕은 서로 다른데 그중 하나는 이성을 가진 부분의 것이고, 다른 하나는 비이성적인 부분의 것이기 때문이다. 이런 원칙은 분명 다른 경우에도 적용될 수 있는데, 본성적 치자와 본성적 피치자가 존재하는 것은 보편적 법칙이라는 결론을 내릴 수 있을 것이다. 그러나 지배의 종류는 서로 다르다. 노예에 대한 자유민의 지배는 여자에 대한 남자의 지배나 아이에 대한 어른의 지배와는 종류가 다른 것이다. … 노예는 숙고능력이 전혀 없고, 여자는 숙고능력이 있긴 하지만 권위가 없고, 아이는 숙고능력이 있지만

---

[170] 노예제의 정당화를 노예의 영혼의 불완전함이라는 자연성의 기준에 두고 있는 것은 미국 노예제의 정당화 시도에서도 발견된다. 1859년 12월 20일 New york daily Tribune에 O'Connor라는 변호사가 노예제를 지지하는 글을 대표적으로 들 수 있다. 그 기사내용은 다음과 같다. "흑인은 자연에 의해 구속의 상태에 있도록 부여되었다. 흑인은 노동을 할 수 있는 신체적 힘을 갖고 있다. 그러한 힘을 창조한 자연은 그러나 통치할 수 있는 이성이나 그러한 일을 할 수 있는 의지는 부정한다. … 나는 흑인을 자연이 명한 상태에 놓아두는 것이 부정의하지 않다고 주장한다". P. Millett(2007), 178 재인용.

아직은 그것이 성숙하지 못했기 때문이다."(*Pol.* I.13, 1260a4-1260a13)

위 인용문에서 아리스토텔레스는 인간의 영혼을 두 부분으로 구분하면서 그것을 이성적인 영혼의 부분과 비이성적인 영혼의 부분으로 말한다. 그리고 전자가 후자를 지배하는 것이 보편적 법칙이라고 말한다. 그런데 이성의 지배는 노예나 여성 또는 아이에 대한 지배와 관련해서 동일하지 않다. 그 이유는 노예는 '숙고능력'(bouleutikon)이 없고, 여자는 숙고능력이 있지만 '권위가 없고'(akyron), 아이는 숙고능력은 있지만 그것이 아직 가능태로 있기 때문이다. 아리스토텔레스는 노예나 여성 또는 아이에 대한 통치방식의 다름을 숙고능력의 소유여부와 그것의 현실적 발휘능력에 근거해서 구분하고 있는 것이다. 이것을 고려하면 본성상의 노예가 주인의 통치를 받아야 하는 이유는 노예가 숙고능력을 결여하고 있기 때문이다. 즉, 노예는 지적인 판단능력을 결여하고 있기 때문에 완전한 숙고능력을 소유하고 있는 주인의 명령을 받아야 하는 것이다.

그런데 여기서 한 가지 물음이 제기될 수 있다. 그것은 '숙고능력을 결여하고 있는 노예가 어떻게 주인의 명령을 이해하고 그것을 실행할 수 있는가'하는 것이다. 이것은 노예가 다른 도구들보다 앞선 가장 발달한 도구로써 주인의 활동을 위한 수단이 된다는 아리스토텔레스의 언급을 고려할 때도 이해하기 어려운 점이다. 주인의 명령을 듣고, 이해한 후 자신의 몸을 움직여 제대로 일을 하기 위해서는 노예에게도 최소한의 지적인 영혼의 능력이 주어져야만 하기 때문이다. 이것은 본성상의 노예 역시 불완전하지만 어느 정도의 이해능력을 갖추고 있는 것으로 보아야 함을 의미한다. 이런 이유로 본성상의 노예가 인지적 능력을 완전 결여하고 있다는 것은 직관적으로 맞지 않다. 인지 능력이 없는 노예는 마치 일종의 좀비처럼 무뇌(無腦)적인 존재로 보아야 할 것이다. 그런데 노예의 인지 능력이 완전 부정되지 않는 것으로 볼 수 있는 아리스토텔레스의 중요한 언급이 발견된다. 그것은 "본성상 노예는 이성을 소유하지는 않으나 이성을 감지할 정도로 이성에 참여한다"(ho koinōnōn logou tosouton hoson aisthanesthai alla mē echein, 1254b22-23)라는 말이다. 이 말은 노예 자신이 완전한 숙고능력을 소유하고 있지는 않지만, 그래도 주인의 명령을 이해할 수 있는 정도의 인지적 능력을 소유한 것으로 이해할 수 있다. 몇 가지 경우를 고려해 볼 수 있다. 예를 들어 주인이 노예에게 물을 가져오라고 지시하는 가장 단순한 일부터, 요리하는 일이나 또는 제작과 관련해서 집을 짓는 것이 그것이다. 더 나아가 노예는 의술이나 회계업무 또는 가정의 보모의 역할까지 수행할 수 있다는 점에서도 노예의 지적인 능력이 인정될 수 있을 것이다.[171] 이런 이유로 아리스토텔레스는 노예의 이성에의 참여를 부정하는 것은 잘못된 생각임을 다음과 같이 지적한다.

> "따라서 노예의 이성을 부정하면서 우리가 그들에게 오직 명령만을 내릴 수 있다고 하는 사람들은 잘못 말하는 것이다. 왜냐하면 노예는 어린아이보다 더 지도받을 수(noutheteteon) 있기 때문이다."(Pol., I.13, 1260b5-7)

위의 말을 고려할 때 아리스토텔레스는 노예의 인지적 능력을 부정하지 않는다. 노예의 이성을 부정하면서 주인이 노예에게 명령만을 내려 올바른 행위를 할 수 있도록 만들 수는 없기 때문이다. 즉, 노예는 지시된 사항을 올바르게 처리할 수 있는 정도만큼 주인의 말을 이해한다는 것이다. 이것은 주인의 말을 이해할 수 있는 노예의 지적인 능력을 부정하고서는 가능하지 않은 일이다. 이런 이유로 아리스토텔레스는

---

[171] Pol., I.13, 1260a34.

아이를 교육하는 것보다 노예를 더 잘 가르칠 수 있고, 그래서 노예가 깨우쳐질 수 있도록 해야만 한다고 말한다. 즉, 주인은 노예를 누테테온(nouthetēteon), 즉 '영혼을 올바르게 자리잡을 수 있도록' 지도(指導)할 수 있다는 것이다.

상술한 것을 고려할 때 아리스토텔레스가 본성상 노예는 "이성에 참여할 수 있다"(koinōnōn logou)는 말은 주인의 이성적인 명령이나 지시에 반응할 수 있는 정도의 이성적인 능력은 갖추고 있는 것으로 이해할 수 있다. 그리고 주인의 이성에 반응할 수 있다는 말은, 노예가 주인의 말에 설득될 수 있는 가능성을 말해준다. 노예의 영혼은 기본적으로 욕구에 의해 지배되지만 그 욕구가 주인의 이성에 의해 설득될 수 있는 가능성이 있으며 그렇게 해서 욕구의 이성에로의 전환이 이루어질 수 있다는 것이다.[172] 그리고 이런 이유로 아리스토텔레스는 노예가 아이보다 오히려 더 훈육될 수 있는 것으로 말한다고 이해할 수 있다. 또 이런 이유로 아리스토텔레스는 노예의 이성적인 능력이 단순히 생산이나 제작의 분야에서만 발휘되는 것이 아니라 도덕적인 실천적 행위에서도 담보될 수 있는 것으로 본다. 이것은 『정치학』 1권 13장에서 노예가 덕을 소유할 수 있는가의 물음을 제기하고 이에 관한 가능성을 검토하는 데서도 알 수 있다.[173] 이곳에서 아리스토텔레스는 노예가 수행하는 일이 단순히 육체를 이용하는 것을 넘어 주인의 덕에 따른 활동에도 참여할 수 있는 것으로 말한다. 이것은 "노예들도 인간이고 이성을 나누어 갖기 때문에, 만일 노예들이 덕을 갖지 않게 되면, 그것은 이상한 일이다"(1259b27-28)라는 말에서 알 수 있다. 그래서 아리스토텔레스는 본성상의 노예 역시

---

[172] M. Deslauriers(2003), 218-9 참조.
[173] *Pol.*, I.13, 1259b21-1260b7 참조. Smith(1991), 145. M. P. Nichols(1983), 181.

주인과 동일한 덕은 아니지만 덕을 갖고 있다고 결론 내린다. 즉, 주인이 지배하는 자로서의 용기와 절제를 소유한다면, 노예는 지배받는 자로서의 용기와 절제를 갖는다는 것이다. 노예는 주인과 같은 고상한 도덕적 덕을 갖지는 않지만, 그의 의무를 충실하게 수행할 수 있는 절제나 용기와 같은 덕을 가질 수 있다는 것이다. 요컨대 노예는 노예로서의 기능을 충실하게 수행할 수 있는 덕을 갖출 수 있다. 따라서 '이성에 참여한다'는 말은 단순히 생산이나 제작과 관련된 앎으로만 이해하는 것은 곤란하다. 노예 역시 주인의 정치적 내지 관조적 활동을 보조하기에 적합한 탁월성까지 갖출 수 있기 때문이다.

그런데 이렇게 노예의 이성에의 참여가능성을 인정하게 되면 그것은 주인과 노예의 관계를 영혼과 몸의 비유보다는 오히려 이성과 욕망의 비유에 더 적합한 것으로 보아야 하지 않을까? 즉, 주인과 노예는 '전자의 후자에 대한 일방적인 전제적 통치방식보다는 오히려 이성과 욕망의 왕정적 통치방식으로 보는 것이 더 타당하지 않은가'하는 것이다. 노예가 주인의 명령을 이해할 수 있는 이성적 능력을 갖고 있다는 점을 고려하면 분명 전제적 비유는 적절하지 않은 것으로 보인다. 그러나 아리스토텔레스는 왕정적 통치는 "출생에서 통치자와 유사하고 자유로운 사람들에 대한 통치행사의 일종"(1277b4)이며, 이에 상응하는 대상은 아이와 여성이라고 말하고 있기 때문에 노예를 왕정적 통치관계의 대상으로 보기는 어렵다. 그렇다면 스미스(Smith)가 주장하는 것처럼[174] 아리스토텔레스의 본성상의 노예에 대한 언급은 비일관적인 것으로 보아야하지 않을까? 본성상의 노예에 대한 통치방식이 영혼과 몸의 관계처럼 전제적인 지배

---

[174] N. D. Smith(1991), 153. 이에 반해서 포텐바흐는 주인과 노예의 관계를 심리학적인 관점에서 이성과 감정의 관계로 본다. W. Fortenbaugh(1977), 135-139.

방식으로 규정되면서도, 실상 지배의 전개과정은 이성과 욕망의 관계로 설명되는 경향이 강하기 때문이다.[175]

이와 관련해서 앞서 언급한 아리스토텔레스의 노예와 주인의 관계에 대한 정의(定義)를 갖고 다시 이 문제를 해결할 수 있는 가능성을 모색해 볼 필요가 있다. 그것은 본성상의 노예란 "그 본성상 자신이 아닌 다른 사람, 즉 전적으로 주인에게 속한 자이다"(1254a14-15)라는 정의이다. 이것은 기본적으로 주인과 노예의 이해관계가 부자관계나 부부관계와는 다름을 의미한다. 즉, 부자관계의 이익은 자식에게, 부부관계는 상호 간의 공동이익(to koinēi sympheron)이지만, 주인과 노예의 관계에서 발생하는 모든 이익은 전적으로 주인에게 귀속된다는 점에서 다르다. 이처럼 통치방식과 그 이익의 분배기준을 갖고 볼 때 본성상의 노예는 신체적으론 주인과 분리되지만 실질적으론 주인의 이익을 위해 "행위해야 하는 도구"(organon praktikon, 1254a17)이다. 이것은 『에우데모스 윤리학』에서의 다음과 같은 언급에서 분명하게 알 수 있다.

> "영혼과 육체, 기술자와 도구, 그리고 주인과 노예가 이와 유사한 관계를 가지지만, 이들에게는 공통성이 없다. 왜냐하면 그들은 둘이 아니라 전자에 속하는 쪽은 하나이지만, 후자 쪽은 아무것도 하나가 아니기 때문이다. 좋은 것이 양쪽

---

[175] 실상 본성상의 노예에 대한 아리스토텔레스의 언급이 애매하면서도 압축적으로 표현되고 있기 때문에, 정확하게 그의 노예에 대한 생각을 파악해내는 것이 녹록지 않은 것이 사실이다. 이와 관련해서 학자들의 입장은 다르게 제시된다. 예를 들어 Schofield는 발전론적인 접근을 취해서 아리스토텔레스의 다른 텍스트들이 다른 시기에 구성된 것으로 보고 문제를 해결하는 시도를 한다(M. Schofield(1999), 120-122). Williams와 Brunt는 아리스토텔레스가 이데올로기적으로 또는 역사적으로 피할 수 없는 세계관을 갖고 있었고 이것이 그로 하여금 모순된 주장을 하게 만들었다고 해석한다(B. Williams(1993), 115-16. P. A. Brunt(2004), 344-45, 367-68). Ambler와 Nichols는 노예에 대한 모순된 아리스토텔레스의 언급은 의도된 것이고, 이것은 아리스토텔레스 당시에 존재했었던 실제 노예제에 대한 지식인의 비판이라고 본다(W. Ambler(1987), 405-07. M. Nichols(1983), 173-76).

에 각각 분리되지 않고, 양쪽의 좋은 것은 한쪽을 위한 것이다. 왜냐하면 육체는 선천적으로 지닌 도구이고, 노예는 주인에게 마치 분리된 부분이나 도구인 것처럼 속하며, 도구는 영혼 없는 노예처럼 속하기 때문이다."(*EE*., 1241b17-22)

위 인용문에서 아리스토텔레스는 주인과 노예, 영혼과 육체 그리고 기술자와 도구 사이에는 공통성(koinōnia)이 없다고 말한다. 공통성 내지 공동의 이익이란 기본적으로 두 개의 분리된 존재들 사이에서 가능한데, 전자와 후자는 그러한 독립된 존재들 사이의 관계로 볼 수 없기 때문이다. 이들 사이의 이익이나 좋음이 전자에 해당되는 쪽, 즉 영혼이나 기술자 또는 주인에게 속하지 후자의 육체나 도구 또는 노예에 속하지 않기 때문이다. 육체는 영혼을 위해 존재하는 것이고, 도구는 기술자의 사용을 목적으로 존재하기 때문이다. 노예의 목적도 마찬가지다. 즉, 노예는 전적으로 주인의 좋음을 위해 존재하기 때문에 자신의 좋음이 별도로 존재하지 않는다. 영혼 없는 도구가 기술자의 이익을 위해 존재하듯이, 영혼을 가진 노예 역시 주인의 활동을 위한 도구에 불과한 것이다. 아리스토텔레스에 따르면 주인과 노예의 관계에서 "좋은 것은 양쪽에 각각 분리되지 않고, 양쪽의 좋은 것은 한쪽을 위한 것이다"(oude diaireton to agathon ekateτōi, alla to amphoterōn tou henos hou heneka estin, 1241b20-21). 다시 말해 본질적으로 존재하는 것은 하나의 이익, 즉 주인의 이익이지 노예의 이익은 별도로 존재하지 않는다는 것이다.

인용문을 통해 알 수 있는 것처럼 여기서 주인과 노예의 관계는 이성과 감정의 관계가 아니라 영혼과 육체의 관계로 비유되고 있음을 알 수 있다. 영혼은 주인을 대표하고 몸은 노예를 대표하는 것이다. 아리스토텔레스는 한 인간을 구성하는 두 부분인 영혼과 몸의 지배관계를 주인과 노예라는 두 인간 사이의 관계에 적용한다고 볼 수 있다. 따라서 몸이 영혼의 좋음을 위해 사용되어야 하듯이, 노예는 자신의 몸을 사용해서 주인의 좋음이 실현될 수 있도록 기여해야 하는 것이다. 즉, 노예는 자신의 사지와 육체적인 근력을 이용해 주인의 삶을 위한 가장 필수적인 일상적 일들을 수행하는 것으로 볼 수 있다. 그런데 노예가 몸을 이용해서 주인을 위한 노동이나 가사업무를 효율적이면서도 성공적으로 수행하기 위해서는 주인의 명령이나 지시를 잘 이해할 수 있는 능력이 전제되어야 한다. 주인의 명령을 잘 이해하지 못할 경우 그 결과는 칭찬이 아니라 가혹한 벌이 될 것임은 분명하다. 그런데 아리스토텔레스는 노예가 최고로 발달한 도구 중의 도구이며 무엇보다 "노예가 (주인의) 삶에 참여"(ho doulos koinōnos zōēs, 1260a40) 하는 존재라고 말한다. 그렇다면 노예는 주인의 삶이 자족적이면서도 훌륭하게 실현될 수 있도록 기여하는 보조자의 역할을 수행할 수 있어야 한다. 노예가 '이성에 참여할 수 있다'라는 말은 바로 이러한 노예의 인지적 능력을 인정하는 것으로 볼 수 있다.

  그런데 본성상 노예의 이러한 이성의 능력은 노예 자신의 것이 아니라 어디까지나 본성상 주인의 이성을 빌려온 것이라는 점이 간과되어선 안 된다. "노예의 덕(aretē)의 원인은 주인에게 있는 것으로 보아야만 하는 것은 분명하다"(1260b3-4)라는 아리스토텔레스의 말은 이를 방증한다. 즉, "노예의 덕은 주인과 관련되는 정도에서만 존재하는 것이다"(doulou pros despotēn, 1260a33). 여기서 아레테, 즉 덕이라는 말은 도덕적 행위와 관련된 의미로 볼 수 있다. 그리고 노예의 덕 있는 행위는 주인의 실천지(phronēsis)에 의존해서만 가능하다. 요컨대 본성상 노예가 덕을 획득하는 방식은 본성상 주인의 이성, 특히 프로네시스를 빌림으로써 가능하다는 것이다.[176] 이러한 이유로 심슨(Simpson)은 덕의 훈육이라는 기준을 갖고

---

[176] M. Deslauriers(2013), 216-17. 이성을 빌린다는 표현은 플라톤에게서도 발견된다.

보면 주인의 본성상의 노예에 대한 주인의 지배는 일종의 의무로서 인정되어야 한다고 주장한다.[177] 그의 주장에 따르면 주인은 불완전한 영혼을 소유한 자를 노예로 삼아 덕의 훈련을 받도록 해야 하며, 이러한 노예제를 거부하는 것은 "본성상의 노예를 정의라는 미명하에 악과 타락 속에 방기하고 있는 것이다".[178] 상술한 것을 종합하면 아리스토텔레스에게서 본성상의 노예에 대한 주인의 지배는 정당한 측면이 있다. 그것은 본성상의 노예는 스스로가 도덕적 행위를 할 수 있는 숙고능력을 결여하고 있기 때문에 도덕적 판단능력을 소유한 자, 즉 주인의 지배를 받아야 한다는 이유에서다. 그리고 이것이 아리스토텔레스가 본성상의 노예에 대한 지배가 노예에게 이익이 된다고 말하는 근거가 된다. 노예는 단순히 숨쉬는 도구에서 주인의 도덕적 활동을 위한 수단이 됨으로써 부수적으로 덕의 훈련을 받을 수 있기 때문이다.

그런데 여기서 노예가 결여하고 있는 숙고능력과 주인이 그러한 숙고능력의 원인이 되는 주인의 실천지가 어떤 방식으로 작용하는지에 대한 아리스토텔레스의 설명을 이해하는 것이 필요할 것 같다. 먼저 숙고능력인 불레우시스(bouleusis)는 『니코마코스 윤리학』 3권 6장에서 기술된다. 아리스토텔레스에 따르면 숙고는 불가능한 것이 아니라 실천의 대상이 되는 가능한 것에 대한 판단능력이다. 이것은 행위의 "목적이 되는 것들에 대한"(ta pros ta telē), 즉 수단을 탐구하는 지적인 판단과정에 관여한다. 즉, 숙고는 행위목적을 실현하기 위한 다양한 수단들이 되는 선택지 중에서 가장 용이하고 효율적인 수단을 선택할 수 있는 능력이다.[179] 그리

Politeia, 9, 590c-d 참조.
[177] Simpson(2006), 114.
[178] Simpson(2006), 115.
[179] *EN.*, 1112b8-36 참조할 것.

고 이러한 숙고가 이루어진 후에 선택·결정(proairesis)을 거쳐 최종적으로 실천이 이루어지는 것이다. 결국 아리스토텔레스에게 도덕적인 인간은 지적인 숙고능력을 소유한 사람이다. 아리스토텔레스는 이와 같이 도덕적인 숙고능력을 완벽하게 발휘할 수 있는 사람을 프로니모스(phronimos), 즉 실천지를 소유한 사람이라고 부른다. 실천지(phronēsis)를 소유한 자는 이성과 욕구의 조화를 통해 참된 숙고와 올바른 선택을 통해 올바른 행위를 할 수 있는 도덕적인 인간인 것이다.[180] 이러한 아리스토텔레스의 숙고개념을 고려할 때 본성상의 노예는 요리나 집을 짓는 일과 같은 제작에 관한 앎의 능력은 소유하고 있지만 숙고적 판단능력까지 소유한 것으로 보기는 어렵다. 아리스토텔레스가 본성상의 노예는 숙고적 능력을 결여하고 있기 때문에 주인의 지배를 받아야 한다고 하는 이유가 여기에 있다.

이제 노예가 숙고능력을 소유하고 있지 않으면서도 주인의 도덕적 활동의 수단이 될 수 있다는 말을 이해하기 위해 하나의 예를 들어 볼까 한다. 그것은 노예가 주인으로부터 배고픈 사람은 도와주어야 한다는 말을 들은 경우이다.[181] 그런데 이 말을 들은 노예는 어느 날 길을 걷던 중 길거리에서 배고픈 걸인을 보게 된다. 배고픈 사람은 도와주어야 한다는 주인의 말을 상기한 노예는 걸인을 도와주기 위해 빵가게의 빵을 훔쳐 걸인에게 그 빵을 주었다. 이 경우 노예의 행위를 도덕적인 행위로 평가할 수 있을까? 노예가 배고픈 걸인을 도와준 행위는 분명 주인의 도덕적 훈계에 따라 타인에 대한 동정심을 발휘했다는 점에서 하나의 아름다운 도덕적 행위가 될 수 있다. 그러나 노예의 행위는 올바른 목적을 위한 행위임에도

---

[180] *EN.*, VI. 1139d5이하 계속 참조.
[181] M. Heath(2008), 250 참조.

불구하고 그것이 참된 숙고적 판단(bouleusis)과 합리적 선택(prohairesis)을 통해 이루어진 행위가 아니기 때문에 도덕적 행위로 보기 어렵다. 아리스토텔레스에게 도덕적 행위란 토 칼론(to kalon), 즉 도덕적으로 아름다운 목적과 그것을 실현할 수 있는 적절한 수단을 통해 이루어져야 하며, 이것은 숙고와 합리적 선택능력을 필요로 하는 것이기 때문이다. 요컨대 도덕적으로 숭고한 행위란 올바른 수단들에 대한 숙고적 판단능력을 통해 가능한 것이다. 아리스토텔레스는 "숙고를 잘한다 함은 자기 자신뿐만 아니라 일반적으로 좋은 삶 전체에 기여하는 것에 대한 숙고다"(EN., VI.5 1140a25-8)라고 말한다. 노예에게 결여된 것은 이처럼 일반적으로 잘 사는 삶을 성취하기 위해 필요한 넓은 영역의 도덕적 고려사항들에 민감한 계획을 세울 수 있는 능력인 것이다. 노예는 주인의 명령을 이해하고 그것을 행할 수 있는 정도의 인지적 능력은 갖고 있지만, 엄밀한 의미의 실천지에 따른 도덕적 실천을 할 수 있는 자체적인 능력은 결여하고 있는 것이다. 본성상의 주인이 본성상의 노예와 다른 점은 바로 도덕적 행위를 올바르게 할 수 있는 보편적인 숙고적 능력을 갖추고 있기 때문이다.[182]

상술한 것을 종합하면 주인과 노예의 관계는 영혼과 육체의 관계로 보아야 한다. 다만 노예가 육체를 통해 주인에게 최대의 성공적인 봉사를 담보하기 위해서는 노예의 인지적 이해력이 전제되어야 한다. 특히 주인의 "정치적인 또는 철학적 활동"(politeuontai hē philosophousin, 1255b37)에 봉사하기 위해서는 노예의 이성적인 이해가 중요하다. 노예는 이러한 인지적 능력을 주인의 실천지에 의존해서 나름대로 수행할 수 있는 정도의 탁월성을 갖고 있다고 볼 수 있다. 그러나 이때의 노예의 이성적인 능력은 어디까지나 노예의 육체를 통해 주인에게 최대로 봉사하기 위한

---

[182] M. Harvey(2001), 49-54 참조.

것이라는 점에서 여전히 노예는 자신의 육체를 통해 주인의 영혼의 활동을 보조하는 수단이 된다고 말할 수 있다. 자유인인 주인과 달리 본성상의 노예는 올바른 도덕적 행위를 할 수 있는 실천적 숙고능력을 결여하고 있는 존재인 것이다. 목적과 그것을 달성하기 위한 숙고적 판단은 주인에 의해 주어지며, 노예는 주인의 그러한 명령을 듣고 이해해서 그대로 일을 하면 되는 것이다. 따라서 본성상의 주인은 "완벽한 형태로 도덕적 탁월성을 소유하고, 숙고적 판단능력을 할 수 있지만"(1260a17-18), 노예는 덕에 따른 행위를 할 수 있는 숙고능력을 결여하고 있기 때문에 도덕적 주체가 되지 못한다.

2) 몇 가지 아포리아들(aporiai)

노예 또는 노예제에 관한 아리스토텔레스의 견해와 관련해서 몇 가지 물음이 제기된다. 첫째는 본성상의 노예가 아닌 인위적인 노예에 대한 지배가 정당한가하는 것이다. 이와 관련하여 아리스토텔레스는 『정치학』 1권 6장에서 노예제의 정당성에 대한 비판적 견해를 검토하면서 본성에 따른 노예뿐만 아니라 폭력이나 힘에 의해 노예가 된 "인위적인 노예"(kata nomon doulos)를 언급한다. 그러면 인위적인 노예에 대한 아리스토텔레스의 평가는 어떤 것인가? 그는 전쟁에 의해 노예가 된 인위적 노예는 정당성이 있는 것으로 보는가, 아니면 그것은 폭력과 힘에 의해 노예가 된 경우이기 때문에 정당화될 수 없는 것으로 보는가? 아리스토텔레스는 이 물음과 관련해서 기존의 사람들의 견해가 갈린다고 말한다. 먼저 인위적 노예를 정당한 것으로 보는 쪽은 '법은 일종의 동의(homologia)이고, 전쟁에서 정복당한 자들은 법에 따라 노예가 되었기 때문에 문제가 없다'는 것이다. 아리스토텔레스가 명시적으로 거명하고 있지는 않지만 소피스트인 칼리클레스(Kalliklēs)가 주창하는 정의란 "더 강한 자가 약한 자를 지배하는 것"[183]이나 트라쉬마코스(Thrasymachos)의 "정의란 강자의 이익"[184]이란 주장이 이 입장에 해당될 것이다. 그러나 노예제를 반대하는 입장에 서있는 진영은 전쟁에서 포로가 되어 힘에 의해 노예가 되는 것은 잔인하고 옳지 않다고 비판한다. 관습이나 법에 의한 노예는 자연에 반한 것이며 따라서 부정의하다는 것이다. 노예제를 비판하는 사람들에게 참된 의미의 강자란 약자에 대한 호의 내지 선의(eunoia)를 보여줄 수 있어야 한다는 것이다. 그러면 인위적인 노예에 관한 두 입장에 대해 아리스토텔레스는 어떤 평가를 내리는가? 아래의 인용문을 검토하는 것이 도움이 될 것 같다.

> "... 어떤 사람들은 전적으로 법도 정의(dikaion)의 일종이기 때문에 이러한 정의의 원칙에 따른다고 생각하여, 전쟁에 의한 노예제도를 정의로운 것으로 주장한다. 그러나 그들의 주장은 동시에 자신들을 부정하는 것이다. 왜냐하면 전쟁의 시작이 정당하지 않을 수 있고, 어떤 경우에도 노예가 되는 것이 정당하지 않은 사람이 노예로 말해져서는 안 되기 때문이다. 그렇지 않다면 가장 고귀한 사람들도, 그들의 부모들이 전쟁의 포로가 되거나 팔릴 경우, 노예와 노예의 자식들이 되고 말 것이다.---이런 이유로 주인과 노예의 관계가 본성에 따른 경우에는 주인과 노예는 상호 간에 어떤 이익이 있고 친애가 있을 수 있지만, 양자의 관계가 그러한 방식이 아닌 법과 힘에 따른 경우에는 정반대되는 일이 있게 된다."(*Pol.*, I.6, 1255a21-1255b15)

위 인용문에서 아리스토텔레스는 '법에 따른 노예'(kata nomon doulos)

---

[183] Platon, *Gorgias*, 488b5-7
[184] Platon, *Politeia*, 338c.

를 일종의 법적인 차원의 노예로서 힘과 폭력에 의해 노예가 된 경우로 규정한다. 전쟁에서 포로가 된 경우나, 배타고 가다가 난파되어 생존을 위해 노예가 된 경우를 생각해볼 수 있다. 그런데 아리스토텔레스는 전쟁에 의해 노예가 된 경우 이러한 노예제도가 정당하다는 주장은 자가당착적인 것으로 본다. 왜냐하면 전쟁의 시작이 부정의 할 수 있거나 또는 노예가 되어선 안 될 사람이 있을 수 있기 때문이다. 그렇다면 법적인 합의에 따라 - 그것이 설사 강제적으로 이루어진 경우라도 - 노예가 된 경우 그것을 정의로 보아야 함을 주장하는 것은 그리 큰 설득력이 없다. 또한 만약에 어떤 덕의 우월성 - 예를 들어 용기나 지혜 또는 육체적 힘 - 을 소유한 자에 의해 노예가 되어 그 지배가 이루어진 경우는 부정의하지 않다는 주장 역시 문제가 있다. 왜냐하면 아리스토텔레스가 생각하기에 법적인 동의에 의한 것이든 또는 힘에 의한 우월성에 의한 것이든 그 지배가 노예적인 본성이 아니라 고상한 품성을 가진 덕 있는 자에게 이루어질 경우는 문제가 있기 때문이다. 다시 말해 고귀한 본성을 가진 자를 본성상의 노예처럼 힘에 의해 정복하는 것은 자연에 반하는 것이기 때문이다.[185] 즉, 법에 따른 노예와 본성상의 노예의 본성은 동일하지 않기 때문이다. 따라서 그 본성이 노예적이지 않은 법에 따른 노예에 대한 평가 역시 구분되어 내려져야 한다는 것이 아리스토텔레스의 기본적인 생각이다. 쇼필드(Schofield)가 말하는 것처럼[186] 이런 점에서 아리스토텔레스의 노예에 대한 견해는 현실비판적인 측면이 존재한다. 그것은 당시의 노예제에서 많은 노예들이 본성상의 노예가 아닌 인위적인 노예에

---

[185] R. Kamtekar(2016), 159-160. 법에 따른 노예에 대한 보다 상세한 논의는 Julián Gallego(2006), 107-129 참조.
[186] M. Shofield(1990), 35.

해당될 수 있으며, 이러한 인위적인 노예에 대한 전제적 지배가 정당화되기 어려운 이론적 근거를 제공하는 것으로 볼 수 있기 때문이다.[187] 이것은 위 인용문에서 아리스토텔레스가 본성상에 따른 주인과 노예의 관계는 서로에게 이익과 친애가 존재할 수 있지만, 그 반대로 노예에 대한 지배가 힘과 폭력에 의한 방식인 경우는 이익이나 친애가 불가능하다고 말하는 데서 보다 명확해진다. 따라서 아리스토텔레스가 본성상의 노예에 대한 지배의 정당성을 인위적 노예에게도 동일하게 적용되는 것으로 보았다고 말하기는 어렵다. 그런데 아리스토텔레스의 본성상의 노예에 관한 말에서 여전히 이해하기 어려운 것은 어떻게 주인과 노예관계가 양자 모두에게 이익이 되고, 따라서 정의로우며 더 나아가 친애까지 가능한가 하는 것이다.

따라서 두 번째 아포리아는 주인의 본성상의 노예에 대한 지배가 서로에게 이익이 되고(sympheron) 정의롭다(dikaion)고 기술되는데(1255b6-7), 과연 노예의 입장에서 '주인의 지배를 받는 것이 어떻게 이익이 되고 정의로운 것으로 볼 수 있는가' 하는 것이다. 아리스토텔레스는 힘과 폭력에 의해 노예가 된 경우와는 다르게 본성상의 노예에 대한 지배는 노예에게 이익이 되고 따라서 주인의 전제적 지배는 정의로운 것으로 말한다. 즉, 주인과 노예가 각자 자신의 본성에 맞게 지배하고 지배받는 경우는 도덕적으로도 허용될 수 있고, 현실적으로도 노예에게 이익이 된다는 것이다. 앞서 살펴본 것처럼 아리스토텔레스가 이렇게 생각하는 데는 기본적으로 주인과 노예의 관계가 전체(to olōn)와 부분(to meros)의 관계로 통해 규정

---

[187] 그러나 이와 달리 아리스토텔레스의 본성상의 노예와 법에 따른 노예의 구별이 당시의 아테네 정체에 광범위하게 존재했었던 노예제를 정당화하는 이론적 근거를 제공하는 것으로 보아야 한다는 주장도 제기된다. 즉, 당시의 현실적인 노예들이 본성상의 노예에 해당되는 것으로 볼 수 있기 때문에 도덕적인 면에서 문제가 없는 것으로 볼 수 있는 근거가 된다는 것이다.

될 수 있기 때문이다. 이것은 노예는 "자기 자신에게 속한 존재가 아니라"(mē hautou physei, 1254a14-15), 주인에게 전적으로 속한 종속된 존재임을 의미한다. 만약 노예가 주인과 같은 하나의 자율적인 인간존재로 규정된다면, 아리스토텔레스에게서 양자의 관계는 공동이익(to koinēi symphron)을 추구하는 관계가 된다. 그러나 아리스토텔레스는 주인과 노예가 추구하는 이익은 "같은 이익"(to hauto sympherei, 1255b10)이라고 표현한다. 그리고 '같은 이익'은 본질적으로 주인의 이익을 의미하지 노예와 공유되는 이익은 아니다.

그러면 노예의 노동과 봉사가 전적으로 주인에게 귀속되는 관계에서 노예의 이익이 어떻게 실현될 수 있다는 말인가? 이에 대한 아리스토텔레스의 가능한 답변이 『정치학』 3권 6장에서 다음과 같이 기술되고 있다.

"비록 본성상의 노예와 본성상의 주인 양자 모두에게 동일한 이익이 있다는 것이 참이지만, 그럼에도 불구하고 주인의 전체적 통치술은 실상 주인의 이익을 위해 행사된다. 왜냐하면 노예의 이익은 단지 부수적으로(kata symbebēkos) 만 이루어지기 때문이다. 노예가 없어지면 주인의 지배는 유지될 수 없기 때문이다."(*Pol*., III.6, 1278b32-37)

위 인용문에서 아리스토텔레스가 노예의 이익을 kata symbebēkos, 즉 '부수적으로'란 수식어를 통해 인정하고 있는 것은 흥미로운 사실이다. 노예는 부분으로서 전체에 해당되는 주인의 이익을 추구하며, 따라서 '같은 이익'의 주어가 본질적으로 주인에게만 적용되어야 한다는 말을 고려할 때 더욱 그렇다. 그런데 이때 *카타 쉼베베코스*란 말은 비본질적인 우연적인 속성이나 질을 의미하는 것이 맞지만, 그렇다고 그것의 존재성 자체가 완전 부정되는 것은 아니다. 그렇다면 주인의 이익이 실현되는 것에 따라 어떤 면에선 곧 노예의 이익이 실현되는 것으로 볼 수 있을 것이다.[188] 이것은 전제적인 방식으로 노예를 부리는 기술이 노예를 위한 순수한 이타적 지배술은 결코 아니지만, 그렇다고 그것이 노예를 짐승 이하의 존재로 간주하면서 노예를 착취하는 기술로만 보는 것도 곤란하다는 것이다.[189] 주인 역시 어떤 의미에선 노예의 이익을 실현하고자 하는데 그것은 노예가 생존함으로써 지속적으로 자신의 이익이 실현될 수 있기 때문이다.[190] 그렇지 않고 노예의 최소한의 건강과 복지에 신경을 쓰지 않을 경우 노예는 질병이나 또는 과로로 더 이상 노예의 기능을 수행하기 어려울 수 있다. 이것은 노예가 살아 숨 쉬는 도구로서 주인의 확장된 몸의 역할을 더 이상 수행할 수 없게 됨으로써 결과적으로 주인에게도 손해가 되기 때문이다.[191]

그렇다면 노예의 관점에서 볼 때 노예 역시 주인의 보호 속에서 자신의 안정과 최소한의 생존을 보장받을 수 있는 이익이 실현되는 것으로 볼 수 있다. 앞에서 말한 것처럼 노예는 자체적인 숙고능력을 갖고 있지 못하기 때문에 가정밖에서의 삶 자체는 최소한의 건강이나 복지가 보장되기 어려울 수 있기 때문이다. 노예에게 주인은 마치 앞을 잘 보지 못하는 안경과 같은 역할을 하는 것으로 생각해 볼 수 있을 것 같다. 주인은 무엇이 행해져야만 하는지를 보고 노예에게 지시하고, 노예는 그에 따름

---

[188] 마치 배의 선장에게 본질적인 이익은 배의 안전한 항해를 통한 승객들의 이익이지만 부수적으로 그 봉사로 인한 보수와 같은 선장의 이익도 잇따르는 것과 같다 (1279a4-7).

[189] T. Lockwood(2007), 215.

[190] 아마도 이러한 주인과 노예의 사이의 관계를 변증법적 구도하에 접근하는 대표적인 철학자가 헤겔일 것이다.

[191] 보철과 같은 의치나 의족처럼 인공적인 도구와 같은 기능을 하는 것으로 볼 수 있다. 이것은 주인의 정치적이며 철학적인 활동의 확장하고 증진시키는 데에도 마찬가지로 유효한 역할을 하는 것으로 볼 수 있다. M. Heath(2008), 266.

으로써 이익을 보는 것이다. 또한 주인의 훈육에 따라 노예는 게으르지 않고, 방종하지 않고 비겁하지 않을 수 있는 이점을 볼 수도 있다. 아리스토텔레스는 이런 점들을 염두에 두면서 주인과 노예의 이익관계는 기본적으로 비대칭적이지만 그럼에도 불구하고 양자에게 이익이 되며, 따라서 정의로운 것으로 말한다고 볼 수 있다.

세 번째 물음은 '주인과 노예 사이에 친애(philia)가 어떻게 가능한가'와 관련된다. 이미 『정치학』 1권 6장(1255a21-1255b15)에 기술된 것처럼 아리스토텔레스는 "주인과 노예의 관계가 본성에 따른 경우에는 주인과 노예는 상호 간에 어떤 이익이 있고 친애가 있을 수 있다"라고 말한다. 그런데 이러한 아리스토텔레스의 언급은 『니코마코스 윤리학』 8권에서 (1161a30-b5) '주인과 노예 사이에는 어떠한 친애(philia)도 존재하지 않는다'라는 말과 일치하지 않는다. 이곳에서 그는 영혼과 몸, 도구와 기술자 사이에 어떠한 친애도 가능치 않은 것처럼 노예와 주인 사이에는 친애가 불가능하다고 단언하고 있기 때문이다. 말이나 소에 대해 친애가 가능하지 않은 것처럼 노예에 대해서는 친애가 가능하지 않다는 것이다. 이와 관련해서 아리스토텔레스는 다소 수수께끼 같은 애매한 말을 다음과 같이 하고 있다.

"말이나 소에 대한 친애도 없을뿐더러 노예인 한에서 노예에 대한 친애도 없다. 아무런 공통의 것이 없으니까. 노예는 살아있는 도구이며, 도구는 생명이 없는 노예이니까. 물론 노예인 한에 있어서는 그를 향한 친애가 없지만 인간인 한에서는 그를 향한 친애가 존재한다. 모든 인간은 법과 계약에 참여할 수 있는 모든 인간에 대해 어떤 정의로움을 가지고 있는 것으로 보이기 때문이다. 그래서 인간인 한에 있어서 어떤 친애 또한 존재하는 것으로 보인다. 친애들과 정의는 참주정 안에서는 조금만 존재하지만 민주정 안에서는 보다 많이 존재한다. 서로 동등한 사람들 사이에서는 공통의 것이 많기 때문이다."(*EN*., VIII.13, 1161b2-10)

위에서 주인과 노예의 친애(philia)의 존재성 여부에 관한 아리스토텔레스의 말은 혼란스럽다. 한편으론 말이나 소에 대한 친애가 없는 것처럼 노예에 대한 친애가 가능하지 않은 것으로 말하면서, 다른 한편으론 "노예로서가"(hēi doulos) 아닌 "인간으로서는"(hēi anthrōpos) 친애가 존재한다고 말하고 있기 때문이다. 요컨대 노예라 할지라도 그가 "인간인 한에서 (주인과의) 친애"(philia kath' hoson anthrōpos, 1161b8)가 형성될 수 있다는 것이다. 그리고 그 이유는 인간으로서의 노예는 "법과 계약에 참여할 수 있기 때문이다"(koinōnēsai nomou kai synthēkēs, 1161b7). 여기서 중요한 두 가지 물음이 제기될 수 있는데, 하나는 본성상의 노예가 인간으로 규정될 수 있는가와 다른 하나는 부자유인인 노예가 어떻게 법과 계약의 당사자가 될 수 있는가 하는 것이다.

먼저 노예가 인간범주에 속하는가의 문제와 관련해선 앞서 살펴본 것처럼 노예는 영혼을 가진 소유물 내지 도구로서 정의되면서, 소나 말 또는 무생물적인 도구와 유비적으로 그 공통점이 강조된다는 점에서 인간으로 보기 어려운 점이 있다. 그러나 본성상의 노예가 기능적인 측면에서 동물이나 쟁기와 같은 도구와 유사하다고 해서 그것이 곧 노예가 비인간적인 존재임을 의미하는 것으로 보기는 어렵다.[192] 아리스토텔레스는 여러 곳에서 노예가 인간임을 말하고 있기 때문이다.[193] 이미 앞에서 살펴본 것처럼 본성상의 노예라 할지라도 이성에 참여할 수 있고, 그래서

---

[192] M. Heath(2008), 258-259. Garnsey는 아리스토텔레스가 노예의 존재론적 위상을 찾기가 어려웠다고 말한다. Garnsey(1996), p. 115.
[193] *Pol*., I.4, 1254a14-17. *EN*., 8.11, 1161b5 이하 참조할 것.

주인과는 정도에서 다르지만 성품적 덕까지 소유할 수 있는 것을 알 수 있었다. 이런 이유로 아리스토텔레스는 본성상의 노예가 "노예로서가 아니라" "인간으로서" 또는 "인간인 한에서" 주인과 친애가 가능하다고 말하는 것이다.

두 번째 문제와 관련된 '법과 계약'에의 참여 가능성도 노예로서가 아니라 인간으로서의 노예의 관점에서 이해될 수 있을 것이다. 아리스토텔레스는 노예로서는 어떠한 법적인 권리나 자유가 보장되지 않지만 인간인 한에서는 법적인 권리를 인정하는 것으로 볼 수 있기 때문이다. 아마도 본성상의 노예의 주인에 대한 헌신이나 충성심이 충실하게 이루어지는 것을 전제로 주인은 노예에게 그에 상응하는 보상으로 자유를 약속할 수도 있을 것이다. 주인의 도덕적이며 철학적인 활동이 극대화되고 주인의 행복이 최대화되는데 노예의 죽음을 불사한 헌신적 행위가 주인의 마음을 움직여 얼마든지 자유를 그 대가로 줄 수 있는 가능성이 배제될 수 없기 때문이다.[194]

그런데 주인과 노예 사이에 존재하는 이때의 친애의 성격을 어떤 것으로 보아야 하는지는 여전히 불분명하다. 아리스토텔레스에 따르면 친애란 쌍방 서로 간이 독립된 존재로서 공동이익이라는 정의가 가능하고, 무엇보다 서로 간의 선의와 친밀한 감정이 공유되어야 하는데, 주인과 노예에게 이러한 것들이 공통적으로 있다고 보기는 어렵기 때문이다. 여기서 아리스토텔레스가 구분하는 세 종류 친애, 즉 이익과 쾌락 그리고 덕을 목적으로 한 친애를 간단하게 살펴보는 것이 좋을 것 같다. 먼저 완벽한 친애라고 볼 수 있는 '덕을 목적으로 한 친애'가 주인과 노예 관계에 적용되는 것으로 보기는 불가능하다. 노예가 덕을 소유한 존재로

---

[194] M. Heath(2008), 261. 주, 42 참조.

서 주인과 더불어 관조적 활동을 함께하는 것으로 볼 수는 없기 때문이다. 무엇보다 덕에 근거한 친애가 가능하기 위해선 주인이 노예자체의 이익을 인정하고 그것을 위한 이타적 행위를 할 수 있어야 하는데, 이것은 애초 기대할 수 없는 일이기 때문이다. '쾌락을 목적으로 한 친애'도 주인과 노예의 경우에는 적합하지 않을 것이다. 주인의 명령에 따라 노동을 담당하는 노예가 자신의 삶을 행복한 것으로 생각하면서 즐겁게 일하는 것으로 보기는 어렵기 때문이다. 그렇다면 주인의 노예에 대한 호의와 사랑은 노예가 주인의 재산의 일부분이기 때문에 유용성의 측면에서 발생하는 감정이라고 말할 수 있다. 주인은 노예로 하여금 일을 시켜야 하기 때문에 노예의 건강과 복지에 최소한의 관심과 배려를 해줄 필요가 있는 것이다. 앞서 말한 것처럼 주인에게 일차적인 이익은 자신의 이익이고, 노예의 이익과 안전은 부차적인 것이기 때문이다. 이는 노예가 주인에게 갖는 호의는 어디까지나 주인이 자신에게 보여주는 생존을 위한 최소한의 이익을 보장해준다는 점에서 갖게 되는 친애라고 말할 수 있을 것이다. 그러나 그것이 곧 노예가 주인의 최대의 이익을 기뻐하고 주인의 생명과 안전을 걱정하는 것으로 이해되는 것은 곤란할 것 같다.[195]

3) 노예와 튀모스(thymos)의 관계

본성상의 노예와 관련해서 또 다른 중요한 아포리아는 노예가 되는 원인의 문제이다. 일단 인위적인 노예의 원인은 전쟁과 같은 폭력이나 힘에 의해 강제적으로 노예가 된다고 볼 수 있다. 그런데 본성상의 노예와

---

[195] Kraut의 고용자와 피고용인의 관계를 통한 이해 시도와 관련해선 R. Kraut(2002), 282. T. Lockwood(2007), 218-220 참조.

관련해서는 앞에서 살펴본 것처럼 아리스토텔레스는 노예의 숙고능력의 결여를 그 원인으로 제시한다고 볼 수 있다. 그런데 『정치학』 7권에서는 노예의 지적인 요소가 아닌 튀모스(thymos), 즉 기개가 결여된 것이 노예가 되는 이유가 되는 것으로 제시된다. 즉, 『정치학』 7권 7장에서 아리스토텔레스는 북유럽인과 아시아인들을 예로 들면서 본성상의 노예가 되는 실질적인 원인이 영혼의 지적인 요소보다는 기개와 같은 감정적 내지 기질상의 특성에 있는 것으로 말한다는 것이다. 이렇듯 『정치학』 1권과 7권에서의 본성상 노예의 원인이 되는 것에 대한 아리스토텔레스의 견해는 다르게 제시된다. 이러한 아리스토텔레스의 본성상의 노예의 원인에 대한 비일관적인 언급은 노예의 정당성 논의와 관련해서 이론적인 측면과 현실적인 측면이라는 이중적인 잣대를 갖고 평가한다는 비판으로부터 자유로울 수 없다. 이 문제가 아리스토텔레스적인 방식으로 어떻게 해결될 수 있는지를 『정치학』 7권의 해당부분을 먼저 검토하여 그 답을 모색해보도록 하겠다.[196]

> "추운 지역, 특히 유럽의 한대지역에 사는 사람들은 기개가 넘치지만 지성과 기술은 부족하다. 그래서 그들은 상대적으로 자유롭지만 정치를 할 수 있는 능력은 없고 이웃을 지배할 능력도 없다. 반면에 아시아인들은 지성과 기예적인 능력은 타고났으나 기개가 부족하다. 그래서 그들은 남에게 예속되어 노예로 살아간다. 그러나 지리적으로 양자 사이에 자리잡은 헬라스 민족은 두 가지 탁월함을 겸비하여 기개도 있고 지성도 있다. 그래서 헬라스인은 자유민으로 남아있고, 최선의 정체 아래 살고 있으며 정치적으로 통일만 될 수 있다면 다른 민족을 모두 지배할 수 있을 것이다."(*Pol.*, VII.7, 1327b23-33)

---

[196] 헬라스인과 비(非)헬라스인에 관한 언급은 *Pol.*, I.2, 1252b5-9, I.6, 1255a28-b2, III.14, 1285a19-21 참조.

위 인용문에 따르면 추운 지역에 사는 북유럽인들, 예를 들어 켈트족은 튀모스는 강하지만 지성(dianoia)과 기술(technē)은 부족하다. 그 결과 북유럽인들은 어느 정도의 자유는 획득하고 있지만 타인을 지배할 수 있는 정치술은 결여하고 있다. 북유럽인들은 튀모스가 강한 영혼을 갖고 있기에 노예는 아니지만, 반면에 지성은 결여하고 있기 때문에 참된 의미의 정치술을 발휘할 수 있는 자유인은 될 수 없다. 이에 반해 아시아인들은 지적인 능력과 기술은 소유하고 있지만 튀모스는 결여하고 있다. 따라서 아시아들인은 항상 예속의 상태에 있게 되는 노예가 된다는 것이 아리스토텔레스의 생각이다. 아리스토텔레스에 따르면 "모든 것들에 있어 지배하고 자유로울 수 있는 것은 바로 이 힘으로부터 나오기 때문이다. 튀모스는 명령하지 복종하려 들지 않기 때문이다"(1328a6-8). 결국 아리스토텔레스에 따르면 유럽인과 아시아인 사이에 위치한 헬라스인만이 지적인 능력과 기개적 능력을 모두 갖추고 있다. 그리고 이런 이유로 헬라스인만이 온전한 통치술을 발휘할 수 있는 자유인인 주인이 될 수 있다.

아리스토텔레스의 이러한 언급은 실상 우리의 입장에서 볼 때 그의 인종적 또는 민족적 선입견을 강하게 보여주는 것으로 볼 수 있을 것이다.[197] 그런데 그의 헬라스 중심주의적인 도발적인 견해에 대한 거부감 이전에 본성상의 노예와 튀모스의 상관관계에 대한 도덕 심리학적 의미를 조금 더 진지하게 살펴볼 필요가 있다. 그것은 아리스토텔레스가 보기에 인간의 감정(pathē)과 이성(logos) 그리고 행위(praxis) 사이에는 우리가 생각한 것보다 상당히 밀접한 인과관계가 작용할 수 있다는 철학적 의미가 함축되어 있기 때문이다.

첫째 지성과 노예의 관계를 생각해볼 수 있다. 『정치학』 1권에서 알

---

[197] R. Kraut(2002), 286.

수 있는 것처럼 아리스토텔레스는 본성상의 노예의 정당성을 숙고와 같은 지적인 판단능력의 결여에서 찾고 있다. 여기서 이상한 것은 아시아인들은 지적인 능력을 갖고 있는데, 어떻게 그들이 노예가 되는 것으로 말해지는가 하는 것이다. 본성상의 노예는 기개의 결여가 아니라 지적인 요소의 결여에 있는 것으로 말해졌기 때문이다. 그런데 앞에서 살펴본 것처럼 본성상의 노예가 주인의 지배를 받아야 하는 이유는 도덕적인 실천을 수행할 수 있는 숙고능력의 결여에 있었다. 노예가 설사 도덕적인 행위를 할 수 있더라도 그것은 자체적인 숙고능력을 통해 이루어지는 것이 아니라 주인의 실천지에 따른 것이다. 관건은 아시아인들이 보여주는 지적인 능력이 이러한 도덕적 숙고능력으로 볼 수 있는가이다. 아무래도 그 당시의 이집트인이나 페르시아인들이 소유한 지성은 건축술이나 의술 또는 수학과 같은 기술적인 앎이지 도덕적 숙고능력으로서의 앎으로 보기는 어려울 것 같다. 아리스토텔레스는 분명 여러 자료를 통해 이집트인이나 바빌로니아 사람들이 보여주었던 탁월한 기술적 앎, 즉 의술이나 건축술을 잘 알고 있었을 것이다.[198] 이것은 아시아인들이 비록 지성을 소유한 것으로 말해지지만 그것이 곧 도덕적 지성을 소유한 것으로 볼 수는 없다는 점에서 여전히 그들을 자유인으로 규정하기 어려움을 알게 해준다.

다음으로 튀모스의 결여가 어떻게 노예상태의 원인이 되는가의 문제이다. 아리스토텔레스는 켈트족과 같은 북유럽인들은 튀모스를 갖고 있기 때문에 노예가 되지 않을 수 있다고 말하는데, 튀모스가 어떻게 자유인이 되게 해주는 영혼의 능력이 될 수 있는가하는 것이다. 이에 대해 아리스토텔레스는 "튀모스(thymos)는 애호적이게(philētikon) 만든다. 기개는 우리

---

[198] G. E. R. Lloyd(1996), 16-33 참조.

가 서로 사랑하게 만드는 영혼의 능력이니까. --- 모든 경우에 지배함(to archon)과 자유로움(to eleuthron)은 이 능력으로부터 있게 된다. 왜냐하면 튀모스는 지배하고 굴복당하지 않는 것이기 때문이다"(1327b41-1328a7)라고 말한다.[199] 플라톤이 이미 『국가』편에서 말한 것처럼 튀모스는 용기를 발휘하는 영혼의 능력이고, 그렇기 때문에 이 능력은 싸움에서의 승리를 중요시하는 전사 계급의 덕이다.[200] 튀모스는 경멸이나 불의에 저항할 수 있는 고상한 튀모스가 될 수 있으며, 이러한 튀모스를 소유한 것으로 말해지는 한대지역의 북유럽인이 타민족의 노예가 될 가능성은 낮은 것으로 볼 수 있다. 반면에 아시아인들은 튀모스를 결여하고 있기 때문에 전체적 통치에 굴복하는 경향성을 보인다. 또는 페르시아인들의 왕 앞에서의 남자답지 못한 비굴함도 이러한 튀모스의 결여를 보여주는 예가 될 것이다.

그런데 아리스토텔레스가 보기에 북유럽인들이 갖고 있는 튀모스만 갖고는 충분하지 않다. 그들이 보여주는 튀모스는 지성과 함께 하지 못하기 때문이다. 그러면 튀모스는 노예가 아닌 자유와 지배를 가능하게 해주는 영혼의 능력인데 왜 그것만 갖는 것이 문제가 된단 말인가? 아리스토텔레스에 따르면 지성과 조화되지 않은 튀모스의 발동은 마치 "지진도 홍수도 두려워하지 않는 켈트족과 같은 바보스러운 대담함을 보이기 때문이다(*EN*, 1115b25-8). "튀모스는 어떤 의미에서 이성을 듣지만 그것을 잘못 듣고, 마치 급한 하인이 말을 다 듣기 전에 달려가는 것"(*EN*, 1149a26-27)처럼 무모한 만용이 될 수 있는 것이다. 이것은 지성이 뒷받침 되지 않으면 튀모스가 실현하고자 하는 숭고한 목적이 실현되기 어려

---

[199] 튀모스가 노예의 이성을 약화시켜 결과적으로 노예가 되는 원인으로 보아야 한다는 주장과 관련해선 E. Garver(1994), 173-195. R. Bentley(1999), 100-113 참조.
[200] 이에 관한 상세한 논의는 손병석(2013), 4장 참조할 것.

움을 의미한다. 지성의 결여는 무엇이 참된 목적이고 그러한 목적을 실현할 수 있는 수단들에 대한 올바른 판단능력이 결여된 것이다. 그래서 튀모스는 칼론(kalon), 즉 고상함을 실현하고자 하는 열정에도 불구하고 그것에 대한 인식에 실패하게 되는 것이다. 칸트의 말을 원용하여 튀모스와 지성의 관계를 표현하면 "튀모스 없는 지성은 공허하고, 지성이 없는 튀모스는 맹목적이다"[201]라고 말해질 수 있을 것이다.

상술한 것을 고려할 때 아리스토텔레스는 추운 지역에 사는 북유럽인들이 강한 튀모스를 소유하고 있기 때문에 노예상태에 있지는 않지만, 지성을 결여하고 있기 때문에 정치술을 발휘할 수 없는 것으로 본다고 말할 수 있다. 튀모스만 강하고 이성이 결여된 경우 타인을 올바르게 지배할 수 있는 온전한 의미의 자유인은 될 수 없기 때문이다. 이런 점에서 북유럽인들은 노예상태를 벗어날 수는 있지만 온전한 의미의 자유를 실현한 폴리티콘 조온(politikon zōon), 즉 정치적 동물이 되지는 못한다. 튀모스는 이성과 함께 해야만 그 본래의 자유를 실현할 수 있기 때문이다. 이성과 분리된 튀모스는 맹목적이고 거친 폭력적 힘이며 그것은 자유롭고 평등한 자들 사이에서 실현되는 교대로 지배하고 지배받는 정치술을 발휘하게 해주지는 못한다. 결국 아리스토텔레스에 따르면 헬라스인들만이 지성과 튀모스를 모두 갖추고 있기 때문에 온전한 의미의 자유인인 주인이 될 자격이 있다.[202] 이와 달리 아시아인들은 튀모스를 결여하고 있기 때문에 자유를 쟁취하지 못한 노예상태에 있게 된다.[203] 북유럽인들

---

[201] R. T. Long(2004), 168.
[202] R. Bentley(1999), 100-113.
[203] 노예적인 상태에 있다는 말은 당시의 이집트와 같은 아시아민족의 정체체재가 왕정형태임을 고려할 때 어느 정도 이해가 불가능한 것은 아니다. 아시아인들이 결여했다고 하는 지적인 능력은 무엇보다 폴리스적 동물로서의 정치적 판단능력을 결여한 것으로 볼 수 있다. 다시 말해 자유인은 통치받고 통치하는 통치능력을 갖추고 있어야 하며,

은 튀모스는 갖고 있어 노예상태에 있지 않을 수는 있지만 지성이 결여된 이유로 온전한 의미의 자유인이 되지 못한다.

『정치학』1권에 기술된 본성상의 노예에 관한 지금까지의 검토를 통해 다음과 같이 아리스토텔레스의 견해를 정리해볼 수 있다. 일단 아리스토텔레스는 기존의 노예 또는 노예제에 대한 두 입장 사이에서 자신의 견해를 제시하는 것으로 보인다. 그 두 입장은 노예제에 대해 부정적인 견해를 피력한 소피스테스 진영이고 다른 하나는 플라톤처럼 영혼의 관점에서 이성적인 능력을 결여한 본성상의 노예를 인정하는 입장이 그것이다. 전자의 입장은 노예제는 자연적이지 않은 폭력적인 방식에 의해 이루어진 비인간적인 야만적 제도로 평가하는 것이고, 후자의 입장은 노예제를 도덕적 주체로서의 이성적인 영혼의 능력이 결여된 본성상의 노예에 대한 지배가 정당하다는 관점에서 보는 것이다. 지금까지 살펴본 것처럼 아리스토텔레스는 본성상의 노예와 관련해선 노예제를 인정하는 것으로 볼 수 있고, 인위적인 노예와 관련해선 그것의 부정의함을 비판한다고 볼 수 있다. 아리스토텔레스가 보기에 소피스트는 모든 노예를 마치 인위적인 노예만 존재하는 것처럼 간주하고 비판한다는 점에서 문제가 있다. 그러나 출생과 같은 발생론적인 관점에서 그 천성이 노예적인 본성을 갖고 태어난 자연적인 노예도 있을 수 있고, 이들을 인위적인 노예와 동일시하여 비판하는 것은 문제가 있다. 다른 한편으론 플라톤처럼 본성상의 노예만 존재하는 것으로 보는 것 역시 문제가 있다. 플라톤이 말하는 것처럼 모든 노예가 불완전한 영혼을 가진 노예가 아니라 그 반대로 고상하면서도 지적인 영혼의 능력을 가진 사람이 폭력이나 힘에 의해 노예가

이것은 열린 폴리스라는 정치공동체적 환경 속에서 습득될 수 있다는 점에서 아시아인들은 이것을 결여하고 있다는 것으로 이해할 수 있다.

된 경우도 있기 때문이다. 플라톤은 인위적인 노예의 천성을 간과하는 문제점이 있다. 요컨대 소피스트는 본성상의 노예의 경우를 간과하고 플라톤은 인위적인 노예의 존재성을 간과하는 문제점이 있다.

그러면 아리스토텔레스의 본성상의 노예에 대한 견해는 당시의 헬라스에 광범위하게 존재했었던 노예제와 어떤 관계를 갖는 것으로 볼 수 있을까? 그의 본성상의 노예에 대한 지배의 정당성은 당시의 아테네 민주정을 포함한 많은 헬라스 국가들의 노예제를 정당화시켜주는 이론적 근거를 제시한 이데올로기로 보아야 할까? 이에 대해서는 아리스토텔레스의 본성상의 노예에 대한 견해를 중의적(重義的)으로 해석할 수 있을 것 같다. 하나는 당시의 노예를 전쟁에 의해 강제적인 방식에 의해 노예가 된 인위적 노예로 볼 경우, 아리스토텔레스의 견해는 당시의 노예제에 대한 비판적 관점을 제시하는 진보적 요소가 있는 것으로 볼 수 있다. 다른 하나의 해석은 본성상의 노예에 대한 지배의 정당성에 관한 아리스토텔레스의 이론이 오히려 현실적으로 존재하는 노예제를 정당화시켜주는 이론적 수단으로 악용될 수 있는 가능성도 있다. 그래서 그의 본성상의 노예에 관한 철학적 이론이 결국은 당시에 노예를 소유한 많은 주인들에게 도덕적 면죄부를 부여하는 현금가치(cash-value)로 이용될 수 있다는 것이다.

이런 점들을 고려하면 아리스토텔레스의 본성상의 노예에 대한 기술이 당시에 현실적으로 존재했던 노예제와 무관하게 이루어진 것으로 보기는 어렵다. 『정치학』 1권에서 노예론이 차지하고 있는 분량이나 또는 '현상을 구제함'이라는 그의 철학함의 모토를 고려하면, 분명 당시에 현실적으로 존재했던 노예제에 대한 철학자로서의 사고가 이루어진 것으로 보는 것이 이치에 맞기 때문이다. 그런데 이것이 곧 아리스토텔레스가 당시의 노예제를 정당화하기 위한 이론적 근거를 제시한 이데올로그(idéologues)로 간주되어야 한다는 것으로 이해되는 것은 곤란하다. 그의 노예론은 그의 철학체계 속에서 하나의 이론으로서 구성되고 설명될 수 있는 여지가 충분히 있기 때문이다. 지적인 숙고능력의 결여가 본성상의 노예가 되는 주된 이유가 된다는 그의 분석은 실상 현실적인 노예제가 폐지되고 없어지더라도 여전히 인간학적 관점에서 유효한 이론적 설명력을 가질 수 있기 때문이다.

3장
여성의 평등권 문제

정치철학의 주요 주제 중의 하나는 여성의 평등권 문제이다. 특히 여성평등의 문제는 기본적으로 여성의 남성으로부터의 해방 내지 자유의 문제와 관련된다. 무엇보다 여성의 평등권 주장은 정치적 참정권의 문제와 직결된다. 아리스토텔레스는 『정치학』1권 13장에서 여성을 노예와 아이 그리고 남성과 비교하여 규정한다. 이곳에서 여성은 노예나 미성숙한 아이와 달리 숙고능력(bouleutikon)을 갖고 있는 것으로 말해진다. 그런데 문제는 아리스토텔레스가 여성의 숙고적 이성 능력을 공적 영역에서는 아퀴론(akyron), 즉 무력화(無力化)된다고 말한다는 것이다. 그 이유는 여성은 욕구에 의한 감정을 강하게 느끼기 때문에 올바른 판단을 내리기가 어렵기 때문이다. 아리스토텔레스에게서 여성은 노예와는 다르지만 공적 영역에서 이성의 사용이 제한된다는 점에서 '부자유스러운 자유인'이라는 역설적 위상을 갖는 것이다.

여성의 정치적 참여문제와 관련해서 플라톤의 여성관에 주목해야 할 필요가 있다. 플라톤은 『국가』편에서 "여성과 남성은 국가의 수호와 관련해서 동일한 본성을 가진다, 전자가 더 약하고 후자가 더 강한 것을 제외하고"(456a)라고 말한다. 그러나 1세기 후에 아리스토텔레스는 여성을 가정이라는 전통적인 역할로 돌려보내야 한다고 주장한다. 그는 "성과 관련해서 남자는 본성상 우월하고 여성은 열등하다. 남성은 통치자이고 여성은 복종해야 한다"(1254b13-14)라고 주장한다. 이런 이유로 플라톤은 성 페미니스트 또는 성 역사에서 소수의 두드러진 예외적 인물 중의 하나로, 반면에 아리스토텔레스는 위험한 쇼비니스트로 간주된다. 그러면 플라톤과 아리스토텔레스의 여성관을 어떻게 평가해야 할까? 누가 가정의 역할을 받고 누가 공적인 역할을 맡는 것이 자연스러운 것일까? 아리스토텔레스가 여성의 정치적 참정권을 부정한 이유는 무엇일까? 이런 물음들을 염두에 두면서 플라톤의 여성관을 먼저 살펴보고, 계속해서 아리스토텔레스의 여성관을 살펴보도록 하겠다.

1. 플라톤의 여성관 검토

플라톤의 여성에 대한 견해는 어떠한가? 무엇보다 플라톤은 『국가』편 5권에서 자신의 이상국가 건설에 대한 청사진을 제시하는 가운데서 남성과 여성의 평등을 주장한다. 플라톤이 자신의 이상국가를 실현하는 데 일반인들의 동의를 얻기 어려운 첫 번째 파도로 제시하는 것이 바로 남녀의 평등한 교육 문제이다.[204] 익히 잘 알려진 것처럼 플라톤은 이상국가를 실현할 수 있는 가능성을 '철학자 - 왕들'(philosopher kings)에서 찾고 있다. 그가 생각하기에 '철학자가 왕이 되든지 아니면 왕이 철학자가 되어, 그래서 정치권력과 철학이 합쳐지지 않는 한 나라 전체의 악이 사라질 수 없기 때문이다'.[205] 그런데 여기서 우리의 흥미를 끄는 것은 플라톤

---

[204] Platon, *Politeia*, 451d-456e 참조.

이 이러한 최선의 수호자 내지 통치자로 여성도 남성과 동등하게 자격이 주어져야 함을 주장한다는 것이다. 철학자 여왕(philosopher-queen)도 가능하다는 것이다. 플라톤은 개의 비유를 들어 자신의 여성 통치자론을 설득하고자 한다.[206] 그에 따르면 집을 잘 지킬 수 있는 영리하고 민첩한 감시견은 수컷뿐만 아니라 암컷개도 능히 그 역할을 잘 해낼 수 있다. 또한 플라톤은 제화공의 예를 들어 제화공이 대머리인가 그렇지 않은가는 신발을 만드는데 본질적인 요소가 아니라 부차적인 요소라고 말한다.[207] 더 나아가 의사의 예를 들어 의사가 남자인가 여자인가는 환자를 치료하는 의술의 경우에 본질적인 요소가 아니라고 주장한다. 이러한 논증에 기반하여 플라톤이 주장하고자 하는 바는 명확하다. 그것은 이성적인 영혼의 능력을 소유하고 있다면 남성이든 여성이든 성의 구분없이 공히 동등하게 장차 나라의 최고 통치자가 될 수 있는 교육을 받아야 한다는 것이다.[208] 아래의 인용문들은 이러한 플라톤의 주장을 확인시켜 준다.

> "그러므로 여자고 남자고 모두 나라의 수호와 관련해서는 그 성향이 같다네. 한쪽이 한결 약한 반면에 다른 쪽이 한결 강하다는 점을 제외하곤 말일세…이런 부류의 여자들은 이런 부류의 남자들과 함께 살며 함께 나라를 수호하도록 선발되어야만 하네. 그들이 능히 그럴 수 있고 성향에 있어서도 남자들과 동류이니 말일세…남자 수호자들의 아내들에게 시가와 체육교육을 받도록 하는 것이 자연에 어긋나지 않는다는 데 동의하고 있네."(*Politeia*, 456a-b)

---

[205] Platon, *Politeia*, 473c-d.
[206] Platon, *Politeia*, 451d-e.
[207] Platon, *Politeia*, 454c.
[208] Platon, *Politeia*, 454d.

"글라우콘, 최고 통치자에 여자도 포함시켜야지. 여자도 그에 상응한 본성을 타고났다면 빼서는 안 되네. 내가 지금까지 말한 것이 여자보다 남자에게 더 우선적으로 적용되리라고 생각해서는 결코 안 되네 … 옳은 말씀입니다. 여자가 남자와 모든 것을 평등하게 공유해야 한다면 정치적 최고 지도자의 지위에 오르는 기회도 남녀에게 똑같이 주어져야 하겠지요."(Politeia, 540c)

위 인용문에서 플라톤은 남녀의 자연적 본성은 다르지 않다고 말한다. 플라톤이 보기에 남녀의 신체적인 차이는 영혼의 본성과 비교해서 부차적인 것이기 때문에, 여성이 최고 통치자 지위를 차지하는 데 크게 문제가 되지 않는다. 그러면 남녀평등을 주장하는 플라톤의 주장을 어느 정도로 신뢰할 수 있을까? 그의 철학자 여왕 주장은 그를 소위 페미니스트(feminist)로 볼 수 있는 정도의 충분한 근거가 되는가? 플라톤의 다른 대화편에서의 반(反)페미니스트적인 여성에 대한 언급들을 고려하면 단적으로 긍정적인 답변을 주기는 어려워 보인다. 특히 아래의 인용문들은 플라톤의 여성에 대한 부정적인 견해를 말해준다.

"선량한 사람이 되고자 하는 남자는 노소를 불문하고 여자를 닮아서는 안 된다. 남편에게 대들고, 자신의 이익을 위해 신의 뜻을 거역하려 하는 여자, 고통을 겪고 있거나 슬픔에 잠긴 여자, 울고 있는 여자, 또 병을 앓거나 사랑에 빠진 여자, 그리고 아이를 낳는 여자, 이런 여자들로부터는 배울 것이 없다."(Politeia, 395d-e)

"우리에게 슬픈 일이 닥치더라도 우리는 조용히 인내하며 지내야 한다. 이것이 남자가 해야 할 일이다. 감정을 못 이겨 날뛰는 것은 여자나 할 일이다."(Politeia, 605d-e)

"방패를 내던진 남자에게는 저 전환과 반대되는 전환이, 곧 남성에서 여성으로 바뀌는 것이 그에게 내려질 수 있는 응징으로서는 어느 면에서는 무엇보다도 가장 적절한 것이기 때문입니다."(*Nomoi*, 944d-e)[209]

앞의 두 인용문에서 플라톤은 여성에 대한 부정적인 평가의 근거를 여성이 바로 감정을 제대로 통제하지 못하는 것에서 찾고 있다. 여성은 슬픔이나 사랑과 같은 감정을 강하게 보여주는 성향을 보여준다는 것이다. 플라톤의 여성 일반에 대한 부정적인 평가는 마지막 인용문에서의 비겁한 군인에게 주어지는 최적의 형벌에 대한 언급에서도 단적으로 알 수 있다. 그것은 비겁한 군인이 환생했을 때 여자로 태어나게 만들어야 한다는 것이다. 짐승으로 환생하는 정도의 극형은 아니지만 여성으로 환생하게 하는 것은 가장 무거운 형벌에 속하는 것이다. 앞에서 살펴본 것처럼 플라톤이 여성이라도 이성의 영혼을 강하게 소유한 경우 그에 합당한 교육을 통해 나라의 최고의 통치자 직분이 주어져야 함을 역설한 것과는 분명 대조적이다. 이런 언급들을 고려하면 소수의 엘리트가 될 수 있는 본성을 소유하지 않은 여성 일반에 대한 플라톤의 평가가 '남녀평등론'의 관점에서 긍정적으로 내려지고 있는 것으로 보기는 어려울 것 같다.[210]

그러면 후기 대화편인 『법률』 편에서의 여성에 대한 플라톤의 견해는 어떻게 나타나고 있는가? 『국가』 편에서의 플라톤의 여성 평등론 주장은 『법률』 편에서도 여전히 유지되고 있는가? 아니면 플라톤은 이상국가가 아닌 현실 속의 최선의 국가를 세우고자 하는 『법률』 편에서는 여성의

---

[209] 이와 유사한 견해는 Platon, *Timaios*, 42b-c 참조.
[210] 이상의 『국가』 편에 나타난 플라톤의 여성관은 손병석(2013), 349-353을 재인용했음을 밝힌다.

정치적 평등론을 포기했는가? 이와 관련하여 안나스와 오킨의 주장을 먼저 검토하고, 계속해서 플라톤의 여성의 정치적 평등권에 대한 입장이 어떻게 평가되어야 할지를 논의하도록 하겠다.

플라톤의 남녀평등권 문제와 관련해서 먼저 안나스(Annas)는 플라톤은 여성 해방주의자가 아니라고 주장한다.[211] 플라톤에게 여성의 정치적 참정권 인정은 국가의 이익을 위한 하나의 수단이지 개인으로서의 여성의 권리와 자유를 위한 여성의 평등권을 주장한 것이 아니라는 것이다. 다시 말해 플라톤은 공리주의적 관점에서 여성의 정치적 참여권을 인정하고 있다는 것이다. 플라톤은 『티마이오스』편과 같은 다른 대화편에서 여성에 대한 평가절하적인 많은 언급들을 하고 있는데, 그럼에도 불구하고 여성의 정치적 참여권을 인정한 것은 그것이 국가이익에 기여할 수 있기 때문이다. 안나스가 보기에 플라톤의 이상국가에서 여성은 남성이 되기 위한 기회를 가질 뿐이며, 여성을 남성으로 바꾸기 위한 정치적 목적하에 이루어진 것이다. 플라톤은 기본적으로 남성 본질주의자인 것이다. 특히『국가』편에서의 플라톤의 급진적인 여성의 수호자 인정은 『법률』편에서 사라진다. 이것은 플라톤이 이상국가에 대한 믿음을 포기하는 순간 여성에 대한 정치적 평등권 역시 포기 또는 부정하는 것으로 이해되어야 한다는 것이 안나스의 해석이다.『국가』편에서의 가정의 폐지가 여성의 권리와 자유를 보장하는 것으로 귀결되는 것이 아니라 권위주의적인 국가의 탄생으로 이어지는 것이다. 따라서 안나스의 주장에 따르면 여성 통치자나 여성의 동등한 정치적 참여권에 대한 플라톤의 허용을 여성의 자아실현을 주장한 것으로 보는 것은 시대착오적인 오해이다.

---

[211] Annas(1976), 1-14, 3.

그러면 플라톤의 여성관에 대한 안나스의 주장은 어떻게 평가할 수 있을까? 먼저 플라톤의 여성 통치자 주장이 어디까지나 이상국가의 전체적 이익을 위한 공리주의적인 주장이라는 안나스의 비판은[212] 부분적으로 옳다고 생각된다. 칼리폴리스의 좋음을 실현하기 위해서는 탁월한 이성적인 영혼의 능력을 갖춘 자가 많을수록 이상국가의 목표가 좀 더 효율적으로 달성될 수 있을 것이다. 따라서 탁월한 영혼을 소유한 여성을 후보 통치자로 포함하는 것이 이익이 될 것이다. 이런 점에서 이상국가의 통치자가 성에 구속되지 않도록 해야 한다는 플라톤의 제안은 공리주의적인 측면이 있는 것으로 볼 수 있다. 그러나 공리주의적인 관점에서 여성이 이상국가를 위한 수단으로 이용되었기 때문에 여성은 희생자라는 안나스의 주장에는 동의하기 어려운 점이 있다. 여성이 이상국가 건설을 위한 수단으로 이용된 것으로 보아야 한다면, 남성도 마찬가지로 수단이 되는 것으로 보아야 하기 때문이다. 하지만 플라톤이 남성이 통치자 업무를 설사 강요에 의해 수행하도록 해야 한다고 말하더라도,[213] 그 말이 곧 공리주의자들이 생각하는 것처럼 남성을 국가를 위한 수단으로 이용해야 한다고 보는 것은 플라톤의 진의에 맞지 않다. 플라톤에게서 남성의 통치자 업무는 좋음의 이데아에 근거한 보편적 좋음을 실현하기 위한 정의로운 행위로 볼 수 있기 때문이다. 그렇다면 여성의 통치자 업무 역시 정의를 실현하기 위한 덕 있는 행위로 평가되어야 할 것이다. 플라톤에게 있어 통치자의 자격기준은 남성인가 아니면 여성인가의 성에 있는 것이 아니라 어디까지나 하나의 본성(physis), 즉 영혼의 능력에 있기 때문이다. 또한 안나스는 플라톤의 남녀평등관에 대한 불신에 근거해서

---

[212] Annas(1996), 8.
[213] Platon, *Politeia*, 521a.

'플라톤이 이상국가가 실현될 수 있다는 믿음을 중지하자마자, 플라톤이 여성이 남성과 동일한 일을 해야만 한다는 것 역시 중단한다'[214]라고 비판한다. 그러나 이상국가 건설이라는 정치적 목적을 달성하기 위해 남녀의 동일한 본성이 인정되었는지는 의심스럽다. 만약에 안나스가 주장하는 것처럼 이상국가가 존재하기를 중단하면, 플라톤은 여성의 능력뿐만 아니라 남성의 능력 역시 인정하지 않았을 것으로 생각된다.

플라톤의 여성관을 『국가』 편뿐만 아니라 『법률』 편까지 함께 고려해서 좀 더 총체적으로 이해하려는 시도는 오킨(S.M.Okin)에 의해 이루어진다.[215] 그녀는 일단 『국가』 편에 나타난 여성의 정치적 참정권에 관한 플라톤의 주장은 혁명적인 것으로 평가한다. 무엇보다 이상국가 건설을 위한 청사진에서 여성의 실질적인 정치적 평등을 구현하기 위한 가정 폐지를 주장했기 때문이다. 그런데 오킨이 보기에 플라톤은 『법률』 편에서 다시 가족제도와 사적소유 제도를 도입함으로써 딜레마에 빠진 것으로 보인다.[216] 즉, 공유제를 포기하고 가족제도와 사적소유를 다시 도입함으로써 여성이 갖고 있는 영혼의 잠재적 능력에 대한 믿음을 조화시키기가 어렵게 되었다는 것이다. 그래서 오킨의 주장에 따르면 플라톤은 『법률』 편에서 여성을 본래의 전통적인 가정에로의 역할로 돌려보냈다.[217]

그러면 『국가』 편과 『법률』 편에 나타난 플라톤의 여성에 대한 견해를 어떻게 평가해야 할까? 플라톤은 『법률』 편에서 가족제도나 사적소유를 재도입함으로써 '남녀동일 본성론'을 철회하거나 또는 '남녀의 동등한 정치적 지위'를 부정한 것으로 볼 수 있을까? 아래의 인용문은 그의 생각

---

[214] Annas(1996), 12.
[215] S. M. Okin(1998), 182-190.
[216] S. M. Okin(1979), 39-40.
[217] Okin(1979), 50.

을 알 수 있는 단서를 제시한다.

"주저하지 않고 분명하게 말하고 싶은 것이 있는데, 그것은 여자들에 대해서도 똑같은 것이 법에 의해 말해져야 하는데, 그것은 남자들에 관련된 것들 모두와 똑같은 것들을 여자들도 수련해야만 한다는 것입니다. 승마술의 경우에도 체육의 경우에도 그 어떤 점에서도 남자들에게는 적합하겠지만 여자들에게 적합하지 않은 것이라곤 없습니다. 그것은 옛날이야기를 곧이듣기 때문입니다. 흑해 주위에는 사우로마티스(Sauromatis)들이라 일컫는 수도 없이 많은 여인들이 있는 것으로 알고 있습니다. 이들의 경우에는 말들뿐만 아니라 활들과 그 밖의 무기들을 공유하며 남자들과 동등한 의무를 지고 동등하게 수련을 받습니다. 만약 이런 일들이 정말로 이처럼 일어날 수 있다면 지금 우리들의 고장에서 모든 남자들이 온힘을 다해 여자들과 일제히 똑같은 것들을 추구하지 않는 일이 진행되고 있다는 것은 그 무엇보다 가장 어리석은 일이라고 나는 주장합니다. 왜냐하면 아마도 모든 나라가 똑같은 비용과 수고로 두 배 대신에 그 반인 꼴로 있게 되겠기 때문입니다. 이것은 입법자에게는 놀랄만한 실수가 될 것입니다."(*Nomoi*, 804d-805b)

위 인용문에서 알 수 있듯 약간의 차이는 두지만 플라톤은 『법률』 편에서도 여성도 남성처럼 전투술과 체육술에서 기본적으로 동일한 교육이 이루어져야 함을 주장한다. 예를 들어 『국가』 편에서는 여성은 웃통을 벗고 교육을 받아야 한다고 말하지만 『법률』 편에선 옷을 입고 체육교육을 받는 것으로 기술된다. 6살부터 남자아이와 여자아이의 교육이 달라져야 한다는 것도 다르게 말해지는 것으로 볼 수 있다(794c). 남자아이는 승마와 활쏘기, 투창 및 투석기 돌던지기를 배우지만 여자아이의 경우는 동의에 의해 무기를 사용하는 법을 익힌다. 여성의 전투술 습득은 기본적으로 남성처럼 정규 전투를 위한 것이라기보다는 남성들이 전쟁을 하러나갔을 때, 그런데 외부의 공격이 있을 경우 가정과 나라를 수호하기 위한 목적으로 가르쳐진다. 플라톤은 본성적으로 오른손잡이나 왼손잡이나 모두 양손을 사용할 수 있다고 말한다. 단지 어느 쪽을 더 습관적으로 사용했느냐에 따라 달라지는 것이며, 이것은 남성과 여성 교육에서도 마찬가지라고 보는 것이다.

플라톤은 여성들의 공동식사제도(syssitia)도 도입되어야 한다고 주장한다.[218] 아리스토텔레스가 말하는 것처럼 공동식사제도는 당시의 스파르타나 크레테에서 남성들의 연대와 화합 그리고 평등을 실현하기 위한 중요한 제도이다. 플라톤은 구성원들의 결속력을 강화시키기 위한 중요한 수단이 되는 공동식사제도를 여성들에게도 실시되어야 함을 주장함으로써 남녀 평등성을 강조하는 것으로 보인다. 물론 여성은 여성끼리 남성은 남성끼리 식사를 해야 한다는 조건을 둔다. 그러면 플라톤의 교육에서의 남녀평등권 주장은 여성의 정치적 참여와 관련해서도 여전히 유효한가? 플라톤은 평등한 정치적 참여가 여성에게도 주어져야 함을 주장하고 있는가하는 것이다. 『법률』편 805c-d에서 플라톤은 "여성은 가능한 한도 내에서 남성과 더불어 교육에 있어서 그리고 다른 것들에 있어서 공동의 참여가 이루어져야만 한다"고 말한다. 여성의 공직 진출 시기와 관련하여 플라톤은 다음과 같이 설명한다.

"혼인의 한계는 처녀에게는 16세에서 20세까지가 최장기간으로 확장되어야 하나, 청년에게는 30세에서 35세까지여야 한다. 그런가 하면 관직에 나가는 것은 여자의 경우는 40세, 남자의 경우는 30세여야 한다. 전쟁과 관련해서는 남자의 경우에는 20세에서 60세까지이다. 반면에 여자의 경우는 전쟁과 관련된 일들에 활용할 필요가 있다고 판단된다면, 아이들을 출

---

[218] Platon, *Nomoi*, 781b. 806e-807b 참조.

산한 후 50세에 이르기까지, 저마다에 적합하고 가능한 것을 지시한다."(*Nomoi*, 785b)

위 인용문에서 플라톤은 분명하게 여성 역시 공직을 맡을 기회가 주어져야 함을 인정하고 있다. 즉, 남성보다 10년 늦은 40세부터 공직에 진출할 수 있도록 법에 의해 지시되어야 한다는 것이다. 40세 이후로 제한시킨 이유는 그 이전은 결혼과 출산 그리고 육아일을 마쳐야 되는 것과 무관치 않다. 중요한 것은 야간평의원회와 수호자계급에 여성이 포함되는지는 불명확하지만, 그 밖의 모든 관직에의 진출이 여성에게 허용되고 있다는 점이다.[219] 이러한 점을 고려하면 오킨이 주장하는 것처럼 『법률』편에서 여성은 다시 가정이라는 본래의 역할로 돌아가서 가정에 제한되는 역할만 하는 것으로 보기는 어렵다. 마그네시아의 법률은 여성은 40세 이후에 얼마든지 공적인 직무수행을 할 수 있도록 규정하고 있기 때문이다. 이것은 『법률』편에서도 여전히 여성의 본성에 대해 플라톤이 『국가』편에서와 다르지 않은 생각을 견지하고 있음을 말해준다.[220] 오히려 『국가』편보다도 『법률』편에서 플라톤의 여성에 대한 논의는 더 급진적인 것으로 평가할 수 있다. 사적소유와 가족제도라는 현실제도를 인정하면서 여성의 정치적 참정권을 주장하고 있기 때문이다.

플라톤은 『법률』편에서 가족제도와 사적소유가 다시 도입된 상황에서 여성의 평등권을 확보할 수 있는 현실적인 대안을 고민한 것으로 생각된다. 그리고 그것을 아이 출산과 육아가 끝난 40세부터는 여성의 정치적 참여가 이루어지도록 인정하고 있다. 이런 점에서 여성의 본성에 대한 플라톤의 관점이 『법률』편에서 변화된 것으로 보기는 어렵다. 플라톤의

---

[219] 이에 관한 상세한 논의는 Cohen(1987), 27-40 참조.
[220] Bobonich(2002), 385-386.

여성에 대한 진보성은 여성의 자유와 해방을 역설했던 밀(J. S. Mill)의 견해와 비교해서도 실질적인 면에서 못하지 않다. 밀이『여성의 종속』에서 중산층 여성의 정치적 참정권을 활짝 열 것을 주장한 것은 사실이지만, 그럼에도 불구하고 가정이 여성에 적합한 활동공간이 되는 것으로 말한다는 점에서다. 결국 밀이 여성의 정치적 참정권을 주장하면서도 다시 가정에서 못 나가도록 문을 살짝 닫는다면, 플라톤은 여성의 정치적 참정권을 제한적으로 인정하지만 나갈 수 있는 한도 내에서 활짝 여는 것으로 생각된다.

플라톤의『국가』편을 먼저 읽고『법률』편을 나중에 읽게 되면 그의 여성관이 후퇴한 것으로 보이는 것이 사실이다. 그러나『국가』편이 쓰이지 않은 것으로 가정하고,『법률』편만을 놓고 본다면 그 진보성이 다르게 느껴질 수 있다. 적어도 당대의 스파르타나 크레테의 여성제도와 비교해서 보면 플라톤의 여성관이 상당히 진보적인 요소를 포함하고 있음이 부정되기 어렵다. 플라톤은『국가』편에서의 여성에 대한 이상적인 전망을 구체적인 현실 속에서 어떻게 구현할 수 있는가를 고민한 것으로 보인다. 그것은 무엇보다 가족제도와 정치공동체의 조화문제가 될 수 있다. 그렇다면 플라톤의 여성관을 아리스토텔레스의 여성관과 비교하여 보면 어떤 결론이 나올까? 아리스토텔레스는 가족제도가 존재하는 상황 하에서 플라톤보다 여성의 정치적 참정권을 적극적으로 인정하는 방향으로 나아갈까? 아니면 전통적인 가족제도를 따르면서 여성의 역할을 제한하는 방향으로 나아갈까?

2. 아리스토텔레스의 여성관

앞에서 살펴본 것처럼 플라톤의 여성의 본성에 대한 견해는 기본적으로 생물학적 차이가 아닌 영혼관을 통해 이해되고 있음을 알 수 있었다. 여성의 정치적 참여는 여성의 영혼이 이성적인 부분을 탁월하게 발휘될 수 있는가의 관점에서 접근되어야 한다는 것이 플라톤의 기본적인 생각이다. 그리고 플라톤은 여성 역시 남성 못지않은 영혼의 능력을 갖고 있는 것으로 보고 있음을 알 수 있었다. 그러면 플라톤의 여성관에 대해 아리스토텔레스는 『정치학』에서 어떤 입장으로 대응하고 있을까? 일단은 아리스토텔레스 역시 여성의 이성적 능력을 인정하고 있다는 점에서 여성의 본성에 대해 긍정적인 입장을 가진 것으로 보인다. 아리스토텔레스는 『정치학』 1권 13장에서 여성은 노예와 다르다고 말하면서, 그 이유를 여성은 노예와 달리 "숙고할 수 있는 능력"(bouleutikon)을 소유하고 있기 때문이라고 말한다. 노예가 불완전한 영혼을 가진, 그래서 자기 자신이 아닌 타인, 즉 주인에 속한 자인[221] 반면에 여성은 노예의 주인으로서 노예를 다스릴 수 있는 이성의 능력을 소유하고 있다는 것이다. 이것은 아래의 인용문을 통해 알 수 있다.

"영혼에는 본성적으로 지배적인 부분과 피지배적인 부분이 있고, 이들의 덕은 서로 다른데 그중 하나는 이성을 가진 부분의 것이고, 다른 하나는 비이성적인 부분의 것이기 때문이다. 이런 원칙은 분명 다른 경우에도 적용될 수 있는데, 본성적 치자와 본성적 피치지자가 존재하는 것은 보편적 법칙이라는 결론을 내릴 수 있을 것이다. 그러나 지배의 종류는 서로 다르다. … 노예는 숙고능력이 전혀 없고, *여자는 숙고능력(bouleutikon)이 있긴*

---

[221] *Pol*, I.4, 1254a13-16 참조.

하지만 주된 힘을 갖지는 못하고, 아이는 숙고능력이 있지만 아직은 그것이 성숙하지 못했기 때문이다."(*Pol.* I.13, 1260a4-1260a13)

위 인용문에서 아리스토텔레스는 여성은 한편으론 불레우티콘(bouleutikon), 즉 숙고능력이 없는 노예와 달리 이성을 소유하고 있으며, 다른 한편으론 미성숙한 아이와 달리 성숙한 숙고능력을 갖고 있다고 말한다. 그런데 아리스토텔레스가 보기에 문제는 여성의 숙고능력이 "주된 힘을 갖지는 않는"(akyron) 다는 것이다.[222] 그러면 여성의 숙고능력이 남성의 그것처럼 주된 힘을 갖지 못하는 이유는 무엇일까?[223] 무엇보다 아퀴론(akyron)의 의미를 이해하는 것이 필요하다.

아리스토텔레스가 말한 akyron의 의미를 어떻게 새길 것인가와 관련해선 대표적으로 두 가지 해석이 존재한다. 하나는 소위 "내적인 해석"(intrapersonal)으로서 영혼 내에서의 이성과 감정의 역학관계를 통해 여성의 이성적 능력의 무력화를 설명하는 시도이다.[224] 이 해석에 따르면 여성은 감정이 너무 강하기 때문에 감정이 이성을 압도하며, 그래서 이성에 따른 올바른 판단과 행동결정을 수행하기 어렵다는 것이다. 이것은 여성의 숙고능력이 욕구를 통제할 수 있는 정도의 이성적인 힘을 갖지 못함을 의미한다. 다른 해석은 여성과 남성의 관계(interpersonal)를 통해 접근하는 것이다.[225] 이 해석에 따르면 여성이 공적인 숙고능력이 무력화

---

[222] 아리스토텔레스가 노예와 더불어 여성까지 결함이 있는 불완전한 존재로 보았다는 견해와 관련해선 F. Miller(1995), 229, 각주 95. J. Lear(1988), 199. R. Mulgan(1977), 42. 최근에 이러한 견해에 반대하며 새로운 해석을 제시하는 입장은 J. Karbowski이다. J. Karbowski(2012), 323-350 참조.

[223] 이상의 아리스토텔레스의 여성관에 관한 내용은 손병석(2013), 345-347을 재인용했음을 밝힌다.

[224] Fortenabugh와 Modrak을 들 수 있다. W. W. Fortenbaugh(1977), 135-9. D. Modrak(1994), 207-221 참조.

되는 것은 사회적 관행(social practice)을 반영하는 것이다. 이 두 해석에서 두 번째 해석이 더 많은 지지를 받고 있는데, 그 이유는 첫 번째 해석이 철학적 내지 이론적인 문제점을 야기하기 때문이다. 그것은 여성뿐만 아니라 남성 중에도 이성이 감정에 지는 아크라시아(akrasia)의 문제가 발생할 수 있다는 점에서다.[226] 또한 여성은 노예나 어린아이와 비교해서 숙고능력(to bouleutikon)을 갖고 있는 자유인으로 규정되고 있다는 점도 고려되어야 한다. 여성의 숙고능력이 남성의 것과 동일한 것으로 볼 수는 없다 할지라도 여성의 최소한의 이성적 능력소유는 그녀를 정치적인 영역에서 완전하게 배제하는 것을 정당화하기는 어려울 것 같다.[227] 그렇다면 여성의 남성에 의한 지배는 성적인 본성의 차이에 의한 것이라기보다는 당시의 아테네 사회의 관행 내지 관습의 측면에서 여성이 남성에 대한 주도권을 행사하지 못한다는 것으로 이해할 수 있고, 이것은 두 번째 해석을 뒷받침하는 것으로 볼 수 있다.

그런데 두 번째 해석 역시 문제가 없는 것은 아니다. 그것은 남성에 대한 여성의 복종이 그 당시의 관습이라면 그것이 어떻게 자연적인 지배 방식으로 볼 수 있는가의 문제를 발생시키기 때문이다. 사회적인 관습이나 법은 자연적인(physikon) 것이라기보다는 인위적인 것(nomimon)으로 볼 수 있기 때문에 여성의 남성에 대한 복종 역시 자연적인 의미를 갖는 것으로 보기 어렵다는 것이다. 이제 가정에서의 남성과 여성의 관계를 자연적인 관계로 보는 아리스토텔레스의 생각을 이해하기 위해 부부사이의 통치방식에 관한 다음의 언급에 주목할 필요가 있다.

---

[225] Saxonhouse와 Deslauriers를 들 수 있다. A. W. Saxonhouse(1982), 202-19. Deslauriers (2003), 213-31 참조.
[226] Deslauriers(2003), 223.
[227] T. Samaras(2016), 599.

"가장은 아내와 아이를 지배하는데 둘 다를 자유인으로서 지배하지만, 지배하는 방식에서는 서로 다르기 때문이다. 아내에 대한 지배는 정치가의 지배(politikōs) 방식과 같고, 자식에 대한 지배는 왕의 지배(basilikōs) 방식과 같기 때문이다."(*Pol.*, I.12, 1259a39-1259b1)

위 인용문에서 아리스토텔레스는 남편과 아내 사이의 지배방식이 부자(父子) 사이의 지배방식과 다르다고 말한다. 전자의 지배방식은 정치적 통치방식이고 후자는 왕정적 통치방식이라는 점에서 다르다. 정치적 통치방식은 기본적으로 자유롭고 동등한 자들 사이에 이루어지는 통치형태이지만 왕정적 통치방식은 피치자의 이익을 우선시하는 통치방식이다.[228] 그렇다면 가정에서의 남편과 아내의 관계는 통치와 피통치가 교대로 이루어질 수 있는 가능성이 존재한다. 그러나 앞에서 살펴본 것처럼 아리스토텔레스는 부부간의 관계는 남편의 아내에 대한 일방향적인 통치가 이루어지는 것으로 보면서 그것을 자연적인 통치로 본다는 데 문제가 있다. 남편과 아내의 관계에 대한 통치방식이 정치적 지배방식이라면 부부는 자유롭고 평등한 관계로 볼 수 있고, 따라서 여성과 남성의 지배는 교대로 이루어져야 하는 것이 자연스러운 지배방식이기 때문이다.

여기서 우리는 아리스토텔레스가 생각하는 자연적 통치방식이 어떤 것인지 먼저 살펴볼 필요가 있다. 아리스토텔레스에 따르면 자연적 통치는 먼저 구성부분들로 이루어진 결합체이어야 한다. 그것은 종류와 수에 있어 다른 부분들로부터 하나의 공통된 합성체가 되는 것이다.[229] 두 번째 특징은 합성체의 구성부분 중 더 나은 것이 더 못한 것을 지배하는 것이다. 마지막으로 자연적 통치는 전체에 이익이 될 수 있어야 한다. 이것은

---

[228] *Pol.*, I.7, 1255b20. III.4, 1277b9.
[229] *Pol.*, I.5, 1254a28-31.

지배하는 것과 지배받는 것이 공동이익에 기여할 수 있어야 함을 의미한다. 아리스토텔레스는 자연적 통치의 이러한 특성들이 가정에서의 부부 사이에도 적용되는 것으로 본다.[230] 즉, 남편과 아내는 가정을 이루는 구성부분이며, 부부 사이의 통치방식은 가정의 전체적인 좋음, 즉 가정의 보존(sōtērion, 1252a31)에 기여한다는 것이다. 여기서 부부의 통치관계는 무엇보다 남편이 지배하고 아내는 지배를 받는 것이 자연스럽다. 왜냐하면 "남성의 여성에 대한 관계는 본성상 우월한 것과 열등한 것의 관계이며 또한 지배하고 지배받는 것의 관계이기 때문이다."(1254b13-14).

> "자연에 배치되는 예외적인 경우 말고는 남성이 여성보다 본성적으로 지배하는데 더 적합하며, 연장자와 성인이 연소자와 미성년보다 지배하는데 더 적합하기 때문이다. 그러나 정치가가 지배하는 경우 대개 치자와 피치자는 교대를 하며 국가는 차별없는 평등을 지향한다. 그러나 한 사람이 지배하고 다른 사람이 지배받을 경우 지배자는 외형과 말투와 명예를 통해 자신을 구별하고자 하는데, 이는 아마시스(Amasis)가 자신의 발 씻는 대야에 관해 말한 것에서도 입증된다. 여성에 대한 남성의 관계는 언제나 이와 같다."(*Pol.*, I.12, 1259b1-9)

아리스토텔레스는 위 인용문에서 먼저 남성이 여성을 지배하는 것이 더 자연스러운 통치 방식이라고 말한다. 이와 달리 정치가가 통치하는 방식은 치자와 피치자가 교대로 통치하는 방식이라고 말한다. 그런데 앞에서 살펴본 것처럼 아리스토텔레스가 부부관계를 한편으론 정치적 통치방식으로 규정하면서 다른 한편으론 가정에서의 남편의 여성에 대한 지배를 인정하고 있다는 사실이다. 문제는 정치적 통치방식에 따른다면 남성

---

[230] M. Deslauriers(2015), 49-50 참조.

의 여성에 대한 통치뿐만 아니라 여성의 남성에 대한 통치도 인정되어야 한다는 것이다. 정치적 통치방식은 치자와 피치자의 교대로의 통치방식을 인정하기 때문이다. 그러면 아리스토텔레스는 가정에서의 아내의 남편에 대한 지배를 인정하는가? 일단은 아리스토텔레스에게서 여성의 남성에 대한 지배가 인정되는 것으로 보기는 어렵기 때문에 이 물음과 관련해서 아리스토텔레스는 일관적이지 않은 답변을 하는 것으로 보인다.

더 큰 문제는 아리스토텔레스가 남편과 아내의 지배방식을 정치적 지배방식뿐만 아니라 귀족주의적 지배방식이라고 말하고 있다는 점이다. 그는 『니코마코스 윤리학』 8권에서 "남편과 아내 사이의 공통의 교제는 귀족정의 성격을 보이는 것 같다. 가치에 따라 남편이 다스리되 다스려야 할 것만 다스리며, 부인에게 합당한 것은 그녀에게 양도하기 때문이다"(*EN*., 1160b32-3) 라고 말하고 있다는 것이 그것이다. 또한 아리스토텔레스는 이성의 욕구에 대한 지배는 "정치적이며 왕정적이다"(politiken e basiliken, 1254b4-5)라고 말하고 있는데, 이것은 남성이 이성에, 여성이 욕구에 대응하는 것으로 볼 수 있다는 점에서 남편의 아내에 대한 지배가 이중적인 통치방식으로 이해될 수 있도록 한다. 이러한 점들을 고려하면 아리스토텔레스에게서 남편과 아내의 지배관계는 단순하게 이해될 수 없는 또는 표면상 조화되기 어려운 관계성을 보이는 것으로 생각된다. 그것은 남편의 아내에 대한 통치가 자연적인 것으로 말해지면서 그 통치방식이 한편으론 정치적 통치이면서 다른 한편으론 귀족주의적 통치로 말해지기 때문이다. 이 문제를 일단 아리스토텔레스가 위에서 인용한 아마시스(Amasis)의 예를 통해 이해를 시도해볼 필요가 있다.

아리스토텔레스가 인용한 아마시스는 역사가 헤로도토스의 『역사』 2권 172장에서 자세히 기술되고 있다. 헤로도토스의 보고에 따르면 아마시스는 평민출신으로서 이집트의 아이귑토스의 왕이 된 인물이다. 그런데 아이귑토스의 시민들은 명문가 출신이 아닌 아마시스를 왕으로서 존경하지 않았다. 이에 아마시스는 금으로 만들어진 자신의 발을 씻는 대야를 녹여서 신상(神像)으로 만들어 세웠다. 이에 아이귑토스의 백성들은 한때 발 씻는 대야로 쓰였지만 지금은 신상이 된 상에 대해 숭배를 하였다. 아마시스는 백성들에게 실은 신상이 이전에는 자신의 발 씻는 대야였다고 말하고 자신도 한때는 평민이었지만 지금은 왕이 된 것이며 따라서 자신을 왕으로서 인정하고 존경해줄 것을 명령하였다.

그러면 아리스토텔레스가 아마시스의 대야 일화를 인용한 목적은 무엇인가? 그것은 남성과 여성의 관계가 기본적으로 인간이라는 점에서 무엇보다 자유롭고 평등한 존재라는 점에서 같다는 것이다. 이런 점에서 남성과 여성, 즉 부부관계는 정치적 통치관계를 갖는다고 말할 수 있다. 그러나 남성과 여성의 관계는 다른 면에서 같지 않다. 그것은 남성이 여성보다 가치에 있어 우월하기 때문이다. 즉, 남성은 여성보다 지적인 면에서 우월하다는 것이다. 그렇기 때문에 남성은 자신의 가치에 따라 여성을 다스릴 수 있고 이것은 귀족주의적인 통치방식과 같은 것이다. 아리스토텔레스는 가정에서의 남편과 아내의 관계가 가치의 측면에서 동등하지 않은 관계로 보는 것이다. 그러나 이러한 귀족주의적 통치방식은 우월한 것이 우월하지 않은 것을 다스리는 것이기 때문에 자연스러운 것이다. 물론 여성인 아내는 노예나 어린아이와 달리 자유롭고 성인이라는 점에서 남편과 동등한 존재라는 것이 부정되지는 않는다. 그러나 아내의 숙고적인 능력은 주된 힘을 발휘하기 어렵기 때문에 이성적인 능력이 탁월한 남편의 지배를 받아야 한다는 것이다. 아마시스의 대야와 신상이 금이라는 동일한 질료로 만들어졌지만 신상이 된 금은 대야인 금과 동일

한 가치를 갖는 것이 아니듯이 말이다.[231]

상술한 것을 통해 아리스토텔레스가 가정에서의 남편의 아내에 대한 지배를 자연적 통치의 일종으로 보는 데는 아내의 이성적인 숙고능력이 주도적인 힘을 갖지 못하다는 이유에서 찾을 수 있다. 여성의 숙고능력이 남편의 지적인 능력보다 우월하지 못하다는 것은 여성의 정치적 판단능력에 대한 권위가 온전하게 부여되기 어려움을 의미한다. 이러한 이유로 아리스토텔레스는 여성의 숙고능력이 정치적 문제와 같은 공적 판단에서는 아퀴론(akyron), 즉 무력화된다고 말한다. 이는 여성의 숙고능력이 가정에서는 그 힘을 발휘할 수 있지만 정치적 영역과 같은 공적문제와 관련해선 온전하게 발휘되기 어렵다는 것을 의미한다. 요컨대 여성은 정치적 문제에 대한 이성적 판단능력을 결여하고 있다는 것이다. 이렇게 보면 여성이 노예와 달리 숙고능력을 소유하고 있지만 그것의 적용은 가정에 한정되어야지 공적 영역까지 확장되어 발휘될 수 있는 것으로 보아서는 곤란하다. 이것은 아리스토텔레스가 남성과 여성은 성품적 덕(ethikē aretē)[232]을 양자 공히 갖지만 같은 정도로 갖는 것은 아니라고 말하는 것을 통해서도 알 수 있다. 아래의 인용문을 통해 아리스토텔레스의 생각을 이해할 수 있다.

"성품적 덕의 경우도 마찬가지라고 보아야 한다. 다시 말해 모두가 성품적 덕들을 갖되 똑같은 정도가 아니라 각자 제 기능을 수행하는데 필요한

---

[231] M. Deslauriers(2015), 53-55.
[232] 아리스토텔레스는 덕을 크게 '지적인 덕'과 '성품적 덕'으로 대별한다. 전자의 덕은 이성적인 영혼의 부분과 관련되는 덕들로 지혜(sophia), 지식(epistēmē), 직관지(nous), 실천지(phronēsis), 그리고 제작지(technē)의 5종류가 여기에 속한다. 후자의 덕은 영혼의 비이성적 부분에 속하며 기본적으로 인간의 감정이나 행위와 관련되는 덕이다. 아리스토텔레스에 따르면 이러한 성품적 덕들의 획득은 행위의 반복적인 습관에 의해 이루어지며, 용기나 절제 또는 정의와 같은 덕들이 여기에 속한다.

만큼만 지니는 것이다. 그래서 통치자는 완벽한 형태의 성품적 덕들을 소유해야 하지만, 그것은 그의 기능이 진정한 의미에서 우두머리 장인의 기능이고, 이성이야말로 우두머리 장인이기 때문이다. 또한 다른 구성원도 각자 필요한 만큼 성품적 덕을 지니는 것은 분명하지만, 남자와 여자의 절제 또는 남자와 여자의 용기의 정의는, 소크라테스가 주장한 것처럼 같은 것이 아니다. 남자의 용기는 통치자의 용기이고, 여자의 용기는 복종하는 자의 용기다. 이것은 다른 덕의 경우에도 마찬가지다."(*Pol.*, I.13, 1260a14-23)

위 인용문에서 아리스토텔레스는 치자인 남자는 완전한 형태의 성품적 덕을 갖지만 여성은 그렇지 않다고 말한다. 남자와 여자가 모두 용기의 덕을 갖지만, 남자의 용기는 치자의 용기이고, 여자의 용기는 복종하는 자의 용기라는 점에서 다르다는 것이다.[233] 아리스토텔레스는 『정치학』 3권 4장(1277b25-30)에서 치자의 고유한 덕을 실천지(phronēsis)로, 피치자에게 필요한 것은 올바른 의견(orthē doxa)이라고 말한다. 자유롭고 동등한 관계를 가진 자들 사이에 존재하는 정치적 통치방식에서도 치자와 피치자의 덕은 전자에게 실천지가, 후자에게는 올바른 독사가 있게 된다는 점에서 다르다. 달리 말해 남편은 실천지를 소유하지만 아내는 올바른 의견만을 소유하고 있다는 것이다. 이것은 아리스토텔레스가 보기에 여성이 남성과 마찬가지로 덕을 소유할 수는 있지만, 그러한 덕의 종류와 적용분야에 있어서는 남성과 다르게 이해되어야 함을 의미한다. 그러나 간과하지 말아야 할 점은 아리스토텔레스가 가정에서 남편이 아내의 역할까지 침범해서는 안 되는 것으로 보면서 부부 사이의 경계를 넘지 말아야 함을 강조하고 있다는 것이다.

---

[233] *Pol*, I.13, 1260a22-23. 1260a27-31.

"가사 관리에서도 역할이 서로 다른데, 남자의 역할은 획득하는 것이고 여자의 역할은 지키는 것이기 때문이다. 치자 고유의 덕은 실천지(phronesis)이다. 다른 덕은 치자와 피치자 모두에게 필요하다. 대신 피치자의 덕은 실천지가 아니라 올바른 의견이다. 피치자는 피리제작자와 같고, 치자는 피리를 사용하는 피리연주자와 같다."(*Pol.*, III.4, 1277b21-30)

위 인용문에서 아리스토텔레스는 가정에서의 여성의 주된 역할이 재산을 "잘 지키는 것"(phylattein)이라고 말한다. 남자가 가정 밖에서 "획득한 것"(ktasthai)을 여성은 지키고 증식시키는 것이다. 이것은 여성이 자신에게 고유한 기능을 수행할 수 있고, 또 이러한 능력을 발휘할 수 있는 숙고적 능력을 갖추고 있음을 말한다. 아리스토텔레스는 아내에게 합당한 것이 있고, 남편이 그 경계를 넘어 여성의 고유한 기능을 침해해서는 안 된다고 보는 것이다. 아리스토텔레스에 따르면 "남편이 모든 것을 다스리게 되면 과두정으로 넘어가게 되는데, 이것은 그가 일을 가치에 어긋나는 방식으로 하기 때문이며 더 나은 자로서 하는 것도 아니기 때문이다".[234] 다시 말해 남편이 과도하게 아내가 맡고 있는 가사 노동까지 수행하려고 하는 것은 자연스러운 지배방식이 아니고 그것은 그릇된 지배방식 중의 하나인 과두정적 지배방식이 된다고 보는 것이다. 남편이 가정에서 노예를 부리고, 가축을 길러 재산을 늘리는 여성의 고유한 일까지 관여하고 명령한다면 그것은 남편의 가치에 맞지 않는 일로서 올바른 통치방식인 정치적 통치가 될 수 없다는 것이다. 여성의 숙고적 능력이 잘 발휘될 수 있는 가정경영술(oikonomikē)을 인정하는 것이 본래의 정치적 통치방식에 부합하는 것이다. 결국 아리스토텔레스에 따르면 가정의 공동이익을 실현하기 위해서는 아내의 숙고능력이 필요하고 그것이 잘

---

[234] *EN.*, 1160b35-1161a1.

발휘될 수 있는 가정경영술의 자율성을 인정하고 남편은 본래의 정치적 영역에서의 숙고능력을 발휘하면 된다.

　마지막으로 아리스토텔레스의 여성에 대한 견해를 노예에 대한 견해와 비교하여 그의 여성관이 갖는 의미를 간단하게 생각해볼까 한다. 먼저 앞서 살펴본 것처럼 아리스토텔레스는 주인과 노예관계에서 노예는 주인에게 전적으로 속한다고 말한다. 단지 노예는 신체적으로만 분리되어 있지, 존재론적으론 주인에게 속한다. 따라서 노예는 존재하지만 실상 비존재다. 이런 주인과 노예의 관계에서 전체는 주인이고 노예는 그 부분이 된다고 말할 수 있다. 그러면 부부관계는 어떻게 이해해야 할까? 위에서 살펴본 것처럼 아리스토텔레스는 남성이 본성상 여성을 통치하는 것이 자연스럽다고 말한다. 그렇다면 남편이 전체집합이고 부인은 부분집합으로 보아야 하지 않을까? 만약에 노예가 주인에게 속한 부분집합이듯이, 여성이 남편에게 속한 부분집합으로 볼 경우, 노예와 여성의 존재론적 지위는 실상 별 차이가 없는 것으로 보아야 할 것이다. 그러나 아리스토텔레스는 주인과 노예가 전제적 통치방식인 반면에 부부관계는 귀족적 내지 정치적 통치방식에 유사하다고 말한다. 이런 점을 고려한다면 부부관계에서 전체 집합 내지 모집합은 남편이 아니라 가정이라고 보아야 하는 것이 타당하다. 모집합은 가정이고 그 주요한 두 요소가 여성과 남편인 것이다. 가정만 놓고 보면 여성의 가치가 남편의 가치보다 결코 못 하지 않다. 무엇보다 여성의 숙고능력이 가정에선 완벽하게 잘 발휘될 수 있기 때문이다. 여성의 숙고능력은 실상 가정관리술의 능력이기 때문이다. 획득술을 남편이 발휘하고 그 부를 유지하고 증식시키는 역할은 여성이 한다. 여성의 상대적인 기여도를 인정하고 가정에서 부의 증식과 관련해서는 여성이 남성보다 더 가치를 창출한다. 이런 점에서 가정에서 여성은 남성과 평등하다. 가정에서 akyron하지 않고 kyron하다.

　지금까지 아리스토텔레스의 여성에 관한 견해를 살펴보았다. 그러면 아리스토텔레스의 여성관은 플라톤과 비교하여 어떤 의미를 가지는 것으로 평가할 수 있을까? 무엇보다 아리스토텔레스가 남성의 고유한 능력으로 귀속시키는 실천지는 플라톤의 입장에서 보면 여성 역시 발휘할 수 있는 능력으로 인정되고 있다는 것이 양자의 큰 차이점으로 보인다. 플라톤에게 있어 프로네시스와 같은 이성적 능력은 남성뿐만 아니라 여성에게도 동등하게 분배된 것으로 볼 수 있기 때문이다. 역사적으로 또 경험적으로 여성의 이성적 능력에 대한 평가는 아리스토텔레스가 틀리고 플라톤이 맞다. 플라톤의 여성관은 당시의 고대 그리스인들의 여성에 대한 시대정신을 넘어서 있고 아리스토텔레스는 시대정신을 넘어서지 못하고 있다. 그렇기 때문에 플라톤의 여성의 최고 통치자 주장은 아리스토텔레스에 비해 덜 오염되어 있고, 당시의 편견에 대한 이성의 승리다. 아리스토텔레스는 여성의 이성적 능력에 대한 보다 낙관적 전망을 제시하지 못하는 측면이 있다. 그래서 여성은 노예와는 다르지만 공적영역에서 이성의 사용이 제한된다는 점에서 '부자유스러운 자유인'이라는 역설적 위상을 갖는 것으로 보인다. 그러나 플라톤의 여성의 이성적 능력에 대한 신뢰가 역사적으로 인정받기까지는 결코 녹록지 않은 시간이 걸렸다는 것도 간과하기 어렵다. 그리고 오늘날에도 가정에서의 역할의 중심이 여전히 남성보다는 여성에게 있다는 것도 과연 어떤 것이 가정과 공적영역에서의 성의 자연스러운 역할일까를 생각하게 한다.

4장
가정경영술과 부의 문제

아리스토텔레스가 『정치학』 1권에서 폴리스의 부분이 되는 가정과 관련하여 다루고 있는 주제는 경제적 부의 문제이다. 가정에서의 재산증식에 관한 오이코노미아(oikonomia), 즉 가정경영은 아리스토텔레스의 현실 중시적 견해를 보여준다는 점에서 중요하다. 가정경영술은 남편이 밖에서 획득한 부를 아내가 노예나 가축을 잘 다스려 재산을 보존하거나 늘리는 것과 관련된다. 이것은 가정의 올바른 경영에서 재산획득이 중요한 부분임을 의미한다. 그러면 재산획득에 대한 아리스토텔레스의 입장은 어떻게 기술되고 있을까? 경제적인 부는 인간이 궁극적으로 추구하는 행복과 어떤 관련을 맺는 것으로 볼 수 있을까?

『니코마코스 윤리학』에서 아리스토텔레스는 "행복은 덕에 따른 영혼의 활동인데, 특히 최선의 가장 완벽한 덕에 따른 것이다"[235]라고 말한다. 이것은 인간이 추구하는 행복 또는 잘사는 삶이 부와 같은 물질적인 것보다는 덕의 활동에 의해 실현되는 것으로 볼 수 있게 한다. 아리스토텔레스에게서 행복이 '덕에 따른 영혼의 활동'으로 정의되는 것을 고려할 때, 부와 같은 물질적 재화는 인간의 행복에 본질적인 요소가 아닌 것으로

---

[235] *EN*., 1098a16 18.

볼 수 있을 것이다. 이런 이유로 로스(Ross)나 멀건(Mulgan)과 같은 학자들은 아리스토텔레스가 부 획득에 대해 적대적인 견해를 가졌다고 주장한다.[236] 아리스토텔레스가 부획득에 대해 부정적인 입장을 가진 것으로 볼 경우 그의 견해는 플라톤의 부에 대한 견해와 다르지 않은 것으로 볼 수 있다. 뒤에서 살펴보겠지만 플라톤에 따르면 부에 대한 지나친 추구는 시민들의 영혼을 타락시키고 그로 인해 시민들 사이의 불신과 적대감을 확신시키고 결과적으로 공동체의 좋음과 정의를 훼손시키기 때문이다.[237]

그러나 아리스토텔레스가 경제적인 부의 획득 문제에 대해 부정적으로만 생각했다고 보는 것은 정확한 이해가 아니다. 왜냐하면 아리스토텔레스에 따르면 부는 "외적으로 좋은 것들"(ta ektos agatha)로서 덕 행위의 중요한 수단이 될 수 있고, 따라서 인간의 행복에 기여할 수 있기 때문이다.[238] 그래서 아리스토텔레스는 "인간이 필수적인 것들이 공급되지 않는다면 잘 살 수 없거나 또는 실제로 전혀 생존할 수 없다"[239]라고 말한다. 따라서 아리스토텔레스가 경제적인 부획득에 대해 어떤 입장을 취했는지를 보다 명확하게 밝힐 필요가 있다. 이제 『정치학』 1권 8장부터 11장에 걸쳐 기술되고 있는 재산획득술(chrematistikē)에 대한 내용분석을 통해 아리스토텔레스의 부에 대한 경제관을 살펴볼 것이다. 먼저 플라톤의

---

[236] W. D. Ross(1949), 243. R. G. Mulgan(1977), 49. S. Meikle(1996), 138. C. Dierksmeier & M. Pirson(2009), 420-421 참조.

[237] Plato, *Nomoi*, 705a. *Pol*, I.10, 1258b1 이하 계속 참조.

[238] 아리스토텔레스에게서 행복과 외적 좋음의 밀접한 관계성에 관한 자세한 논의는 손병석(2017), 177-208 참조할 것.

[239] *Pol.*, I.4, 1253b24-25. "행복은 덕에 따른 영혼의 활동이다" 그런데 "어느 누구도 필요한 물품들이 제공되지 않는다면 어느 누구도 잘 살 수 없거나 또는 전혀 살 수 없다"(*Pol.*, 1253b23-25). 부는 가정공동체와 정치공동체에 반드시 필요한 것이다 (1256b26 이하 계속 참조.)

부에 대한 견해를 간단하게 살펴볼 것이다. 다음으로 아리스토텔레스의 부에 대한 견해를 두 가지 주제에 초점을 맞춰 살펴볼 것이다. 하나는 두 종류의 가정경영술(oikonomikē), 즉 자연적 재화 획득술과 비(非)자연적 재화 획득술의 구분이 어떻게 이루어지는지에 대한 검토이고, 다른 하나는 사용가치와 교환가치의 구분에 대한 기존의 잘못된 이해를 바로잡는 것이다. 마지막으로 아리스토텔레스에게서 부의 적절한 소유가 인간의 도덕적 행위와 공동체의 발전을 위해 순기능으로 작용할 수 있음을 '자유인다움'(eleutheriotēs)과 '관대함'(megaloprepeia)의 두 덕을 통해 이해해 보도록 하겠다.

1. 플라톤의 부에 대한 견해

부가 우리를 행복하게 해줄까? 아니면 가난이 오히려 우리를 더 행복하게 만들어줄까? 어떻게 보면 이 질문은 우리에게 너무나 당연한 것을 묻고 있다. 그런데 고대 그리스의 희극작가인 아리스토파네스(Aristophanes)는 그의 작품 『플루토스』(Ploutos)에서 부의 신인 플루토스와 가난의 신인 페니아(Penia)를 등장시켜 무엇이 인간을 행복하게 만들어주는지에 대해 서로 간에 치열한 논쟁을 벌이게 한다.[240] 당연히 부의 신은 부가, 가난의

---

[240] 이곳에서 가난한 농부인 크레뮐로스는 부자가 되기를 갈망한다. 부자가 되는 것이 행복해질 수 있다고 믿기 때문이다. 그래서 그는 신탁소에서 부자가 될 수 있도록 축복을 내려줄 것을 기도한다. 신탁의 예언은 신탁소를 나가 첫 번째 만나는 사람을 쫓아가라고 말한다. 그 주인공이 눈먼 부의 신이다. 주인공은 부의 신이 눈이 멀어서 자신처럼 열심히 일하는 사람은 가난하게 되고, 열심히 일하지 않는 사람이 부자가 된다고 말하고 이것이 정의에 맞지 않음을 역설한다. 결국 그는 플루토스의 신탁의 도움을 받아 눈을 뜨게 하고 부자가 된다. 그런데 이 희극작품에서 아리스토파네스는 우리의 주목을 끄는 언급을 하고 있는데, 부의 신에 대항하는 페니아라고 하는 가난의 신을 등장시켜

신은 가난이 서로 인간을 행복하게 만든다고 주장한다. 여기서 우리의 흥미를 끄는 것은 가난의 신의 주장일 것이다. 페니아는 인간이 행복하게 되는 것은 가난에 의해서이며, 부는 오히려 인간을 불행하게 만든다고 역설하고 있기 때문이다. 인간이 부유해지면 게을러지고 나태해지고, 그래서 질병에 걸려 불행에 이르게 된다는 것이 그 이유이다.[241] 요컨대 가난하기 때문에 인간은 잘 살려고 하는 의지를 갖게 되고, 그래서 삶을 좀 더 적극적으로 살아갈 수 있다는 것이다. 페니아의 주장에 따르면 부는 개인적인 차원에서만 나쁜 영향을 주는 것이 아니라 공적인 영역에서도 나라를 좀먹는 부작용을 준다. 즉, 정치가들은 가난한 때는 백성들에게 정직하게 행동하지만, 부자가 되면 백성에게 음모를 꾸미고 해코지를 하려고 한다는 것이다. 그렇다면 인간의 행복은 플루토스가 주장하는 것처럼 부에 의해 가능할까, 아니면 페니아가 역설하는 가난에 의해 가능할까?

플라톤은 부의 신과 가난의 신의 논쟁에서 누구의 편을 들어줄까? 이 질문에 플라톤은 가난의 신과 기본적으로 같은 입장을 공유한다고 말할 수 있다. 이미 플라톤의 소크라테스는 『변론』 편에서 아테네 시민들이 영혼의 좋음(to agathon)과 정의(to dikaion)보다는 부에 대해 지나치게 신경을 쓴다고 강하게 비판한다. 그 이유는 돈은 현실적으로 강력한 힘을 발휘하기 때문에 돈을 모으는 것에 신경을 쓰게 되면 정작 영혼을 훌륭하게 해주는 지혜와 진리와 같은 덕에 소홀해지게 된다는 것이다. 요컨대 재물은 인간의 영혼을 타락시킨다는 것이 소크라테스의 기본적인 생각이다. 그는 다음과 같이 말한다.

가난이 인간에게 축복이자 선물이 된다고 주장하도록 묘사하고 있다는 것이다.
[241] Aristophanes, *Ploutos*, 509 이하 계속 참조할 것.

"가장 뛰어난 아테네인들이여, 그대들은 가장 위대하고 지혜와 힘으로 가장 이름난 나라인 아테네의 시민이면서, 그대에게 재물은 최대한 많아지도록 신경 쓰면서 또한 명성과 명예에 대해서도 그렇게 탐하면서, 지혜와 진리에 대해서는 그리고 자신의 영혼이 최대한 훌륭해지는 것에 대해서는 마음 쓰지 않는 것을 부끄러워하지 않습니까?"(*Apologia*, 29d-29e)

소크라테스에 따르면 인간은 육체를 갖고 있기 때문에 참된 존재(ontōs on)의 인식에 도달하기가 어렵다. 왜냐하면 육체란 스스로를 유지하기 위해 많은 것을 먹어야 하며, 더욱이 병이 나면 진리에 대한 탐구는 방해를 받게 된다. 소크라테스는 전쟁 역시 본질적으로 육체의 정욕을 실현하기 위한 돈(chrēma)을 획득하기 위한 수단으로 말한다. 돈은 육체를 가진 인간이 육체의 욕망을 충족하기 위한 악의 수단인 것이다.

"그리고 전쟁이나 분쟁이나 싸움은 무엇 때문에 생기는 것인가? 육체 때문에, 육신의 정욕 때문에 생기는 것이 아닌가? 전쟁은 돈을 사랑함으로써 생기는 것이요, 돈이란 육신 때문에 육신을 위하여 얻지 않으면 안 되는 것이야."(*Phaidon*, 66c-d)

플라톤은 부에 대해 어떤 생각을 가졌을까? 플라톤의 대화편 『국가』 1권에선(328e) 거류외인으로서 부자가 된 케팔로스와 소크라테스의 대화가 기술된다. 이곳에서 소크라테스는 케팔로스 노인에게 노년의 삶이 어려운 고비인지 묻는다. 이에 케팔로스 노인은 친구들이 늙음이 불행의 탓으로 돌리지만 실상 젊었을 때의 모든 광적인 욕구로부터 해방되어 평화와 자유가 찾아왔기 때문에 행복하다고 답한다. 그리고 이러한 노년의 행복은 본질적으로 절제하는 삶의 방식에서 기인한다고 말한다. 그러자 소크라테스는 삶의 방식이 아니라 부로 인해 행복한 것이 아닌지를 반문한다. 케팔로스 노인은 부자인데 훌륭한 삶의 방식을 갖지 않으면 자족할 수 없다고 말하면서, 그래도 재물이 주는 이점이 없는 것은 아니라고 말한다. 그것은 가난으로 인해 다른 사람에게 거짓말을 하지 않아도 되며, 남한테 재물을 빚진 채로 저승으로 가지 않아도 되기 때문이다. 즉, 정직함과 남에게 빚진 것을 갚을 수 있다는 점에서 부의 유익함을 인정한다.

플라톤은 『국가』편에서 영혼의 세 부분 중 욕구적인 부분(epithymētikon)이 이성적인 부분이나 기개적인 부분보다 더 강한 위세를 발휘한다고 말한다. 그리고 이러한 욕구적인 부분은 무엇보다 재물에 대한 탐욕을 갖게 한다고 본다. 이런 이유로 플라톤은 욕구적인 부분에 의해 인간의 전체적인 삶이 휘둘릴 수 있기 때문에 욕구적인 부분에 대한 감시를 게을리해서는 안 된다고 강조한다. 플라톤은 다음과 같이 말한다.

> "욕구적인 부분은 각자에 있어서 영혼의 대부분을 이루고 있고 그 성향상 도무지 재물에 대해 만족을 모르는 것일세. 이 부분이 이른바 육체적인 쾌락들로 그득하고 강대해진 나머지 제 할 일은 하지 않고, 이 부류로서는 어울리지도 않게 오히려 그 두 부분을 자기에게 종속시키어 지배하려 들고, 따라서 이들 모두의 삶 전체를 뒤집어엎게 되는 일이 없도록 그 두 부분은 감시를 할 걸세."(*Politeia*, 442a-b)

플라톤은 부가 현실적인 막강한 힘을 발휘할 수 있고, 그래서 부의 부작용을 너무나도 잘 알고 있었다. 부에 대한 플라톤의 인식은, 그렇기 때문에, 부가 아예 이상국가에서 그 힘을 발휘하지 못하도록 방책을 강구하는 것이다. 플라톤이 이상국가의 최고통치자의 부 소유를 금지하는 이유가 여기에 있다. 『국가』편 3권에서 그는 수호자의 금은 소유 금지를 다음과 같이 기술한다.

> "이들은 자신의 영혼 안에 신들이 준 신성한 금은을 언제나 지니고 있어서, 이에 더하여 속인의 금은이 전혀 필요하지 않으며, 또한 신에게서 받은 그 소유물을 사멸하는 인간의 소유물과 섞음으로써 더럽히는 것은 경건하지 못한 짓인데, 이는 다중의 화폐와 관련해서는 많은 불경한 일들이 일어났지만 이들의 것은 오염되지 않은 것이기 때문이라고 말일세. 이 나라에 사는 시민들 중에서도 오직 이들만이 금은을 다루거나 만지는 것이 허용되지 않으며 또한 금은과는 같은 지붕 밑에서 기거해서도 아니 되며, 이를 몸에 걸쳐서도 아니 되고, 그리고 또 황금이나 은으로 만든 잔으로 술을 마셔서도 아니 되네. 이렇게 함으로써 이들은 자신도 구하며 나라도 구원할 걸세. 그러나 이들이 개인의 땅과 집 그리고 돈을 소유하게 될 때, 이들은 수호자 대신에 호주와 농부로 될 것이며, 다른 시민들의 협력자 대신 적대적인 주인으로 될 걸세."(*Politeia*, 416e-417b)

플라톤은 수호자 통치계급의 사적 소유는 부정하고, 생산자 계급의 재산 소유는 인정한다. 최고통차지가 부를 소유하게 되면 다른 계급의 질투와 미움이 있게 되고, 이것은 좋은 나라가 이루어지기 위한 시민들 사이의 한마음(homonoia)을 실현하기가 어렵게 되기 때문이다. 이상국가의 모든 구성원들은 서로 간에 조화와 우정 그리고 사랑이 깃든 공동체가 되어야 하기 때문이다. 플라톤이 생각하기에 구성원들의 한마음을 달성하기 어렵게 만드는 가장 큰 방해요인이 바로 부의 소유이고, 그것은 최고통치자가 권력을 통해 부를 축적할 때 문제가 된다. 통치자의 사적 소유는 다른 계급의 신뢰와 복종을 이끌어내기 어렵게 만드는 요인이 되기 때문이다. 그래서 결국 구성원 간에 갈등과 반목이 있게 되고 이것은 정체의 변혁을 가져와 사회를 무정부상태로 치닫게 한다.

이러한 이유로 플라톤은 『국가』편 4권에서 통치자가 나라의 안정과 평화를 위해 신경 써야 될 주요한 대상이 부와 가난이라고 말한다. 플라톤은 일단 외적으로부터 나라를 지키기 위해서는 어느 정도의 물질적인 부가 필요하다고 말한다. 그러나 플라톤은 무한한 부가 나라를 부강하게 만들어주는 것은 아니라고 강조한다. 지나치게 부유해지면 오만해져서 오판할 수 있기 때문이다.[242] 물론 플라톤은 지나친 가난도 문제라고 말한다. 가난하게 되면 비굴해지고 아첨을 하게 된다는 이유에서다. 결국 지나친 부도 문제지만 지나친 가난도 바람직한 것은 아니다.[243]

플라톤은 왜 욕구적인 영혼의 부분을 가장 두려워했는가? 그것은 욕구적인 부분이 인간으로 하여금 더 많은 것을 갖게끔 만들기 때문이다. 즉, 탐욕을 불러일으키고, 이러한 탐욕은 그 대상이 부로 향해져 있다는 것이다. 플라톤은 『법률』편에서 다음과 같이 말한다.

> "갈망에 의해 사나워진 영혼을 지배하게 된 것은 가장 큰 욕망이다. 이는 특히 다중에게서 가장 크고 가장 강한 열망을 찾아볼 수 있다. 즉, 다중으로 하여금 만족할 줄 모르고 끝도 없는 소유에 대한 욕망을 낳게 하는 것은 재물의 힘인데, 이것은 그들의 천성과 잘못된 교육에 의한 것이다."(Nomoi, 870a)

플라톤은 인간의 내면에 깊게 자리 잡고 있는 물질적 부에 대한 이기적 욕망을 간파하였다. 그리고 이러한 부에 대한 소유욕이 활성화됨으로써 개인과 정치공동체에 치명적인 해악을 초래한다고 생각하였다. 플라톤에게 있어 돈과 덕은 화해되기 어려운 상극적 요소인 것이다. 따라서 그는

---

[242] Platon, *Politeia*, 422a-e 참조. 상대방 국가가 부유하더라도 지식을 통해 이길 수 있기 때문이다. 부자지만 복싱술에 대한 지식을 갖지 못한 자는 복싱술에 관한 지식을 가진 자를 이길 수 없는 것과 같다.
[243] Platon, *Politeia*, 422a.

양자의 균형과 조화가 가능한가에 대해 회의적으로 보았고, 그래서 이상국가의 주체계급인 통치자 계급의 부 소유를 금지한 것으로 볼 수 있다.

2. 아리스토텔레스의 경제관

1) 부획득술의 두 종류

아리스토텔레스는 『정치학』 1권 8장에서 오이코노미아(oikonomia), 즉 가정경영의 목적을 부나 재산으로 정의하면서 "부획득술이 가정경영술과 같은 것인지 또는 그것의 부분인지 또는 그것에의 수단인지"[244]를 묻고, 이에 대해 다음과 같이 답한다.

> "부획득술에는 두 종류가 있는데 하나는 가사관리의 부분이고 다른 하나는 상업이다. 전자는 필요하고 칭찬할 만 하지만, 교환에 의존하는 후자는 비난받는 것이 정당하다. 왜냐하면 그것은 자연에 따른 것이 아니고 인간 서로 간의 이익을 포함하기 때문이다. 고리대금업이 가장 심한 증오의 대상이 되는데, 이는 당연한 일이다. 그것은 화폐의 본래기능인 교환과정이 아니라 화폐자체에서 이득을 얻기 때문이다. 왜냐하면 화폐는 교환에 쓰라고 만들어진 것이지, 이자를 낳으라고 만들어진 것이 아니기 때문이다."(*Pol*, I.10, 1258a38-1258b5)

위 인용문에서 아리스토텔레스는 크레마티스티케(chrēmatistikē), 즉 부획득술을 자연적인 부획득술과 비자연적인 부획득술로 나눈다. 이중 후자의 비자연적인 부획득술의 예로 카펠리케(kapelikē), 즉 상업술을 든

---
[244] *Pol*., I.8, 1256a4 5.

다. 아리스토텔레스는 전자의 자연적 부획득술은 인정하지만, 후자의 상업술과 같은 부획득술은 부정적으로 평가한다. 상업술은 이윤을 추구한다는 것이 그 이유다. 특히 오볼로스타티케(obolostatikē), 즉 고리대금업은 가장 비자연적인 부획득술로 비판한다. 요컨대 아리스토텔레스에게 자연적 부획득술은 참된 부를 획득하는 것으로 간주되지만, 고리대금업과 같은 비자연적 부획득술은 거짓된 부획득술이 된다. 그러면 아리스토텔레스가 긍정적으로 간주하는 참된 부획득술이란 어떤 것인가?

아리스토텔레스에 따르면 참된 부는 "삶에 필요하고 공동체나 가정에 유용한 물품들이다".[245] 그리고 이러한 부는 재산을 소유하는 데 있지 않고 그것을 사용하는 활동에 있다. 즉, 아리스토텔레스에게 있어 참된 부는 그것의 소유가 아니라 그 사용이 중요하다. 그 반대로 가짜 종류의 부획득술, 즉 상업술은 그 목적이 돈의 형태로 부를 축적하는 것이다. 아리스토텔레스는 신발의 예를 들면서, 신발은 '교환을 위해 존재하지 않는다'고 말한다. 대신에 신발을 만드는 목적은 그것을 사용하기 위한 것, 즉 신는 것이다. 신발은 그것을 만드는 본래의 목적이 사용가치에 있다는 것이다. 반면에 교환을 위해 신발을 만드는 것은 그 목적이 상업적인 이익에 있다. 아리스토텔레스는 사용과 교환의 구별을 통해 참된 부는 사용가치를 갖는 반면에 잘못된 형태의 부는 오로지 교환 가치를 갖는 것으로 보는 것이다. 그런데 신발은 사용가치만 갖고 교환가치를 가져서는 안 되는 것일까? 또 사용가치를 가진 신발을 상업이나 교역을 통해 교환하는 것이 왜 문제가 되는 것일까? 이 물음에 대해 우리는 아리스토텔레스가 단적으로 교환가치에 근거한 상업을 부정한 것으로 보기는 어렵다. 예를 들어 신발을 만드는 제화공이 신발은 많이 갖고 있지만 집이

---

[245] *Pol.*, I.8, 1256b29-31.

없을 경우 그는 신발을 집과 교환할 생각을 강하게 가질 수 있다. 다시 말해 제화공과 목수 사이의 교환이 필요하게 되는 상황이 존재하게 된다.

아리스토텔레스는 이와 관련하여 『니코마코스 윤리학』 5권 5장에서 제화공과 목수의 예를 들어 상호 간의 교환이 요구될 수 있는 경제관계를 분석하고 있다. 제화공에게 집이 필요하고 목수에게 신발이 필요할 수 있기 때문이다. 이 경우 한 채의 집과 몇 켤레의 신발 간의 교환이 이루어질 수 있다. 이때의 교환은 등가양적인 교환이다. 따라서 아리스토텔레스가 교환관계 자체를 부정적으로 평가한 것으로 볼 수 없다. 이때의 교환은 사용을 위한 목적아래 이루어지는 필요한 교환이기 때문이다. 많은 경우 마르크스의 사용가치와 교환가치에서 노동자에 대한 착취가 교환관계에서 이루어지는 것으로 보고 교환관계에 대한 부정적 평가를 내리지만 고대 그리스인의 경제관에서 교환은 그 자체가 부정되지 않고 오히려 사용가치의 극대화를 위한 중요한 수단으로 간주됐다고 볼 수 있다.

이런 점에서 아리스토텔레스가 상업술을 왜 그릇된 부획득술로 간주했는지가 불명확하다. 앞에서 말한 것처럼 사람들은 그들이 소유하고 있지 않은 것을 사용하기 위해 타인이 소유한 것과의 교환을 원할 것이기 때문이다. 다시 말해 신발이 애초부터 상업적 이익을 위해 만들어진 것은 아니지만 공동체의 상이한 구성원들은 자신이 갖고 있지 않은 물품, 예를 들어 신발을 얻기 위해 그것을 교환 대상으로 생각할 수 있기 때문이다. 아리스토텔레스가 사용을 위한 이러한 종류의 교환관계를 비자연적인 것으로 보았다고 말할 수는 없을 것이다. 여기서 우리는 상품과 돈의 교환 메커니즘을 이해할 필요가 있다. 자연적 부획득술과 관련해서 그것은 물품 간의 교환(C-C) 또는 화폐를 매개로 한 교환관계(C-M-C)로 대변될 수 있다(C는 상품, M은 돈). 마이클(Meikle)이 말하듯이,[246] 이러한 종류의 교환은 비자연적인 부획득술의 종류가 아니다. 왜냐하면 화폐는 자연적인 교환을 용이하게 하기 위해 도입 내지 사용되었기 때문이다. 즉, 이때의 화폐(nomisma)는 바로 사용가치의 원활한 진행을 위해 등장한 것이지 이윤을 목적으로 이용된 것이 아니다. 화폐는 가치를 담보한 대체물로써 다른 가치를 갖고 있는 물품과 바꿀 수 있는 수단이 되는 것이다. 이런 점에서 화폐의 본성은 어디까지나 사용가치의 실현을 위한 수단이지 그 자체가 목적은 아니다.[247]

그 반대로 거짓된 부획득술은 그 목적이 무한한 화폐의 축적에 있다. 그것은 M-C-M 또는 M-M으로 표시될 수 있다. 이러한 종류의 교환에서 시작과 끝은 돈이다. 그것은 오로지 돈의 축적에만 관심을 둔다. 상업술은 바로 이러한 화폐의 축적을 목적으로 삼는 것이다. 아리스토텔레스가 상업술이나 또는 고리대금업을 강하게 비판하는 이유가 바로 이러한 종류의 부획득술이 돈의 축적을 근본적인 목표로 삼고 있기 때문이다. 요컨대 교환의 시작과 끝이 돈이 되는 부획득술은 왜곡된 경제적 관계로 결과적으로 인간이 아닌 돈이 주인이 되는 가치전도 현상이 일어나게 된다. 무한한 부의 축적에 대한 비자연적 부획득술에 대한 아리스토텔레스의 비판은 다음의 인용문에서 잘 나타난다.

> "자연에 따른 획득술은 가정 관리술(oikonomike)의 일종이다. 이 기술에 따라 삶에 필요한 것들과 국가나 가정 공동체를 위한 유용한 부를 축적할 수 있는 물품들이 공급되어 실제로 이용될 수 있어야만 한다. 그리고 참된 부(alēthinos ploutos)는 이러한 것들에 의해 이루어지는 것으로 보인다. 왜냐하면 훌륭한 삶을 달성할 정도의 충분한 재산의 양은 무한한 것이 아니

---

[246] S. Meikle(1996), 140.
[247] *Pol.*, I.9, 1257b1-28. W. H. Ambler(1984), 494-500 참조.

기 때문이다."(*Pol.*, I.8, 1256b26-33)

"모든 부에는 한계가 있어야만 하는 것이 필요한 것으로 보이지만, 그러나 실제로는 그 반대가 발생함을 보게 된다. 부를 얻는데 종사하는 자들은 모두 화폐를 무한히 증가시키고자 한다. --- 그래서 어떤 사람들은 이러한 종류의 재산획득술이 가정관리술의 기능이 되는 것으로 믿고서, 화폐를 간직하거나 그렇지 않으면 무한히 늘려야 한다고 생각한다. 이렇게 생각하는 경향의 원인은 잘사는 것이 아니라 단순히 사는 것에만 몰두하는 데 있다. 살고자 하는 욕망이 무한하듯, 인간은 그러한 생존을 위한 부와 같은 수단들 역시 무한하기를 원한다. 훌륭한 삶을 추구하는 자들마저도 물질적 향락에 도움이 되는 수단을 추구한다. 모든 물질적 향락은 재산의 소유에 달려있는 것처럼 보이는 까닭에 인간은 재산 획득에 전념하게 된다."(*Pol.*, I.9, 1257b32-1258a1)

위 인용문에서 아리스토텔레스는 오이코노미아(oikonomia)의 목적이 부를 무한히 증식시키는 것이라고 믿는 몇몇 왜곡된 신념을 가진 사람들을 비판한다. 그들의 영혼은 어디까지나 삶의 수단이 되는 화폐를 그 자체적인 목적으로 삼고 그것에 대한 무한한 욕구를 갖기 때문이다. 이들의 근본적인 문제는 삶의 목적을 '잘 사는 것'이 아니라 단순히 생존의 수단이 되는 부를 무한히 소유하는 것에 두기 때문이다. 더 큰 문제는 심지어 덕을 추구하는 사람들조차도 좋은 삶을 육체적인 쾌락을 추구하는 것에 기준을 두어 이것의 수단이 되는 재산을 늘리는 것에 전념하는 현상이다. 이러한 이유로 그는 모든 일들이 부를 얻기 위한 수단이 된다는 잘못된 믿음을 다음과 같이 비판한다.

"왜냐하면 용기(andreia)라는 덕은 화폐를 만드는 것이 아니라 대담함을 보이는 것이기 때문이다. 전쟁술이나 의술이 부획득술이 될 수 없는 것도 마찬가진데 장군은 승리를, 의사는 건강이 목적이기 때문이다. 그러나 이 사람들은 모든 기술을 부획득술로 만드는데, 재산획득이 목적이고 모든 것은 그 목적을 향해 있어야 한다고 믿기 때문이다."(*Pol.*, I.9, 1258a10-14)

아리스토텔레스는 위 인용문에서 각 분야는 그 자신에 고유한 목적을 가진다고 말한다. 예를 들어 의술의 목적은 건강이고, 군사술의 목적은 승리다. 그러나 의술이 교환가치를 목적으로 부를 추구한다면 건강은 더 이상 그것의 유일한 목적이 아니다. 최악의 경우는 의사가 건강보다 오히려 부를 모으는 것에 우선성을 두는 것이다. 마찬가지로 군사술의 목적이 부가된다면 그것은 더 이상 본래의 기능을 수행하는 것으로 볼 수 없다.[248] 아리스토텔레스에 따르면 어떤 기능이나 힘이 부를 그 목적으로 추구한다면, 그 자신의 고유한 내적 목적을 추구하는 것이 아니다. 그럴 경우 그것은 그 기능이 변질되는 것이고 그것의 참된 목적마저 파괴할 수 있다.[249]

상술한 것을 종합할 때 우리는 아리스토텔레스가 왜 그렇게 강하게 고리대금업을 비판했는지를 알 수 있다. 고리대금업과 같은 부획득술은 그 이익이 화폐가 만들어진 그 본래의 목적에서 발생한 것이 아니라, 화폐 그 자체로부터 온 것이기 때문이다. 아리스토텔레스에 따르면 "화폐는 교환을 목적으로 만들어졌지만 이익은 돈 자체의 양을 증가시킨다."[250] 그러나 "아무리 많은 양의 황금도 기아로 죽어가는 사람들을 구할 수 없다. 마치 신화 속의 유명한 미다스처럼 말이다"[251]라고 아리스토텔레스

---

[248] T. J. Lewis(1978), 74-75 참조.
[249] S. Meikle(1996), 143-144.
[250] *Pol.*, I.10, 1258b4-5.
[251] *Pol.*, I.9, 1257b14-17. S. E. Foster(1998), 612.

는 덧붙인다. 그는 고리대금업과 같은 부획득의 일이 모든 종류의 다른 일과 비교할 때 가장 자연에 어긋나는(para physin) 것임을 다음과 같이 말한다.[252]

"고리대금업이 가장 심한 증오의 대상이 되는데, 이는 당연한 일이다. 그 것은 화폐의 본래기능인 교환과정이 아니라 화폐자체에서 이득을 얻기 때 문이다. 왜냐하면 화폐는 교역에 쓰라고 만들어진 것이지 이자를 낳으라고 만들어진 것이 아니기 때문이다."(*Pol.*, I.10, 1258b3-5)

위 인용문을 통해 우리는 아리스토텔레스가 왜 상업술을 비자연적인 부획득술로 간주했는지를 보다 분명하게 이해할 수 있다. 상업은 무제한 적인 목적을 갖고 돈을 추구하거나 또는 아마도 돈 자체가 목적이 되는 종류의 것이기 때문이다. 그러나 아리스토텔레스의 신념에 따르면 "가정 의 한 분야인 부획득술은 한계를 가지며, 부의 획득은 가정경영술의 기능 이 아니다."[253] 즉, 오이코노미아에 속하는 자연스러운 크레마티스티케는 사람들에게 가정 경영이나 폴리스 경영을 위한 자연적 방식에 따른 물질 적 재료를 제공하는 것이다. 그러면 가정경영술에 관한 아리스토텔레스 의 논의가 그의 폴리스학과 관련하여 어떤 의미를 갖는 것으로 볼 수 있을까? 그의 비자연적인 부획득술에 대한 비판은 폴리스가 추구하는 목표와 관련하여 어떻게 이해되어야할까? 이 물음에 대한 답을 찾는 것은 중요한데, 그것은 지나친 부 추구가 결과적으로 최선의 폴리스를 실현하 는 데 있어 중요한 의미를 갖기 때문이다.

먼저 아리스토텔레스가 지나친 부의 추구가 왜 문제가 되는 것으로

---

[252] "많이 갖고 있어도 굶어 죽게 된다면 그런 부가 무슨 소용이 있겠는가. 그것은 탐욕스 러운 바람 때문에 앞에 있는 것들이 모두 황금으로 변한 미다스와의 이야기와도 같다"
[253] *Pol.*, I.9, 1257b30-31.

보았는지와 관련하여 두 가지를 지적할 수 있다. 하나는 잘 사는 삶(eu zēn)과 관련된다. 즉, 아리스토텔레스는 부의 추구가 다른 모든 활동을 대체하기를 원하지 않았다. 그는 무한정한 부의 추구가 다른 덕스러운 활동에 부정적으로 영향을 끼칠 것이라는 강한 두려움을 가졌다. 다른 이유는 부획득술을 통한 지나친 부의 추구는 폴리스내의 부자와 빈자 사이의 심각한 사회적 갈등을 불러일으킬 수 있다는 것이다. 부의 소수에의 지나친 편중은 공동체 구성원들 사이의 우애와 결속을 해침으로써 결과적으로 공동체를 위험에 빠뜨릴 수 있다는 것이다. 다시 말해 지나친 부의 추구와 그로 인한 부의 소수에게로의 집중은 결과적으로 다수 시민들의 가난을 가속화시키고 그로 인한 다수 시민들의 불만과 증오를 불러일으킬 수 있다는 것이다. 이러한 이유로 아리스토텔레스는 무제한적인 부의 획득 추구는 결과적으로 시민들 사이의 파쟁(stasis)이나 변혁(metabolē)을 불러일으킴으로써 공동체의 기반을 파괴할 수 있다는 우려를 느낀 것으로 보인다. 따라서 그는 "돈에 대한 애착이 인류에게서 나타나는 거의 의도적인 부정의의 가장 큰 부분을 발생시키는 동기가 된다"[254]고 말한다. 또는 "사람들은 소유물이 불공평하게 분배되면 불만을 가진다"[255]고 말한다. 따라서 아리스토텔레스는 "부의 평등화가 시민들이 서로 싸우는 것을 방지할 수 있게 하는 것들 중의 하나다"[256]라고 말한다. 왜냐하면 공동체의 '구원'(sōteria)은 그들 모두의 공동 관심사이기 때문이다.[257]

---

[254] *Pol.*, II.9, 1271a16 18.
[255] *Pol.*, II.7, 1266b40.
[256] *Pol.*, II.7, 1267a37 39.
[257] *Pol.*, III.3, 1276b27 29.

2) 부에 기반한 덕 활동: 자유인다움과 관대함

앞에서 살펴본 것처럼 플라톤에게서 부는 부정적으로 평가된다. 인간 영혼의 욕구적인 부분에 의한 부에 대한 탐욕은 인간의 영혼을 타락시킴으로써 선과 정의를 추구하지 못하도록 방해하기 때문이다. 아리스토텔레스 역시 비자연적인 부획득술을 언급하면서 인간의 부에 대한 강한 욕구를 간과하지 않고 있다. 그러나 아리스토텔레스는 동시에 자연스러운 부획득술을 언급하면서 적절한 부의 소유가 인간이 추구하는 자족적인 행복을 실현할 수 있는 수단이 될 수 있음을 부정하지 않는다. 우리는 아리스토텔레스에게서 부가 인간의 도덕적 행위와 공동체의 발전을 위해 선용될 수 있는 가능성을 『니코마코스 윤리학』 4권에서 언급되고 있는 두 개의 덕을 통해 확인할 수 있다. 자유인다움(eleutheriotēs)과 관대함(megaloprepeia)의 덕이 그것이다. 아리스토텔레스가 이 두 덕을 공동체 덕으로써 왜 강조하는지를 살펴보도록 하겠다.

아리스토텔레스에 따르면 자유인다움과 관대함은 부와 관련된 덕이다. 자유인다움은 작은 양의 부의 지출과 관련되고, 관대함은 큰 양의 부와 관련된다. 이 두 덕을 실천하는 사람은 자신의 이익보다 공동체를 위한 고상한 목적을 추구한다. 이런 점에서 자유인다움과 관대함은 부자와 빈자 사이의 불평등을 줄이거나 중립화할 수 있는 덕이다. 그래서 폴리스 내의 구성원들 사이의 연대와 조화를 강화시킨다. 이런 점에서 아리스토텔레스가 앞에서 말한 부의 소유보다 그 사용이 왜 중요한지 그리고 부의 무한한 추구가 왜 제한되어야 하는지를 이해할 수 있다고 생각한다.

아리스토텔레스에 따르면 자유인다움은 기본적으로 돈을 주고받는 것의 중간이고, 그것은 주는 것과 관련해서는 더 많이 주려고 하는 것과 관련된다. 그리고 지나침으로서의 악은 낭비이고 모자람은 인색한 것이다. 전자는 잘못된 사람에게 너무 많이 주는 것이고, 후자는 충분히 주지 않고 오히려 지나치게 받으려고 하는 것이다. 예컨대 낭비하는 사람은 주는 데 있어서 지나치고 받는 것은 적게 하고, 반면에 인색한 사람은 주는 데는 인색하고 받는 데는 지나친 사람이다. 이런 점에서 아리스토텔레스는 전자의 낭비하는 사람보다 후자의 인색한 사람을 더 문제가 있는 것으로 비판한다. 인색한 사람은 아리스토텔레스가 비자연적인 부획득술의 예로 든 고리대금업자나 상인에 해당될 것이다. 이러한 유형의 사람들은 타인에게 자신의 부를 나누어주기보다는 부의 무한한 소유를 추구하는 것으로 볼 수 있기 때문이다. 아리스토텔레스에 따르면 부는 일종의 외적인 좋음 중의 하나로서 그것을 어떻게 사용하는가가 중요하다. 이러한 그의 생각은 아래의 인용문에 잘 나타난다.

> "사용할 수 있는 것들은 잘 쓸 수도 있고, 나쁘게 쓸 수도 있다. 부는 사용할 수 있는 것들 중 하나이다. 그런데 사용할 수 있는 것들을 가장 잘 쓰는 사람은 그것과 관련된 덕을 가지고 있는 사람이다. 그렇다면 부 또한 재물과 관련된 덕을 가지고 있는 사람이 가장 잘 사용할 것이다. 이런 사람이 바로 자유인다운 사람이다. ― 잘 받는 것보다 잘 행하는 것이 더 탁월성에 속하는 일이며, 부끄러운 일을 행하지 않는 것보다 고귀한 일을 행하는 것이 더 탁월성에 속하는 일이기 때문이다. 남에게 잘 행하는 것과 고귀한 것을 행하는 것은 주는 것과 같이 가는 것은 너무도 분명하다."(*EN*., 1120a4-14)

위 인용문에서 아리스토텔레스는 자유인다운 사람의 덕은 부를 사용하는 데 있다고 강조한다. 앞에서 말한 자연적인 부획득술을 통해 부를 소유한 사람이 받을 만한 사람에게 부를 사용하게 되면 그러한 사람이 바로 자유인다운 사람인 것이다. 그러나 아리스토텔레스에 따르면 자유인다운 사람이 되는 것은 쉽지 않은 일이다. 왜냐하면 모든 사람들이 자신의 것에 대해 강한 소유욕을 갖기 때문이다. 이런 이유로 아리스토텔레스는 "모든 덕 있는 사람 중에서 자유인다운 사람이 아마도 가장 사랑을 받는다. 그러한 사람이 타인에게 이익을 주기 때문이다"[258]라고 말한다. 따라서 자유인다운 사람은 "고상함"(to kalon)을 위해 주는 사람이라고 말한다. "덕에 따른 행위는 고상한 것이며, 고상함을 위하여 행해지는 것이다"[259]라고 말한다. 다시 말해 자유인다운 사람의 주는 행위는 동기는 고상함이지 다른 어떤 이익을 위한 것이 아니다. 만약 고상함을 위한 주는 행위가 아니라면 그것은 자유인다움의 행위가 아니다.[260] 이것은 위 인용문에서 알 수 있는 것처럼 자유인다운 사람에게 부는 그 자체가 목적이 아니라 어디까지나 주는 것과 같은 사용을 위한 수단이기 때문이다.

부의 사용과 관련하여 아리스토텔레스가 높게 평가하는 것이 관대함의 덕이다. 이 덕 역시 자신을 위해 부를 사용하는 것이 아니라 공적인 일들(eis ta koina)을 위해 사용하는 것이다.[261] 즉, 메갈로프레페이아는 사적 이익이 아니라 공적 이익 내지 공동선을 위해 큰돈을 기부하는 탁월성이다.[262] 따라서 관대한 사람의 지출은 클 뿐만 아니라 적절하다. 그리고 자유인다운 사람처럼 관대한 사람의 기부의 동기는 자기 자신을 과시하기 위한 것이 아니라 고상함을 위한 것이다. 이러한 주는 행위는 신에 대한 봉사나 전함의 건조, 또는 축제 개최나 공적 사절단의 파견 또는

---

[258] *EN.*, 1120a21-22.
[259] *EN.*, 1120a23-24.
[260] *EN.*, 1120a27-29.
[261] *EN.*, 1123a4-5.
[262] *EN.*, 1122b29-1123a5 참조.

심지어 공적 공연 무대를 준비하기 위한 것과 관련된다.²⁶³ 이러한 공적 사용은 관대한 사람이 공동선에 기여하는 사람임을 알 수 있게 한다. 따라서 아리스토텔레스에 따르면 관대한 사람은 실천지를 소유한 자로서 자신의 부를 이성의 척도에 맞게 고상함에 적합한 일을 위해 사용함으로써 위대함을 보여주는 자이다. 아리스토텔레스는 관대한 사람의 위대함을 고귀함에 있다고 보는 것이다. 관대한 사람은 "얼마의 비용이 드는지, 어떻게 하면 가장 적은 비용으로 할 수 있는지를 살피기보다 어떻게 하면 가장 고귀하고 또 가장 어울리게 할 수 있는지를"²⁶⁴ 우선적으로 생각하기 때문이다.

상술한 두 개의 덕에 관한 논의를 종합할 때 부를 올바르게 사용하는 것은 삶을 유지하고 가족이나 공동체를 이롭게 하는 데 있다. 이런 점에서 부는 아리스토텔레스에게서 생존 그 자체와 인간의 잘사는 삶에 기여할 수 있는 중요한 수단이 된다. 이것은 자유인다운 사람과 관대한 사람이 보여주는 부의 올바른 사용과 같은 것이다.²⁶⁵ 이들의 부의 사용은 단순히 부 자체를 목적으로 삼는 것이 아니라 고상한 목적을 위한 수단으로 활용하기 때문이다. 그들은 부를 소유하는 데 의미를 두는 것이 아니라 잘 사용하는데 두기 때문이다. 그렇기 때문에 이러한 덕을 갖춘 부자들은 공동체의 가난한 자들에 대한 관심과 동정심을 보여준다.²⁶⁶ 이들은 아리스토텔레스가 말한 자연적 부획득술을 따르는 자들이다.

---

[263] *EN.*, 1122b19 23 참조할 것. 관대함과 레이투르기아의 관계에 대한 보다 상세한 설명은 D. C. Russell(2012), 115-147 참조.
[264] *EN.*, 1122b-10.
[265] 플라톤의 자유인다움에 관한 논의와 관련해선 C. M. Young(1994), 330-332. D. Collins(1987), 570.
[266] A. Ward(2011), 267-278.

이와 달리 자유인답지 못한 사람이나 인색한 사람은 비자연적인 부획득술을 추구하는 사람들이다. 이들은 부를 축적하는 것에만 목적을 두고, 그것의 사용에는 의미를 두지 않는 자들이다. 아리스토텔레스에게 진정한 자유인은 부를 잘 사용하는 자이다. 반면에 부의 무한한 축적만을 추구하는 자는 부의 노예가 된 자들이다. 이런 이유로 자유인다운 사람과 관대한 사람은 행복한 삶을 누리지만, 인색한 자는 행복에 대한 잘못된 생각을 갖고 있다. 왜냐하면 행복은 덕에 따른 영혼의 활동이고 이것은 실천지와 같은 덕을 소유한 자유인다운 사람 또는 관대한 사람이 그러한 유형에 속하기 때문이다. 아리스토텔레스에 따르면 부가 덕과 함께하면 그것은 가족과 공동체의 발전과 행복을 위한 외적 좋음이 된다.

제2부

최선정체론에 대한 비판적 검토
『정치학』 2권

아리스토텔레스가 생각하는 정치철학자의 올바른 태도는 "지금까지 발견된 것들을 적합하게 사용해야만 할 뿐 아니라 그동안 간과되었던 것이 무엇인지를 탐구하는 것을 시도해야만 한다"[1]라는 말에 잘 표현되어 있다. 아리스토텔레스는『정치학』2권에서 자신의 이러한 정치학의 탐구방법에 관한 신념을 직접 수행한다. 첫 번째는 가장 진보적이고 창의적인 정치이론을 주장한 플라톤의 이상국가에 대한 비판적 검토작업을 수행하는 것이다. 두 번째는 현실정치에 대한 경험이 없이 이상국가론을 주장한 팔레아스(Phaleas)와 힙포다모스(Hippodamos)와 같은 정치이론가나 도시설계자 그리고 다른 한편으론 현실정치가로서 정체론을 제시한 솔론(Solōn)에 대한 비판적 검토이다. 그리고 세 번째 검토는 당시에 최선의 정체로 평판이 높았던 세 유형의 현실정체, 즉 스파르타와 크레테 그리고 카르케돈에 대한 개별적인 정체분석을 통해 이루어진다.

『정치학』2권의 내용이 중요한 이유는 크게 두 가지를 생각해 볼 수 있다. 하나는 아리스토텔레스 이전에 제시된 최선정체론에 대한 비판적 검토가 향후『정치학』7권과 8권에서 제시되는 아리스토텔레스의 최선 정체 구상을 위한 직·간접적인 중요한 정치철학적 재료를 제공한다는 점에서다. 즉, 아리스토텔레스의 "바람에 따른 폴리스"(kat' euchēn polis)

---

[1] *Pol.*, VII.10, 1329b33-35.

에 관한 청사진을 그리기 위한 사전 분석 작업이 2권에서 이루어지는 것으로 볼 수 있다. 이런 점에서 『정치학』 2권은 아리스토텔레스가 계획하는 최선정체론을 이해하기 위한 중요한 통로가 된다. 다른 하나는 본 저술이 기본적으로 잡고 있는 문제의식, 즉 아리스토텔레스와 플라톤의 정치철학적 대화가 명확하게 기술되고 있다는 이유에서다. 아마도 아리스토텔레스 전체 작품들(corpus) 중 플라톤을 직접 전면에 내세우면서 플라톤 철학에 대한 체계적이며 심도 있는 비판을 행하는 작품은 『정치학』 2권이 유일하다고 볼 수 있다. 물론 다른 작품들에서도 플라톤의 이데아론이나 윤리설을 부분적으로 비판한 것은 발견되지만, 적어도 양적인 면에서나 그 비판의 강도에서 보자면 플라톤 이상국가에 대한 비판에는 못 미친다. 이런 점에서 이 부분에서 기술되고 있는 플라톤 이상국가론에 대한 아리스토텔레스의 비판은 두 철학자의 정치철학적 견해를 비교하여 평가할 수 있는 중요한 내용을 담고 있다.

본 저술은 먼저 플라톤 이상국가론에 대한 비판을 두 개의 주제에 초점을 두어 분석할 것이다. 하나는 플라톤의 처자공유제이고 다른 하나는 플라톤의 재산공유제에 대한 비판이다. 무엇보다 플라톤의 처자공유제와 재산공유제에 대한 아리스토텔레스의 비판의 내용이 무엇인지에 대한 충실한 이해를 시도한다. 이러한 작업을 거친 후 플라톤 입장에서 제기할 수 있는 가능한 반론도 생각해볼 것이다. 이것은 두 철학자의 정치철학적 견해를 일종의 가설적 상황에서 논쟁을 시켜보는 방식이 된다. 그래서 아리스토텔레스의 비판이 혹시나 자신의 일방적인 비판만을 위한 허수아비 플라톤을 만들어 공격한 것은 아닌지를 좀 더 객관적으로 검토할 것이다. 다음으로 2권 후반부에 기술되고 있는 팔레아스나 힙포다모스, 솔론과 같은 정치철학자 또는 입법가의 정체론이 무엇이고 이들에 대한 아리스토텔레스의 비판의 내용이 무엇인지를 살펴볼 것이다. 마지막으로 당시에 최선정체로 간주되는 세 정체 스파르타와 크레테 그리고 카르케돈 정체에 대한 아리스토텔레스의 평가를 검토할 것이다. 특히 아리스토텔레스의 세 종류의 정체에 대한 긍정적 또는 부정적 평가가 아리스토텔레스의 최선정체론과 갖는 상관관계에 주목하여 이에 관한 분석이 이루어질 것이다.

5장
플라톤 이상국가 비판

『정치학』2권에서 기술되고 있는 플라톤 이상국가론에 대한 아리스토텔레스의 비판에서 집중적으로 논의의 대상이 되는 것은 플라톤의 공유제에 대한 주장이다. 그런데 아리스토텔레스의 이러한 비판은 몇 가지 의구심을 불러일으킨다. 첫째는 『국가』편에서 플라톤 이상국가론의 핵심을 차지하는 철학자-왕의 통치와 정의원리에 대한 논의가 이루어지지 않고 있다는 것이다. 아리스토텔레스의 비판이 플라톤 이상국가의 핵심을 비껴간 공격이 아닌가 하는 의문을 갖게 하는 부분이다. 둘째는 플라톤의 처자와 재산공유제 주장에 대한 아리스토텔레스의 비판이 과연 공정하게 이루어졌는가 하는 의구심이다. 아리스토텔레스의 플라톤 이상국가에 대한 부정확한 이해나 작위적인 선별적 인용을 통한 비판이 이루어진 것으로 볼 수 있다는 비판이 제기되는 이유다.[2]

그러나 아리스토텔레스의 관심은 정치적 공동체의 구성과 통치방식에 관한 플라톤의 제안이나 대안을 검토하는 것이기 때문에 공유제에 대한

---

[2] R. F. Stalley(1991), 182. 특히 『법률』편을 통해 생각하면 아리스토텔레스의 비판의 정확성과 그로 인한 정당성은 더욱 떨어질 수 있다. 아리스토텔레스의 『국가』편에 대한 비판의 많은 내용에 대해 플라톤은 『법률』편에서 그에 대한 변화된 견해를 제시하고 있는 것으로 생각되기 때문이다.

비판은 가장 주요한 내용을 검토하는 것으로 볼 수 있다.[3] 다시 말해 『정치학』에서 아리스토텔레스의 주된 관심은 정체나 제도적 측면에서의 이론적 검토이지 최고통치자의 지식의 소유 여부에 관한 인식론적 또는 형이상학적 관심이 아니다. 철학자 왕의 통치의 성공가능성은 철학자 왕을 만들기 위한 정치, 사회적 제도나 법에 의해 뒷받침되어야 하기 때문이다. 철학자 왕 역시 육체를 가진 인간이므로 해서 이성적인 영혼이 욕구적인 부분에 의해 휘둘리지 않도록 하는 방책이 필요하고 이것에 관한 플라톤의 가장 중요한 정치적 제안이 최선자 계급의 사적 소유 금지와 처자공유제로 볼 수 있기 때문이다. 물론 이상국가의 실현이 철학자 왕과 같은 이성을 소유한 최선자 계급에 의해 건설된다는 점에서 이에 관한 논의는 중요하다. 그런데 아리스토텔레스가 이 주제의 중요성을 간과하거나 부정하지는 않은 것으로 생각된다. 나중에 보다 자세히 다루어지겠지만 『정치학』 3권 15장에서의 "인간 중에 신"과 같은 존재의 영원한 통치에 관한 언급은 플라톤의 철학자 왕의 통치의 정당성을 염두에 두고 논의되어지는 것으로 볼 수 있기 때문이다. 이런 점에서 아리스토텔레스는 『정치학』 2권에서 먼저 플라톤 이상국가의 정치 제도적 원리와 관련되는 처자와 재산공유제를 먼저 검토하고 이후에 정치적 통치권의 주체문제를 3권에서 논의하는 것으로 볼 수 있다.

---

[3] 『정치학』 2권의 중요성을 역설하는 대표적인 학자로 Mayhew를 들 수 있다. R. A. Mayhew(1997), 3-4.

1. 단일성과 자족성의 관점에서 본 플라톤 공유제의 문제점

이제 플라톤 이상국가의 핵심적 원리가 되는 처자공유제와 재산공유제를 차례대로 살펴보도록 하겠다. 먼저 『정치학』 2권 1장에서 소개되고 있는 플라톤의 공유제를 검토해보자.

> "국가 구성원은 필연적으로 모든 것을 공유하거나 아무것도 공유하지 않거나, 아니면 어떤 것은 공유하고 어떤 것은 공유하지 않게 마련이다. 그들이 아무것도 공유하지 않는다는 것은 불가능하다. 국가는 공동체인 만큼 그들은 최소한 영토는 공유해야 한다. 한 국가의 영토는 하나고, 시민들은 다름 아니라 한 국가를 공유하는 자들이다. 그렇다면 문제는 국가가 잘 다스려지려면 공유가능한 모든 것을 공유하는 편이 더 나은지 아니면 어떤 것은 공유하되 다른 것은 공유하지 않는 편이 더 나은지 하는 것이다. 플라톤의 대화편 『국가』에서처럼 시민들은 아내와 자식과 재산을 공유할 수 있기 때문이다. 거기서 소크라테스가 아내와 자식과 재산은 공유되어야 한다고 주장하니 말이다. 따라서 문제는 현재 상태를 그대로 유지하는 것이 더 나은지 아니면 『국가』에서 제안된 법을 따르는 것이 더 나은지 하는 것이다."(*Pol.*, II.1, 1260b36-1261a9)

아리스토텔레스는 위 인용문에서 일단 세 종류의 소유방식을 구분하여 말한다. 모든 것을 공유하거나 아니면 그 반대로 어떤 것도 공유하지 않거나 또는 어떤 것은 공유하고 다른 것은 공유하지 않는 방식이다. 일단 아무것도 공유하지 않는 것은 불가능한데 한 국가에 사는 사람들은 최소한 영토는 공유하고 있기 때문이다. 그러면 국가가 잘 통치되기 위한 소유방식은 모든 것을 공유하는 것과 부분적으로 공유하고, 공유하지 않는 것 중 어떤 것이 되어야 하는가? 여기서 아리스토텔레스는 플라톤이

『국가』편에서 처자와 재산을 공유해야 함을 주장했다고 인용한다. 아마도 아리스토텔레스가 그의 작품 여기저기서 플라톤 철학을 염두에 두면서 특정 주제를 검토한 적은 있지만 위 인용문에서처럼 명시적으로 플라톤을 거명하는 경우는 흔치 않다. 아리스토텔레스가 생각하기에도 그 당시에 통치자의 처자공유제와 사적 소유금지에 관한 플라톤의 주장은[4] 당시의 전통적인 정치철학적 관점에서 볼 때도 급진적이며 새로운 주장이었을 것으로 생각된다. 그러면 아리스토텔레스는 플라톤의 공유제를 어떻게 진단하고 있는가? 아리스토텔레스는 플라톤의 공유제 주장이 크게 두 가지 문제가 있다고 본다. 첫째는 공유제의 목적이 되는 폴리스의 단일성(mia)이 실현될 수 있는가 하는 것이고, 둘째는 폴리스의 자족성(autarkeia)이 담보될 수 있는가 하는 것이다.

첫 번째 공유제(communism)의 목적이 되는 국가의 단일성 문제와 관련해서 아리스토텔레스는 다음과 같이 비판한다.

> "아내의 공유에는 여러 가지 문제점이 있다. --- '국가 전체가 가능한 한 하나(mia)가 되는 것이 최선이다'라는 소크라테스의 가정을 염두에 두고 하는 말이다. 그러나 분명 국가는 계속해서 점점 더 하나의 단일체가 되어 가면 결국 국가이기를 그만두게 될 것이다. 국가는 본성적으로 하나의 복합체(plēthos)이다. 따라서 국가는 복합체에서 점점 더 단일체가 되어 갈수록 국가 대신 가정이 되고, 가정 대신 개인이 될 것이다. 가정은 국가보다 더 단일체이고, 개인은 가정보다 더 단일체라고 할 수 있기 때문이다. 따

---

[4] Mayhew는 플라톤의 공유제를 통치자 계급에게만 적용하고 생산자계급은 제외되는 것으로 볼 수 있는지에 대해 이견을 제시한다. 그의 주장에 따르면 생산자 하층계급에게도 다소 덜 급진적인 형태이긴 하지만 처자공유제가 존재했다는 것이다. 금, 은, 동 신화에서 등장하는 아이들의 계층 간 이동은 어떤 형태로든 처자공유제를 상정하지 않고는 실제로 이루어지기가 어렵다는 것이 그 주된 이유다. 피지배 계층에게 처자공유제가 없다는 명백한 언급을 플라톤이 단 한 번도 하지 않은 것도 그 이유가 되는 것으로 제시한다. 이에 관한 상세한 논의는 R. Mayhew(1993), 313-321 참조.

서 국가를 그런 단일체로 만들 수 있다 하더라도 그렇게 해서는 안 된다. 그럴 경우 국가는 파괴되고 말 것이기 때문이다."(*Pol.*, II.2, 1261a16-22)

위 인용문에서 아리스토텔레스는 단일성의 관점에서 보면 국가보다는 마을이, 마을보다는 가정이, 가정보다는 개인이 더 단일하다고 말한다. 한 가정은 가장에 의한 일사불란한 다스림이 이루어짐으로써 단일성이 더 실현될 수 있기 때문이다. 따라서 공유제의 목적이 단일성의 실현에 있다면 국가적 차원보다는 가정의 영역에서 단일성이 찾아져야 한다. 그러나 아리스토텔레스가 생각하기에 국가와 가정은 그 존재 목적이 엄연히 다르다. 이미 『정치학』 1권을 통해 살펴본 것처럼 가정은 필요를 충족시키는 공동체이지만 국가는 '자족성'과 '잘 사는 것'이라는 가정의 영역에서 실현할 수 없는 목적을 담보해주는 공동체이기 때문이다. 따라서 플라톤이 주장하는 공유제를 통한 국가의 단일성 주장은 마치 국가를 가정처럼 만드는 것이고, 이것은 국가의 정체성을 사라지게 함으로써 결국 국가 자체를 파괴할 수 있다. 이런 이유로 아리스토텔레스는 폴리스는 "많은 인간들로 구성될 뿐만 아니라 다른 종류의 인간들로 구성된다"(ou monon d' ek pleionōn anthrōpōn estin hē polis, alla kai ex eidei diapherontōn, 1261a22-24)고 말한다. 여러 사람이 단순히 하나의 일에 종사하는 것이 아닌 다양한 업종에 종사하는 계급과 계층으로 구성된 "다수성"(plēthos)을 통해서 국가의 통일성이 실현될 수 있어야 한다는 것이다. 요컨대 아리스토텔레스에 따르면 "폴리스란 그 본성상 어떤 다수성이다"(plēthos gar ti tēn physin estin hē polis, 1261a18).

이런 이유로 아리스토텔레스는 폴리스는 유사한 인간들로 구성되는 연맹민족(ethnos)과도 다르다고 말한다.[5] 이들 연맹처럼 양적인 숫자만 많이 늘어난다고 해서 국가의 단일성이 실현되는 것은 아니기 때문이다.

연방은 그 목적이 군사적 이익이며 이것은 단순히 사람 수의 증가만큼 국가의 힘이 강해질 수 있다고 잘못 생각하는 것이다. 그도 그럴 것이 수적인 증가가 국가를 더 위대하게 만들어주지는 못하기 때문이다. 국가를 구별시켜주는 것은 그 구성원들의 양적인 수의 많고 적음에 있는 것이라기보다는 구성원들의 종류나 그들의 국가에서의 기능적 역할과 목적에 있다. 중요한 것은 아리스토텔레스가 국가의 단일성을 부정적으로 보는 것이 결코 아니라는 것이다. 국가의 단일성은 국가의 목적이 되어야 하지만 그것이 플라톤이 생각하는 것처럼 단일성만을 강조하는 방식에 의해 이루어지는 것은 아니라는 것이다. 그 반대로 국가의 단일성은 질적으로 다른 다양한 시민계층의 다수성을 통해 이루어져야 한다. 아리스토텔레스가 생각하는 좋은 나라는 다수 시민들의 존재를 인정하고 그들의 관계 속에서 이루어지는 화합과 조화를 통해 하나가 되는 나라이다. 요컨대 아리스토텔레스가 보기에 단일성에 대한 플라톤의 지나친 강조는 역설적이게도 플라톤이 목표로 했던 폴리스의 자족성과 통일성을 파괴하거나 와해시킬 수 있다. 그렇기 때문에 폴리스의 다양성은, 플라톤이 말하는 것처럼 악의 근원이 아니라 폴리스의 자족을 위한 선(善)으로 간주되어야 한다는 것이 아리스토텔레스의 기본적인 생각이다.

그런데 여기서 우리는 한 가지 의문을 가질 수 있는데, 그것은 과연 아리스토텔레스가 비판하는 것처럼 플라톤이 다양한 계급을 인정하지 않았을까 하는 것이다. 플라톤은 다양한 업무에 종사하는 다양한 계급이나 시민계층을 인정하지 않는가 하는 것이다. 잘 알려진 것처럼 플라톤은 『국가』편에서 폴리스의 주요한 세 계급으로 통치자 계급, 전사 계급 그리고 생산자 계급을 언급한다. 그리고 생산자 계급에는 농부나 목수나

---

[5] *Pol.*, II.2, 1261a25 이하 계속 참조.

장인이나 상인과 같은 다양한 육체적 업무에 종사하는 질적으로 다른 사람들을 인정한다. 플라톤의 이상국가 역시 다양한 직업을 가진 시민들로 구성되어 있고, 이것은 플라톤의 국가가 질적으로 다른 여러 계급들로 구성된, 달리 말해 다수성이 구현된 나라로 보아야 함을 말해준다.[6] 그렇다면 아리스토텔레스의 플라톤의 단일성에 대한 비판은[7] 플라톤 이상국가에 대한 정확한 이해가 결여된 비판이라는 비난으로부터 자유롭지 못하다. 이렇게 플라톤 입장에서 반론을 제기할 수 있다고 가정해보면, 아리스토텔레스는 과연 어떤 답변을 제시할 수 있을까? 플라톤 역시 다수성을 부정하지 않으면서 폴리스의 단일성을 강조하는 것으로 보았다면 아리스토텔레스는 자신의 비판을 어떻게 방어할 수 있을까 하는 것이다.

그런데 아리스토텔레스가 생각하는 다수성을 통한 국가의 단일성에 대한 견해는 플라톤적인 접근과는 다른 각도에서 이루어지는 것으로 볼 필요가 있다. 그것은 플라톤의 아름다운 나라(kallipolis) 역시 다양한 계급과 직업들을 가진 구성원들로 구성되어 있지만, 문제는 이들 사이의 통치관계가 어떤 것인가 하는 것이다. 아리스토텔레스가 보기에 플라톤의 이상국가의 구성원들의 관계는 통치관계가 상호적으로 이루어지는 것이 아니다. 즉, 플라톤 국가에서는 소위 철학자 - 왕과 같은 최선자 계급만의 영원한 통치만 허용되고 있다. 이것은 시민으로 인정되고 있는 생산자계급의 정치적 참정권은 배제되고 있다는 점에서 통치권의 상호성이 부정되는 것이다.[8] 그러나 아리스토텔레스에 따르면 국가는 다양한 계급

---

[6] Platon, *Politeia*, 369b 이하 참조할 것.
[7] 아리스토텔레스의 단일성에 대한 비판으로부터 플라톤의 입장을 변호하기 위한 프로클로스(Proklos)의 단일성의 의미에 대한 분석과 관련해선 R. F. Stalley(1991b), 129-149 참조.
[8] R. Mayhew(1997), 31.

들이 정치에 참여할 수 있어야 한다. 국가란 자유롭고 동등한 자들의 복합체여야 하기 때문이다. 그러나 플라톤 이상국가에서 생산자계급은 영원히 통치만 받고 통치자가 될 가능성이 애초 배제되어 있다. 아리스토텔레스는 폴리스의 '다수성'을 직업이나 계층의 수가 몇 개 더 많고 적음의 관점이 아니라, 공동체 구성원들의 정치적 참정권이 허용되고 있는지의 관점에서 보는 것이다. 따라서 시민으로 인정되면서도 그들의 정치적 참정권이 배제된 경우 폴리스의 시민들 사이의 통일성은 실현되기 어렵다는 것이다. 아리스토텔레스에 따르면 국가의 단일성 내지 한마음(homonoia)은 시민들 간의 "상호적 정의"(antipeponthos dikaion)에 따른 시민통치(politikē archē)가 이루어질 수 있어야 하는 것이다.[9]

다음으로 플라톤의 공유제 주장과 관련하여 아리스토텔레스가 문제 삼는 것은 자족성의 실현가능성이다. 아리스토텔레스의 비판에 따르면 플라톤이 강조하는 폴리스의 단일성은 자족성과 비대칭적 관계다. 즉, 플라톤이 주장하는 바에 따르면 단일성이 실현되면 될수록 덜 자족적이게 된다. 그러나 아리스토텔레스가 보기에 자족적인 것이 선택할만한 것이라면, 덜 단일한 것이 더 자족적이다.[10] 고로 국가의 지나친 단일성 강조는 국가의 자족성에 일치되지 않는다. 그렇기 때문에 자족성이 실현되기 위해서는 다수성이 확보되어야 하고 정치적 참정권이 모두 열려있어야 한다. 그러나 아리스토텔레스가 자족성과 단일성의 관계에 대한 만족할만한 비판적 논증을 제시했는지는 의심스럽다. 과연 아리스토텔레스는 플라톤의 공유제 주장이 자족성의 관점에서 문제가 있음을 비판하는 데 성공하고 있는가?

---

[9] R. Mayhew(1997), 31.
[10] *Pol*., II.2, 1261b11-15.

이 물음에 아리스토텔레스는 두 종류의 자족성의 의미를 언급한다. 하나는 경제적인 또는 물질적인 측면에서 아무것도 결여하지 않는 경제적인 필요성이 충족된 상태의 자족성의 의미다(pros zōēn autarkes).[11] 다른 하나는 규범적인 측면에서 잘사는 삶 또는 행복한 삶의 의미로서의 자족성이다(autarkes pros to eu zēn).[12] 그렇다면 플라톤의 칼리폴리스는 이러한 두 가지 의미의 자족성(autarkeia)의 의미를 충족하지 못한다는 점에서 문제가 있다는 것인가? 칼리폴리스의 다양한 직종과 계급의 활동을 고려할 때[13] 플라톤의 국가 역시 자족성을 충족시킨 것으로 볼 여지가 충분히 있다. 이런 점에서 플라톤의 국가는 물질적인 내지 경제적인 측면에서 자족성을 실현한 국가로 볼 수 있을 것이다.

그런데 아리스토텔레스는 어떤 이유에서 플라톤의 이상국가를 자족성이 결여된 폴리스로 비판하는 것일까? 이 물음과 관련해선 자족성의 두 번째 의미, 다시 말해 윤리적 측면에서의 잘사는 삶의 의미가 고려되어야 한다. 그리고 이러한 잘 사는 삶, 즉 행복은 단순히 경제적인 측면에서의 물질적인 원활한 공급을 통한 만족보다는 도덕적인 삶의 관점에서 이해되어야 한다. 아리스토텔레스가 말하는 폴리스적 동물로서의 정치적인 삶과 같은 방식이 될 것이다. 그런데 앞에서 말한 것처럼 플라톤의 이상국가에선 통치자와 피치자의 통치관계가 엄격하게 구분되고 있다. 다시 말해 철학자 계급은 절대적 권력을 갖고 영원한 통치자로서 역할을 하지만 피치자 계급은 통치에 복종하여 통치만을 받아야 한다는 것이다. 이것은 피치자 계급은 *폴리스적* 동물로서의 정치적인 삶의 방식을 실현할

---

[11] *Pol.*, VII.8, 1328b17. 1326b4-1328b18 참조.
[12] *Pol.*, VII.4, 1326b8-9. III.9, 1280b31-34 참조.
[13] Platon, *Politeia*, 369e-373e 참조.

수 없음을 의미한다. 생산자계급은 자신들의 삶의 계획을 세울 수도 없고 따라서 그들 자신의 판단에 따른 선택을 할 수 없는 인간이라는 점에서 노예와 별반 다르지 않은 종속된 인간들이다. 그들은 철학자 계급의 지식에 따라서만 살아갈 수밖에 없는, 따라서 자율적인 존재가 아닌 것이다.[14]

형상의 현실적인 작동의 힘을 불신한 아리스토텔레스에게 플라톤의 그러한 폴리스는 결코 아름답거나 정의로운 나라가 아니다.[15] 플라톤의 이상국가에선 하나의 목소리만 존재하고 그 밖의 다수 시민은 침묵해야 한다. 그러나 아리스토텔레스에 따르면 아름다운 화음은 하나의 선법만에 의해 이루어지는 것이 아니라 다양한 것들의 조화 속에서 가능하다.[16] 이것은 잘사는 삶의 의미로서의 자족성은 다양한 능력을 가진 자유로운 시민들의 도덕적이며 정치적인 활동을 통해 가능함을 의미한다. 노예와 같은 부자유스러운 삶은 아리스토텔레스적인 의미의 자족적인 삶이 아닌 것이다.[17] 플라톤의 칼리폴리스는 경제적인 물품의 공급에서는 자족적인 나라일지 몰라도 구성원 모두가 행복을 실현할 수 있는 자족성의 의미는 결여하고 있다. 생산자 계급과 같은 다수의 시민들은 원천적으로 국가의 공동선에 대한 좋고 나쁨의 정치적 판단을 내릴 수 있는 기회가 원천적으로 차단되어 있기 때문이다. 그들은 시민이지만 나라의 주요 안건에 대해 숙고할 필요도 없고 그런 기회도 주어져 있지 않다. 이런 점에서 아리스토텔레스가 보기에 플라톤 이상국가의 생산자 계급은 실상 비자유인인 노예계급과 다를 바가 없다.

---

[14] R. Mayhew(1997), 51-53 참조.
[15] *EN.*, 1096b32-1097a13 참조.
[16] *Pol.*, II.5, 1263b32-35.
[17] *Pol.*, IV.4, 1291a8-11.

2. 처자공유제 비판

다음으로 아리스토텔레스는 『정치학』 2권 3장과 4장에서 플라톤이 주장하는 공유제를 실현하기 위한 수단이 적절한지를 검토한다. 목적이 실현가능한지도 검토해야 되겠지만 목적을 달성하기 위한 수단이 적절한지도 문제가 될 수 있기 때문이다. 아리스토텔레스는 이것을 몇 가지로 나누어 비판한다. 특히 처자공유제와 관련하여 다음과 같이 말한다.

"설사 최대한의 단일성을 유지하는 것이 공동체를 위해 최선이라 하더라도, 이 단일성은 모든 사람이 같은 것을 동시에 '내 것', '내 것이 아닌 것'이라고 말한다 해서 이루어지는 것은 아닌 듯하다. 하지만 소크라테스는 이것을 국가의 완전한 단일성의 지표로 보고 있다. '모두'라는 말은 '저마다'와 '다함께'라는 두 가지 의미로 쓰이기 때문이다. 그것이 저마다 동시에 '내 것', '내 것이 아닌 것'이라고 말하는 뜻이라면, 소크라테스가 원하는 결과가 나올 것이다. 저마다 같은 소년을 두고 제 아들이라고, 같은 여자는 자신의 아내라고 부를 것이고, 재산과 그 밖에 그와 관련된 다른 것들에 대해서도 자신의 것이라고 말할 것이기 때문이다. 그러나 아내와 자식을 공유하는 사람들은 그렇게 말하지 않을 것이다. 그들이 아내와 자식을 '내 것이다'라고 말한다면, 그 주체는 '다함께'이지 '저마다'는 아닐 것이다. ― 따라서 '모두'가 같은 것을 '내 것이다'라고 말하는 문구가 '저마다' 그렇게 한다는 뜻이라면 바람직하긴 하지만 실현불가능하고, '다함께' 그렇게 한다는 뜻이라면 화합을 저해한다."(*Pol.*, II.3, 1261b16-33)

위 인용문에서 아리스토텔레스가 문제 삼는 첫 번째 주제는 공유제에서 말하는 '모두'(pas)라는 말의 의미론적 다의성이다. 과연 모두가 부인과 자식을 공유해야 한다는 플라톤의 주장에서[18] 모두의 의미를 어떻게 새겨야 하는가이다. 아리스토텔레스가 생각하기에 "모두라는 말은 이중적인"(to gar pantes ditton, 1261b20) 의미를 가질 수 있는데,[19] '각자로서의' 모두와 '집합적으로서의' 의미가 그것이다. 그러나 전자의 의미는 좋지만 불가능하다. 모두가 각자 자신의 아이라고 말하지만 실상 그것은 '다함께'로서의 각자를 의미하는 것이며, 이것은 실현 불가능한 의미가 되기 때문이다. 결국은 후자의 집합적 의미의 모두로 이해해야 하지만, 이것 역시 잘못된 것이며 전혀 화합에 기여하지 못한다.

그 이유는 무엇보다 다함께 보살피는 것이 실질적인 관심과 사랑을 담보하기 어렵기 때문이다. 아리스토텔레스에 따르면 "대부분의 사람들에게 공동적인 것은 가장 덜 관심을 얻게 되는데, 그것들은 자신들의 것에 대해서는 가장 관심을 갖지만 공동적인 것에 대해서는 덜 관심을 갖거나 또는 각자에게 떨어지는 것만큼만 갖기 때문이다".[20] 아리스토텔레스는 각 시민이 천 명의 아들을 둔 경우에 아버지의 보살핌의 경우를 예로 든다. 가족제도가 인정되는 경우 아버지의 아들에 대한 보살핌은 잘 이루어지지만, 공유제하에서 천 명의 아이에 대한 아버지의 사랑은 희박해진다. 다시 말해 한 아버지의 천 명의 아이에 대한 사랑이나 관심은 1000분의 1만큼만 존재한다는 것이다. 이것은 플라톤의 처자식의 공유제에선 사랑의 단편화 내지 부분화의 문제가 발생하기 때문이다.[21] 천 명의 아이에 대한 아버지의 사랑은 n분의 1만큼의 아들에 대한 사랑이 주어진다는 것이다. 왜냐하면 그 아이는 A 아버지의 아들이고, 마찬가지로 B와 C 아버지의 아들이고 그렇게 아버지의 수만큼 부분화된 사랑을 받는 아들일 수 있기 때문이다. 물론 사랑의 부분화의 의미가 정확하게 1/1000

---

[18] Platon, *Politeia*, 462c. 457c-464d 참조.
[19] *Pol.*, II.5, 1264b17-22, V.8, 1307b35-39, VII.13, 1332a36-38 참조.
[20] *Pol.*, II.3, 1261b33-35
[21] *Pol.*, II.3, 1262a1-14.

만 한 아이에게 간다는 것을 의미하지는 않는다. 중요한 것은 아리스토텔레스가 말하고자 하는 바가 공유제하에서의 자식에 대한 사랑은 아버지 수만큼 한 아이에 대한 사랑의 양이 증가하는 것이 아니라 감소된다는 것이다.[22] 그래서 아리스토텔레스는 "소크라테스가 기술한 방식에서는 아들이 되는 것보다 누군가의 사촌이 되는 것이 더 낫다"[23]고 말한다. "각 시민은 천 명의 아들을 갖게 된다. 그러나 이 아이들은 개별적인 시민의 아들이 아니다. 특정한 한 아이는 이 아버지의 아들인 만큼 저 아버지의 아들이 될 것이다. 그 결과 모든 아버지들이 똑같이 그들을 소홀히 할 것이다".[24] 이것은 마치 주인에 대한 보살핌에 있어서도 하인이 많으면 많을수록 덜 보살핌을 받는 것과 같은 이치다.[25] 서로가 다른 하인이 주인에게 서비스를 할 것으로 생각하기 때문에 그만큼 주인에 대한 봉사가 줄어들 수 있는 것이다.

다음으로 편애(favoritism)의 문제를 들 수 있다.[26] 이것은 공유제하에서도 아이들이 그 외모의 유사성에 의해 아버지가 누구인지 구별할 수 있는 가능성이 존재하기 때문에 일어날 수 있다.[27] 즉, 플라톤이 말하는 최선자 통치자 내지 수호자 계급들 사이에서 외모로 인한 자식의 구별이 가능할 수 있고, 그로 인한 편애가 발생할 수 있는 것이다. 그래서 나라의 수호자를 선발할 때 누가 어디로 가야될지 판단하는 과정에서 외모적 유사성이 있는 아이에 대한 사랑의 감정이 작용함으로써 그 아이의 성향과 그에

---

[22] R. Mayhew(1997), 62.
[23] *Pol.*, II.3, 1262a13-14.
[24] *Pol.*, II.3, 1261b38-40.
[25] *Pol.*, II.3, 1261b35-38.
[26] *Pol.*, II.3, 1262a14-24 참조.
[27] *Pol.*, II.3, 1262a18-21.

적합한 직분을 부여함에 있어 사적인 치우침이 개입될 수 있다. 처자식을 공유하는 제도 안에서도 자식이 누구인지 구별할 수 있는 가능성의 예로 아리스토텔레스는 북아프리가의 뤼비에 부족을 들고 있다. 이 부족은 아내를 공유하지만 낳은 아이가 누구 아들인지 구별할 수 있다는 것이다.[28] 파르살로스(Pharsalos) 산(産) 말과 같은 동물 역시 아비를 닮은 자식을 낳는 경우도 마찬가지다.[29] 이것은 플라톤이 주장하는 이상국가에서 통치자 계급의 아들이지만 능력이 형편없을 경우, 원칙적으로 생산자계급으로 이동시켜야 하지만 사랑의 편애가 발생할 수 있고 이로 인한 원칙을 어기는 경우가 있을 수 있다는 것이다.[30]

다음으로 아리스토텔레스는 공유제를 선택했을 경우 발생할 수 있는 문제점으로 불경건한 범죄, 악행의 발생가능성 그리고 성적인 문제를 지적한다.[31] 이것은 공유제하에서 원칙적으로 부모와 자식 사이의 관계를 알 수 없는 경우로 인해 발생하는 문제들이다. 먼저 친아버지인 줄 모르고 자식이 아버지를 살해하거나 또는 강도짓을 하는 경우다. 성적인 문제는 사랑의 대상이 실제로 친아버지나 형 또는 아들이 될 수 있다는 것이다. 즉, 아버지와 아들 사이의 근친상간이 일어날 수 있다. 마지막으로 친애(philia)의 문제이다. 아리스토텔레스는 소량의 포도주와 다량의 물의 비유를 들어 플라톤이 주장하는 공유제하에서는 친애가 약해질 수 있다고 비판한다. "소량의 포도주를 다량의 물과 희석하면 본래의 맛을 느낄 수 없듯이",[32] 플라톤의 처자공유제 국가에서는 서로 간의 유대 내지 친밀

---

[28] *Pol.*, II.3, 1262a18-21. *GA.*, IV.3. Herodotos, *Historiai*, IV. 180 참조.
[29] *Pol.*, II.3, 1262a21-24. *HA.*, 586a12-14 참조.
[30] R. Mayhew(1997), 64.
[31] *Pol.*, II.4, 1262a25-40 참조.
[32] *Pol.*, II.4, 1262b17-18.

감이 약해진다는 것이다. 아리스토텔레스에 따르면 사랑과 배려 내지 관심을 갖게 하는 것은 그것이 '내 것'이고 '소중한 것'일 때 가능하기 때문이다.

3. 재산공유제에 대한 비판

다음으로 아리스토텔레스는 플라톤의 재산공유제에 대한 비판을 시도한다. 그는 먼저 재산 소유권과 사용의 세 가지 결합 방식을 통해 어느 것이 나은 방식인지를 검토한다. 재산과 그것의 사용에 관한 세 가지 가능한 방식은, 첫째, 소유는 사적으로 하면서 공동 이용하는 방식, 둘째, 소유는 공유로 하되 사용을 사적으로 하는 방식, 그리고 마지막으로 소유와 사용을 모두 공유하는 방식이다. 아리스토텔레스는 첫 번째 방식, 즉 사적소유, 공동이용 방식을 제안한다. 사적 소유를 인정하면서 그것의 사용을 공동으로 하는 것이 다른 방식보다 낫다는 것이다. 중요한 것은 재산공유제를 주장하는 플라톤과 달리 아리스토텔레스가 사적소유를 인간의 행복을 위한 선행조건으로 생각한다는 것이다. 그런데 과연 아리스토텔레스가 주장하는 것처럼 사적 소유를 인정하면서 공동이용이 가능할까? 개인적인 소유권을 인정하면 그것의 사용 역시 사적이어야 하지 않을까? 왜 아리스토텔레스는 세 가지 방식 이외에 사적 소유와 사적 사용을 선택지로 고려하지 않았을까?[33] 아리스토텔레스는 자신의 사적 소유와 공동이용의 장점을 다음과 같이 설명한다.

---

[33] F. D. Miller(1991), 237.

"현재의 사유재산 제도가 관습과 올바른 법질서에 의해 개선된다면 훨씬 나을 것이며, 두 가지, 즉 재산의 공유제와 사유제의 장점을 모두 취할 수 있다. 왜냐하면 재산은 어떤 의미에서는 공유제이어야 하지만 일반적으로 사유제가 되어야 하기 때문이다. 각자가 자기 재산을 돌보면 불평할 일이 없을 것이고, 각자가 자기 이익을 위해 일한다고 느낄 테니 더 잘 보살피게 될 것이다. 그리고 '친구들의 재산은 모두의 공유물이다'라는 속담이 있듯이 개인의 재산이 모두를 위해 사용되도록 보장해주는 것은 도덕적 탁월함이지 법적 강제가 아니다."(*Pol.*, II.5, 1263a22-30)

위 인용문에서 아리스토텔레스는 사적 소유와 공동이용의 방식의 장점을 설명한다. 아리스토텔레스가 선택한 사적 소유, 공동이용이 어떤 이유에서 더 나은 소유방식인지는 일단 플라톤의 공유제에 어떤 문제점이 있는지를 알아봄으로써 더 잘 이해될 수 있다. 아리스토텔레스가 생각하는 공유제의 첫 번째 문제점은 '생산성 문제'와 관련된다. 이것은 노동과 가치에 따른 분배의 비대칭성 문제로 인한 생산성의 약화를 의미한다. 위 인용문의 "각자가 자기 재산을 돌보면 불평할 일이 없고, 각자가 자기 이익을 위해 일한다고 느낄 테니 더 잘 보살피게 될 것이다"라고 말하는 것이 바로 생산성과 관련된 언급이다. 이미 앞에서 처자공유제에 대한 비판에서 알 수 있듯이 인간은 자신의 것에 대한 강한 애착을 갖기 마련이다. 이것은 사적 소유를 인정할 경우 자신의 재산을 소중하게 생각하고 재산을 늘리기 위한 노력으로 나타날 것이다. 그러나 토지와 같은 재산을 공동소유로 할 경우 더 많이 일하지만 덜 갖게 되거나 동등하게 갖게 되는 경우 열심히 일하고자 하는 의욕이 떨어질 수밖에 없다. 열심히 일했지만 가치에 따른 비례적 분배가 이루어지지 않게 되면 이로 인한 불만이 있게 될 수밖에 없는 것이다.[34] 예를 들어 한 명이 1헥타르 땅을 경작하는 것과 1000명이 1000헥타르의 토지를 돌볼 경우 두 경우의 헥타

르당 생산량은 다르다. 더 적지만 자기 것으로 갖고 있을 경우가 더 많은 땅을 모두가 공유한 경우보다 생산물이 더 많아질 수 있는 것이다. 자신의 것에 대한 애착과 사랑을 더 많이 갖는 것이 인간의 본성일 수 있다는 것은 소위 '공유지의 비극'(the tragedy of the commons)의 경우를 통해서도 알 수 있다. 따라서 가치에 따른 분배적 정의가 실현되지 않으면 열심히 일한 자는 부정의하다고 생각하게 되고, 이로 인해 분쟁이 있게 되고 결과적으로 국가의 단일성은 실현되기 어렵게 된다.

두 번째 비판은 악과 범죄가 사적 소유로부터 기인한다는 플라톤의 비판과 관련된다.[35] 플라톤의 입장에서 볼 때 공유제가 시행되고 있지 않기 때문에 여러 악들이 있게 된다는 것이다. 예를 들어 계약파기로 인한 상호고소, 위증 재판, 부자들에 대한 아첨, 절도 등이 사유재산 탓이라고 플라톤은 주장한다. 반면에 플라톤의 공유제는 인간적이고 모두가 형제가 될 수 있다는 점에서 매력적인 제안으로 볼 수 있다. 이에 대해 아리스토텔레스는 상술한 문제들이 사적소유 제도 때문인지를 반문한다. 다시 말해 공유제가 부재하기 때문에 발생하는 문제들인가 하는 것이다. 아리스토텔레스가 보기에 이러한 악들은 인간의 사악함에서 비롯한 것으로 보는 것이 타당하다. 오히려 동일한 문제가 공유제하에서도 발생하고, 그래서 분쟁이 더 많이 발생할 수 있기 때문이다. 그러면 아리스토텔레스는 범죄나 악행을 해결할 수 있는 방책으로 어떤 대안을 제시하고 있는가? 그는 교육을 통해서 인간의 이기성이나 사악함을 극복할 수 있다고 주장한다.

---

[34] *Pol.*, II.5, 1263a8-15, V.3, 1302b10-14, II.7, 1266b28-31, 1267a37-b9 참조. R. Mayhew(1997), 97-100 참조.

[35] *Pol.*, II.5, 1263b15-29.

"플라톤이 제안한 것과 같은 제도는 매력적이고 인간적인 것으로 보일 것이다. 이런 제도에 관해 듣는 사람은 만인이 만인의 놀라운 친구가 되리라 믿고 기꺼이 받아들일 것인데, 지금 여러 국가에서 존재하는 악들, 예를 들어 계약파기로 인한 상호고소, 위증으로 인한 재판, 부자들에 대한 아첨 등은 사유재산이 그 원인이라는 말에 귀가 더욱 솔깃할 것이다. 하지만 이런 악들은 재산공유제가 없어서가 아니라 인간의 타고난 사악함 때문에 발생한 것이다. 사실 눈여겨보면 재산을 공유하고 공동으로 사용하는 사람들이 재산을 사유하는 사람들보다 서로 분쟁에 말려드는 경우가 더 많다. --- 재산을 공유함으로써 벗어나게 될 악들만 논할 것이 아니라 그렇게 해서 잃게 될 좋은 점들을 논하는 것이 공평할 것이다. 그러한 삶은 전적으로 불가능한 것으로 보인다."(*Pol.*, II.5, 1263b15-19)

우리는 어떤 방안이 현실적으로 다양한 악들을 줄이며 그것을 해결할 수 있는 것으로 보아야 할까? 플라톤은 공유제를 도입하는 것이 투자비용(cost) 이익이 극대화된다고 보는 반면에 아리스토텔레스는 이에 대해 회의적인 입장을 피력한다. 즉, 아리스토텔레스는 공유제 도입이 비용 대비 이익(benefit)을 능가하지 못할 것으로 보는 것이다.[36] 그래서 그는 사유제하에서 발생하는 악이나 범죄의 원인이 되는 인간의 이기성 또는 사악함을 덕(aretē)으로 정향시켜주는 교육이 투자 대비 이익이 더 큰 것으로 본다. 아리스토텔레스가 보기에 공유제는 사적 소유의 좋은 것까지 제거하면서 사유제하의 많은 악들을 여전히 발생시키기 되기 때문에 오히려 공유제가 손해가 될 수 있다고 보는 것이다.

아리스토텔레스가 생각하기에 플라톤의 공유제는 또한 재산을 소유함으로써 갖게 되는 쾌락을 부정하는 문제가 있다. 인간은 자신에게 소중한 것, 사랑하는 것에서 쾌락을 느끼기 때문이다. 인간의 본성은 자신의 것이

---

[36] K. M. Nielsen(2013), 82.

아닌 것에 대해서는 그것에 대한 애착과 즐거움을 느끼기 어렵다는 것이다. 그는 다음과 같이 말한다.

> "무엇인가를 자기 것으로 느끼는 것은 쾌락에서 말할 수 없는 큰 차이를 준다. 각자가 자기 자신을 사랑하는 것은 무목적적인 것이 아니라 자연스러운 것이기 때문이다. 이기심은 비난받아 마땅하다. 그러나 이기심이 비난받는 것은 그것이 단순한 자기애가 아니라 지나친 자기애이기 때문이다. 마치 수전노가 비난받는 것은 돈을 좋아하기 때문이 아니라, 지나치게 돈을 좋아하기 때문인 것과 같다. 자기 자신이나 돈에 대한 사랑은 보편적인 현상이라고 말할 수 있다. 그리고 친구나 손님이나 가까운 사람들에게 도움과 호의를 베푸는 것은 가장 큰 즐거움을 주는데 그것은 사유재산이 있어야 가능하다."(Pol., II.5, 1263a40-1263b6)

그밖에도 아리스토텔레스는 공유제는 절제(sōphrosynē)와 자유인다움(eleutheriotēs)과 같은 주요한 덕의 발휘를 부정한다는 점에서 문제가 있다고 말한다.

> "그밖에도 두 가지 덕의 실현이 어렵게 될 것이다. 그중 하나는 성적 관계에서의 절제의 덕이다. 절제를 지키기 위해 남의 아내를 가까이하지 않는 것은 도덕적 행위이기 때문이다. 다른 하나는 재산을 사용함에서의 자유인다움이다. 아무도 자유인다움을 보일 수 없거나 자유인다운 행위를 할 수 없다. 자유인다움의 기능은 재산을 적절하게 쓸 수 있어야 가능하기 때문이다."(Pol., II.5, 1263b8-14)

아리스토텔레스는 공유제하에서는 두 가지 주요한 도덕적 덕을 빼앗기게 된다고 말한다. 절제와 돈의 사용과 관련된 자유인다움의 덕을 발휘하지 못하게 된다는 것이 그것이다. 사적 소유제하에서 친구의 부인과 간통하거나 강간하게 되면 친구의 사적 소유권을 침해하는 것이다. 그러나 플라톤이 주장하는 공유제하에선 성적 욕구를 자제할 필요가 없다. 이미 경제적 부라는 주제에서 설명했지만 자유인다움의 덕은 부를 잘 사용하는 것과 관련된다.[37] 아리스토텔레스는 공유제하에선 이러한 덕들이 존재하지 않게 된다고 생각하는 것이다. 물론 어윈(T. Irwin)이 주장하는 것처럼[38] 자유인다움이나 관대함과 같은 덕의 발휘가 필히 사적 소유를 전제해야만 하는지에 대한 반론이 가능할 수 있다. 국가의 공적 자원(community's resources)을 개인이 가능한 한도 내에서 대출(loan)받아 그것을 사용할 수 있는 방법도 가능하기 때문이다. 그러나 아리스토텔레스가 말한 것처럼 국가의 공적 자원이 개인이 자신의 것으로 소유한 것과 동일한 애착과 느낌을 갖게 하는 것으로 보기는 어려울 것 같다. 따라서 개인의 사적 소유를 전제로 하는 부의 사용과 관련된 자유인다움이나 관대함의 덕의 가치는 여전히 유효한 것으로 보인다. 그러나 아직까지 아리스토텔레스가 제안하는 사적 소유, 공동 사용 방식이 플라톤의 공유제보다 더 나은 대안이 될 수 있는지에 대한 논거가 충분한 것으로 생각되지는 않는다. 그래서 이 주장에 대한 아리스토텔레스의 생각을 좀 더 검토해 보도록 하겠다.

4. 아리스토텔레스의 제안: 사적 소유, 공동 이용

아리스토텔레스는 재산소유 방식과 관련하여 사적 소유, 공동 이용을

---

[37] 부의 사용과 관련해선 관대함의 덕도 마찬가지이다. 관대함은 자유인다움보다 더 큰 부의 사용이며, 이 덕은 특히 공동선을 위해 큰돈을 지출하는 덕이다.
[38] T. Irwin(1987), 51-52.

주장한다. 소유는 개인적인 것으로 하되 그것의 이용은 공동으로 할 수 있다는 것이다. 그래서 그는 "친구들의 재산은 모두의 공유물이다"(koina ta philōn, 1263a30)[39]라고 말한다. 우리는 이 말을 어떻게 이해할 수 있을까? 과연 친구끼리는 사적인 재산을 공동으로 사용할 수 있을까? 리브(C. D. C Reeve)가 말하는 것처럼[40] 사적인 것을 공동으로 이용하자는 것은 본질적으로 또 다른 이름의 플라톤주의 아닌가? 사적 소유 공동 이용은 다른 버전(version)의 플라톤판 공유제가 아닌가 하는 것이다. 사적 소유란 자신의 재산에 대한 전적인 사용권이 주어지고 타인이 요구할 수 있는 권리를 원천적으로 배제한다는 점에서 이러한 비판은 타당하다. 사적 소유를 인정한다 함은 재산의 전유와 양도권이 전적으로 소유권자에게 주어져야 하고, 이것은 타인의 사용권을 원천적으로 배제하기 때문이다. 그러나 친구가 자신이 타는 말도 사용하고 음식도 사용한다면 이것을 어떻게 이해해야 할까?

아리스토텔레스가 공동 사용의 예로 드는 것은 스파르타의 경우다. 스파르타에서는 다른 사람의 말이나 개뿐만 아니라 노예도 마치 자신의 것처럼 서로 사용한다. 더욱이 여행을 하다가 음식과 같은 필요한 것이 있으면 다른 사람의 농경지에 있는 것을 이용할 수도 있다. 아리스토텔레스가 인용하는 라케다이모니온의 예는 크세노폰(Xenophon)의 보다 상세한 전언을 통해 확인된다.[41] 크세노폰은 친구가 사냥을 가게 되어 사냥개가 필요한 경우나 또는 물건을 싣고 다른 곳으로 가야되는 경우 또는 신속하게 다른 곳으로 가야될 경우 말이 필요하게 되어 빌리는 경우를

---

[39] 또한 Platon, *Politeia*, IV.423e-424a. V. 449c-466d.
[40] C. D. C. Reeve(1998), lxxviii.
[41] Xenophon, *Lakedaimoniōn Politeia*, VI. 3-5.

든다. 사냥에서 늦게 돌아와서 먹을 음식이 없을 경우도 마찬가지로 친구의 도움을 받을 수 있다. 다시 말해 곤란한 상황에 빠졌거나 긴급한 상황인 경우 친구가 소유하고 있는 과일이나 음식 또는 동물을 사용할 수 있는 것이 허용된다는 것이다.[42] 이러한 공동 사용 방식은 가난한 다수 시민의 호의를 얻어 결과적으로 국가의 화합에 기여할 수 있다. 아리스토텔레스적인 의미에서 친구는 공동체의 구성원인 시민들을 염두에 둔 것으로 보인다. 그러나 공유이용이 무제한적으로 허용되는 것은 아니다. 거기에는 소유의 대상에 따라 이용의 정도가 제한된다. 예를 들어 노예나 하인을 공유할 경우는 좀 더 제한된다.

그런데 문제는 동료시민 친구에게 얼마든지 사용할 수 있는 권한을 주었을 경우 그것을 엄밀한 의미의 사적 소유권 인정으로 볼 수 있는가 하는 것이다. 앞에서 말한 것처럼 이것은 무늬만 사적 소유권이지 실질적으로 플라톤의 공유제 버전이 아닌가 하는 것이다. 라케다이모니온의 경우에서처럼 국가적인 차원에서 공동 이용이 허용된다면 그러한 사적 소유권은 말뿐인 사적 소유지, 실상 사용에서는 권리의 독점권이 상실되는 것으로 보아야 하지 않는가? 더군다나 그러한 공적 이용이 법에 의해 시행된다면 참여하는 자의 자발성이 어느 정도 인정될 수 있을지도 의심스럽다. 즉, 사적소유권이 인정되기 위해선 공동 이용이 어디까지나 자발성에 의해 이루어져야 하는데, 그것은 마치 일종의 세금과 같은 비자발적인 납부행위와 같은 것으로 이해될 가능성이 있다는 것이다. 그런데 아리스토텔레스가 공동사용을 언급할 때 그것을 마치 국가에 의해 가난한 시민들에게 이루어지는 시혜적인 복지정책과 같은 것으로 이해하는 것은 곤란하다.[43] 아리스토텔레스의 공동 이용은 개인의 덕의 발휘라는 관점에

---

[42] R. Mayhew(1997), 106-107 참조.

서 이해되어야 하기 때문이다.⁴⁴ 즉, 아리스토텔레스는 덕 있는 시민이라면 관대함(megaloprepeia)의 덕을 발휘해서 공익을 위한 자발적인 부의 공동 사용을 자발적으로 할 것으로 생각하는 것이다. 따라서 부자인 누군가가 자신의 재산을 가난한 자를 위해 일정 부분을 돕는 행위는 비자발적인 의무감에 의해 이루어지는 것으로 이해해서는 곤란하다. 그렇다면 공동 이용 허용이 소유권자의 재산권에 대한 제한이나 금지로 이해되어서는 곤란하다. 앞에서 언급한 자유인다움과 관대함의 덕이 아리스토텔레스에게서 중요한 공동체적 덕으로 강조되는 이유가 여기에 있다. 이 두 덕은 개인이 갖고 있는 부를 타인이나 공동체를 위해 선용하는 탁월성이기 때문이다. 덕을 갖춘 시민들은 숭고한 목적을 위해 자발적으로 공동의 사용을 위해 부를 기부할 수 있는 것이다. 그렇지 않고 국가가 기부를 일종의 의무적인 것으로 규정한다면 시민의 관대함의 덕은 필요하지 않게 될 것이다.

아리스토텔레스의 공동 이용에 대한 생각은 『정치학』 7권에서의 토지 소유방식에 대한 설명을 통해 이해를 얻을 수 있다. 그는 이곳에서 자신의 최선국가의 토지분배 방식을 공유지와 사유지로 나눈다.⁴⁵ 공유지는 공공건물이나 공동식사를 위한 비용을 마련하기 위한 것이다. 일반적으로는 공공비용은 공유지로부터 수입을 통해 충당하고, 여의치 않을 경우 부자 시민들로부터 공공봉사(leitourgia)를 통해 조달한다.⁴⁶ 아리스토텔레스는 특히 *레이투르기아*(leitourgia), 즉 공공봉사를 강조하는데, 이것은 합창가

---

⁴³ Nussbaum이 이러한 해석을 한다. M. Nussbaum(1990), 232, 249. note 86.
⁴⁴ R. Mayhew(1997), 107.
⁴⁵ *Pol.*, VII.10, 1330a9-15.
⁴⁶ 아테네 정체에서 레이투르기아 제도에 관한 상세한 설명과 관련해선 M. R. Christ(1990), 147-169. 또한 동일인(2007), 57-69 참조.

무단이나 올림픽 경기를 지원하는 것 또는 함선 건조등과 같은 큰 규모의 공적 행사에 필요한 경비를 지원하는 것이다. 아리스토텔레스가 정치적이며 군사적인 기능을 수행하기 위해 세금에 유사한 부자들로부터의 공적 기부를 부정하지는 않는 것으로 보인다.[47] 그러나 그에게 세금과 같은 형태의 기부는 이상적인 방식이 아닌 것은 분명하다.[48] 아리스토텔레스가 생각하는 최선정체에선 기본적으로 공유지를 통해 공적인 행사의 비용이 충당되도록 하는 것이고, 그것이 충분치 않을 경우에 한해서 부유한 시민들로부터의 기부를 받는 것이 될 것이다. 그리고 이러한 시민들의 공공봉사는 관대함과 같은 덕을 통한 자발적인 기부에 의해 이루어져야 하는 것이다.[49] 즉, 공공봉사는 자발적인 인간애(philanthropy)[50]를 실현하기 위한 중요한 수단인 것이다. 그러나 이러한 공공봉사가 가난한 자의 부자에 대한 강요에 의해 이루어진 경우 그것은 레이투르기아의 참된 취지에 맞지 않다. 강요된 인류애는 아리스토텔레스가 생각하는 공동 이용의 목적에 부합하지 않기 때문이다. 아리스토텔레스가 레이투르기아와 같은 공동선을 위한 기부가 가능하기 위한 공공 교육이 필요하고, 이를 통해 공적이성을 담보하는 덕 있는 시민을 양성해야 됨을 강조하는 이유가 여기에 있다.

---

[47] *Pol.*, III.12, 1283a16-19, VII.8, 1328b10-23 참조.

[48] *Pol.*, V.8, 1309a14-26. Newman(1887), vol.4, 399-400, 532. R. Mayhew(1997), 112 참조.

[49] Mayhew(1997), 112. 당시 아테네의 경우 많은 지원자들이 추천되었다.『정치학』2권 6장에서 아리스토텔레스가 플라톤의 후기 대화편인『법률』(Nomoi) 편을 언급하면서 관대함의 덕을 강조하는 것도 같은 맥락에서 볼 수 있다. 아리스토텔레스가 보기에 플라톤은 피치자인 시민들의 법에 의한 통치에 복종하도록 하기 위해 지나치게 절제라는 덕만을 강조한다.

[50] 어원의 주장에 따르면 아리스토텔레스적인 의미에서의 관대함은 사적 재산의 소유를 전제로 한 좁은 의미의 philanthropy로 이해되어야 한다. 이런 점에서 인간에 대한 보편적인 동정심이나 선의를 통한 인간일반에 대한 관심을 보이는 태도인 philanthropia와는 구분되어야 한다는 것이 어원의 입장이다. T. H. Irwin(1991), 209-211 참조할 것.

5. 플라톤의 가능한 반론과 아리스토텔레스 비판의 타당성

지금까지 플라톤 이상국가에 대한 아리스토텔레스의 비판이 어떻게 이루어졌는지를 살펴보았다. 이제 나는 아리스토텔레스의 플라톤의 이상국가, 특히 공유제 비판에 대해 플라톤이 제기할 수 있는 가능한 반론 내지 공유제를 위한 변호가 어떻게 가능한지를 생각해보고자 한다. 그리고 이러한 플라톤의 반론에도 불구하고 아리스토텔레스의 플라톤 비판이 어떤 점에서 여전히 타당한지 또는 이론적인 비교우위를 차지할 수 있는지를 평가해볼까 한다. 이러한 접근은 일종의 가정된 상호대화 방식에 의해 두 철학자의 정치철학적인 강점과 약점이 어디에 있는지를 알아보기 위한 것이다.

먼저 플라톤 입장에서 제기할 수 있는 첫 번째 반론으로 아리스토텔레스가 말하는 교육을 통한 도덕적 인간의 탄생을 지적할 수 있다. 즉, 아리스토텔레스의 주장에 따르면 플라톤이 사적소유제로 인해 발생하는 많은 범죄와 악행은 교육을 통해 얼마든지 이기성을 극복한 새로운 유형의 인간, 즉 덕 있는 인간을 만듦으로써 문제를 해결할 수 있다. 그러나 우리에게 전승되고 있는 두 철학자의 교육 프로그램을 고려하면 플라톤의 교육론 역시 덕 있는 시민을 만들기 위한 체계적이며 새로운 교육과정을 제시하는 것으로 볼 수 있다. 즉, 플라톤은 『국가』 편에서 최선자를 만들기 위한 일련의 교육프로그램을 제시하는데, 그것은 초기의 시가교육(mousikē)과 체육교육(gymnastikē)을 비롯하여 이후의 최고의 배움(megiston mathēma)이라고 일컬어지는 수학교육과 변증술적 철학이 그것이다.[51] 플라톤의 후기 대화편 『법률』(Nomoi) 편에서는 피치자인 시민

---

[51] Platon, *Politeia*, 510c-511e, 525a 이하 계속 참조.

일반에 관한 보다 강조된 교육철학이 제시되는 것도 고려될 수 있다.[52] 이 대화편에서 플라톤은 일련의 교육과정을 통해 선하고 절제있는 도덕적으로 완성된 최선의 새로운 인간을 탄생시키기 위한 공교육을 강조하고 있기 때문이다. 이러한 플라톤의 교육론을 고려할 때 우리는 아리스토텔레스가 제시하는 새로운 인간과 마찬가지로 플라톤이 제시하는 인간상 역시 이기성을 극복한 최선의 시민이 된다고 볼 수 있을 것이다.

플라톤이 제기할 수 있는 두 번째 반론은 앞의 반론의 연장선상에서 생각해 볼 수 있다. 그것은 '어느 인간유형이 더 큰 쾌락을 느낄 수 있는가'하는 것이다. 즉, 플라톤이 주창하는 교육을 받은 도덕적 인간과 아리스토텔레스의 덕 있는 인간 중 누가 더 큰 쾌락을 누릴 수 있는지의 문제다. 아리스토텔레스에 따르면 인간은 본성상 자기 것에 더 큰 사랑을 느끼고 그로 인해 더 큰 즐거움을 느낀다고 말해진다. 이와 달리 플라톤은 자신의 교육 프로그램을 제대로 받은 인간은 아리스토텔레스가 주장하는 것처럼 자기 자식이나 아내에 대한 사랑에서보다 국가 전체에 대한 사랑에서 더 큰 사랑과 즐거움을 느낀다고 보는 것이다. 이것은 플라톤의 새로운 인간은 처자를 공유하거나 사적 소유를 하지 않음으로써 더 큰 쾌락과 사랑을 느낄 수 있다는 것이다. 적어도 이론적인 차원에서 선과 정의로 정향된 에토스를 소유한 최선자라면 자신의 소유물에 대한 쾌락보다 고상한 것에 대한 사랑에서 더 큰 쾌락을 느낄 수 있는 가능성이 배제될 이유는 없을 것 같다.

세 번째로 플라톤의 가능한 반론은 『국가』편과 달리 후기작품인 『법률』편에서는 가족제도와 사적 소유가 통치자에게도 인정되고 있다는 점이다. 아리스토텔레스의 비판은 『국가』편에는 적용될 수 있어도 『법

---

[52] Platon, *Nomoi*, VII.817e-818d. XII.967d-968b 참조.

률』편에는 적용되기 어렵다. 플라톤의 재산권에 대한 아리스토텔레스의 비판은 전자의 플라톤에는 유효할지 몰라도 후기의 플라톤에는 적용되기 어렵다는 점에서 한쪽으로 치우친 면이 있어 보인다.

마지막으로 사적 소유를 인정하면서 동시에 사적 소유로 인한 문제점을 교정하기 위한 아리스토텔레스의 덕 있는 시민 교육 제안은 성공적일 수 있는가 하는 것이다. 즉, 아리스토텔레스의 교육을 통한 덕의 함양목표는 플라톤의 공유제가 안고 있는 여러 단점들을 상쇄할 수 있는 이론적 또는 현실적 무게를 갖는 것으로 볼 수 있는가 하는 것이다. 아리스토텔레스는 플라톤의 공유제 제안이 창의적이라고 말하면서도 공유제가 그렇게도 좋은 제도였다면 왜 지금까지 인류가 그것을 채택하지 않았을까 하면서 그것의 현실성에 대해 회의적인 견해를 피력한다.[53] 그런데 이러한 아리스토텔레스의 비판적 물음은 플라톤 입장에서도 되물을 수 있을 것 같다. 즉, 아리스토텔레스의 교육을 통한 악의 제거가 실효성이 있다면 지금까지의 인간사회는 왜 그렇게 많은 부정의가 아직까지 만연할까하는 것이다. 플라톤이 보기에 아리스토텔레스의 사적소유, 공동사용 제안은 엄밀한 의미의 사적소유권 인정으로 보기 어렵다는 것도 이러한 비판을 뒷받침한다. 공동 사용은 소유권자의 자발성을 전제하는데 덕 교육이 이러한 이타성을 발휘할 수 있는 공적 이성의 함양과 발휘를 낙관적으로만 볼 수는 없게 하기 때문이다. 아리스토텔레스의 공익을 위한 기부와 같은 이타성이 과연 사적소유가 전제하고 있는 인간의 자기애 내지 이기성보다 더 큰 힘을 발휘할 수 있는지 장담할 수 없다는 것이다. 이것은 과연 플라톤적 교육방법과 아리스토텔레스적 교육방법 중 어느 것이 투자대비 성공가능성이 높은지의 문제가 될 수 있다. 역사는 경험적으로

---

[53] *Pol.*, II.5, 1264a1-5.

누구의 제안을 더 설득력이 있는 것으로 평가하는가?

그러면 상술한 플라톤의 가능한 반론에도 불구하고 아리스토텔레스의 플라톤 비판은 어떤 점에서 여전히 타당한 것으로 볼 수 있을까? 첫째로 국가의 시민과 공유제의 관계문제이다. 플라톤은 공유제를 전사계급과 최고 통치자 계급에 적용하고, 수호자계급에 속하지 않는 생산자계급은 가족과 재산을 소유할 수 있는 것으로 본다. 통치자 계급은 통치의 대가로 생산자 계급으로부터 급료를 받아 그것을 통해 생활한다. 그런데 이것은 달리 이해하면 생산자계급의 세금을 통한 통치자 계급의 수당 지급으로 볼 수 있다. 즉, 재산을 소유한 농부나 장인이 노동한 결과물을 노동을 하지 않은 통치자 계급에게 제공하는 것이다. 그런데 아리스토텔레스가 생각하기에 생산자계급을 시민으로 포함하면서 정치적 참정권을 인정하지 않는 것은 문제가 될 수 있다. 생산자 계급의 불만에 의한 통치자 계급에 대한 불복종이 발생할 수 있기 때문이다. 아리스토텔레스의 이러한 문제 인식은 그의 최선국가에서 농부나 직공에게 아예 처음부터 시민권을 부여하지 않는 것으로 나타난다고 이해할 수 있다.

둘째로 아리스토텔레스의 관점에서 보면 공유제는 인간본성에 적합하지 않으며 현실적으로 성공가능성이 높지 않다. 공유제는 인간본성에 따른 자연적인 것으로 보기 어렵다는 점에서 바람직하지 않으며, 또한 그것의 구체적인 실현가능성에 대한 의문이 든다. 아리스토텔레스는 공동의 것에 대해서보다는 자기 것에 대해 더 강한 사랑과 관심을 갖는 것이 인간본성이라고 본다. 따라서 공유제가 아닌 사적 소유 제도가 인간본성에 적합하며 자연스러운 것이며 이에 기반한 국가형태가 최선의 나라가 될 수 있다고 보는 것이다. 그런데 여기서 간과해선 안 될 점이 하나 있다. 그것은 아리스토텔레스가 현실을 바꾸기 위한 변화와 혁신을 결코 부정하지 않았다는 것이다. 그가 제안한 사적 소유, 공동 이용이 당시의 소유제도인 사적 소유, 사적 이용과는 다른 소유방식이라는 점에서다. 플라톤의 공유제 제안에 비해 급진적인 것은 아니지만 당시의 전통적인 소유양식에 비추어보면 분명 사회의 변화를 이끌기 위한 제안이라고 평가할 수 있다. 이런 점을 고려하면 아리스토텔레스가 플라톤의 공유제를 단적으로 부정했다고 보기 어려운 점도 있어 보인다. 플라톤의 공유제 주장에 함의된 장점을 아리스토텔레스는 사적소유를 전제해서 공동이용의 수정된 형태로 혼합한 측면이 있어 보이기 때문이다.[54]

셋째로 행복의 평등성 문제가 제기될 수 있다. 국가의 통일성은 중요하지만 플라톤이 주장하는 것처럼 지나친 단일성과 질서의 강조는 자칫 다양성과 자유를 희생시킬 가능성이 있다. 플라톤은 단일성과 질서를, 아리스토텔레스는 다양성과 자율성을 강조한다. 플라톤이 전체적인 행복을 강조한다면, 아리스토텔레스에게 있어서는 개별 시민의 행복이 더 중요한 문제이다. 아리스토텔레스에게 국가는 시민의 공동체이기 때문이다. 그렇기 때문에 국가 전체의 행복과 개인의 행복의 동일성 문제에 대한 플라톤과 아리스토텔레스의 견해는 차이가 있다. 플라톤은 철학자 왕과 같은 일부 통치자 계급의 행복은 전체의 행복과 조화될 수 있는 한도 내에서 인정되어야 한다. 수에서는 전체가 짝수라도 그 부분이 홀수일 수 있다.[55] 그러나 아리스토텔레스가 생각하는 행복은 짝수와는 다르다. 전체가 행복하다고 해서 부분이 행복한 것은 아니기 때문이다.[56] 전체

---

[54] 플라톤의 공유제가 먼 미래에 이루어질 수 있는 행복한 나라를 꿈꾸었다면, 아리스토텔레스는 여기서 가까운 저기에서 실현될 수 있는 좋은 나라를 지향했다고 볼 수 있다. 아리스토텔레스는 점진적인 개선을 통한 국가의 변화를 중시한다는 점에서 점진론적 개혁론자라고 말할 수 있다.

[55] 8은 그 부분이 5와 3인 홀수로 나누어질 수 있다.

[56] *Pol.*, II.5, 1264b15 이하 계속 참조.

행복의 수가 짝수이면 그 부분들도 짝수여야 한다. 왜냐하면 개인들이 행복해야 전체도 행복할 수 있는 것이다.

　상술한 내용들을 고려해서 우리는 나은 세계를 만들기 위한 이론적 힘의 무게가 플라톤과 아리스토텔레스 중 누구에게 더 기울어지는지를 고민할 필요가 있다. 좋은 나라로의 변화는 과연 누구의 주장과 어떤 원리를 따를 때 가능할까? 당시의 관행과 제도 법률의 점진적인 개선을 통해 보다 현실적으로 달성되는 것일까, 아니면 새로운 세계는 대담하면서도 독창적인 새로운 철학이나 이론을 통해 보다 효과적으로 실현될 수 있을까? 새로운 정치가나 사상가에 대한 지적 자극의 측면에서 아리스토텔레스보다는 플라톤이 더 매력적이고 설득력이 있다고 볼 수 있다. 변화가 이루어지기 위해선 충격을 강하게 줄 필요가 있다. 플라톤은 진보적이며 과감한 변혁을 통해 현실을 조금이라도 바꿀 수 있는 가능성이 마련될 수 있는 것으로 생각한 것 같다. 그래서 그는 좋은 나라의 모델을 처자공유제와 같은 제도적 방안 그리고 철학자-왕을 양성하기 위한 교육프로그램에 기반한 이상국가를 대안으로 제시한 것으로 보인다. 이와 달리 아리스토텔레스는 먼 미래가 아닌 지금, 여기라는 현실 속에서 구현 가능한 좋은 나라를 지향한 것으로 보인다. 그는 점진적인 개선을 통한 국가의 변화를 중시한다는 점에서 점진론적 개혁론자라고 말할 수 있다.

6장
최선정체론과 세 종류의 현실정체

1. 팔레아스와 힙포다모스, 그리고 솔론의 최선정체론

『정치학』 2권 7장과 8장 그리고 12장에서 아리스토텔레스는 당시의 정치이론가나 입법가에 의해 제안된 최선정체론을 검토한다. 칼케돈의 팔레아스(Phaleas)와 밀레토스의 힙포다모스(Hippodamos) 그리고 아테네의 솔론(Solōn)의 정체관이 그것이다. 아리스토텔레스는 이들의 견해는 플라톤의 이상국가론 보다 좀 더 현실적인 정체를 주장한다는 점에서 검토할 가치가 있지만, 그럼에도 불구하고 최선정체에 적합하지 않은 주장을 제시하는 것으로 말한다. 플라톤의 이상국가론에 대한 검토가 아리스토텔레스가 향후 자신의 최선정체론을 구성하기 위한 비판적인 사전작업이듯이 마찬가지로 팔레아스와 힙포다모스 그리고 솔론의 정체론은 그의 최선정체의 기획의 밑그림을 그리기 위한 검토 작업이라고 볼 수 있다.

팔레아스의 최선정체

플라톤에 이어 아리스토텔레스가 검토하는 최선정체에 관한 제안자는 칼케돈 출신의 팔레아스(Phaleas)이다. 아리스토텔레스에 따르면 팔레아스는 정체의 모든 파쟁(stasis)이 재산문제에서 비롯하기 때문에 "재산평준화"(he tēs ousias homalotēs, 1266b15-16)의 실현을 주장했다고 한다. 즉, 결과적인 재산의 평등을 규정하는 입법을 통해 좋은 정체를 만들 수 있다는 것이다. 그런데 팔레아스가 재산평준화를 어떤 이유에서 시민들의 파쟁을 방지할 수 있는 해결책으로 제시했는지에 관한 아리스토텔레스의 구체적인 설명은 없다. 아마도 팔레아스의 재산평준화 주장에 깔려있는 기본적인 생각은 재산평준화가 시민들 사이의 시기나 질투 또는 과도한 파쟁 또는 부정의에 대한 감정을 제어함으로써 결과적으로 시민들 사이의 조화와 친애를 실현할 수 있는 것으로 본 것 같다.[57] 아리스토텔레스가 팔레아스의 최선정체에 관한 제안을 검토하는 이유도 이와 무관하지 않은 것으로 생각된다. 뒤에서 자세히 살펴보겠지만 아리스토텔레스 역시 정체의 질서와 안정이 재산분배 문제와 밀접한 관계를 갖는 것으로 진단하기 때문이다.[58] 재산 분배 문제를 어떻게 규정하는가는 공동체 구성원들의 가장 큰 이해관계가 걸린 문제이며, 이런 이유로 올바른 분배적 정의의 실현이 공동체 구성원들의 화합을 위해 중요한 요소로 판단한다는 것이다. 이것은 앞서 살펴본 플라톤의 재산공유제에 대한 검토에서 알 수 있듯 빈부의 격차는 결과적으로 정체의 불안정을 수반하는 것으로 볼 수 있기 때문이다.

그런데 아리스토텔레스의 비판에 따르면 팔레아스의 재산평준화 주장은 다음과 같은 몇 가지 문제에 대한 적극적인 대응책이 부재하다는 점에서 지나치게 단순하고 현실적이지 못하다. 첫째는 가족 내에서 자녀들의

---

[57] R. Balot(2001), 34.
[58] *Pol.*, I.10, 1258b1-2, V.2, 1302a38-b2 참조.

수를 제한하는 문제이다[59]. 출산문제를 통제하지 않게 될 경우 부자는 가난하게 되고 그래서 이전의 풍요로운 삶을 즐길 수 없게 됨으로써 결국 정체에 불만을 갖게 된다. 두 번째로 재산의 평준화보다 중간(meson)을 목표로 하는 적정한 재산규모의 책정이 더 중요하다.[60] 재산의 평등화가 지나치게 상향평준화 되면 사람들이 사치스럽게 될 수 있고, 그 반대로 재산이 지나치게 하향 평준화되면 궁핍해질 수 있다. 마지막으로 팔레아스는 외적인 관계에 대해서는 전혀 관심이 없다.[61] 즉, 입법자는 내적인 재산문제뿐만 아니라 외국의 위험도 방어할 수 있는 군사력을 확보하고 있어야 한다. 정체의 안정을 위해서는 지나친 부나 지나친 가난 모두 문제가 된다. 지나친 부의 소유는 이웃국가로 하여금 부를 탐하게 만들고, 지나치게 가난하여 군사력이 확보되지 않을 경우 이웃국가의 침략을 방어할 수 없기 때문이다. 그러나 팔레아스는 이러한 외국과의 관계에 대한 문제에 대한 언급이 부재하다.

상술한 문제점들에도 불구하고 아리스토텔레스는 팔레아스의 경제적 평등이 폴리스 공동체에 끼치는 긍정적인 측면을 부정하지는 않는다. 그것은 이미 솔론의 입법이나 로크리스의 자산 매도금지나 레우카스의 정치체제 변화와 같은 것들이 한결같이 재산의 균등함이 중요한 요소가 됨을 말해주기 때문이다.[62] 그러나 아리스토텔레스가 생각하기에 팔레아스의 '재산 평준화' 제안은 시민들의 분쟁을 부분적으로 방지할 수는 있지만 이것만 갖고 충분하지는 않다.

그 이유는 첫째, 가치에 따른 분배적 정의, 즉 동등한 자에겐 동등한

---

[59] *Pol.*, II.7, 1266b8-13.
[60] *Pol.*, II.7, 1266b24-28.
[61] *Pol.*, II.7, 1267a17-36 참조할 것.
[62] *Pol.*, II.7, 1266b15-24 참조할 것.

몫을 동등하지 않은 자에겐 동등하지 않은 몫을 주어야 하는데 이것이 보장되지 않기 때문이다. 다시 말해 사람들은 공적에 따라 재산의 분배가 이루어져야 정의롭다고 생각하는데, 팔레아스의 결과적 평등 주장은 이러한 공적주의(功績主義)와 충돌하기 때문이다.[63] 두 번째 이유는 팔레아스가 욕구(epithymia)의 측면을 간과하고 있다는 점이다. 특히 플레오넥시아(pleonexia), 즉 '더 많이 갖고자 하는 탐욕'의 문제에 크게 주목하지 않았다는 데서 문제가 있다. 아리스토텔레스가 생각하기에 팔레아스의 주장에 따라 설사 절대적 평등이 실현된다고 해도 모든 문제가 없어지는 것은 아니다. 그 이유는 인간은 항상 더 많이 갖고자 하는 욕구를 갖기 마련인데 이러한 인간의 욕구까지 평등하게 만들 수는 없기 때문이다. 따라서 아리스토텔레스가 생각하기에 재산평준화보다 더 중요한 것은 탐욕을 통제할 수 있는 올바른 욕구교육이다. 즉, 사람들은 남들보다 조금 더 갖고자 하는 욕망을 갖기 때문에 욕망이 올바르게 작동될 수 있도록 하는 교육이 더 중요하다는 것이다. 평등한 자들에겐 평등한 만큼, 불평등한 자들에겐 불평등한 몫만큼 받는 것이 정의라는 올바른 욕구의 습관화 교육이 중요하다는 것이다. 물론 팔레아스도 교육의 평준화를 말하고는 있지만 그의 교육은 획일적인 교육이라는 데서 여전히 문제를 해결하지 못한다. 아리스토텔레스에 따르면 동일한 교육보다 어떤 교육인지가 더 중요하기 때문이다. 욕구를 정향시키기 위한 습관화 교육이나 덕 함양에 교육이 조준되어 있지 않은 경우 그 교육은 돈이나 공직을 탐할 수 있는 잘못된 것이 될 수 있기 때문이다. 이것은 파쟁(stasis)이나 정체변혁(metabolē)이 단순히 재산의 불평등 때문만이 아니라 공직의 불평등에서도 발생한다는 것을 통해 알 수 있다. 요컨대 아리스토텔레스의

---

[63] *Pol.*, 1267a40-43.

제안은 결과적인 재산의 평등화를 목표로 하는 것보다 오히려 인간의 탐욕을 조절할 수 있는 습관화 교육을 도입하여 욕망을 통제할 가능성을 찾는 것이 보다 효과적인 방법이라는 것이다.

위에서 살펴본 것처럼 아리스토텔레스는 욕구교육의 중요성을 통해 팔레아스의 재산을 평준화하자는 주장의 문제점을 비판한다. 그리고 그러한 그의 비판의 주된 이유는 욕구에 의한 탐욕의 대상이 단순히 물질적 재화에만 국한되지 않기 때문이다. 이것은 아리스토텔레스가 생각하기에 범죄를 행하는 동기가 단순히 경제적 어려움 때문만이 아닌 쾌락을 추구하기 위한 목적에서 비롯한다는 이유에서다. 그리고 경제적 빈곤함으로 인한 문제에 대한 대책은 물질적인 필요를 충족시킬 수 있는 재산이나 일자리를 통해 이루어지면 된다. 그런데 문제는 경제적인 충족으로 해결되지 않는 다른 종류의 범죄가 있다는 것이다. 예를 들어 명예와 같은 정치적 권력에 대한 욕망 또는 고통이 수반되지 않는 지적인 쾌락을 즐기기 위한 범죄가 그러한 것들이다. 따라서 아리스토텔레스에 따르면 탐욕의 종류에 따라 일어날 수 있는 범죄의 형태도 다양하기 때문에 그에 대한 처방도 달라야 한다. 특히 쾌락을 얻기 위한 범죄는 그 처방책이 다르게 제시되어야 한다. 생필품이 아니라 더 많은 명예(philotimia)를 차지하기 위한 욕망도 있고 이에 대한 처방은 절제(sōphrosynē) 교육이 이루어져야 한다. 참주와 같은 인간은 단순히 부에 대한 탐욕뿐만 아니라 명예나 권력을 모두 추구하는 탐욕스러운 인간이라는 점에서 그에 대한 처방은 부의 관점에서만 이루어지는 것은 현실적이지 못하다. 또한 혼자만의 쾌락을 향유하고 싶어 하는 자에게는 철학을 통해 관조적 즐거움이 주어질 수 있도록 해야 한다. 철학적 활동을 금지하게 되면 다른 악한 행위를 할 수 있고, 철학이 그 대안이 될 수 있기 때문이다. 예컨대 현자와 같은 경우 철학을 하지 못하게 한다면 현실로부터 도피할 수 있다. 이처럼 아리스토텔레스에 따르면 인간의 다양한 욕망이 발산될 수 있기 때문에 정체 역시 그러한 다양한 욕망을 수용할 수 있는 방식으로 정치제도가 구성되고 법이 제정되어야 한다.

팔레아스는 정체의 구성원들의 재산을 등등하게 만듦으로써 정체의 안정과 화합이 실현될 수 있을 것으로 본 것 같다. 그리고 팔레아스의 경제적 평등에 관한 제안이 일정 정도 그러한 목적에 기여할 수 있다는 점이 부정되기는 어렵다. 아리스토텔레스가 분배적 정의의 관점에서 팔레아스의 재산의 평준화 주장이 갖고 있는 이점을 부정한다고 보기는 어렵다. 그러나 모든 문제가 경제적인 불평등으로 환원될 수 있고, 따라서 경제적인 평등을 통해 정체의 모든 문제들이 해결될 수 있는가에 대해서는 아리스토텔레스는 의견을 달리한다. 경제적인 평등을 통해 모든 문제가 해결되어 최선의 정체가 실현될 수 있다는 것이 보증될 수 없기 때문이다.

힙포다모스의 최선정체

다음으로 아리스토텔레스는 밀레토스 출신의 도시 설계가인 힙포다모스(Hippodamos)의 주장을 검토한다. 그는 시민을 세 계급으로 나누었는데, 기술자들과 농민 그리고 전사계급이 그것이다. 영토도 삼분했고, 법 역시 세 범주로 나누어 만들었다. 토지는 종교적인 목적을 위한 용도와 공적인 목적 그리고 사유지로 삼분하였다.[64] 법 역시 모욕이나 타인에 대한 가해, 살인에 대한 법으로 나누었다. 법정에서 판결할 때는 기존의 조약돌을 투표항아리에 넣는 방식이 아니라 서판을 이용하는 방식을 채

---

[64] *Pol.*, II.8, 1267b22-37 참조.

택해야 한다고 생각했다. 즉, 유죄일 경우는 재판관이 그 벌을 쓰고, 일부 유죄일 경우는 그것을 명시하도록 하는 것이다.[65] 또한 정체에 유익한 발명을 한 사람들은 표창해야 하고, 전사한 시민들의 자녀들은 나라에서 그들을 부양하는 법을 제안했다.[66]

상술한 힙포다모스의 여러 개의 제안 중 아리스토텔레스가 가장 의문을 갖는 것은 세 종류의 시민구성에 관한 것이다. 무엇보다 세 계급, 즉 기술자와 농부 그리고 전사계급이 모두 정체에 참여하도록 해야 한다는 힙포다모스의 말이 문제가 된다. 아리스토텔레스가 생각하기에 이들 세 계급의 정치적 참정권 인정이 현실적인 효과가 없는 것으로 볼 수 있기 때문이다. 즉, 농민과 기술자들의 정치적 참정권은 실질적으론 행사되기 어렵기 때문이다. 즉, 농민들은 토지는 소유하지만 무기가 없고, 기술자들은 무기도 토지도 없기 때문에 이들은 실질적으론 무기를 소유한 전사계급의 노예가 될 수밖에 없다는 것이다. 장군과 같은 정체의 최고 공직 역시 모두 전사계급에서 임명될 수밖에 없는 이유가 그것이다.[67] 아리스토텔레스가 보기에 힙포다모스가 제안하는 정체에선 농민과 기술자 계급의 전사계급에 대한 불만과 저항이 발생할 수 있고, 결과적으로 정체의 안정을 도모하기가 어렵다. 만약에 농민과 기술자계급의 파쟁을 막기 위해서는 전사계급의 수가 이들 모두를 합친 것보다 더 많아야 하는데 이것은 현실성이 떨어진다.[68]

아리스토텔레스는 힙포다모스의 법에 대한 견해에 대해서도 비판적이다. 힙포다모스는 어떤 법이 정체에 유익하면 기존의 법을 바꾸어야 한다

---

[65] *Pol.*, II.8, 1267b37-1268a6 참조.
[66] *Pol.*, II.8, 1268a6-10 참조.
[67] *Pol.*, II.8, 1268a15-22 참조.
[68] *Pol.*, II.8, 1268a23-29 참조.

고 주장한다. 그러나 아리스토텔레스가 생각하기에 법을 바꾸는 것은 신중해야 하며, 법을 너무 자주 바꾸어서는 안 된다. 공적인 이익을 위한다는 미명아래 법을 바꿀 경우 정체에 치명적인 유해한 법이 도입될 수 있기 때문이다.[69] 이것은 아리스토텔레스가 정치술에 관한 법을 의술과 같은 지식과 동일한 것으로 생각하지 않기 때문이다. 즉, 법의 변화와 기술의 변화는 같지 않다는 것이다. 법은 오랜 시간 습관을 통해 변화하지만, 전문지식은 습관을 통해 변화하는 것이 아니기 때문이다. 이런 이유로 의술이나 체육과 같은 지식이나 기술 분야에선 법을 바꾸는 것이 바람직할 수 있지만, 기존의 법을 새로운 법으로 바꾸는 것은 법의 힘이 약해질 수 있기 때문에 바람직하지 않다. 따라서 법의 변경은 상당히 큰 신중함이 요구되며, 공동체 전체의 이익이 분명하게 담보될 수 있을 때 바꾸어야 한다는 것이 아리스토텔레스의 기본적인 생각이다.[70]

솔론의 최선정체

『정치학』 2권이 끝나는 12장에서 아리스토텔레스가 중요하게 검토하는 입법가는 솔론(Solōn)이다. 팔레아스나 힙포다모스가 실상 현실정치 활동을 하지 않았음에 비해 솔론은 정치가이자 입법가로서 정체의 틀을 짜고 입법 활동을 했다는 점에서 그 위상이 다르다고 볼 수 있다. 아테네 정체사에서 솔론이 아테네 민주정의 초석을 놓는데 중요한 역할을 했다는 점에서도 그렇다. 이런 이유에서인지 아리스토텔레스의 솔론의 정체관에 대한 분석은 그리 부정적이지 않다. 중용을 강조한 철학자여서 그런지는 몰라도 아리스토텔레스는 부자와 빈자 사이에서 일종의 중재자

---

[69] *Pol.*, II.8, 1268b25-31 참조.
[70] *Pol.*, II.8, 1268b35-1269a27 참조할 것.

(meson)로서의 역할을 한 솔론의 견해를 충실하게 설명하는데 만족한다.

먼저 솔론은 기존의 과두정하에서 채무로 인해 부자들의 노예가 된 데모스(dēmos), 즉 평민들의 채무를 탕감해서 다시 자유인으로 만들어주었다. 계속해서 그는 부자나 귀족들이 전유하고 있던 정치적 권리를 데모스에게도 부여하는 정치적 개혁을 시도한다. 그것은 아테네 정체의 최하층계급에 속하는 테테스(thētes) 계급에게도 시민 법정에 배심원으로서 참여할 수 있는 권리를 부여한 것이다. 이렇게 솔론은 귀족인 부자들과 평민인 빈자들을 혼합한 민주정체를 확립하고자 했다. 그것은 아레이오스 파고스(Areios pagos)는 과두정체적 방식에 의해, 공직자 선출은 귀족정체적 방식으로, 배심원 재판제도는 민주 정체적 방식을 중심으로 하여 다양한 정체의 요소를 혼합하는 것이다.[71] 그러나 솔론의 중용 지향적 정책은 과두주의자들과 민주주의자들 양쪽 모두로부터 비판을 받았다. 과두주의자들은 솔론의 정책이 너무 극단적인 빈자 중심의 정책으로 기울어졌다고 평가했고, 빈자들은 솔론이 토지의 재분배와 같은 절대적인 평등을 실현해주기를 바랐지만 솔론이 이에 응하지 않았기 때문이다. 아리스토텔레스의 보고에 따르면 "민중은 토지의 완전한 재분배를 원했고, 과두 귀족주의자들은 옛 질서를 준수하여 약간의 변화만을 원했다. 솔론은 이 두 양진에 모두 맞서 싸웠고, 나라를 구하기 위한 최선의 방책을 채택하였다".[72] 그럼에도 불구하고 솔론이 민중의 권한을 신장시킨 것은 부정할 수 없는 사실이다. 테테스와 같은 노동자 계급이 페르시아와의 전쟁에서 삼단노선(三段櫓船)[73] 병사로 참전하여 아테네 정체에 기여

---

[71] *Pol.* II.12, 1273b40-1274a1.

[72] Aristoteles, *Athenaion politeia*, 11.2.

[73] 삼단노선은 고대 그리스어로 트리에레스(triērēs)라고 불리는데, 지중해의 고대 해양 문명에서 사용된 갤리 형태의 고대 선박이다. 삼단노선은 빠르고 민첩한 배였기에 기원

했기 때문에 그에 상응하는 정치적 권리를 요구하였고 이들의 권리를 인정한 것이다.

지금까지 살펴본 팔레아스와 힙포다모스, 그리고 솔론의 정체관에 대한 아리스토텔레스의 검토는 다양한 최선정체의 모델을 소개한다는 점에서 의미가 있다. 이제 마지막으로 아리스토텔레스의 비판적 검토가 그의 최선정체와 갖는 상관관계를 검토하고자 한다. 이것은 아리스토텔레스의 이들 입법가나 정치사상가의 정체관에 대한 검토가 단순한 평면적 소개에 끝나는 것이 아니라 그의 최선정체를 구성하기 위한 정치철학적 재료로 활용하기 위한 사전작업으로 생각되기 때문이다. 즉, 『정치학』 7권과 8권에서 기술되는 '바람에 따른 폴리스'의 정치 사회적 구조와 특성에 관한 아리스토텔레스의 주장이 팔레아스와 힙포다모스가 제안한 최선정체론의 문제점을 극복 또는 개선을 통해 제시된 것으로 볼 수 있다는 이유에서다.

이와 관련해서 아리스토텔레스의 비판내용에서 주목할 수 있는 것으로 두 가지를 들 수 있다. 첫째는 팔레아스의 재산평등화 주장에 대한 아리스토텔레스의 비판이다. 팔레아스의 핵심적인 주장은 정체의 안정과 화합을 위해서는 경제적인 부를 동등하게 해주는 법을 만들면 된다는 것이다. 그러나 아리스토텔레스가 보기에 팔레아스의 주장은 인간의 욕망과 현실정치에 대한 소박한 이해에서 비롯한 것이다. 인간의 욕망은 단순히 부에만 정향되어 있는 것이 아니라 명예나 또는 철학적인 활동을 통한 즐거움도 추구하기 때문이다. 또한 부에 대한 욕망도 동등한 자에게 등등한 경제적 분배가 이루어지지만 동등하지 않는 자들에겐 그에 비례

전 7세기에서 기원전 4세기에 걸쳐 지중해를 지배하는 전함으로 활약하였다. 삼단노선은 아테나이가 그리스-페르시아 전쟁 당시 살라미스 해전의 승리부터 펠로폰네소스 전쟁으로 몰락할 때까지 해양 제국으로 성장할 바탕이 되었다.

한 불평등한 분배가 이루어져야 한다. 아리스토텔레스의 비판의 핵심은 인간의 욕망의 다양성이 간과되고 있고, 그로 인해 욕구교육의 중요성이 팔레아스에게서 간과되고 있다는 점이다. 이러한 문제점은 아리스토텔레스의 최선정체와 관련하여 중요한 시사점을 준다. 그것은 아리스토텔레스가 바라는 최상의 정체는 그 목적이 단순히 물질적 부의 자족을 넘어 '고상하고 훌륭한 삶'(kalōs kai eu zēn)으로서의 행복한 폴리스를 추구한다는 점이다. 그것은 경제적인 자족도 실현되어야 하지만 궁극적인 목적은 최선의 삶으로서의 철학적 욕망도 구현될 수 있도록 구조화된 정체여야 한다는 것이다.

둘째는 힙포다모스의 시민구성과 정치적 참정권에 관한 아리스토텔레스의 비판이다. 즉, 정체의 시민을 세 계급으로 나누면서 정치적 참정권을 모두에게 허용하자는 힙포다모스의 주장이 비현실적이라는 것이다. 아리스토텔레스가 보기에 농부와 기술자 그리고 전사계급 중에서 실질적인 정치적 주도권을 차지한 계급은 무기를 소유한 전사계급이다. 농부는 사유지를 소유하고 있지만, 실질적인 정치적 권력을 발휘하기가 어려우며, 기술자는 토지도 무기도 소유하지 않았기 때문에 더욱 불리한 정치적 상황에 처해있다. 플라톤의 이상국가에서처럼 농부와 기술자는 생산자계급으로서 정치적 참정권이 배제되는 것이다. 이것은 결국 이들 계급의 전사계급에 대한 불만을 불러일으킴으로써 정체의 안정과 화합을 보장하기 힘들게 만든다. 힙포다모스는 농부와 기술자 계급을 시민으로 인정하면서도 실질적인 정치적 관직의 소유권을 인정하지 않는 모순을 범하는 것이다. 아리스토텔레스가 자신의 최선정체에서 농부와 기술자와 같은 장인계급을 애초 시민계급에서 제외시키는 이유를 엿볼 수 있다. 그것은 아리스토텔레스가 생각하기에 힙포다모스처럼 이들 생산자 계급을 시민

계급으로 포함시키면서도 실질적으로 이들의 정치적 시민권을 배제하는 것은 오히려 이들 계급의 더 큰 불만을 불러일으킴으로써 정체의 안정과 조화를 실현하기 어렵다는 인식이 반영된 것이다.

2. 최선의 현실정체들: 스파르타, 크레테, 카르케돈

『정치학』 2권 9장부터 11장은 당시에 현실적으로 최선의 정체로 평가되는 세 종류의 정체, 즉 스파르타(Sparta)와 크레테(Krētē) 그리고 카르케돈(Karchēdōn)에 대한 검토가 이루어진다. 이 세 정체는 당시에 좋은 정체로서의 평판이 있었기 때문에 이들 정체들이 어떻게 운영되고 작동되었는지 그리고 이들 정체의 각각의 장점과 단점이 무엇인지를 파악하는 것은 중요하다. 이 부분은 아리스토텔레스의 현실정체에 대한 그의 경험주의적인 정치철학자로서의 탁월한 분석력과 면모를 보여주는 것으로 평가할 수 있다. 또한 이 부분은 『정치학』 7권과 8권에서 아리스토텔레스가 구상하는 최선정체의 정치구조 및 법적 방안에 관한 중요한 단서들을 얻을 수 있다는 점에서도 중요하다.[74]

스파르타 정체

먼저 아리스토텔레스가 스파르타 정체의 강점으로 말하는 것은 크게

---

[74] 형이상학적 관점에서 플라톤이 이데아철학을 통해 이상국가의 본(paradeigma)을 전제하고 있다면, 아리스토텔레스는 현실적으로 존재하는 다양한 국가들에 대한 경험적 분석을 통해 모든 나라들에서 발견되는 공통성에 기반한 좋은 나라를 구성하고자 한 것으로 볼 수 있다. 좋은 국가의 본을 스파르타나 크레테 또는 카르케돈과 같은 현실정체를 통해 찾고자 한 것이다. 플라톤과 아리스토텔레스의 형이상학적 차이점은 그들의 정체에 관한 실천철학에도 오롯이 반영되고 있다.

두 가지이다. 하나는 스파르타 정체가 혼합정적인 특성을 갖고 있다는 점이다. 즉, 왕정과 귀족정 그리고 민주정의 혼합된 원리로 구성된 스파르타 정체는 이러한 세 유형의 정체적 특성을 혼합하여 정체의 안정을 확보할 수 있는 강점을 갖고 있었다. 스파르타 정체의 혼합된 정치제도는 아리스토텔레스로 하여금 스파르타 정체가 크레테나 카르케돈 정체에 비해 상대적으로 우월한 정치체제임을 인정하게 하는 요소이다. 다른 하나의 강점은 공동식사제도를 통해 평등을 실현하고자 했다는 것이다.

그러나 스파르타 정체가 갖고 있는 이러한 두 가지 장점에도 불구하고 아리스토텔레스가 보기에 스파르타 정체는 다음과 같은 문제점들이 있다. 첫째는 지나친 군국주의(軍國主義, militarism)이다. 강한 군국주의적 경향은 스파르타 정체가 기본적으로 국가노예인 헤일로테스(heilōtes)라는 노예제에 기반하고 있다는 것과 밀접한 관련을 갖는다. 즉, 스파르타는 헤일로테스의 절대적인 노동력에 의존해 있었기 때문에 이들 거친 다수의 노예들을 복종시키기 위해서는 강한 군사력이 요구될 수밖에 없었다. 이것은 결국 스파르타 정체에 악순환을 가져오는 원인으로 작용하는데, 그것은 노예들의 반란가능성을 막기 위해 노예들에 대한 계속적인 감시와 훈육을 수행하기 위한 군사력을 강화시키는 것이 필요하게 되었기 때문이다. 결과적으로 스파르타 남성들은 노예의 통제와 대외적인 전쟁을 수행하기 위한 군사교육에만 치중하게 되었다.[75]

스파르타 정체의 두 번째 문제점은 첫 번째 문제에서 비롯한 결과라고 볼 수 있다. 그것은 여성의 사치와 방탕함이다.[76] 이러한 문제는 남성이 대부분의 시간을 전쟁을 위해 가정과 폴리스를 비운 결과와 무관하지

---

[75] *Pol.*, II.9, 1269a34-1269b13 참조.
[76] *Pol.*, II.9, 1269b12-23.

않다. 즉, 스파르타 남성의 경우 전쟁을 위한 병영생활로 가정에서의 가장의 역할과 정치적 영역에서의 공적 시민의 역할을 수행하기가 어려웠다. 이것은 가정과 폴리스의 운영이 기본적으로 여성에 의해 장악되는 것을 의미한다. 즉, 여성에게 부와 권력이 집중됨을 의미한다.[77] 아리스토텔레스에 따르면 두 가지 방식을 통해 여성의 주도권이 형성되는 것으로 보인다. 하나는 스파르타 남성의 잦은 병영생활은 성에 대한 강한 열정을 불러일으켰고, 여성은 성을 통해 남성을 지배할 수 있게 된 것이다. 아리스토텔레스가 "아프로디테가 아레스와 관계를 맺은 것으로 말하는 것은 일리가 있다"[78]고 말하는 이유가 여기에 있다. 아리스토텔레스는 "여성이 지배하는 것이거나 여성에 의해 지배되는 남성이 지배하는 것 사이에 무슨 차이가 있는가"라고 말한다.[79] 이것은 스파르타 정체의 주도권을 남성이 아닌 여성에게 넘겨줌으로써 남성의 역할을 축소시키게 되는 결과를 발생시킨다. 다른 하나의 방식은 스파르타의 입법가인 뤼쿠르고스가 금지한 토지매매가 아버지의 자식에 대한 유증을 통해 부의 축적이 가능해졌다는 것이다.[80] 그래서 신부지참금과 여자상속인에게 토지가 유증되고 이것은 결과적으로 불평등을 발생시켰다. 특히 여성의 결혼 지참금이나 미망인에 대한 유증이 이루어져 부의 여성에로의 집중이 합법화된 것이다.[81]

---

[77] *Pol.*, II.9, 1269b23 이하 계속 참조.

[78] *Pol.*, II.9, 1269b28-29.

[79] *Pol.*, II.9, 1269b33-34. 희극작가 아리스토파네스의 『뤼시스트라테』에서 여성들은 남성을 평화조약에 서명할 수 있도록 만들기 위한 무기로 남성들과의 잠자리를 거부하는 소위 섹스 파업(sex strike)운동을 벌여 그 목적을 이룬다. 남성들로 하여금 전쟁을 중단하고 평화협정에 서명하도록 하기 위한 여성들의 중요한 수단이 남편들과의 잠자리를 거부하는 것이었기 때문이다.

[80] *Pol.*, II.9, 1270a6-10 참조. epitadeus 법령은 아버지가 장손에게 땅을 유증하는 것을 합법화한 것으로 추정된다.

스파르타 정체의 주된 세 번째 문제점은 정치적 제도의 운영상의 불안정성에서 발견된다. 스파르타 정체는 두 명의 왕과 귀족들로 구성된 원로원(gerousia) 그리고 민중(dēmos)에서 선출된 감독관(ephoroi)들로 구성된다. 앞에서 말한 것처럼 이러한 세 유형의 정체적 원리의 혼합적 특성은 스파르타의 장점이 된다. 그런데 아리스토텔레스가 보기에 문제는 정치적 관직의 선출기준과 자격에서의 결함이다. 먼저 에포로이라는 감독관 제도의 주체인 데모스의 자격이 문제가 된다. 감독관들은 왕을 견제하고 국가의 중대사를 결정할 막강한 권한을 갖고 있으나 이들은 대부분이 가난한 출신들이기 때문에 돈에 매수될 수 있는 가능성에 노출되어 있다. 이들의 생활방식이 정체의 목표에 맞지 않게 매우 방종한 생활을 하고 있다는 것이 그 방증이 된다. 아리스토텔레스는 이러한 문제를 시정하기 위해 감독관들의 선출방식이 바뀌어야 한다고 주장한다. 감독관들의 판단과 결정 역시 그들 자신의 자의적인 판단이 아니라 성문법과 법규에 따라 판단해야 한다는 것이다.[82] 원로원 역시 문제가 있기는 마찬가지다. 무엇보다 원로원들의 임기가 종신직이라는 것이 큰 문제다. 원로원 의원들의 교육수준은 기대 이하로 형편없으며, 늙어서 국가의 중대사를 잘 판단할 수 있는지도 의심이 들기 때문이다. 원로원 의원들 역시 뇌물로 인해 타락하고 공사를 처리하는 데서 정실에 치우친다. 아리스토텔레스가 생각하기에 원로원 의원은 재능과 덕에 따라 선출되어야 하는데, 이들이 직접 유세를 하는 것도 적절치 않은 선출방식이다. 원로원 의원이 되고자 하는 이유도 개인적인 야심이나 금전욕이다.[83]

---

[81] *Pol.*, II.9, 1270a11-34 참조할 것. 뤼쿠르고스는 토지의 매매를 금지했으나 이것은 결국 유증이란 방식을 통해 klēros, 즉 공적인 토지의 유증이 여성에게 이루어진 것이다.
[82] *Pol.*, II.9, 1270b6-35 참조.
[83] *Pol.*, II.9, 1270b35-1271a18 참조.

아리스토텔레스의 스파르타 정체에 대한 마지막 비판은 공동식사제도(syssitia)의 운영방식에 맞추어진다. 스파르타에서 피디티아(phiditia)라고 불리는 공동식사는 이미 앞에서 말한 것처럼 아리스토텔레스가 평등을 실현할 수 있는 유익한 제도라고 긍정적으로 평가한 것이다. 그런데 스파르타 공동식사제도의 문제점은 그 비용이 공금이 아닌 개인으로 하여금 지출을 하게 만들었다는 것이다. 따라서 가난한 시민은 공동식사제도에 참여하기가 어렵게 되고 결과적으로 시민들 사이의 평등과 우애를 방해하는 요인이 되었다. 부가 소수에게 집중됨에 따라 빈자는 공동식사제도에 참여할 수 없게 됨으로써 정체 내의 불평등이 더 심하게 된 것이다. 입법자의 원래 취지는 공동식사를 민주적인 방식을 통해 정체의 평등을 실현하고자 한 것이었으나 현실은 그 반대로 진행되었던 것이다.[84]

아리스토텔레스가 보기에 스파르타 정체의 혼합정적인 특성과 공동식사제도를 통한 평등의 실현추구는 긍정적으로 평가할 수 있다. 그러나 이러한 장점에도 불구하고 스파르타 정체는 위에서 열거한 문제점들을 보여준다는 점에서 최선정체로 보기 어렵다. 특히 두 가지 주요한 원리를 결여하고 있다는 점에서다. 하나는 지나친 남성들의 군사교육이 결과적으로 평화 시에 여가를 선용할(scholazein) 줄 몰랐다는 것이고,[85] 다른 하나는 여성에 대한 교육에 실패했다는 것이다.[86]

---

[84] *Pol.*, II.9, 1271a26-37 참조.

[85] *Pol.*, II.9, 1271b3-7 참조.

[86] 스파르타 정체는 여성들에게는 남성 전사들에게 요구되었던 절제의 덕을 요구하지 않았다. 뤼쿠르고스가 여성들의 절제를 제도화하려고 했으나 여성들의 저항에 부딪쳐 실패로 끝났다. 따라서 스파르타의 여성들은 사치와 방탕함이 극에 이르게 되고 절제의 덕은 퇴색된다. 이것은 결과적으로 여자들이 실질적으로 스파르타를 지배하는 주인이 되고, 여자들의 방탕함을 야기하였다. 부가 여자들에게 집중되고 결과적으로 나라의 수호를 위한 전사 육성에 쓰이지도 않게 됨으로써 스파르타는 몰락의 길을 걷게 된 것이다.

크레테 정체

크레테 정체에 대한 아리스토텔레스의 평가는 어떤가? 아리스토텔레스에 따르면 크레테가 좋은 정체라는 평판을 받는 데는 섬나라라는 지리적인 운이 주요하게 작용했다. 섬나라라는 운의 좋은 예가 노예의 반란을 막아주었다는 것이다. 즉, 크레테의 농노는 페리오이코스(perioikos)라고 불리는데, 이들이 스파르타의 노예인 헤일로테스보다 반란을 일으키지 않은 이유는 크레테가 섬이라는 위치로 인해 자신들이 정체에 반란을 일으켰을 경우 자신들과 연대할 이웃의 동맹을 찾을 수 없을 것이라는 두려움이 작용했기 때문이다.[87] 아리스토텔레스가 보기에 크레테의 공동식사제도(syssitia)는 스파르타나 카르케돈보다 더 우월하다. 앞에서 살펴본 것처럼 스파르타 정체도 공동식사제도가 있었지만 그 비용이 공급이 아니라 개인비용을 통해 이루어졌다는 점에서 문제가 있다고 지적되었다. 그러나 크레테에선 공동식사제도의 비용이 국가에 의해 부담되었고, 그래서 여자와 아이까지 공급에 의해 공동식사제도에 참여할 수 있었다. 이러한 공동식사제도는 크레테 정체의 구성원들의 실질적인 평등을 실현할 수 있게 함으로써 내부 결속력과 평화에 기여하였다.[88]

상술한 크레테의 장점에도 불구하고 아리스토텔레스는 크레테의 정치제도는 덜 완전하며 덜 정교하다고 말한다.[89] 첫째는 코스모이(kosmoi) 제도의 문제점이다.[90] 코스모이는 10명으로 구성된 마치 스파르타의 감독관(ephoroi) 제도에 상응하는 크레테의 정치기구인데 이들 코스모이 위원

---

[87] *Pol.*, II.10, 1272b16-23 참조.
[88] 크레테의 입법자는 음식의 공급을 인구수에 비례하여 조절될 수 있도록 만들었는데, 이것을 동성애를 권장하거나 또는 남녀를 분리시키는 방법을 통해 강구하였다(1272a16-27).
[89] *Pol.*, II.10, 1271b20-24.
[90] *Pol.*, II.10, 1272a28-1272b1 참조.

들이 특정 가문에서만 선출되고 그것도 무자격자가 선출된다는 것이다. 스파르타에서처럼 다수 평민들로부터 감독관들이 선출되는 것과 달리 크레테의 코스모이는 특정 가문에서만 선출되었기 때문에 민중이 정체에 우호적이지 않은 것은 당연하다. 더 큰 문제는 이들 코스모이가 추후의 감사를 받지 않는 종신직이라는 것과 정치적인 사안들을 법에 따르지 않고 자신들의 임의적인 판단에 의해 결정했다는 것이다. 아리스토텔레스가 코스모이의 타락이 스파르타보다는 덜하다고 말하지만, 실상 이것은 코스모이가 덕을 갖고 있기 때문이 아니라 그들이 매수당할 위험으로부터 멀리 떨어진 섬이라는 운적인 요인에서 비롯한 것이다.

정치적인 제도의 특성을 고려하면 크레테는 정체의 불안정성이 더 크다. 앞서 살펴본 것처럼 크레테 정체의 평화와 안정은 섬이라는 지리적 위치에 의해 유지된 측면이 강하다. 또 이러한 섬국가의 특수성으로 인해 외국에 영토를 확보하고자 하는 제국주의적 정책을 추구하지 않은 것도 평화를 유지할 수 있는 이유가 된다.[91] 그러나 크레테 정체는 실상 그리 "안전한 것은 아니다"(hou asphalēs, 1272b7) 라고 아리스토텔레스가 말한다는 점에 주목해야 한다. 크레테 정체의 안정과 평화가 정치적 제도나 법이 훌륭하거나 잘 만들어진 것에 있는 것이 아니라 귀족들에 의한 과두정체였기 때문이다. 즉, 아리스토텔레스가 보기에 크레테는 좋은 법과 정치적 통치원리(politikē archē)에 근거한 정체가 아니라 어디까지나 힘 있는 몇몇 귀족들에 의한 실질적인(de facto) 과두독재(dynasteutikē) 정체라는 것이다.[92] 이런 이유로 다수 시민들은 그들이 선출한 코스모이들을 추방할 수 있는 힘이 주어지지 않았다. 그래서 권력을 장악한 몇몇 귀족

---

[91] *Pol.*, II.10, 1272b16-23.
[92] *Pol.*, II.10, 1272b11.

가문들은 자신들의 임의적인 뜻에 따라 정체를 맘대로 통치한 것이다. 아리스토텔레스가 보기에 크레테의 정치질서는 혼합정의 요소를 보이지만 그것은 과두정 독재정치에 가깝다.

아리스토텔레스의 크레테 정체에 대한 평가를 정리하면 다음과 같다. 일단은 크레테적인 삶의 방식은 공동식사제도를 고려할 때 분명 민주주의적인 평등의 양태를 보여준다. 어느 누구도 배제되지 않고 남녀노소, 아이 모두가 국가의 지원에 의해 공동식사에 참여할 수 있었기 때문이다. 코스모이 관직 역시 형식적이지만 데모스가 선출하는 것으로 되어 있다는 점에서 민중의 정치적 참정권이 인정되고 있다. 그러나 실질적인 정치적 권력은 힘 있는 귀족들에게 주어진다는 점에서 정체의 특성은 혼합정이 아닌 과두주의적 왕정 내지 과두 독재정이라고 볼 수 있다. 아리스토텔레스가 보기에 크레테의 입법가는 데모스에게 정치적 참정권을 부여함으로써 혼합정체적인 정치를 구현하고자 했으나 그 목적을 실질적으로 구현하는 데는 실패하였다. 그래서 그는 이러한 문제의 원인을 크레타인들이 여가(scholē) 교육의 중요성을 인식하지 못한 데서 비롯한 것으로 진단한다. 스파르타에 정체도 마찬가지이지만 크레타 정체 역시 덕 있는 시민이 될 수 있는 제대로 된 시민 교육이 이루어지지 않았다는 것이다. 크레테 정체가 좋은 정체라는 평판을 받을 수 있었던 이유는 운적인 도움에 기인한 것이지 정치제도의 우수성 때문이 아닌 것이다.

카르케돈 정체

마지막으로 아리스토텔레스는 카르케돈 정체의 제도를 검토한다. 아리스토텔레스는 앞서 기술한 스파르타나 크레테보다 카르케돈 정체가 상대적으로 더 낫다고 말한다. 카르케돈의 제도 중 많은 것이 잘 운영되고 있고, 그래서 잘 조직된 정체이기 때문이다. 아리스토텔레스가 이렇게 평가하는 데는 카르케돈 정체가 적어도 두 가지 주요한 기준을 충족시키고 있기 때문이다. 두 가지 기준 중 첫 번째는 정체의 내적인 평화 유지 상태가 이루어질 수 있어야 하고, 다른 하나는 시민들이 자발적으로 통치에 따라야 한다는 것이다. 카르케돈은 이 두 기준을 모두 통과하는 것으로 볼 수 있는데,[93] 참주가 권력을 잡거나 특별한 반란이 일어난 적이 없고 또한 시민들이 정체에 우호적인 태도를 보이기 때문이다. 아리스토텔레스의 카르케돈에 대한 긍정적인 평가는 아래의 인용문을 통해 알 수 있다.

"카르케돈인들도 훌륭한 정체를 갖고 있는 것으로 생각되는데, 그들의 정체는 여러 가지 점에서 다른 나라의 정체와 다르다. --- 카르케돈인들의 제도 중에는 좋은 것이 많이 있다. 그들의 제도가 좋다는 것은 민중이 끝까지 정체에 우호적이었다는 사실이 입증해준다. 카르케돈에서 이렇다 할 반란이 일어난 적이 없고 참주가 권력을 잡은 적도 없었으니 말이다."(*Pol.*, II.11, 1272b24-33)

위 인용문을 통해 알 수 있는 것처럼 아리스토텔레스는 카르케돈 정체를 다른 정체와 비교해서 상대적인 우월성이 있는 것으로 평가한다. 크레테는 내적인 평화와 시민의 정체에의 자발적인 충성심이라는 기준을 통과하는 데 실패했고, 스파르타는 이 기준에 가까이 간 측면이 있지만, 카르케돈이 가장 이 기준을 가깝게 충족시킨 것으로 볼 수 있기 때문이다. 특히 그의 이러한 긍정적인 평가는 카르케돈이 스파르타나 크레테와 같은 헬라스(Hellas) 민족이 아닌 점을 고려하면 더욱 그렇다. 그러면 카르케돈 정체의 두드러진 특성은 무엇인가? 카르케돈의 정치제도가 잘 이루

---

[93] *Pol.*, II.11, 1272b29-33.

어진 것은 무엇이고, 또 무엇이 잘못 이루어졌는가?

아리스토텔레스가 보기에 카르케돈 정체의 정치제도적인 특성은 정체의 혼합성에서 찾아질 수 있다. 무엇보다 왕과 원로원 그리고 104인의 에포로이(ephoroi)가 모두 탁월성에 따라 선출된다는 점에서 의미가 있다. 왕은 가문에서의 세습이 아닌 덕에 근거해서 선출되고 원로원 위원 역시 나이가 아닌 덕에 따라 선출되기 때문이다. 마찬가지로 104인 감독관들도 단순히 민중들 중 아무나 선출되는 것이 아니라 탁월성을 기준으로 선출된다는 점에서 의미가 있다. 덕에 따라 정치적 관직이 분배되었기 때문에 감독관들은 타락하지 않았으며, 왕과 원로원 역시 능력 있는 가문에서 능력 있는 사람이 선출되었기 때문에 서로 간에 견제를 통한 조화가 실현될 수 있었다.[94] 이러한 정치적 구성에서의 혼합적 특성은 이들 세 부분의 정치적 주체에게 각기 그에 해당되는 실질적인 정치적 권한을 주고 있다는 점에서도 확인된다. 특히 아리스토텔레스가 크레테와 스파르타 정체에서 찾을 수 없는 카르케돈 정체의 고유한 정치적 특성은 *데모스*(dēmos), 즉 민중에게 막강한 정치적 권력이 배분되었다는 것이다. 이것은 카르케돈의 에포로이가 단순히 스파르타의 에포로이처럼 왕과 원로원의 결정을 일방적으로 따르기만 한 것이 아니라는 점에서 일 수 있다. 즉, 카르케돈의 왕들과 원로원 의원들이 서로 합의를 보지 못하게 될 경우 데모스가 그 안건에 대한 결정권을 갖게 한 것이다. 더 나아가 왕들과 원로원이 합의하여 안건을 제출했을 경우에도 민중은 듣기만 하는 것이 아니라 결정권을 가지며, 민중이 원하면 누구든지 제출된 안건에 반론을 제기할 수 있는 권한을 가지도록 한 것이다.[95]

---

[94] *Pol.*, II.11, 1272b33-1273a2 참조.
[95] *Pol.*, II.11, 1273a6-13 참조.

이러한 카르케돈 정체의 민주정적인 요소와 더불어 과두정적인 요소도 확인된다. 그것은 5인 위원회(pentarchia)가 막강한 권한을 갖고 자체 선출을 하거나 최고 공직자 100명을 선출하게 한 점 그리고 가장 긴 공직 기간을 갖도록 했다는 점에서다. 이것은 카르타고 정체의 과두정체적인 특성을 보여준다고 말할 수 있다. 귀족정체의 요소도 보이는데, 그것은 그들이 보수를 받지 않거나 추첨에 의해 선출되지 않는다는 점에서다.[96]

그러면 카르케돈 정체의 정치제도에 대한 아리스토텔레스의 평가는 어떤 것인가? 위에서 살펴본 것을 통해 알 수 있는 것처럼 아리스토텔레스는 일단 정체의 권력 주체가 세습이나 나이가 아니라 덕에 의해 선출된다는 점에서 카르케돈 정체를 긍정적으로 평가한다고 말할 수 있다. 그리고 카르케돈의 정치제도가 혼합정적인 요소에 의해 구성된다는 점 역시 부정적이기보다는 긍정적으로 평가된다고 볼 수 있다. 그런데 중요한 것은 아리스토텔레스에게서 카르케돈 정체 역시 스파르타나 크레테처럼 단적으로 최선의 정체로 간주되지는 않는다는 것이다. 그러면 아리스토텔레스가 생각하기에 카르케돈 정체의 불완전성은 어디에서 찾아질 수 있는가? 카르케돈에 대한 아리스토텔레스의 긍정적 평가와 비판적 평가의 구분이 생각보다 분명하게 제시되고 있지 않기 때문에 이의 해명을 위해서는 좀 더 세밀한 분석이 필요하다.

무엇보다 아리스토텔레스는 최선의 정체로부터 벗어나는 결함이 대부분의 정체에서 공통적으로 발생하는 것으로 말하면서 카르케돈 정체 역시 이러한 문제점을 보여주고 있는 것으로 말한다는 점이다.[97] 즉, 카르케돈의 혼합정이라는 전제부터 이탈하는 일이 발생한다는 것이다. 이것을

---

[96] *Pol.*, II.11, 1273a13-20.
[97] *Pol.*, II.11, 1273a2-6.

아리스토텔레스는 카르케돈 정체의 질서(taxis)가 "귀족정으로부터 과두정으로 벗어나 있다"(parekbainei tēs aristokratias pros tēn oloigarchian, 1273a21-22)는 것으로 적시한다. 앞에서 살펴본 것처럼 카르케돈 정체는 혼합정적인 요소로 구성되어 있다. 즉, 에포로이 제도는 *데모스*의 권한이 강한 민주정적인 요소를 보여주기고 하고, 5인 위원회는 과두주의적인 경향으로 더 기울어져 있고, 또한 원로원은 귀족주의적인 특성을 보여주고 있기 때문이다.[98] 이렇듯 카르케돈 정체는 혼합정이라는 정체적 특성, 특히 올바른 정체가 되는 귀족정의 특성을 보여준다는 점에서 긍정적으로 평가될 수 있다. 문제는 아리스토텔레스가 보기에 카르케돈의 귀족주의적인 혼합정의 특성이 덕의 원리를 견지하고 있는가 하는 것이다.

아리스토텔레스에 따르면 가장 탁월한 자가 통치를 할 수 있어야 하고, 이러한 훌륭한 자가 품위를 잃지 않도록 해주는 것이 중요하다. 그런데 카르케돈 정체의 왕이나 장군과 같은 최고공직자의 선출은 덕뿐만 아니라 부가 고려된다. 부가 선거의 기준이 될 경우 오히려 덕 있는 자가 선출되지 않을 수도 있다. 즉, 가난하지만 덕 있는 자는 최고공직자로 선출될 가능성이 떨어지는 것이다. 그러나 아리스토텔레스가 생각하기에 덕 있는 자는 덕의 힘만으로 최고 공직이 주어져야 한다. 덕과 함께 부가 기준이 되면 이것은 과두정으로 기울어지게 되고, 결국 국가 전체가 돈을 탐하게 된다. 요컨대 "법이 덕보다 부를 더 명예롭게 만들고, 폴리스 전체가 돈을 더 좋아하게 만들기 때문이다"[99]는 것이다. 더 큰 문제는 돈으로 공직을 사서 선출된 사람은 다시 공직을 이용해 돈을 추구하게 마련이라는 것이다. 이것은 카르타고 정체가 귀족정의 전제가 되는 덕의 원리를

---

[98] *Pol.*, 1272b34-1273a2 참조.
[99] *Pol.*, II.11, 1273a37-39.

이탈해서 과두정으로 기우는 것이며, 결국 카르케돈 정체의 타락을 의미한다. 아리스토텔레스의 다음과 같은 진단은 시사하는 바가 결코 작지 않다.

> "덕이 존중되지 않는 곳에서는 귀족정체가 튼튼하게 뿌리내릴 수 없다. 그리고 돈을 주고 공직을 산 사람들은 당연히 공직을 이용하여 비용을 회수하는 버릇이 생길 것이다. 가난하고 점잖은 사람도 공직에서 이득을 보려 하거늘, 큰 비용을 들인 열등한 자가 이득을 보려 하지 않으리라고 생각하는 것은 불합리하기 때문이다. 따라서 가장 잘 통치할 수 있는 능력이 있는 사람들이 실제로 통치해야 한다. 입법자는 존경스러운 사람들이 가난해지지 않도록 보호해주진 못할망정 적어도 공직에 있는 동안이나마 그들이 여가를 갖도록 해주어야 한다."(*Pol.*, II.11, 1273a41-1273b7)

아리스토텔레스가 보기에 카르케돈 정체의 핵심적인 문제는 최선정체의 척도가 되는 덕이 실질적인 정치적 원리로 작동되지 않는다는 데 있다. 즉, 귀족정은 덕에 의한 통치가 이루어져야 한다. 그러나 카르케돈 정체에서는 부가 그 역할을 수행한다는 것이다. 가령 덕보다 부가 우선시되어 최고 공직자가 선출될 경우 그는 그 공직을 이용해 자신의 이득을 보려고 한다는 것이다. 따라서 덕만이 고려되어 왕이나 장군직이 주어져야지 부까지 요구하게 되면 덕은 부에 밀려 무력화된다는 것이다. 그렇게 되면 왕이나 장군직이 매수 대상이 됨으로써 정체의 타락이 있게 된다. 그래서 아리스토텔레스는 덕 있는 자들이 '여가'를 가질 수 있도록, 그래서 부에 의해 휘둘리지 않도록 배려해주는 것이 필요하다고 강조한다.[100]

다음으로 아리스토텔레스가 카르케돈 정체의 문제점으로 지적하는 것

---

[100] *Pol.*, II.11, 1273a31-1273b7 참조.

은 한 사람이 여러 공직을 겸하는 것이다. 이것은 바람직하지 않은데 두 가지 이유에서 그렇다.[101] 첫째는 하나의 일은 한사람에 의해 최선으로 성취된다는 것이다. 둘째는 여러 사람이 관직을 차지하는 것이 더 정치적이고 더 민주적이라는 것이다. 아리스토텔레스는 이것을 동일인이 피리 연주자와 제화공 모두가 되기를 요구하는 것은 좋지 않다는 예를 들어 설명한다.[102] 그런데 그의 이러한 주장은 앞서『정치학』2권에서 '동등한 자들 사이의 정치적 관계는 관직을 서로 교대로 바꿔 갖는 것이 더 좋다'[103]는 말과 쉽게 조화되지 않는 것으로 보인다. 마치 "같은 사람이 항상 제화공과 목수가 되는 것보다는 두 사람이 서로 바꾸는 것이 더 나은 것처럼 말이다".[104] 그런데 제화공과 목수가 서로 바꾸는 것이 더 낫다는 말은 '한 사람에 의한 한 가지 일 수행 원칙'과 상반된 주장이라 볼 수 있는데, 이것은 어떻게 이해해야 할까? 이 질문에 대한 답은 아리스토텔레스가 이러한 원칙이 적용되는 대상을 어떻게 설정하고 있는가에 주목할 필요가 있다. 다시 말해 '한 사람이 하나의 직무만을 수행해야 한다는 주장'은 기본적으로 덕이나 능력에 있어 타인보다 탁월한 사람과 관련시켜 이해해야 한다. 이것은 피리연주를 가장 잘 할 수 있는 사람은 피리연주만 하도록 만들어 주어야지 소질이 없는 제화공 일까지 하도록 해서는 안 된다는 것이다.

그런데 일을 잘 할 수 있는 능력과 덕을 엇비슷하게 소유한 사람들이 여럿 있는 경우는 어떻게 해야 하는가? 이 경우 아리스토텔레스는 그러한 능력을 갖춘 여러 명에게 교대로 그 일을 할 수 있도록 해주는 것이 옳은

---

[101] *Pol.*, II.11, 1273b8-17 참조.
[102] *Pol.*, II.11, 1273b11-12.
[103] *Pol.*, II.2, 1261a32 이하 계속 참조.
[104] *Pol.*, II.2, 1261a35-37.

것이라고 말한다. 이것은 피리연주자가 목수일도 잘 할 수 있고, 마찬가지로 목수가 피리도 잘 부는 경우에 해당된다. 이 경우 목수와 피리연주자가 서로 일을 바꿔 해보는 것이 유익하다는 것이다.[105] 모든 사람이 본성에서 동등한 곳에서는 모든 사람이 통치에 교대로 참여하는 것이 정의롭고 이익이 된다는 것이다. 그런데 아리스토텔레스가 보기에 카르케돈 정체는 그 능력과 덕에 따른 업무가 적절하게 분배되지 않았다는 데 문제가 있다. 한 관직에만 탁월성을 발휘할 수 있는 자가 다른 관직도 겸하고 있기 때문이다. 이것은 공동체의 결속을 위해서도 바람직하지 않고 유익하지도 않다. 이러한 이유로 아리스토텔레스는 카르케돈이 *데모스*의 반란을 겪지 않을 수 있었던 것은 어디까지나 운이 좋았던 것이지 입법가의 지혜에 의한 것이 아니라고 평가한다. 카르케돈은 민중의 일부를 정복된 곳으로 보내 부자로 만듦으로써 성공적으로 파쟁(stasis)을 피할 수 있었다. 그렇지만 이것은 근본적인 결함을 수정한 것이 아니다. 카르케돈 정체가 운 좋게 이러한 수단을 통해 정체의 안정성을 담보할 수 있었지만, 피지배 대중이 반란을 일으킬 경우 법을 통해 평화를 회복할 수 있는 방안은 없다는 것이 아리스토텔레스의 진단이다.[106]

상술한 것을 통해 한편으론 아리스토텔레스가 카르타고 정체를 스파르타나 크레테보다 상대적으로 더 높게 평가하는 것을 알 수 있었다. 그러나 여전히 그가 카르타고 정체의 미래에 대해 우려하는 것도 확인할 수 있었다. 카르타고 정체가 덕이나 자유로운 시민들의 주장보다 부를

---

[105] 그런데 이러한 아리스토텔레스의 목수와 피리연주자 예는 좋은 설명이라기보다는 자칫 오해를 불러일으킬 여지가 있어 보인다. 목수와 피리연주자 예는 '1인 1업무 주장'과 '교대로 일을 바꿔 해 보는 것'을 함께 아우르는 설명으로 적절치 않다는 것이다. 통치업무의 전문성과 교대로의 통치에 적용하는 것은 혼란을 야기할 수 있기 때문이다.
[106] *Pol.*, II.11, 1273b22-24.

우선시함으로써 과두주의적인 방향으로 치우친다는 비판이 그것이다.

세 종류 정체 분석을 통한 최선정체의 방향성

지금까지 살펴본 스파르타와 크레테 그리고 카르케돈에 대한 아리스토텔레스의 분석은 당대에 최선정체로 평판이 높은 정체들에 대한 이론적인 검토였다. 그런데 이러한 아리스토텔레스의 비판은 그의 이상국가 내지 최선정체에 대한 중요한 정치철학적 전망이 함축되어 있는 것으로 볼 수 있다. 당시에 최선의 현실 정체로 평가되었던 세 정체에 대한 비판적 분석은 향후 아리스토텔레스가 생각하는 최선국가의 정치질서 내지 정치제도의 구성에 관한 중요한 방향성을 제시해주고 있기 때문이다. 즉, 무엇이 정체의 발전을 위해 좋은 것으로서 선택되어야 하고 또 무엇이 발전을 위해 버려지거나 개선되어야 하는지에 관한 대응책을 찾기 위한 이론적 모색이라고 볼 수 있다. 그런 점에서 세 종류의 정체에 대한 분석은 그가 구상하는 '바람에 따른 폴리스'가 단순히 이상국가로서 끝나는 것이 아니라 현실 속에 구현 가능한 최선정체로 탄생할 수 있도록 하기 위한 그의 진지한 정치철학적 숙고가 반영된 작업이라고 볼 수 있다. 이러한 목적을 달성하기 위한 그의 자세는 특히 카르케돈 정체에 대한 분석에서 잘 나타난다. 카르케돈은 크레테나 스파르타처럼 헬라스 민족이 아닌 이방인들의 국가이지만, 아리스토텔레스는 정치철학자로서 열린 마음을 갖고 자신의 이상국가 건설을 위해 다른 민족의 정체를 분석하고 있는 것으로 볼 수 있기 때문이다.

세 종류 정체에 대한 아리스토텔레스의 분석에서 특히 중요한 것은 정체의 올바른 목표수립과 그것을 성취하기 위한 수단의 강구가 중요하다는 것이다. 스파르타의 경우 정체의 목표가 평화보다 전쟁에 기울어졌다는 점에서 문제가 있다. 전쟁이 강조되었기 때문에 스파르타의 교육 목표는 용기 있는 전사를 만드는 것이지 덕 있는 시민을 만드는 것에 맞추어져 있지 않았다. 그래서 전쟁을 통해 평화를 얻었지만 스파르타 남성은 정작 여가를 활용하는 법을 알지 못했다. 스파르타의 멸망 원인은 잘못된 정체목표 수립과 잘못된 수단에 있었다. 크레테 역시 정체의 안정성을 확보한 것이 입법가의 정치적 지혜에 근거한 것이 아니라 어디까지나 도서에 위치해 있다는 운적인 요소에 의한 결과로 볼 수 있다. 이 점에서 카르케돈 정체도 예외가 될 수 없다. 정치구성이 혼합적으로 이루어졌지만, 정치운영의 가치가 덕이 아니라 부에 의해 이루어졌다는 점에서 문제가 있다. 크레테와 카르케돈은 목표를 성취하기 위한 수단이 잘못 설정되어 있었다.

상술한 문제점은 아리스토텔레스가 생각하는 최선정체의 목표의 조준점이 어디에 향해있는지를 가늠할 수 있게 해준다. 그것은 좋은 정체의 목표는 군사적인 힘이나 부가 아닌 덕에 정향 지워진 것임을 알 수 있다. 즉, 아리스토텔레스의 최선정체는 부가 목표가 되는 것이 아니라 덕을 목표로 시민교육이 이루어지는 것으로 이해할 수 있다. '여가'(scholē)가 이러한 시민교육을 이루기 위한 최선정체의 중요한 수단이 된다고 볼 수 있다. 여가활동을 통해 시민덕의 함양이 중요한 이유는 많은 나라의 부침이 이성적인 법 또는 제도적 차원의 방안이 미약하거나 불충분하기 때문이다. 상술 한 세 정체에 대한 분석에서 알 수 있듯 민중이든 원로원이든 권력의 남용을 방지하기 위한 견제와 감시제도가 무엇보다 중요하다. 이러한 제도의 확립을 위해서는 덕 있는 시민에 의한 입법이 강구되어야 한다. 올바른 시민 교육을 받아 덕으로 무장한 시민은 덕의 힘에 의해 운적인 변수로 인해 발생한 위기 속에서도 능히 그것을 극복할 수 있는 역량을 소유하고 있기 때문이다. 그래서 덕 있는 시민으로 구성된 정체는 이성적인 숙고를 통해 불운을 극복함으로써 국가의 안정과 평화를 확보할 수 있다는 것이 아리스토텔레스가 세 정체에 대한 검토를 통해 얻은 소중한 결론이다.

제3부

정체와 시민, 그리고 정치적 정의

『정치학』 3권

본 저술의 세 번째 부분에선 『정치학』 3권을 검토한다. 3권에 대한 분석은 다음과 같은 세 가지 테제를 갖고 이루어진다.

첫째는 정체(politeia)와 시민(politēs)의 관계다. 아리스토텔레스는 정체에 대한 논의를 시작하면서 정체를 "폴리스에 거주하는 자들의 어떤 질서이다"(1274b38) 또는 "폴리스의 어떤 삶의 방식이다"(hē gar politeia bios tis esti poleōs, 1295a40-b1)라고 정의한다. 그런데 이때 정체의 정의에서 '공동체에 거주하는 자'들은 곧 시민을 의미한다. 따라서 정체란 시민들의 질서이자 삶의 방식인 것이다. 이렇듯 정체가 법이나 정치제도가 아닌 시민개념을 통해 정의되고 있다는 것은 주목할 필요가 있다. 요컨대 '정체란 무엇인가'의 물음은 '시민은 누구인가'를 묻는 것이다. 이것은 곧 어떤 정체가 올바른 정체인가 아니면 그릇된 정체인가를 판가름하는 시금석이 시민의 에토스(ēthos), 즉 '시민성'(citizenship)과 시민이 갖고 있는 덕(aretē)의 관점에서 이해되어야 함을 의미한다.

둘째는 "좋은 인간"(agathos anēr)과 "훌륭한 시민"(spoudaios politēs)의 동일성 문제이다. 아리스토텔레스에 따르면 정체는 여섯 종류로 나누어지며, 이에 따라 시민의 종류 역시 다르게 정의된다. 여기서 특정 정체에서의 '훌륭한 시민'이 단적으로 '좋은 인간'인지의 문제가 발생한다. 아리스토텔레스는 어떤 정체인가에 따라 '좋은 인간'과 '훌륭한 시민'이 일치할 수도 있지만, 일치하지 않을 수도 있다고 말한다. 본 장에서는 좋은 인간과 훌륭한 시민이 갖고 있는 덕이 무엇인지를 통해 두 유형의 인간이 일치할 수 있는 가능성을 고찰할 것이다.

세 번째 테제는 '누구에게 최고 통치권을 주어야 하는가'와 관련된 정치적 정의(to politikon dikaion)의 문제이다. 정체의 다양성은 시민의 종류의 다양성을 인정하게 되고, 이것은 어느 정체에서 어떤 시민이 통치해야 되는가의 문제를 발생시킨다. 이 문제에 대한 접근을 통치의 주체로 제시되는 후보들, 즉 '다수의 *데모스*', '소수의 부자', '일인의 최선자' 그리고 '법의 통치'의 관점에서 이들 각각의 통치의 정당성 주장을 비교하여 살펴볼 것이다. 특히 *데모스*의 통치권과 관련해선 민주정의 다른 정체에 대한 상대적 우월성을 뒷받침하는 이론적 근거가 되는 데모스의 '집합적 지혜'(the collective wisdom)론을 집중적으로 검토할 것이다. 그래서 아리스토텔레스의 민주정에 대한 우호적인 언급을 그의 진의(眞意)로 간주할 수 있는지를 밝힐 것이다.

『정치학』 3권은 몇 가지 점에서 아리스토텔레스의 플라톤에 대한 응답이 반영된 것으로 볼 수 있다. 첫째는 시민의 정치적 참여에 대한 두 철학자의 견해가 상반되게 나타난다는 점이 주목될 수 있다. 플라톤이 통치자의 통치술에 방점을 둔다면 아리스토텔레스는 시민의 정치적 참여를 강조한다는 점에서 차이가 있다. 즉, 플라톤이 정치로부터 시민들이 멀어지기를 원한다면, 아리스토텔레스는 시민의 정치참여를 적극적으로 강조한다. 전자는 시민이 폴리스적 동물이 되기를 원하지 않지만 후자는 적극적으로 폴리스적 동물이 될 것을 강조한다. 둘째로 민주정에 대한 두 철학자의 견해가 대비된다. 즉, 플라톤이 민주정에 대한 강한 부정적인 입장을 피력했다면, 아리스토텔레스는 민주정의 상대적 장점을 인정한다. 이것은 아리스토텔레스가 주장하는 정치적 통치원리, 즉 교대로 통치하고 통치 받는 원리에 비추어보았을 때 민주정이 부분적으로 이러한 정치적 통치 원리가 실현되는 것으로 볼 수 있기 때문이다. 셋째로 1인의 최선자에 의한 통치와 법의 통치 중 어느 것이 바람직한가의 논제에 대한 두 철학자의 견해에서 편차가 있다. 『정치학』 3권에서 아리스토텔레스는 플라톤의 최선자인 철학자-왕의 통치를 부정적으로 평가한다. 그런데 법의 통치와 관련해선 아리스토텔레스는 『법률』편에서의 법의 통치에 대한 플라톤의 긍정적 평가를 수용한다는 점에서 두 철학자의 유사성이 발견된다. 본 저술의 3부에서는 『정치학』 3권에 대한 면밀한 분석을 통해 상술한 두 철학자의 차이점과 유사성을 확인할 것이다.

7장
정체(politeia)와 시민(politēs)

1. 정체(politeia)와 시민(politēs)의 관계

아리스토텔레스는 『정치학』 3권 1장에서 6장에 걸쳐 정체와 시민의 관계에 대해 기술한다. 폴리스(polis)는 추상화된 국가의 의미를 가지며, 그것은 '삶의 방식'으로 정의되었다. 그런데 누구의 삶의 방식인가를 묻게 되면 그것은 마찬가지로 일반적인 의미의 인간(anthrōpos)의 삶의 방식이 되는 것으로 볼 수 있다. 그런데 3권에서의 정체와 관련된 삶의 방식은 더 이상 추상적인 의미의 인간개념이 아닌 보다 구체화된 의미로서의 폴리테스(politēs), 즉 '시민'의 삶의 방식이자 질서가 된다. 요컨대 폴리스가 인간을 통해 이해되었다면, 폴리테이아(politeia), 즉 정체는 시민개념을 통해 이해되는 것이다. 따라서 '정체란 무엇인가'의 물음은 '시민이란 무엇이고, 누가 시민인가'의 물음에 대한 답을 요구한다. 이것은 폴리테이아의 구성요소인 시민을 이해하지 않고서는 정체에 대한 온전한 설명이 어렵다는 것을 의미한다. 아리스토텔레스에 따르면 "폴리스는 많은 부분들로 구성된 다른 전체와 마찬가지로 복합체다. 따라서 우리는 먼저 시민이 무엇인지부터 고찰해야 한다. 폴리스는 일군의 다수의 시민

들로 구성되었기 때문이다".[1]

상술한 것처럼 아리스토텔레스에게서 정체에 대한 정의항(definiens)이 시민이라는 것은 두 가지 중요한 철학적 의미를 갖는 것으로 볼 수 있다. 하나는 정체라는 말이 현대의 정치공학적 관점에서 좁게 이해되어서는 곤란하다는 것이다. 즉, 정체란 권력분배 방식에 관한 법적 내지 제도적 차원의 틀에서 좁게 이해되어서는 안 되며, 그보다는 시민들을 위한 삶의 질서체계로서 넓게 이해되어야 한다는 것이다. 다른 하나는 정체의 본질이 시민이 갖고 있는 에토스(ēthos), 즉 시민성(市民性)에 있음을 의미한다. 예컨대 아테네 정체의 정체성은 아테네 시민이 갖고 있는 시민성에 의해 규정되는 것이다. 즉, 아테네 시민이 사는 곳이 곧 아테네 정체가 되는 것이다.[2] 만약에 아테네인이 스파르타 정체가 위치한 물리적 공간에 나라를 세워 살면 그곳은 스파르타가 아니라 아테네 정체가 된다는 말이다. 이제 정체에 대한 이해를 위해 먼저 간단하게 플라톤의 시민개념을 살펴본 후, 계속해서 아리스토텔레스의 시민관을 살펴보도록 하겠다.

2. 플라톤의 시민관

플라톤의 이상국가에서 시민은 누구인가? 플라톤은 이 질문에 대해 『국가』편에서 통치자 계급과 전사 계급 그리고 생산자 계급을 이상국가의 시민으로 답한다. 플라톤은 이 세 계급이 각자 자신의 본성(physis)에 적합한 업무를 갖고 그 일을 잘 수행할 때 비로소 칼리폴리스(kallipolis), 즉

---

[1] *Pol.*, III.1, 1274b38-41.
[2] V. Solomou-Papanikolaou(1989), 14.

아름다운 나라가 실현될 수 있다고 보는 것이다. 플라톤에 따르면 이 세 계급이 각자 자신의 것을 갖고 행위함은 이들 각자의 영혼의 능력과 밀접한 관련을 맺는다. 영혼의 세 부분(tripartition)은 이성적인 부분(logistikon), 기개적인 부분(thymoeides), 그리고 욕구적인 부분(epithymētikon)이다.[3] 그래서 이성적인 영혼의 부분이 탁월한 사람은 나라의 통치자가 되어야하고, 기개적인 부분이 강한 영혼의 소유자는 전사계급이 되고, 욕구가 강한 영혼을 소유한 자는 생산자 계급이 되어야 한다. 통치자가 나라의 공적인 전체업무를 잘 숙고해서 올바른 결정을 하기 위해서는 지혜(sophia)의 덕을 갖추고 있어야 하는데 이것은 영혼의 이성적인 부분이 탁월하게 작동될 때 가능하다. 마찬가지로 통치자를 도와 대내·외적인 공격으로부터 폴리스를 안전하게 방어할 수 있기 위해서는 용기(andreia)의 덕이 필요하다. 그리고 이것은 영혼의 기개적인 부분에 의해 발휘될 수 있다. 마찬가지로 의식주와 같은 나라의 생존을 위해 필요한 경제적인 물품을 원활히 공급하기 위해서는 생산 업무에 전념할 수 있는 절제(sōphrosynē)의 덕이 요구되는데 이것은 영혼의 욕구적인 부분에 의해 가능하다. 물론 플라톤에 따르면 절제라는 덕은 생산자 계급뿐만 아니라 전사 계급과 통치자 계급에게도 모두 요구되는 덕이다.[4]

그런데 여기서 우리의 관심을 끄는 점은 플라톤이 이상국가의 세 계급을 시민으로 인정하면서도 이들 사이의 업무를 고정시켜놓고 있다는 점이다. 무엇보다 최선자 계급은 통치업무만, 전사 계급은 국방 업무에만, 그리고 생산자 계급은 생산 활동에만 전념토록 해야만 한다는 것이다. 그러니까 최선자 계급에게는 경제적 활동을 금지하고, 반대로 생산자

---

[3] Platon, *Politeia*, 436a 이하 계속 참조.
[4] Platon, *Politeia*, 428a 이하 계속 참조.

계급에게는 정치적 활동을 금지하도록 규정한다는 것이다. 즉, 통치자 계급은 통치업무에만 전념해야지 경제적 활동을 통한 재산소유는 허용되지 않는다.[5] 마찬가지로 생산자 계급은 경제적 활동만 인정되지 정치적 참정권까지 주어져서는 안 된다. 플라톤에 따르면 육체적 활동은 영혼을 나쁘게 만들기 때문에 통치자 계급이 경제적 활동을 하게 되면 영혼의 이성적인 활동이 방해받기 때문이다. 이것은 반대로 육체적 활동이 주가되는 생산자 계급의 영혼은 정치적 판단을 온전히 수행할 수 있는 능력을 결여하고 있음을 의미한다. 플라톤에 따르면 정치적인 판단능력은 지식(epistēmē)에 근거하는데 생산자 계급은 단지 의견(doxa)만을 갖고 있기 때문이다. 결국 플라톤은 『국가』편에서 생산자 계급을, 비록 이상국가의 시민으로 간주하지만 실상 온전한 의미의 정치적 참정권을 소유한 시민으로 인정하지는 않는다고 말할 수 있다. 실상 『국가』편에서 플라톤의 관심은 이상국가를 건설하기 위한 적임자를 물색하여 그를 통치자를 만들기 위한 교육에 주된 관심이 있었기 때문에 생산자 계급의 시민교육은 부차적인 관심이 될 수밖에 없었던 것으로 보인다.

그런데 『법률』편으로 오게 되면 플라톤은 생산자 계급을 덕 있는 시민으로 만들기 위한 보다 적극적인 시도를 한다. 『법률』편에서 플라톤의 주된 관심은 어떻게 하면 최선국가의 시민들을 지혜롭고 절제 있는 시민으로 만들 것인가에 집중되어 있는 것으로 볼 수 있기 때문이다. 플라톤은 이러한 목적이 좋은 법률(nomoi)을 통해 가능하다고 주장한다. 특히 법을 수단으로 한 생산자 계급의 비이성적인 욕구적 부분의 교육이 중요하다. 흥미로운 점은 『국가』편에서 부정적으로 평가되었던 욕구적 부분이 시민교육을 위한 중요한 영혼의 부분으로 재평가된다는 것이다.

---

[5] Platon, *Politeia*, 416d 이하 계속 참조.

그것은 욕구적 부분이 강한 생산자 시민 계급의 영혼을 '쾌락'(hedonē)을 이용하여 이성과 조화될 수 있도록 교육시키는 것이다. 플라톤이 생각하기에 욕구가 강한 생산자계급은 이성적인 교육만 시켜서는 성공하기 힘들기 때문에, 신이 인간에게 준 쾌락을 활용하여 덕 있는 시민을 만들 수 있다는 것이다. 플라톤이 『법률』(Nomoi) 편 1권에서 말하는 "신에 속하는 인형"(thauma theion)의 비유가 그의 이러한 생각을 알 수 있게 한다.[6] 플라톤에 따르면 인간은 신이 장난감으로 만들었던, 아니면 진지한 목적을 위해 만든 것이든 일종의 인형인데, 이것은 그 안에 있는 끈들, 즉 유연한 황금힘줄과 거친 쇠힘줄의 밀고 당김에 의해 움직인다. 황금힘줄은 이성을 상징하며 이것에 의해 인간이 이끌릴 경우 인간은 이성에 따른 정의롭고 고귀한 행동을 하게끔 되어 있다. 그 반대로 거친 쇠힘줄이 강해 이것에 의해 이끌릴 경우 인간은 악한 행동을 하게끔 되어있다.[7] 이 인형 비유에서 황금힘줄이 쇠힘줄을 이끌어야 하는 것과 이성이 욕구를 이끌어야 한다는 당위는 서로 대응된다.

플라톤이 쾌락을 활용하여 시민의 욕구를 교육시키기 위한 예가 포도주를 통한 영혼의 성향에 대한 검사이다.[8] 와인 잔치는 포도주를 일종의 교육을 위한 즐거운 수단으로 활용하는 것이다. 다시 말해 와인파티의 목적은 시민들 각자의 영혼의 성향이 어떤 것인지를 알기 위한 것이다. 술을 마시게 하면 그동안 잠재되어서 보이지 않았던 영혼의 기질이 드러나게 되고, 그래서 영혼의 특성을 파악할 수 있기 때문이다. 따라서 술을 마시고 절제하지 못하는 자는 욕구가 강한 영혼을 소유한 자이기 때문에

---

[6] Platon, *Nomoi*, 644d-e.
[7] 이상의 인형비유에 관한 기술은 손병석(2014), 116에서 재인용한 것임을 밝힌다.
[8] Platon, *Nomoi*, 646d 이하 계속 참조.

절제 있게 만들기 위한 신중하면서도 보다 적극적인 욕구교육이 필요하다. 그에 반해서 절제력이 있는 사람은 주지주의적 교육이 이루어지도록 이끌어 주어야 한다. 이렇게 와인 잔치를 통해 플라톤은 시민들의 쾌락에 대한 강한 욕구를 담금질하여 절제의 능력을 갖추도록 만들기 위한 교육을 제안한다.

『법률』편 2권에서 도입되는 합창 가무단(choros) 역시 쾌락을 이용하여 젊은이들을 교육시키기 위한 것이다. 플라톤은 젊은이들에게 '가장 올바른 삶'이 '가장 즐거운 삶'이고 따라서 '가장 행복한 삶'이 될 수 있음을 설득하기 위해서는 노래와 이야기가 함께 포함된 가무단을 구성하여 그것을 모두가 합창하도록 하는 것이 좋은 수단이라고 강조한다.[9] 그래서 나이에 따라 세 종류의 합창 가무단을 구성하도록 하는데, 무사 여신들의 합창 가무단, 아폴론 합창 가무단, 그리고 디오니소스 합창가무단이 그것이다.[10] 무사 여신 가무단은 어린이들로 구성된 합창단이고, 아폴론 가무단은 30세까지의 젊은이들로 구성되고, 디오니소스 가무단은 30세부터 60세로 구성된다. 중요한 점은 이때도 플라톤은 모두가 합창 가무단에 즐겁게 참여할 수 있도록 포도주를 나이에 맞게 마시도록 권장한다는 것이다. 18세의 아이들에게는 술을 맛보지 못하도록 하지만, 30세까지는 적당하게 술을 맛보도록 하고, 30세 이상부터는 포도주를 자유롭게 마실 수 있도록 허용한다. 노인들은 나이로 인해 의기소침하거나 경직되어 노래를 부르는데 소극적일 수 있기 때문에 포도주를 일종의 치료 수단으로 활용하는 것이 좋다는 것이다. 플라톤은 이렇게 포도주를 이용한 합창가무단의 운영은 구성원 모두를 일체감을 느끼게 만들어줄 수

---

[9] Platon, *Nomoi*, 662c-e.
[10] Platon, *Nomoi*, 664c-666c 참조.

있다고 생각한다. 즉, 아이들부터 노인들까지 포함한 합창 가무단의 구성은 모두를 공동체의 질서와 법에로 이끄는 기능을 한다는 것이다. 달리 말해 연장자는 연소자를 돌보고 이끄는 모습을 만들어냄으로써 폴리스 전체가 일종의 화합과 우애 아래 있게 되는 것이다. 이렇게 플라톤은 『법률』편에서 쾌락을 선용하여 생산자 계급을 포함한 시민 모두의 교육을 중요한 목표로 설정한다.

이것은 『국가』편에서는 발견되지 않는 생각이다. 『법률』편에서 플라톤은 현실적으로 최선의 정체를 건설하기 위해선 최고 통치자계급뿐만 아니라 다수의 피치자인 시민들의 덕교육이 필요한 것으로 생각하는 것이다. 『법률』편에서의 플라톤의 시민교육의 강조는 『국가』편에서 주목받지 않았던 절제라는 덕의 강조에서도 알 수 있다. 물론 『법률』편에서도 가장 주요한 덕은 지혜이다. 『국가』편에서 나라 전체의 조화를 실현할 수 있는 절제의 덕은 『법률』편에 오게 되면 시민의 덕 교육에서 전면적으로 등장되고 교육의 우선적인 덕으로 평가절상 되는 것이다.

3. 아리스토텔레스의 시민에 대한 정의

아리스토텔레스의 시민에 대한 정의는 어떻게 내려지고 있는가? 앞에서 살펴본 것처럼 플라톤은 『국가』편에서 최선자 계급에게만 정치적 참정권을 부여하고 생산자 계급은 시민의 자격을 주지만 정작 정치적 참정권은 배제한다. 시민으로서의 생산자계급은 정치적 권리는 주어지지 않고 경제적 권리만 주어지는 것이다. 지식을 소유하지 못한 생산자 계급에게 정치적 참정권이 주어질 경우 오히려 이상국가를 건설하는 데 방해가 될 수 있는 것으로 보는 것이다. 그러나 아리스토텔레스가 보기에 경제적 권리만 인정되고 정치적 참정권은 부정된 시민을 온전한 의미의 시민권을 가진 것으로 볼 수 있는지는 의심스럽다. 철학자 왕에 의해 주어진 시민권의 행사는 완벽한 의미의 폴리스적 동물(politikon zōon)로서 살아가기 위한 권리가 주어진 것으로 보기 어렵다는 것이다. 인간이 추구하는 최고선인 행복은 정치적 활동을 통해 실현될 수 있다는 것이 아리스토텔레스의 기본적인 생각이다. 그러면 아리스토텔레스가 생각하는 시민의 정의는 어떻게 제시되는가?

『정치학』 3권에서 아리스토텔레스는 '시민이 누구이고, 또 누가 되어야 하는지'에 대한 검토를 시작한다. 아리스토텔레스의 시민에 대한 정의는 단순하게 제시되지 않는다. 세 가지 개념적 정의를 통해 제시되고 있는 것으로 볼 수 있다. 첫 번째 정의는 단적인 의미에서(haplōs), 즉 한정되지 않은 의미에서의 시민개념이다. 이 기준에 따르면 시민은 "판결과 관직에 참여하는 자들이다"(metechein kriseōs kai archēs, 1275a23). 두 번째 정의의 시민은 "임기제한이 없는 관직"(aoristos archē, 1275a32)에 참여하는 사람들을 말한다. 그리고 세 번째 정의에 따른 시민은 "심의하고 판결하는 관직에 참여할 자격이 있는 자들을 말한다"(exousia koinōnein archēs bouleutikēs kai kritikēs, 1275b18-19).

시민에 대한 세 종류의 정의 중 어느 것이 아리스토텔레스가 생각하는 참된 시민에 대한 최종적인 정의인지는 단순하게 결정하기 어려운 점이 있다. 그럼에도 불구하고 세 번째 정의가 아리스토텔레스가 생각하는 시민에 대한 정의로 보는 것이 타당하다.[11] 첫 번째 정의는 시민에 대한

---

[11] R. Devlin(1973), 71-79; C. Johnson(1984), 73-90. D. Morrison(1999), 143-65. B. Khan(2005), 4-6.

너무 엄격한 정의가 되며, 미성년이나 나이가 많은 노인들은 시민의 대상에서 제외될 수 있기 때문이다. 그러나 미성년은 성장을 통해 시민이 될 가능성을 갖고 있고, 노인들은 젊었을 때 시민권을 소유하고 있었는데 노년 때는 상실된 것으로 보는 것은 이상하다. 두 번째 정의 역시 임기제한이 없이 민회나 법정에 참여할 수 있는 민주정에는 적합한 정의가 될 수 있지만, 임기제한이 있는 다른 정체에도 적용되기는 어렵다는 점에서 문제가 있다. 이런 이유로 정치적 참정권의 선택적 권한이 부여된 세 번째 정의가 시민에 대한 포괄적 의미를 담고 있다는 점에서 시민의 정의로 적합한 것으로 볼 수 있다. 결국 아리스토텔레스에 따르면 시민이란 민회나 법정에 참여해서 심의권과 사법권 또는 국가관직에 참여할 수 있는 정치적 참정권을 행사할 수 있는 자이다. 요컨대 시민이란 정치적 참정권을 갖고 정치적 활동 내지 기능을 수행할 수 있는 자이다. 정체는 이러한 정치적 권리를 소유한 시민들로 구성된 정치공동체인 것이다.

상술한 것을 통해 우리는 아리스토텔레스적인 의미의 시민이란 어떤 경우든 정치적 참정권을 행사할 수 있는 권리를 가진 자라고 말할 수 있다. 폴리테스(politēs), 즉 시민이란 임기가 한정되어 있든 한정되어 있지 않던 민회나 법정과 같은 정체의 최고 권력기관이나 최고 관직에 참여해서 자신의 권리를 행사할 수 있는 자이다. 요컨대 아리스토텔레스에게서 정체란 물리적 공간의 의미가 아닌 시민단(市民團)의 개념으로 이해된다. 아리스토텔레스의 이러한 시민에 대한 정의는 플라톤의 시민에 대한 규정과 다르다고 말할 수 있다. 플라톤이 시민계급으로 포함한 생산자 계급처럼 경제적 소유권만 인정되고 정치적 참정권이 부정되었을 경우 아리스토텔레스는 플라톤의 그러한 견해를 온전한 의미의 시민권을 가진 시민에 대한 정의로 인정하지 않는다.

8장
좋은 인간과 훌륭한 시민의 동일성 문제

　앞에서 살펴본 것처럼 시민덕의 문제는 정체에 관한 논의가 이루어지는 과정에서 문제가 된다. 그것은 다양한 정체에 따라 다양한 시민의 덕이 강조될 수 있기 때문이다. 또한 시민권을 인정하는 기준 역시 정체에 따라 다를 수 있다. 민주정에선 자유가, 과두정에선 부가, 귀족정에선 덕이 기준이 될 수 있는 것이다. 따라서 민주정에서의 시민권의 기준이 과두정의 기준이 될 수 없고, 이것은 민주정의 시민이 과두정의 시민으로 인정되기 어려울 수 있음을 의미한다. 이처럼 다양한 정체가 존재하고 다양한 시민권의 기준이 존재한다는 것은 시민권과 관련된 규범적 물음을 제기하게 한다. 그것은 정체일반의 관점에서 누가 보편적 의미의 시민이고 또 그 기준은 무엇인가에 관한 것이다. 이 물음에 대한 논의를 아리스토텔레스는 『정치학』 3권 4장에서 "좋은 인간"(agathos anēr)과 "훌륭한 시민"(spoudaios politēs)의 동일성 여부 문제를 갖고 접근한다.

　"… '좋은 사람'의 덕과 '훌륭한 시민'의 덕이 동일한지 동일하지 않은지의 문제다. 그러나 이것이 정말 탐구되어야 한다면 먼저 시민의 덕이 무엇인지 대략적으로라도 파악되어야 한다. 선원이 공동체 구성원 가운데 한 사람인 것처럼 우리는 시민도 그렇다고 말한다. 그리고 비록 선원들이 그들의 능력에서 다르다 할지라도(어떤 사람은 노를 젓고, 다른 사람은 키잡이고, 또 다른 사람은 망보고, 또 다른 사람들은 다른 어떤 이름을 갖고 있기 때문에), 개별 선원들의 탁월함을 가장 정확하게 규정하려면 분명 각자의 고유기능을 규정해야겠지만, 그들 모두에게 적용할 수 있는 공통된 규정도 있다. 항해의 안전이 그들 모두의 일이기 때문이다. 마찬가지로 시민들도 서로 다르지만 그들 모두에게는 공동체의 안정이라는 공통된 과제가 있는데, 여기서 공동체란 정체다. 따라서 시민의 탁월함은 반드시 정체와 관련이 있어야 한다. 또한 정체는 한 가지가 아니라 여러 가지인 만큼 좋은 시민의 탁월함도 한 가지만 완벽한 것일 수 없다. 그런데 좋은 사람은 한 가지 완벽한 탁월함을 지닌 사람이라고 우리는 말한다. 따라서 좋은 사람의 탁월함을 갖지 않아도 좋은 시민이 될 수 있음이 명백하다. 말하자면 훌륭한 폴리스가 전적으로 훌륭한 사람들로 구성될 수 없는 것이라면 그럼에도 개개의 시민이 자신에게 주어진 과제를 훌륭히 수행해야 한다면 그리고 그러기 위해서는 탁월함을 지녀야 한다면, 모든 시민이 똑같을 수 없는 만큼 시민의 탁월함과 좋은 사람의 탁월함은 동일할 수 없다."(*Pol.*, III.4, 1276b16-34)

위 인용문에서 아리스토텔레스는 '좋은 인간'의 덕과 '훌륭한 시민'의 덕이 동일할 수 있는지를 묻는다. 그리고 이 논제에 대한 아리스토텔레스의 논의는 일종의 아포리아(aporia)적 방법을 통해 그 동일성이 부정되었다가 다시 동일성이 인정되는 것으로 나아간다. 인용문에서 알 수 있는 것처럼 일단 논의의 시작은 국가를 배로 비유하면서 전개된다. 아리스토텔레스에 따르면 항해하는 배의 목표는 안전하게 목적지에 도달하는 것이다. 그리고 배의 안전한 항해는 배를 운행하는 모든 구성원들의 공동의 목표가 될 것이다. 이를 위해선 그 구성원들, 즉 노젓는 선원과 망보는 사람 그리고 키잡이가 각자 맡은 바 일을 잘 수행해야 한다. 요컨대 배의 목표는 훌륭한 선원들에 의해 달성되는 것이다.

배와 선원들의 비유는 곧 정체와 시민의 관계에도 그대로 적용된다. 배는 정체고, 선원들은 정체의 구성원인 시민이 된다고 말할 수 있다. 즉, 일을 충실하게 수행하는 훌륭한 선원들은 각 정체의 목표를 성취하기 위해 각자의 일을 수행하는 훌륭한 시민들로 볼 수 있다. 그런데 아리스토텔레스에 따르면 훌륭한 시민은 정체에 따라 다를 수 있다. 이 지점에서 배의 비유는 정체의 시민들에게 동일하게 적용되어서는 곤란하다. 이 배든 저 배든 훌륭한 선원의 일은 동일하지만, 민주정인가 아니면 과두정인가에 따라 각각의 정체에서 시민이 맡은 업무는 동일한 것으로 평가되지 않기 때문이다. 이것은 민주정에서의 훌륭한 시민이 과두정의 훌륭한 시민으로 간주되기 어려움을 의미한다. 달리 말해 민주정을 지지하는 가난한 시민이 과두정의 훌륭한 시민으로 인정될 수는 없다는 것이다. 이렇듯 훌륭한 시민은 정체 의존적이며, 상대적 개념이지 보편적 개념이 아니다. 이에 반해 아리스토텔레스는 좋은 인간은 정체 의존적이지 않다고 말한다. 좋은 인간은 어느 정체에서도 동일하게 '좋은 인간'이라는 것이다.[12] 좋은 인간은 완벽한 덕을 소유하고 있기 때문이다. 그런데 훌륭한 시민은 좋은 인간이 소유한 덕을 갖지 않고서도 훌륭한 시민이 될 수 있다. 훌륭한 시민은 정체의 목적을 달성할 수 있는 기능적인 차원의 업무수행 능력을 담보하고 있으면 되기 때문이다. 따라서 좋은 인간과 훌륭한 시민은 동일한 인간일 수 없으며, 이 두 인간이 동일한 하나의 덕을 소유하는 것으로 보기도 어렵다는 결론에 이르게 된다.

그런데 아리스토텔레스는 좋은 인간과 훌륭한 시민의 덕이 동일한 것으로 볼 수 없다고 말한 후에 다시 한번 "훌륭한 시민의 덕과 훌륭한

---

[12] 좋은 인간과 훌륭한 시민의 동일성 문제와 관련해선 R. Devlin(1973, 71-79. C. Johnson(1984), 73-90. D. Morrison(1999), 143-65 참조.

인간의 덕이 일치하는 누군가가 있을 수 있는가"(1277a13-14)를 묻는다. 이 물음의 경우 방점은 그러한 동일한 덕이 한 사람에게서(tinos) 가능할 수 있는가에 있다. 이번에는 최선의 정체에서 좋은(spoudaios) 인간이 또한 훌륭한 시민이 될 수 있는 가능성을 모색하는 것이다. 그리고 아리스토텔레스는 이 가능성을 최선정체에서의 "통치자"(archōn) 개념을 통해 인정한다. 즉, 최선정체에서는 좋은 인간의 덕과 훌륭한 시민의 덕이 일치하는 경우가 있을 수 있다는 것이다. 그러면 통치자가 왜 좋은 인간이면서 동시에 훌륭한 시민이 되는 것으로 볼 수 있을까? 아리스토텔레스에 따르면 훌륭한 통치자는 좋은 인간이 갖춰야 할 덕, 즉 실천지(phronēsis)를 갖고 있는 시민으로 볼 수 있기 때문이다. 요컨대 통치자 개념을 통해 일종의 좋은 인간과 훌륭한 시민사이의 교집합이 성립할 수 있다는 것이다. 이러한 관계성을 통해 이해하면 최선정체에서 통치자는 좋은 인간이면서 동시에 훌륭한 시민이 되는 것이다. 중요한 것은 통치자가 좋은 인간이면서 훌륭한 시민이 되는 경우가 최선정체로 한정된다는 것이다. 이것은 최선정체가 아닌 상황에서도 모든 통치자가 곧 좋은 인간이면서 훌륭한 시민이 되는 것으로 보기는 어렵다는 것이다.

일단 최선정체에서 통치자와 좋은 인간 그리고 훌륭한 시민이 어떻게 조화될 수 있는 것으로 볼 수 있는지를 좀 더 살펴볼 필요가 있다. 무엇보다 아리스토텔레스가 훌륭한 시민을 두 종류의 역할을 잘 수행하는 것으로 본다는 점에 주목해야 한다. 그것은 훌륭한 시민은 "잘 통치할 수 있을 뿐만 아니라 잘 통치받을 줄"(to dynasthai kai archein kai archesthai kalōs, 1277a27)도 아는 인간이다. 그런데 아리스토텔레스에 따르면 잘 통치할 줄 아는 시민은 그전에 잘 통치받을 줄도 알아야 한다. 예를 들어 기병대장이 되기 위해선 그전에 기병대장 밑에서, 장군이 되기 위해선 그전에 장군의 지휘하에서 명령을 받는 훈련을 잘 받아야 한다.[13] 즉, "지배받지 않고서는 잘 지배할 수 없는 것이다"(1277b12-13). 이렇듯 통치자와 피통치자의 덕은 다르지만 훌륭한 시민은 이 두 가지 일을 잘할 수 있어야 한다. 그래서 아리스토텔레스는 "좋은 시민은, 자유인들이 양쪽에서 알아야 하는 것처럼, 통치할 줄도 알고 지배를 받을 수도 있는 앎과 능력을 가져야 한다. 이것이 바로 시민의 덕이다"(1277b13-16)라고 말한다.

이런 점에서 훌륭한 시민들 사이에서 이루어지는 통치방식은 주인과 노예의 전제적 통치방식과 다르다. 전자의 통치는 정치적 통치(politikē archē) 원리에 따라 교대로 통치하고 통치받는 관계이지만, 후자의 주인과 노예의 관계는 전제적 통치원리에 따라 주인의 일방적인 통치만 인정되기 때문이다. 그런데 여기서 간과해선 안 될 점은 훌륭한 시민의 덕이 통치함과 통치받음의 두 가지를 모두 잘 실천하는 데 있지만, 통치함과 통치받음은 구분되어야 한다는 것이다. 즉, 통치할 때의 덕과 통치받을 때의 덕은 동일한 것이 아니다. 이것은 마치 남성의 절제와 정의가 여성의 절제와 정의와 동일한 것으로 보기 어려운 것과 같다. 남자는 용감한 여자보다 더 용감해도 비겁해 보이고, 여자는 훌륭한 남자보다 말 수가 더 적어도 수다스럽다고 말해질 수 있다.[14] 가정관리에서도 남녀의 역할이 다른데, 그것은 남자의 역할은 획득하는 것이고, 여자의 역할은 지키는 것이기 때문이다.[15] 마찬가지로 통치자로서의 훌륭한 시민의 덕과 피통치자로서의 훌륭한 시민의 덕은 동일하지 않다. 통치자나 피통치자나 모두

---

[13] *Pol.*, III.4, 1277b8-11.
[14] *Pol.*, III.4, 1277b19-23.
[15] *Pol.*, III.4, 1277b24-25.

한 정체의 시민이라는 점에서는 같지만 통치자인 시민은 피통치자인 시민과는 다른 그에게만 고유한 덕을 소유하고 있다는 것이다.

> "통치자 고유의 덕은 실천지(phronesis)이다. 다른 덕은 치자와 피치자 모두에게 필요한 것으로 보인다. 피치자의 탁월함은 실천지가 아니라 올바른 의견(doxa alēthes)이다. 피치자는 피리제작자와 같고, 치자는 피리를 사용하는 피리연주자와 같다."(*Pol.*, III.4, 1277b25-30)

위 인용문에서 아리스토텔레스는 좋은 인간과 훌륭한 시민이 갖고 있는 인식론적 능력이 다르다고 말한다. 좋은 인간은 실천지(phronēsis)를 갖고 있어야 하지만 훌륭한 시민은 올바른 의견(doxa)을 소유하고 있다는 이유에서다. 훌륭한 시민은 통치자 시민일 수도 있고 피치자 시민일 수도 있다. 그러나 통치자가 되기 위해선 통치의 능력을 발휘할 수 있는 덕을 갖추고 있어야 하는데 그것이 실천지인 것이다. 따라서 통치자는 실천지를 소유했다는 점에서 좋은 인간이며 또한 그 임무를 잘 수행할 수 있기 때문에 훌륭한 시민이 되는 것이다. 따라서 좋은 인간으로서의 통치자는 단순히 올바른 독사(orthē doxa)만을 가져서는 안 되고 무엇보다 실천지를 갖추어야 한다. 아리스토텔레스는 이것을 피리연주자와 피리제작자의 관계에 비유하여 설명한다. 전자의 피리연주자는 통치하는 자에 그리고 피리 제작자는 통치 받는 자에 해당된다.[16] 즉, 피리 연주자는 명령하는 자이고 피리제작자는 명령을 받는 자이다. 이때 피리를 만드는 자는 피리연주자의 목적이 되는 피리 연주에 봉사하는 자이다. 마찬가지로 통치하는 자는 명령하고 피통치자는 명령에 복종해야 한다. 중요한 것은 통치함과 통치받음의 행위에서 요구되는 덕이 다르다는 것이다. 아리스토텔레

---

[16] *Pol.*, III.4,1277b29-30.

스는 통치하는 자의 덕을 실천지로, 통치받는 자의 덕을 올바른 의견으로 말한다. 이것은 실천지를 소유한 통치자가 곧 좋은 인간이자 훌륭한 시민이 됨을 의미한다. 그러나 올바른 독사를 소유한 자는 통치를 하는 자가 아니라 통치를 받는 자이므로 훌륭한 시민일 수는 있어도 좋은 인간일 수는 없다. 훌륭한 통치자가 되기 위해선 프로네시스를 소유해야만 하고 그러한 시민만이 좋은 인간이 될 수 있기 때문이다.

이런 점에서 아리스토텔레스에 따르면 훌륭한 통치자만이 좋은 인간이자 훌륭한 시민이 될 수 있다. 비아스(Bias)가 말하는 것처럼 "통치가 그 사람을 드러낼 것이다"(archē andra deixei, *EN*, V.1,1130a1-2)라고 말해질 수 있기 때문이다. 이렇게 아리스토텔레스는 통치자 개념을 도입해서 좋은 인간과 훌륭한 시민의 덕이 동일할 수 있음을 인정한다. 그런데 여기서 우리는 아리스토텔레스가 좋은 인간과 훌륭한 시민의 덕의 일치를 최선정체에 국한해서 인정하고 있다는 점에 주목해야 한다. 앞서 언급한 것처럼 다양한 정체가 있을 수 있고, 이것은 민주정에서의 훌륭한 통치자 시민이 과두정의 훌륭한 통치자 시민으로 인정되지 못할 수 있기 때문이다. 다시 말해 실천지를 소유한 좋은 인간이지만 그릇된 정체에서 통치자 직분을 맡지 않을 수도 있는 것이다. 그래서 아리스토텔레스는 다음과 같이 말한다.

> "그러므로 이와 같은 것들로부터 여러 종류의 시민들이 있다는 것과 관직에 참여하는 자가 특히 시민이라고 말해진다는 것은 명백하다. 호메로스가 '어떤 명예도 없는 이주민처럼'이라고 썼던 것과 같다. 왜냐하면 관직에 참여하지 못하는 사람은 거류외국인과 같기 때문이다."(*Pol.*, III.5, 1278a34-38)

위 인용문에서 아리스토텔레스가 호메로스의 시를 인용하는 이유는 뛰어난 덕을 소유한 좋은 인간이지만 그에 상응하는 명예가 주어지지 않는 경우를 말한다. 이때의 명예는 관직(archē)을 의미하며, 따라서 관직에 참여하지 못한다는 말은 곧 통치자가 되지 못함을 의미한다. 덕을 소유한 좋은 인간이지만 실상 그 탁월성을 발휘할 수 있는 적합한 관직을 차지한 통치자가 되지 못한 것이다. 이는 호메로스의 『일리아스』에서의 영웅인 아킬레우스가 덕과 능력에서 뒤떨어진 아가멤논에게 자신의 티메(timē), 즉 명예의 상징인 브리세이스를 빼앗긴 것을 염두에 두고 하는 말로 추측된다.[17] 이렇듯 아리스토텔레스에 따르면 최선의 정체가 아닌 불완전한 정체에선 좋은 인간이 통치자로서 훌륭한 시민이 되지 못하는 경우가 얼마든지 발생한다. 귀족정에서의 덕이 민주정과 과두정에선 가치의 척도로서 인정되지 않고 있기 때문이다. 따라서 최선의 정체가 아닌 경우 좋은 인간과 훌륭한 시민의 관계는 비대칭적이다. 부정의한 나라, 예를 들어 참주정에서 참주는 통치자이지만 그가 곧 좋은 인간으로 평가될 수는 없다. 좋은 인간은 실천지를 소유하고 있어야 하며, 실천지를 발휘함의 의미는 참주처럼 자신의 개인적인 이익을 추구하는 것이 아니라 시민 모두의 공동이익을 실현할 수 있어야 하기 때문이다. 그래서 아리스토텔레스는 『정치학』 3권 5장 끝에서 다음과 같은 두 가지 결론을 도출한다.[18] 하나는 좋은 인간과 훌륭한 시민이 일치하는 정체도 있지만, 그렇지 않은 정체도 있다는 것이다. 두 번째 결론은 좋은 인간과 훌륭한 시민이 일치하는 정체에서는 훌륭한 정치가(politikos)만이 좋은 인간이면서 훌륭한 시민이 된다는 것이다. 훌륭한 정치가는 실천지를 갖고 공동

---

[17] 아킬레우스와 아가멤논의 명예중시적인(philotimos)사회에서의 두 인물의 갈등과 관련해선 손병석(2013), 30-49 참조.
[18] Pol., III.5,1278b2-5 참조할 것.

이익을 실현하기 위한 공적 이성을 발휘하기 때문이다.

그런데 이러한 두 가지 결론 중 특히 첫 번째와 관련해서 다음과 같은 물음이 제기될 수 있을 것 같다. 그것은 '최선의 정체가 아닌 그릇된 정체에서는 왜 좋은 인간과 훌륭한 시민이 동일한 인간이 될 수 없을까'하는 것이다. 이와 관련해서 아리스토텔레스가 구분한 두 종류의 시민, 즉 통치자 시민과 피통치자 시민 중 전자에 해당되는 통치자가 공동이익이 아닌 자신의 사적인 이익만을 추구하고자 한다는 데서 그 이유를 찾을 수 있다. 다시 말해 그릇된 정체에서의 통치자는 아리스토텔레스가 생각하는 참된 통치자처럼 공동이익을 추구하는 통치자가 아니라는 것이다. 예를 들어 참주처럼 타락한 지배자는 자신의 개인적인 이익만을 달성하고자 하는 탐욕스러운 인간이다. 이와 달리 최선의 정체에서 실천지를 소유한 좋은 인간은 자신의 이익이 아니라 시민 모두의 공동이익을 실현하고자 한다. 따라서 그릇된 정체 하(下)에서 실천지를 소유한 좋은 인간은 그것을 소유할 수는 있어도 발휘할 수 있는 기회가 주어지지 않을 수 있다. 그릇된 정체의 통치자는 '실천지를 가진자'(phronimos)가 아니라 욕구가 강한 다수의 빈자나 소수의 부자 또는 참주가 될 수 있기 때문이다. 이런 이유로 그릇된 정체에서 실천지를 가진 사람은 오히려 불행하게 고통받을 수 있는 가능성이 더 높다.

지금까지 살펴본 '좋은 인간과 훌륭한 시민의 동일성 논제'는 두 가지 점에서 시사하는 바가 있는 것으로 생각된다.

첫째는 아리스토텔레스가 제시하는 좋은 인간은 언뜻 생각하는 마음이 착한 사람이라기보다는 탁월한 공적 이성을 갖추고 그것을 공동체 전체의 공동이익을 위해 발휘하는 통치자 개념에서 찾고 있다는 것이다. 아리스토텔레스는 그러한 덕을 실천지라고 말하며 이러한 덕을 소유하고 있을 때 비로소 좋은 인간이 될 수 있다고 말한다. 참된 통치자라면 실천지를 소유하고 있어야 하며, 그러한 통치자만이 최선의 정체를 만들어 갈 수 있는 힘이 있는 것이다. 실천지를 소유하지 못한 사이비 통치자는 공동체의 보편적 선이 무엇인지에 대한 인식능력을 결여하고 있고, 따라서 최선의 정체를 건설할 수 없는 것이다.

둘째는 훌륭한 시민들이 많을수록 좋은 나라라고 규정하기 어렵다는 것이다. 앞에서 말한 것처럼 아리스토텔레스는 정체에 따라 훌륭한 시민의 규정이 다를 수 있다고 말한다. 민주정의 훌륭한 시민도 있고 과두정의 훌륭한 시민도 있을 수 있다. 이 말은 다양한 정체가 추구하는 목표가 다르고 그러한 정체의 목표에 따라 기능적 역할을 탁월하게 수행하면 모두 훌륭한 시민으로 간주될 수 있다는 것이다. 이러한 기능적 역할을 충실하게 수행하는 시민이 많으면 많을수록 그 정체는 발전할 것이다. 문제는 훌륭한 시민의 특정한 정체에 대한 충성이나 헌신이 최선의 정체를 실현하는 것은 아니라는 것이다. 참주정과 같은 부정의한 정체에 대한 충성은 참주에 대한 충성이지 공동선에 대한 헌신으로 보기는 어렵기 때문이다. 자칫 좋은 시민은 그 정체에 대한 맹목적 충성을 보임으로써 보통의 일상적인 인간이 가장 부정의한 최악의 범죄를 행할 수 있는 부정의한 인간이 될 수도 있다.[19]

---

[19] 예를 들어 독일 나치 전범인 아이히만(Eichmann)을 들 수 있다. 무사고적인(thoughtlessness) 인간은 나치 정권의 훌륭한 시민이 될 수는 있어도 결코 좋은 인간은 아니다. 이에 관한 상세한 논의는 손병석(2016), 183-236 참조.

9장
정체분류와 정치적 정의(politikon dikaion)

1. 정체분류와 그 기준: 플라톤과 트라시마코스의 통치술 비판

『정치학』 3권 6장부터 9장에 걸쳐 아리스토텔레스는 정체의 종류와 정체의 목적 그리고 정체와 정의(to dikaion)의 문제에 대해 논한다. 먼저 아리스토텔레스는 정체를 "여러 다른 관직들, 특히 모든 것에 대해 최고의 권위를 갖는 것에 관한 폴리스의 질서"(1278b9-10)라고 정의한다. 앞서 아리스토텔레스가 정체를 '삶의 방식'이라고 정의한 것과 비교하면 무언가 그 정의(definition)의 포인트가 달라진 것을 알 수 있다. 그것은 정체를 폴리스 전체를 대표하여 실질적인 권력을 행사할 수 있는 정부(politeuma)를 의미하는 것으로 말하기 때문이다. 정체분류를 논의하는 과정에서는 정체를 최고 권력기관을 의미하는 정부와 같은 것으로 말하는 것이다. 그리고 아리스토텔레스는 이러한 최고권력은 통치권을 행사하는 주체가 있고, 이것은 필연적으로 한 사람(ena), 소수(oligoi) 또는 다수(polloi)가 된다고 말한다. 즉, 최고통치권의 행사는 정체마다 차이가 있지만, 왕정에선 일인이, 과두정에선 소수가 그리고 민주정에선 다수가 되는 것이다. 다음으로 아리스토텔레스는 3권 6장에서 국가의 목적(telos)

에 관해 언급한다.

"우리는 국가의 목적은 무엇이며, 인간 공동체를 형성하는 정체는 몇 가지가 되는지 고찰해야 할 것이다. 우리의 첫 번째 논의에서 가사관리와 주인에 의한 지배에 관한 결론에 이르는 곳에서, 인간은 본성상 폴리스적 동물이라고 말한 바 있다. 따라서 인간은 서로 간의 도움을 필요로 하지 않을지라도, 사람들은 함께 살기를 원한다. 또한 비록 공동이익이 훌륭하게 사는 것에 기여하는 정도에 따라 인간을 함께 살도록 하는 것이 사실이지만 말이다. 훌륭하게 사는 것이 무엇보다 공동으로건 개별적으로건 목적이 된다. 그러나 인간은 단순히 물리적 생존을 위해서도 함께 모여 정치공동체를 유지하고자 한다."(Pol., III.6, 1278b15-25)

위 인용문에서 아리스토텔레스는 정치공동체가 그 구성원들에게 주는 좋음(agathon)을 세 종류로 구분한다. 첫째는 생존이고, 둘째는 함께 모여 사는 것(syzēn)이고, 세 번째는 훌륭하게 잘 사는 것(to zēn kalōs)이다. 정치공동체를 건설하는 주된 목적이 인간의 생존에 있다는 것은 이미 프로타고라스나 플라톤에 의해서도 강조되었다는 점에서[20] 인간에게 좋은 것임은 분명하다. 그런데 아리스토텔레스에게 중요한 것은 두 번째와 세 번째 좋음이고, 무엇보다 이 두 좋음의 차이가 될 것이다. 이미『정치학』1권에서 말한 것처럼 인간은 본성상 공동체적 동물로서 함께 모여 살고자 하는 자연적 충동을 소유하고 있다. 가족이나 마을과 같은 공동체를 통해 동일한 가치와 공유된 활동을 함께 하고자 하는 것이다. 그런데 아리스토텔레스에 따르면 이러한 인간의 공동적인 삶의 양태들은 세 번째 좋음이 되는 행복, 달리 말해 '훌륭하게 사는 것' 또는 '잘 사는 것'과 동일한 의미를 갖는 것이 아니다.[21] 잘 사는 것은 단순히 타인과 더불어

---

[20] Platon, *Protagoras*, 321d 이하 참조. *Politeia*, 369b 이하 참조.

함께 사는 것이 아니라 무엇보다 덕에 따른 활동을 통해 사는 것을 의미하기 때문이다. 다시 말해 정치적 동물로서 함께 살아감의 본질적 목적은 단순히 경제적인 부의 충족이나 군사적인 방어를 위한 것이 아니다. 이러한 부나 군사적인 힘 역시 정치공동체의 좋음이 될 수는 있지만 본래의 정치공동체의 궁극적인 좋음이 되는 것으로 볼 수는 없기 때문이다. 아리스토텔레스에게 있어 공동적으로나 개별적으로나 최고선이 되는 것은 '훌륭하게 잘 사는 것'이다.

그런데 현재의 정체에 관한 논의에서 우리가 주목해야 할 점은 정치공동체의 궁극적 목적이 되는 잘 사는 삶이 "공동이익"(to koinei sympheron)의 관점에서 규정되고 있다는 점이다. 아리스토텔레스는 이것을 "개별적인 사람들은 자신이 훌륭하게 사는 것(zēn kalōs)의 몫을 나누어 가질 수 있는 한에서 공동이익(to koinei sympheron)에 의해 함께 뭉친다"(1278b21-23)라고 말한다. 이것은 기본적으로 정치공동체에 참여하여 타인과 함께 살고자 하는 주된 이유가 훌륭한 삶이 구성원 모두의 공동이익이 될 수 있어야 함을 의미한다. 다시 말해 정치공동체의 목적이 되는 훌륭한 삶이 그 구성원 각자에게 주어지지 않는 경우 정치공동체의 참여가 이루어지지 않을 수 있다는 것이다. 만약에 자신이 정치공동체에 기여했다고 강하게 믿는 사람이 자신의 삶이 행복하지 못하다고 생각할 경우 그는 정치공동체의 참여를 거부할 것이다. 이것은 곧 '정치적 정의'(to politikon dikaion), 보다 정확하게는 '분배적 정의'의 문제와 연관된다. 정치공동체에 참여하여 다른 시민들의 행복에 기여한 자는 마찬가지로 그에 상응하는 자신의 이익을 받기를 정치공동체에 요구할 권리가 있기 때문이다.[22] 따라서 아리스토텔

---

[21] 단순히 사는 것과 잘 사는 삶의 구분은 *Pol.*, I.2, 1252b27-30 참조.
[22] *NE*, VIII 9, 1160a9; VIII 14; *Pol.* III 6, 1279a8-13. 아리스토텔레스가 말하는 공동이익

레스에 따르면 사람들이 정치공동체에서 함께 모여 살려고 하는 것은 공동이익 내지 공동선이다. 그리고 이때의 공동선은 그 구성원들에게 "훌륭한 삶의 어떤 부분(meros)이 얻어질 수 있는 한에서이다"(1278b23). 아리스토텔레스는 자유롭고 평등한 시민들로 이루어진 정치공동체의 목적은 공동이익을 추구하는 것으로 말하면서 이것을 잘 사는 것과 같은 것으로 본다.

상술한 정체분류의 기준들, 즉 통치권자의 수와 정체의 목적, 이 두 기준에 따라 아리스토텔레스는 정체를 크게 올바른 정체와 그릇된 정체로 양분한다. 즉, 1인이나 소수 또는 다수가 공동이익(koinon sympheron)을 추구하는가 아니면 사적이익(idion sympheron)을 추구하는가에 따라 정체가 분류되는 것이다. 이 두 기준에 따르면 올바른 정체는 한 사람, 소수 그리고 다수가 공동이익을 추구하는 것이며, 여기에는 각각 왕정(basileia), 귀족정(aristokratia) 그리고 혼합정(politeia)이 속한다. 그러나 한사람, 소수자 또는 다수가 사적 이익을 추구하게 되면 각각 참주정(tyrannia), 과두정(oligarchia) 그리고 민주정(dēmokratia)이 된다. 정체분류에서 특이한 점은 올바른 정체 중 다수가 통치자가 되는 혼합정의 명칭이 유(類)적인 의미의 정체를 의미하는 폴리테이아(politeia)라는 말을 같이 사용하고 있다는 점이다. 따라서 폴리테이아가 유적인 의미에서 정체 일반을 의미하는지, 아니면 정체분류상의 한 종류가 되는 혼합정을 의미하는지는 구분할 필요가 있다.[23] 과두정은 소수의 부자가 최고 권력을 갖

이 정확하게 어떻게 이해되어야 하는지는 단순하지 않은 문제이다. 이와 관련해선 손병석(1999), 21-22, 특히 주 61. D. Morrison(2013), 176-198 참조.

[23] 또한 아리스토텔레스는 혼합정을 올바른 정체로 분류하는 데는 다수가 덕을 갖추는 것이 어렵지만, 군사적인 탁월성의 경우는 다수의 전사계급이 발휘할 수 있는 것으로 본다는 점도 고려한 것으로 보인다.

는 정체라고 말할 수 있다. 또한 오늘날 좋은 정체로 평가되는 민주정은 정체분류에서 그릇된 정체로 규정되고 있다는 점도 우리의 흥미를 끈다. 아리스토텔레스는 다수의 *데모스*가 자신들만의 이익을 추구할 경우, 일인의 독재정치가 가능하듯이 다수의 폭정 역시 가능한 것으로 보는 것이다.

그런데 아리스토텔레스의 정체분류에서 정체의 목적을 공동이익과 사적 이익으로 구분하는 것은 플라톤의 정체분류와 비교할 때 특별한 의미를 갖는 것으로 보인다. 아리스토텔레스는 정치술이 대상의 이익, 즉 피치자들의 이익을 실현하는 것을 목적으로 삼는다는 플라톤의 주장을 수용하면서도 그것이 지나치게 제한적인 규정임을 비판하고 있기 때문이다. 이 문제를 먼저 검토하고 이후에 아리스토텔레스의 정체와 정의의 관계를 살펴보도록 하겠다.

잘 알려진 것처럼 플라톤의 대화편 『국가』편 1권에서 '정의란 무엇인가'의 물음을 갖고 소크라테스와 치열한 논쟁을 벌이는 인물은 소피스트인 트라쉬마코스이다. 트라쉬마코스는 '정의는 강자의 이익이다'라는 정의관을 주창한 것으로 잘 알려져 있다.[24] 그의 주장에 따르면 어느 정체든 강자가 통치자가 되고, 통치자는 자신의 이익을 최대로 반영한 법을 만들어 그것을 준수하도록 피치자들에게 요구한다는 것이다. 이렇게 만들어진 법은 통치자의 이익을 극대화하고 반대로 그 법을 따라야 하는 피치자들에겐 그 법을 따를수록 손해가 극대화된다. 트라쉬마코스가 보기에 약한 피치자들에게 정의는 자신의 이익이 아니라 남의 이익, 즉 강자인 통치자의 이익인 것이다.

소크라테스는 트라쉬마코스의 이러한 정의관을 논박하기 위해 기술 (technē) 비유를 든다. 즉, 통치는 일종의 앎의 기술로서의 정치적 기술이

---

[24] Platon, *Politeia*, I, 340d-341a.

된다. 그런데 소크라테스의 주장에 따르면 의술이나 항해술과 같은 테크네는 대상의 이익을 우선적으로 실현하고자 한다. 즉, 의사는 의술을 갖고 자신의 이익이 아니라 환자의 건강을 실현하고자 하고, 선장은 항해술을 통해 승객의 안전을 우선적으로 실현시키고자 하는 목적을 갖는다는 것이다. 마찬가지로 정치적 통치술 역시 다스림을 받는 시민들의 이익을 그 본래적 목적으로 삼지, 트라쉬마코스가 주장하는 것처럼 통치자 자신의 이익을 취하지는 않는다는 것이다.[25] 과연 누구의 정의관이 더 적실하고 설득력이 있을까? 현실주의적인 차원의 정의론을 주장하는 트라쉬마코스와 당위적 차원의 정의론을 주장하는 소크라테스 사이의 타협의 가능성은 없어 보인다.

아리스토텔레스는 상반된 두 정의론 사이에서 그 해결을 모색하고 나름대로 성공하는 것으로 생각된다. 그 전략은 정체를 분류하는 기준으로 제시되는 정체의 추구목적을 공동이익과 사적 이익으로 분류하여 접근하는 것이다. 즉, 『정치학』 3권 6장에서 설명하는 것처럼 통치의 형태를 구분하는 방법론을 선택하는 것이다. 이것은 주인과 노예 사이의 통치방식과 가장과 처자 사이의 통치방식 그리고 자유 시민들 사이의 통치방식을 구분하는 것이다. 이 구분에 따르면 주인과 노예의 통치에서는 기본적으로 주인의 이익을 우선하고 노예의 이익은 부수적으로 이루어진다. 가정에서의 아버지의 처자식에 대한 다스림은 피치자인 처자식의 이익을 보호하는 것이 우선시된다. 그런데 자유롭고 동등한 시민들 사이에서의 통치는 서로의 공동이익을 목표로 삼아야 한다. 따라서 아리스토텔레스에 따르면 이들 사이의 통치원리는 다른 것으로 구별되어야 하는데, 주인과 노예 사이에선 전제적 통치(despotikē archē) 원리가, 가장과 자식 사이에

---

[25] Platon, *Politeia*, I, 342e6-11.

선 왕정적 통치(basilikē archē) 원리가, 그리고 자유롭고 동등한 시민 사이에선 정치적 통치(politikē archē) 원리가 적용된다. 이처럼 어떤 통치원리가 적용되어야 할 것인가는 관계를 맺는 사람들의 이익이 어떻게 분배되는지가 구분되어 정해져야 한다는 것이 아리스토텔레스의 생각이다.

아리스토텔레스가 보기에 트라쉬마코스의 정의관은 전제적 통치방식만이 유일한 통치가 되는 것으로 본다는 점에서 문제가 있다. 트라쉬마코스는 마치 주인과 노예 사이에서 나타나는 전제적 통치와 같은 나쁜 통치만 염두에 두고 있는 것이다. 그가 말하는 강한 통치자는 소크라테스가 말하는 피치자의 이익은 전혀 고려하지 않고 자신만의 이익을 절대시하는 참주와 같은 통치로 볼 수 있다. 참주와 같은 자는 마치 트라쉬마코스가 인용하는 양치기술을 통해 자신의 이익만을 추구하는 목동과 같은 존재인 것이다. 아리스토텔레스가 보기에 트라쉬마코스에게는 무소불위의 정치적 권력을 통해 자신의 이익을 극대화하고자 하는 가장 부정의한 인간만의 통치술만 있는 것이다. 그러나 소크라테스가 주장하는 것처럼 대상의 이익을 위하는 통치술도 있는 것이다. 마치 아버지가 자식의 이익을 우선시하는 것과 같은 왕정적 통치형태도 있다는 것이다.

그런데 아리스토텔레스가 보기에 소크라테스 역시 통치방식을 구분하지 않는다는 점에서는 같은 오류를 범하고 있다. 그것은 모든 통치자가 소크라테스가 생각하는 것처럼 대상의 이익만을 실현하고자 하는 좋은 인간이 아니기 때문이다. 트라쉬마코스가 인용하는 양치기 목동처럼 양과 소의 이익보다는 자신의 이익만을 염두에 둔 양치기술을 발휘하는 나쁜 통치자도 있기 때문이다.[26] 즉, 자식의 이익과 행복을 우선시하는 아버지에 의해 발휘되는 왕정적 통치술만 있는 것이 아니라 주인이 자신의 이익을

---

[26] Platon, *Politeia*, 343b-345e 참조.

노예의 이익보다 더 우선시하는 전제적 통치술도 있는 것이다. 소크라테스는 이렇게 지배의 대상이 노예나 처자식 또는 시민들인지에 따라 통치방식이 다를 수 있음을 구분하지 않고 모든 지배를 지식에 근거한 하나의 통치술만 있는 것으로 생각한다는 점에서 문제가 있다.[27] 그래서 아리스토텔레스는 소크라테스의 이러한 지식에 근거한 단일한 보편적 통치술을 거부한다. 노예에 대한 통치와 자유인에 대한 통치는 그 이익실현의 목적이 다르기 때문에 동일한 통치술이 요구되어서는 안 되기 때문이다.

따라서 아리스토텔레스에 따르면 트라쉬마코스의 양치기술에 근거한 통치술과 소크라테스가 말하는 의술에 근거한 통치론은 그 이익실현의 목적이 다르기 때문에 구분될 필요가 있다. 즉, 전자가 주장하는 통치술은 사적인 목적을 추구한다는 점에서, 그리고 후자의 통치술은 공동이익을 추구하는 것으로 구분하여 이해되어야 한다. 이렇게 보면 트라쉬마코스적인 통치자가 자신의 이익만을 추구하는 정체는 그릇된 정체에 해당되고, 소크라테스가 지지하는 훌륭한 통치자가 다스리는 정체는 공동의 이익을 실현하고자 하기 때문에 올바른 정체가 된다. 아리스토텔레스가 보기에 트라쉬마코스는 플라톤이 보는 것을 보려고 하지 않고, 마찬가지로 플라톤은 트라쉬마코스가 보는 것을 보려 하지 않는다. 그러나 현실 정체는 두 사람이 주장한 정의론이 모두 나름대로 적실성을 갖고 있음을 말해준다. 그것은 트라쉬마코스의 정의론을 대변하는 나쁜 권력자도 존재하고, 플라톤이 주장하는 정의로운 훌륭한 통치자도 있기 때문이다. 특히 아리스토텔레스는 플라톤이 간과하고 있는 그릇된 정체에서의 부정의한 통치자의 탐욕과 같은 병폐를 다음과 같이 비판한다.

---

[27] *Pol*, I.7, 1255b17-21, I.1, 1252a7-18, I.3, 1253b17-23.

"정치권력을 통해 이익 때문에 사람들이 계속해서 관직을 맡고자 하기 때문이다. 그것은 아픈 병자가 관직만 맡으면 자신이 건강하게 되거나 유지될 수 있는 것처럼 생각한다."(Pol., III.6, 1279a13-16)

이런 점에서 아리스토텔레스는 모든 통치술을 지식으로 환원시켜 보려는 플라톤의 정치철학적 견해를 비판한다고 볼 수 있다. 플라톤이 주장하는 것처럼 지식에 근거한 정치술을 통해 선정(善政)을 실천하는 통치자도 있지만, 그 반대의 경우도 현실적으로 얼마든지 발생할 수 있기 때문이다. 그것은 지식을 소유한 전문가에게 무소불위의 정치권력을 주었을 경우 의도하지 않게 그 권력을 이용해서 사적이익을 추구하고자 하는 타락의 가능성이 있을 수 있기 때문이다. 이것은 아리스토텔레스가 보기에 플라톤이 통치방식을 구분하지 않고 모든 통치를 지식에 근거하여 하나의 통치술만 있는 것으로 보는 데서 비롯한다. 아리스토텔레스에 따르면 주인과 노예, 부부 사이 그리고 시민들 사이의 통치술은 구분되어야 하는데, 그것은 이들 사이의 이익의 분배대상이 동일하지 않기 때문이다. 주인이 노예가 아닌 자신의 이익을 실현하기 위해선 전제적 통치술이, 아버지는 무엇보다 가장으로서 자식의 이익과 사랑을 주기 위한 왕정적 통치술이 그리고 자유롭고 동등한 시민들 사이에선 서로 간의 공동이익을 실현하기 위해 정치적 통치술이 사용되는 것으로 구분되어 이해되어야 한다.

2. 분배적 정의의 가치(axia)와 정체의 목표(telos)

과두정과 민주정은 협치가 가능한가?
앞에서 말한 것처럼 아리스토텔레스에 따르면 정체의 종류는 6가지이며, 그것은 올바른 정체와 그릇된 정체로 양분된다. 그리고 정체분류의 기준으로 수(數)와 정체 목표가 제시되었다. 그런데 아리스토텔레스는 3권 8장에서 정체분류의 기준 중 수와 관련하여 한 가지 아포리아(aporia)를 던진다.[28] 아포리아는 다음과 같다. 과두정은 소수의 부자들이 지배하는 정체이고, 민주정은 다수의 가난한 자들의 정체라고 말해졌는데, 만약 다수의 부자들이 통치하는 경우나 또는 소수의 빈자들이 통치하는 경우는 어떤 정체로 보아야 하는가이다. 수만을 기준으로 삼는다면 전자의 경우는 다수의 통치가 되기 때문에 민주정이라고 보아야 하고, 후자의 경우는 소수의 통치가 되기 때문에 과두정으로 불려야 되지 않을까? 그러나 이 경우 아리스토텔레스는 다수의 부자가 통치하더라도 부에 의한 통치가 되기 때문에 과두정으로 보아야 하고, 소수의 빈자들이더라도 가난한 자들의 통치이면 그것은 민주정이라고 말해져야 한다고 말한다. 그렇지 않다면 다수의 부자들에 의한 정체와 소수의 빈자들에 의한 정체는 별도의 정체로 불려야 할 것이라고 말한다. 결국 아리스토텔레스에 따르면 민주정과 과두정의 본질적 차이는 가난(penia)과 부(ploutos)이다. 단지 빈자들이 다수가 되고 부자들이 소수인 것은 부수적으로 발생한 현상인 것이다. 대부분의 경우에 빈자는 많고, 부자는 그 수가 적기 때문이다.[29]

위에서 말한 것을 정리하면 민주정과 과두정의 정체성(identity)은 경제적인 요소와 수적인 요소에 의해 규정되고, 보다 정확하게는 전자가 본질적인 요소로 후자는 부차적인 요소가 되는 것으로 말할 수 있다. 그런데 아리스토텔레스는 두 정체의 주요한 특성으로 이 두 가지 요소 이외에

---

[28] *Pol.*, III.8, 1279b16-1280a6 참조할 것.
[29] R. Mulgan(1991), pp. 279-306.

"가치"(axia)를 주요한 특성으로 제시한다. 그리고 과두정과 민주정이 논쟁하는 이유가 전자가 부(ploutos)를, 후자가 자유(eleutheria)를 자신들의 가치로 주장하기 때문인 것으로 말한다.

> "민주정과 과두정이 서로 간에 차이를 가져오는 이유는 가난과 부이다. 소수이든 다수이든 어떤 이들이 부 때문에 지배하는 곳에서 이 정체는 필연적으로 과두정이지만, 반면에 가난한 자들이 지배하는 곳에서 이 정체는 필연적으로 민주정이다. 그러나 우리가 말했듯이 부유한 자들은 소수이고 가난한 자들은 다수라는 것이다. 왜냐하면 소수만이 부유한 데 반해, 모든 사람들은 자유를 공유하기 때문이다. 이런 이유로 양쪽은 정체에 대해 논쟁하는 것이다."(*Pol.*, III. 7, 1279b39-1280a6)

위 인용문에서 아리스토텔레스는 수적인 특성은, 그것이 소수든 다수이든, 그 중요성이 부나 가난과 같은 경제적 요소에 비해 상대적으로 떨어지는 것으로 말한다. 과두정인가 민주정인가를 규정하는 핵심적인 기준은 부자의 통치인가 빈자의 통치인가에 의해 결정되는 것으로 보아야 하기 때문이다. 그런데 주목해야 할 언급이 인용문 끝부분에서 발견된다. 그것은 아리스토텔레스가 과두정과 민주정의 정체성을 규정짓는 특성적 쌍을 부와 자유로 언급하면서 이것이 두 정체로 하여금 논쟁을 하게 만든다고 말한다는 점이다. 이제 두 정체가 조화되기 어려운 중요한 이유가 기존의 부와 가난이라는 경제적 요소가 아닌 부와 자유라는 가치의 대립으로 새롭게 설명되고 있는 것이다. 즉, 과두정은 부를, 민주정은 자유라는 가치를 각기 정체의 주요한 특성으로 주장하는 것이다. 이것은 과두정과 민주정의 헤게모니 싸움에선 부자가 부를, 빈자가 자유의 가치를 근거로 각기 서로의 우월성을 주장하기 때문이다. 즉, 부자와 빈자가 요구하는 정치적 정의(to politikon dikaion)의 근본 가치가 각각 부와 자유가 된다는 것이다. 이렇게 과두정과 민주정의 대립은 두 정체의 정치적 정의관, 특히 분배적 정의관이 상이하다는 데서 비롯한다.

그러면 민주정이 주장하는 자유라는 가치와 과두주의자들이 주장하는 부의 가치는 어느 쪽이 보다 정의에 부합하는 가치를 주장하는 것으로 볼 수 있을까? 과연 정치권력의 올바른 분배는 어떤 정의 원리에 근거해야 할까? 이와 관련하여[30] 아리스토텔레스는 『니코마코스 윤리학』 5권 3장에서 "모든 사람들은 분배에서의 정의는 어떤 가치에 근거해야 한다는 데 동의한다. 그럼에도 불구하고 그 가치가 무엇이냐에 대해서는 의견의 일치를 보지 못하고 있다."(*EN*, 1131a25-27)고 말한다. 그러면 아리스토텔레스가 분배정의를 실현하기 위한 기준으로 제시하는 axia, 즉 가치는 어떻게 이해되어야 할까? 아리스토텔레스에 따르면 분배받아야 할 사람을 각각 A, B라 하고, 이들의 가치에 따른 분배의 몫을 각각 C, D라 할 때 가치에 비례한 공정한 분배란 A:B=C:D로 표시될 수 있다. 이러한 분배가 공정한 이유는 A+C:B+D=A:B라는 등식이 성립되기 때문이다. 달리 말해 분배될 수 있는 재화의 총 몫이 10이고 A와 B의 기여도가 각각 2와 3이라면, 그에 상응하는 몫은 비례에 따른 분배원칙에 따라 4와 6이 되는 것이다. 이것은 아리스토텔레스가 생각하는 가치는 산술적 정의가 아닌 기하학적 비례(geometrikē analogia)에 따른 공정 또는 평등 분배라고 말할 수 있다. 결국 아리스토텔레스에 따른 분배적 정의(dianemētikon dikaion)는 가치에 비례하여 분배 대상들에 대한 분배가 이루어져야 하는 것이다.

그렇다면 이때의 비례에 따라 분배되어야 하는 대상들은 어떤 것일까? 이와 관련하여 아리스토텔레스는 분배정의를 "명예, 재화 또는 공동체

---

[30] 이하 정의론에 관한 기술은 손병석(2012), pp.111-112에서 재인용한 것임을 밝힌다.

구성원들에게 나누어질 수 있는 그 밖의 것들의 분배에 있어서의 정의"(*EN*, 1130b31-32)로 정의하면서, 이러한 공공재화의 올바른 분배가 각인이 "기여한 몫들"(ta eisenechthenta, *EN*, 1131b31)에 비례하여 이루어지는 것으로 말한다. 다시 말해 구성원들의 사회공익에 대한 기여도에 따른 차등 분배원리를 주장하는 것이다. 요컨대 공동체에 기여한 공적(desert)에 따라 그에 상응하는 분배가 이루어져야 한다는 것이다. 따라서 아리스토텔레스가 생각하는 정의로운 나라는 공공자산을 무차별적 평등 원리에 따라 분배하는 것이 아니라, 각자의 공동선에 기여한 공적에 따라 분배하는 사회라고 말할 수 있다. 다시 말해 정의로운 분배적 정의는 동등한 자들에겐 동등한 몫을, 동등치 않은 자들에겐 동등하지 않은 몫을 갖게 하는 것이다. 그렇지 않을 경우 폴리스는 정의롭지 못하기 때문에 사회적 갈등이나 분쟁에 휘말려 들게 된다는 것이 아리스토텔레스의 진단이다. 그런데 문제는 앞에서 말한 것처럼 모든 사람이 분배의 기준이 가치가 되어야 한다는 점에는 동의하면서도, 그 가치가 무엇인가에 대해서는 "민주주의자들은 이것(가치)을 자유인의 신분이라 하고, 과두정의 지지자들은 부 또는 좋은 혈통으로"(*EN*, 1131a27-29) 주장한다는 점이다. 이렇듯 과두정은 부를, 민주정은 자유를 각기 정체에 기여할 수 있는 가치로 제시하고 있는 것이다.

그러면 아리스토텔레스는 과두정과 민주정이 제시하는 가치들 사이의 합의가 가능한 것으로 보는 것일까? 이 물음은 과두정이 제시하는 부와 민주정이 제시하는 자유라는 가치 사이의 통약가능성이 존재할 수 있는지의 문제가 된다. 아리스토텔레스는 이 문제에 대해 부정적인 답을 제시하는 것으로 보인다. 예를 들어 아리스토텔레스에 따르면 과두주의자들이 과두정의 파괴를 막고 정체를 보존하기 위해서는 "나는 데모스에게 부정의를 행하지 않겠다'(1310a11-12)라고 맹서해야 한다. 그러나 그들은 "나는 데모스에 대해 악한 마음을 갖고, 그들에 대항해서 가능한 모든 악을 행할 것을 궁리하겠다"(1310a9-10)라고 맹서한다. 또는 과두정은 가난한 다중(多衆)을 학대하고 도시 바깥으로 내쫓아 흩어져 살게 하고자 한다.[31] 마찬가지로 민주주의자들은 부자나 귀족에 맞서 전쟁을 일으키고 그들을 은밀하게 또 공공연하게 파괴하고자 하며, 그들의 지배를 막기 위해 그들을 추방한다.[32] 이런 이유로 과두주의자들과 민주주의자들은 서로에게 스타시스(stasis), 즉 파쟁을 일으키고 격렬한 싸움을 지속한다.

아리스토텔레스가 진단하기에 이러한 파쟁의 이유는 과두정과 민주정이 주장하는 분배적 정의관이 상이한데서 비롯한다. 민주정의 지지자들은 자유라는 가치에 근거해서 모두가 동등하기 때문에 모든 것에서도 단적으로 동등하다고 생각한다. 반면에 과두정의 지지자들은 부라는 가치에서 모두가 동등한 것이 아니기 때문에 단적으로 모든 것에 대해 동등함을 주장해서는 안 된다고 생각한다. 이런 이유로 두 정체를 지지하는 양쪽은 자신들의 분배적 정의관에 따라 정체에 참여하지 못하게 될 때는 정체변혁을 시도한다.[33] 그러면 과두주의자와 민주주의자가 서로 타협해서 정체에 참여할 수 있는 가능성은 없는 것일까? 만약에 과두주의자나 민주주의자가 궁극적으로 추구하는 목적이 경제적인 부에 정향되어 있는 것으로 본다면 그러한 가능성이 아주 없는 것은 아니다. 실상 과두정이나 민주정이 모두 그릇된 정체에 속한다는 점에서 이 두 정체의 주도적인 계급인 소수의 부자와 다수의 데모스는 모두 부에 대한 탐욕(pleonexia)을

---

[31] *Pol.*, V.10, 1311a10-15 참조.
[32] *Pol.*, V.10, 1311a15-18 참조.
[33] *Pol.*, V.1, 1301a25-39 참조.

가지고 있는 것으로 볼 수 있다.[34] 부자들의 부에 대한 탐욕뿐만 아니라 다수의 가난한 다중들 역시 부자들에 대한 시기와 질투를 갖고 있다는 점에서 부에 대한 욕구를 가지는 것으로 볼 수 있다.

그렇다면 특정한 정치적 상황에서 과두주의자와 민주주의자의 부에 대한 탐욕을 최적화시킬 수 있는 정치적 타협이 이루어질 수 있는 가능성이 있다. 그러나 과두정과 민주정의 대립을 마치 마르크스주의적인 부자와 빈자의 부를 둘러싼 계급투쟁으로 환원시켜 보는 것은 지나치게 협소한 이해이다.[35] 무엇보다 부에 대한 탐욕이 두 정체를 구분 짓는 기준이 되었을 경우 과두정과 민주정의 정체성의 구분은 의미가 없어져 버리기 때문이다. 그것은 두 정체가 마치 동맹이나 또는 상거래 집단이나 심지어 해적 집단처럼 부를 목표로 한 집단과 동일한 공동체로 간주될 수 있기 때문이다. 뒤에서 살펴보겠지만 과두정과 민주정의 타협의 방안으로 아리스토텔레스가 제시하는 해법은 중간계급을 강화하여 정체의 안정과 조화를 실현할 수 있는 혼합정이 될 것이다. 그러나 혼합정에서도 중간계급이 일종의 중재자로서 부자와 빈자 사이의 타협을 유도할 수는 있겠지만, 이것이 곧 부자와 빈자의 실질적인 화해로 보기는 어렵다. 여전히 혼합정에서도 부자와 빈자는 서로 간에 패권을 차지하기 위한 다툼을 계속할 것이기 때문이다.

아리스토텔레스가 보기에 부자와 가난한 자들 사이의 적대감을 해소하기는 어렵다. 이것은 부자와 빈자가 갖고 있는 정치심리학적 특성을 고려할 때 더욱 그렇다. 과두정의 부자들은 오만(hybris)해서 가난한 자들

---

[34] 파쟁이나 계급싸움을 탐욕의 개념을 갖고 고찰하는 시도는 Balot에 의해 이루어진다. R. Balot(2001), 32-44 참조.
[35] S. Skultety(2008), 208-32 참조.

을 경멸하며, 민주정의 데모스는 부자에 대한 증오와 시기심이라는 감정을 갖고 있기 때문이다.[36] 아리스토텔레스에 따르면 이러한 두 정체의 인간이 보여주는 오만함과 시기심과 같은 감정적인 악은 부자와 빈자를 서로 화해하기 어렵게 만드는 주요한 성격적 결함들이다. 과두정과 민주정 사이의 정치적 친애(politikē philia)는 가능하지 않은 것이다.

"이것이 폴리스가 자유인들이 아닌 노예와 주인으로 구성되게 하는 결과를 가져온다. 한 집단은 시기심으로 가득 차고 다른 집단은 경멸로 가득 차게 된다. 이것은 친애와 정치적 공동체로부터 가장 거리가 먼 것이다. 왜냐하면 공동체는 친애적 특성을 갖기 때문이다. 사람들은 적이 되었을 때, 심지어 함께 여행을 하기를 원하지 않는다."(*Pol.*, IV.11, 1295b19-25)

그러면 왜 이렇게 과두정과 민주정의 지지자들은 화해할 수 없는 것일까? 아리스토텔레스는 그 이유를 어디에 있는 것으로 보는 것일까? 앞서 살펴본 것처럼 이러한 물음들에 대한 가능한 답은 일단 과두정과 민주정의 지지자들의 가치에 따른 정의관이 다른 것으로 말할 수 있다. 즉, 과두주의자들은 부에서 동등하지 않으면 분배에서도 불평등하게 이루어져야 함을 주장하고, 마찬가지로 민주주의자들은 자유라는 가치에서 동등하면 분배에서도 모든 것이 평등하게 이루어져야함을 주장한다. 즉, 전자는 부에 비례한 기하학적 정의를 주장하고, 후자는 자유에 근거한 산술적 정의를 각기 올바른 분배적 정의관으로 주장한다는 데서 그 이유를 찾을 수 있다. 요컨대 과두주의자들에게 자유는 부를 대체할 수 없으며, 마찬가지로 민주주의자들에게 부는 자유를 대체할 수 없는 것이다. 그런데 여기

---

[36] *Pol.*, IV.11, 1295b15-18, V.9, 1310a23-26, 1295b12, 1295b23, IV.11, 1295b10, V.9, 1310a19-25 참조.

서 분배적 정의와 관련해서 한 가지 의문이 드는 것은 부나 자유를 통해 궁극적으로 실현하고자 하는 것이 무엇인가 하는 것이다. 이것은 부나 자유에 근거한 정의가 그 자체적인(per se) 가치를 갖는 것으로 보기 어렵지 않은가 하는 생각에서다. 과두정이든 민주정이든 각 정체가 주창하는 정치적 정의(politikon dikaion)는 어떤 식으로든 해당 정체의 목표를 실현하기 위한 일종의 수단적 가치를 갖는 것으로 볼 수 있기 때문이다. 그러면 과두정과 민주정이 추구하는 목표는 무엇인가?

『정치학』 5권과 6권에서 아리스토텔레스는 과두정과 민주정이 추구하는 목적 내지 정체의 근본적 원리(hypothesis)에 대해 말한다. 먼저 "과두정으로부터는 그 목적이 부가 된다"(ek oligarchias to to telos einai plouton, 1311a9-10)고 말해진다. 반면에 모든 민주정이 추구하는 목표(stochazesthai)는 자유인데, 그것은 "각자가 원하는 대로 사는 것"(zēn hekastos ōs bouletai, 1310a33) 또는 "교대로 지배받고 지배하는 것이다"(to en merei archesthai kai archein, 1317b2-3).[37] 이것은 과두정과 민주정이 추구하는 목표가 각기 부와 자유에 정향되어있음을 의미한다. 달리 말해 과두정은 부를 통해 실현되는 행복을 정체의 목표로 삼는 반면에 민주정은 자유를 통해 실현되는 행복을 정체의 목표로 삼는다고 말할 수 있다. 이렇듯 과두정과 민주정이 추구하는 행복관은 상이하다. 그렇다면 과두정과 민주정이 화해할 수 없는 근본적 이유는 가치에 따른 정의관

---

[37] 민주정의 첫 번째 원리는 교대로 통치하고 통치받는 것이고, 두 번째 원리는 각자가 원하는 대로 사는 것이다. 이 두 원리의 관계는 두 번째 원리, 즉 각자가 원하는 대로 사는 것이 현실적인 문제를 발생시킬 수 있다는 인식에서 첫 번째 원리, 즉 교대로 돌아가며 통치하는 것이 채택되는 것으로 이해할 수 있다. 다시 말해 각자가 원하는 대로 사는 것은 무질서(anarchia)로 이어지며, 이것은 폴리스 자체의 와해로 귀결될 수 있다. 무법과 무질서로부터 정체를 보존하기 위한 대안은 통치의 구심점을 필요로 하며, 이것은 교대로 통치하고 통치받는 '정치적 통치원리'(politikē archē)를 통해 가능하다는 것이다. *Pol.*, VI.2, 1317a40-1318a11 참조. 또한 J. Barns(1990), 256. R. G. Mulgan(1970), 98.

의 상이함보다는 기본적으로 두 정체가 추구하는 삶의 방식(tropos tou biou)이 다름에서 비롯한 것으로 볼 수 있다. 즉, 과두정과 민주정이 타협하지 못하는 근본적인 원인이 행복에 대한 관념이 다른데서 찾아져야 한다는 것이다. 요컨대 두 정체의 대립의 핵심적 이유는 가치에 따른 정의관에 있는 것이 아니라 삶의 방식으로서의 행복관이 다른 데 있다는 것이다. 분배적 정의는 재화나 관직의 분배에 관한 규정을 할 수는 있으나 시민의 삶의 질서 전체를 규제하지는 못한다. 그러나 정체가 추구하는 궁극적 목적이 되는 행복관은 시민들의 삶의 방식 전체를 규제한다. 그렇기 때문에 부가 행복의 기준이 되는 과두정에서 시민들은 부가 삶의 방식을 규정할 수 있을 때 행복하다고 생각한다. 이와 달리 민주정의 시민에게 행복은 노예와 달리 자기가 원하는 대로 삶의 방식을 향유할 수 있을 때 실현된다. 그것은 또한 누군가에 의해서도 억압되지 않는 삶이며, 그것이 현실적으로 어려울 땐 교대로 지배하고 지배받을 수 있는 등등의 정치적 참정권이 주어져야 한다. 이렇듯 과두정과 민주정이 추구하는 행복관은 서로 다르다. 그리고 이러한 행복관의 다름은 과두정과 민주정에서 강조되는 덕 역시도 상이함을 의미한다. 과두정은 부를 축적할 수 있는 경제적 덕을 강조하지만, 민주정은 자유의 가치를 강조하는 시민 덕을 강조한다. 이것은 두 정체의 시민들이 서로 이해하고 소통할 수 있는 가능성이 희박함을 의미한다. 민주정의 자유라는 덕은 과두정의 부를 축적하기 위한 덕과는 물과 기름처럼 서로 조화될 수 없는 것이다. 두 정체는 더욱더 각자의 덕만을 극단적으로 주장하게 마련이다.[38] 아리스토텔레스가 "대부분의 사람들은 자신의 일들과 관련해서는 나쁜 판단자들이다"(1280a14-16)라고 말하는 것도 이런 맥락에서다. 과두정과 민주정

---

[38] *Pol.*, V.9, 1310a22-23. V.5, 1319b35-20a3 참조.

은 각자 다른 행복관 내지 삶의 방식을 지향하기 때문에 충돌을 피하기는 어렵다.

그러면 아리스토텔레스가 생각하는 최선의 정체는 어떤 목표를 추구해야 하며, 또한 어떤 가치에 근거하여 올바른 분배적 정의가 실현되는 것으로 보는 것일까? 각 정체에서 제시하는 삶의 방식과 가치의 기준은 각각 다른데, 그럼에도 어떤 삶의 유형과 어떤 가치가 모든 사람들에 의해 동의될 수 있는 보편적 행복이자 보편적 가치로 인정될 수 있는가? 이러한 물음들에 가능한 답을 찾기 위해 먼저 아리스토텔레스가 자신의 최선의 정체를 건설하기 위한 청사진에서 제시하는 분배적 정의에 관한 이해가 필요하다. 이를 위해 길지만 보다 충분한 이해를 위해 아래의 인용문을 분석하도록 하겠다.

"모든 학문과 기술의 궁극적인 목적은 선이다. 이 점은 모든 학문과 기술의 으뜸인 정치에 특히 가장 많이 적용되는데, 정치의 선은 정의이며, 이것은 곧 공동이익이다. 모두 정의는 일종의 평등이라고 생각한다 … 여기서 간과해서 안 될 점은 무엇에서 평등 또는 불평등인가 하는 점이다 … 사람들은, 모든 좋은 것들 중에서 어떤 우월성에 있어 차이가 있다면, 설사 그 밖의 다른 모든 점에서는 비슷하고, 아무런 차이가 없더라도, 관직은 불평등하게 배분되어야 한다고 주장할 수 있다. 차이가 나는 사람들에게는 정의와 가치에 따른 것에서도 차이가 나야 한다는 것이다. 그러나 이것이 참이라면, 어떤 사람이 피부색이 좋거나 키가 크다거나 그밖에 다른 장점이 있다는 이유만으로 정치적 권리를 더 많이 갖게 될 것이다. 하지만 이것은 분명 틀린 것이 아닐까? … 재능이 대등한 피리연주자가 여러 명 있을 때, 출신 성분이 더 좋은 자에게 더 좋은 피리를 주어서는 안 될 것이다. 집안이 좋다고 해서 피리를 더 잘 연주하는 것은 아니기 때문이다. 따라서 기능에 있어 우월한 사람에게 더 좋은 도구가 주어져야만 한다 … 말하자면 누군가 피리연주 기술에서는 남들보다 더 뛰어나지만 좋은 가문과 미모에서는 훨씬 열등하다고 가정해보자. 그럴 경우 이런 탁월함들, 즉 좋은 가문과 미모가 각각 피리 연주기술보다 더 큰 선이라 하더라도, 또한 피리 연주자가 피리연주에서 이런 탁월함들을 지닌 자들을 능가하는 것 이상으로 이들이 이런 탁월함들에서 그를 능가한다 하더라도, 역시 그에게 더 좋은 피리가 주어져야 한다는 것이다. 왜냐하면 다른 자들에게 더 좋은 피리가 주어지려면 부와 좋은 집안이라는 탁월함에서의 우월성이 피리연주에 기여해야 하는데(symballesthai), 여기서는 이런 탁월함들이 피리연주에 전혀 기여하지 못하기 때문이다."(*Pol*, III.12, 1282b14-1283a3)

위 인용문에서 아리스토텔레스는 먼저 정치가 추구하는 것은 정의(to dikaion)라는 선(agathon)이며, 특히 공동이익(to koinei sympheron)이 최고선임을 분명히 한다. 그리고 정의는 일종의 평등추구인데, 이러한 평등은 개인이 내세우는 우월성(hyperochē)에 의해 주장된다고 말한다. 여기서 아리스토텔레스가 정의로운 분배가 어떠해야 하는지를 밝히기 위해 드는 비유가 피리의 분배문제이다. 그리고 그의 생각은 피리의 목적이 연주에 있기 때문에 피리는 그것을 잘 불 수 있는 자에게 주어야 한다는 것이다. 좋은 출생이나, 준수한 외모가 아니라 "기능에서의 우월성"(kata to ergon hyperechonti)이 피리분배의 기준이 되는 것이다. 아리스토텔레스는 이러한 논증을 일종의 후건 부정식(modus tollens) 논증을 통해 주장한다. 다시 말해 좋은 가문과 미모를 가진 자에게 피리가 주어질 수 있기 위해선, 이러한 요소들이 피리연주에 기여할 수 있어야 하는데, 그렇지 않기 때문에 피리는 연주기능이 뛰어난 자에게 주어야 하는 것이 합당한 분배가 되는 것이다.

아리스토텔레스가 이후의 계속적인 논의를 통해 좋은 출생이나 외모에 근거한 주장이 수용될 수 없는 또 다른 이유로 드는 것이, 부나 외모와 같은 요소들이 피리 연주 능력과 비교 가능하지 않다는 점이다. 아리스토텔레스에 따르면 키와 같은 양적인 것이 능력과 같은 질적인 것과 통약가능(symblēta) 할 수는 없다. 양자를 동등하게 측정할 수 있는 또 다른 기준이 없기 때문이다. 결국 피리의 비유를 통해 우리가 얻을 수 있는 공정한 분배의 기준은 '기여도'와 분배 영역에서의 '적합성'이라고 말할 수 있다. 다시 말해 달리기 운동경기인가 또는 비극 경연대회인가에 따라 요구되는 적합성과 기여도의 기준이 달라질 수 있다는 것이다. 전자는 올림픽과 같은 운동영역에서의 민첩성이 그에 적합한 기여의 기준이 될 것이다. 후자의 경우는 관객들의 마음을 정화(katharsis)할 수 있어야 그것이 훌륭한 연극에 적합한 작품으로 인정될 수 있을 것이다. 그렇다면 우리가 관심을 갖는 관직(timē)의 분배와 관련해서 아리스토텔레스가 생각하는 국가의 중요 관직의 배분은 어떤 기준에 따라 이루어져야 하는 것으로 볼 수 있을까?

이와 관련하여 위 인용문에서 아리스토텔레스는 이미 정의로운 분배는 공동이익과 같은 보편에 기여할 수 있는 자에게 주어져야 하는 것으로 말한다. 즉, 배분의 기준은 공동선에의 기여도(symballesthai)이다. 그러나 문제는 이러한 공동선에의 기여라는 기준이 구체적으로 어떤 것에 근거한 것인가 하는 점이다. 피리를 분배받기 위한 기준이 피리 실력이듯이 정치적 관직의 분배를 근거지우는 요소가 무엇인가 하는 것이다. 이 물음이 제기될 수밖에 없는 이유는 앞에서 언급한 것처럼 각 정체에서 주장하는 분배기준이 각기 다르기 때문이다. 민주정은 자유를, 과두정은 부를, 그리고 귀족정은 덕을 제시하고 있기 때문이다. 다시 말해 이들 정체들에서는 자유나 부 또는 덕이 각각의 정체의 공동선에 기여할 수 있는 가치로 보는 것이다.

아리스토텔레스는 『정치학』 3권 10장부터 13장에 걸쳐 이 문제를 논하면서 일단 국가의 존립과 생존을 위해서는 자유나 부, 또는 전사의 용기가 필요하기 때문에 이들 모든 요소들이 관직을 요구하는 것에 대한 정당한 근거가 됨을 인정한다. 따라서 아리스토텔레스에 따르면 최선의 정체는 단순히 부자들의 나라도, 자유인들만의 나라도, 또는 귀족의 나라만이 되어서도 안 된다. 그러면 아리스토텔레스가 생각하는 최선정체의 가치는 무엇인가? 이것은 앞서 『정치학』 1권에서 말한 폴리스의 궁극적 목적을 생각하도록 요구한다. 즉, '국가의 본질이 무엇인가'에 조회되어 그 적합한 기여도의 기준이 찾아져야 한다는 것이다. 그러면 아리스토텔레스에 따른 국가의 본질은 무엇인가? 이것을 이해하기 위해서는 아리스토텔레스가 생각하는 폴리스의 존재목적을 살펴보는 것이 도움이 된다.

아리스토텔레스에 따르면 폴리스가 추구하는 최고선은 폴리스의 자연성이 최대로 실현된 나라에서 가능하다. 그것은 가족이나 마을이 아닌 폴리스적 단계에서만 구현 가능한 '자족적이며 잘 사는 삶'이다. 아리스토텔레스가 『정치학』에서 소피스트인 뤼코프론(Lykōphron)이 제시한 단순한 상호 간의 부당행위 방지와 경제적인 충족만을 목적으로 한 나라 건설을 비판하는 것도,[39] 힙포다모스(Hippodamos)가 주장하는 단순히 부정의만을 방지하는 법에 따른 정체관을 비판하는 이유가 여기에 있다.[40] 아리스토텔레스가 생각하기에 공동거주나 상호 간의 계약 또는 경제적인 교역과 같은 요소들은 국가가 존재하기 위한 필요조건이지 잘 사는 나라를 위한 충분조건은 아니다. 아리스토텔레스적인 의미의 명실상부한 최선의 정체는 단순히 모여 살기 위해서가 아니라, "행복하고 훌륭하게 사는 것"(to zēn eudaimonōs kai kalōs, 1281a1)을 의미하기 때문이다. 그리

---

[39] *Pol*, 1280b10 이하 참조.

[40] *Pol*, 1267b37 이하 참조.

고 아리스토텔레스에게 이러한 훌륭한 삶은 덕에 따른 활동을 통해 가능하다. "최선의 정체는, 국가가 최대의 행복을 누릴 수 있는 정체인데, 이러한 정체는 덕 없이는 존재할 수 없기 때문이다"(1328b34-37). 또한 아리스토텔레스는 『정치학』 1283b40-12834a1행에서 "올바른 이라는 말은 '평등하게 올바름'이라는 의미이며, 평등하게 올바른 것이란 국가 전체의 이익과 시민들의 공동이익에 연관된 것이라고 답할 수 있을 것이다. 결국 아리스토텔레스의 최선의 나라는 시민들 모두의 공동이익 실현을 목표로 삼는 정체이며, 이러한 훌륭한 삶의 구현은 덕에 따라 이루어진다고 말할 수 있다.[41] 요컨대 "덕에 따른"(kata aretēn) 삶이 공동선을 실현할 수 있는 근거가 된다는 점에서, 공적의 근거는 덕이라고 말할 수 있다. 결국 아리스토텔레스에게서 올바른 의미의 공평한 분배는 덕에 따른 역량이나 능력이 탁월하게 발휘될 때 이루어진다. 즉, 공동선이나 공동이익에 기여할 수 있는 덕에 따른 공적을 수행한 자에게 그에 비례한 배분이 이루어지면, 그것이 올바른 분배적 정의가 실현된 것으로 볼 수 있다.

---

[41] *Pol*, 1283a23 이하 계속 참조.

10장
최고통치권 분배와 민주정의 우월성 논증

아리스토텔레스가 『정치학』 3권 중반부에서(10장부터 11장) 가장 중요하게 다루는 정치철학적 주제는 '누구에게 정체의 최고 권력을 주어야 하는가'이다.

> "또 다른 아포리아(aporia)는 '누가 폴리스의 최고 권력을 가져야 하는가?'이다. 다수인가, 부자들인가, 훌륭한 자들인가, 최선자들인가, 가장 훌륭한 일인인가 아니면 참주인가? 그러나 이러한 모든 것들 중 어느 것이라도 문제가 있는 것으로 보인다."(*Pol.*, III.10, 1281a11-14)

위에서 아리스토텔레스는 최고 권력이 주어질 수 있는 후보로 다중(plēthos), 부자들(hoi plousioi), 훌륭한 자들(hoi epieikeis), 일인의 최선자(beltistos ena), 그리고 참주(tyrannos)를 언급한다. 이들 후보들이 통치권자가 될 경우 그에 상응하는 정체는 다중은 민주정과, 부자는 과두정과, 덕스러운 자들은 귀족정과, 일인의 최선자는 왕정과, 그리고 참주는 당연히 참주정과 연관될 것이다. 이미 앞에서 살펴본 것처럼 아리스토텔레스는 민주정과 과두정이 부분적인 정의만을 갖고 있는 것으로 보면서 그들이 주장하는 자유와 부의 가치가 절대적인 가치를 갖는 것으로 볼 수는 없다고 비판하였다. 그러면 덕 있는 자들이나 최선자에게 최고 권력이 주어지는 것은 어떻게 보아야 할까? 아리스토텔레스는 정치적 정의의 관점에서 볼 때 이 역시 문제가 아주 없다고 보기는 어려운 것으로 본다. 즉, 덕 있는 자들이나 일인의 최선자에게만 최고 권력이 주어지게 되면 그로 인해 다수 시민들이 정치권력으로부터 배제될 수 있고, 그래서 정체의 불화와 파쟁을 불러옴으로써 결과적으로 정체 자체의 몰락으로 귀결될 수 있기 때문이다.

이런 이유로 아리스토텔레스는 최고 권력의 분배가 어느 한 대상에게만 분배되는 것은 적절치 않은 것으로 본다. 물론 정체의 최고 목적이 잘 사는 삶 또는 행복이기 때문에 덕이 무엇보다 중요한 기준이 되어야 함은 분명하다. 그러나 아리스토텔레스는 정체의 생존을 위해선 다중과 부자들의 기여도 인정되어야 한다는 생각이다. 다른 나라와 전쟁을 하기 위해선 *데모스*, 다수인 평민의 참전도 필요하고, 정체의 경제적인 안락함을 위해선 부자들의 세금도 필요하기 때문이다. 이런 점에서 아리스토텔레스는 정체의 생존을 위한 필수적인 요소로 자유와 부를, 그리고 정체의 보다 고차원적인 목표가 되는 잘사는 삶을 위한 덕의 요소를 모두 인정한다고 말할 수 있다. 요컨대 아리스토텔레스는 최고 권력의 분배 대상으로 참주를 제외하곤 다른 모든 후보들의 부분적인 기여도를 인정한다고 볼 수 있다.

주목할 점은 아리스토텔레스가 『정치학』 3권 11장에서 민주정의 데모스의 최고통치권의 정당성 문제를 집중적으로 논의하고 있다는 점이다. 이 부분은 두 가지 이유에서 중요하다. 첫째는 민주정의 상대적 우월성의 이론적 근거가 무엇인지에 관한 이해를 얻을 수 있고, 두 번째는 민주정과 경쟁 관계에 있는 과두정과 왕정 그리고 법의 통치의 강점과 약점이 무엇인지에 대한 이해를 얻을 수 있다는 점에서다. 이제 아래에서 먼저 플라톤의 민주정에 대한 견해를 살펴보고, 계속해서 아리스토텔레스의 민주정의 우월성에 관한 논의를 분석하도록 하겠다.

1. 플라톤과 아리스토텔레스의 민주정에 대한 견해

현대의 민주주의가 다양한 수식어가 붙은 굴절된 하이픈(hypon) 민주주의의 특성을 보여주기는 하지만 그래도 민주주의는 현대의 많은 국가들에서 현실적으로 최선의 정치 형태를 구현할 수 있는 이념으로 간주되는 것이 사실이다. 그러나 고대 희랍인들이 이러한 현대인의 평가를 공유하고 있었던 것은 아니다. 적어도 당시의 철학자들이 우리에게 전해주는 바에 따르면, 민주주의가 최선의 이념으로 그리고 민주정이 최선의 정치 형태로 평가된 것은 아니다. 그런데 이렇듯 많은 당대의 철학자들에 의해서 비판받아온 민주정이 어떻게 그렇게 오랫동안 지속되면서 인류 역사에 길이 남을 찬란한 문화를 꽃피울 수 있었을까? 사실상 우리에게 전해지고 있는 많은 자료들은 고대 희랍 민주정이 어떤 철학적 이론에 근거한 정체(政體)인지에 대해 그리 체계적이며 객관적인 내용을 보여주고 있는 것 같지 않다. 잘 알려진 것처럼 희랍 민주정은 자유(eleutheria), 평등(to ison 또는 isotēs) 그리고 데모스[42]의 지배(kyrion einai ho dēmos)라는 세 원리에 기초하고 있는 것으로 말해지고 있는데,[43] 어떻게 이러한 원리들

---

[42] dēmos는 일반적으로 다중(多衆)으로 번역할 수 있다. 이러한 의미를 가지는 말은 아리스토텔레스에게서 다양하게 표현되고 있는데 to plēthos, hoi polloi 그리고 ochlos등과 같은 말들이 그것이다. 여기서는 데모스 또는 다중이라는 말을 쓰도록 하겠다.

[43] M. H. Hansen(1989), pp. 1-47 참조할 것.

이 현실적으로 민주정의 발전을 가져다줄 수 있었는지 또 이러한 원리들이 민주정의 다른 정체에 대한 상대적 우월성을 가지게 할 수 있는 힘이 무엇인지에 대한 철학자들의 긍정적인 견해를 찾기란 쉬운 일이 아니다.

이와 관련하여 아리스토텔레스는 『정치학』 3권 11장부터 15장에 걸쳐 민주정의 우월성에 관한 이론적 논변들을 소개하고 있다. 민주정의 주도적인 시민계급으로 말해지는 데모스(dēmos)의 집합적 지혜(the collective wisdom)가 그것이다. 아리스토텔레스가 제시하는 데모스의 집합적 지혜론은 고대의 참여 민주주의에 관한 의미 있는 철학적 근거를 제시한다는 점에서 중요하다. 무엇보다 플라톤의 반(反)민주주의적인 견해를 고려할 때 더욱 그렇다. 플라톤은 『국가』 편에서 민주주의에 대한 신랄한 비판을 시도하면서 대화편 내내 반(反)민주주의자가 되기를 결코 중단하지 않는다. 그런데 후기 대화편 『법률』(Nomoi) 편에서는 플라톤은 민주주의에 대한 변화된 모습을 보여준다. 이 대화편에서 플라톤은 올바른 의견에 근거한 절제의 덕을 갖춘 계몽된 시민들(dēmos)에 의한 민주정을 차선의 정체를 구성하는 혼합정체의 일종으로 도입하고 있기 때문이다.

본 저술은 민주주의에 관한 플라톤과 아리스토텔레스의 견해를 비교하여 살펴볼 것이다. 먼저 플라톤의 민주주의에 관한 견해를 『국가』 편과 『법률』 편을 중심으로 검토하고, 계속해서 아리스토텔레스의 민주주의에 대한 견해를 『정치학』 3권 11장부터 15장을 중심으로 살펴볼 것이다. 특히 이 부분에서 민주정과 비교되어 소개되고 있는 왕정과 과두정 그리고 법의 통치의 강점과 약점도 주의 깊게 분석될 것이다.

2. 플라톤의 민주주의론

플라톤이 민주정을 기본적으로 '그릇된 정체'(hēmartēmena politeia)로 보면서 민주정을 비판한 것은 잘 알려진 사실이다. 그리고 이런 이유로 일찍이 포퍼(Popper)가 플라톤을 반(反)민주주의자로 규정하면서 그의 철학을 전체주의 철학으로 규정한 것도 주지의 사실이다.[44] 그러나 플라톤의 민주정에 대한 비판의 구체적인 내용이 무엇이고, 또한 그러한 비판의 근거가 무엇이고, 그 근거가 타당한지에 대한 검토는 생각보다 적확(的確)하지 않은 것으로 생각된다. 본 저술에서는 무엇보다 『국가』 편에 나타난 플라톤의 민주정과 그 주도 세력인 데모스(dēmos)에 대한 부정적 기술을 충실하게 검토할 것이다. 특히 플라톤 『국가』(Politeia) 편 6권의 '국가 - 배 비유'(the ship of State analogy)에 나타난 민주정과 데모스에 대한 부정적 묘사의 이유가 무엇인지를 밝힐 것이다. 다음으로 『국가』 편 8권에서 기술되고 있는 민주정의 기본적인 원리와 특성들이 무엇이고, 그것들이 어떤 이유에서 문제가 되는지를 고찰할 것이다. 특히 민주정의 자유개념에 대한 언급을 세분하여 플라톤이 비판하는 핵심적인 자유원리가 어떤 자유개념에 조준되어 있는지를 분명히 할 것이다. 그래서 민주정의 잘못된 자유개념이 데모스의 쾌락에 대한 욕망추구와 맺는 밀접한 상관관계를 밝힐 것이다. 이어서 『법률』(Nomoi) 편에서의 민주정의 자유

---

[44] 포퍼의 주장은 텍스트적 근거제시의 불충분함과 내용에 대한 부정확한 이해로 인해 주장의 과단성만큼 계속적인 지지를 받기는 어려운 것으로 보인다. 더욱이 그가 플라톤을 열린사회의 적으로 간주한데는 그의 정치적 실존상황과 그의 자유민주주의에 대한 신뢰가 배경에 깔렸다는 점도 간과할 수 없다(K. Popper(1950), xii, 732). Popper와는 다른 각도에서 플라톤을 친민주주의자로 보려는 해석의 시도가 있어온 것도 사실이다. 대표적으로 Euben과 Monoson을 들 수 있다. J. Peter Euben (1996), 327-59. S. Sara Monoson(2000) 참조.

원리가 어떤 이유에서 수용되고 있는지를 간단하게 살펴볼 것이다.

『국가』편 6권의 '국가 - 배' 비유에 나타난 데모스의 욕망

플라톤의 민주정에 대한 견해는 『국가』편 6권에 기술된 '국가의 배 비유'를 통해 접근해볼 수 있다. 배의 비유는 플라톤의 민주정에 대한 생각을 이해하기 위한 유용한 정보를 제공하고 있기 때문이다. 내용이 길지만 중요하기 때문에 전부 인용하기로 하겠다.

"선주가 덩치나 힘에 있어서는 그 배에 탄 모든 사람보다 우월하지만, 약간 귀가 멀고 눈도 마찬가지로 근시인 데다 항해와 관련된 다른 것들에 대해 아는 것도 그만하이. 한데 선원들은 키의 조종과 관련해서 서로 다투고 있네. 저마다 자기가 키를 조종해야만 한다고 생각해서지. 아무도 일찍이 그 기술을 배운 적도 없고, 자신의 선생을 내세우지도 못하며, 자신이 그걸 습득한 시기도 제시하지 못하면서 말일세. 게다가 이들은 그 기술이 가르칠 수도 없는 것이라고 주장하며, 누군가가 그걸 가르칠 수 있는 것이라고 말하기라도 하면, 그를 박살낼 태세가 되어 있다네. 그러면서도 이들은 언제나 이 선주를 에워싸고서는 자신들에게 키를 맡겨주도록 요구하며 온갖 짓을 다 하네. 그리고 때로 자신들은 설득에 실패하고 오히려 다른 사람들이 설득에 성공하게라도 되면, 그들을 죽여 버리거나 배 밖으로 던져 버리거나 하네. 그리고선 점잖은 선주를 최면제나 술취함 또는 그 밖의 다른 것으로써 옴짝달싹 못 하게 한 다음, 배 안에 있는 것들을 이용해서 배를 지휘하네. --- 게다가 이들은 자신들이 선주를 설득해서든 강제해서든 지휘할 수 있도록 도와주는데 능숙한 사람을 항해술에 능하며, 조타술에 능한 사람 그리고 배와 관련된 것들을 아는 사람으로 부르며 칭찬하지만, 그렇지 못한 사람은 쓸모없는 사람으로 비난하네. --- 이런 일들이 배에서 일어나고 있다면, 정작 조타술에 능한 사람은 이런 상태에 있는 배를 탄 선원들한테서 영락없는 천체 관측자나 수다꾼으로 그리고 자신들에게

는 쓸모없는 사람으로 불릴 것이라 자네는 생각지 않는가?"(*Politeia*, 488a-489a)

먼저 배의 비유에 등장하는 인물들이 누구를 의미하는지 이해할 필요가 있다. 선주는 데모스를, 선원들은 대중선동가, 그리고 키에 대한 기술적 앎을 소유한 자는 철학자로 볼 수 있다. 여기서 선주는 덩치가 크고 힘은 세지만 눈과 귀의 신체적 약점이 있다. 무엇보다 선주는 항해술에 관한 앎을 갖고 있지 못하다. 여기서 근시라서 먼 대상을 제대로 보지 못하거나, 귀가 먹어 소리를 정확히 듣지 못할 경우 단순히 감각적 분별력뿐만 아니라 이성적인 판단력까지 약한 것으로 볼 수 있다. 선주는 키를 조종할 수 있는 조타술과 같은 기술적 지식을 누가 갖고 있는지 제대로 볼 수 없고, 누구의 소리가 배를 안전하게 운항시킬 수 있는지를 제대로 들을 수도 없는 무기력한 상태에 있는 것이다. 그래서 선주는 가까이에서 자신에게 아첨하고 복종하는 선원들에게 배에 관한 모든 권한을 넘겨주고, 선원들이 주는 최면제나 술에 취해 그저 잠만 자는 수동적인 인간인 것이다. 결국 배의 항해는 키에 대한 지식, 즉 조타술을 익힌 키잡이에게 맡겨지는 것이 아니라 전혀 항해술에 대한 앎을 소유하지 못한 선원들과 이들을 지지하는 협잡꾼들에 의해 조종될 것이다.

배 비유를 통해 플라톤이 말하고자 하는 바는 분명하다. 그것은 민주정이라는 배가 안전하게 목적지에 도착하기 위해서는 배의 소유주인 선주가 키의 조종을 조타술에 대한 지식을 갖고 있는 키잡이에게 주어야 한다는 것이다. 물론 배의 소유주인 선주가 항해술에 대한 앎을 갖고 배의 운항을 지시하면서 관리하는 것이 최선일 것이다. 그러나 인용문에서 알 수 있듯 선주는 무지하며, 키의 조종은 마찬가지로 무지한 선원들에게 주어져 있다. 플라톤이 보기에 민주정도 이와 다르지 않다. 첫째, 민주정은 정치적 지식(politikē epistēmē)을 소유하지 못한 무지한 다중(多衆, hoi polloi)이 통치하는 정체다. 둘째, 민주정은 또한 대중선동가(dēmagōgos)가 무지한 데모스를 이용하여 자신의 탐욕과 야망을 달성하고자 하는 정체다. 요컨대 민주정은 무지한 데모스와 사이비 정치인들이 일종의 악어와 악어새의 관계처럼 서로 간의 욕망을 공유하는 정체인 것이다.

그런데 플라톤은 배 비유를 통해 데모스(선주)를 간교한 대중선동가(선원)에 의해 휘둘리는 무기력한 다중으로 묘사하지만, 이후의 논의에서 데모스를 힘센 "큰 짐승"(to mega zōon, 493c)으로 표현하고 있다는 점에 주목할 필요가 있다. 짐승의 비유는 데모스의 본성이 기본적으로 욕망의 적극적인 추구자라는 정보를 제공하고 있기 때문이다. 그리고 소피스트와 같은 사이비 지식 장수꾼들이나[45] 타락한 민중선동가는 바로 이러한 데모스의 욕망을 이용하여 자신의 또 다른 탐욕을 충족시키는 인물들이다. 그들은 데모스의 기분과 쾌락을 알아차려 그에 맞게 온순하게도 하고 사나워지게도 하는 기술을 터득한 자들이다. 플라톤이 소피스트와 사이비 정치인들을 강하게 비판하는 이유도 바로 이들이 아첨술 내지 처세술을 동원하여 데모스를 혹세무민하기 때문이다.[46]

정리하면 플라톤의 『국가』편의 배 비유와 큰 짐승 비유는 민주정이 통치술에 대한 앎을 소유하고 있지 못한 데모스가 지배하는 정체이며, 이러한 데모스는 무엇보다 자신들의 욕망실현을 우선시한다는 점이다. 또한 민주정은 데모스의 욕망을 이용하여 자신들의 욕망을 실현코자 하

---

[45] Platon, *Politeia*, 493a-b.
[46] 플라톤의 소피스트에 대한 부정적인 견해는 후기 대화편 『소피스테스』(Sophistes)에서도 잘 나타난다. 이곳에서 소피스트는 부잣집 아이들을 사냥하는 가짜 교육자, 사이비 지식을 파는 보따리상 또는 상인, 쟁론적 기술을 통해 돈벌이를 하는 자 또는 모상술을 이용하는 자로 묘사된다.

는 대중선동가와 사이비 교사들에 의해 좌지우지되는 정체라는 것이다.[47] 그러나 플라톤의 민주정에 대한 비판의 구체적인 내용을 알아보기 위해선 『국가』편 8권에 대한 분석이 필요하다. 데모스의 무지로 인한 문제점이 무엇이고, 또 민주정의 기본적인 목표와 원리가 무엇이고 그것에 대한 플라톤의 비판이 어떻게 이루어지는지가 분명하게 드러날 필요가 있기 때문이다.

『국가』편 8권에서의 민주정의 자유원리

『국가』편 8권에서 플라톤은 민주정의 기본적인 원리로 평등(to ison)을 언급한다. 플라톤은 민주정체가 생기게 되는 것은 가난한 사람들이 이겨서 시민들에게 시민권과 관직을 평등하게 배분할 때 이루어진다고 말한다.[48] 그리고 이러한 배분은 민주정에서는 "추첨에 의해"(apo klērōn, 557a) 이루어진다. 추첨에 의한 관직의 배분은 덕이나 출생 또는 부에서의 우월성을 인정하지 않는 것이다. 그래서 플라톤은 민주정을 "쾌락적이며(hēdeia), 무원칙적이며(anarchos), 다채로운 정체이며(poikilē), 평등한 사람과 평등하지 않은 사람들에게 똑같이 평등을 배분해주는 정체"(558c)라고 말한다.

플라톤에 따르면 민주정의 두 번째 주요한 원리는 "자유"(eleutheria)다.

"이 나라는 자유(eleutheria)와 말의 자유(parrhēsia)로 가득 차 있고, 그리

---

[47] B. M. Fissell(2011), 216-234 참조.
[48] Platon, *Politeia*, 557a. 민주정이 과두정으로부터 이행된 정체라는 점에서 가난한 자들이 이기는 대상은 부유한 자들이라고 볼 수 있다. 과두정은 지나친 부에 대한 탐욕으로 인해 점차 부의 독점이 이루어지고 이것은 더 많은 가난한 자들의 양산을 발생시킨다. 결국 다수의 가난한 자들이 혁명을 일으켜 부자들을 죽이거나 추방하게 되는 것이다 (555a-557a).

고 이 나라에서는 누구든지 자기가 하고자 원하는 것을 맘대로 할 수 있는 자유(exousia en hautēi poiein hoti tis bouletai)가 있다."(*Politeia*, 557b)

위 인용문에서 언급된 자유의 개념은 그 의미가 좀 더 구분될 필요가 있다. 첫 번째 언급되는 엘레우테리아는 실상 민주정의 첫 번째 원리로 말해진 정치적 평등과 관련되는 자유개념으로 보아야 한다. 앞에서 언급한 민주정의 첫 번째 원리인 정치적 평등의 실현을 위한 근거가 엘레우테리아적인 자유개념이라고 볼 수 있다. 즉, 자유가 평등의 근거원리가 되고, 평등은 자유원리의 목적이 되는 것이다. 이것은 민주정체의 인간에게 자유의 실현은 정치적 권력에의 평등한 참여권이 주어질 때 가능하기 때문이다. 아리스토텔레스 역시 『정치학』에서[49] 민주정의 기본적 원리가 엘레우테리아라고 말하면서, 엘레우테리아의 주요한 원칙을 모두가 교대로 통치하고 통치받는 평등한 정치적 참정권이라고 말한다. 민주정의 시민들에게 각자의 자유의 몫은 정치적 권력의 참여정도에 따라 달라지기 때문이다. 즉, 타인에 의해 지배될수록 자유는 축소되고, 그 반대일 경우 자유는 증가하는 것이다.[50]

두 번째로 언급되는 파레시아(parrēsia)는 말의 자유를 의미한다. 사적인 영역에서나 공적인 영역에서나 말의 자유가 보장된 정체가 민주정이다. 파레시아는 특히 공적인 영역에서, 예컨대 민회나 법정에서 동등하게 말할 수 있는 권리인 이세고리아(isēgoria)와 같은 의미를 갖는다고 말할 수 있다.[51] 플라톤은 다른 어떤 정체보다도 말을 많이 하는 것으로 가득

---

[49] Aristoteles, *Pol.*, VI.1, 1317a40-1317b11 참조.

[50] Platon, *Politeia*, 557c-d.

[51] isēgoria와 parrēsia가 공히 민주정의 언론의 자유를 의미하는 공통점이 있지만, 그럼에도 불구하고 양자의 의미는 구분될 필요가 있다. 이세고리아는 "동등하게"(iso) 민회에서 "자유롭게 말하는 것"(agoraomai)을 의미한다는 점에서 민주정이 추구하는 보편

찬(mestē) 정체를 민주정으로 본다. 마지막으로 언급되는 엑수시아 (exousia)는 "누구든지 원하는 것을 마음대로 행할 수 있는"(exousia poiein hoti tis bouletai, 557b5) 자유이며 이것은 일상적인 사회적 삶에서의 자유개념으로 이해할 수 있다. 이러한 자유는 "개인 각자가 자신이 마음에 드는 삶의 방식을 계획하는 것"(idian hekastos an kataskeuēn tou hautou biou kataskeuazoito en hautēi, hetis hekaston areskoi, 557b8-9)을 뜻한다.[52] 이렇듯 플라톤이 보기에 민주정을 규정짓는 핵심적 원리는 자유다. 평등개념 역시 자유에 근거하여 추구되며, 결국 평등의 실현이 곧 자유의 완전한 실현이 된다고 볼 수 있다. 명예정(timokratia)이 명예를, 과두정(oligarchia)이 부를 각각의 정체의 주된 가치로 제시하는 것처럼, 민주정은 자유가 그 핵심적인 가치가 되는 것이다. 그러면 플라톤은 민주정이 제시하는 자유의 원리를 왜 문제가 있는 것으로 보는 것인가? 플라톤은, 우리가 생각하기에 너무나도 매력적인 모토로 보이는, 특히 '자유롭게 사는 삶의 방식'에 어떤 문제점이 있는 것으로 생각하기에 그렇게도 신랄하게 비판하는가?

플라톤이 엑수시아적인 자유를 문제 삼는 중요한 이유는 그것이 지나

적 이념인 말의 자유를 통한 시민들의 평등한 권리를 의미한다. 그래서 헤로도투스(Herodotus)는 이세고리아를 민주주의와 동의어로 사용한다(Herodotus, *Historiai* V.78). 문제는 이러한 동등한 말의 자유가 사실과 진실에 맞지 않는 무책임한 말하기가 될 수 있다는 것이다. 더 나아가 대중선동가가 다중을 혹세무민할 수 있는 대중 조작술의 수사술로 전락할 수 있는 위험성도 존재한다. 그래서 파레시아는 말의 자유가 무엇보다 진리와 비판적 정신에 근거한 올바르게 말하기(正言)가 되어야 한다는 문제의식에서 등장한 개념이다. 이점에서 이세고리아와 구분되어 이해될 필요가 있다. 파레시아스테스(parrhēsiastēs), 즉 파레시아 정신에 따라 말하는 자는 거짓이나 아첨을 통해 자신의 사적이익을 추구하는 것이 아니라 진리나 비판정신을 통해 공동선의 실현을 그 목표로 말하기 때문이다. 이와 관련해선 손병석(2008), 123-132 참조.

[52] 이사야 벌린(Isaiah Berlin)이 구분한 자유개념을 빌린다면, 정치적 평등권을 통한 자유는 적극적 자유(positive liberty)로, 그리고 일상적 삶 속에서 각자가 맘대로 할 수 있는 자유는 소극적 자유(negative liberty)로 말할 수 있을 것 같다.

친 욕망을 추구한다는 데서 찾을 수 있다. 이것은 플라톤이 자유를 "만족할 줄 모르는 욕망(aplēstia)"이라고 정의하면서(562b) 이 자유가 민주정을 무너뜨리는 원인이라고 단언하는 데서 알 수 있다. 과두정의 결정적인 취약점이 부에 대한 만족할 줄 모르는 욕망에 있었던 것처럼, 민주정의 문제점은 채워질 수 없는 자유에의 욕망에 있다는 것이다. 그런데 이때의 욕망에 대한 자유는 앞서 언급한 세 종류의 자유 중에서 어떤 것으로 보아야 할까? 이 질문은 중요한데 실상 지금까지 민주정의 자유개념은 그 의미가 세밀하게 구분되어 이해되어 오지 않음으로써 플라톤의 민주정에 대한 비판이 정확하게 어떤 원리에 조준되어 있는지를 파악하지 못한 측면이 있기 때문이다.

필자가 생각하기에 민주정에 대한 플라톤의 비판의 핵심은 자유개념에 있고, 그중에서도 세 번째의 맘대로 하고자 하는 엑수시아적인 자유개념에 조준되어 있다. 엘레우테리아나 파레시아는 각자가 맘대로 살고자 하는 자유의 욕망이 발동되어 나타난 양태로 볼 수 있기 때문이다. 달리 말하면 정치적인 평등으로서의 엘레우테리아나 말의 평등으로서의 파레시아를 근거지우는 근본적인 자유는 엑수시아적인 자유개념인 것이다. 아리스토텔레스가 말하는 것처럼[53] 교대로 번갈아 가며 통치해야 된다는 정치적 권력에 대한 평등주장 역시 맘대로 살고자 하는 자유의 원칙이 발현된 것이기 때문이다. 맘대로 살고자 한다면 어느 누구에게도 지배받지 않고자 하는 것인데, 이것은 무정부의 극단적인 혼란 상태로 귀결되는 문제점이 있다. 그렇기 때문에 민주정의 지지자들은 대안으로 평등하게 교대로 지배하고 지배받는 차선의 통치방식을 선택한다. 결국 정치적인 영역에서 추구되는 평등으로서의 엘레우테리아와 파레이사는 엑수시아

---

[53] *Pol.*, VI.1, 1317a40-1317b17 참조.

적인 욕망실현의 자유원리에 의해 근거해서 주장되고 있는 것으로 볼 수 있다. 그리고 플라톤이 민주정을 비판하는 주된 이유가 지나친 욕망을 실현하기 위한 맘대로 자유에 있음도 알 수 있다. 그런데 아직까지 욕망실현의 자유가 무엇에 대한 지향성을 갖는지가 분명하지 않아 보인다. 엑수시아적인 맘대로 자유가 궁극적으로 무엇을 실현하기 위해 작동되는가하는 것이다. 이제 계속해서 이 물음에 대한 답을 찾기 위해 욕망이 쾌락과 갖는 밀접한 관계에 주목하여 민주정의 자유원리의 문제점을 밝혀보도록 하겠다.

엑수시아(exousia) 자유원리와 데모스의 욕망

일단은 『국가』 편 전체를 관통하는 플라톤의 핵심적인 원리가 되는 영혼삼분설(tripartition)의 관점에서 민주정의 자유관을 접근할 필요가 있다. 관건은 플라톤이 비판하는 엑수시아적인 자유개념이 영혼의 어떤 부분과 관련되는가 하는 것이다. 민주정의 인간이 주창하는 자유, 특히 엑수시아적인 자유는 본래 욕망의 극대화를 추구한다는 점에서 영혼의 "욕구적인 부분"(to epithymētikon)과 관련된다고 볼 수 있다. 즉, 맘대로 자유를 추구하는 민주정의 인간은 그 영혼이 "이성적인 부분"(to logistikon)이나 "기개적인 부분"(thymoeides)이 아닌 욕구적인 부분에 의해 지배된 상태이다. 그러면 욕구적인 부분은 무엇을 추구하는가? 이미 플라톤이 영혼삼분설에 대한 논증에서 말한 것처럼[54] 영혼의 욕구적인 부분은 음식이나 성욕과 같은 감각적인 육체적 쾌락을 주된 대상으로 하여 작동된다. 즉, 감각적 쾌락을 극대화하고자 한다. 플라톤은 욕구적인 영혼을 가진 민주정의 인간

---

[54] Platon, *Politeia*, 436a 이하 계속 참조.

을 다음과 같이 표현한다.

> "그들은 가축들이 하는 버릇대로 언제나 눈길을 아래로 향하며, 땅과 식탁 위로 몸을 구부리고서 포식을 하여 살이 찌고 또한 교미도 하네. 이런 것들에 대한 탐욕 때문에 쇠로 된 뿔과 발굽으로 서로들 치고 받으며, 만족할 줄 모르는 욕망으로 서로 죽이기까지 하네."(Politeia, 586a-b)

위 인용문을 통해 알 수 있는 것처럼 민주정의 인간에게 중요한 것은 감각적 쾌락의 극대화를 통한 욕망의 실현이다. 문제는 이때의 욕망실현을 위한 쾌락의 극대화가 쾌락의 구분을 통해 달성되는 것이 아니라는 점이다. 다시 말해 민주정의 인간은 쾌락추구의 욕구가 필수적인 것(to anagkaion)에 대한 것인지 아니면 필수적이지 않은 것인지에 대한 고려를 하지 않는다. 기본적인 생존을 위한 음식이나 성욕은 필수적인 것이지만 지나친 낭비나 돈벌이는 필수적이지 않은 욕구인 것이다. 중요한 것은 민주정의 인간이 이 두 종류의 쾌락에 대한 욕구를 동등한 것으로 간주한다는 점이다.

> "그는 자신이 접하게 되는 쾌락에 대해 마치 제비뽑기라도 한 것처럼, 언제나 그 쾌락이 충족될 때까지 자신에 대한 지배권을 갖게 해주었다가 다시 다른 걸 만나게 되면, 그것에 대해서도 그러는데, 그는 어떤 쾌락도 무시하지 않고 똑같이 키우네 --- 가령 누군가가 어떤 쾌락은 아름답고 좋은 욕구들에 속하는 것들이지만 어떤 것들은 나쁜 것들에 속하는 것들이며, 한쪽 것들은 추구되고 존중되어야 하나 다른 쪽 것들은 억제되고 굴종시켜야 한다고 말할 경우에 말일세. 그는 오히려 이 모든 경우에 거절의 표시를 하고선, 모든 쾌락은 같으며 똑같이 존중되어야만 한다고 말할 것이네."(Politeia, 561b-c)

플라톤이 보기에 민주정의 인간은 어떤 쾌락이든지 그것이 쾌락을 가져다주는 한에서 좋은 것이다. 문제는 모든 쾌락이 동등하게 되면 그 인간의 영혼은 가장 최선의 이성적인 부분이 욕구적인 부분에 의해 지배되는 상태에 있게 된다는 것이다. 민주정의 인간이 바로 이러한 욕구적인 부분에 의해 영혼이 장악된 사람이며 이러한 사람은 결국 오만함을 교양 있는 것으로, 사치를 관대함으로, 몰염치를 용기로 그리고 무법적인 것을 자유와 동일시하게 된다.[55] 그런데 플라톤이 보기에 더 큰 문제는 쾌락을 추구하는 '맘대로 자유'가 민주정의 인간이 추구하는 삶의 방식에도 그대로 적용되어 나타난다는 데 있다.

"그러니까 그는 또한 날마다 마주치게 되는 욕구에 영합하면서 살아가는데, 어떤 때는 술에 취하여 아울로스의 소리를 듣는가 하면, 다시 물만 마시며 살을 빼다간, 어떤 땐 다시 신체단련을 하네. 그런가 하면 게으름을 피우며 만사에 무관심해지는 때가 있기도 하고, 때로는 철학에 몰두하기도 하네. 또한 자주 정치에 관여하기도 하는데, 벌떡 일어나서는 생각나는 대로(tychē) 말하고 행하기도 하네. 그리고 전쟁에 숙달한 사람들이 부러우면 그쪽으로 이동하고, 돈 버는 사람들이 부러우면 이번에는 이쪽으로 이동하네. 그의 삶에는 아무런 질서도 필연성도 없으나, 그는 이 삶을 즐겁고 자유로우며 축복받은 것이라 부르며 평생토록 이 삶을 살아가네."(*Politeia*, 561c-d)

인용문은 민주정 인간의 욕망에 따른 삶의 양태를 보여준다. 그것은 민주정 인간의 삶의 방식에는 원칙이 부재하다는 말로 요약될 수 있다. 즉, 원칙이 없는 것이 원칙이 되는 것이다. 그것은 모순적인 삶의 방식이다. 어떤 때는 술을 마시고 취해 사는 방탕함의 모습을, 또 다른 때는

---
[55] Platon, *Politeia*, 560e-561a

물만 마시고 살을 빼는 금욕적인 모습을 보인다. 어떤 때는 철학공부와 같은 지적인 활동에도 몰두하다가 다른 때는 돈을 버는 인간(chrēmatistēs)의 모습을 보인다. 또 어떤 때는 정치에 나아가 '자기과시'적인 모습을 보이기도 하다가, 다른 때는 죽음을 불사하고 전쟁터에 나가는 '자기희생'적인 모습을 보이기도 한다. 어느 것이 민주정의 인간, 즉 데모스의 참된 모습일까? 플라톤이 보기에 민주정의 인간의 삶은 "어떠한 질서와 필연성도 없는"(oute tis taxis oute anagkē) 비이성적인 삶으로 점철되어 있다. 즉, 민주정 인간은 그의 선택이나 행위가 완전히 자의적이라는 것이다. 플라톤이 보기에 이것은 민주정의 인간이 모든 욕구를 동등한 것으로 간주하기 때문이다. 민주정의 인간은 어떤 쾌락은 좋고 어떤 것은 나쁘고, 어떤 욕구는 필수적이고 어떤 욕구는 필수적이지 않은지를 가리지 않는다.[56] 쾌락을 주는 한에서 그것이 필요한 욕구이든 불필요한 욕구이든 무차별적으로 욕망을 추구하는 큰 괴물이 데모스인 것이다. 플라톤이 표현하는 "여러 개의 머리를 가진"(polykephalos, 588c) 괴물처럼 민주정의 인간은 욕구일반을 추구한다는 점에서 문제가 있는 것이다. 아리스토텔레스와 달리[57] 플라톤이 과두정을 민주정보다 덜 타락한 정체로 보는 이유도 바로 쾌락에 대한 견해가 다르기 때문이다. 즉, 플라톤에 따르면 과두정의 인간은 필수적 욕구와 불필요한 욕구를 구분함에 반해 민주정의 인간은 이 두 가지 욕구를 구분하지 않는다. 전자의 인간은 부에 대한 욕망만을 필수적인 것으로 추구하지만 후자의 인간은 맘대로 자유에 근거해 모든 욕망을 무차별적으로 추구한다.[58] 플라톤이 과두정을 민주정보다 덜 타락

---

[56] Platon, *Politeia*, 558e, 559c
[57] 아리스토텔레스에게서 과두정과 민주정은 공히 그릇된 정체에 속한다. 그러나 그는 민주정이 과두정보다 덜 타락한 정체로 간주한다(*Pol*., III.6, 1279a21이하 계속 참조할 것).
[58] Platon, *Politeia*, 553c-556c. M. Johnstone(2013), 139-159. D. Scott(2000), 19-37. L. Bertelli(2013),

한 유형의 정체로 보는 이유는 이처럼 과두정에선 필수적 욕구에 대한 원칙이 존재하지만 민주정에선 욕구의 원칙이 부재하기 때문이다.
 그런데 위의 인용문에서 플라톤은 민주정적인 인간의 욕구가 잘못 지향되는 것도 언급하지만, 철학이나 정치 또는 전쟁 참여와 같은 고상한 욕구도 지향하는 예들을 들고 있는데 이것은 어떻게 이해해야 할까? 이것은 어떤 면에서 민주정의 인간의 삶의 방식이 능동적이며 다양할 수 있음을 보여준다는 점에서 긍정적으로 평가할 수 있는 여지가 있지 않을까? 분명 위 인용문에서 플라톤은 민주정의 인간이 술을 마시는 방탕한 경우나 돈에 대한 탐욕적인 욕망도 언급하지만, 철학을 공부하는 이성적인 삶이나 정치나 전쟁에 참가하는 실천적 삶도 언급한다. 그렇다면 민주정의 인간은 단순히 육체적인 감각적 쾌락만을 추구하는 것이 아니라 정신적인 관조적 즐거움이나 전쟁 참여와 같은 영혼의 기개적인 부분이 작동하여 갖게 되는 숭고한 즐거움도 추구하는 유형의 인간으로 볼 수 있다. 그러나 이때의 철학이나 정치 또는 전투에의 참여는 민주정의 인간에게 본질적으로 술을 마시는 경우나 게으름을 피우는 경우나 차이가 없다. 민주정체 인간의 영혼에게 전자의 활동은 고차원적인 즐거움을 주고, 후자의 경우는 저차원적인 쾌락을 주는 것이 아니다. 두 경우는 민주정의 인간영혼에게 동등한 쾌락을 주기 때문이다.
 이것은 플라톤에게 있어 민주정체의 인간이 추구하는 철학적인 활동이 합리적인 선택을 통해 이루어지는 것이 아니기 때문이다. 그것은 쉽게 말해 일종의 백화점식 철학 강의를 듣고 철학을 이해한 것처럼 즐거워하는 것과 같다. 적을 막는 용감한 행위 역시 그것이 덕(aretē)이나 숭고함(to kalon)에 대한 앎을 통해 이루어진 것으로 볼 수 없다. 민주정의 인간의

261-289 참조

행위는 두 경우 모두 영혼의 욕구적인 부분이 발동되어 나타난 것이며, 그렇기 때문에 비이성적이고 비일관적이다. 결국 플라톤에 따르면 민주정의 엑수시아적인 자유는 그 내용을 들여다보면 본질적으로 욕망실현에의 자유이다. 그리고 그러한 욕망들의 추구는 "마치 실재하지도 않는 것을 통해 자신에게 존재하지도 않고 속하지도 않는 것을 채우려는 것과 같다"(hate ouchi tois ousin oude to on oude to stegon heautōn pimplantes, 586b). 그것은 마치 시지포스의 바위처럼 또는 체로 물을 길어 깨진 항아리를 채우려는 것처럼 의미 없는 추구이다.[59] 즉, 민주정의 인간이 자유를 통해 얻고자 하는 욕망은 실체가 없는 환상에 불과한 것이다.

플라톤이 『국가』 편 8권에서 민주정의 "지나친 자유"(eleutheria agan, 564a) 또는 "극단적 자유"(akrotatē eleutheria, 564a)를 신랄하게 비판하는 데는 그것이 단순히 개인의 무차별적인 욕망의 추구에만 한정되지 않기 때문이다. 자유의 극단적인 추구는 사회적 내지 정치적 질서를 무너뜨리는 원인이 되기 때문이다. 플라톤은 이것을 아버지와 자식, 외국인과 시민, 선생과 제자의 왜곡된 관계를 통해 풍자적으로 묘사한다. 그것은 아버지가 자식을 두려워하고, 외국인이 시민과 동등한 대우를 받고, 선생이 제자를 무서워하여 아첨하는 것이 그것이다. 지나친 자유의 문제점은 동물의 예에서 그 문제점이 극명하게 지적된다. 그것은 개가 안주인이 되고, 말들과 당나귀들도 자유롭고 당당하게 길을 가는 버릇을 들여, 사람이 비켜서지 않을 경우 들이받는 식으로 자유가 넘쳐나게 되는 경우다. 그래서 플라톤은 다음과 같이 말한다.

"이 모든 걸 요약하자면, 요점은 이것들이 시민들의 영혼을 민감하게 만

---

[59] Platon, *Gorgias*, 493a-b.

들어서 누가 어떤 형태의 굴종을 요구해도 못마땅해 하며 참지를 못한다는 것임을 자네는 알아차렸는가? 마침내는 시민들이 *법률을 그게 성문법이든 불문법이든 아랑곳하지 않게* 되네."(Politeia, 563d-e)

민주정의 핵심적 원리가 되는 자유가 문제 되는 것은 자유 자체의 문제라기보다는 그것의 지나친 추구가 야기하는 일련의 결과다. 그것은 소위 '맘대로 자유'의 추구가 가부장적 질서나 교육체계를 무력화시킬 뿐만 아니라 더 나아가 법 일반을 준수하지 않는 카오스(chaos) 상태로 이행할 수밖에 없다는 데 있다. 이것은 자유가 자유 자체를 부정하는 모순된 결과를 보여주는 것이다. 좀 더 설명하면 나는 앞에서 민주정의 자유 개념을 3종류로 구분하면서 그것을 정치적 평등으로서의 자유(eleutheria), 말의 자유(parrhēsia), 그리고 일상적인 삶에서의 맘대로 자유(exousia)로 말하였다. 여기서 정치적 평등을 통한 자유의 실현은 시민 각자의 이익을 실현할 수 있는 정치적 정의의 실현이라는 점에서 중요하다. 파레시아 역시 그것이 정치적 비판을 통한 공론의 활성화라는 점에서 민주주의의 중요한 가치로 생각된다. 문제는 이 두 종류의 자유가 개인의 욕망실현을 위한 맘대로 자유에 기반하고 있다는 점이다. 이것은 달리 말해 엑수시아적인 자유원리가 다른 두 종류의 자유, 즉 엘레우테리아와 파레시아적인 자유원리를 부정하는 결과를 발생시킨다는 점에서 문제가 된다. 정치적 평등을 확보한 데모스는 다수의 지배원리를 통해 자신들의 이익과 권리를 실현할 수 있는 법률을 제정하게 될 것인데, 이것이 맘대로 자유에 의해 부정되는 역설적인 현상이 발생하기 때문이다. 정작 시민들의 정치적 권리를 실현하고자 만든 법이 지나친 자유가 용인됨으로써 해당 법이 준수되지 않는 문제가 발생하는 것이다. 다음의 인용문은 민주정의 딜레마를 확인시켜준다.

"이 나라에서는 비록 자네가 능히 통치를 할 수 있다고 할지라도 꼭 통치해야 된다는 아무런 강요도 없다네. 또한 자네가 원하지 않는데도 통치를 받아야 한다는 그 어떤 강요도 없으며, 다른 사람들이 전쟁을 하고 있다고 해서 자네가 전쟁을 해야 한다는 강요도, 다른 사람들이 평화롭게 지낸다고 해서 자네가 원하지 않는데도 평화롭게 지내야 된다는 강요도 전혀 없다네. 반면에 비록 어떤 법조문이 자네로 하여금 관직을 맡거나 배심원 노릇을 하는 걸 못하게 할지라도 만약에 자네 자신으로서는 그래야겠다는 생각이 든다면 그럴 경우에 관직을 맡거나 배심원 노릇을 하는 걸 하지 못하게 하는 강제적 제약 또한 없다네. 이와 같이 지낸다는 것이 당장에는 놀랍고 신나는 일이 아니겠는가?"(Politeia, 557e-558a)

플라톤의 보고에 따르면 민주정은 무원칙이 지배한다. 그것이 정치든 국방일이든 또는 공무에서든 그것을 행하든 행하지 않던, 어느 쪽을 선택해도 그것에 대한 강제나 제약이 가능치 않기 때문이다. 심지어 민주정 하에서는 사형이나 추방형의 유죄선고를 받은 사람이 그대로 머물면서 길거리를 아무런 제재 없이 다닐 수 있다. 마치 영웅의 혼령처럼 아무도 이들을 신경 쓰지 않기 때문이다. 이것은 결국 자유를 실현하기 위한 목적을 갖고 제정된 법이 결국 그 법의 주체에 의해 부정되는 모순된 결과를 발생시키는 것이다. 플라톤이 참주정을 과두정이나 명예정이 아닌 민주정에서 이행되어 오는 것으로 보는 것도 이러한 이유에서다. 참주는 바로 민주정의 자유의 피를 빨아먹고 자란 늑대이기 때문이다. 이것은 무제한의 자유추구가 결국 민주정의 종언을 앞당기는 원인이 된다는 것이다. 과두정이 부에 대한 지나친 추구로 자멸하여 민주정으로 이행했듯이, 민주정에서의 자유에의 지나친 추구는 종국에 참주정으로 귀결되고, 결과적으로 1인을 제외한 모든 시민들의 노예화로 끝나는 것이다.[60] 희석

---

[60] Platon, Politeia, 564a, 562b, 562b10, 562c5.

되지 않은 와인을 마시고 취할 때의 데모스는 자유인이었을지 몰라도, 그 술이 깼을 때는 더 이상 자유인이 아닌 것이다.

『법률』편에 나타난 민주정의 자유원리

그러면 플라톤이 생각하는 참된 자유는 무엇인가? 플라톤은 자신이 말을(logoi) 통해 세우고자 하는 이상국가에서는 모든 시민이 용감하고 절제 있고 경건하며 무엇보다 자유로울 것이라고 강조한다.[61] 그래서 그는 이상국가의 수호자를 "자유의 구현자"(dēmiourgos eleutherias, 395c)라고 부른다. 여기서 엄밀한 의미의 참된 자유를 누릴 수 있는 시민은 철학자 왕처럼 지식을 소유한 자들이다. 전사계급은 참된 수호자들을 도와 나라와 시민의 생명과 안전을 지킬 때 자유가 실현된다. 생산자 계급은 의,식,주와 같은 생산 업무의 기능을 발휘할 때 비로소 자유로운 시민이 된다. 요컨대 세 계급이 각자 자신의 업무를 충실하게 수행할 때 자유인이 될 수 있다는 것이다. 선과 덕의 형상을 인식할 수 있는 지식을 소유하지 못한 전사 계급과 생산자 계급이 통치업무를 맡는 것은, 그렇기 때문에, 자유의 실현이 아니다. 그것은 지나친 자유의 실현을 추구하는 것으로서 자유에 대한 잘못된 관점이다. 중요한 것은 플라톤이 이상국가에서의 자유의 실현을 시민의 본성에 맞는 제한된 권리만을 통해 인정한다는 점이다. 좀 더 설명하면 철학자 왕은 통치업무라는 정치적 권리만 인정되지, 재산과 같은 사적 소유권, 즉 경제적 권리는 철저하게 부정된다. 전사계급은 한정된 의미의 정치적 권리를 갖는다. 무엇보다 다수의 생산자 시민계급은 정치적 권리를 가질 수 없으며, 다만 재산소유

---

[61] Platon, *Politeia*, 395c.

와 같은 경제적 권리가 주어진다. 플라톤이 생각하기에 참된 자유는 이렇듯 각자가 자신의 본성에 맞는 권리만이 인정될 때 가능하다.

플라톤의 이상국가의 자유 원리를 갖고 볼 때『국가』편에 기술된 민주정은 올바른 정체가 아니다. 민주정의 인간이 추구하는 정치적 평등과 맘대로 자유는 실상 이성의 척도에 따른 권리 추구로 보기 어렵기 때문이다. 플라톤이 생각하는 참된 평등과 자유는 어디까지나 이성에 따른 삶을 통해 가능하지 민주정의 인간이 생각하는 것처럼 욕망 자체만을 추구하는 방식을 통해서는 달성될 수 없다. 플라톤이 보기에 민주정의 인간이 추구하는 자유는 *무엇*을 원하는가가 아니라, 원하는 것 모두를 충족시키기만 하면 되는 것이다. 정치적 평등 역시 추첨에 의해 선출하면 되는 것이지 *누가* 선출되는 가는 중요하지 않다. 이렇듯 민주정의 지배적인 목표는 이성에 따르지 않은 욕구와 충동의 무비판적인 만족이다. 그러나 그러한 방식에 의해 자유가 실현될 수 있다는 생각은 공허한 이상이자 착각이다.

그런데 플라톤은『국가』편에서의 민주정의 원리에 대한 신랄한 비판과는 다르게 후기 대화편인『법률』(Nomoi) 편에서는 제한적이지만 민주정에 대한 긍정적인 견해를 보여준다.[62] 특히『법률』편 3권에서 플라톤은 입법가가 법을 제정함에 있어 자유와 지혜 그리고 우애를 목표로 삼아야 한다고 강조하면서,[63] 이러한 목표들이 실현된 나라로 혼합정을 제시한다. 중요한 것은 혼합정이 군주정과 민주정이 결합된 정체라는 점이다. 플라톤에 따르면 군주정과 민주정은 모든 정체의 모태가 되는 것으로서 그 주된 특성은 각각 이성과 자유이다. 플라톤이 이처럼 법을 통한 차선의

---

[62] 서병훈(2004), 151-169. T. Samaras(2002), 249 이하 참조. S. Michels(2004), 517-528 참조.
[63] Platon, *Nomoi*, 693c.

정체에서 군주정과 더불어 민주정의 자유의 원리를 채택하고 있다는 점은, 『국가』 편에서의 민주정에 대한 그의 지치지 않는 비판을 고려할 때 우리의 흥미를 끌기에 충분하다. 그러면 플라톤은 어떤 이유에서 민주정의 자유의 원리를 인정하는 것일까? 플라톤에 따르면 군주정은 지성에 따른 통치를 하면 최선의 정체이지만, 지성에 따른 통치를 벗어난 경우 최악의 1인 독재가 될 수 있다는 단점이 있다. 즉, 한 사람에게 권력이 집중되어 그것이 남용되거나 오용되면, 다수 시민의 자유가 침해되고 이로 인해 나라의 결속력이 약해질 수 있다는 것이다. 그렇게 되면 어느 시민도 왕과 나라를 위해 충성을 하려고 하지 않게 된다. 이것은 플라톤이 최고선으로 제시하는 한마음 내지 통일성이 실현될 수 없게 된다. 그래서 플라톤은 1인 군주의 잘못된 권력행사를 방지하기 위해 민주정의 자유원리가 도입될 필요가 있는 것으로 본다.

그러면 민주정의 자유원리는 혼합정에서 구체적으로 어떤 방식을 통해 작동되는 것일까? 플라톤에 따르면 민주정의 원리인 자유와 평등은 관리 선출에서의 추첨과 표결방식을 통해 실현된다. 추첨은 관직선출을 우연에 맡긴다는 점에서 누구에게나 평등하다. 표결은 평등과 차별이 공존하는 방식이다. 선거권과 피선거권이 누구에게나 주어진다는 점에서 평등하지만, 선출에서 후보자의 자질과 능력을 본다는 점에서 차등적이다. 그러나 문제는 민주정의 자유와 평등이 순기능으로만 작용하지 않는다는 데 있다. 추첨의 경우 이성이 아닌 우연에 맡겨진다는 데 문제가 있다. 또한 표결 역시 이성에 따른 능력자를 선출하는 경우 문제가 없지만, 그것이 연고나 당파적인 사적인 이해관계를 통해 이루어지는 경우 문제가 된다. 그래서 플라톤은 이성에 따른 법통치가 이루어지는 곳에서는 민주정은 최악의 정체이고, 이성에 따른 법통치가 이루어지지 않는

곳에선 가장 나은 정체가 될 수 있다고 말한다. 플라톤이 이처럼 제한적이지만 민주정의 자유를 인정하는 데는 무엇보다 민주정의 자유를 수용함으로써 나라의 구성원인 시민들이 우애를 공유함으로써 나라의 단일성을 이룰 수 있는 것으로 보았기 때문이다. "평등이 우애를 만든다"(hōs isotēs philotēta apergazetai)[64]라는 말처럼 누구나가 정치에 참여할 수 있는 정치적 평등권이 인정되면 나라의 구성원들 간의 우애가 있게 되고 그래서 나라의 유대와 화합이 가능하게 되는 것이다.

그러면 『법률』편에서 플라톤은 『국가』편에서의 민주정에 대한 부정적 견해를 철회하고 민주정을 지지하는 입장으로 선회한 것으로 볼 수 있을까? 『국가』편에서의 민주정은 한결같이 부정적으로만 평가됨에 반해, 『법률』편의 민주정은 군주정과 더불어 차선의 정체인 혼합정을 구성하는 한 축으로 인정되고 있기 때문이다. 이에 관한 상세한 논의를 여기서 진행하기는 어렵지만, 필자는 플라톤의 민주정에 대한 기본적인 입장이 바뀐 것으로 보기는 어렵다고 생각한다. 『국가』편에서나 『법률』편에서나 플라톤에게 중요한 것은 이성의 원리이며, 이 기준에서 볼 때 다수 시민들의 인식능력은 자유와 평등을 이성의 척도에 맞게 행사할 정도까지는 아니다. 물론 아테네 손님이 자유인 의사비유를 통해 자유인에 대한 설득의 필요성을 역설하면서 마찬가지로 법 전문(前文, prooimion)을 통한 시민들에 대한 설득의 중요성을 강조하는 것은 사실이다.[65] 그러나 이러한 시민들에 대한 설득의 시도가 플라톤이 『법률』편에서 다수 시민의 인식능력인 독사(doxa)에 대한 전적인 신뢰를 하고 있는 것으로 보기는 어려울 것 같다. 다중(多衆, hoi polloi)의 올바른 독사는 이성의 명령

---

[64] Platon, *Nomoi*, 757a.
[65] Platon, *Nomoi*, 719e, 722b-c.

을 이해하고 따를 수 있는 앎의 능력을 갖고 있지만 여전히 불안정하고 오류가능하기 때문이다. 단지 두 대화편에서 기술된 플라톤의 민주정에 대한 견해 차이가 있다면 『국가』편에서의 민주정체의 자유는 이성의 통제가 전혀 이루어지지 않은 위법(違法)적인 맘대로 자유라면, 『법률』 편의 자유는 이성의 명령에 복종하는 준법적인 자유로 볼 수 있다.[66] 요컨대 민주정에 대한 플라톤의 평가는 이성의 척도의 준수 여부에 있다. 그렇기 때문에 자유 역시 이성의 통제 하에서 추구되는가 아니면 이성의 통제를 벗어나서 추구되는가가 중요하다. 평등 역시 마찬가지다. 모든 관직을 데모스가 차지할 수 있다는 무차별적인 산술적 평등인가 아니면 이성적 판단력과 경험이 필요한 중요관직에의 진출은 제한되어야 한다는 차등적 평등인가가 고려되어야 한다. 요컨대 플라톤에게 중요한 것은 이성에 의한 욕망의 제어다. 이성이 허용하는 한에서 욕망의 추구는 자유로 볼 수 있지만, 이성 밖에서의 욕망추구는 예속이 되는 것이다. 우리의 삶이 "이성에 의해 인도(引導)되기를 의욕 할수록"(tōi logismōi ethelei), 우리는 자유롭게 되지만, 우리의 삶이 욕구에 의해 휘둘릴수록, 우리는 진짜 노예가 되는 것이다.[67]

---

[66] M. Schofield(2006), pp. 84-88 참조.
[67] Platon, *Politeia*, 563e-564a, 569b-c.

3. 아리스토텔레스의 민주주의론

1) 문제제기

『정치학』 3권에서 아리스토텔레스가 제기하는 주요한 아포리아가 '최고통치권의 분배 문제'이다. 그것은 폴리스의 최고 권력을 다수의 데모스에게 주어야 하는지 아니면 부유한 소수에게 주어야 하는지 아니면 탁월한 덕을 소유한 1인의 최선자에게 주어야 하는지의 문제가 된다. 누구에게 최고통치권을 주는 것이 정의로운가는 곧 민주정이나 과두정 또는 절대왕정의 통치의 정당성을 확보하는 문제가 된다는 점에서 중요한 주제이다. 이와 관한 논의가 『정치학』 3권 11장과 15장에서 이루어진다. 이곳에서 아리스토텔레스는 민주정의 주도적인 계급이 되는 데모스(dēmos)의 집합적 판단의 우월성에 관한 논의를 제시한다. 데모스의 집합적 지혜는 다중이 개별적으로는 아니지만 전체적으로는 소수의 부유한 자들이나 귀족들보다 정치적인 문제를 더 잘 판단할 수 있다는 것이다. 이것은 곧 민주정이 과두정이나 귀족정 혹은 왕정보다 상대적인 우월성을 가진다는 것이다. 그러나 민주정에 대한 아리스토텔레스의 이러한 우호적인 평가는 그의 정체분류에서 민주정(dēmokratia)이 참주정(tyrannia) 그리고 과두정(oligarchia)과 함께 일탈한(parekbaseis) 혹은 그릇된(hēmartēmenai) 정체로 규정되고 있는 것[68]과 일치하지 않는 문제를 발생시킨다. 그래서 이러한 그의 민주정에 대한 호의적인 기술이 그의 진의(眞意)인지에 대해서는 이론(異論)의 여지가 있는 것이 사실이다. 특히 멀건(Mulgan)과 고틀립(Gottlieb)은 아리스토텔레스가 『정치학』 3

---

[68] *Pol.*, III.6 1279a17-21, III.7, 1279a28-1279b10.

권 11장에서 염두에 둔 정체가 민주정이 아니라 올바른 정체 중의 하나인 혼합정(politeia)이라고 주장한다.[69] 맥켄지(MacKenzie)[70] 역시 이 부분에서 언급된 아리스토텔레스의 민주정에 대한 호의적인 언급은 사실상 비(非)아리스토텔레스적인 언급으로서 그의 진의가 아닌 것으로 보아야 함을 주장한다. 이러한 두 주장을 수용하는 입장에서 이 문제를 보게 되면 굳이 아리스토텔레스의 민주정에 대한 견해를 상반된 것으로 보지 않아도 될 것이며 따라서 그의 민주정에 대한 두 기술 사이의 긴장은 쉽게 해소될 수 있을 것이다. 왜냐하면 어떤 경우든지 민주정은 기본적으로 그릇된 정체에 속하는 것에는 변함이 없기 때문이다.

그러나 나는 『정치학』 3권 11장과 15장에서 나타나고 있는 다중의 집합적 판단의 우월성에 대한 아리스토텔레스의 호의적인 언급은 앞에 언급한 학자들의 주장과는 달리 이론적인 측면에서 민주정에 대한 그의 실질적인 긍정적 평가라고 생각한다. 아리스토텔레스에게서 민주정이 왕정이나 귀족정처럼 단적으로 올바른 정체로 규정되지는 않지만 그렇다고 민주정의 상대적 우월성이 부정되지는 않는다는 것이다. 적어도 그릇된 정체에서 과두정보다 덜 타락한 정체로 본다는 점에서도 더욱 그렇다. 아리스토텔레스가 현실정체로서는 실상 민주정과 과두정만을 주요한 두 정체로 간주하고, 다른 정체들은 이 두 정체의 파생된 형태라고 말한다는 점에서도 민주정의 위상은 생각한 것보다 높게 평가되는 것으로 볼 수 있다.

이러한 주장을 뒷받침하기 위해 본 저술은 『정치학』 3권 11장과 15장

---

[69] R. G. Mulgan(1977), 104. P. Gottlieb(1995), 61-66.
[70] M. MacKenze(1989), 150-169. Braun 역시 아리스토텔레스가 다중의 지배를 일종의 임시적인 방편으로 주장하고 있는 것으로 해석한다. E. Braun(1959), 157-184 참조.

에서 언급되고 있는 다중의 소수와 일인에 대한 각각의 집합적 판단의 우월성 이론을 살펴보고 또 이러한 주장과 관련해서 발생할 수 있는 아포리아들에 대해 아리스토텔레스 자신이 어떤 논변들을 통해 대응하고 있는지를 검토할 것이다. 그리고 결론 부분에서는 정체분류에서 민주정을 기본적으로 그릇된 정체로 규정하고 있는 아리스토텔레스의 견해와 『정치학』 3권에 나타난 민주정에 대한 그의 긍정적인 평가가 어떻게 조화될 수 있는지에 관한 답을 모색해 보도록 하겠다.

2) 데모스와 소수의 정치적 판단의 우월성 문제: 『정치학』 3권 11장을 중심으로

데모스의 집합적 지혜와 몇 가지 비유

데모스의 정치적 판단의 우월성에 관한 아리스토텔레스의 언급은 "무엇이 폴리스의 최고 권위가 되어야만 하는가?"(ti dei to kyrion einai tēs poleōs, 1281a11)의 물음(aporia)을 다루는 가운데서 나타난다. 그는 이 물음에 대한 가능한 답으로서 각각의 정체가 주장하는 원리나 가치를 검토하고 있는데, 일단은 민주정이 내세우는 자유뿐만이 아니라 과두주의자들이 내세우는 부 또는 귀족들이나 한 사람의 왕이 주장하는 덕 역시 그 주장이 주관적이고 잘못된 해석으로 인해서 완전하게 올바른 것으로 간주될 수 없다고 본다. 그런데 그는 법(nomos) 역시 최고의 권위로서 간주되기에는 그것의 정체에의 의존성으로 인해서 가능하지 않음을 밝힌 다음에,[71] 소위 다중의 집합 이론에 근거한 민주정의 상대적 우월성을 인정하는 견해를 다음과 같이 진술하고 있다.

---

[71] *Pol.*, III.10, 1281a32-III.11, 1281a39.

"소수의 우수한 자들보다는 차라리 다중(to plēthos)이 최고의 권위를 가져야만 한다는 주장은 어떤 난점(aporia)을 지니고 있으나 그래도 참된 것으로 보인다. 왜냐하면 다수는 개인적으로는 훌륭한 자(spoudaios anēr)가 아니지만 함께 모임으로써, 즉 각자로서가 아니라 집단적으로서 소수의 뛰어난 자들보다도 더 나을 수가 있다."(*Pol.*, III.10, 1281a40-1281b2)

여기서 아리스토텔레스는 다중이 소수의 뛰어난 사람들보다도 한 정체 내에서 최고의 주권자가 되어야 한다는 소위 민주주의자들의 주장은 그것이 전적으로 받아들여지기에는 어떤 문제가 있음에도 불구하고 어떤 참된 점을 지니고 있음을 인정하면서[72] 그것의 구체적인 논거로서 다중의 집합적 또는 전체적 우월성 주장을 제시하고 있다. 이러한 진술 뒤에 계속해서 그는 이것을 입증하기 위해 세 가지의 비유들을 들고 있는데, 향연, 예술작품의 평가, 그리고 그림에 관한 비유가 그것이다. 이러한 예들은 다음과 같이 소개되고 있다.

"(이러한 다중의 집합적 판단에 있어서의 우월성은 - 논자 삽입) 마치 많은 사람들이 추렴해서 마련한 식사가 한 사람이 베푼 식사보다 더 훌륭할 수 있는 것과 같다. 왜냐하면 다중을 구성하는 개인들 각각은 덕(aretē)과 실천지(phronēsis)의 어떤 부분(morion)들을 가지고 있어 그들이 함께 뭉치는 경우에는 많은 다리와 많은 손 그리고 많은 감각들을 가진 한 사람이 되는 것처럼 그들은 품성(ēthē)과 지성(dianoia)에 있어서도 마찬가지로 그렇게 될 것이기 때문이다. 이런 이유로 다중은 음악이나 혹은 시와 같은 작품들

---

[72] 인용된 부분의 원문에서 lyesthai-alētheian의 해석을 둘러싼 학자들 사이의 이견이 있다. Bonitz는 lyesthai를 "반박될 수 있는 것"(to be refuted)으로 부정적으로 해석한다. 그러나 이럴 경우 그의 해석은 Newman이 설득력 있게 말하는 것처럼 alētheian과 잘 조화가 되지 않는다. 그래서 Newman은 lyesthai라는 말의 앞 또는 뒤에 몇 개의 단어들이 빠진 것으로 보면서 그 말을 "해결을 하고 있는 것으로 보인다"(would appear to receive a solution)로 해석하고 있다(W. L. Newman(1902), 212-3 참조).

을 더 잘 판단한다. 왜냐하면 그들 중의 다른 자들은 어떤 다른 부분을 판단하고, 그렇게 그들 모두가 모든 것을 판단할 수 있기 때문이다. 그러나 아름다운 것들이 아름답지 않은 것과 구별된다고 말해지고 또 기술에 의해 그려진 그림이 실물과 구별된다고 말해지듯이 훌륭한 사람들을 다중(多衆)속의 개별적인 사람과 구별하는 것은 개별적으로 흩어져 있는 것들을 하나로 합침에 의해서이다. 이는 만약에 개별적인 것으로 흩어져 있다면, 여기에 있는 사람의 눈이 그림 속에 그려진 눈보다 더 아름답고 또 어떤 다른 부분은 다른 것보다 아름답기 때문이다."(*Pol.*, III.11, 1281b2-15)

위의 인용 부분에서 아리스토텔레스는 식사의 예를 통해 민회에서의 각 개인은 개별적으로는 그 질에 있어서 보잘 것 없지만 한 접대주가 제공한 식사(deipnon)보다 공동으로 추렴하여 차린 식사가 더 나을 수 있듯이 개인이 가지고 있는 개별적인 덕이나 실천지의 총화가 소수의 훌륭한 자가 가진 덕과 실천지를 능가할 수 있음을 주장한다. 계속해서 두 번째 예를 통해 그는 다중이 시나 음악과 같은 예술 작품을 판단하는데 있어서도 "좀 더 폭넓게 평가할 수 있는 자"[73]로서 소수의 전문가의 판단보다 더 나을 수 있음을 기술하고 있다. 그리고 그림의 비유를 통해 그는 이러한 집합적 판단의 우월성을 확보하기 위해서는 개별적인 다양한 요소들이 전체적으로 조화롭게 결합되어야 한다는 것을 강조하고 있는 것으로 보인다. 만약에 상이한 요소들이 하나의 그림 속에서 조화롭게 통일되어 있지 못할 때 그것이 모방하고 있는 실제의 개별적인 것보다 아름답지 못하듯이 다양한 개인들은 그들이 조화롭게 결합되어 마치 한 사람의 다중이 되지 않는다면 소수의 훌륭한 자들의 판단보다 더 올바르게 내려질 수 없다는 것이다. 따라서 앞에서 강조된 집합적 우월성의 이론은

---

[73] R. Pianka(1995), 118.

이러한 그림의 비유를 고려할 때 조화로운 결합이 이루어질 때 타당한 것으로 보인다.

이와 같이 아리스토텔레스는 향연과 예술 작품의 평가라는 두 예를 통해서는 다중의 개체성보다는 전체성을 강조한다. 또한 그림의 비유를 통해서는 다중의 전체성이 유기체적이며 역동적인 과정을 통해 집합적 조화 혹은 통일성을 확보해야 함을 강조하고 있다. 결국 그는 이러한 세 가지의 비유를 통해 다중이 자신들의 집합적 덕이나 집합적 실천지의 조화로운 결합에 의해 정치적인 문제의 판단에 있어 소수의 훌륭한 자들보다 더 나을 수 있음을 기술한다. 즉, 민주정이 가문이 좋은 "최선자들"(hoi aristoi)이나 부유한 "소수의 사람들"(hoi oligoi) 의해 통치되는 귀족정이나 과두정보다도 그 상대적 우월성을 가질 수 있다는 것이다.[74] 그러나 이러한 민주정의 상대적 우월성의 근거로 제시한 위의 비유들이 과연 타당성을 가질 수 있는지에 대한 학자들의 반론이 제기되어 온 것은 사실이다.[75] 그러나 우리는 이러한 비유의 타당성을 문제 삼으면서 아리

---

[74] E. Barker(1906), 350. H. Jaffa(1972), 113. P. Coby(1988), 909. M. P. Nichols (1992), 66.

[75] 아리스토텔레스의 이러한 비유가 타당성을 결여하고 있다는 반박 중의 하나는 식사의 목적과 관련되어 제기된다. 즉, 식사는 그 목적이 육체적인 영양 섭취 또는 먹는 쾌락에 있지, 정신적인 건강함이 아니라는 것이다(M. MacKenze(1989), 155. D. Winthrop(1978), 159-160. T. Lindsay(1992), 104 참조). 그러나 이러한 반론은 그리 큰 설득력이 없는데 아리스토텔레스에 따르면 향연과 같은 곳에서의 공동식사는 시민들 서로 간의 대화를 통해 정치적이며 윤리적인 공동사에 대한 상호의견 교환뿐만 아니라 더 나아가 시민들 사이의 정치적 친애(politikē philia)를 공유할 수 있도록 해줌으로써 폴리스의 발전에 이바지할 수 있는 것으로 간주되기 때문이다(Pol., III.11, 1281b2-15, II.9, 1271a26-37. M. P. Nichols(1992), 67). 두 번째 반론은 예술작품의 평가와 관련하여 제기되는데, '어떻게 예술 작품에 대한 판단의 비유를 통해 정치에서의 다중의 판단의 우월성을 정당화할 수 있는가'하는 것이다. 일반적으로 예술분야에서의 사람들은 어떠한 선입견에도 구속당하지 않는 자유로운 관조자로서 예술작품을 평가할 수 있는 것으로 생각되는 반면에 정치 분야에서는 어떤 한 정당의 지지자 또는 추종자로서 정치적인 문제를 객관적으로 평가할 수 없다는 주장이다(F. Susemihl and R. D. Hicks(1984), 396). 그러나 시와 음악과 같은 작품에 대한 판단은 객관적이지만 정치적인 문제에 대한 판단은 주관적이라는 의견은 받아들이기 어려운 것으로 보인다. 왜냐하면 아리스토텔레스는 시라든지 또는

스토텔레스의 다중의 집합적 판단의 우월성에 관한 언급의 신뢰성을 문제 삼을 필요는 없을 것 같다. 비유는 어디까지나 비유이기 때문에 아리스토텔레스가 이러한 비유를 통해 말하고자 한 바를 이해하면 충분한 것으로 생각되기 때문이다.

그러나 아리스토텔레스가 기술하고 있는 데모스의 집합적 판단의 우월성이 실제적인 그의 민주정에 대한 지지로서 받아들여지기에는 아직까지 해결해야 할 몇 가지 문제가 남아 있는 것으로 보인다. 이러한 아포리아들은 특수한 분야의 문제와 관련해서 다중의 판단이 아는 자의 판단에 비해 어떻게 그 우월성을 유지할 수 있는가와 관련되어 제기된다. 이에 관한 아리스토텔레스 자신의 문제 해결(lysis)이 어떻게 이루어지는가는 아래에서 계속 검토될 것이다.

음악작품을 판단하는 기준을 인간의 주관적 감정에 호소하는 쾌락(hēdonē)으로 보면서 예술작품에 대한 미적 판단 역시 관조자의 주관적인 기준으로부터 자유로울 수 없는 것으로 보고 있기 때문이다.(*Poetica*, I.3, 1452b1-2. *Meta.*, I.1, 981b17 이하 계속 참조). 따라서 정치의 영역에서 그러한 것만큼 예술 분야에서도 주관적인 요소는 강하게 포함되어 있는 것으로 볼 수 있다. 물론 아리스토텔레스가 예술작품의 판단과 관련해서 일종의 간주관적인 기준이 없다고 말하는 것은 아니다. 그는 공동의 쾌락(koinē hēdonē)을 말하면서 일종의 간주관적인 합의의 가능성을 부정하고 있지는 않기 때문이다(*Pol.*, VIII.5, 1340a1-5). 또한 정치적인 판단기준과 예술의 판단기준이 정확하게 같은 것으로 볼 수도 없을 것 같다(이와 관련해선 *Poetica*, 1460b13-5. S. H. Butcher(1951), 222. E. Moutsopoulos(1994), 125.). 그러나 아리스토텔레스에게 있어서 사실상 많은 경우에 정치적인 판단이 예술작품의 판단에 비유되어 언급되고 있는 경우를 고려할 때 이곳에서 예술작품의 판단비유를 통해 다중의 정치적 판단을 표현하는 것이 그리 이상한 비유로 해석될 필요는 없을 것 같다.(W. L. Newman(1887), vol.3, 216). 또 우리는 아리스토텔레스가 다중의 정치적인 판단이 소수의 판단보다 좀 더 객관적일 수 있음을 인정하는 언급을 『아테네 정체』에서(XLIX3) 발견할 수 있다. 이곳에서 그는 다수로 이루어진 아테네 법정이 소수로 이루어진 평의회(boulē) 보다도 정치적인 문제를 좀 더 객관적으로 판단할 수 있다고 기술하면서 그 이유를 전자가 덜 편견적임에 반해 후자는 그 편애함의 경향이 더 강한 것으로 설명하고 있다. 결론적으로 아리스토텔레스는 항상 그러하지는 않지만, 그러나 다중이 일반적으로 소수의 전문가들보다도 예술작품을 더 잘 판단할 수 있는 가능성을 인정하면서 그것이 정치와 관련된 문제에도 그대로 유효함을 받아들인다고 볼 수 있다.(R. Robinson(1962), 39. J. Ober(1989), 152.)

사려있는 다중과 훌륭한 소수의 혼합 통치

먼저 아리스토텔레스는 다중의 집합적 판단의 우월성에서 제기될 수 있는 aporia들을 검토하기 전에 이러한 집합적 판단의 우월성이 모든 *데모스*에게 적용될 수 있는지를 문제 삼는다. 다중들 중의 어떤 사람들은 노예와 같은 근성을 가질 수 있고 또 짐승과 다를 바 없는 격정에 사로잡힐 수 있으므로 다중의 집합적 판단에 나쁜 영향을 끼칠 수 있기 때문이다. 그래서 그는 집합적 판단의 우월성이 무차별적으로 모든 다중에게 적용될 수 없음을 강조한다.[76] 실제로 그는 종종 다중이 소위 "대중선동가들"(hoi dēmagōgoi)에 현혹되어 그들의 판단이 그릇되게 오용된 경우를 염두에 두면서 이에 관한 경고를 하고 있는 것으로 생각된다.[77] 이렇듯 아리스토텔레스는 한편으론 *데모스*의 집합적 판단의 우월성을 인정하면서도 다른 한편으론 *데모스*가 지니고 있는 속성, 즉 이기적이고 비합리적인 측면[78]에 초점을 맞추어 이러한 우월성이 무차별적으로 모든 데모스에 적용되어서는 안 됨을 지적하고 있다. 요컨대 그는 짐승과는 다른 이성적 판단능력을 가진 그래서 집합적 지혜를 발휘할 수 있는 "어떤 다중"(to plēthos)을 염두에 두면서 이러한 다중으로 이루어진 어떤 형태의 민주정의 존재를 인정한다고 볼 수 있겠다.

그 다음에 그는 시민들 중의 자유인인 다중이 어떤 것에 대해 권위를 가져야만 하는지를 검토하면서 소위 혼합 이론을 제안한다. 아리스토텔레스에 따르면 다중을 "최고의 행정관직"(megistē archē)에 앉히는 것은 위험한 일인데, 이는 그들이 지니고 있는 부정의라든지 무분별이 그들로 하여

---

[76] *Pol.*, III.11, 1281b15-20. 1282a14-23.

[77] *Pol*, IV.4, 1292a20-30.

[78] 다중의 도덕적 성격과 그 위상에 관한 논의는 J. E. Garrett(1993), 171-189 참조.

금 "불의를 행하게 하거나(adikein) 또는 "잘못을 범하게"(hamartanein) 할 수 있는 가능성을 아주 배제할 수 없기 때문이다. 그러나 다른 한편으로 그는 다중을 정치 권력으로부터 완전히 배제시키는 것 역시 폴리스를 적으로 가득 차게 함으로써 크나큰 위험을 초래할 수 있는 것으로 진단한다. 그래서 그는 폴리스의 안정을 중시하면서 올바른 해결책으로 다중을 집단적인 제도에 참여케 할 것을 주장한다. 즉, 그는 다중이 최고의 관직을 차지하지 않는다는 전제하에서 다중의 '심의권'과 '사법권'을 인정하는 것이 필요한 것으로 본다. 요컨대 아리스토텔레스는 한편으론 다중의 정치 참여를 제한하면서도 다른 한편으론 다중의 심의적 기능과 사법적 기능에의 참여를 허용하면서 이른바 다중과 소수의 훌륭한 자들 사이의 권력 분립이 이루어진 혼합 형태를 지지한다고 말할 수 있다. 이는 다음과 같은 아리스토텔레스의 말 속에 잘 나타난다.

> "따라서 다중을 심의적 기능(bouleunesthai)과 사법적 기능(krinein)에 참여시키는 것이 남는다. 이런 이유로 솔론과 다른 입법자들은 행정 관리들을 선출(archairesia)하고 또 그들을 감사(eithuna)하는 기능을 부여하였으나 개별적으로 통치하는 권한은 주지 않았다. 왜냐하면 그들 모두는 함께 모였을 때 충분한 판별력을(ikanēn aisthēsin) 가지고 있고, 그래서 더 훌륭한 자들과 합침으로써 폴리스를 이롭게 할 수 있기 때문이다(ōphelousin tas poleis), 이는 마치 순수하지 못한 음식이 순수한 음식과 혼합됨으로써 적은 양의 순수한 음식보다 전체적으로 더 큰 유용함 (chrēsimōteran)을 줄 수 있는 것과 같다. 그러나 분리되어서는 개별적인 다중은 판단을 함에 있어서 불완전하다(atelēs)."(*Pol.*, III.11, 1281b31-38)

위에서 아리스토텔레스는 *데모스*와 훌륭한 자의 혼합에 의해 이루어지는 통치 형태가 좋은 것임을 음식의 예를 통해 주장하고 있다. 즉, 이러한 혼합된 통치형태에서 *데모스*는 행정의 통치자들을 선출하고 또 선출된 통치자들이 그들의 임기 동안에 폴리스와 시민들의 행복 증진에 얼마만큼 기여했는지를 감사(監査)하는 역할에, 다른 한편으론 소수의 훌륭한 자들은 행정관직을 맡는 역할로 각각 분화되어 있다고 볼 수 있다. 멀건(Mulgan)이나 고틀립(Gottlieb)은 바로 아리스토텔레스의 이러한 혼합 이론에 근거해서 이 부분의 정체가 민주정이 아니라 올바른 정체 중에서 다중이 지배하는 혼합정임을 주장하는 것으로 보인다.[79] 그러나 우리는 민주정이 아리스토텔레스에게 있어서 한 가지 종류만이 아님을 염두에 두어야 할 것 같다. 아리스토텔레스는『정치학』4권의 1291b30-1292a39행과 또 1292b25-1293a10행에서, 그리고 6권의 1318a7-1319b33행에서 4가지 형태의 민주정의 종류를 기술하고 있기 때문이다.[80]

그런데 나는 이러한 민주정의 여러 형태 중에서 첫 번째 형태의 민주정은『정치학』3권 11장에서 기술되고 있는 종류의 정체와 일치하는 것으로 생각된다. 왜냐하면 아리스토텔레스는 첫 번째 형태의 민주정을 가장 좋은 형태의 온건 민주정으로 말하면서 그 이유를 다중이 심의적 기능과 사법적 기능을 맡고 최고의 행정 관직은 소수의 훌륭한 자들에게 주어지는 혼합적 특성에서 찾고 있기 때문이다. 이렇듯 온건 민주정에서의 "최선의 다중"(beltistos dēmos)과 소수의 훌륭한 자들의 혼합 통치는 앞에서 살펴본 이성을 가진 어떤 다중과 소수의 훌륭한 자들의 혼합을 강조하는 아리스토텔레스의 견해에 부합하는 것으로 생각된다. 또한 앞의 인용 부분에서 아리스토텔레스가 다수와 소수의 혼합 통치를 가능하게 한 입

---

[79] R. G. Mulgan(1987), 104. R. Pianka(1995), 123.
[80] 아리스토텔레스에게 있어서 민주정의 종류가 4가지인지 아니면 5가지인지에 대해서는 학자들의 의견이 일치하지 않는다. 이에 관한 자세한 논의는 C. J. Papageorgiou(1991), 98-107 참조.

법가로서 솔론을 언급하고 있다는 점도 고려될 수 있다. 『정치학』 2권을 통해 알 수 있듯이 솔론은 기원전 6세기 아테네의 통치자로서 부자인 토지 귀족과 평민인 농민 사이의 계급적 갈등으로 인한 파쟁(stasis)이나 혹은 정체변혁(metabolē)을 해소시키기 위한 일련의 민주주의적인 개혁을 단행하게 된다. 즉, 그는 분쟁 조정자로서 농민의 채무로 인한 노예 문제를 해결하기 위해 사채 탕감 정책과 고리대금업을 금지하는 개혁을 단행하였다. 그런데 이러한 그의 개혁이 한계점을 가지고 있음에도 불구하고 역사적으로 큰 의미를 가질 수 있는 것은 모든 자유 평민들에게 법정에 참여할 수 있는 권리를 부여함으로써 과두정을 폐지하고 민주정을 수립하였다는 사실이다.[81] 이러한 소위 솔론의 민주정은 그것이 기본적으로 과두주의적 요소 또는 귀족주의적 요소가 함께 혼합된 정체임에는 분명하지만 기본적으로 우리는 그것이 또한 민주 정체라는 것을 부정할 수 없을 것이다. 물론 뒤에서 언급이 되겠지만 필자는 올바른 정체로서의 혼합정이 얼마만큼 온건 민주정과 현실적으로 실질적인 차이점을 가질 수 있는지에 대해서는 회의적이다. 그러나 적어도 이 부분에서 염두에 두어진 정체가 온건 민주정이 아닌 올바른 정체로서의 혼합정으로 볼 이유는 없다는 것이다. 온건 민주정 역시 이러한 데모스의 집합적 지혜를 담지한 정체로서의 요건을 충분히 갖추고 있기 때문이다.

이러한 이유 말고도 논의가 이루어지고 있는 현재의 부분에 적합한 정체가 어디까지나 민주정이라는 것은 『정치학』 3권 10장에서부터 시작되는 논의 맥락을 고려할 때도 분명하다. 즉, 아리스토텔레스는 이곳에서 '누가 폴리스의 최고의 권위를 가져야만 하는가?'의 물음을 제기하고 가능한 후보로서 다중, 부자, 훌륭한 덕 있는 자들, 일인의 최선자, 그리고

---

[81] Pol., II.12, 1273b27 이하 계속 참조.

참주를 언급한다. 이를 정체로 이해한다면 각각 민주정, 과두정, 귀족정, 왕정 그리고 참주정이 될 것이다. 결국 아리스토텔레스는 이러한 정체들이 주장하는 가치가 부분적인 정의(正義)만을 포함한 이유로 최고의 권위를 가질 수 없는 것으로 결론을 내린다. 이러한 결론에도 불구하고 그는 다중이 권위를 가져야만 한다는 주장은 타당성이 있는 것 같다고 소개하고 있는데, 이는 뉴먼(Newman)이 주장하는 것처럼[82] 다중이 통치하는 민주정이 귀족정이나 혹은 과두정에 대해 상대적 우월성을 가질 수 있다는 주장을 소개하고 있는 것으로 볼 수 있다. 물론 여기서 아리스토텔레스가 6가지 정체 중에서 올바른 정체 중의 하나인 혼합정을 왜 별도로 언급하지 않았는가에 관심을 두면서[83] 이때 그가 상대적 우월성을 가진 정체로 생각한 것은 다수가 공동 이익을 추구하는 혼합정을 의미한 것으로 생각할 수도 있을 것이다. 그러나 이럴 경우 다수의 빈자가 부자의 재산을 빼앗는 경우가 있을 수 있다는 아리스토텔레스의 데모스에 대한 부정적 언급이 혼합정의 주체인 다중의 특성에 맞지 않는다는 문제를 발생시킨다.

특수한 판단과 관련한 몇 가지 아포리아

이제 이러한 다중과 소수의 훌륭한 자들의 혼합 통치에서 발생할 수 있는 몇 가지 문제들에 대해 아리스토텔레스가 어떻게 대응하고 있는지 살펴보자. 첫 번째 아포리아는 '어떻게 통치 기술에 대해 정확하게 알지 못하는 데모스가 최고의 통치자를 선출할 수 있고 또 판결할 수 있는

---

[82] W. L. Newman(1887), vo.3, xxix.
[83] 혼합정에 관한 논의가 『정치학』 4권에서 별도로 자세하게 이루어진다는 점에서 3권 11장에서의 정체가 민주정일 가능성은 높아진다.

특별한 판단 능력을 가질 수 있는가'하는 것이다. 환자를 올바르게 치료할 수 있는 적임자는 그 환자의 병에 대해 의학적인 지식을 가지고 있는 의사(iatros)라는 것이 이러한 반론의 한 예이다. 즉, 어떤 한 의사의 치료 능력을 올바르게 판단할 수 있는 자는 전문가인 다른 의사에 의해 가능하듯이 다른 분야의 전문가들 역시 그 분야의 전문가들에 의해 더 잘 판단될 수 있다는 것이다.[84] 이러한 반론에 대해 아리스토텔레스는 의사와 비전문가의 구별이 그리 엄격한 것이 아님을 지적하고 있다. 달리 말해 아리스토텔레스에 따르면 의사라는 말은 전문의(dēmiourgos)뿐만 아니라 치료를 총지휘하는 전문의(architektonikos), 그리고 의술에 대한 일반적인 교육을 받은 자(pepaideumenos)와 같은 아마추어까지 포함하는 것으로 규정하고 있다.[85] 따라서 우리는 아리스토텔레스가 일반적인 앎을 가지고 있는 교양 있는 아마추어 역시 훌륭한 판단자가 될 수 있는 것으로 보고 있다고 말할 수 있을 것이다.[86] 이는 곧 아리스토텔레스가 경험을 통해 통치술에 관한 어느 정도의 일반적인 앎을 가지고 있는 데모스 역시 그들의 통치자를 선출하고 감사할 수 있는 정도의 판단 능력은 가지고 있는 것으로 보고 있음을 의미한다.

그러나 이러한 답변에 대해 다시 기하학에 대한 앎을 가진 자가 다른 기하학자를 더 잘 판단하고, 또 배의 선장을 뽑는 경우에도 선주가 더 잘 판단할 수 있듯이, 데모스의 의견은 전문가의 의견보다 더 큰 가치를 가지는 것으로 간주되어서는 안 된다는 반론이 계속해서 제기될 수 있다.[87] 아리스토텔레스는 이러한 반론에 대해『정치학』3권 11장 1282a1

---

[84] *Pol.*, III.11, 1282a1-3. 1281b40-1282a1.
[85] *Pol*, III.11, 1282a3-5. *EN*, I.1, 1094b28- 95a2 참조.
[86] M. P. Nichols(1992), 69.
[87] *Pol.*, III.11, 1282a7-12.

4-23행에서 두 가지 논거를 들어 이에 응답한다. 하나는 노예와 같은 (andrapodōdes) 품성을 갖고 있지 않는 다중으로 구성된 경우 이들이 내린 판단은 소수의 아는 자들의 판단보다 더 낫거나 또는 더 못하지는 않다는 것이다. 다른 하나는 소위 "사용자 이론"(user's theory)인데, 이는 어떤 제작물과 관련하여 제작자만이 그것에 대한 판단을 내릴 수 있는 유일한 사람 혹은 최선의 판단자가 아니라는 것이다. 예를 들어 집주인은 집에 대해서는 그 집을 만든 건축가보다 더 나은 판단자가 될 수 있고, 배의 키에 관해서는 그것을 만든 목수보다 그것을 사용하는 조타수가 나은 판단자가 될 수 있다. 마찬가지로 향연에 차려진 식사에 대해서는 그것을 만든 요리사보다도 그것을 먹는 사람들이 각각 더 훌륭한 판단자가 될 수 있다는 것이다. 로빈슨(R.Robinson)이 말하는 것처럼 아리스토텔레스의 이러한 사용자론 주장은 분명 '플라톤을 즐겁게 하지 않았을 것이다'.[88] 왜냐하면 아리스토텔레스는 사용자론 주장을 통해 다수의 보통사람들이 그들의 통치자를 선택하고 비판하는 것을 지지하고 있기 때문이다. 요컨대 아리스토텔레스는 데모스 역시 회계나 군사적인 것에 관한 전문적인 지식을 가지고 있지 않더라도 이에 관한 각각의 감사나 판단을 올바르게 행할 수 있음을 인정하는 것이다. 이는 데모스 역시 자신들과 관계된 윤리적이고 정치적인 문제의 결정에 있어 그러한 결정이 초래할 결과에 의해 직접적으로 영향을 받는 당사자이므로 올바른 판단을 하기 위해 요구되는 과정 속에서의 조화를 이루기 위한 신중한 노력을 하기 때문인 것으로 이해할 수 있다. 달리 말해 "신발을 신고 있는 자가 그 신발이 발의 어디를 찌르는지를 가장 잘 알 수 있는 것"[89]처럼 다중은

---

[88] R. Robinson(1962), 40.
[89] W. L. Newman(1887), vol.1, 258.

자신과 또 자신들이 지지하는 정체로서의 민주정에 유익(sympheron)한 것이 무엇인지를 알고 있으며, 따라서 이것을 성취하기 위해 어떻게 뭉쳐야 하는지도 잘 이해하고 있다는 것이다.[90]

이와 관련된 다른 하나의 반론은 '어떻게 자질이 뛰어나지 못한 자(phaulos)들이 훌륭한 자(epieikēs)들보다 공동체의 운명과 관련되는 매우 중요한 문제에 대해 최종적인 결정권을 가질 수 있는가'하는 것이다.[91] 통치자의 임무에 대한 감사나 그들의 선출과 같은 일은 폴리스의 가장 중요한 일이라 할 수 있는데 이러한 권한을 다중에게 위임한다는 것은 어리석은 일이 아닌가 하는 반론이다. 이에 대해 아리스토텔레스는 『정치학』 3권 11장 1282a32-41행에서 다중의 집합 이론을 통해 대응하고 있다. 다시 말해 그는 이러한 문제의 결정에 있어 다중은 개별적인 "평의회의 구성원"(ho bouleutēs) 혹은 "법정의 구성원"(ho dikastēs) 혹은 "민회의 구성원"(ho ekklēsiastēs)으로서가 아니라 법정 혹은 평의회 혹은 민회의 다중으로 어디까지나 함께 집단적으로 활동하여 결정하기 때문에 이러한 판단이 올바를 수 있음을 주장한다.[92] 우리는 아리스토텔레스가 이 부분에서 자신의 민주정에 대한 비판적인 거리를 유지하기 위해 이러한 반론들을 어느 정도 수용할 수 있었음에도 불구하고[93] 끝까지 양보하지 않고 변호하는 것들을 볼 때 그에게서 민주주의의 이론적 옹호자인 프로타고라스의 모습을 떠올리게 된다.[94] 이러한 민주정에 대한 그의 모든

---

[90] J. Hare(1986), 37-49, 특히 38-9.
[91] *Pol.*, III.11, 1282a25-29.
[92] *Pol*, III.11 1282a32-41.
[93] 그래서 Creed는 아리스토텔레스가 민주정에 대한 그의 극단적인 회의를 이 부분에서 좀 더 강화시킬 수 있었음에도 불구하고 왜 여기서 무관심을 선택했는지 이상하다고 자문한다. J. Creed(1990), 32.
[94] Plato, *Protagoras*, 319d 계속 참조. 프로타고라스는 건축이나 조선과 같은 기술과 관련

변호적 자세는 우리로 하여금 그가 다중의 심의적 그리고 사법적인 판단 능력을 인정하고 있고 또 그렇기 때문에 이와 관련된 정치권력의 분배가 데모스에게 정당하게 주어져야 함을 지지하고 있다는 믿음을 가지게 하는 것으로 보인다.

3) 1인의 통치와 법의 통치: 3권 15장을 중심으로

위에서 우리는 데모스의 집합적 판단이 소수의 부유한 자나 덕 있는 자들의 판단과 비교해서 더 낫거나 적어도 못하지 않다는 아리스토텔레스의 견해를 살펴보았다. 또 이러한 그의 기술은 곧 민주정이 과두정이나 귀족정보다 상대적인 우월성을 가질 수 있는 정체라는 그의 정치적 입장이 반영된 것임을 살펴보았다. 그런데 아리스토텔레스는 더 나아가 『정치학』 3권 15장에서 정치적 문제의 판단과 관련하여 데모스의 집합적 지혜가 소수에 대해서뿐만 아니라 최선의 1인의 판단과 비교해서도 그 우월성을 가질 수 있는지를 논의한다. 그는 이러한 검토를 '최선자가 최고의 권위를 가지고 통치하는 것이 유익한가 아니면 최선의 법이 그 권위를 가지는 것이 좋은가'의 물음을 제기하면서 접근하고 있다.

그에 따르면 법은 "중용"(to meson)을 목표로 하는 불편부당(不偏不黨)한 특성 때문에 "신적인 것"(theon)과 "이성적인 것"(noun)에 유사하다.[95] 아리스토텔레스가 법의 특성을 이와 같이 규정하는 것은 인간은

된 문제에 있어서는 다중이 아닌 이 분야의 전문가인 조선공이나 건축가의 판단이 절대적인 권위를 가지는 것으로 인정한다. 그러나 아리스토텔레스는 이러한 기술분야에 있어서도 다중의 판단이 전문가의 판단보다 못하지 않거나 더 나을 수 있는 것으로 본다. 그래서 Katsimanes는 아리스토텔레스가 프로타고라스보다 더 급진적인 의견을 가지고 있는 것으로 평가한다. K. S. Katsimanes(1982), vol.3, 367.

[95] *Pol.*, III.15 1286a17-20. III.16, 1287a28-32. 1287a41-b5.

감정으로부터 자유로울 수 없지만 법은 이러한 감정에서 자유롭기 때문이다. 달리 말해 모든 정치적 문제들이 인간의 결정에만 맡겨지게 되면, 인간은 감정적인 요소들 예를 들어 편애 혹은 증오와 같은 것에 의해 영향을 받아 잘못된 판단을 할 수 있다. 그러나 법은 인간의 이러한 욕구나 욕망에 휘둘리지 않기 때문에 좀 더 공평하면서도 객관적인 판단을 내릴 수 있다는 것이다.[96] 이런 이유로 그는 법이 한편으론 폴리스의 조직과 건설에 있어 다른 한편으론 시민들의 덕 함양에 있어 중요한 역할을 담당해야 함을 강조하고 있다.

그러나 아리스토텔레스는 이러한 법의 장점으로 인한 법의 지배를 선호하면서도 법이 그 본성상 약점을 가지고 있음을 지적한다. 그에 따르면 먼저 법은 그 일반적인 특성으로 인해 구체적인 상황 속에서 정확한 판단을 내릴 수 없다는 한계를 지닌다.[97] 다시 말해 법은 모든 가변적이고 다양한 문제를 모두 포괄할 수 없고 또 모든 변화 가능성을 예측할 수 없다는 것이다. 이러한 그의 생각은 『니코마코스 윤리학』 5권 10장에서의 정의(正義)의 한 종류로 볼 수 있는 "적절성"(epieikeia)에 관한 언급에서 잘 드러난다. 여기서 그는 법이 그 특수한 측면에서 수정되어야만 하는 것으로 말하고 있는데, 이는 법이 바로 그 보편성으로 인해 구체적으로 주어진 경우들을 예측할 수 없기 때문이다. 법의 또 다른 약점은 그것이 정체(政體) 의존적이라는 점이다.[98] 즉, 정체에 따라 법은 선법(善法)이 될 수도 그 반대로 악법이 될 수도, 또는 정의로운 법이 아니면 부정의한 법이 될 수도 있는 것이다. 그런데 각 정체가 자신의 법을 가지고

---

[96] Pol., III.15, 1286a17-20.
[97] Pol., III.11 1282b4-6.
[98] Pol., III.11, 1282b8-13.

있다는 사실은 하나의 절대적인 법이 존재하지 않는다는 것을 뜻한다.[99] 민주정의 법은 민주정 내에서만 정의로운 법이지 과두정이나 여타의 정체에도 정의로운 법으로 간주될 수는 없는 것이다. 결국 아리스토텔레스는 법이 이성에 따라 판단할 수 있는 장점이 있다는 점에서 그 권위를 인정하면서도 법의 일반성과 또 법의 정체에의 의존성 때문에 법의 절대적인 권위를 인정하기는 어려운 것으로 생각한다.

이러한 검토 후에 아리스토텔레스는 법이 그 보편성으로 인해 "판단할 수 없거나 혹은 올바르게 판단할 수 없는 경우에 일인의 최선자 혹은 모든 사람들 중에서 누가 더 나은 판단자인가?"(1286a24-5)하는 것을 묻는다. 먼저 그는 1인의 최선자의 통치가 더 나을 수 있는가를 살펴보면서, 만약에 다른 사람들과 비교할 수 없을 정도의 덕과 통치 능력을 가진 마치 인간들 중의 신과 같은 최선의 1인자가 있을 경우에 그에 대해 법을 입법하려는 것은 우스운 일이라고 말한다. 왜냐하면 이러한 자는 그 자신이 법이기 때문이다.[100] 그래서 아리스토텔레스는 이러한 사람이 만약에 존재한다면 그를 추방할 것이 아니라 모든 사람들이 흔쾌히 그에게 절대적인 복종을 해야만 하며, 또 이러한 사람에 의한 영원한 통치만이 있을 뿐이라고 주장한다. 이러한 그의 일인의 최선자의 통치에 대한 긍정적인 평가는 일견 그의 정체분류에서 올바른 정체 중의 하나인 "절대왕정"(pambasileia)에 대한 지지와 일치하는 것으로 보인다. 그러나 우리는 여기서 아리스토텔레스가 실제로 이러한 종류의 사람이 존재할 수 있다고 믿었는지 또 이러한 왕의 영원한 지배를 정말로 인정했는지를 먼저 검토해야 할 것 같다.

---

[99] *Pol*, III.11, 1282a1-3. 1281b40-1282a1.
[100] *Pol*., III.13, 1284a13-4.

일단 그는 『정치학』 3권 13장에서 인간 속의 신과 같은 사람을 폴리스의 부분으로 간주하는 것은 옳지 않은 것으로 본다. 왜냐하면 이러한 자는 다른 시민들과 비교할 수 없을 정도의 덕을 가지고 있고 또 정치적 힘 역시 다른 시민들보다 더 크기 때문이다. 브라운(Braun)은 이러한 1인 통치자의 덕이 다른 모든 사람보다 우월하기 때문에 이와 같은 자의 절대적인 통치가 정당화될 수 있다고 보는 것이 아리스토텔레스의 입장이라고 주장한다.[101] 브라운의 이와 같은 해석이 옳다면, 우리는 데모스의 집합적 판단의 우월성에 기초한 민주정의 상대적 우월성이 적어도 왕정과 관련해선 유지될 수 없다고 말할 수 있을 것이다. 그러나 멀건(Mulgan)이 주장하는 것처럼,[102] 브라운의 주장은 그리 큰 설득력이 없는 것으로 보인다. 왜냐하면 신과 같은 1인 통치자의 덕은 다른 시민들의 덕과 완전히 다른 종류이므로 이 양자의 덕을 비교할 수 있는 공통된 기준이 없기 때문에 양자의 비교가 불가능하기 때문이다. 또한 우리는 아리스토텔레스가 이러한 인간 속의 신과 같은 종류의 인간, 즉 소위 플라톤의 철학자 왕[103]과 같은 인간이 현실적으로 존재할 수 있다고 믿었는지를 문제 삼을 수 있다.

이와 관련하여 아리스토텔레스가 『정치학』 7권 14장 1332b16-23행에서 신이나 영웅과 같은 통치자의 지배가 어디까지나 가정적으로 인정되고 있음을 지적할 수 있다. 즉, '인간 중의 신과 같은 존재가 있다면'이라는 단서하에 그가 모든 것을 통치하는 것이 더 좋다고 말해지고 있다는 것이다. 누스바움(Nussbaum) 역시 1인의 최선자 왕의 통치와 관련하여

---

[101] E. Braun(1959), 157-184.
[102] R. G. Mulgan(1974), 67-8. 동일인(1974-b), 24-7.
[103] W. R. Newell(1991), 194. P. Coby(1988), 195.

설득력 있는 주장을 하고 있다. 그녀에 따르면 아리스토텔레스는 "비록 그가 적어도 이러한 가능한 후보자를 매우 잘 알고 있었고 또 실제로 그러한 종류의 인간의 존재를 입증할 수 있는 어떤 역사적인 인물을 언급할 수 있었음에도 불구하고 그러한 사람이 최소한 존재했었다는 말을 우리에게 전혀 말하고 있지 않다"[104]는 것이다. 멀건(Mulgan) 역시[105] 아리스토텔레스가 그러한 종류의 인간이 존재하지 않는다는 것에 대한 확신을 가지고 있었다고 말한다. 이를 둘러싼 학자들 사이의[106] 많은 논쟁이 계속해서 이루어지고 있음에도 불구하고 우리는 아리스토텔레스가 이론적인 차원에서 '신적인 인간'을 언급하고 있을지라도 실제적으로 이와 같은 사람의 존재를 인정했다고 보기는 어려울 것 같다. 아리스토텔레스

---

[104] 누스바움은 아리스토텔레스가 비록 신과 같은 인간의 후보자로서 자신의 제자였던 알렉산더 왕을 언급할 수 있었음에도 불구하고 침묵하였다는 것은 많은 것을 시사한다고 주장한다. M. C. Nussbaum(1980), 421.

[105] R. G. Mulgan(1974), 26.

[106] 이와 관련한 학자들의 관심은 '아리스토텔레스가 신과 같은 왕으로서 필립2세 왕이나 알렉산더 왕을 생각했는가'하는 것이다. Kelen과 Ehrenberg는 아리스토텔레스가 왕정을 이상적인 정체로 간주하였고, 그래서 인간 속의 신과 같은 존재를 바로 필립왕이나 알렉산더 왕으로 본 것으로 결론을 내린다.(H. Kelsen(1977), 171-181. V. Ehrenberg(1938), 62 이하 계속 참조). 그러나 Mulgan은 이러한 학자들의 주장에 반대한다(R. G. Mulgan(1974), 28). 한편 Papanikolaou는 아리스토텔레스와 앞의 두 왕 사이의 밀접한 관계가 역사적인 사실임에도 불구하고 양자의 관계가 반드시 어느 한쪽이 다른 쪽에 영향을 주었다는 것을 의미하는 것은 아니라고 본다(V. Solomou-Papanikolaou(1989), 95, 각주 118 참조). Chroust는 아리스토텔레스가 알렉산더 왕의 수석교사가 아니었다고 말하면서 아리스토텔레스가 알렉산더 왕의 정책에 그리 결정적인 영향을 주지는 못했다고 주장한다(A-H. Chroust(1973), 132). 최근에 아리스토텔레스와 두 왕들 사이의 관계가 정확하게 어떠했는가에 대한 몇몇 학자들의 연구가 진행되어 왔다. 이들 중에 특히 Kontogiorges는 아리스토텔레스가 필립왕 그리고 특히 알렉산더 왕에 반대되는 입장에 서 있었다는 결론을 내리고 있다(G. D. Kontogiorges(1981), 191). 알렉산더와 아리스토텔레스의 관계에 대해 부정적인 평가를 내리는 학자들의 공통점은 양자의 정치적 견해가 상이하다는데 그 근거를 둔다. 즉, 알렉산더 왕은 아리스토텔레스보다는 사해동포주의 철학을 주장하는 퀴니코스(Kynikos), 즉 견유학파의 철학사상을 따라 바바리안들을 포함한 모든 인간의 평등과 통일을 실현하려고 하였다는 것이다. 이와 관련한 자세한 논의는 V. Solomou-Papanikolaou(1989), 95-7 참조.

는 이러한 종류의 사람을 폴리스의 부분이 아닌 것으로 말하고 있는데[107] 어쩌면 우리는 이러한 사람을 폴리스에서 영원히 찾을 수 없을지도 모르기 때문이다.

　1인의 최선자의 '영원한 통치'와 관련해서도 아리스토텔레스는 이를 긍정적으로 받아들이지 않는 것 같다. 첫째로 아리스토텔레스는 1인의 영원한 통치가 시민적 평등의 원리에 맞지 않는다고 보고 있다. 그에 따르면 '시민 통치'(politikē archē)는 기본적으로 시민 공동체를 이루는 자유롭고 평등한 자들에 대해 이루어지는 통치이므로 주인의 본성적 노예에 대한 전제적 지배와 기본적으로 다르다. 시민들 사이의 정치권력에의 교대로의 참여를 긍정적으로 평가하는[108] 아리스토텔레스의 입장에서는 "자유롭고 동등한 자들이 모든 것에 대해 권위를 가지지 않는 것은 유익한 것도 아니며 또 정의도 아니다"(1288a1-2). 여기서 우리는 아리스토텔레스가 '과연 다수의 시민들의 참정권을 박탈하는 일인의 영원한 통치를 받아들일 수 있는 주장으로 간주했는가'를 의심하지 않을 수 없다. 학자들은[109] 1인의 최선자의 영원한 통치에 관한 아리스토텔레스의 언급은 일종의 "강력한 수사적 위장"(a powerful rhetorical camouflage)으로써 사용된 것으로 본다. 다시 말해 아리스토텔레스는 1인의 왕이 소유하고 있는 무소불위의 절대적 권력 행사가 본질적으로 항상 그리고 모든 곳에서 왕정보다는 차라리 참주정에 더 가까운 정체로 귀결되고 있는 것으로 보고 있다는 것이다. 데비스(Davis)가 말하는 것처럼[110] 1인의 절대적인 통치는 마치 노예와 주인 사이에는 절대적인 복종과 지배만이 있는 것처

---

[107] *Pol.*, I.2, 1253a2-4.
[108] *Pol.*, III.4, 1277b7-9. VI.2, 1317b2-3.
[109] W. R. Newell(1991), 209. T. K. Linsay(1992), 495.
[110] M. Davis(1986), 59.

럼, 결국 자유롭고 동등한 시민들에게 부여된 모든 가능한 참정권의 행사를 완전히 막는 것으로 볼 수 있을 것이다.[111]

둘째로 일인의 영원한 통치에 대한 아리스토텔레스의 부정적인 견해는 한 사람이 모든 것에 대해 정확하게 아는 것이 불가능하다는 언급에서도 확인된다. 그에 따르면 두 개의 눈, 두 개의 귀, 두 개의 손 그리고 두 발을 가진 1인의 왕은 다중과 비교해서 매우 제한된 인식 능력을 가지고 있다. 그래서 왕은 자신의 친구나 혹은 자신의 정체를 지지하는 추종자들의 눈과 귀의 도움을 받기 위해 이들의 정치권력에 대한 참여를 어느 정도 받아들인다는 것이다.[112] 셋째는 1인의 최선자 역시 자신의 성품을 규정하는 욕구나 감정으로부터 완전히 자유로울 수 없다는 것이다. 비록 감정이 전혀 없는 이성의 화신으로서의 왕을 상상할 수 있을지라도 현실적으로 그러한 종류의 인간은 불가능하다. 육체를 가진 인간이 감정을 지니지 않을 수는 없기 때문이다.[113] 플라톤과 달리 아리스토텔레스는 1인 또는 최선자들의 영원한 지배는 단순히 불필요한 것이 아니라 분명한 단점을 가지고 있는 것으로 보고 있다.[114] 이는 그의 다음과 같은 진술 속에서 확인된다.

"사람이 통치를 해야 한다고 말하는 것은 하나의 짐승을 덧붙이는 것과 같다. 왜냐하면 사람의 욕망(epithymia)은 짐승의 그것과 유사하며, 또 기개(thymos)는 심지어 최선자들까지 타락시키기 때문이다."(*Pol.*, III.16, 1287a30-32)

---

[111] M. Davis(1986), 59. M. P. Nichols(1992), 74-6.
[112] *Pol.*, III.16, 1287b8-35.
[113] *Pol.*, III.16, 1287a25-40. III.15, 1286b22-8.
[114] 디오게네스 라에르티우스에 따르면 아리스토텔레스는 "왕정에 관하여"라는 소실된 책에서 왕이 해야만 할 일은 참된 철학자의 조언을 듣고 받아들이는 것이라고 주장하였다고 한다(Diogenes Laertius, E.22. A. H. Chroust(1968), 16-22 참조).

이상으로 앞의 언급들을 종합할 때 우리는 법이 그 본성상 가지고 있는 한계로 인해 판단할 수 없는 경우에 그 대안으로 제시되고 있는 1인의 최선자의 통치가 처음과는 달리 아리스토텔레스에게 있어서 그리 만족할 만한 주장으로 받아들여지고 있지 않다는 결론을 내릴 수 있다.

이제 다중의 통치가 그 대안으로서 받아들여질 수 있는지를 검토해보자. 우리는 이에 관한 아리스토텔레스의 견해를 『정치학』 3권 15장 1286a26-1286b 1행에서 발견할 수 있는데, 이곳에서 그는 두 가지 근거를 들어 데모스의 집합적 판단의 우월성을 인정하고 있다. 먼저 그는 향연에서의 식사의 예를 통해 이에 답하고 있는데, 이에 관한 설명은 이미 앞에서 살펴보았기 때문에 여기서는 따로 부연하지 않겠다. 그런데 아리스토텔레스는 여기서 또 다른 예를 통해 데모스의 집합적 판단의 우월성을 변호하고 있는데 '물의 비유'가 그것이다. 그에 따르면 적은 양의 물보다는 많은 양의 물이 덜 오염이 되는 것처럼 다중은 소수의 뛰어난 자들보다도 덜 타락한다는 것이다. 요컨대 그는 다중의 집단적 광기에 대한 플라톤의 견해를 공유하지 않는 것으로 생각된다.[115] 그 반대로 그는 1인의 최선자라도 보통 그의 분노라든지 다른 감정에 의해 잘못 판단할 수 있는 반면에 다중 모두가 함께 분노하거나 실수를 하기는 어려운 것으로 보고 있다. 결론적으로 아리스토텔레스는 데모스의 집합적 판단의 우월성이 최선의 일인의 판단과 비교해서도 유효할 수 있고 따라서 민주정의 왕정에 대한 상대적 우월성이 가능함을 받아들인다고 볼 수 있다.

---

[115] Platon, *Politeia*, 429b-c. 538d-529a. 561b-c. *Gorgias*, 456b-c 참조.

아리스토텔레스는 친민주주의자인가?

이제 지금까지 살펴본 것을 가지고 우리는 아리스토텔레스의 민주정에 대한 정치적 견해가 무엇인지에 접근해 볼 수 있을 것 같다. 앞에서 필자는 아리스토텔레스의 정체분류에서 민주정은 올바른 정체가 아닌 그릇된 정체로 규정되고 있는데 이러한 그의 견해가 『정치학』 3권에서 기술된 그의 민주정에 대한 호의적인 언급과 어떻게 조화될 수 있는가 하는 문제를 제기하였다. 그리고 이러한 아리스토텔레스의 민주정에 대한 모순된 듯한 언급을 해소시키기 위한 멀건(Mulgan)과 같은 몇몇 학자들의 주장을 검토하였으나 이들의 주장이 설득력을 갖지 못한다고 평가하였다. 다시 말해 기존의 많은 학자들은 『정치학』 3권 11장에서의 다수 시민의 집합적 지혜에 걸맞은 정체를 민주정이 아닌 정체분류상의 올바른 정체 중의 하나인 혼합정으로 보려는 시도를 하였다. 그러나 나는 『정치학』 3권 11장과 15장에서 기술된 데모스의 정치적 판단의 우월성에 대한 아리스토텔레스의 호의적 견해는 어디까지나 민주정을 전제하는 것으로 보아야 한다고 생각한다. 아리스토텔레스는 민주정을 그릇된 정체로 평가하면서도 민주정의 정체로서의 상대적인 장점을 인정하고 있기 때문이다. 이제 아래에서 아리스토텔레스가 어떤 이유에서 민주정에 대한 긍정적인 평가를 내렸는지를 설명해보도록 하겠다.

첫째는 정체분류의 이론적인 측면과 현실적인 측면의 구분이다. 일단 이론적인 차원에서 우리는 아리스토텔레스가 그의 정체분류에서 왜 민주정을 그릇된 정체로 보고 있는지를 민주정의 '원리'(hypothesis)가 되는 평등과 자유에 대한 그의 비판에서 어렵지 않게 이해할 수 있다.[116] 그러

---

[116] 이와 관련해선 *Pol.*, V.1, 1301a35-36. VI.2, 1317b11. V.9, 1310a, 1317b 1319b. V.12, 1310a316. V.9, 1317a40-b17. V.9, 1310a36-8. I.12, 1259a39, V.7 1307a34, V.9,

나 일반적인 정체분류상의 민주정의 위상은 현실적인 정체들에 적용될 때는 그 평가가 달라질 수 있다. 그러면 현실적인 차원에서 민주정은 다른 정체와 비교해서 어떤 강점을 갖고 있는 것으로 볼 수 있을까? 아리스토텔레스의 다음과 같은 말은 시사해주는 바가 많다.

> "사람들이 바람에 대해서 말할 경우 북풍과 남풍의 두 가지밖에 없으며, 그 외의 바람은 이 두 가지 바람의 변종으로 간주하는 것처럼, 정체에 관해서도 사람들은 민주정과 과두정의 두 가지 형태만이 있는 것으로 여긴다. 왜냐하면 바람 가운데서도 우리는 서풍을 북풍의 일종으로 그리고 동풍은 남풍의 일종이라고 간주하는 것처럼 귀족정은 소수인의 지배이므로 과두정의 일종으로, 그리고 소위 혼합정은 민주정으로 간주하기 때문이다."(*Pol.*, IV.3, 1290a13-9)

위의 인용 부분에서 아리스토텔레스는 귀족정은 과두정에 그리고 혼합정은 민주정에 가까운 정치 형태로 간주하면서 현실 정체로서는 민주정과 과두정만을 인정하고 있다. 물론 서풍이 북풍의 일종이고 동풍이 남풍의 일종이라고 해서 서풍과 동풍의 존재가 완전히 부정되고 있는 것은 아닌 것처럼 과두정과 민주정 속에 존재하는 귀족주의적 혹은 과두주의적 요소가 부정되고 있는 것은 아니라고 볼 수 있다. 그러나 아리스토텔레스는 왕정을 이미 과거 역사에만 존재했었던 정체로 보고 있고,[117] 귀족정과 혼합정 역시 이미 혈통이나 덕에 근거한 통치가 아니라 본질적으론 소수의 부자와 다수의 빈자의 통치라고 보고 있다. 결국 바람의 종류의 비유를 통해 말하고자 하는 핵심은 현실적인 차원에서 민주정과 과두정의 두 정체만이 주된 현실 정체가 된다는 것이다. 그리고 이미

1310a28-36. VI.4, 1318b39, 1319b30, *Rhet.*, I.8 1366a4 참조.
[117] *Pol.*, V.10, 1313a3-5.

앞에서 살펴본 것처럼 아리스토텔레스는 두 현실 정체 중에서 민주정이 과두정보다 나은 정체로 평가한다.[118]

둘째, 『정치학』 3권 11장과 15장에서 긍정적으로 평가된 민주정은 극단적 민주정이 아니라 혼합된 형태로서의 온건 민주정으로 볼 수 있다는 점이다. 즉, 이때의 민주정은 격정이나 탐욕에 사로잡힌 무차별적인 다중이 아니라 집합적 지혜를 발휘할 수 있는, 다시 말해 정치적 실천지나 덕을 소유한 데모스에 의해 통치가 이루어지는 정체를 의미한다. 그리고 이때의 데모스의 통치는 소수의 훌륭한 자들과의 협치(協治)를 통한 혼합주의적인 민주정이라는 점이 고려되어야 한다. 요컨대 훌륭한 최선자들과 사려있는 다중의 공동의 통치가 이루어지는 민주정은 이미 정체분류에서 올바른 정체로 규정되고 있는 혼합정을 현실적으로 아우르고 있는 정체라고 볼 수 있다. 그럼에도 불구하고 이 정체가 혼합정이 아닌 민주정으로 간주되어야 하는 이유는 어디까지나 정체의 통치권이 다수시민인 *데모스*에게 있기 때문이다. 데모스에게 심의권과 사법권이 주어져 있고, 이러한 정치적 권리를 통해 데모스가 최고 통치권자를 감사하거나 탄핵할 수 있는 정체의 실질적인 결정권자이기 때문이다.

그러나 이러한 혼합주의적 온건 민주정에 대한 그의 우호적 평가가 곧 그가 현실 정체로서의 민주정을 '최선의 정체'로 보았다는 것을 함의하는 것은 결코 아니다. 그가 『정치학』 7권과 8권에서 기획하고 있는 "바람에 따른 폴리스"(kat' euchēn polis)는 3권 11장에서 기술된 혼합주의적 민주정과는 일치하지 않기 때문이다. 이 점에서 우리는 아리스토텔레스를 민주정의 적극적인 지지자로 볼 수는 없다.[119] 그러나 아리스토텔레

---

[118] *Pol.*, IV.11, 1296a13-8. IV.2, 1289b8~9, V.1, 1302a7-15, V.12, 1315b11-39 참조.
[119] 그러나 데모스의 정치적 참정권을 극대화하고자 한 민주정의 긍정적인 요소는 그의

스의 민주정에 대한 입장은 플라톤의 민주정에 대한 견해와 분명 차이가 있다는 점에서 중요한 의미를 가진다. 플라톤은 『국가』편에서 민주정의 기본적인 가치가 되는 자유와 평등에 대한 강한 부정적인 입장을 피력하기 때문이다. 무엇보다 플라톤이 데모스의 정치적 판단능력을 강하게 불신한다는 점에서 더욱 그렇다. 후기 대화편인 『법률』편에서 플라톤이 민주정의 장점을 다소 긍정적으로 인정하면서 변화된 모습을 보여주지만, 그의 민주정에 대한 평가는 여전히 인색한 것이 사실이다. 이에 반해, 이미 앞에서 살펴본 것을 통해 알 수 있는 것처럼, 『정치학』 3권 11장에서의 데모스의 정치적 판단에 대한 아리스토텔레스의 평가는 상당히 적극적인 것으로 볼 수 있다. 그의 민주정을 위한 변호는 그보다 앞서 민주정을 옹호한 철학자로 말해지는 프로타고라스보다 오히려 더 나은 체계적인 이론적 논변들을 제시하고 있는 것으로 보인다. 『정치학』 3권 11장부터 15장에서 기술된 민주정을 위한 논변들에 근거해서 말한다면 아리스토텔레스는 데모스의 집합적 지혜의 우월성을 인정하는 것만큼 친민주주의자라고 말할 수 있을 것이다.

그런데 필자에게 있어 아리스토텔레스가 민주주의의 지지자인가 아니면 반대자인가 하는 물음은 사실상 부차적인 문제이다. 우리는 그의 극단적 민주정에 대한 여러 비판들을 고려해서 그를 민주정의 반대자로 볼 수도 있는 것이 사실이고 또 온건 민주정에 대한 우호적인 견해에 비추어 그를 민주정의 지지자로 볼 수도 있을 것이다. 그러나 이러한 모든 것을 넘어 더 중요한 것은 그가 어떤 이유에서 극단적 민주정에 대해 반대하였고 또 온건 민주정에 대한 우호적 입장을 가졌는가 하는 것이다. 여기서

최선정체를 규정짓는 핵심적 원리, 즉 교대로 통치하고 통치받는 정치적 통치원리에 반영된다는 점에서 중요한 의미를 갖는 것으로 볼 수 있다.

우리는 아리스토텔레스가 시민의 덕의 함양에 대해 강조한 점에 주목해야 할 것 같다. 즉, 그는 데모스가 올바른 폴리스의 통치를 위해 필요로 되는 정치적 실천지와 같은 시민적 덕을 문제 삼으면서 역사적으로 존재했었던 다양한 종류의 민주정에 대한 평가를 하고 있는 것으로 생각된다. 즉, 그의 민주정에 대한 기술에서 나타나 있는 여러 형태의 민주정에 대한 상이한 평가는 그의 아레테(aretē) 이론에 따라 이루어진 것이라는 점이다. 그래서 그는 정치적 실천지와 같은 덕을 제한적이나마 가지고 있는 데모스에 의해 통치되는 온건 민주정에 대해선 긍정적인 평가를, 그렇지 않고 덕을 결여하거나 가지고 있지 않은 것으로 간주되는 다중들에 의해 지배되는 극단정 민주정에 대해선 부정적인 평가를 내린다고 말할 수 있다. 요컨대 아리스토텔레스에게 있어서 민주정의 발전과 시민의 덕은 밀접한 비례 관계에 있다.[120] 민주주의의 발전이 시민의 덕의 힘에 정초해 있다는 아리스토텔레스의 기본적인 생각은 우리에게 과연 현대의 대의제 민주주의가 얼마만큼 시민의 덕 교육에 관심을 가지고 있는지를 되돌아보게 한다.

---

[120] 데모스의 덕과 민주정의 관계에 관한 상세한 논의는 손병석(2001), 84-94 참조.

제4부

현실정체 분석

『정치학』 4권 ~ 6권

본 저술의 4부에서는『정치학』4권부터 6권까지를 분석한다. 이 부분들은 아리스토텔레스의 현실정체들에 대한 체계적인 분석이 이루어진다는 점에서 그의 경험주의적인 정치철학적 면모와 통찰력을 알 수 있게 해준다. 아리스토텔레스에 따르면 정치학의 탐구대상은 단순히 이상적인 정체만을 탐구해서는 안 된다. 인간은 기본적으로 불완전한 폴리스적 동물이며, 정치공동체 역시 주어진 현실적인 상황을 고려하여 가능한 정도의 최선을 추구할 수밖에 없다. 따라서 정치철학자는 정체에 대한 탐구를 할 때 각 정체가 처한 조건과 상황의 상대적인 다름을 고려해서 정체에 대한 탐구를 해야 한다. 최선의 상황에서만 가능한 이상 정체를 개별국가의 정치사회적 상황을 고려하지 않고 모든 정체에 절대적으로 가능한 것으로 생각하는 것은 정치철학자의 올바른 접근법이 아니라는 것이다. 그래서 4권과 6권에 걸쳐 아리스토텔레스는 왕정이나 귀족정과 같은 최선의 정체가 아닌 민주정이나 과두정 또는 혼합정이나 참주정과 같은 비(非)이상적인 현실정체들에 대한 고찰을 시도한다.

　본 저술은 아리스토텔레스의 현실정체에 대한 경험주의적인 접근이 이루어지는『정치학』4권과 5권 그리고 6권에 대한 검토를 크게 세 가지 주제에 초점을 맞추어 진행할 것이다.

　첫 번째 주제는『정치학』4권에 나타난 아리스토텔레스의 혼합정

(politeia)에 대한 견해이다. 혼합정은 특히 과두정과 민주정의 정체적 요소가 혼합된 정체로서 다른 정체들보다 정치적 정의와 정체의 안정을 확보할 수 있는 것으로 평가된다. 특히 아리스토텔레스는 혼합정 중에서 중간계급이 정치적 주도권을 갖고서 부자와 가난한 자 사이의 균형적인 정치적 역할을 수행하는 중산정을 강조한다. 이런 점에서 혼합정이 어떤 정치적 제도와 원리에 따라 작동되는지, 또한 중간계급이 어떤 이유에서 부자와 빈자 사이에서 정치적 갈등을 조정할 수 있는 장점을 갖고 있는지가 밝혀질 필요가 있다.

둘째로 아리스토텔레스의 스타시스(stasis)론이 검토될 것이다. 스타시스(stasis), 즉 파쟁(faction)은 『정치학』 5권 전체에 걸쳐 비중 있게 다루어지고 있는 주제라는 점에서 중요하다. 이것은 아리스토텔레스가 정치학의 목표를 단지 최선정체에 대한 탐구뿐만 아니라 현실정체들의 보존과 안정 역시 중요한 것으로 설정하기 때문이다. 그래서 아리스토텔레스는 스타시스를 정체의 안정과 보존을 방해하는 가장 주요한 요소로 보면서 이에 관한 철학적 검토를 시도한다. 스타시스에 의한 정체변혁은 정체의 불안정과 무질서를 초래할 수 있는 정치적 행위로 볼 수 있기 때문이다. 이런 점에서 아리스토텔레스가 스타시스의 원인과 그 목적이 무엇인지, 그리고 스타시스에 대한 평가가 어떻게 내려지는지가 고찰될 것이다.

세 번째 다루어질 주제는 5권과 6권에 걸쳐 논의되고 있는 정체보존에 관한 아리스토텔레스의 제안이다. 특히 참주정의 보존과 유지에 대한 아리스토텔레스의 처방은 기존의 전통적인 참주정의 방식과는 다른 소위 마키아벨리적인 방법에 유사한 새로운 방법을 제안한다는 점에서 흥미롭다. 최악의 정체를 유지하기 위한 그의 제안이 어떤 의도를 갖고 제시되었는지가 해명될 필요가 있다. 상술한 세 가지 주제들은 이에 관한 플라톤의 견해도 함께 비교 검토하여 진행된다. 특히 『정치학』 5권 11장에서 기술되고 있는 플라톤의 정체 변혁의 원인에 대한 아리스토텔레스의 비판 역시 두 철학자의 정치철학적인 견해의 다름을 보여준다는 점에서 이 부분에 관한 검토가 이루어질 것이다.

『정치학』 4권부터 6권까지는, 앞서 말한 것처럼, 일반적으로 아리스토텔레스의 현실정체에 대한 실증적 분석이 강한 부분으로 볼 수 있다. 그런데 간과해선 안 될 점이 있다. 그것은 이 부분에서 검토되는 다양한 현실정체의 장단점에 대한 아리스토텔레스의 분석이 단순히 가치중립적인(value-neutral) 내지 경험주의적인 분석으로만 국한시켜 보는 것은 곤란하다는 것이다. 이 부분에서의 다양한 정체들에 대한 평가는 실상 아리스토텔레스의 '바람에 따른 폴리스'라는 향후 그가 말하고자 하는 최선정체의 틀 속에서 작업이 진행되는 것으로 볼 수 있기 때문이다. 이것은 『정치학』 2권에서 플라톤을 비롯한 다른 최선정체에 관한 주창자들 그리고 스파르타, 크레테 그리고 카르케돈과 같은 현실정체에 대한 비판적 검토가 아리스토텔레스가 구상하는 최선정체에 조회되어 평가가 이루어지는 것과 같은 맥락에서 이해되어야 함을 의미한다. 따라서 4권과 6권에서 검토되고 있는 과두정이나 민주정과 같은 그릇된 정체들에 대한 평가는 최선정체가 추구하는 목적(telos)과 원리(hypothesis)라는 규범론적(normative) 내지 규제적(regulative) 원리에 따라 이루어지는 것으로 볼 필요가 있다.

11장
정치학의 연구과제와 혼합정(politeia)

1. 정치학 연구의 4가지 분야

아리스토텔레스는 『정치학』 4권을 시작하면서 학문과 기술은 각기 자기 분야에 적합한 방법이 무엇인지 고찰해야 한다고 말한다. 그리고 그 예로 체육훈련을 들면서 몸 상태에 따라 그에 적합한 운동술이 먼저 고려되어야 한다고 말한다.[1] 즉, 최선의 몸 상태를 타고난 자에게는 최선의 운동술을, 그렇지 않고 대부분의 몸에는 일반적인 운동술을 적용해야 한다는 것이다. 마찬가지로 최선의 몸 상태도 아니고 일반적인 몸 상태도 아닌 경우, 즉 운동을 하고 싶지만 그 정도의 몸 상태도 아닌 경우에 있는 사람에게는 그에게 맞는 다른 운동술이 제공되어야 한다. 아리스토텔레스에 따르면 이것은 운동술뿐 아니라 다른 기술분야, 예를 들어 의술이나 조선술, 재단술에도 마찬가지이다. 요컨대 중요한 것은 대상에 따라 그 기술의 적용이 달라야 한다는 것이다. 아리스토텔레스는 이러한 원칙이 정치학에도 마찬가지로 적용되어야 함을 다음과 같이 말한다.

---

[1] *Pol.*, IV.1, 1288b13-21.

"따라서 학문의 한 영역인 정치학도 포괄적이어야 한다. 말하자면 정치학은 첫째, 어떤 정체가 최선인지, 외적인 장애요인이 없을 경우 이상적인 정체에 가장 부합하는 정체는 어떤 종류인지, 둘째, 개별정체들에 어떤 정체가 적합한지 고찰해야 한다. 최선의 정체를 도입한다는 것은 대부분의 국가의 경우 불가능하기 때문이다. 그래서 훌륭한 입법가와 참된 정치가는 절대적으로 최선인 정체뿐만 아니라 상대적으로 최선인 정체에 관해서도 알고 있어야 한다. 셋째, 정치학은 실재하는 정체에 관해 그것이 처음에 어떻게 생겨났으며, 일단 생겨난 다음에는 어떻게 해야 오래오래 존속될 수 있을지를 고찰해야 한다. 한 국가가 필요조건이 충족되지 않아 최선의 정체를 도입할 수 없을 뿐만 아니라 주어진 조건에서도 최선이 아닌 더 열등한 정체로 만족하는 경우를 두고 하는 말이다. 마지막으로 정치학은 그밖에도 어떤 정체가 대부분의 국가에 가장 잘 맞는지 알고 있어야 한다. 대개의 정치이론가들이 좋은 말을 많이 하고 있지만 그들이 하는 말은 그다지 유용하지 못하다. 우리는 최선의 것뿐만 아니라 가능한 것도 고찰해야만 하고, 마찬가지로 보다 쉽게 성취할 수 있는 것과 모든 폴리스에서 더 공유할 수 있는 것도 고찰해야만 한다."(*Pol*., IV.1, 1288b21-39)

위 인용문에서 아리스토텔레스는 정치철학자의 정체에 대한 고찰이 하나의 방식에 의해서만 이루어져서는 안 됨을 강조한다. 즉, 고찰하고자 하는 정체가 외적인 장애가 없을 경우의 완벽한 최선의 정체인지, 또는 개별국가들에 적합한 정체가 어떤 유형인지, 또는 불완전하지만 주어진 조건에서 정체의 보존과 개선을 고려해야 하는 정체인지, 또는 대부분의 국가에 가장 잘 맞는 정체가 어떤 것인지를 논의해야 한다는 것이다. 좀 더 설명하면 가장 완벽한 이상적인 정체를 염두에 두는 것인지, 아니면 특정한 정체에 적합한 정체가 무엇인지, 또는 대부분의 나라에서 적합한 유형의 정체가 무엇인지를 구분해서 접근해야 한다는 것이다.[2] 그렇지

---

[2] Smith and Mayhew(1995), 189-196. F. D. Miller(2007), 13-31 참조.

않고 개별국가가 처한 정치사회적 상황을 고려하지 않고 모든 정체에 최선정체가 가능한 것으로 생각하는 것은 정치철학자의 올바른 접근법이 아니라는 것이다. 이것은 앞서 든 운동술의 경우처럼 운동코치가 운동연습을 시킬 때 최선의 신체조건을 갖춘 자와 몸이 병든 상태에 있는 자를 구분하지 않고 한 가지 운동법만 적용하려는 것과 같은 것이다. 전자의 경우는 최선의 운동술을 적용시켜야 되지만, 후자의 신체 상태가 좋지 않은 자에겐 그에 맞는 실현가능한 지도법을 구분하여 적용하는 것이 올바른 방법이다.

그래서 아리스토텔레스는 참된 입법가는 최선의 이상적인 정체를 만들도록 최선을 다해야 되겠지만, 모든 정체에서 가능하면서도(dynata), 용이하고(radios) 그리고 더 공유할 수 있는(koinotera) 정체가 어떤 것인지를 모색해야 한다고 강조한다.[3] 불완전한 현실 정체도 최선의 정체가 되도록 해야 되겠지만 개별 정체가 처한 특수한 정치적 상황도 고려하여 그 속에서 바람직한 정체의 방향성을 모색해야 한다는 것이다. 이렇게 보면 아리스토텔레스에게서 이상적인 정체가 반드시 현실정체와 모순된 것으로 볼 이유는 없을 것 같다. 특정의 정체를 지지하는 자들이 원하는 조그마한 개혁이나 변화라도 그것이 정체의 보존을 위한 방법이 될 수 있다면 정치가 또는 입법가는 그러한 개혁을 통해 정체를 조금이라도 나은 방향으로 변화시킬 수 있도록 해야만 한다는 것이 아리스토텔레스의 생각이기 때문이다. 따라서 현실 속에서 실현가능한 정체를 모색하는 아리스토텔레스의 현실주의적인 정치철학을 현실과 타협하는 조야한 실용주의로 비판하는 것은 적절치 않은 것으로 보인다. 앞서든 운동술을 통해서도 말한 것처럼 아직까지 최선의 몸 상태가 아닌, 예를 들어 몸무게가 운동하기엔 적절하

---

[3] *Pol.*, IV.1, 1288b38.

지 않은 상태에 있는 사람의 경우는 최선의 강도 높은 운동법이 아니라 그 전에 먼저 몸무게를 빼는 훈련을 시켜야 할 것이다. 더욱이 몸이 안 좋은 정도가 아니라 아예 부상을 당해 몸 자체를 움직이기가 어려운 상태에 있는 사람의 경우에는 무엇보다 몸을 움직일 수 있기 위한 기본적인 재활치료 운동을 먼저 시작해야 하는 것이 적절하다.

아리스토텔레스에 따르면 정치철학자의 정체에 관한 연구도 이와 마찬가지다. 정치철학자는 각 정체가 처한 현실적 상황을 고려하여 그 속에서 가능한 좋은 정체를 만들도록 해야 한다. "참된 목적을 달성하는 것이 모두에게 최선인 것은 분명하다. 그러나 그것이 불가능할 경우, 최선에 더 가까이 갈수록 더 나은 것이 될 것이다".[4] 아리스토텔레스는 "하늘에 있는 본"(en ouranō paradeigma, *Politeia*, 592b)'과 같은 유토피아적인 정체를 꿈꾸는 이상주의자는 아니다. 물론 아리스토텔레스가 최선의 정체와 같은 완벽한 정체에 대한 목표를 포기한 것으로 볼 수는 없다. 밀러(Miller)가 말하는 것처럼[5] 그의 바람의 국가는 여전히 하나의 현실정체의 "규제적 이상"(a regulative ideal) 내지 척도로서 현실정체를 고양하기 위한 정치적 모델이 될 수 있기 때문이다. 이제 아리스토텔레스의 이러한 경험주의적인 연구방법이 현실정체에 어떻게 적용되는지를 혼합정을 통해 살펴보도록 하겠다.

---

[4] *De Caelo*, II.12.292b17-19. *De Generatione et Corruptione*, II.10.336b25-34 참조.
[5] F. D. Miller(2007), 18.

2. 아리스토텔레스의 혼합정(politeia)에 대한 견해

아리스토텔레스는 올바른 정체의 세 종류로 왕정(basileia)과 귀족정 (aristokratia) 그리고 혼합정(politeia)을 든다.[6] 이때 혼합정으로 번역한 politeia는 유(genos)적인 개념으로서 정체일반을 가리키는 의미도 가진다. 따라서 혼합정으로서의 폴리테이아는 정체라는 유(類)적인 개념이면서 정체의 한 종류가 되는 종(種)적인 개념으로 볼 수 있다.[7] 올바른 정체의 한 종류로서의 혼합정은 말 그대로 두 종류 이상의 정체적 요소나 특성이 결합된 정체유형으로 볼 수 있다. 이것은 혼합정의 형태가 다양할 수 있음을 의미한다. 즉, 과두정과 민주정의 혼합된 형태일 수도, 또는 이 두 정체적 요소에 귀족정의 요소가 추가된 혼합정이 될 수도 있다.

『정치학』 4권에서 기술되고 있는 아리스토텔레스의 혼합정이 특별한 의미를 갖는 이유는 크게 두 가지이다.[8] 하나는 아리스토텔레스의 혼합정이 기존의 혼합정과는 다른 보다 새롭고 정교한 이론적 체계를 갖는 혼합정의 유형을 제시하고 있다는 점에서다. 두 번째 이유는 아리스토텔레스가 혼합정을, 특히 중간계급이 주도적 힘을 발휘하는 중산정이 정체의 안정을 확보할 수 있는 현실적으로 대다수의 정체에서 실현가능한 최선의 정체로 본다는 이유에서다. 첫 번째 이유가 되는 새로운 형태의 혼합정의 존재와 관련해서 실상 혼합정의 개념은 아리스토텔레스 이전부터 사

---

[6] *Pol.*, IV.2, 1189a26-31.
[7] 아리스토텔레스가 폴리테이아를 소위 이중명법, 즉 유적인 개념과 종적인 개념으로 사용한 것에 주목하여 종적인 의미의 혼합정(polity)을 최선의 정체로 해석하는 시도는 체리(Cherry)에 의해 시도된다. 그러나 체리의 시도는 흥미롭기는 하지만 설득력은 떨어지는 것으로 생각된다. K. Cherry(2009), 1406-21 참조.
[8] 혼합정에 관한 논의와 관련해선 R. Balot(2015), 103-122. T. C. Lockwood(2006), 207-222 참조.

용되어온 것이 사실이다. 특히 플라톤이 『법률』 편에서 정체의 두 모태로서 왕정과 민주정을 혼합한 정체를 주장한 것이 그 예가 된다.[9] 플라톤은 왕정의 장점이 되는 통치자의 지혜와 결단력 그리고 민주정이 추구하는 자유의 가치를 결합해서 국가의 안정과 조화를 실현할 수 있다고 말한다.[10] 또한 아테네 정체에서 기원전 594년에 있었던 솔론(Solōn)의 입법 역시 한편으론 부자의 극단적인 특권을 제한하면서, 다른 한편으론 빈자들에게 합당한 정치적 권리를 보호하려는 목적에서 이루어졌다는 점에서 일종의 혼합된 형태의 정치를 실현하고자 한 것으로 볼 수 있다. 아레이오스 파고스(Areios pagos)는 과두주의적인 요소이고, 관직을 선출하는 제도는 귀족주의적인 요소이고, 법정 제도는 추첨에 의한 것이기 때문에 민주주의적인 요소로 볼 수 있고, 이런 점에서 솔론의 정체는 혼합정체로서의 특성을 갖고 있는 것으로 볼 수 있기 때문이다.[11] 『정치학』 2권에서 이미 살펴본 스파르타 정체 역시 두 명의 왕과 귀족주의적인 원로원, 그리고 민주적으로 선출된 에포로이(Ephoroi), 이렇게 세 정체적 요소가 혼합되었다는 점에서 혼합정이라고 말할 수 있다.

분명 플라톤의 혼합정체나 솔론의 아테네 정체를 고려하면 아리스토텔레스의 혼합정 개념은 그리 새로운 것이 아니라고 말할 수 있다. 그러나 정체분류에서 혼합정을 특정한 하나의 정체유형으로 자리매김하면서 혼합정에 관한 체계적인 이론적 설명을 시도한 철학자는 아리스토텔레스라

---

[9] *Pol.*, II.6, 1266a6-23. Platon, *Nomoi*, 693d, 701e, 756e 참조. 플라톤 혼합정과 관련해선 김인곤(2014), 67-90. 손병석(2015), 57-61 참조.

[10] 아리스토텔레스의 혼합정은 과두정과 민주정의 혼합이고 좀 더 평등주의적인 민주주의적 방향으로 기우는 데 반해 플라톤의 혼합정은 더 위계적이고 엘리트주의적인 민주정과 왕정의 혼합정으로 볼 수 있다. 아리스토텔레스는 플라톤에 비해 좀 더 새롭게 고안된 정치공동체로써의 혼합정을 제시하는 것으로 볼 수 있다.

[11] *Pol.*, II.12, 1273b36-42. *Athenaion Politeia*, V.1-3. VIII.1-5. IX.1-2

고 말할 수 있다. 아래에서 상세히 살펴보겠지만 그는 혼합정의 구성에 관한 다양한 방식을 분석하면서 혼합정체의 강점이 어디에 있는지에 관한 이론적 논거를 제시하고 있기 때문이다.

두 번째로 아리스토텔레스의 혼합정론이 갖는 특별한 의미는 혼합정이 정체의 안정성 확보와 시민의 적극적인 정치적 참정권을 보장해 줄 수 있는 정체라는 것이다. 플라톤과 마찬가지로 아리스토텔레스에게서도 정체의 분열과 무질서는 입법가나 정치가가 피해야 할 가장 큰 악이 된다. 『정치학』 5권과 6권에 걸쳐 아리스토텔레스가 심도 있게 분석하고 있는 스타시스(stasis), 즉 파쟁 역시 정체의 안정과 화합을 방해하는 가장 위험한 정치적 행위라는 문제의식에서 비롯한다. 그런데 아리스토텔레스에 따르면 혼합정은 현실적으로 가장 큰 정치적 힘을 발휘하고 있는 과두정과 민주정의 정치적 타협에 의한 정체이기 때문에 이러한 파쟁을 효율적으로 막을 수 있다. 이것은 혼합정이 다른 정체보다 정치적 정의(to politikon dikaion)를 상대적으로 더 온전하게 실현할 수 있음을 의미한다. 부에 근거한 과두주의자들의 정의(to dikaion) 요구와 자유에 근거한 민주주의자들의 정의 요구를 모두 수용할 수 있다는 점에서다. 이처럼 혼합정에서의 다수의 시민들은 정치적 참정권을 갖고 공동의 이익을 추구한다는 점에서 아리스토텔레스에 의해 올바른 정체로 규정된다고 볼 수 있다. 즉, 올바른 정체로 분류되는 왕정이나 귀족정에서 보다 혼합정에서 보다 많은 시민들이 교대로 통치하고 통치 받을 수 있는 정치적 통치원리(politikē archē)를 실현하고 있는 것이다. 또 이런 이유로 혼합정은 학자들에 의해 아리스토텔레스에게서 현실적으로 최선의 정체일 뿐만 아니라 『정치학』 7권과 8권에서 언급되는 '바람에 따른 폴리스'와 같은 최선의 정체와 동일한 것으로까지 말해진다.

그러면 혼합정이 아리스토텔레스에게서 어떤 이유에서 긍정적으로 평가되는지를 알아보기 위해 혼합정의 구성방식과 특성을 검토하도록 하겠다. 계속해서 혼합정, 특히 중산정이 최선의 정체로 평가되는 이유를 검토할 것이다. 그리고 혼합정이 보여주는 한계가 어떤 것인지를 아리스토텔레스의 견해를 따라 정리해보도록 하겠다.

1) 혼합정체의 정의(定義)와 이해의 어려움

아리스토텔레스의 혼합정에 대한 이해를 어렵게 하는 것 중의 하나는 혼합정에 대한 그의 규정이 다양하게 제시되고 있다는 이유에서다. 혼합정은 "공동의 이익을 위한 다수(plethos)의 통치"(III.7, 1279a37-39)로 또는 "과두정과 민주정의 혼합"(IV, 8, 1293b33-34, 1294a23-34)으로 또는 "중산정"으로(IV. 11, 1295a36 이하 참조) 말해지고 있기 때문이다.[12] 그런데 혼합정에 관한 보다 분명한 정의는 4권 8장에서 혼합정과 귀족정을 비교하면서 하는 다음과 같은 언명이다.

> "정체의 동등성을 주장하는 것에는 세 가지 요소, 즉 자유, 부 그리고 덕이 있다. --- 따라서 혼합정이라고 말해질 수 있는 것은 두 가지 요소, 즉 부자와 가난한 자의 혼합에 대해서만 사용되어야 한다. 첫 번째 참된 귀족정을 제외한 다른 정체들 중에서는 이 세 가지 요소가 혼합된 정체가 귀족정이라고 불려야 하는 것은 분명하다."(*Pol.*, IV.8, 1294a19-25)

위 인용문을 고려해서 아리스토텔레스가 제시하는 혼합정의 분명한 기준은 첫째, '공동이익을 목적으로 삼는 다수시민에 의한 정체이며, 둘

---

[12] 아리스토텔레스의 혼합정에 관한 논의는 W. Bluhm(1962), 743-53. C. Johnson(1988), 189-204. T. K. Lindsay(1992), 101-19 참조.

째 부에 근거한 과두정적 요소와 자유에 근거한 민주정적 요소가 혼합된 정체라는 것이다. 반면에 부와 자유에 덕이 혼합된 정체는 혼합정이라기보다는 귀족정의 이름이 적합하다고 본다.[13] 결국 아리스토텔레스에게서 혼합정은 민주정의 특성이 더 강하지만 기본적으로 과두정과 민주정의 요소가 혼합된 형태가 혼합정의 전형이 된다고 말할 수 있다.[14] 그런데 한 가지 의문은 정체는 여러 종류가 있는데, 왜 아리스토텔레스가 과두정과 민주정이 혼합된 형태에 관심을 갖는가하는 것이다. 여기서 우리는 현실적으로 가장 주도적인 두 유형의 정체가 과두정과 민주정이라는 점에 주목할 필요가 있다. 아리스토텔레스는 이것을 바람의 비유를 들어 설명한다.

"사람들이 바람에 대해서 말할 경우 북풍과 남풍의 두 가지밖에 없으며, 그 외의 바람은 이 두 가지 바람의 변종으로 간주하는 것처럼, 정체에 관해서도 사람들은 민주정과 과두정의 두 가지 형태만이 있는 것으로 여긴다. 왜냐하면 바람 가운데서도 우리는 서풍을 북풍의 일종으로 그리고 동풍은 남풍의 일종이라고 간주하는 것처럼 귀족정은 소수인의 지배이므로 과두정

---

[13] Pol., IV.8, 1294a22-24. 1293b35-36 참조.
[14] 두 정체 이상의 요소나 제도가 혼합되면 모두 혼합정으로 보는 것은 곤란하다. 예를 들어 만약에 다수의 빈자들이 최고 권력을 갖고, 관직을 맡을 사람들을 뽑고 그들을 감사하는 일을 맡고, 또 다른 관직은 부자나 덕 있는 자들에 의해 채워지는 경우를 생각해볼 수 있다. 이 경우 빈자와 부자 또는 덕있는 자들에 의해 권력분배가 이루어졌기 때문에 혼합정으로 볼 수 있을까? 민주정과 과두정 그리고 귀족정의 요소가 혼합되어 제도적 차원의 권력분배가 존재하지만 아리스토텔레스는 이러한 정체는 민주정이지 혼합정이 아니라고 본다. 어떤 정체인가에 대한 규정은 가장 최고의 결정권이 누구에게 주어지는가에 있기 때문이다. 민주정에서 데모스가 모든 관직을 차지하지는 않지만 심의권과 판결권과 같은 최고권력을 행사할 수 있기 때문에 민주정이 되는 것과 같다. 혼합된 민주정이나 혼합된 과두정을 정체의 한 종류로서의 혼합정과 구별해야 되는 이유가 여기에 있다. 전자의 정체들은 혼합정에 유사하지만 전형적인 유형의 혼합정은 아닌 것이다. 혼합정은 부자나 빈자보다 중간계급의 정치적 결정권이 중요한 기준이 되기 때문이다.

의 일종으로, 그리고 소위 혼합정은 민주정으로 간주하기 때문이다."(*Pol.*, IV.3, 1290a13-19)

위 인용문을 통해 알 수 있는 것처럼 아리스토텔레스는 귀족정은 과두정의 파생형태고, 혼합정은 민주정의 일종이라고 말한다. 그렇다면 혼합정은 과두정과 민주정의 혼합된 정체지만 민주정에 좀 더 기울어진 정체라고 볼 수 있다. 중요한 것은 혼합정이 과두정과 민주정의 원리 또는 제도와 혼합된 정체라는데 있다. 그러면 혼합정의 구체적인 결합이 어떻게 이루어지고 있는가? 아리스토텔레스는 3권 9장에서 혼합정의 구성방식을 세 가지 범주로 나누어 설명한다. 첫 번째는 재판업무와 관련하여 (peri tou dikazein) 과두정은 부자가 참석하지 않으면 벌금을 부과하지만 빈자에게는 벌금을 부과하지 않는 것이다. 그러나 민주정에선 빈자에게 수당을 지불하고, 부자에겐 참석하지 않은 것에 벌금을 부과하지 않는다. 혼합정에선 이 두 방식을 혼합하는데, 그것은 빈자에게 수당을 지급하고 부자에겐 벌금을 부과하는 것이다.[15] 두 번째 방식은 민회에 참석할 수 있는 재산 자격을 과두정과 민주정의 중간(to meson)을 목표로 삼는 방법이다. 과두정에선 많은 재산 자격을 요구하고, 민주정에선 전혀 요구하지 않는 반면에, 혼합정에선 둘 사이의 중간을 취하는 것이다. 즉, 혼합정에선 적절한 중간정도의 재산을 요구하는 것이다.[16] 세 번째 방식은 관직과 관련된 혼합방식이다. 민주정은 재산자격 없이 추첨에 의해 관직을 뽑고, 과두정에선 재산 자격요건과 함께 선거로 뽑는 반면에, 혼합정에선 재산 자격 요구 없이 선거에 의해 관직을 뽑는 방식이다.[17]

---

[15] *Pol.*, IV.9, 1294a40-41.
[16] *Pol.*, IV.9, 1294a36-1294b6
[17] *Pol.*, IV.9, 1294b6-13.

아리스토텔레스에 따르면 가장 잘 혼합된 중간 방법은 시민 누구에 의해서도 동일한 정체가 과두정이나 민주정으로 생각되면서 동시에 어느 쪽도 아니라고 판단되는 것이다.[18] 이것이 가능한 것은 "중간에서는 양극단을 볼 수 있기 때문이다"(emphainetai gar hekateron en hautōi tōn akrōn, 1294b18). 달리 말하면, 혼합정의 시민들 각자가 같은 정체 안에서 자신이 지지하는 정체의 흔적이나 요소를 발견할 수 있다는 것이다. 이런 이유로 아리스토텔레스에 따르면 혼합정은 정체의 안정을 확보할 수 있다는 강점이 있다. 즉, 혼합정에선 어느 시민도 파쟁이나 정체변혁을 도모하지 않는다. 왜냐하면 그들은 그들 자신이 선호하는 정체의 원칙이 혼합정 속에 구현되어 있다고 믿고 그것을 느끼기 때문이다. 그들의 정체에 대한 애착은 열정적으로 지지할 정도는 아니지만 정체를 전복시킬 정도의 불만을 갖지 않는다는 것이다.[19] 아리스토텔레스는 이러한 대표적인 예로 스파르타를 든다.[20] 스파르타는 민주정적이라고 말해지기도 하고 과두정이라고도 평가된다는 이유에서다. 스파르타는 혼합정적인 특징을 보여주며, 민주정과 과두정의 경계가 모호한 혼합정이기 때문이다.

2) 왜 혼합정이 매력적인 정체인가?

그러면 아리스토텔레스가 혼합정의 장점을 강조하면서 다른 정체보다 더 큰 관심을 갖는 이유는 어디에 있을까? 이미 플라톤이나 솔론과 같은 철학자나 입법가에 의한 혼합정의 실례들이 있었음에도 불구하고 아리스

---

[18] *Pol.*, IV.9, 1294b14-18. 1294b34-36.
[19] *Pol.*, IV.9, 1294b16. 1294b36-40.
[20] *Pol.*, IV.7, 1293b14-18. IV.7, 1293b14-18, 1294b40-41.

토텔레스가 특별히 혼합정(politeia)을 정체의 한 종류로 분류하여 논의하는 이유가 무엇인가? 아리스토텔레스는 3권 11장을 시작하면서 다음과 같이 말한다.

> "대부분의 국가와 대부분의 인간에게 어떤 것이 최선의 정체이며 어떤 것이 최선의 삶인가? 이를 고찰하면서 우리는 보통사람들이 미치지 못하는 덕이나 예외적인 재능 또는 환경을 요구하는 교육이나 이상적인 정체가 아니라, 대부분의 사람들이 영위할 수 있는 삶과 대부분의 국가가 누릴 수 있는 정체만을 잣대로 삼을 것이다. --- 행복한 삶이란 방해받지 않고 덕에 따른 삶이며, 덕이 중용(mesotēs)에 있다면, 누구나 중용에 도달할 수 있는 그러한 중용에 따른 삶이 최선인 것은 분명하다. 그리고 이러한 규정은 폴리스와 정체의 좋고 나쁨에도 필히 적용되어야 하는데, 정체는 폴리스의 어떤 삶의 방식이기 때문이다."(*Pol.*, IV,11, 1295a25-1295b1)

위 인용문에서 아리스토텔레스는 이상적인 정체가 아닌 현실적으로 실현가능한 최선의 정체와 최선의 삶이 무엇인가를 묻는다. 그리고 보통 사람들이 도달할 수 있는 삶의 가능성을 중용에 따른 삶의 방식으로 말한다. 그러한 덕에 따른 최선의 삶은 정체에도 마찬가지로 적용될 수 있다고 본다. 결론적으로 아리스토텔레스에 따르면 그러한 최선의 정체는 중간계급이 정체의 주도적 힘을 발휘하는 중산정(hē mesē politeia)이 된다. 중요한 것은 혼합정의 두 계급인 부자와 빈자 사이에 세 번째 계급으로 중간계급(hoi mesoi)이 포함되고 있다는 점이다. 아리스토텔레스는 이렇게 중간계급이 중심적인 역할을 하는 중산정을 대부분의 국가에서 취할 수 있는 실용적인 정체로 본다. 이런 이유로 중산정은 과두정과 민주정의 기준이 된다. 이 두 정체가 중산정에 가까울수록 그릇된 정체에서 멀어질 수 있다는 이유에서다. 그러면 아리스토텔레스가 중산정을 최선(belitiste,

1296a7)의 정체로 말하는 이유는 무엇인가? 그것은 중산정이 스타시스(stasis), 즉 파쟁으로부터 자유롭기 때문이다(astasiastos, 1296a7). 또한 중산정의 법은 좋은 법이며, 시민들 또한 법에 복종하기 때문에 지속적이며(monimos, 1296b40) 안정된 정체이다.

그런데 여기서 한 가지 물음이 제기될 수 있는데, 그것은 중산정의 위상을 어떻게 자리매김해야 하는가이다. 즉, 중산정을 혼합정으로 보아야 하는가 아니면 혼합정과는 별개의 정체로 보아야 하는가? 이 물음과 관련하여 중산정을 혼합정과 별개의 정체로 보아야 함을 주장하는 대표적인 학자는 존슨(C. N. Johnson)이다.[21] 그는 중산정과 혼합정은 구분되어야 함을 주장하는데 다음과 같은 몇 가지 이유에서다. 첫째, 아리스토텔레스가 중산정과 혼합정의 개념을 구분하여 사용하고 있다는 점에서다. 그 주된 논거는 3권 11장에서 언급되는 정체는 hē mesē politeia, 즉 중산정이라는 개념이지 결코 politeia, 즉 혼합정의 이름을 사용하지 않고 있다는 것이다. 요컨대 아리스토텔레스는 중산정과 혼합정을 별개의 용어를 통해 서로 다른 정체로 본다는 것이다. 두 번째 이유는 혼합정의 구성계급과 관련하여 혼합정은 부자와 빈자에게 정치권력이 분배되지만, 중산정에선 중산계급에게 정치권력이 주어진다는 점에서다. 요컨대 중산정에선 중간계급이 부자와 빈자를 대체한다. 세 번째 이유는 혼합정과 중산정이 추구하는 목표가 다르다는 것이다. 즉, 혼합정에선 군사적 덕이 강조되지만, 중산정에선 완벽한 덕에 유사한 탁월성이 추구된다는 것이다. 중간계급은 최선의 삶을 추구하고 그것은 군사적인 덕보다 상위의 덕스러운 삶을 추구하는 것으로 이해되어야 한다. 상술한 이유로 존슨은 아리스토텔레스에게서 중산정은 혼합정과 동일한 것으로 간주되어서는 안됨을

---

[21] C. N. Johnson(2015), 150-154.

주장한다. 더 나아가 그는 중산정을 『정치학』 7권과 8권에서 기술되는 아리스토텔레스의 '바람에 따른 폴리스'와 동일한 최선의 정체로 보아야 함을 주장한다.

 그러나 존슨의 주장이 그대로 인정될 수 있는지는 의심스럽다. 밀러(F. D. Jr Miller)가 옳게 비판하는 것처럼,[22] 아리스토텔레스는 중산정을 다른 어떤 곳에서도 다른 정체와 비교하지 않으며, 또한 중간계급은 부자나 빈자와 분리되어 논의되지 않고 항상 이들 계급 중 어느 하나와 관계되어 이해되어야 하기 때문이다. 또한 존슨이 주장하는 것과 달리 중산정에서 부자와 빈자의 정치적 권리가 배제되지도 않는다. 단지 중산정에서의 중간계급은 부자나 빈자보다 좀 더 우월한 위치를 갖는 것이 요구된다. 중산정을 혼합정과 같은 정체로 보아야 하는 이유는 정체분류에서 중산정이 언급되지 않는다는 점도 고려되어야 한다. 이것은 중산정이 6개의 정체에 포함되지 않고 있다는 것이다. 그렇다면 중산정이 혼합정 말고 다른 어떤 정체에 속하는지 의심스럽다.[23] 또한 3권 11장에서 중산정은 헬라스 역사에서 드물다고 말해지는데, 3권 9장에서 기술되는 혼합정 역시 드물다고 말해진다는 점이다.[24] 그러나 중산정을 혼합정으로 보아야 한다면 왜 아리스토텔레스가 3권 11장에서 중산정을 혼합정으로 특정(特定)하여 말하지 않았는지는 여전히 의문이다. 아마도 아리스토텔레스는 중산정으로 이행할 수 있는 가능성을 다른 정체들에게도 열어두고자 한 것이 아닌가 하는 추측을 해볼 수 있다. 즉, 민주정이나 과두정뿐만 아니라 소위 제한된 귀족정이라 간주할 수 있는 스파르타나

---

[22] F. D. Miller(1995), 262-263.
[23] 모든 중산정은 혼합정이지만, 모든 혼합정이 중산정은 아니다. 중간계급이 결여된 혼합정이 있다는 것이 사실이라면, 혼합정과 중산정은 구분되어야 할 것이다. 그러나 모든 혼합정은 중간계급을 포함하고 있다.
[24] *Pol*., IV.2, 1296a36-38. V.7, 1293a39-42.

카르타고 같은 정체도 중간계급이 강화됨으로써 이성에 따른 정체가 되면 중산정이 될 수 있는 것으로 볼 수 있다는 점에서다.[25]

그러면 아리스토텔레스가 중간계급이 정체의 주도적인 계급이 되어야 하는 것으로 보는 이유는 무엇일까? 중간계급은 어떤 덕과 장점을 갖고 있기에 혼합정의 유형 중 가장 최선의 정체를 실현할 수 있다는 것인가? 아리스토텔레스는 다음과 같이 말한다.

"적도와 중용이 최선인 만큼 중간이 행운의 선물을 소유한 최선임이 분명하다. 이런 상태에 있는 사람들이 이성에 가장 잘 복종하기 때문이다. 반면 미모나 힘 또는 가문이나 부가 지나친 경우, 또는 그 반대로 지나치게 가난하거나 무력하거나 미천한 사람은 이성에 복종하기가 어렵다. 전자의 사람은 무뢰한이나 범죄자가 되고 후자에 속하는 사람들은 불량배나 작은 범죄인이 되는 경향이 있다. 한쪽은 교만한 마음에서 다른 쪽은 악의에서 부정의한 짓을 저지른다. --- 그밖에도 체력, 부, 연줄 등 행운의 선물을 과도하게 받은 자들은 복종할 줄도 모르고 복종하려고 하지도 않는다. 이런 결함은 가정에서부터 시작된다. 그들은 어렸을 때 너무 사치스럽게 자란 탓에 학교에서도 복종하는 습관을 들이지 않았기 때문이다. 반대로 이런 행운의 선물을 전혀 타고나지 못한 자들은 너무 비굴하다. 그래서 한쪽은 지배할 줄 모르고 노예처럼 지배받을 줄만 알며, 다른 쪽은 복종할 줄 모르고 폭군처럼 지배할 줄 만 안다. 그래서 자유인의 국가가 아닌 주인과 노예의 나라가 생겨나 한쪽은 시기하고 다른 쪽은 경멸한다. 국가에서 우애가 이보다 더 거리가 멀게 떨어져 있는 경우는 어디에도 없다."(*Pol.*, IV.11, 1295b3-24)

아리스토텔레스에 따르면 중간계급이 최선의 삶을 실현할 수 있는 가장 중요한 이유는 중간계급이 "이성에 복종할 수 있기 때문이다"(tōi logōi

---

[25] R. Balot(2015), 111.

peitharchein, 1295b6). 즉, 중간계급은 부자나 빈자보다 정치적 통치방식에 부합하는 영혼을 소유하고 있다. 반면에 극단적으로 부자이거나 아주 가난한 자는 이성에 따르기가 어렵다. 부자는 오만하고, 빈자는 악의에서 비롯한 악행을 범하기 쉽기 때문이다. 아리스토텔레스에 따르면 부자와 빈자의 이러한 심리적 상태는 정치적 통치(politikē archē) 원리와 조화되지 않는다는 점에서 문제가 있다. 부자는 결코 복종하는 법을 배우지 않고, 빈자는 통치하고 통치받는 법에 지나치게 의기소침하고 자신들을 통치하기에 적합지 않다고 생각한다는 이유에서다. 부자는 오만하기 때문에 타인에 대한 경멸심이 강하고, 반면에 가난한 자는 복종을 넘어서서 노예적인 굴종의 태도를 보일 수 있다. 그래서 부자나 빈자는 교대로의 통치라는 정치적 통치관계를 형성하지 못하고 폭군적 지배술이나 노예술적인 경향성으로 이끌린다. 즉, "빈자는 지배할 줄 모르고 노예가 지배받는 것처럼 지배받을 줄만 알며, 부자는 어떤 방식으로든 지배받는 것을 전혀 모르고 주인이 지배하는 전제적 통치처럼 지배할 줄 만 안다"(1295b19-21). 이들과 달리 중간계급은 교대로의 통치라는 정치적 통치원리에 따라 상호 간의 평등주의적 태도를 보인다. 또한 혼합정의 시민들은 정치적 친애(politikē philia)를 공유함으로써 과두정과 민주정에서 보여지는 계급 편견적인 적대감을 피할 수 있다. 그들은 상호 간의 존중감과 타인의 관점에서 받아들이려는 자세를 취함으로써 한마음을 가질 수 있는 가능성이 높다. 또한 중간계급은 한 정체를 유지하는 데 있어 가장 안전한 계급이다. 그들은 빈자들처럼 부자의 재물을 탐하지도 않는다. 또한 부자들도 중간계급에게 음모를 꾸미지 않고, 그들도 부자들에게 음모를 도모하지 않는다. 포퀼리데스가 "모든 것 중에서 중간이 최선이니 나는 폴리스에서 중간계급이 되고 싶다"[26]라고 바란 것도 이러한 이유에서다.

　그러면 아리스토텔레스는 어떤 이유에서 중간계급으로 구성된 중산정이 최선의 정체가 되는 것으로 보는 것일까? 중산정이라는 정체성을 부여할 수 있는 핵심적 기준이 무엇인가? 이러한 물음들에 아리스토텔레스는 중간계급이 많아지면 다른 두 계급보다, 또는 다른 어느 한쪽보다 더 우월하게 됨으로써 정체의 안정이 확보될 수 있다고 답한다. 즉, 중간계급은 그들의 중간자로서의 힘을 이용해서 반대쪽이 우세한 힘을 이용하여 파쟁을 일으키는 것을 막을 수 있다는 것이다.[27] 그러면 구체적으로 중간계급은 어떻게 정치적 영향력을 발휘할 수 있는가? 이 물음에 답하기 전에 한 가지 오해해선 안 될 점이 있다. 그것은 중산정에서는 중간계급만 있고, 부자나 빈자는 부재하는 것으로 보아서는 안 된다는 점이다. 중산정에서도 여전히 부자와 빈자는 존재하며, 그들은 각자 자신들의 정치적 주도권을 차지하기 위한 싸움을 계속하고 있기 때문이다. 따라서 중산정은 부자와 중간계급 그리고 빈자로 구성된 혼합정이며, 이들 계급 중 중간계급이 주도권을 갖고 정치적 힘을 발휘하는 정체로 볼 수 있다. 다만 중산정에서는 부자나 빈자의 정치적 영향력이 중간계급에는 미치지 못한다고 말할 수 있다. 만약에 이들 세 계급 중 빈자가 절대적인 권력을 발휘하면 그것은 민주정으로 보아야 하고, 부자가 최고 권력을 차지하면 그것은 과두정이 될 것이다. 마찬가지로 중산정은 중간계급이 최고 권력을 차지하는 혼합정체라고 말할 수 있다.

　그런데 무엇보다 중산정이 중산정일 수 있는 핵심적 요인은 중간계급이 부자나 빈자, 이 두 계급 중 약한 어느 한쪽과 결합하면, 우월한 힘을

---

[26] *Pol.*, IV.11, 1295b34.
[27] *Pol.*, IV.11, 1295b38-39.

가진 쪽을 무력화시켜 제압할 수 있어야 한다는 것이다. 즉, 부자나 빈자 어느 한쪽이 다른 한쪽을 제치고 지배적인 정치력을 행사하려고 할 경우 중간계급이 그것을 제압함으로써 전체적으로 권력의 공유가 이루어질 수 있어야 한다는 것이다. 그러나 중간계급이 부자나 빈자 중 약한 어느 한쪽과 힘을 합치더라도, 반대되는 강한 한쪽의 힘을 능가할 수 없는 경우는 온전한 의미의 중산정으로 볼 수 없다. 중간계급이 우월한 힘을 발휘하는 빈자계급을 제압하기 위해 부자와 힘을 합쳤더라도 빈자의 힘을 제압하지 못하게 되면 그것은 혼합정이 아니라 민주정이 되는 것이다. 마찬가지로 강자인 부자의 권력의 남용을 견제하기 위해 중간계급이 빈자에게 힘을 실어주었더라도 부자의 권력행사를 막지 못한 경우 그것은 과두정이 되는 것이다. 결국 아리스토텔레스에게서 혼합정의 전형으로 말해질 수 있는 유형은 중간계급의 힘이 상대적으로 부자나 빈자 못지않게 동등한 힘을 갖고 있거나 상대적으로 그 힘이 적더라도 양극단적인 계급 중 상대적으로 힘이 약한 쪽으로 힘을 합쳤을 경우 다른 강한 쪽의 힘을 능가할 수 있어야 한다. 상황이 이렇게 전개되니 부자나 빈자는 중간계급을 인정하고 그들을 자신의 진영으로 끌어들이려고 할 것이다. 따라서 중산정에서는 당연히 중간계급의 정치적 무게가 중요하게 인정될 수밖에 없다. 정체에서 상대적으로 불리한 위치에 서 있는 약한 계급은 중간계급과 함께하면 다른 더 강한 계급보다 더 강한 정치적 힘을 발휘할 수 있기 때문이다. hoi mesoi, 즉 중간계급은 극단적 통치를 순화시키는 균형추이자 중간 매개자(dia ton meson, 1295b35)로서 판결적인 역할을 하는 것이다. 아리스토텔레스에 따르면 솔론이나 뤼쿠르고스와 같은 훌륭한 입법가들이 중간계급 출신이라는 것도 이를 뒷받침한다. 솔론은 부자들로부터 빈자들의 채무를 면제시켜주면서 빈자들이 법정에서의 역

할을 인정하도록 해주었기 때문이다.[28]

이처럼 중산정은 중간계급이 가장 주요한 정치적 영향력을 행사할 수 있는 정체라고 말할 수 있다. 다시 말해 소수의 부자와 다수의 빈자 사이에서 적절한 정도의 부를 갖춘 중간계급이 존재하고 이들이 극단적인 양 계급 사이에서 주요한 정치적 판단결정을 내릴 수 있는 영향력을 행사하는 혼합정인 것이다. 아리스토텔레스가 혼합정을 올바른 정체이자 최선의 정체가 되는 것으로 말한 이유가 여기에 있다. 그것은 부자나 빈자 중 강한 한쪽이 불의를 범하고자 할 경우 이성을 소유한 중간계급이 강자의 부당한 권력행사를 막기 위해 상대적으로 힘이 약한 다른 한쪽에 힘을 합침으로써 불의를 막을 수 있기 때문이다. 중간계급은 어느 한쪽이 과도한 이기성을 실현하고자 하는 것을 방지함으로써 정체 전체의 공동선을 추구할 수 있게 하는 중간 균형추의 역할을 할 수 있기 때문이다.

정리하면 혼합정은 부자-중간-빈자로 구성된 정체다. 여기서 어느 계급이 주도적인 정치력을 발휘하는가에 따라 다양한 혼합정이 있게 된다. 부자가 중간계급과 빈자의 결합보다 주도적인 힘을 발휘하게 되면 과두주의적 혼합정이고, 빈자가 중간계급과 부자와 합친 것보다 더 큰 힘을 발휘하면 민주주의적 혼합정이 되는 것으로 볼 수 있다. 중간계급 자체적인 힘만으로 다른 부자나 빈자보다 더 큰 정치력을 발휘하면 중산정적 혼합정이 되는 것으로 볼 수 있을 것이다.

3) 중산정을 최선정체로 볼 수 있는가?

아리스토텔레스가 중산정을 최선의 정체로 평가하는 데는 중산정이

---

[28] *Pol.* II.12, 1273b40-1274a1. *Athenaion politeia*, 11.2.

폴리티케 아르케(politikē archē), 즉 '정치적 통치원리'에 따른 *폴리티콘 디카이온*(to politikon dikaion), 즉 '정치적 정의'를 다른 정체에서보다 더 온전히 실현하고 있다는 점에서 찾을 수 있다. politikē archē는 자유롭고 동등한 시민들 사이의 교대로 통치하고 통치받는 것을 의미하고, politikon dikaion은 모든 계급들의 합당한 응분의 정의에 대한 요구라고 말할 수 있다. 혼합정에선 이러한 통치원리와 분배적 정의가 다수의 시민들에게 적용되고 그 가치가 수용된다는 것이다. 특히 중산정과 같은 혼합정에선 부자가 요구하는 정치적 정의와 빈자가 주장하는 정치적 정의가 모두 고려된다. 그러나 이와 달리 과두정과 민주정에선 각각 부자나 빈자들의 이익만을 실현하고자 한다는 점에서 부분적이며 협소한 정의가 강조된다.[29]

아리스토텔레스가 보기에 이처럼 어느 한쪽만의 지나친 자기 이익 추구는, 마치 코의 곡선이 지나치면 더 이상 코가 될 수 없는 것처럼, 정체의 온전한 정의를 실현하기 어렵다.[30] 어느 한 방향으로 지나치게 나가게 되면 비례관계가 깨지고 그래서 본래의 온전한 모습을 유지하기 어렵기 때문이다. 이것은 중간이 정치학에서의 성공의 열쇠가 됨을 의미한다. 혼합정은 이런 점에서 부자와 빈자 그리고 중간계급 모두의 공동이익을 실현하고자 하며, 이것을 중용에 따른 혼합방식을 통해 달성하고자 한다. 이것은 혼합정에서의 과두정과 민주정의 원리와 제도가 혼합되는 방식에서 알 수 있다. 예를 들어 법정 출석에 대한 수당지급이나 관직 선출방식에서 과두주의적 요소와 민주정적 요소를 중용과 척도에 따라 모두 수용하여 혼합하는 방식을 취하는 것이다. 이것은 기본적으로 혼합정의 통치방식이 교대로 통치하고 통치받는 정치적 통치원리를 따르고 있기 때문

---

[29] *Pol.*, V.1, 1301a28-33. A. W. Saxonhouse(2015), 187-189.
[30] *Pol.*, V.9, 1309b18-35.

이다.

물론 자유롭고 동등한 시민들 사이의 교대로의 정치적 참정권이 혼합정에서만 수용되는 것으로 보기는 어렵다. 폴리티케 아르케가 혼합정뿐만 아니라 민주정과 귀족정에서도 존재하는 것으로 볼 수 있기 때문이다. 민주정에선 교대로의 정치적 참여가 오히려 혼합정에서 보다 더 많은 다수의 시민들에 의해 더 광범위하게 인정되는 것으로 볼 수 있다. 귀족정 역시 그 수는 덕을 소유한 자에게만 한정되지만 덕을 가진 탁월한 자들 사이의 교대로의 정치적 참여가 이루어지는 것으로 볼 수 있다. 이런 점에서 폴리티케 아르케가 혼합정에서만 실현되는 것으로 보기는 어렵다. 그러나 록우드(T. C. Lockwood)가 주장하는 것처럼[31] 혼합정의 정치적 통치원리가 민주정과 귀족정의 그것과 동일한 것으로 보기는 어렵다. 민주정의 정치적 통치원리는 어디까지나 민주정의 주도계급인 데모스만을 위한 통치원리로 작동되기 때문이다. 즉, 민주정의 정치적 통치원리는 시민 모두의 공동이익 실현이 아닌 데모스 자신들만의 이익을 위한 것이라는 점에서 온전한 통치술의 발휘로 보기 어렵다. 귀족정에서의 정치적 통치원리 역시 제한된 정치적 정의의 실현이라는 점에서 온전한 통치술의 발현으로 보기 어렵다. 귀족정은 덕에 근거한 정체이며 따라서 덕을 소유한 시민들 사이의 교대로의 정치적 참여가 허용된다는 점에서다. 이와 달리 혼합정에선 부자와 빈자의 각각의 정치적 권리 주장이 인정되고, 따라서 관직에 진출할 수 있는 평등이 보다 완벽하게 실현되는 것으로 볼 수 있다.

그러면 중간에 따른 삶이 최선의 삶이고 그러한 삶의 방식을 취하고 있는 중산정과 같은 혼합정이 아리스토텔레스에게서 최선의 정체가 되는

---

[31] T. C. Lockwood(2006), 209-212.

것으로 볼 수 있을까? 이와 관련하여 아리스토텔레스는 그 가능성을 다음과 같이 말한다.

> "폴리스는 가능한 한 동등하고 대등한 자들로 구성되려고 하는데 이런 조건은 주로 그 구성원이 중산계급일 때 충족된다. 따라서 우리가 말한 국가의 자연스러운 구성성분들로 구성된 국가가 필연적으로 가장 훌륭한 정체를 갖는다. --- 따라서 중산계급으로 구성된 정체가 최선의 국가공동체이고 중산계급이 많아 가능하다면 다른 두 계층을 합한 것보다 아니면 적어도 어느 한쪽보다 더 강한 국가는 훌륭한 정체를 가질 것이 분명하다."(*Pol*.,IV.11, 1295b25-28)

아리스토텔레스는 위 인용문에서 중간계급으로 이루어진 정체가 최선의 정치공동체가 된다고 말한다. 그러면 아리스토텔레스는 『정치학』 7권과 8권에서 기술하고 있는 자신의 최선정체를 중산정과 같은 혼합정으로 생각하는 것일까? 이러한 물음에 니콜스(Nichols)나 체리(Cherry)[32]와 같은 학자들은 '혼합정이 단적으로 최선의 정체다'라고 답한다.[33] 또한 앞에서 인용한 존슨(Johnson)과 같은 학자는 중산정이 아리스토텔레스가 7권과 8권에서 말하는 최선정체가 되는 것으로 해석한다. 최근에 루빈(Leslie G. Rubin)[34] 역시 중산정(middle-class republic)이 최선정체의 후보가 되는

---

[32] 체리(Cherry)는 아리스토텔레스에게서 일반적으로 가능한 최선의 정체(the best regime generally possible)는 덕을 소유한 다수에 의한 통치가 이루어지는 혼합정이라고 주장한다. 그는 폴리테이아라는 용어가 종적인 의미로서 특정정체를 가리키면서 동시에 유적인 의미, 즉 정체일반을 가리키는 이중명법에 주목한다. 그리고 유를 지칭하는 명칭을, 그 유의 가장 발전된 대표적 종을 지칭하는데 동일하게 사용하는 명명 방법을 정체에도 그대로 사용하고 있다고 주장한다. 결국 체리의 주장에 따르면 아리스토텔레스에게서 혼합정은 가장 발전한 형태의 정체로서 일반적으로 가능한 최선의 정체가 된다. K. M. Cherry(2009), 1406-1421 참조.

[33] M. P. Nichols(1992), 88. Bluhm 역시 혼합정을 최선정체로 본다. W. Bluhm(1962), 745-747 참조.

것으로 해석한다. 그러나 혼합정이나 또는 중산정을 아리스토텔레스의 최선정체로 보는 데는 몇 가지 문제가 있다.

첫째는 아리스토텔레스가 혼합정을 언급하면서 분명하게 단적으로 최선의 정체와 현실적으로 가능한 정체로서의 최선정체를 구분하고 있다는 사실이다. 즉, 4권 11장에서 아리스토텔레스는 정체의 시민들 사이에 화해할 수 없는 이익의 충돌이 있거나 또는 고상하고 훌륭한 삶을 살 수 없는 사람들이 있는 정체에서는 입법가는 차선의(deuteros plous) 것을 구상해야 한다고 말한다.[35] 그리고 혼합정은 아리스토텔레스의 이상적인 정체라기보다는 현실적으로 가능한 최선의 정체에 속하는 것으로 보아야 한다는 것이다.

다음으로 혼합정에서 추구되는 덕이 기본적으로 군사적 덕에 의해 특징 지워진다는 것이다. 아리스토텔레스는 중산정이 다수의 중무장 보병(hoplitēs)에 의해 구성된다고 말한다.[36] 즉, 혼합정은 전쟁의 덕(aretē polemikē)을 소유한 소위 군사집합체인(plēthos polemikon) 것이다.[37] 그런데 혼합정에서 강조되는 군사적인 덕으로서의 용기는 실상 아리스토텔레스가 생각하는 최선의 정체가 추구하는 덕과는 차이가 있다. 혼합정이 강조하는 용기는 도덕적인 숭고함을 위한 덕이라기보다는 승리와 명예를 추구하는 시민용기라는 점에서 구분되어야 한다. 또한 최선의 정체에서 요구되는 시민 덕은 민회나 법정에서 심의하고 판단할 수 있는 정치적인 문제와 관련된 덕으로 이해되어야 한다. 혼합정에서 강조되는 군사적

---

[34] Leslie G. Rubin(2018), 특히 3장, 61-87 참조.

[35] *Pol*. IV.11, 1295a25-34 참조.

[36] *Pol*., III.7, 1279a40-1279b4. IV.13, 1297b1-2. 1297b22-25. II.8, 1268a23, II.9, 1270a2-6, VI.3, 1289b30 참조.

[37] *Pol*., III.7, 1279a40-1279b4. 1288a12-15.

덕은 전쟁을 위한 시민적 탁월함이지만 최선의 정체에서 강조되는 덕은 평화시에 요구되는 정치적이며 철학적인 덕이라는 점에서 다르다. 그리고 아리스토텔레스에 따르면 전쟁의 목적은 평화이고 일의 목적은 여가(scholē)가 되어야 한다. 군사적인 덕으로서의 용기는 그 자체가 목적이 아니라 평화를 위한 수단이 되어야 하는 것이다. 따라서 아리스토텔레스의 정치적 목적론(political teleology)의 관점에서 볼 때 혼합정이 추구하는 군사적인 덕은 낮은 단계에 속한다. 중산계급이 이성에 복종하는 경향성을 보이지만 그들의 이성은 도덕적인 숙고적 판단능력보다는 전쟁을 위한 기술적 이성으로 활용된다는 점에서 문제가 있다. 이것은 앞서 언급한 것처럼 아리스토텔레스가 스파르타의 혼합정에서 스파르타인의 용기를 비판하는 데서도 알 수 있다. 스파르타는 귀족정에 가깝지만 혼합정적인 특성을 보인다. 아리스토텔레스가 스파르타처럼 군사주의적인 제국주의 또는 마초국가를 최선의 정체로 평가하지 않은 것은 분명하다.[38]

---

[38] R. Balot(2015), 118-119.

12장
스타시스(stasis)론 분석

『정치학』5권은 아리스토텔레스의 스타시스(stasis)[39], 즉 파쟁에 관한 논의가 이루어진다. 스타시스에 관한 아리스토텔레스의 분석은 다른 어떤 주제보다도 그의 경험주의적인 정치철학자로서의 통찰력이나 면모를 보여준다는 점에서 그 의미가 크다. 아리스토텔레스는 평등이나 불평등이 실현되지 않았을 때 갖게 되는 다양한 인간학적 심리적 특성들이 정체 변화나 파쟁을 불러일으키는 정치적 동인(動因)이 될 수 있음에 주목한다. 『정치학』5권 1장부터 4장에서는 정체변혁의 일반적 원인과 개별적 원인이 기술되고, 이어서 5장과 7장에 걸쳐 민주정과 과두정, 그리고 귀족정에서 파쟁이 어떻게 발생하게 되는지가 분석된다. 5권 8장부터 11장에서는 각각의 정체를 보존하는 방법에 대한 자신의 정치철학적 제안을 기술한다. 그리고 마지막 장에선 플라톤의 정체 변혁에 대한 견해에 문제가 있음을 지적한다.

본 저술에서는 아리스토텔레스의 스타시스론을 두 부분으로 나누어

---

[39] stasis를 어떻게 번역해야 하는가에 대한 논의는 계속 있었다. 혁명으로 번역되기도 하나 정체변혁의 모든 양태들을 포괄하는 용어로 보기는 어렵다. stasis라는 istēmi에서 온 동사로 '일어서다'(stand), '맞서다'라는 뜻을 가지고 있고, 이 의미를 살린다면 '파쟁'(派爭, faction)으로 번역하는 것이 나아 보인다. 본 저술에서는 stasis 또는 음역한 스타시스 또는 파쟁으로 표현하여 사용할 것이다.

검토할 것이다. 첫 번째 부분에선 아리스토텔레스가 분석하는 스타시스의 원인과 목적에 대한 분석이 이루어진다. 이러한 작업은 민주정과 과두정, 그리고 귀족정에서의 정체변혁의 원인과 목적에 관한 분석을 통해 이루어진다. 두 번째 부분에선 『정치학』 5권 12장에서 기술되고 있는 플라톤의 정체변혁론에 대한 아리스토텔레스의 비판을 살펴본다. 이곳에서 아리스토텔레스는 플라톤의 정체변화의 원인에 대한 진단이 기본적으로 잘못되었음을 직접적으로 비판하는데, 정확하게 비판의 내용이 무엇이고, 과연 그러한 비판이 타당한지가 검토될 것이다.

스타시스에 관한 아리스토텔레스의 정치철학적인 견해가 중요한 이유는 플라톤의 스타시스에 대한 견해와 비교되어 평가될 수 있다는 이유에서다. 무엇보다 아리스토텔레스는 인간은 불완전한 존재이며, 그래서 현실정치에서의 분쟁이나 갈등을 완전하게 제거할 수 없는 것으로 본다. 이러한 인간본성의 불완전성에 대한 기본적인 인식을 전제한 후 아리스토텔레스는 폴리스 공동체에서의 구성원들 사이의 다양한 정치적 갈등과 경쟁을 부정하지 않고 그것을 자연스러운 공동체적 삶의 양태로 보면서 그 가능한 해결을 모색한다. 이러한 그의 접근 방식은 중요한 의미를 함의하는데 그것은 정치적 갈등을 악으로 규정하면서 정치적 반대자들을 제거해야 될 적으로 간주하는 것이 아니라 갈등을 함께 해결해야 하는 동반자로 간주해야 함을 의미하기 때문이다. 아리스토텔레스적인 의미의 정치는 지식(epistēmē)의 영역이라기보다 다양한 의견(doxa)이 존재하는 영역이기 때문이다. 따라서 아리스토텔레스에게 중요한 것은 정치적 이견이나 갈등을 부정하는 것이 아니라 그것을 인정하고 그 위에서 화합과 우애를 통한 정체의 안정과 통일을 추구해야 한다는 것이다. 정치적 공동체의 갈등과 분란은 악이며, 그것은 근본적으로 제거되어야 한다는 플라톤의 정치철학과 다른 아리스토텔레스의 생각이 스타시스론과 관련하여 주목되어야 하는 이유이기도 하다.

1. 아리스토텔레스의 스타시스(stasis)론

현실주의자로의 면모를 보다 분명하게 보여주는 아리스토텔레스의 정치철학적 견해는 『정치학』 5권에서 기술되고 있는 스타시스(stasis), 즉 파쟁(派爭, faction)론에서다. 그는 역사적으로 실재했던 다양한 정체에서의 정체변화나 파쟁의 예를 들면서 정치영역에서 발생하는 모든 정치적 갈등이나 계급투쟁, 그리고 인간 내면의 다양한 심리적 요인에 대한 분석을 시도하고 있기 때문이다. 뒤에서 좀 더 자세히 살펴보겠지만 이 점에서 아리스토텔레스의 정체변혁에 관한 분석은 플라톤의 정체변혁이나 정체이행의 원인에 관한 분석에서 적확성(的確性)과 적실성(適實性)을 담보한 좀 더 현실적이며 총체적인 접근이 이루어진다고 말할 수 있다. 다양한 현실정체들 속에서 발생하는 파쟁의 유형이 제시되고 있고, 파쟁의 원인이 욕구적인 부분의 증대와 같은 단일한 원인에 의한 것이 아니라 권력이나 명예의 획득이나 상실과 관련된 여러 원인들에 의해 하강과 상승, 전진과 역진이 이루어지기 때문이다.

먼저 정체변화와 관련하여 아리스토텔레스가 사용하는 주요 개념을 정리해두고 시작하는 것이 좋을 것 같다. 가장 흔히 사용되는 용어로 스타시스(stasis)와 메타볼레(metabolē)를 들 수 있다. 어원적으로 stasis는 동사 istēmi(ἵστημι) 에서 온 것으로 볼 수 있다. istēmi는 서다(stand)라는 의미이며, 그렇기 때문에 스타시스는 정치 영역에서 두 집단이나 계급이 서로 맞서는 상황, 즉 경쟁이나 투쟁상태에 있음을 의미한다. 이런 점에서 한때 stasis를 혁명(revolution)으로 번역하기도 하였으나 이는 적절한 번역어가 아니다. 혁명은 기존의 국가체재를 부정하고 새로운 정치제재를 세우는 것이지만 stasis는 기존의 정체를 새로운 정체로 바꾸기 위한 목표도 갖지만, 기존의 정체를 바꾸지 않고 그 안에서 권력을 장악하기 위한 것이거나 또는 정체의 특성의 정도를 바꾸거나 또는 단순히 정체의 특정한 권력부분을 바꾸는 것을 목표로 하기 때문이다. 예를 들어 과두정내에서 과두주의자들 사이에 더 높은 관직을 차지하기 위한 것도 스타시스의 일종이 되는 것이다. 이런 것들을 고려하면 스타시스는 무력이나 속임수를 수단으로 해서 정체를 바꾸기 위한 것이거나, 아니면 정체를 바꾸지 않고 그 안에서 정치권력을 좀 더 차지하기 위한 목표를 갖고 시도되는 정치적 행위라고 말할 수 있다.[40]

한편 metabolē는 실체나 양 또는 질이나 장소의 변화를 포괄하는 다양한 의미를 갖는다.[41] 아리스토텔레스는 이 말을 정치적 변화에도 그대로 적용하여 사용하고 있는데, 이 경우 메타볼레는 한 정체의 다른 정체로의 완전한 이행을 의미하기도 하지만, 정체들간의 이행이 아닌 정체 내에서의 변화도 가리킨다. 이렇게 보면 메타볼레와 스타시스는 중첩된 의미를 갖고 쓰이는 유사한 개념으로 볼 수도 있다. 그런데 아리스토텔레스는 메타볼레를 스타시스없이 정체변화가 이루어지는 경우에도 사용한다. 예를 들어 살라미스 해전에서의 승리로 아테네 하층계급의 증대된 정치적 영향력에 의해 민주정으로의 이행이 이루어진 경우다.[42] 솔론의 개혁

---

[40] 스타시스의 외연을 어느 영역까지 잡을 것인가에 대해서는 학자들의 의견이 다르다. Yack은 일종의 백과전서적인 모든 정치적 갈등을 아우르는 개념으로 보는 반면에 Fuck은 계급투쟁의 개념으로 좁혀 사용하고 있다(B. Yack(1993), 219. A. Fuks(1984), 9).
[41] *Physica*, V.1. R. Polansky(1991), 324-326 참조.

에 의해 과두정에서 민주정으로의 정체 변화가 이루어진 경우도 스타시스 없이 정체변혁이 이루어진 경우에 해당된다.[43] 이런 점을 고려하면 메타볼레가 스타시스보다 좀 더 외연이 넓은 개념으로 이해할 수 있다.[44] 그러나 정체변화의 실질적인 변화는 정체의 다양한 계급들 사이나 집단 사이의 갈등이나 투쟁에 의해 이루어지는 것으로 볼 수 있다는 점에서 아리스토텔레스가 『정치학』 5권에서 주된 관심을 갖고 다루는 것은 스타시스이다. 이제 아래에서 아리스토텔레스가 기술하는 스타시스의 원인과 목적에 관해 살펴보도록 하겠다.

무엇보다 stasis의 원인이 무엇인가를 물을 수 있다. 이에 대해 아리스토텔레스는 『정치학』 5권 2장에서 스타시스의 일반적 원인과 기원을 다음과 같이 설명한다.

"첫째, 파쟁을 일으키는 사람들이 어떤 영혼의 상태를 갖고 있는지(pōs echontes), 다음으로 그들이 추구하는 목표(heneka)가 무엇이며, 그리고 셋째로 정치적 분쟁과 그들 상호 간의 파쟁의 기원들(archai)이 무엇인가 하는 것이다."(V.2, 1302a21-22)

위 인용문에 따르면 스타시스는 세 가지 요소를 통해 이해될 수 있다. 첫째는 파쟁을 일으키고자 하는 사람들이 갖는 심리적 상태이다. 두 번째는 그들이 추구하는 목표가 무엇인가이며, 마지막으로 상호분쟁과 파쟁의 기원이 무엇인가 하는 것이다. 그런데 스타시스의 원인에 관한 이러한 정의는 일견 간결해 보이지만 생각보다 이해하기가 쉽지 않다. 이런 이유

---

[42] *Pol.*, II.12, 1274a10-16.
[43] *Pol.*, II.12, 1273b35 이하 계속 참조.
[44] K. Kalimtzis(2000), 105-106. G. Michaeliou-Nouarou(1983), 319-337. R. Polansky(1991), 324-326. M. Wheeler(1951), 148-149 참조.

로 이 세 종류의 정의가 각기 의미하는 바를 좀 더 면밀하게 살펴볼 필요가 있다.

첫 번째 원인은 스타시스를 일으키고자 하는 행위자들이 어떤 심리적 동기를 갖는가와 관련된다. pōs echontes는 '어떻게 갖는가'의 의미를 갖는데, 이것은 행위자의 내적인 심적 상태가 특정한 방식으로 자리잡혀 있는 것을 의미한다.[45] 아리스토텔레스에 따르면 이때의 특정한 방식으로 구조화된 영혼의 상태는 기본적으로 부정의함에 대한 반응에 의해 틀 지워진 심리적 상태라고 볼 수 있다. 즉, 평등(혹은 불평등)을 지향하는 사람들은 그들이 평등(혹은 불평등)하다고 믿고 있는데, 불평등(혹은 평등)하게 대우받는다고 생각하고 이것에 의해 *stasis*를 시도하게 되는 것이다.

다음으로 stasis의 두 번째 주요 원인은 목표(heneka)와 관련된다. 이와 관련하여 아리스토텔레스는 스타시스의 목표가 기본적으로 이익(kerdos)이나 명예(timē)와 관련된다고 말한다.

> "파쟁을 일으키는 동기는 이익과 명예에 대한 욕구이거나 불명예와 손실에 대한 두려움이다. 사람들은 단순히 자신과 친구들이 벌과금을 물지 않기 위해서 또는 불명예를 피하기 위해서 폴리스에 파쟁을 일으킬 수도 있기 때문이다."(*Pol.*, V.2 1302a31-34)

위 인용문에서 알 수 있는 것처럼 스타시스를 시도하는 자들의 목표는 명예와 이익을 얻고자 하는 것이다. 이때의 명예와 이익은 구체적인 것으로서 정치적 관직이나 부와 같은 재화를 의미한다. 이렇듯 파쟁을 일으키는 자들의 마음 상태는 부정의함에 의해 야기되지만 그 추구하는 목적은 구체적인 이익이나 관직이다. 부정의하다고 생각하는 것은 곧 그것이

---

[45] K. Kalimtzis(2000), 109-110.

평등과 관련된 분배적 정의의 문제이며, 이러한 정의는 곧 정치적 관직이나 물질적 재화의 분배의 문제와 직결되는 것이기 때문이다.

스타시스의 세 번째 원인, 즉 정치적 소요와 분열의 기원은 다양하다. 아리스토텔레스는 "stasis를 추구하게 하는 변화의 기원과 원인은 7가지일 수도, 그 이상일 수도 있다"(V.2 1302a34-37)"라고 말한다. 이러한 원인에 해당되는 것은 명예와 이익 그리고 교만(hybris), 두려움(phobos), 우월함(hyperochē), 경멸(kataphronēsis), 그리고 불균등한 힘의 증가(auxēsis para to analogon)이다.

그런데 이러한 스타시스의 세 가지 원인들의 구체적인 내용이 무엇이고, 또 이 3가지 원인들의 관계를 어떻게 이해해야 하는지는 분명하지 않다. 무엇보다 아리스토텔레스는 세 번째 원인이 앞의 두 원인들보다 시간적으로 선행하여 발생하고 이것에 의해 다른 두 개의 원인이 발생하게 된다고 하는데 이것 역시 아직까지 분명하지 않다. 또한 세 번째 원인으로 말해지는 7가지 원인들 중의 명예와 이익도 앞서 스타시의 목표가 되는 명예와 이익과 어떤 점에서 그 작동방식이 다른지도 분명하지 않다. 이러한 물음들에 대한 가능한 해명을 위해 이제 스타시스의 세 가지 원인 각각에 대한 좀 더 세밀한 검토가 이루어질 필요가 있다.

먼저 첫 번째 파쟁의 원인과 관련해선 파쟁을 일으키는 사람들이 자신이 속한 정치체제가 부정의하다는 정치적 동기에서 비롯하는 것임을 알 수 있다. 정치적 동기에 따른 스타시스에 대해 아리스토텔레스는 다음과 같이 설명한다.

"우리가 먼저 논의의 출발점으로 전제해야 되는 것은 여러 정체가 생겨난 것은 정의가 비례적 평등에 있다는 데에는 다들 동의하면서도 앞서 말했듯이 그것을 성취하는 데 실패하고 있다는 것이다. 이를테면 민주정체는 어떤 한 가지 점에서 평등한 자들은 절대적으로 평등하다는 생각에서 생겨났다. 그들은 모두가 자유인인 만큼 모두가 절대적으로 평등하다고 주장하니 말이다. 한편 과두정체는 어떤 특정한 점에서 불평등한 자들은 모든 점에서 불평등하다는 생각에서 생겨났다. 그들은 자신들이 재산에서 불평등한 만큼 모든 점에서 불평등하다고 생각하는 것이다. 그래서 민주정체의 지지자들은 자신들이 평등하다는 이유로 모든 것에 동등한 몫을 가져야 한다고 주장하고, 과두정체의 지지자들은 자신들이 불평등하다는 이유로 더 많은 것을 가지려 하는데, 더 많은 것은 불평등의 한 형태이기 때문이다. 과두정체와 민주정체는 둘 다 일종의 정의에 근거하고 있긴 하지만 절대적인 관점에서 보면 실패작이다. 그래서 둘 중 어느 쪽이든 자신들이 주장하는 것만큼 국정에 참여하지 못하게 되면 파쟁을 일으킨다."(*Pol.*, V.1, 1301a25-39)

아리스토텔레스에 따르면 민주주의자나 과두주의자나 올바른 분배적 정의는 가치에 따라(kath' axian) 이루어져야 한다는 점에는 모두 동의한다. 그러나 그 가치가 무엇이 되어야 하는지와 관련해선 의견이 일치하지 않는다고 말한다. 그래서 민주주의자는 자유를 가치로 보고 자유에 근거하여 모든 것들이 평등하게 분배되어야 한다고 주장한다. 반면에 과두주의자들은 부를 핵심적 가치로 간주하고 부에 따라 모든 좋은 것들이 분배되어야 함을 주장한다. 그러나 아리스토텔레스가 보기에 민주주의자이든 과두주의자이든 모두 정의의 부분만을 주장하는 것이지 온전한 의미의 보편적인 정의를 주장한 것은 아니다. 파쟁은 이렇듯 정의에 대한 부분적인 이해로 해서 자신들에게 합당한 것이 주어지지 않았다고 믿고 그러한 부정의함을 시정하고자 하는 정치적 욕구에서 발생하는 것이다. 즉, 민주주의자들은 자유라는 가치에서 평등하기 때문에 평등하게 대우받아야 하는데 그렇지 않은 것으로 생각하면 stasis를 일으킨다. 반대로 과두주의

자들은 부라는 가치에서 우월하기 때문에 불평등하게 대우받아야 하는데 평등하게 대우받는다고 판단할 때 파쟁을 일으킨다. 요컨대 "덜 가진 자들은 동등하게 갖기 위해 파쟁을 일으키고, 동등한 자들은 더 갖기 위해 들고 일어난다"(1302a29-31)는 것이다.

그런데 아리스토텔레스에 따르면 부정의함에 의해 야기된 정치적 파쟁은 민주정에서보다 과두정에서 더 많이 발생한다. 왜냐하면 민주정에서는 부자들의 변혁시도만이 일어나지만 과두정은 빈자들과 다른 부자들의 압박을 모두 받기 때문이다. 이것은 파쟁의 원인이 부정의함에 근거한 파쟁과는 다른 동기에 의해 정치적 파쟁이 발생할 수 있음을 의미한다. 아리스토텔레스는 이러한 종류의 파쟁의 원인을 탐욕(pleonektein)과 관련된 것으로 말한다. 탐욕에 의한 스타시스는 '좀 더 많이 갖고자 하는 욕구'이다. 그리고 이러한 탐욕에서 비롯한 파쟁은 다중보다는 우월한 자들이 좀 더 주도적인 권력을 행사하고자 하는 욕구에서 일어난다. 그렇기 때문에 '더 갖고자 함'에 근거한 파쟁은 민주정보다는 과두정이나 귀족정에서 더 자주 나타난다. 아리스토텔레스는 "다중은 동등한 몫만 받아도 만족하지만, 부자들은 정체가 특권을 보장해주면 교만해지기 쉽고 더 많이 가지려 하니 말이다"(1307a18-20)라고 말하면서 과두정에서 이러한 탐욕을 실현하기 위한 파쟁이 발생한다고 말한다. 탐욕에 의한 스타시스는 귀족정에서도 나타난다. "왜냐하면 모든 귀족정체는 과두정체의 성격이 강해 귀족들이 쉽게 욕심을 부릴 수 있기 때문이다"(1307a34-35). 이런 이유로 아리스토텔레스는 과두주의자나 귀족주의자의 지나친 정치적 권력을 차지하기 위한 파쟁은 부정의함에서 비롯한 것이 아니라 탐욕에 의한 것으로 보아야 한다고 말한다.

이런 점에서 탐욕에 의한 파쟁은 앞서 언급한 부정의함에 대한 불만에서 비롯한 정치적 파쟁과는 구분되어 평가되어야 한다는 것이 아리스토텔레스의 생각이다. 다시 말해 과두정하에서 빈자들이 정당하게 대우받지 못한다는 부정의함이나 또는 민주정하에서 부자들의 부정의함에 대한 인식에서 발생하는 파쟁은 절대적으로는 아니지만 부분적으로 정당한 측면이 있다. 그러나 이와 달리 정치적 야망이 강한 부자나 귀족이 기존의 정치적 권력이나 이익을 갖고 있는 것을 넘어 그 이상의 지나친 정치적 권력을 획득하기 위한 파쟁은 정의로운 것으로 볼 수 없다. 이것은 참주가 민중의 지도자로서 시작해서 모든 권력을 차지하는 경우나,[46] 귀족이 왕이 되려고 스타시스를 일으키는 것이 정당화되기 어려운 것과 마찬가지다.[47] 뉴먼(Newman)이 말하는 것처럼[48] 이들은 "그들 자신의 권력 강화를 위해" 행동하기 때문이다. 이런 이유로 아리스토텔레스는 탐욕에 의한 스타시스는 정치적 부정의에 근거한 스타시스와는 다른 것으로 말한다. 전자는 이미 권력을 갖고 있으면서 더 많은 것을 요구한다는 점에서 부정의 하지만, 후자는 권력을 갖지 못한 상태에서 자신의 응분의 정당한 몫을 요구하기 때문이다. 이런 이유로 아리스토텔레스는 "평등과 정의는 항상 약한 쪽에서 추구된다. 강자는 그것들에 신경 쓰지 않는다"(1318b4-5)라고 말한다.

그런데 아리스토텔레스는 『정치학』 5권 4장에서 정치적 파쟁과는 다른 유형의 파쟁을 기술한다. 이것은 사소한(smikoron) 문제와 관련된 파쟁이다. 이 경우에 해당되는 다양한 예들이 열거되는데, 그중에 몇 가지를 소개하면 다음과 같은 것이다. 첫 번째 예는 쉬라쿠사이에서 있었던 일로

---

[46] Pol., V.10, 1310b14-31 참조할 것.
[47] Pol., V.7,1307a2 이하 계속 참조할 것.
[48] W. L. Newman(1902), vol. 4. p. 352.

과두정의 통치자에 속하는 두 젊은이의 애정문제를 둘러싼 경쟁에 의해 정체가 바뀐 경우다. 다른 예는 헤스티아이아에서 있었던 일로 형제간의 상속을 둘러싼 분쟁이다. 델포이에서는 혼인 분쟁이 모든 파쟁의 원인이 된 경우다. 신랑이 신붓집에 갔을 때 불길한 전조를 느끼고 돌아가 버리자 신부의 친척들이 모욕당한 것으로 생각하여 신랑을 살해한 경우다. 이러한 혼인이나 재산문제를 둘러싼 공직자나 우월한 자들에 의한 개인적인 경쟁에 의한 스타시스는 그 동기가 분노와 복수심에서 비롯한다는 점에서 정치적 파쟁과 차이가 있다. 개인적인 싸움에 의한 스타시스는 처음에는 사소한 문제로 시작하지만 그것이 정체의 힘 있는 자들의 싸움이 되면서 결과적으로 정체의 변혁까지 야기할 수 있는 가능성이 있다. 그러나 그 원인은 분명 정치적 스타시스와는 구별된다. 아리스토텔레스가 이후에 관심을 갖고 분석하는 것은 아무래도 정치적 스타시스가 되고, 그중에서도 정치적 부정의에 근거한 스타시스가 주된 관심과 분석대상이 된다고 말할 수 있겠다.

스타시스의 두 번째 원인은 목적과 관련되며 그것은 이익과 명예에 대한 추구이다. 아리스토텔레스는 파쟁을 일으키는 사람들이 이익과 명예 또는 불명예와 손실에 대한 두려움에서 파쟁을 일으킨다고 말한다. 다시 말해 '당신은 왜 파쟁을 일으켰는가'를 묻게 되면 '나는 부당하게 나에게 청구된 벌금을 물지 않기 위해서다' 또는 '나는 나에게 합당한 공직이 그에 합당하지 않은 사람에게 주어진 것에 분개해서 일으켰다'와 같이 답할 것이라는 것이다.[49] 그런데 아리스토텔레스는 지금까지 살펴본 스타시스의 두 가지 원인, 즉 파쟁을 일으키는 사람들의 심리적 상태와 파쟁의 목적이 기본적으로 7가지의 다른 파쟁의 원인과 기원에서 발생한다고

---

[49] S. C. Skultety(2009b), 351.

말한다. 이익이나 명예를 목표로 한 파쟁을 일으키는 사람들의 부정의함에 대한 마음상태가 세 번째 원인에 해당되는 추가적인 7가지의 원인에서 비롯한다는 것이다. 아리스토텔레스는 그것을 다음과 같이 설명한다.

> "변화의 기원과 원인은 시각에 따라 일곱 가지일 수도 그 이상일 수도 있다. 그중 두 가지는 앞서 언급한 것과 같지만, *작용하는 방식은 다르다*. 사람들이 이익과 명예 때문에 서로 대립하되, 그것은 앞서 말한 것처럼 자신들이 그것을 차지하기 위해서가 아니라 더러는 정당하게 더러는 부당하게 남들이 자신들보다 더 가진 것을 보기 때문에 대립하는 것이다. 그밖에 다른 원인으로는 오만함, 두려움, 우월함, 경멸, 힘의 불균등한 확장이 있다. 그 밖의 원인들로 선거음모, 부주의, 사소한 변화에 따른 것, 비조화성이 있다."(*Pol.*,V.2, 1302a34-b5)

위 인용문에서 아리스토텔레스는 정체변화의 원인으로 명예와 이익 그리고 오만함, 두려움, 우월함, 경멸, 힘의 불균등한 확장의 7가지를 언급한다. 이밖에도 선거음모, 부주의, 사소한 변화에 따른 것, 비조화성을 든다. 그런데 7가지 원인 중 명예와 이익은 이미 두 번째 스타시스의 목적이 되는 것으로 말해졌는데, 이것은 어떻게 이해해야 할까? 아리스토텔레스는 두 번째와 세 번째 원인에서 말해지는 명예와 이익의 작동방식이 "같은 것이 아니다"(ouch ōsautōs)라고 말한다. 일단은 두 번째 원인에서 말해지는 명예와 이익은 스타시아테스(stasiathēs), 즉 스타시스를 일으키는 행위자가 추구하는 직접적인 목적이 되는 것으로 볼 수 있다. 이와 달리 세 번째 원인에서 말해지는 명예와 이익은 스타시스를 일으키도록 만드는 사회, 정치적 환경을 설명하기 위해 사용된 것으로 볼 수 있다. 다시 말해 시민들은 관직을 차지한 자들이 그들의 정치권력을 이용해 이득을 취하는 것을 보거나[50] 또는 자신들의 적들이 명예를 얻고 그 반대로 친구들이 불명예를 당하는 것을 보게 될 때,[51] 그들은 점점 현재의 정치체제에 불만을 갖기 시작한다. 그러나 이때의 부당하게 평가되는 명예와 이익은 아직까지 그들로 하여금 무기를 잡고 일어서도록 만들지는 않는다. 이 단계에서의 명예와 이익은 정치적 긴장을 증가시키는 역할을 하는 차원에 머물러 있다. 그런데 부당하게 주어지는 명예와 이익의 양태가 빈번하고 그 부당함의 정도가 클수록 정치적 긴장의 강도는 높아지게 되고, 마침내 그러한 부정의한 상태를 참을 수 없는 한계점에 이르게 되면 스타시스가 발생하게 되는 것이다. 이때의 스타시스의 목표는 두 번째 원인에 해당되는 것이며 그 목표가 되는 명예와 이익은 실질적으로 성취하고자 하는 목표가 되는 것이다.

따라서 세 번째 원인에서 말해지는 명예와 이익은 그것을 갖지 못한 자들, 달리 말해 스타시아테스로 하여금 그러한 것들을 소유한 자들이 부당하게 명예와 이익을 갖고 있다고 생각하게 만드는 원인이 된다.[52] 이렇게 보면 세 번째 원인에 해당되는 명예와 이익은 두 번째 원인보다 시간적으로 선행한다고 볼 수 있다. 두 번째 원인의 명예와 이익은 스타시스를 시도하는 자들이 구체적으로 성취하고자 하는 단기적인 목표가 되고, 세 번째 원인이 되는 명예와 이익은 스타시스를 시도하고자 하는 행위자들의 마음을 특정한 방식으로 동기화하도록 만들어주는 대상이 되는 것으로 볼 수 있기 때문이다. 즉, 전자의 명예와 이익이 스타시스를 일으키는 구체적이고 단기적인 목표로서 기능한다면, 후자의 것은 스타시스를 일으키는 행위자들이 사태를 부정의하다고 생각하게 만드는 인식적 틀(frame)로 작동한다고 볼 수 있다.

---

[50] *Pol.*, 1302b5-9.
[51] *Pol.*, 1302b10-13.
[52] A. Hatzistavrou(2013), 281-287 참조. G. Michaelidou-Nouarou(1983), 327.

상술한 것을 통해 우리는 전체적으로 세 가지 원인의 관계를 다음과 같이 정리할 수 있게 되었다. 먼저 아리스토텔레스에게서 세 번째 원인은 앞선 두 개의 원인보다 시간적으로 우선한다. 이것은 세 번째 원인에 해당되는 7가지의 원인들이 스타시스를 시도하는 자들의 마음 상태를 특정한 방향으로 작동하는 원인으로 작용함을 의미한다. 다시 말해 명예나 이익 또는 교만이나 우월함 또는 경멸 등과 같은 7가지 요소는 스타시스를 시도하고자 하는 사람들이 무언가 그들이 속한 정체가 자신들에게 공평하지 않다는 불만과 분노를 갖게 하는 원인으로 작용한다는 것이다. 물론 아리스토텔레스는 이러한 부정의함에 대한 인식이 아직까지는 수면 위로 올라온 것이 아니기 때문에 직접적인 스타시스와의 인과성을 갖는 것은 아니라고 본다. 즉, 이러한 일련의 감정적 요인들은 사소한 일에서 비롯되는 경우가 많기 때문에 이것이 곧장 정체변화를 일으키는 원인으로 작동하는 것은 아니라는 것이다. 그러나 첫 번째 원인이 되는 스타시스의 행위자의 마음상태는 그전에 오랜 기간 잠재되어 있던 세 번째 원인들이 수면 위로 올라옴으로써 결과적으로 갖게 된 심리적인 상태라고 말할 수 있다. 즉, 세 번째 원인은 스타시스의 첫 번째 원인으로 말해지는 명예와 이익을 추구하게 만드는 원인의 원인이 된다는 것이다. 예를 들어 과두정하에서의 부자들의 오만함을 생각해볼 수 있다. 이 경우 부자들의 오만함은 빈자들로 하여금 그들이 불공평하게 대우받고 있고, 그래서 그들로 하여금 파쟁을 통해 동등한 정치적 권력을 갖고자 하는 욕구를 강화하는 동기부여가 될 수 있다. 다시 말해 과두정체하의 빈자들은 과두주의자들이 그들의 부를 통한 우월함을 이용해 지나치게 정치적 힘을 확장하려 한다는 생각을 계속해서 갖게 되고 이것이 결국 스타시스를 일으키는 원인이 된다는 것이다.

"부자들은 교만하고 오만하다. 부를 소유했다는 것은 그들의 이해에 영향을 미친다. 그들은 존재하는 모든 좋은 것을 가진 것처럼 느낀다. 부는 모든 다른 것의 가치 기준이 된다. 따라서 그들은 이 세상에 살 수 없는 것은 아무것도 없다고 상상한다."(Rhetorica. 2.14. 1390b31-1391a1)

부자들은 가난한 자보다 자신들이 우월하며 그렇기 때문에 더 많은 부와 명예를 차지해야 된다고 생각한다. 이러한 부자들의 오만함이나 우월성에 대해 빈자들은 질투와 분개심을 갖게 된다. 반대로 대중에 대한 두려움으로 파쟁을 일으키는 경우도 있다. 예를 들어 귀족들은 빈자들이 자신들을 공격할지도 모른다는 두려움 때문에 빈자들에 대한 파쟁을 시도할 수 있다. 즉, 정치적 권력과 물질적 이익을 소유한 귀족이나 또는 부자가 빈자들에 의해 자신들의 명예와 이익을 빼앗길 수 있다는 두려움에 대한 인식이 파쟁을 발생시키는 원인으로 작용할 수 있다. 정체의 정치적 질서에 대한 경멸[53]이나 특정계급의 불균형적인 과도한 힘의 확장[54] 역시 파쟁의 원인이 될 수 있다. 이렇게 세 번째 원인에 해당되는 7가지 원인들은 첫 번째 원인이 되는 부정의함이나 불평등에 대한 인식이나 믿음을 강화시켜준다는 의미에서 "동기를 부여하는 조력자"(motivational enablers)로서 기능한다고 볼 수 있다.[55]

---

[53] *Pol.*, V.3, 1302b33-1303a25.

[54] *Pol.*, V.3,1302b33-1303a25.

[55] 『정치학』 5권 5장(1304b19 이하 계속 참조)에서 아리스토텔레스는 구체적인 정체하에서 발생하는 스타시스의 개별적 원인을 제시한다. 이에 관한 자세한 분석을 소개하기는 어렵지만 몇 가지 경우를 소개하면 다음과 같다. 예를 들어 민주정에서 정체변혁이 일어나는 경우는 대중선동가들이 대중을 선동하여 부자들을 공격하도록 대중을 선동하도록 만드는 경우다. 코스나 헤라클레아나 메가라에서 민주정체가 전복된 이유는 사악한 민중선동가들이 다중을 선동하자 이에 불안을 느낀 귀족들이 단결하여 민주정을 무너뜨렸기 때문이다. 아리스토텔레스에 따르면 또한 대중선동가들이 직접 민주정을 전복하고 본인이 참주가 되기도 한다. 과두정에서 정체변혁이 일어나는 경우는 크게 두 가지 원인에 의해 이루어진다. 하나는 과두주의자들이 대중을 부당하게 억압함

2. 플라톤의 정체변화론에 대한 아리스토텔레스의 비판

아리스토텔레스는『정치학』5권 마지막 장에서 플라톤의 정체변혁 이론에 대해 강도 높은 공격을 시도한다. 12장 전체에 걸친 아리스토텔레스의 체계적인 비판은 그와 플라톤 정치철학사이에 존재하는 이론적 긴장감을 분명하게 보여준다는 점에서 보다 세밀하게 살펴볼 필요가 있다.

아리스토텔레스의 플라톤 정체변혁에 대한 비판의 요지는,[56] 첫째, 정체변화의 원인에 대한 플라톤의 설명이 너무 신비적으로 처리되고 있다는 것이다. 플라톤에 따르면 만물은 일정주기가 지나면 변하게 마련이고, 정체변혁 역시 "4와 3을 5와 결합하여 두 개의 하르모니아를 제공하는" 사물들에서 비롯되는 것과 같은 이치에서 이루어진다.[57] 다시 말해 최선의 자식을 출생하기 위해선 남녀의 성적 결합이 그러한 목적을 달성할 수 있는 결혼수(nuptial number)를 맞추어져 진행되어야 한다. 그렇지 않고 최적의 결혼수가 아닌 결합이 있을 경우 열등한 인간이 탄생하게 된다. 이러한 잘못된 출생에 의한 아이는 교육에 의해 덕 있는 인간으로 될 수 있는 가능성이 없으며, 결국 그 정체는 이상정체에서 타락한 정체로 변화하게 된다. 아리스토텔레스가 보기에 플라톤의 이러한 신비수에 근거한 정체변혁에 대한 설명은 특정정체에 고유한 정치적 원인에 대한 합리적인 설명이 아니다.

두 번째 비판은 플라톤이 정체변혁을 일방향적으로 진행된다고 본다

으로써 파쟁이 일어나고, 다른 하나는 내적인 원인인데, 그것은 부자들이 서로 최고 관직을 차지하고자 하는 자중지란이 그 원인이 되는 경우다. 이러한 이유로 과두정은 민주정으로 바뀌거나 또는 참주정으로 바뀌기도 한다.

[56] S. Skultety(2009b), 362-367. R. Polansky(1991), 343-345 참조.
[57] Platon, *Politeia*, VIII. 564c.

는 점에 있다. 플라톤에 따르면 이상정체는 필히 명예정체(timokratia)에서 과두정으로, 과두정은 민주정으로 그리고 민주정은 참주정으로 진행된다. 그러나 아리스토텔레스는 이에 대해 다음과 같이 의문을 제기한다.

> "왜 이상국가는 라코니케 정체로 변한다는 것인가? 정체는 대개 비슷한 정체보다는 반대되는 정체로 변하는 경우가 더 흔하기 때문이다. 소크라테스가 말한 다른 정체변혁에 대해서도 같은 이의를 제기할 수 있을 것이다. 그는 라코니케 정체는 과두정으로, 과두정은 민주정으로, 민주정은 참주정으로 이행한다고 말한다. 그러나 정체는 그 반대방향으로 변하기도 한다. 이를테면 민주정은 과두정으로 변할 수 있으며, 이런 경우가 독재정체로 변하는 경우보다 더 흔하다."(*Pol.*, V.12, 1316a17-24)

위 인용문에서 아리스토텔레스는 플라톤의 정체변혁에선 타락으로의 일방향만 있고, 그 반대방향, 즉 역방향으로의 이행은 말하고 있지 않은 점을 문제 삼는다. 그러나 아리스토텔레스가 보기에 과두정이 민주정으로 이행할 뿐만 아니라 그 반대인 민주정이 과두정으로 바뀔 수도 있다. 민주정하의 부자들이 빈자들의 공격을 두려워하여 그들끼리 힘을 합쳐 민주정을 전복시키고 과두정을 세울 수도 있기 때문이다. 더욱이 플라톤은 정체이행의 끝에 있게 되는 참주정의 변화에 관해서는 더 이상 말을 하고 있지 않다. 아리스토텔레스가 보기에 플라톤의 정체이행의 논리에 따른다면 참주정은 다시 최초의 이상정체로 되돌아가야 한다. 그러나 이것은 역사적인 사실에도 맞지 않는데, 참주정은 지배자만 바뀐 다른 참주정으로 또는 과두정체나 또는 민주정 또는 귀족정으로 이행할 수도 있기 때문이다.[58]

---

[58] *Pol.*, V.12, 1316a25-33 참조.

아리스토텔레스가 보기에 이것은 플라톤이 스타시스를 오직 지배 계급 사이에서만 발생하는 것으로 보는 것과 무관하지 않다. 즉, 플라톤은 지배자 계급 사이의 돈에 대한 탐욕이 어떤 정체가 과두정으로 바뀌게 되는 주된 원인으로 본다는 것이다.[59] 실제로 플라톤은 『국가』편 545c-d에서 귀족정에서 명예정으로 이행할 때 정체변혁의 원인이 지배자 그룹 내에서 발생하는 스타시스에 의해 이루어진다고 확신한다.[60] 그러나 아리스토텔레스에 따르면 실제 정체변혁의 유형들은 플라톤이 말한 것보다 훨씬 더 다양한 정치적 원인들에 의해 발생한다. 특히 스타시스의 주요한 원인은 지배자들 사이의 돈에 대한 욕망보다도 지배자와 피치자들 사이의 정치적 갈등이 더 흔한 요인이 된다. 재산이 전혀 없는 빈자들이 부자들과 더불어 정치적 참정권을 요구하는 것은 자신들에게 정당한 권리가 주어지지 않고 있다는, 그래서 부자들이 부정의하다고 판단하기 때문이다. 즉, 지배자들 사이의 더 많은 몫을 위한 싸움뿐만 아니라 오히려 지배계급과 피지배계급 사이의 명예와 이익을 둘러싼 정치적 스타시스가 더 주요한 요인이 된다는 것이다.

마지막으로 아리스토텔레스의 가장 핵심적인 비판은 플라톤의 정체변혁에 대한 설명이 지나치게 보편적인 원인에 근거하여 제시되고 있다는 것이다. 즉, 플라톤은 다양한 정체변혁의 원인을 각 정체가 처한 특수성을 무시하고 하나의 보편적인 원인에 의해 결정되는 것으로 본다는 점에서 문제가 있다. 아리스토텔레스가 보기에 플라톤의 이러한 설명은 지나치

---

[59] *Pol.*, V.12, 1316a39-1316b5.
[60] "어떻게 해서 귀족정에서 명예정이 생겨날 수 있는지 살펴보세. 그 답은 간단하네. 어떤 정체에서나 변혁의 원인은 지배자 그룹 안에서 발생하는 *stasis* 라네. 지배 계급이 소수라 해도, 한마음 한뜻일 때는 정체가 바뀔 수는 없겠지?" "네, 그렇습니다."(Platon, *Politeia*, 545c-d)

게 환원주의적인 방식이며, 이것은 다양한 정체가 각기 처한 고유한 정치적 환경을 무시한다는 점에서 비현실적인 설명방식이다. 그러면 플라톤은 모든 정체에서 발생하는 스타시스의 공통된 원인을 무엇으로 보고 있는가?

> "전쟁이 나쁜 결과를 빚는지 아니면 좋은 결과를 빚는지에 대해서는 아직은 우리가 아무 말도 하지 않겠지만, 이 정도 만큼은, 즉 우리가 전쟁의 기원 또한 발견했다는 것은 말할 수 있네. 나라에 있어서 개인적으로나 또는 공적으로 정작 나쁜 일들이 생길 경우에, 이 나쁜 일들이 생기게 되는 단서는 무엇보다도 그러한 것들(ex ōn)이라는 것 말일세."(Platon, *Politeia*, 373e)

플라톤은 전쟁과 같은 모든 유형의 갈등이 "그러한 것들"(ex ōn)로부터 발생하게 된다고 말한다. 이때 '그러한 것들'은 앞의 글라우콘과의 대화 내용에서 "재화에 대한 끝없는 소유"(chrēmatōn ktēsis apeiron, 373d)이다. 플라톤에 따르면 '재화에 대한 끝없는 소유'는 영혼의 세 부분, 즉 이성적인 부분, 기개적인 부분 그리고 욕구적인 부분들 중에서 욕구적인 부분에 의해 이루어진다. 따라서 플라톤에게 있어 사적으로나 공적으로나 정체의 모든 싸움과 파쟁은 비이성적인 욕구라는 하나의 동일한 근본 원인에 의해 발생하게 된다. 그래서 이상정체에서는 아직까지 표면화되지 않은 인간내면의 숨겨진 욕구가 서서히 최선정체를 파괴하고, 보다 표면화된 욕구가 명예정을 과두정으로 변화시키며, 다시 탐욕스러운 부에 대한 욕구가 과두정을 파괴하고, 만족할 줄 모르는 쾌락을 추구하는 무법적이고 무제한적인 자유에의 욕구가 민주정을 전복시킨다.[61] 그리고

---

[61] 이상은 Platon, *Politeia*, 547b-563e 참조할 것.

최종적으로 가장 노예적인 부분에 해당되는 욕구가 가장 신적인 이성적인 부분을 제압하고 욕구자체의 전면적인 실현을 추구하게 되는 참주정으로 귀결되는 것이다. 요컨대 플라톤의 정체변혁은 비이성적 욕구가 정체의 각 단계에서 타락한 정체로의 전진을 견인하는 것으로 말할 수 있다.[62]

아리스토텔레스는 플라톤의 비이성적인 욕망에 의한 정체변혁에 대한 설명이 정확하지 않다고 비판하는 것이다. 이런 점에서 아리스토텔레스 역시 플라톤이 정체변혁의 원인으로 말한 인간의 도덕적 성격이라는 요소를 그대로 따르고 있다고 보는 위드(Weed)의 해석은 옳지 않다.[63] 아리스토텔레스는 인간의 성품의 측면보다는 다양한 정치적 요인들의 함수관계라는 정치학적 사실들에 주목하여 그 고찰을 시도한 것으로 보는 것이 타당하기 때문이다. 그 이유는 첫째, 정체변혁의 방향은 플라톤이 말하는 것과 달리 이상정체에서 타락에로의 정방향만 뿐만 아니라 얼마든지 역방향으로도 일어날 수 있기 때문이다. 둘째, 도덕적으로 완성된 최선자의 합당한 평등을 위한 스타시스의 경우를 설명하기 어렵다는 것이다. 즉, 플라톤은 영혼의 욕구적인 부분이 강한 자의 물질적 재화에 대한 탐욕에 근거한 스타시스는 강조하지만 더 많은 명예나 관직을 차지하기 위한 스타시스의 시도 가능성은 간과하고 있다는 것이다. 물론 아리스토텔레스의 이러한 공격에 대해 플라톤이 가정하여 자신을 방어할 수 있는 방법이 없는 것은 아니다. 그것은 무엇보다 정체변혁의 진행을 역사의 불변의 법칙이라고 비판한 것을 부정하는 것이다. 즉, 플라톤은 정의롭고 선한 덕인이 부정의하고 악한 사람들보다 행복하다고 주장하기 위해 여러 가

---

[62] Platon, *Politeia*, 8권 9권 참조할 것.
[63] R. L. Weed(2007), 35.

지 정체를 소개하고자 했다고 방어할 수 있겠다. 요컨대 플라톤은 『국가』편 8권과 9권에서의 정체 진행의 이야기는 철학자 왕과 같은 정의로운 자가 참주와 같은 부정의한 자 보다 더 행복한 삶을 산다는 것을 주장하기 위한 문학적 장치에 지나지 않는 것으로 반론을 제기하는 것이다.[64]

그러나 플라톤의 이러한 가정된 반론에도 불구하고 아리스토텔레스의 비판은 여전히 유효한 것으로 생각된다. 그것은 아리스토텔레스의 정체 변혁에 대한 설명방법이 플라톤과는 다른 것으로 볼 수 있기 때문이다. 첫째는 플라톤이 모든 정체의 파쟁의 공통된 원인을 찾고자 하는 데 노력을 기울였다면, 아리스토텔레스는 개개의 정체의 구체적인 정치적 갈등에 주목하여 개별적인 스타시스의 원인을 찾고자 했다는 점에서다. 이것은 스타시스에 대한 설명방식이 플라톤은 연역적인 방법론을, 아리스토텔레스는 귀납적인 방법론을 선택했음을 의미한다. 아리스토텔레스는 개개 정체의 분열과 정치적 갈등의 원인이 무엇인가에 대한 차별화된 인과분석을 시도했다는 것이다. 둘째는 플라톤의 정체변혁에 대한 설명이 하나의 근본적인 원인, 즉 비이성적 욕구에 의한 결과로 본다면, 아리스토텔레스의 설명은 다양한 원인들의 상호관계를 통해 또는 다층적인 인과분석을 통해 이루어진다는 점에서 차이가 있다. 아리스토텔레스가 플라톤에 대해 직접적이며 강도있는 공격을 하는 데는 플라톤이 지나치게 영혼의 비뚤어진 욕망에 의해 정체변혁에 대한 일종의 역사적 변화를 하는 것이 적절하지 못하다는 불만이 깔려있는 것으로 보인다. 그것은 스타시스를 일으키는 자들이 단순히 신체적 욕망이나 쾌락을 실현하기 위한 욕망에서 비롯하는 것으로 볼 경우 정의로운 평등을 실현하고자 하는 행위자들의 합리적인 신념과 취지를 왜곡하는 것이 될 수 있기 때문

---

[64] S. C. Skultety(2009b). 355-356.

이다.

  물론 아리스토텔레스 역시 스타시스에 대한 포괄적인 설명을 위해 일정정도 원인들에 대한 범주화를 시도하지 않는 것은 아니다. 그렇지만 그의 스타시스의 원인들에 대한 일정정도의 형식적 분류는 그 내용의 구체성을 전제로 해서 이루어진다는 것이 간과될 수는 없다. 다시 말해 스타시스를 시도하는 자들은 이익과 명예를 얻고자 하는 목표를 갖지만 그것은 어떤 식으로든 부정의하다는 인식에 의해 동기화되고, 이러한 부정의하다는 느낌은 그 이전에 구체적인 정치적 상황 속에서 크고 작은 다양한 원인들에 의해 촉발되고 정향된 보다 복잡하고 중층적인 원인에 의한 결과라는 것이다. 여러 정체에서 발견되는 스타시스에 대한 이해는 단순히 하나의 보편적 원인에 의해 기계적이며 일방향적으로 진행되는 것이라기보다는 다양한 잠재적 원인들과 그 원인들 사이의 복잡한 함수 관계 속에서 진행되는 것으로 보아야 한다. 이런 점에서 아리스토텔레스적인 의미의 스타시스는 다층적이며 복합적인 원인들의 상호관계 속에서 이루어지는 것으로 볼 수 있다.

13장
정체의 보존방법과 참주정

1. 정체의 보존과 플라톤의 참주정 비판

『정치학』 5권과 6권에서 아리스토텔레스가 관심을 갖고 논의하는 주제는 정체의 보존(sōtēria)이다. 앞에서 살펴본 것처럼 아리스토텔레스에 따르면 참된 입법가는 그가 직면한 정체의 정치적 상황을 개선할 수 있도록 해야 한다. 정치가는 최선의 이상적인 정체를 만들도록 최선을 다해야 하겠지만, 주어진 현실 속에서 가능한 좋은 정체를 구현하도록 해야 할 필요가 있는 것이다. 조그마한 개혁이나 변화라도 그것이 정체의 보존을 위한 방법이 될 수 있다면, 정치가 또는 입법가는 그러한 개혁을 통해 정체를 조금이라도 나은 방향으로 변화시킬 수 있도록 해야만 한다는 것이다.

앞서 아리스토텔레스가 언급한 운동코치의 예를 통해 이해하면 좋을 것 같다. 운동코치는 최선의 건강한 몸 상태를 유지하고 있는 사람과 몸무게를 빼야 되는 사람, 그리고 불치병에 걸려 몸을 움직이기 어려운 사람, 이들 각자에게 맞는 운동술을 고려해야 한다. 먼저 몸 상태가 아주 건강한 사람의 경우는 최선의 운동법을 적용하여 운동을 시키면 된다.

그런데 두 번째에 해당되는 사람, 즉 몸무게가 많이 나가는 사람에게 적합한 운동법은 최선의 강도 높은 운동법이 아니라 그전에 몸무게를 빼는 훈련을 시켜야 한다. 이 사람의 경우는 운동하기에 적절하지 않은 몸 상태에 있기 때문이다. 마지막으로 몸에 부상을 당해 몸 자체를 움직이기가 어려운 상태에 있는 사람인 경우는 무엇보다 몸을 움직일 수 있기 위한 기본적인 재활치료 운동을 먼저 시작해야 할 것이다.

아리스토텔레스에 따르면 정치철학자의 정체에 관한 연구도 이와 마찬가지다. 정치철학자는 각 정체가 처한 현실적 상황을 고려하여 그 속에서 가능한 좋은 정체를 만들도록 해야 한다. 이러한 현실 정치철학자로서의 아리스토텔레스의 생각을 극명하게 알 수 있는 것이 『정치학』 5권 11장에서의 참주정(tyrannis)에 관한 논의다. 이곳에서 아리스토텔레스는 최악의 정체로 평가되는 참주정의 정체로서의 유지를 위한 가능한 방법을 제안하고 있기 때문이다. 참주정의 보존방법에 관한 아리스토텔레스의 현실적 진단은 위에서 인용한 건강의 비유와 관련해서 세 번째 몸의 상태에 있는 사람, 즉 몸의 부상이나 질병으로 인해 몸을 움직이기 어려운 상태에 있는 경우에 상응한다고 볼 수 있다. 즉, 참주정은 몸의 나쁜 건강 상태에 해당된다. 몸의 질병은 참주정에 만연한 악과 부정의를 의미한다. 그렇다면 사지(四肢)를 움직이는 것조차 힘든 사람에게 적절한 운동술이 필요하듯이, 참주정을 변화시키기 위한 정치적 처방책이 요구되는 것으로 볼 수 있다.

이와 관련해서 아리스토텔레스는 『정치학』 5권 11장에서 참주정의 보존에 관한 다양한 방법을 제시한다. 이곳에서 그는 참주정이 분명 최악의 부정의한 정체이지만 참주정이 유지될 수 있는 전략에 관한 세밀한 제안을 한다. 그런데 그의 이러한 참주정의 구제방법에 관한 언급은 독재정에 대한 거부감을 강하게 갖고 있는 우리를 상당히 불편하게 만드는 것이 사실이다. 더욱이 아리스토텔레스가 독재정하에서 억압당하고 있는 시민들은 참주에 저항할 권리가 있거나 또는 참주정을 전복시켜야 할 도덕적 의무가 있다고 주장한 최초의 도덕 철학자로 볼 경우 더욱 그렇다.[65] 특히 아리스토텔레스의 참주정의 보존방법에 대한 제안은 무엇보다 플라톤의 『국가』 편에서의 참주정에 대한 분명한 비판과 대비된다는 점에서도 더욱 그렇다.

잘 알려진 것처럼 『국가』 편에서 플라톤은 철학자 왕과 같은 최선자의 대척점에 서있는 인간으로 참주(tyrannos)를 제시한다. 플라톤에 따르면 참주는 영혼의 세 부분 중 가장 열등한 욕구적인 부분이 가장 신적인 이성적인 부분을 제압하고 주도적 힘을 발휘하는 영혼이 병든 상태에 있는 인간유형이다. 그래서 참주는 몸과 영혼이 병든 상태에서 힘겹게 자신의 권력을 유지하고자 바동거리는 탐욕스러운 인물이다. 참주는 그 누구도 믿지 못하기 때문에 친구가 없으며, 그래서 항상 불안 속에 살아갈 수밖에 없는 비참한 존재인 것이다. 이런 이유로 플라톤이 참주가 최선자보다 729배 더 불행한 삶을 산다고 결론 내린다.[66] 플라톤적 관점에서 참주에게 적용해서 치료할 수 있는 운동술은 아예 존재하지 않는 것이다.

---

[65] D. N. Koutras(1995), 51-60. R. Kraut(2002), 373-74. A. Rosler(2005), 239-240 참조. 참주정에 관한 아리스토텔레스의 견해와 관련해선 두 가지 평가가 있다. 하나는 참주정과 같은 부정의한 정체의 보존방법에 대한 아리스토텔레스의 정치적 조언은 극단적인 보수주의 개혁론을 제시한 것으로 볼 수 있다는 비판이다. 다른 하나는 그의 견해가 마키아벨리의 『군주론』(De Principatibus)에 나타난 현실정치에 대한 통찰력을 보여준다는 점에서 마키아벨리의 정치철학을 선취한 것으로 평가할 수 있다는 것이다. 아리스토텔레스의 마키아벨리에 대한 영향성 내지 양자의 관계성에 관한 논의는 곽준혁(2014), 21-45 참조.

[66] Platon, *Politeia*, 587e.

그런데 플라톤과 달리 아리스토텔레스는 참주에게 적용할 수 있는 운동술이 있는 것으로 본다는 것이다. 달리 말해 참주를 변화시켜 참주정이 보존될 수 있는 방법이 있다는 것이다. 그렇다면 참주정의 유지에 관한 아리스토텔레스의 제안은 단지 수사학적 옹호에 불과한 것으로 보아야 할까? 즉, 한편으론 참주의 개선가능성을 말하지만 실상은 그것이 불가능하기 때문에 제거하거나 추방하는 방책을 효율적인 것으로 보도록 유도하는 것일까? 아니면 아리스토텔레스는 플라톤이 최악의 정체라고 말하는 참주정의 변화를 정말로 가능한 것으로 보는 것일까? 그런데 과연 영혼이 병든 참주를 좋은 왕으로 만드는 것이 가능하기는 할까? 이제 이러한 물음들을 염두에 두면서 아리스토텔레스가 참주정의 보존을 말하면서 아리스토텔레스가 심중(心中)에 둔 정치철학적 의미가 무엇인지를 『정치학』 5권 10장과 11장을 중심으로 살펴보도록 하겠다.

2. 아리스토텔레스에 따른 참주정의 두 가지 보존방법

아리스토텔레스에 따르면 참주정을 유지하는 방법으론 두 가지 광범위한 전략이 있다. 하나는 전통적인 방법으로 참주의 전형적인 통치술이 되는 전제적(tyrannical) 방법을 이용하는 것이다. 이것은 코린토스의 페리안드로스가 도입한 것으로 알려져 있는데, 페르시아인들의 통치방법도 이와 닮았다.[67] 이러한 전통적 방법에는 죽이거나 뛰어난 자를 추방하거나 시민들 사이의 연대를 강화할 수 있는 각종 모임의 형태를 금지하는 것, 또는 다양한 시민들을 감시할 수단들을 강구하는 것, 시민들이 항상

---
[67] Pol., V.11, 1313a34-38.

가난한 상태에 있도록 하고, 그들의 일상적인 필요에만 신경쓰게 함으로써 정치적인 활동을 무력하게 하고 정치적인 문제에 대해 생각을 하지 못하도록 하는 것이 이에 해당된다.[68] 이러한 전략은 무엇보다 시민들의 야망과 상호신뢰를 방해함으로써 참주의 통치에 도전하고자 하는 시도를 막기 위한 것이다.[69]

그러나 아리스토텔레스는 이러한 전통적 방법들은 단기적으론 효과가 있을지 모르나 장기적으로 참주에 대한 점증하는 불만을 막기 어렵고 결과적으로 혁명을 불러일으킬 수 있다고 진단한다. 그래서 아리스토텔레스는 기존의 전통적 방법을 대체할 새로운 제안을 한다. 그리고 우리의 관심을 끄는 것은 바로 그의 참주정의 보존과 참주의 개선을 위한 새로운 제안이다. 그것은 무엇보다 그의 참주교육에 관한 제안이 마키아벨리의 군주교육에 관한 많은 생각을 선취(先取)하고 있다는 점에서다. 즉, 아리스토텔레스에 따르면 참주가 자신의 통치를 유지할 수 있기 위해선 무엇보다 참주가 가능한 한 훌륭한 왕과 비슷하게 행동해야 한다는 것이다. 요컨대 참주는 앞서 말한 전통적 방법과는 정반대의 조치들을 취해야 한다. 그것은 백성들을 배려하고 보살피는 자비로운 왕과 같은 역할을 하는 인상을 대중들에게 주는 것이다. 참주는 "다른 모든 일들을 왕처럼 역할을 수행해야만 하거나 또는 왕의 역할을 훌륭하게(kalōs) 해내는 것처럼 보여야 한다"(1313b39-40)는 것이다. 즉, 참주는 자신의 권력을 오래 유지하기 위해서는 기존의 폭력적인 전통적 방법이 아니라 자비로운 왕처럼 보이는 행동을 하는 것이 효과적이다.

계속해서 아리스토텔레스는 참주가 자애로운 왕과 같은 지도자의 역

---

[68] *Pol.*, V.11, 1314a25-29. R. Boesche(1993), 8-12. Ivan Jordović(2011), 36-64 참조.
[69] *Pol.*, V.11, 1314a12-29.

할을 보여주기 위한 수단들로 먼저 공동이익을 생각하는 듯한 인상을 주어야 한다고 말한다. 참주는 공금을 임의로 지출하여 피치자들을 화나게 해서는 안 되는데, 대중은 참주가 자신들을 착취한 돈으로 창녀들과 외국인 용병들에게 선물하면 화를 내기 때문이다. 따라서 참주는 공금을 쓴 후에도 자신의 수입과 지출에 관해 보고해야 한다. 이렇게 함으로써 참주는 신하들에게 좋은 인상을 줄 수 있기 때문이다.

"참주는 피치자들에게 참주가 아니라 가사 관리인이나 왕이라는 인상을 주고, 약탈자가 아니라 신뢰 있는 관리자라는 인상을 주어야 한다. 참주는 무절제하게 살 것이 아니라 절제된 생활을 해야 하며, 저명인사들과 교제하고 대중의 환심을 사야 한다."(Pol., V.11, 1315a41-V.12,1315b4)

위 인용문에서 아리스토텔레스는 참주가 선한 참주처럼 행동하라고 조언한다. 그것은 마치 참주가 피치자들에게 처자식을 사랑하는 가장이나 인민들의 행복을 보살펴주는 훌륭한 왕이라는 인상을 주는 것이다. 또한 참주가 재산을 약탈하는 자가 아니라 재산을 지켜주는 감독자라는 인상을 주어야 한다. 더 나아가 아리스토텔레스는 참주는 사치스럽지 않게 절제 있는 삶의 방식을 살도록 해야 하며, 훌륭한 사람들을 적으로 간주하고 죽일 것이 아니라 친구로 만들고 대중의 환심을 사야 한다고 말한다. 그렇게 인자하고 자애로운 가장이나 왕처럼 피치자들에게 보이면 그의 권력이 더 오래 유지될 수 있다는 것이다. 그러나 간과해선 안 될 점은 이러한 모든 행위들이 가장된 연출이라는 것이다. 참주는 참주로서의 권력을 결코 포기한 것이 아니기 때문이다. 이렇게 하면 피치자들이 참주의 통치가 부정의 하지만 그의 통치를 달리 받아들이지 않을 수 없다는 것이다.

상술한 참주정의 보존과 유지에 관한 방법들 중, 특히 마키아벨리적인 착한 군주의 이미지를 통한 참주의 권력유지에 대한 제안은 우리를 놀랍게 한다. 무엇보다 앞에서 살펴본 스타시스의 원인에 관한 분석에서 특정 계급의 부당한 권력행사에 대한 피치자의 스타시스는 정당한 정의의 요구로 볼 수 있다는 그의 말을 고려할 때 더욱 그렇다.[70] 그런데 여기서 우리가 아리스토텔레스를 독재정을 옹호한 아첨꾼으로 매도하기 전에[71] 왜 그가 참주로 하여금 착한 왕의 행세를 해서 권력을 유지할 것을 주장하고 있는가의 이유를 먼저 따져볼 필요가 있다. 즉, 아리스토텔레스가 참주정의 보존방법을 제안한 궁극적인 목적이 무엇인가를 아는 것이 중요하다. 그것은 앞서 말한 것처럼 주어진 정치적 상황이 이상적이지 않은 경우에는 그 속에서 가능한 변화를 유도해내야 한다는 것이다. 이것은 참주를 죽이는 것이 능사가 아니라는 생각에서다. 아리스토텔레스가 예상하기에 참주정하에서의 불의와 악을 제거하기 위해 참주를 제거한다면 오히려 참주정을 전복한 후에 잇따르는 정치적 상황이 아주 더 나쁜 결과

---

[70] F. D. Miller(1995), 305.
[71] 앞서『정치학』1권에서 논의되었던 본성상의 노예에 대한 주인의 지배의 정당성이나 또는 여성의 정치적 참여권 부정, 또는 지금 논의하고 있는 참주정의 보존에 관한 아리스토텔레스의 견해는 오늘날의 자유민주주의적인 관점에서 볼 때 분명 수용되기 어려운 주장이라 볼 수 있다. 그런데 아리스토텔레스가 인간의 보편적 인권과 여성의 정치적 참정권을 부정하고 참주정의 보존을 주장했기 때문에 그를 곧 반(反)휴머니스트이자 반민주적인 철학자로 규정하는 것은 좀 더 신중할 필요가 있다. 무엇보다 우리의 잣대를 갖고 4세기의 한 헬라스 철학자를 평가하고자 한다는 점에서 시대착오적인 오류를 범하는 것이 될 수 있기 때문이다. 이것은 현재 우리가 공유하고 있는 보편적인 가치나 기준을 갖고 아리스토텔레스의 정치철학을 재단(裁斷)하는 것은 적절치 않다는 이유에서다. 지금의 관점에선 틀릴 수 있지만 그때의 시대적 맥락 속에서는 타당할 수 있기 때문이다. 물론 아리스토텔레스가 스토아 철학자들처럼 노예와 여성의 보편적 권리를 주장했다면 우리가 그를 더 존경할 수 있는 철학자로 생각할 수 있을 것이다. 그러나 아리스토텔레스가 스토아 철학자가 아닌 것을 비난할 수는 없으며, 따라서 그를 반인권주의자 또는 반페미니스트로 공격하는 것 역시 공정한 평가라고 보기 어려운 것 같다.

로 나타날 수 있는 가능성이 있다.[72] 그것은 곧 무법과 무질서의 상태이며 정치공동체 자체의 와해가 될 수 있다는 것이다. 아리스토텔레스는 이러한 최악의 상태로 귀결되기 전에 참주정의 좋은 정체로의 가능성을 모색하는 것으로 보인다. 그러한 가능성은 이상적인 정체와 대척관계에 있는 참주정과 같은 정체를 일시에 최선의 정체로 바꾸고자 하는 급진적인 방법이 아니라 아주 조그마한 개선을 통한 정체의 변화를 의미한다. 혁명이 아니라 점진적 개선방법이 참주정을 변화시킬 수 있는 효과적인 방책이 될 수 있다는 것이다. 이상적인 정체로부터 너무나 멀리 떨어진 참주정에 이상적인 정치적 제안을 제시하는 것은 마치 몸이 부자유스러운 사람에게 최상의 몸 상태에 있는 사람에게 맞는 운동법을 적용하고자 하는 것처럼 비현실적인 것이다. 입법가가 비현실적인 처방책을 제시하는 것은 곧 참주정 자체의 와해를 촉발하며 그것은 결국 파쟁이나 내전과 같은 전쟁상태로 몰고 가는 것이다. 아리스토텔레스는 참주의 나은 방향으로의 제안은 참주가 가능한 한 참주가 아닌 것처럼 행동하라는 지침을 통해 정체를 유지하는 전략을 제시하는 것이다.

그러면 아리스토텔레스의 참주정의 보존에 관한 제안은 마키아벨리가 주장하는 것처럼 단지 참주의 권력유지를 통한 참주정의 보존을 목표로 하는 것인가? 데스트레(P.Destrée)가 옳게 말하는 것처럼[73] 아리스토텔레스가 이때 참주의 '선한 왕 행세 연출하기'를 강조하는 이유는 무엇보다 참주정하에 살고 있는 피치자들의 이익과 행복이 우선적으로 실현될 수 있고, 부차적으로 참주자신의 이익이 실현되는 것으로 이해할 수 있다. 다시 말해 참주가 자애로운 통치자의 역할 수행하기를 성공적으로 하게

---

[72] P. Destree(2015), 218.
[73] P. Destree(2015), 220.

되면 그것은 무엇보다 참주정하의 피치자들의 이익이 실질적으로 실현되는 것으로 볼 수 있다는 것이다.[74] 예를 들어 참주가 공금을 공적이익을 위해 사용한다면 그것은 실질적으로 피치자들에 대한 이익을 실현하는 것으로 볼 수 있다. 공적 행정운영자금이나, 도시의 개선, 종교적 숭배와 같은 공적이익에 대한 실현의 수단으로 사용되는 경우들이다.[75] 또한 그러한 공적자금의 선용과 참주의 훌륭한 지도자로서의 역할은 곧 피치자들의 참주에 대한 복종을 이끌어냄으로써 참주자신의 권력을 유지할 수 있는 부수적인 이익이 발생하게 된다는 것이다. 그래서 사람들은 참주의 자신들에 대한 이익실현과 배려를 그대로 받아들여 참주에 대한 증오와 불만으로 스타시스를 일으키려고 하지 않을 것이라는 것이다.

그런데 아리스토텔레스가 보기에 중요한 것은 참주의 올바른 왕 행세하기가 단순히 자신의 권력을 유지하기 위한 목적에만 국한되지 않는다는 것이다. 참주의 올바른 지도자 역할 수행은 그것이 결과적으로 참주 자신의 성품(ēthos)까지 좋은 방향으로 발전시킬 수 있는 가능성까지 담보할 수 있기 때문이다. 아리스토텔레스의 이러한 낙관주의적인 견해는 다음의 인용문에 잘 나타난다.

> "이러한 조치들을 통해 그의 통치는 필연적으로 더 고상하고 더 훌륭한 평판을 받게 될 것이다. 그는 천하지 않은 더 나은 자들을 다스리게 되고, 더 이상 그들에 의해 증오와 공포의 대상이 되지 않을 것이기 때문이다. 그의 권력도 더 오래갈 것이다. 더욱이 그의 성품 역시 고상하게 덕에 정향되어 있거나 적어도 반쯤은 덕스러워질 것이고, 악해지더라도 반쯤만 악해지고 완전히 악해지지는 않을 것이다."(*Pol*., V.11, 1315b4-b11)

---

[74] F. D. Miller(1995), 303.

[75] *Pol*., V.11, 1314b14-18. 131 4b36-38. 1314b38-1315a4.

아리스토텔레스는 참주가 성실하고 자애로운 선군의 행위를 보여주게 되면 그 결과 필연적으로 그의 통치가 더 고상하고 훌륭한 것으로 인정받게 된다고 말한다. 이것은 그의 통치하에 있는 대중들이 그를 덜 미워하게 되고 따라서 그의 권력을 더 오래 유지하게 할 수 있다. 그런데 무엇보다 중요한 것은 참주가 훌륭한 왕과 같은 조치들을 취하는 행위를 하게 되면 결과적으로 그의 "성품이 고상한 덕을 향하도록 정향된다"(diakeisthai kata to ēthos kalōs pros aretēn, 1315b8-9)는 것이다. 아리스토텔레스는 『니코마코스 윤리학』에서 덕스러운 행위를 반복적으로 수행함으로써 덕을 소유할 수 있다고 강조한다. 예를 들어 정의로운 행위를 함으로써 정의로운 사람이 되고, 용기있는 행위를 함으로써 용기라는 덕을 갖게 되는 것처럼 말이다. 소크라테스의 강한 주지주의적 덕론을 비판하면서 아리스토텔레스는 단순히 정의나 용기를 아는 것만으로는 충분하지 않고 정의롭고 용기 있는 행위의 반복적 실천을 통해 비로소 덕 있는 사람이 될 수 있다고 보는 것이다.[76] 이런 그의 덕론에 비추어볼 때 참주가 훌륭한 왕과 같은 절제 있고 고상한 행위를 하게 되면, 설사 그것이 의도된 것이라 할지라도, 결국은 그의 성품을 덕과 친화성을 갖도록 만들어줄 수 있다는 것이다. 그렇다면 논리적으로 참주가 계속해서 훌륭한 왕으로서의 통치술을 발휘하게 되면, 그는 더 이상 참주가 아니라 왕에 가까운 것으로 보지 말아야 할 이유가 없게 된다. 실례로 아리스토텔레스는 시키온의 오르타고스와 그의 아들에 의해 100년 동안 유지된 참주정의 예를 든다. "그 이유는 그들이 그들의 대중들을 절제 있게 대했으며, 많은 영역에서 법에 복종적이었기 때문이다."[77]

---

[76] *EN.*, 1103a31-b2 참조.
[77] *Pol.*, V.12. 1315b14-15.

이러한 참주정과 왕정의 비교는 5권 11장에서 본격적인 참주정의 보존방법에 관한 논의를 시작하기에 앞서 왕정의 보존방법에 관한 기술에서도 알 수 있다. 이곳에서 아리스토텔레스는 왕이 좀 더 절제 있게 행동하고 그의 권력을 줄여 시민들과 함께 갖고자 하는 것이 그의 권력을 오래 유지할 수 있는 나은 방법이 될 수 있다고 조언한다. 몰로시안 왕정이나 스파르타 정체가 그러한 왕정의 형태가 될 수 있다. 앞에서 살펴본 것처럼 스파르타 정체는 테오폼포스가 왕정의 권력을 줄이고 데모스들에 의한 감독관제(Ephoroi)를 만듦으로써 좀 더 그 권력유지를 확보할 수 있었다고 말한다. 그래서 테오폼포스의 아내가 그에게 자식에게 덜 강한 권력을 물려주는 것에 대해 부끄럽지 않은가를 물었을 때 "확실히 아니다. 왜냐하면 나는 더 오래 지속될 수 있는 권력을 물려주었기 때문이다"라고 답한다.[78] 테오폼포스의 기지 있는 답변은 왕정의 권력은 작아졌으나 왕정의 수명은 더 늘렸다는 점에서 결코 이익이 덜한 것이 아니라는 의미다. 권력을 피치자들에게 조금 내놓은 것이 아예 안 줌으로써 피치자들의 저항으로 왕정이 몰락하는 것보다는 더 낫다는 생각이다. 모든 것을 가지려고 하면 모두 잃게 된다는 말이다.

이러한 왕정의 권력유지를 위한 아리스토텔레스의 제안은 참주정의 보존과 참주의 권력유지에도 마찬가지로 유효할 수 있다는 것이 그의 기본적인 생각이다. 참주는 기존의 기만이나 폭력과 같은 전통적인 참주정 통치방법과는 다른 방식을 선택하는 것이 실익이 된다는 것이다. 즉, 참주가 왕정적 통치술을 수단으로 채택하는 것이 참주와 피치자들 모두에게 이익이 된다는 것이다. 먼저 피치자들이 노예와 같은 전제적 통치를

---

[78] 테오폼포스의 아내 이야기는 플라톤이 『국가』 편에서 언급한 명예정에서의 아내의 언급과 비교된다. Platon, *Politeia*, VIII, 548c-d.

받는 대상이 아닌 자유로운 시민이 될 수 있고, 그러한 나은 자들을 상대로 통치를 하는 것이 나을 수 있다. 또한 참주의 훌륭한 왕에 유사한 통치는 실질적으로 대중 모두의 이익을 실현한다는 점에서 이익이 된다. 아리스토텔레스의 참주에 대한 새로운 통치 강조가 갖는 중요한 이유는 그것이 또한 참주 자신의 성품을 덕으로 향할 수 있도록 만들어준다는 것이다.

지금까지 『정치학』 4권부터 6권에 기술된 다양한 정체의 특성과 스타시스 그리고 정체의 보존에 관한 아리스토텔레스의 견해를 살펴보았다. 이 부분에서의 정체에 관한 검토는 단적으로 최선의 정체의 관점이 아닌 각 정체가 현실적으로 처한 상황을 고려한 가능한 한도 내에서의 정체의 수립과 안정 그리고 정체의 보존이라는 현실성의 관점에서 연구가 이루어졌다. 앞서 본 권 모두에서 밝힌 것처럼 『정치학』 전체에 걸친 아리스토텔레스의 목표는 크게 두 가지 축에 조회되어 진행된다고 볼 수 있다.[79] 하나의 목표는 7권과 8권에서 제시하는 최선의 정체에 관한 청사진을 제시하는 것이다. 이것은 아리스토텔레스가 표현하는 것처럼 우리가 "바라는 폴리스"(kat' euchēn polis)[80]가 될 것이다. 다른 하나의 목표는 4권부터 6권에서 기술되고 있는 현실정체의 구제와 발전 가능성이다. 즉, 무질서(anarchia)와 무법(anomia)을 피해 정체의 안정을 확보하는 것이다. 전자의 목표는 참된 입법가나 정치가의 최선정체를 건설하기 위한 동기로 작용한다. 그것은 현실정체를 발전시키기 위한 비판의 준거틀(frame of reference)이 될 수 있기 때문이다.[81] 그러나 참된 정치가는 다른 목표도

---

[79] P. Destree(2015), 209-210.
[80] *Pol.*, VII.4,1325b36. VII.5,1327a4. VII.10,1330a26. VII.11,1330a37. VII.12,1331b21. VII.13,1332a29.
[81] R. Kraut(2002), 193. F. Miller(1995), 191-194.

가져야 한다. 그것은 실재하는 정체들을 좀 더 안정되고 질서 있게 하는 것이다.

이런 점에서 최선정체에 관한 청사진과 현실정체의 안정과 질서를 위한 목표는 분리된 것으로 보기 어렵다. 현실정체의 안정과 질서는 궁극적으로 최선정체가 실현하고자 하는 자족적이며 잘사는 삶을 실현하기 위한 필요조건이 될 수 있기 때문이다. 즉, 무법과 무질서는 행복자체의 실현을 불가능하게 만들기 때문이다. 따라서 아리스토텔레스에 따르면 최선의 정체를 기획하는 입법가는 정체의 안정과 질서를 우선적으로 고려해야 한다. 그러나 최선의 정체의 안정과 질서가 정체의 변화를 부정하는 것으로 이해되어서는 곤란하다. 그것은 변화 속의 안정이지 부정의와 악과 함께 하는 안정이 아니기 때문이다. 참주정의 보존과 참주의 에토스의 변화가능성은 아리스토텔레스가 참주의 권력유지가 참주적인 전제적 방식을 통해 실현될 수 있음을 주장하는 것은 아니다. 그 반대로 참주가 왕에 가까운 행동을 할수록 그는 그만큼 덜 참주이고 그래서 덜 악한 인간, 달리 말해 더 좋은 인간으로 변화될 수 있다는 것이다. 참주정의 보존에 관한 아리스토텔레스의 제안은 참주정 자체의 구제에 있다기보다는 참주정을 더 나은 정체로 변화시킬 수 있는 가능성을 전제한 제안으로 보는 것이 그의 의도에 더 가깝다고 볼 수 있다. 몸이 아픈 환자에게 필요한 운동술이 있는 것처럼 영혼이 병든 참주에게 적합한 정치술이 필요한 것이다.

제5부

최선정체론
『정치학』 7권 ~ 8권

아리스토텔레스가 생각하는 이상국가는 어떤 정체인가? 잘 알려진 것처럼 『국가』(Politeia) 편에서 플라톤이 건설하고자 하는 이상국가는 지식(epistēmē)을 소유한 철학자-왕(들)과 같은 최선자에 의해 통치되는 왕정(basileia)[1]이라고 말할 수 있다.[2] 그런데 아리스토텔레스는 『정치학』 2권에서 플라톤의 이상국가에 대해 상당히 부정적인 평가를 내린다. 그러면 아리스토텔레스가 생각하는 이상국가는 어떤 유형의 정체인가? 이 물음은 당연히 제기될 수밖에 없고 그 답변 역시 기대된다. 우리는 『정치학』 7권과 8권에서 기술되고 있는 아리스토텔레스의 이상국가 또는 최선정체에 관한 논의에서 그 답을 얻을 수 있을 것으로 기대할 수 있다. 그런데 문제는 아리스토텔레스가 자신의 이상국가를 특정 정체로 명명하지 않는다는데 있다. 즉, 그는 정체분류에서 올바른 정체로 말해진 왕정이나 귀족정 또는 혼합정 중 어느 정체가 자신의 이상국가에 해당되는지를 명시하지 않는다. 아리스토텔레스는 단지 자신의 이상국가를 '바람에 따른 폴리스'(kat' euchēn polis, 1325b36) 또는 '최선의 정체'(hē aristē politeia)라고만 기술한다. 이것은 아리스토텔레스의 이상국가를 어떤 유형의 정체로

---

[1] 플라톤이 이상국가의 최선의 통치자의 수를 복수로도 표현하기 때문에 왕정뿐만 아니라 귀족정도 이상정체의 유형에 속하는 것으로 볼 수 있다(Platon, *Politeia*, 451d-e 참조).
[2] 『법률』 편에서는 플라톤은 법에 따른 혼합정을 최선의 정체로 제시하였다.

보아야 하는지의 문제를 제기한다.

본 저술의 5부에서는 아리스토텔레스가 기원하는 '최선정체'의 특성과 그 정체성(identity)을 파악하기 위해 『정치학』 7권과 8권에 대한 분석을 시도한다. 먼저 최선정체의 정치구조와 그 특성 그리고 시민분류에 관해 살펴본다. 다음으로 최선정체의 덕 있는 시민을 육성하기 위한 중요한 수단으로 강조되는 '공교육'을 검토한다. 특히 여가(scholē)와 음악교육이 최선정체의 목표와 갖는 밀접한 관계를 집중적으로 고찰할 것이다. 마지막으로 앞선 작업을 토대로 아리스토텔레스의 '바람에 따른 폴리스'가 어떤 유형의 정체로 규정되어야 할지에 관한 최종적인 결론을 내릴 것이다.

14장
아리스토텔레스의 바람에 따른 폴리스(kat' euchēn polis)

1. 두 가지 구성요소: 운(tychē)과 이성

『정치학』 7권과 8권에서 아리스토텔레스는 "바람에 따른 폴리스"(kat' euchēn polis)[3] 또는 "최선의 정체"(hē aristē politeia)에 관하여 기술한다. 4권에서 정치철학자의 정체에 관한 탐구에서 이미 말한 것처럼 이상적인 정체는 "외적인 방해요인이 없을 경우에"[4] 가장 부합하는 정체다. 아리스토텔레스는 7권에서 이러한 외적인 장애요인이 없기 위해서는 이상정체는 자연자원의 원활한 공급, 유리한 위치, 적정한 규모의 인구수, 자연적 성향, 그리고 계급 구성과 같은 요소들이 충족되어야 한다고 말한다.[5] 예를 들어 크레테 정체가 나름대로 최선의 정체 중의 하나로 거론되는 것은 섬이라는 지리적인 위치와 같은 운적인 요소가 있었기 때문이다.[6]

---

[3] *Pol.*, VII.4, 1325b37, 1327a4, 1327a4. VII.10,1330a26. VII.11,1330a37. VII.12, 1331b21. VII.13,1332a29. 1325b39.

[4] *Pol.*, IV.1,1288b23-24.

[5] *Pol.*, IV.11.1295a29. VII.4.1325b36. 5.1327a4. 10.1329b25-26. 11.1330a37.

[6] *Pol.*, II.10, 1271b32-39 참조.

또한 헬라스인이 북유럽인이나 아시아인과 다르게 이성과 기개(thymos) 모두를 갖출 수 있었던 이유도 좋은 지리적 위치와 기후와 같은 운적인 도움이 있었기 때문이다.[7] 그런데 이러한 외적인 요소들은 "운과 함께하는 것"(to de symbēnai tychēs, VII.12, 1331b20-21)이기 때문에 아리스토텔레스는 이러한 최상의 조건을 확보한 이상정체는 대부분의 시민과 정체에서 실현되기 어렵다[8]고 말한다. 이렇듯 바람에 따른 정체는 태생적으로 운적인 요소의 도움을 필요로 한다. 그러면 아리스토텔레스의 최선정체는 운에만 의존하는 정체인가? 이에 대해 그는 최선정체의 실현을 운에만 맡겨서는 안 됨을 다음과 같이 강조한다.

> "따라서 우리는 폴리스가 운이 통제하는 좋은 것들을 이상적으로 갖추기를 바란다. 왜냐하면 운이 그것들을 통제하기 때문이다. 그러나 우리가 폴리스를 훌륭하게 만들려고 할 때는, 그것은 더 이상 운의 일이 아니라 지식과 숙고적 선택에 의한 것이다."(*Pol.*, VII.13, 1332a29-32)

아리스토텔레스는 '바람에 따른 폴리스'가 실현되기 위해선 한편으론 외적인 방해 요소가 없도록 운이 도와주어야 함을 부정하지 않는다. 그러나 최선정체의 건설은 단순히 운에 의해서만 이루어지는 것이 아니라 무엇보다 지식(epistēmē)과 합리적 선택(prohairesis)이 중요하다고 말한다. 즉, 훌륭한 입법가나 참된 정치가의 실천지(phronēsis)와 같은 이성적인 숙고에 의해 이상국가의 건설이 이루어질 수 있다는 것이다. "이런 까닭에 우리가 바라는 것처럼 많은 것들을 상정해야 하겠지만, 그럼에도 그것들 중 어느 것도 불가능하지는 않다"[9](1325b38-39, 1265a18-19). 이

---

[7] *Pol.*, VII.7, 1327b23 이하 계속 참조.
[8] *Pol.*, IV.11.1295a29-31.

것은 아리스토텔레스가 최선정체의 덕 있는 시민을 양성하는 세 가지 요소, 즉 본성, 습관 그리고 이성 중에서 이성을 강조하는 데서도 알 수 있다. 즉, 이상국가의 시민을 육성하기 위해서는 단순히 습관이나 운에 의해서가 아니라 이성에 의한 의식적인 정치적, 법적 요소가 더 중요하다는 것이다. 요컨대 아리스토텔레스에게서 바람에 따른 폴리스는 그것이 운적인 요소들에 의존한다는 점에서 그 실현이 녹록지 않지만 그럼에도 불구하고, 이성적인 숙고에 의해 달성될 수 있다는 점에서 "불가능하지"(adynaton)만은 않다. 따라서 아리스토텔레스에 따르면 최선정체는 운과 숙고적인 계획의 결합에 의해 이루어진다. 중요한 것은 지식과 숙고를 말하면서 아리스토텔레스가 자신의 이상정체를 현실적으로 존재할 수 있는 정체임을 강조하고 싶어 한다는 것이다. 그는 자신의 최선정체가 플라톤이 말하는 "하늘에 그려진 본"(en ouranō paradeigma, *Politeia*, 592b)으로서의 이상국가를 지향하는 것이 아니라 어디까지나 불완전한 인간들이 살고 있는 현실 속에 구현되기를 원하는 것이다. 즉, 불가능한 유토피아적 정체가 아니라 정치적 숙고를 통해 실재할 수 있는 최선정체를 희망하는 것이다. 따라서 그의 최선정체는 행운도 뒷받침되어야 하지만 훌륭한 입법가의 실천지를 통해 불완전한 정치공동체를 완전한 최상의 정체로 변화시킬 수 있는 이상국가이다.

나는 아리스토텔레스의 '바람에 따른 폴리스'가 두 가지 중요한 의미를 갖는다고 생각한다. 하나는 위에서 말한 것처럼 아리스토텔레스의 최선정체는 인간의 이성과 지식에 의해 현실 속에 구현될 수 있는 이상정체를 지향한다는 것이다. 큰 틀에서 『정치학』 전체를 놓고 보면 1권부터 6권까지는 실상 7권과 8권에서 논의하게 될 최선정체를 구상하기 위한 기초

---

[9] *Pol.*, II.6.1265a18. VII.4.1325b39.

작업이라고 볼 수 있다. 다시 말해 아리스토텔레스는 자신의 바람에 따른 폴리스가 현실적으로 존재할 수 있는 구체적인 정치, 사회적 제도나 원리가 어떻게 구성되어야 하는지에 대한 사전의 면밀한 조사를 진행한 것으로 볼 수 있다는 것이다. 특히 『정치학』 2권 전반부에서 플라톤 이상국가에 대한 아리스토텔레스의 비판은 플라톤이 간과하고 있는 '현실성'이 무엇인가를 알기 위한 작업이라고 말할 수 있다. 팔레아스나 힙포다모스의 최선정체론에 대한 검토 역시 그들의 주장이 어떤 점에서 현실적으로 존재할 수 있는 구체성을 결여하고 있는지를 알아보기 위한 사전의 비판적 검토라고 말할 수 있다.

다른 하나의 중요한 의미는 아리스토텔레스의 최선의 정체는 여전히 규범적(normative) 의미를 갖는 이상적인 정체 모델로 이해되어야 한다는 것이다. 이것은 바람에 따른 폴리스가 불완전한 현실정체를 보다 완전한 정체로 이끌기 위한 일종의 규제적 원리로서 작용하고 있음을 의미한다. 『정치학』 2권 후반부에서 기술되고 있는 스파르타나 크레테 또는 카르케돈과 같은 정체들은 그 당시에 최선정체로 평가되지만 여전히 아리스토텔레스적인 최선정체의 기준을 갖고 보면 불완전한 정체들이다. 이런 점에서 아리스토텔레스의 바람에 따른 폴리스는 이들 현실 정체 속에 존재하는 모순되면서도 불완전한 정치제도나 법적 규정을 보다 완전하게 구현하기 위한 이상적인 모델로서의 역할을 한다고 말할 수 있다. "이상을 포함하지 않은 세상의 지도는 실상 그것을 볼만한 가치가 없는 것이다"[10]라는 말처럼 아리스토텔레스는 현실정체에서 발견되는 모순이나 갈등 또는 복잡성을 해결하거나 극복하기 위한 유효한 전략을 최선정체의

---

[10] Oscar Wilde, 1891, "The Soul of Man Under Socialism", 34(Wikipedia, Oscar Wilde에서 재인용); "A map of the world that does not include Utopia is not worth even glancing at".

이상적이며 규제적인 원칙과 척도에 따라 제시하는 것이다. 로웨(C.Rowe)가 말하는 것처럼[11] 아리스토텔레스의 최선정체는 현실정체를 발전시키기 위한 비판의 준거가 될 수 있다.

위에서 언급한 두 가지 주요한 의미는 아리스토텔레스의 최선정체가 현실성과 이상성의 관점에서 이해되어야 함을 의미한다. 다시 말해 바람에 따른 폴리스는 한편으론 플라톤의 이상국가와 달리 현실성을 담보한 정체로 이해되어야 하면서, 다른 한편으론 기존의 스파르타나 크레테와 같은 현실정체의 모순과 불완전성을 극복한 이상적인 정체로서의 모델이 되는 것으로 이해되어야 한다. 요컨대 아리스토텔레스의 바람에 따른 폴리스는 현실 속에 존재하는 유토피아적인 최선의 정체를 지향한다고 말할 수 있다.

그러면 최선의 국가에 대한 청사진이 제시되는 것으로 말해지는 『정치학』 7권과 8권에서 아리스토텔레스는 자신의 이상국가를 어떤 정체로 제시하였을까? 그가 기도하는 현실적으로 구현하기가 불가능하지 않은 최선의 정체는 어떤 것인가? 그런데 실상 7권과 8권에 대한 독해를 통해 우리가 아리스토텔레스의 최선정체가 어떤 유형의 정체인지를 분명하게 파악하기는 생각보다 용이하지 않다. 우리에게 전승되고 있는 『정치학』에서 아리스토텔레스는 자신이 생각하는 이상국가가 어떤 정체인지 분명하게 밝히지 않고 있기 때문이다. 이런 이유로, 뒤에서 살펴보겠지만, 아리스토텔레스의 최선정체가 구체적으로 어떤 유형의 정체인지에 대해 지금까지 학자들 간의 논란이 계속적으로 이어지고 있다. 아리스토텔레스의 최선정체의 실체를 규명하기 위해 먼저 『정치학』 7권에 나타난 최선의 정체가 추구하는 최선의 삶의 방식이 어떤 것인지 그리고 최선의

---

[11] C. Rowe(1991), 69.

정체의 정치 사회적 구조와 특성이 어떻게 기술되는지를 살펴보도록 하겠다.

2. 최선의 정체와 최선의 삶

최선의 정체와 관련해서 아리스토텔레스는 두 가지 물음을 던진다. 하나는 '가장 선택할 만한 삶은 어떤 것인가'이고 다른 하나는 '가장 선택할 만한 삶은 개인과 폴리스에게 동일한 것인가'하는 것이다. 즉, 최선의 정체가 무엇인지 알기 위해서는 최선의 삶이 어떤 것이고, 그것이 개인과 폴리스에게 동일한 것인지 먼저 알아야 한다는 것이다. 중요한 것은 아리스토텔레스의 이러한 말이 단순히 논리적인 선후의 문제가 아니라는 것이다. 『정치학』 1권에서 폴리스에 대한 정의에서 알 수 있는 것처럼 최선의 정체는 인간의 본성상의 목적(telos)이 되는 가장 바람직한 삶을 실현해줄 수 있어야 하기 때문이다. 아리스토텔레스는 삶의 방식 중 가장 선택할 만한 삶, 즉 최선의 삶을 '자족적이며 잘사는 삶'이라고 말한다. 최선의 정체는 바로 인간이 궁극적으로 추구하는 행복한 삶을 실현시켜 줄 수 있는 폴리스가 되어야 하는 것이다. 이것은 아리스토텔레스가 기획하는 '바람에 따른 폴리스'가 기본적으로 덕의 실현의 관점에서 이해되어야 함을 의미한다.

먼저 "가장 선택할 만한 삶"(hairetōtatos bios)과 관련하여 아리스토텔레스는 행복(eudaimonia)과 좋음(to agathon)의 관계를 통해 접근한다. 그에 따르면 일반적으로 좋음은 영혼의 좋음과 육체의 좋음, 그리고 외적인 좋음으로 구분된다.[12] 이들 좋음들 사이의 위계질서는 외적인 좋음과 육체적 좋음이 영혼을 위한 좋음의 수단이 되어야 한다. "외적인 좋음"(to ektos agathon)이 행복의 원인이라고 말하는 사람도 있지만 옳지 않다. 외적인 좋음은 영혼의 덕에 의해 획득되고 보존되기 때문이다. 다시 말해 외적인 좋음이 존재하더라도 덕을 갖추고 있지 않으면 이롭지 않기 때문이다.[13] 이것은 마치 뤼라의 아름다운 소리가 연주자의 솜씨보다 악기 덕분이라고 말하는 것과 같다. 이것은 신이 외적인 좋음 때문에 행복하다고 볼 수 없다는 점에서도 알 수 있다. 행운 역시 최선정체의 건설에 결정적 요소는 아니다. 아리스토텔레스에 따르면 행운이 부분적으로 도움이 될 수 있지만, 정체가 훌륭해지는 것은 어디까지나 지혜와 합리적인 선택에 의한 것이다. 결국 개인과 정체 모두가 훌륭하게 되는 것은 영혼의 좋음으로서의 덕에 의한 것이다. 이것은 개인과 정체 모두 덕과 지혜 없이는 훌륭한 행위를 할 수 없다는 다음의 말에서 알 수 있다.

> "훌륭한 폴리스는 정체에 참여하는 시민들이 훌륭해야 한다. 그리고 우리의 폴리스에선 모든 시민들이 정체에 참여한다. 따라서 우리는 어떻게 해서 사람이 훌륭해질 수 있는지 고찰해야 한다. 시민 각자가 훌륭하지 않고서도 시민전체가 훌륭해질 수 있겠지만, 시민 각자가 훌륭한 것이 더 바람직하다. 시민 각자가 훌륭하면 전체도 훌륭할 것이기 때문이다."(*Pol.*, VII.13, 1332a32-8)

위 인용문에서 알 수 있는 것처럼 최선의 정체는 구성원인 시민들 모두가 덕을 소유함으로써 가능하다. 시민 각자가 정의롭고 절제 있고 용기 있을 때 최선의 정체가 실현될 수 있다. 이것은 아리스토텔레스가 생각하

---

[12] *Pol.*, VII.1, 1323a25-1323b21 참조.
[13] 아리스토텔레스에게서 외적인 좋음과 행복에 관한 상세한 논의는 손병석(2017), 177-208 참조.

는 '바람의 정체'의 목표가 덕과 지혜에 따른 훌륭하고 잘 사는 삶에 있음을 의미한다. 요컨대 아리스토텔레스에 따르면 "최선의 정체는 그 누구든지 최선의 방식으로 행동하고 행복하게 살 수 있는 질서여야 한다"(VII.2, 1324a23-25). 그러면 최선의 정체가 실현하고자 하는 최선의 삶은 구체적으로 어떤 방식이나 질서에 따른 것인가? 최선의 삶이 덕에 따른 훌륭한 행위에 의해 이루어진다면 그것은 어떤 활동에 따른 행위로 보아야 하는가?

1) 정치적 삶과 철학적 삶의 관계

아리스토텔레스는 『정치학』 7권을 시작하면서 "최선의 정체에 관한 적절한 탐구에 대한 것은 첫 번째로 가장 최선의 삶을 구분해야만 한다. 왜냐하면 이것이 분명하지 않으면 최선정체에 대한 것도 마찬가지로 불분명하기 때문이다"(1323a14-16) 라고 말한다. 즉, 최선의 정체를 알기 위해서는 먼저 최선의 삶이 무엇인가를 알아야 한다는 것이다. 그러면 어떤 삶이 최선의 삶인가? 이 물음에 대한 답을 찾기 위해 아리스토텔레스는 『정치학』 7권 2장과 3장에서 최선의 삶의 두 유형을 비교하여 검토한다. 아리스토텔레스가 제시하는 두 가지 주요한 삶의 유형은 "정치적 삶"(politikos bios)과 "철학적 삶"(philosophikos bios)이다.[14] 정치적 참여를 통한 삶과 그렇지 않고 혼자만의 관조적 삶 중 어느 것이 우선하는 최선의 삶의 방식으로 볼 것인가 하는 것이다. 철학적 삶과 정치적 삶의 우열관계에 관련하여 아리스토텔레스는 두 진영이 각기 주장하는 바를 변증법적인 방법을 통해 비판적으로 검토한다. 먼저 정치적 삶에 대한

---

[14] 이에 관한 상세한 논의는 D. Roochnik(2008), 711-735 참조.

비판과 옹호 논변들을 살펴보자.

아리스토텔레스는 먼저 정치적 삶의 문제점이 어떤 것인지를 기술한다. 이것은 철학적 삶을 최선의 활동으로 주장하는 사람들의 입장에서 제기하는 비판으로 볼 수 있다. 무엇보다 정치적 삶의 문제로 지적될 수 있는 것은 그것이 폭군적 내지 참주적 지배방식을 보여주기 때문이다. 즉, 정치적 활동은 주인의 노예에 대한 지배방식에 유사한 삶의 방식이라는 점에서 문제가 있다는 것이다. 스파르타와 크레테의 법과 교육이 전쟁을 통한 정복을 목표로 하는 것이 좋은 예가 된다.[15] 카르케돈 정체 역시 남자들이 전쟁에 참가한 횟수만큼 팔찌를 받는다.[16] 정치적 삶은 이처럼 전쟁에서의 승리를 목적으로 삼는 정복술을 발휘하는 것으로 주장한다는 점에서 잘못된 삶의 방식으로 볼 수 있다. 이러한 목적을 추구하는 정치적 삶은 자신에게는 정의로운 통치를 추구하면서 타인에게는 정의를 전혀 신경 쓰지 않기 때문이다. 아리스토텔레스는 이러한 유형의 정치적 삶은 그 주장이 정당화될 수 없다고 말한다. 모두를 지배하려 해서는 안 되고 본성적으로 지배받는 것이 필요한 자들에게만 지배가 이루어져야 하기 때문이다. 아리스토텔레스에 따르면 정치적 삶에 대한 이러한 비판은 정치적 삶을 최선의 삶으로 인정하기 어려운 타당한 근거를 제공한다.

그러면 철학적 삶을 옹호하는 자들의 이러한 공격에 대해 정치적 삶을 옹호하는 진영에서는 어떤 반론이 가능할까? 이와 관련해서 아리스토텔레스는 정치적 삶을 단적으로 정복술을 통한 군사적 승리를 추구하는 것으로만 이해하는 것은 문제가 있다고 지적한다. 다시 말해 정치적 삶을

---

[15] *Pol.*, VII.2, 1324b9-10. 특히 스파르타의 호전적인 군사적 기질과 관련해선 이밖에도 1333b5-35, 1334a40-b5, 1271b2 참조.
[16] *Pol.*, VII.2, 1324b13-15.

단순히 정복술이 아닌 다른 목표를 추구하는 활동방식으로 볼 수 있는 여지가 없는지를 생각해 보아야 한다는 것이다. 그것은 정치적 삶을 주인의 노예에 대한 전제적 지배 방식이 아닌, 자유민에 대한 정치적 통치 방식으로 다르게 이해하는 것이다. 행복은 활동이고 잘 실천하는 것이라면 정치적 활동은 정의와 절제의 덕에 따른, 그래서 훌륭한 일을 성취할 수 있는 자유인의 활동일 수 있다는 것이다. 따라서 정치적 활동을 일종의 주인의 노예에 대한 통치방식처럼 자유스럽지 못한 자들에 대한 전제적인 통치활동으로만 이해하는 것은 잘못된 것이다. 정치적 삶은 동등하고 평등한 자유인들 사이에서 교대로 통치하고 통치받는 활동이며, 이것은 덕에 따른 활동이 되는 것으로 볼 수 있기 때문이다.[17]

그러면 정치적 삶을 최선의 삶으로 주장하는 진영은 철학적 삶을 어떻게 비판하는가? 그리고 이에 대한 철학적 삶의 옹호는 어떻게 제시되는가? 아리스토텔레스는 철학적 삶에 대한 비판의 논변들을 먼저 소개한다. 첫 번째는 철학적 활동이 정치적 공동체로부터 떨어져 이방인으로서 살아간다는 점에서 비(非)활동적이라는 것이다. 잘 알려진 것처럼 아리스토텔레스에 따르면 "인간은 본성상 폴리스적 동물이다"(I.2, 1253a2-3). 따라서 폴리스적이지 않은 존재는 그 자체가 완벽하고 자족적인 신과 같은 존재이거나 아니면 짐승과 같은 존재이다. 그렇다면 최선의 삶이 혼자만의 관조적 활동을 통한 삶이라고 주장하게 되면 그러한 삶의 방식은 곧 폴리스적 동물로서의 삶의 방식과 조화되지 않는다는 문제가 있다.

그러면 이러한 비판에 대해 철학적 삶의 옹호는 어떻게 가능할까? 아리스토텔레스는 활동적인 삶(praktikos bios)이 반드시 타인과 함께 사는 정치적 활동만으로 규정될 이유는 없다고 말한다. 행위에서 결과를 얻기

---

[17] *Pol.*, VII.2, 1324b30-VII.3, 1325a31 참조.

위한 것만이 활동적인 것이 아니라 관조적인 사고 활동 역시 "그 자체로 완전하고 자체 목적적이며 훨씬 더"(poly mallonas tas autoteleis kai tas hautōn heneken theōrias kai dianoēseis, 1325b19-22) 활동적이라는 점에서 더 훌륭한 행위일 수 있기 때문이다. 이것은 신과 우주가 외적인 활동을 하지 않으면서도 자족적이고 자체목적적인 활동을 하는 것처럼 개인이 타인이나 또는 국가가 타국과 교섭하지 않고서도 활동적일 수 있는 경우에서 알 수 있다. 더 나아가 정치적인 실천적 활동 역시 사고와 같은 관조적 활동에 의해 주도되는 것으로 볼 수 있다. 사고 내지 관조가 우선하고 그에 따른 실천적 활동이 이루어진다는 것이다.

결론적으로 아리스토텔레스는 극단적인 두 종류의 삶의 방식, 즉 정치적 삶과 철학적 삶을 대비시키고 두 유형의 삶이 각기 부분적으론 옳지만 다른 부분에선 옳지 않다는 입장을 보인다. 즉, 두 진영의 상대방에 대한 비판은 적확성(的確性)이 떨어지는데, 그것은 상대의 약점만을 비판하고, 긍정적인 측면은 간과하고 있기 때문이다. 다시 말해 정치적 삶은 철학적 삶을 지지하는 사람들이 비판하는 것처럼 전제적 통치방식으로만 이해되는 것은 문제가 있다. 정치적 삶은 자유 시민들에 대한 시민 통치로 이해될 수 있기 때문이다. 같은 비판이 정치적 삶을 지지하는 사람들에게도 향해진다. 왜냐하면 철학적 삶을 비활동적인 것(apraktein)으로만 보는 것은 문제가 있기 때문이다. 그 반대로 철학적 삶이 오히려 정치적 삶보다 더 활동적인 삶의 방식일 수 있다. 이것은 개인의 영역과 폴리스적 영역에서 존재하는 활동의 두 측면에 대한 올바른 평가가 결여된 데서 비롯한다. 요컨대 정치적 삶을 옹호하는 진영은 활동의 영역을 폴리스로만 국한시키고, 그 반대로 철학적 삶을 지지하는 사람들은 활동의 영역을 반(反)폴리스적인 사적(私的)인 차원에서만 발휘될 수 있는 것으로 본다. 이렇게 되면 전자처럼 개인의 지적인 사고활동을 보지 못하고, 후자는 자유 시민들의 정치적 활동의 가치를 보지 못하는 문제점을 보여주게 된다.

그런데 여전히 앞서 제기한 물음에 대한 답이 분명하게 제시되지 않고 있다. 그것은 최선정체가 추구하는 최선의 삶이 어느 것인가 하는 것이다. 이 물음에 대한 최선의 삶의 두 후보는 지금까지 살펴본 것처럼 철학적 삶과 정치적 삶이라고 말할 수 있다. 남는 것은 그러면 이 두 삶의 방식 중에서 어느 것이 최선의 삶인가 하는 것이 될 것이다. 잘 알려진 것처럼 『니코마코스 윤리학』(Ethica Nicomachea) 10권에서 아리스토텔레스는 최선의 완벽한 삶을 관조적 활동에 따른 철학적 삶으로 말한다.[18] 실천적 활동에 따른 정치적 삶은 차선의 행복한 삶의 유형이 되는 것이다. 이러한 철학적 삶의 우월성은 『정치학』의 최선의 삶의 논의에서도 여전히 유효한 것인가? 아니면 아리스토텔레스는 『니코마코스 윤리학』(Ethica Nicomachea) 10권에서의 관조적 삶의 실천적 삶에 대한 우월성을 『정치학』에서는 포기하는 것인가?

실상 『정치학』 7권 1장부터 3장에서의 최선의 삶에 대한 아리스토텔레스의 판정은 분명하지 않다. 그는 정치적 삶과 철학적 삶을 각기 지지하는 두 입장이 일장일단(一長一短)이 있다는 소위 양비양시(兩非兩是)론적 견해를 보여주고 있기 때문이다. 이상국가의 시민들이 참여할 수 있는 좋은 삶은 관조적 활동뿐만 아니라 정치적 활동을 통해서도 이루어지는 것으로 보기 때문이다. 아리스토텔레스는 어느 한쪽의 삶만을 최선의 삶으로 주장하는 것은 문제가 있는 것으로 생각하기 때문이다. 이렇게 보면 아직까지 분명하지 않지만 아리스토텔레스는 '바람에 따른 폴리스'

---

[18] *EN.*, X.7, 1177a12 이하 계속 참조. 아리스토텔레스의 행복에 관한 상세한 논의는 손병석(2000), 31-64 참조.

에서는 두 유형의 삶의 조화가능성을 새롭게 모색하는 것으로 보인다. 그런데 두 유형의 삶의 조화가 그의 최선정체에서 어떻게 가능한지는 아직까지 분명하지 않다. 특히 정치적 삶과 철학적 삶이 모두 최선의 삶을 구성한다고 하더라도 양자의 위계질서가 어떻게 되는지는 분명하지 않다. 또한 철학적 삶이 정치적 삶보다 더 활동적인 것으로 인정되더라도 그러한 관조적 활동이 여전히 폴리스의 영역이 아닌 개인의 고립적 활동일 경우 문제가 해결되지 않는다. 이것은 아리스토텔레스가 자신의 최선정체에서 철학적 삶에 관한 구체적인 실현방안을 제시했는지에 대한 고찰을 요구한다. 이제 이러한 물음들에 대한 답을 찾기 위해 아리스토텔레스가 제시하는 최선국가의 사회정치적 구조를 살펴보도록 하겠다.

2) 최선국가의 질료적 구성요건

아리스토텔레스는 자신의 최선정체를 구현하기 위한 정치, 사회적 구성요건을 몇 가지로 나누어 기술한다. 먼저 인구가 고려되어야 한다고 말한다.[19] 즉, 최선의 폴리스는 자족적이며 잘 사는 삶이 실현될 수 있는 적정한 정도의 인구로 구성되어야 한다. 너무 작아도 문제고 너무 많아도 문제다. 이것은 마치 배가 너무 작아도, 너무 커도 좋은 배가 될 수 없는 것과 같다. 아리스토텔레스는 시민들이 모였을 때 보고자가 말하는 메시지를 들을 수 있거나 장군의 명령을 들을 수 있을 정도가 되어야 한다고 말한다. 그들은 서로가 잘 알고 있어야 하며 거류외인이나 외국인이 마치 시민들인 척 행세하는 것이 파악되지 못할 정도가 되어서는 안 된다.

아리스토텔레스가 이렇게 최선의 국가를 이루기 위한 인구가 적정해

---

[19] *Pol.*, VII.4, 1326a5 이하 계속 참조.

야 한다고 보는 데에는 인구가 많으면 잘 다스려지기 어렵기 때문이다. 좋은 법(eunomia)은 좋은 질서(eutaxia)를 위한 것인데, 인구가 너무 많게 되면 좋은 질서에 참여하기 어렵기 때문이다.[20] 전체를 개관(概觀)할 수 있는 범위 내의 최대 인구가 최적인구수인 것이다. 아리스토텔레스가 최선정체에 적정한 인구수를 고려하는 것은 무엇보다 그것이 최선정체의 구성원인 시민들의 정치적 판단을 용이하게 할 수 있기 때문이다. 이것은 아리스토텔레스에게서 부강한 좋은 나라는 시민수가 아니라 시민들의 정치적 역량과 같은 질적인 요소가 판단기준이 되어야 함을 의미한다. 힙포크라테스가 위대한 사람인 것은 큰 키 때문이 아니라 의사로서의 역량이 크기 때문인 것과 같다.[21] 이러한 이유로 아리스토텔레스는 플라톤이 『법률』편에서 최선정체의 시민수를 5,040명으로 언급한 것은 너무 많은 수이며, 따라서 비현실적인 것으로 비판한다.[22] 그렇다면 아리스토텔레스가 생각하는 적정한 시민수는 적어도 5,000명보다는 훨씬 적은 수가 되어야 할 것이다. 아리스토텔레스는 강한 국가와 인구가 많은 국가는 구별되어야 하는 것으로 보는 것이다. 직공을 전쟁터로 많이 보내는 것보다는 중무장보병을 더 많이 보내는 것이 더 강하고 큰 국가이다.[23]

영토의 규모 역시 시민들이 절제를 지키며 자유롭게 여가를 즐길 수 있을 만큼이 되어야 한다.[24] 국토는 전체적인 개관이 용이해야 하며, 따라서 수호하기가 쉬워야 한다.[25] 토지는 두 부분으로 구분되는데 하나는

---

[20] *Pol.*, II.6, 1265a27-30.
[21] *Pol.*, VII.4, 1326a15-16.
[22] *Pol.*, II.6, 1265a13-17.
[23] *Pol.*, VII.4, 1326a20-24.
[24] *Pol.*, VII.5, 1326b30-31.
[25] *Pol.*, VII.5, 1327a1-4.

공유지고 다른 하나는 사유지다. 각각의 영토는 다시 두 부분으로 나누어진다.[26] 공유지는 나라의 공적 의식이나 행사를 위해, 다른 부분은 공동식사제도 비용을 위한 용도이다. 모든 시민들은 사유지를 분배받는데 하나는 국경선 근처의 땅을, 다른 하나는 도시 근처의 땅을 소유한다. 국경선 근처의 땅을 소유하게 함으로써 전쟁과 같은 위험한 상황이 발생했을 때 좀 더 관심을 갖고 나라를 지키려고 할 것이기 때문이다. 토지경작은 노예가 담당하도록 하는데 사유지는 사유지 노예가, 공유지는 국가노예가 담당한다.

이상국가의 계급구성과 관련해선 시민과 비(非)시민을 구별하는 것이 중요하다. 아리스토텔레스는 계층 구분을 "폴리스의 부분"(merē tēs poleōs)과 폴리스를 위해 "필요한 부분"(anagkaion)으로 구분한다.[27] 전자는 폴리스의 본질적 구성부분으로서 시민계급에 해당되고, 후자는 비본질적 구성부분이 되며 비시민 계급에 해당된다. 전체계급은 5계급으로 구분되는데, 정치적 심의 결정권자들, 사제들, 부유층, 전사, 장인, 농부가 여기에 해당된다. 이 중 앞의 3계급은 폴리스의 부분으로 시민계급에 해당되고, 장인과 농부는 시민계급에 속하지 않는다. 이렇게 해서 식량을 담당하는 농부,[28] 제작 업무에 종사하는 장인, 국내·외적인 수호업무를 맡는 전사계급, 재원을 담당하는 부자, 신들에 대한 예배를 담당하는 사제, 그리고 가장 필요한 업무인 공동체의 이익과 개인들 사이의 판결업무에 종사하는 정치적 심의계급이 최선국가의 인구를 구성한다.

그러면 아리스토텔레스가 시민과 비시민을 구분하는 기준은 무엇인

---

[26] *Pol.*, VII.10, 1330a9-33 참조.
[27] *Pol.*, VII.8, 1329a35-40.
[28] 농부는 같은 민족이 아니라 이방인 페리오이코이(perioikoi) 출신의 노예여야 한다.

가? 이상적인 정체는 정치적 활동을 하는 계급과 나라를 수호하는 전사계급도 중요하지만 먹고 살기 위한 식량이나 집도 중요하지 않은가? 앞서 말한 것처럼 아리스토텔레스는 자신의 최선정체에서 식량공급이나 도구의 제작은 경제적인 자족을 위해 필요한 것으로 말한다. 그렇다면 아리스토텔레스가 이러한 일에 종사하는 사람들을 비(非)시민계급으로 처리하는 것은 선뜻 이해가 되지 않는다. 여기서 우리는 아리스토텔레스가 생각하는 최선정체의 궁극적 목적이 무엇인지를 고려해야 한다. 그리고 그는 『정치학』 7권 9장에서 최선의 정체는 "최대의 행복"(malist' eudaimōn, 1328b35)을 누릴 수 있는 정체여야 하는데, 이것은 "덕 없이는 불가능하다"(chōris aretēs adynaton, 1328b36)고 말한다. 즉, 최선의 정체의 목적(telos)은 단순히 '사는 것'(to zēn)이 아니라 무엇보다 '잘 사는 삶'(to eu zēn)에 있다. 요컨대 아리스토텔레스의 최선정체를 규정짓는 아르키데메스적 원리는 '덕에 따른 삶'에 있다. 이것은 최선정체의 시민이 되기 위한 자격이 덕의 소유 여부에 달려있음을 의미한다. 중요한 것은 아리스토텔레스에게 있어서 덕의 소유를 위해서는 무엇보다 '여가'가 필요하다는 것이다. 뒤에서 자세히 살펴보겠지만 여가를 통해 덕의 연마가 가능하기 때문이다. 결국 행복과 덕 그리고 여가의 기준에 근거해서 아리스토텔레스는 단적으로(aplōs) 정의롭고 훌륭한 정체의 시민들은 농사를 짓거나 물건을 만들거나 장사를 하는 일에 종사해서는 안 된다고 말한다.[29] "그런 삶은 천하고 덕에 반하는 일이기 때문이다"(1328b40-41).

"최선의 폴리스는 직공을 시민으로 만들지 않을 것이다. 그러나 직공을 시민으로 받아들인 폴리스라면 우리가 앞서 말한 시민의 덕은 모든 시민

---

[29] Pol., VII.9, 1328b38-39.

이 다 가질 수 있는 것이 아니라, 자유민이면서 살아가는 데 필요한 노동에서 해방된 자들만이 가질 수 있을 것이다. 필요한 노동을 하되 개인에게 봉사하는 자들은 노예이고, 공동체를 위해 봉사하는 자들은 직공들이고 품팔이꾼들이다."(*Pol.*, III.5, 1278a8-13)

위 인용문에서 아리스토텔레스는 농부나 장인은 시민계급이 될 수 없는 것으로 말한다. 그 이유는 이들 육체적인 일에 종사하는 계급이 여가시간을 확보할 수 없고 따라서 덕의 소유가 어렵기 때문이다.[30] 그러나 전사계급과 정치적 심의권 자들은 이러한 여가를 확보함으로써 덕의 소유가 가능한 계급이 되는 것이다.

지금까지 살펴본 최선정체의 인구와 영토 그리고 시민계급 분류에 관한 아리스토텔레스의 견해는 앞에서 제기한 최선의 삶에 관한 물음과 관련해서 중요한 단서를 제공한다. 그 물음은 '아리스토텔레스는 자신의 최선의 정체에서 정치적 삶과 철학적 삶이 어떻게 조화될 수 있는 것으로 보았는가' 하는 것이다. 이에 대한 가능한 답을 『정치학』 7권 9장에서 찾을 수 있는데, 그것은 연령에 따라 삶의 방식을 다르게 배분하는 것이다. 자연은 인생의 다른 시기에 그에 적합한 한 가지를 주는데 젊어서는 힘을, 나이가 들어서는 지혜를 주기 때문이다. 따라서 최선의 정체에서는 이 두 연령층에게 그 기능을 잘 발휘할 수 있는 업무를 배분하는 것이 좋은데, 청년 시기 단계에서는 군사적인 업무를, 장년 단계에서는 정치적 삶을, 그리고 노년의 단계에서는 관조적인 활동을 하며 살도록 하면 된다는 것이다.[31] 이렇게 아리스토텔레스는 두 가지 삶의 방식이 상호 배타적

---

[30] 직공 또는 장인계급이 덕을 소유하기 어렵다고 보는 입장은 플라톤도 마찬가지다. 이와 관련해선 Platon, *Politeia*, 590c.
[31] *Pol.*, VII.9, 1329a2-17. 두 유형의 삶의 조화에 관한 아리스토텔레스의 설명은 분명 플라톤의 철학자 왕의 통치자 업무에 관한 설명과 다른 점이 있다. 플라톤은 철학자

인 것이 아니라 연령에 따른 삶의 진행단계에서 실현가능한 것으로 본다. 결국 아리스토텔레스가 그리는 최선정체에서 시민들은 모두 정치적 활동과 철학적 활동을 전 일생에 걸쳐 실천할 수 있다. 그리고 최선정체는 이러한 활동이 가능하도록 정치경제적 구조가 최적화된 것으로 볼 수 있다. 중요한 것은 아리스토텔레스가 시민의 자격이 되는 덕의 역량이 여가활동을 통해 계발된다고 말한다는 점이다. 즉, 최선의 정체의 시민들이 덕에 따른 행복을 실현할 수 있는 것도 바로 여가활동이 가능하기 때문이다. 직공과 농부가 시민이 될 수 없는 이유도 여가활동에 참여할 수 없기 때문이다. 이런 점에서 아리스토텔레스가 스콜레(scholē), 즉 '여가'에 부여하는 의미가 무엇이고, 여가가 덕에 따른 활동과 어떤 관계를 갖는지를 좀 더 상세하게 규명할 필요가 있다.

왕의 이상국가에의 통치자 업무가 강요에 의해 이루어질 필요가 있다고 말하기 때문이다. 또한 앞에서 말한 것처럼 플라톤은 시민들 사이의 통치하고 통치받는 교대로의 통치방식을 인정하지 않는다는 점에서도 그 차이성이 부정되기 어렵다. 이와 달리 아리스토텔레스가 생각하는 시민들은 통치자와 피통치자로 구성되지만, 시민들은 기본적으로 동등하고 자유로운 자들로 간주되고 통치 역시 교대로 이루어지는 정치적 통치 원리(politikē archē)를 따른다. 그의 바람에 따른 폴리스에선 모든 시민들이 자신의 토지를 소유하면서 또한 모두 정치적 참정권을 소유한다. 그들은 젊어서는 군사업무에 종사하고, 장년이 되면 정치적 심의와 결정에 참여하고 이후 나이가 들어 은퇴하면 철학적 삶을 즐기면 된다.

15장
최선정체의 시민교육론

1. 공교육(hē koinē paideia)의 필요성

　최선의 정체에 관한 논의가 이루어지고 있는 『정치학』 7권에서 아리스토텔레스가 중요하게 논의하고 있는 주제는 파이데이아(paideia), 즉 교육이다. 교육이 최선정체의 건설에서 차지하는 위상을 이해하기 위해서는 먼저 최선정체의 목표를 염두에 둘 필요가 있다. 이와 관련하여 7권 13장에서 아리스토텔레스는 최선의 정체가 추구하는 목표가 모든 시민들을 행복하게 만드는 데 있음을 분명히 한다.[32] 이것은 "최선의 정체는 분명 누구나 가장 훌륭하게 행동할 수 있고, 행복하게 살 수 있는 제도를 갖고 있어야 한다"[33] 또는 "훌륭한 입법가가 할 일은 국가나 인간종이나 모든 다른 공동체가 어떻게 훌륭한 삶과 그들에게 가능한 행복에 참여할 수 있는지 고찰하는 것이다"[34]라는 말을 통해 알 수 있다. 그러면 폴리스에 최대의 선을 실현시켜주는 훌륭한 입법가는 최선의 정체가 추구하는 정

---

[32] 최선정체의 공교육에 관한 논의와 관련해선 손윤락(2012), 149-174. 동일인(2015), 65-86 참조.
[33] Pol, VII.2, 1324a23-25.
[34] Pol, VII.2, 1325a7-10.

체와 시민들의 행복을 어떻게 달성할 수 있는가? 시민들로 하여금 자신의 행복한 삶을 선택하고 달성할 수 있기 위한 최선정체의 제도적 방안은 무엇일까? 아래의 두 인용문은 이러한 물음들에 가능한 답을 제시한다.

"입법자들은 시민들에게 습관을 들임으로써 좋은 시민들로 만들며, 이것이 모든 입법자들의 바람이기 때문이다. 물론 이것을 잘 해내지 못하는 입법가들은 애초의 목표에 도달하지 못하는 것이며, 바로 이 점에서 좋은 정치 체제와 나쁜 정치 체제가 구별된다."(*EN*, II.1, 1103b3-6)

"국가 전체가 하나의 목표를 추구하는 만큼, 교육도 분명 모두에게 한 가지여야 한다. 그리고 교육은 공공의 관심사이어야 하지, 각자가 제 아이들을 따로 보살피며 자기가 좋다고 생각하는 교과목을 사적으로 가르치는 오늘날처럼 사사로운 일이어서는 안된다. 공공의 관심사에는 역시 공동으로 대처해야 하기 때문이다 … 따라서 교육은 법에 의해 규제되고 국가에 의해 주도되어야 함이 분명하다."(*Pol*, VIII.1, 1337a21-34)

위의 첫 번째 인용문에서 아리스토텔레스는 참된 입법가의 목적은 좋은 "습관을 통해"(ethizontes) 시민들을 훌륭하게 만드는 것이라고 말한다. 한 정체의 입법가가 좋은 습관을 통해 시민들을 선하고 덕스럽게 만들면, 그것이 좋은 정체가 되고, 그렇지 않으면 나쁜 정체가 되는 것이다. 달리 말해 아리스토텔레스의 '최선의 정체는, 국가가 최대의 행복을 누릴 수 있는 정체인데, 이러한 정체는 덕 없이는 존재할 수 없는 것'[35]이다. 그리고 아리스토텔레스는 두 번째 인용문에서 이러한 최선의 정체를 건설하기 위한 덕의 습관화 교육이 국가의 법에 의해 규정되어야 함을 분명히 한다. 즉, 국가가 추구하는 하나의 목표, 즉 모든 시민들을 행복하게 만들

---

[35] *Pol*, VII.9, 1328b33-37.

기 위한 덕의 교육이 바로 국가에 의한 '공교육'(hē koinē paideia)을 통해 이루어져야 한다는 것이다.

그러면 가정에서의 덕의 교육은 어떻게 이해해야 할까? 아리스토텔레스가 가정에서의 덕의 습관화 교육을 부정하는 것으로 보기는 어렵다. 다만 아리스토텔레스는 가족에서의 훌륭한 사람을 만들기 위한 덕 교육은 한계가 있다고 본다. 『니코마코스 윤리학』 10권 9장에서 기술되듯이[36] 사람은 본성상 고통은 피하고 쾌락을 추구하는 감정에 따라 살려고 하는 성향이 강하기 때문에, 어린 시절부터 덕의 교육이 가정에서 올바르게 이루어지기가 결코 녹록지 않기 때문이다. 젊은이에게 덕의 습관화 교육은 즐거운 것이 아니다. 이런 이유로 아리스토텔레스는 가정에서의 아버지의 자식에 대한 명령이 효과적으로 작용할지, 또는 가정에서의 여성에 의한 교육이 장차 공적 영역에서 요구되는 시민 덕의 함양에 실질적인 기여를 할 수 있는지에 의문을 제기한다. 가정에서의 덕 교육은 자칫 외눈박이 퀴클롭스(Kyklops)가 자신의 아이들과 아내에게 전제적인 법을 부여하며 통치하는 것과 같은 문제가 발생할 수 있기 때문이다.

이런 이유로 아리스토텔레스는 선하고 정의로운 시민을 만들기 위한 덕 교육은 그것을 가능케 하는 "어떤 힘을 가진 지성과 힘을 가진 올바른 질서에 따라"(kata tina noun kai taxin orthēn echousan ischyn, *EN*, X.9, 1180a18) 이루어져야 한다고 주장한다. 즉, 덕의 습관화와 그 교육은 법이나 정치적인 제도를 통해 그것의 실질적인 효과를 담보할 수 있고, 또 본래의 목적을 달성할 수 있다는 것이다. 결국 최선의 정체가 되기 위해선 모든 시민들의 자족적이며 잘사는 행복한 삶이 실현될 수 있어야 하는데, 이것은 국가적인 제도적 차원에서 법에 의해 시행되는 공교육에 의해

---

[36] *EN*, X.9, 1179b4-1180a22 참조.

가능한 것이다. 요컨대 국가적 차원의 최우선 과제, 달리 말해 입법가의 주된 임무는 바로 폴리스의 모든 시민들에게 덕의 습관화를 위한 공교육이 실현될 수 있도록 공평한 교육 수혜의 환경을 제공하는 것이다.

중요한 것은 공교육이란 말에서 알 수 있듯, 덕 교육이 특정한 부류의 계급에만 한정되어서는 안 된다는 것이다. 다시 말해 부자나 또는 귀족계급에만 한정된 것이 아니라 시민 모두의 역량을 함양할 수 있는 공교육이 되어야 한다는 것이다. 아리스토텔레스가 이처럼 공교육을 통한 시민덕의 교육을 강조하는 것은 달리 말해 사회, 정치적 차원에서의 운의 개입 가능성을 최소화하거나 중립화시키려는 의도가 있는 것으로 볼 수 있다. 덕의 습득을 위한 공동체의 교육이 사적으로 이루어지게 되면, 시민 개개인의 덕의 역량 발휘에서 기본적인 차이가 있을 수밖에 없고, 그것은 결과적으로 불평등한 분배로 귀결될 수 있기 때문이다. 아리스토텔레스가 생각하기에 정당화될 수 있는 공적(功績) 원리란 그러한 공적을 발휘할 수 있는 덕의 역량을 시민 모두가 갖추고 있을 때 가능한 것이다. 이것은 덕의 교육이 시민 모두에게 동등하게 이루어져야 함을 전제할 때 가능하다. 그렇지 않고 덕의 교육이 가정과 같은 사적 영역에서 이루어질 경우, 가정환경의 좋고 나쁨에 따라 덕의 역량에서 기본적인 차이가 있을 수밖에 없고, 이것은 곧 한 개인의 행복과 삶의 질이 운적인 요소에 의해 결정될 수 있다는 우려가 담긴 것으로 보인다. 아래의 인용문은 이것을 보다 분명하게 알 수 있게 해준다.

"행운(eutychia)은 필연적으로 행복과 다른 것이다. 영혼 바깥의 선은 저절로 우연(tychē)에 의해 이루어지지만 누구도 우연히 또는 우연에 의해 정의롭고 절제 있는 사람이 된 적은 없기 때문이다. 이와 관련되면서도 같은 논거는 행복한 폴리스는 최선의 국가이며, 고상하게 행위한다는 것이다. 그러나 고상한 것들을 실천하지 않는 사람들이 잘 행위하는 것은 불가능하다. 그리고 개인이건 국가이건 덕과 지혜 없이 훌륭한 행위를 할 수 없다. 국가의 용기, 정의, 지혜, 절제는 개인이 용감하고, 정의롭고, 지혜롭고, 절제 있다고 불릴 때 공유하는 덕과 같은 역량과 형태를 갖는다."(*Pol*, VII.1, 1323b26-36)

위 인용문에서 아리스토텔레스는 우연에 의해 행복해지는 것과 덕에 의해 행복해지는 것은 분명 다른 것이라고 말한다. 그리고 우연에 의해서는 정의롭고 절제 있는 사람이 될 수 없다고 그 차이점을 분명히 한다. 이어서 아리스토텔레스는 자신이 생각하는 최선의 국가는 덕과 지혜가 없으면 가능하지 않다고 말한다. 이것은 국가의 구성원들인 시민들이 정의와 절제 같은 덕을 분유하고 있을 때 가능하다. 따라서 아리스토텔레스가 생각하기에 최선의 국가는 그 시민들 개개인들에게 덕에 따른 삶이 선택될 수 있고, 그렇게 살 수 있는 조건을 제공하는 것이다. 아리스토텔레스가 생각하기에 최선의 나라의 실현은 어디까지나 시민들 개개인의 덕에 의해 가능하기 때문이다. 위의 인용문에서 말하는 것처럼 나라의 시민들 모두가 용기나 정의, 절제 또는 지혜를 갖고 있을 때 비로소 한 나라의 정치적 배열 역시 전체로서 선하고 행복할 수 있기 때문이다.[37] 결국 최선의 정체가 추구하는 행복은 운이 아닌 시민들 모두의 덕에 따른 활동을 통해 가능하다고 말할 수 있다. 그리고 이러한 시민들 각자의 덕에 따른 삶의 방식에의 참여는 시민들의 덕의 능력을 현실태적으로 발휘할 수 있기 위한 토대와 환경으로서의 공교육을 통해 가능하다고 말할 수 있다. 이렇듯 국가의 공교육은 시민들의 자연적인 또는 가능태적

---

[37] *Pol*, VII.9, 1329a22-24. M. C. Nussbaum(1987), 161 이하 계속 참조. 또한 C. Lord(1987), 203-243 참조.

덕의 역량이나 재능을 폴리스의 공동선을 수행할 수 있는 덕으로 이행시키는 중요한 수단이다. 아리스토텔레스가 이처럼 시민들 모두의 덕 교육이 행운에 맡겨져서는 안 됨을 강조하는 이유는 아래의 인용문에도 잘 나타나 있다.

> "국가가 훌륭해지는 것은 행운의 소관이 아니라, 지혜와 윤리적 결단의 산물이다. 훌륭한 국가가 되려면 국정에 참여하는 시민들이 훌륭해야 한다. 그런데 우리의 시민들은 모두 국정에 참여한다. … 시민 각자가 훌륭하지 않아도 시민 전체가 훌륭할 수 있겠지만, 시민 각자가 훌륭한 것이 더 바람직하다. 각자가 훌륭하면 전체도 훌륭한 것이기 때문이다."(*Pol*, VII.13, 1332a31-38)

위에서 아리스토텔레스는 덕의 국가 실현은 "운의 기능"(ergon tyches)에 의해 실현되는 것이 아니라, 어디까지나 지식(epistēmē)과 숙고적 결정(proairesis)에 의해 가능함을 분명히 한다. 그리고 이러한 국가의 훌륭함은 시민 모두가 정치적인 일에 참여할 때 가능하다고 본다. 중요한 것은 아리스토텔레스가 이때의 국가의 훌륭함이 전체로서의 시민개념이 아닌 개별적인(kath' hekaston) 시민의 의미를 강조하고 있다는 점이다. 전체로서의 시민들이 국가의 덕과 선을 증가시키는 것이 곧 개별적인 시민 각자가 덕과 선을 소유한 것과 일치하지 않기 때문이다. 그렇기 때문에 아리스토텔레스는 개별적인 시민 모두가 덕을 획득할 수 있는 공교육을 강조하는 것이다. 이런 점에서 아리스토텔레스의 최선의 나라는 시민들 개개인이 덕에 따른 공적이나 재능을 발휘하기 위한 공평한 조건을 제공하는 정체라고 볼 수 있다.[38] 최선의 나라는 특정한 계급이 유리한 조건에서

---

[38] *Pol*, VII.2, 1324a23-25.

덕의 교육을 받아 그에 따른 공적을 세움으로써 국가로부터 더 많은 보상을 받을 수 있는 정체가 아니다. 그 반대로 아리스토텔레스가 구상하는 최선의 국가에서는 덕 교육을 공평하게 받을 자격이 있고, 그래서 모든 시민들이 공적을 발휘할 수 있는 덕의 역량을 기본적으로 갖추고 있다. 이런 점에서 아리스토텔레스의 공교육은, 플라톤이 주장하는 것처럼 소수의 최선자들에게만 국한된 교육이 아니다.

그런데 여기서 제기될 수 있는 반론은 다음과 같다. 그것은 폴리스가 선할 수 있기 위해선 그 모든 부분들이 선하고 덕이 있어야 하는데, 몇몇 부류는 공교육의 대상에서 제외된다는 사실이다. 먼저 아리스토텔레스는 노예나 여성들은 덕 교육에 참여할 수 없다고 본다. 노예는 제작을 위한 도구처럼 이성을 결여한 존재이기 때문에 덕을 획득할 수 있는 본성 자체를 갖고 있지 못하기 때문이다.[39] 여성 역시 가정에서 이성을 발휘할 수 있는 덕을 갖고는 있지만, 공적 영역에서 발휘할 수 있는 이성적 능력(bouleutikon)은 결여하고 있다는 점에서 문제가 있다.[40] 아리스토텔레스에 따르면 정치적 판단과 관련해서 여성의 이성은 무력화(akyron), 즉 힘을 상실하기 때문이다. 더 나아가 아리스토텔레스는 최선의 국가에서 수공 노동자들이나 농부들 그리고 상인 계층 역시 덕 교육의 대상에서 제외시킨다. 이들 계급들은 그들의 덕을 연마할 수 있는 여가(scholē)를 결여한 삶의 방식을 갖고 있기 때문이다. 그래서 이러한 부류의 계급들은 최선국가의 필요한 보조자들(anagkaioi)이 될 수는 있어도, 국가의 부분(meros)으로서의 시민들에는 포함될 수 없다.[41] 이와 관련하여 아리스토

---

[39] *Pol.*, 1253b25 이하 계속 참조. 노예제에 관한 상세한 논의는 본 저술 1부 노예제 부분 참조.
[40] *Pol*, 1260a12 이하 참조. 여성에 관한 상세한 논의는 본 저술 1부 참조.
[41] *Pol*, 1329a19-24, 1328a35-40, 1328b39-1329a2, 1277b33이하 계속 참조.

텔레스는 다음과 같이 말한다.

> "폴리스는 최선의 가능한 삶을 목표로 하는 동등한 자들의 공동체이다. 그런데 최선의 삶은 행복이고, 또 이것은 어떤 종류의 덕의 활동이고 완전한 발휘이기 때문에, 그리고 어떤 사람들은 행복에 참여할 수 있지만, 다른 사람들은 조금만 또는 전혀 참여하지 못하는 일이 발생하기 때문에, 이로 인해 왜 여러 종류의 차이가 나는 폴리스가, 여러 정체가 존재하게 되는지가 분명하게 된다."(*Pol*, VII.8, 1328a35-40)

위 인용문을 통해 알 수 있는 것처럼 아리스토텔레스는 상대적으로 정의로운 것이 아니라 최선의 정의로운 정체에서 시민들은 직공(banausos)이나 상인 또는 농부의 삶을 살아서는 안 된다고 본다. 이들 계급들은 덕의 연마를 위한 여가를 확보할 수 없기 때문에 덕과 행복이라는 폴리스의 본질적 목적에 참여할 수 없기 때문이다. 물론 덕을 위한 공교육에서 노예나 여성뿐만 아니라 상인이나 농부계급까지 배제시켜야 한다는 아리스토텔레스의 주장은 우리에게 설득력이 떨어진다. 그의 계급이나 또는 성에 대한 차별은 시대적 한계를 극복하지 못한 견해라는 점에서 분명 문제가 있고, 또 그렇기 때문에 우리를 불편하게 하는 것이 사실이다. 아리스토텔레스의 이러한 불편한 주장은 근대 이후의 철학자들, 예를 들어 루소(J. J. Rousseau)나 밀(J. S. Mill)의 여성에 대한 이중적인 주장에서도 어렵지 않게 발견된다는 점이다. 또한 여성의 정치적 권리로서의 보통선거권이 20세기 초에야 비로소 인정되었다는 것은 인권과 평등을 추구하는 민주주의 역사가 아리스토텔레스의 생각과 단절하는데 결코 녹록지 않은 여정을 걸어왔음을 암시해준다.

그러나 우리가 간과하지 말아야 할 중요한 점이 있다. 그것은 아리스토텔레스가 공교육의 수혜가 "그 누구든"(ostisoun) 시민이라면 부나 혈통과 같은 특정한 기준에 구애되지 않고 공평하게 이루어져야 함을 역설하였다는 점이다. 그러면 최선의 정체에서 공교육을 받은 모든 시민들은 동등한 시민덕(politikē aretē)을 갖는 것으로 보아야 할까? 지금까지의 논의에 따르면 최선국가의 시민들은 예외 없이 덕의 교육을 동등하게 받았기 때문에 결과적으로 누구나 시민덕을 갖춘 것으로 생각된다. 그러나 이때의 시민덕이 그 기능에 있어서도 동일한 것으로 보아야 하는지는 좀 더 검토될 필요가 있다. 이와 관련하여 『정치학』 3권 4장에서의 "훌륭한 시민"(spoudaios politēs)과 "좋은 인간"(agathos anēr)의 동일성 논제가 분석될 필요가 있다. 이곳에서 아리스토텔레스는 무엇보다 최선의 정체가 전적으로 선한 사람들로만 구성될 수는 없다고 말한다. 그 대신에 최선의 정체는, 마치 생물이 영혼과 육체로, 영혼이 이성과 욕구로 구성되듯이, 서로 다른 요소들로 구성되어야 한다. 다시 말해 시민들이 발휘할 수 있는 덕이 달라야 한다는 것이다. 아리스토텔레스에 따르면 이것은 배가 안전하게 항해할 수 있기 위해서는 배의 선원들의 기능(ergon)이 달라야 하는 것과 같다. 노 젓는 선원이 있으면, 키잡이도 있어야 하고 망보는 선원도 있어야 하는 것이다. 이렇듯 최선의 정체가 가능하기 위해선 개개의 시민들이 지녀야 할 덕은 달라야 한다. 그렇기 때문에 치자가 가져야 할 덕은 실천지(phronēsis)이지만, 피치자의 덕은 올바른 의견(orthē doxa)처럼 양자의 덕은 다른 것이다. 아리스토텔레스가 입법가 팔레아스의 교육론을 비판하는 이유도 여기에 있다.[42] 팔레아스는 재산의 평준화뿐만 아니라 교육의 평준화도 추구해야 됨을 주장했기 때문이다. 그러나 아리스토텔레스가 생각하기에 모든 시민들이 동일한 하나의 교육

---

[42] *Pol*, II.7, 1266b24 이하 계속 참조.

을 받아야 한다는 것은 국가에 이익이 되지 않는다. 그러한 천편일률적인 교육은 돈이나 공직을 탐내는 비도덕적인 인간을 양산하는 결과를 낳기 때문이다.

상술한 것을 고려할 때 아리스토텔레스의 최선정체에서 이루어지는 공교육은 모든 시민들이 동일한 덕을 갖게 하는 것이 아니다. 그것은 배에서 선원들이 맡은 바 기능이 달라야 하는 것처럼 개개의 시민들로 하여금 각자가 탁월하게 발휘할 수 있는 덕의 역량을 갖추도록 하는 교육이라고 말할 수 있다. 이런 점에서 공교육의 궁극적인 목표는 덕의 획일화가 아니라 덕의 역량의 다양성(plēthos)이다. 그것은 어디까지나 모든 시민이 인간으로서 갖추고 있는 가능태적인 덕을 국가의 목표에 기여할 수 있는 공적(公的)인 시민 덕으로 전향될 수 있도록 하기 위한 공평한 기회를 주는 것이다.

2. 여가(scholē)와 음악(mousikē) 교육

앞에서 살펴본 것처럼 아리스토텔레스는 자신이 생각하는 최선의 정체를 건설하기 위한 중요한 수단으로 공교육을 강조한다. 그리고 공교육의 목적은 시민 모두가 행복하게 잘 사는 삶을 누릴 수 있도록 하는 것이다. 이런 점에서 아리스토텔레스가 생각하기에 그릇된 정체의 교육은 잘 사는 삶이 아닌 부의 무한한 소유나 다른 나라와의 전쟁에서의 승리라는 목적에 맞추어져 있기 때문에 문제가 있다. 그러면 최선정체가 추구하는 참된 행복을 실현하기 위한 교육은 구체적으로 어떤 것인가? 최선정체의 모든 시민들이 고상하고 덕스러운 삶을 살기 위해서는 어떤 교육 활동이 강조되어야 하는가? 이 물음과 관련하여 아리스토텔레스는 입법가가 시민들 교육에서 가장 신경 써야만 하는 것이 스콜레(scholē), 즉 여가교육이라고 말한다.

> "따라서 사실이 이론을 증명하고 있는데, 그것은 입법자는 법을 정함에 있어 전쟁에 관한 것이나 그 밖의 다른 일들이 무엇보다도 여가와 평화를 위한 것이 되도록 해야만 한다는 것이다. 왜냐하면 전쟁을 목적으로 삼는 대부분의 국가는 그들이 전쟁을 하는 동안에는 안전하지만, 정복을 통해 통치권을 획득한 후에는 즉시 멸망하고 말았기 때문이다. 마치 쇠처럼 그들은 평화 시에는 날카로운 기질을 잃어버리기 때문이다. 그러나 그 원인은 여가를 활용할 수 있도록 그들을 교육시키지 않은 입법자에게 있다."(*Pol.*, VII.14, 1334a2-10)

위 인용문에서 아리스토텔레스는 경험적인 차원에서나 이론적인 차원에서나 폴리스의 안정과 행복을 위한 핵심적인 요소가 여가임을 강조한다. 앞에서 살펴본 것처럼 대표적인 역사적 사례가 스파르타의 교육제도이다. 아리스토텔레스는 스파르타가 전쟁을 위한 교육만 강조했지 평화 시에 무엇을 해야 할지에 관한 여가교육은 이루어지지 않았다고 비판한다.[43] 요컨대 스파르타의 멸망의 원인은 전쟁의 목적이 평화에 있고, 평화를 유지하기 위해선 무엇보다 여가교육이 중요함을 간과했다는 것이다. 아리스토텔레스에 따르면 행복한 삶이 달성되기 위해선 평화를 위해 전쟁을, 여가를 위해 일을, 고상한 것들(ta kala)을 위해 필요한 것과 유용한 것들을 행해야만 한다.[44] 따라서 최선의 정체가 추구하는 공교육은 스콜레(scholē), 즉 여가에 대한 올바른 이해를 기반으로 해야 한다. 그러면

---

[43] *Pol.*, VII.15, 1334a40-1334b5.
[44] *Pol.*, VII.14, 1333a41-1333b3.

여가가 어떤 점에서 시민 덕을 함양할 수 있는 중요한 수단이며 더 나아가 폴리스의 생존과 평화를 담보해주는 것인가?

아리스토텔레스에 따르면 여가는 크게 세 가지 의미를 갖는다. 놀이와 정치적, 군사적 활동, 그리고 관조(theōria)적 활동이 그것이다. 먼저 놀이는 노동으로부터 벗어난 자유시간이다. 게임을 하거나 스포츠 경기를 보거나 또는 탐정소설을 읽는 것과 같은 것이다. 이러한 오락의 의미로서의 여가는 오늘날 노동을 통한 과도한 피로를 겪는 사회에서 일상적으로 해방된 시간으로서 이해되는 경향이 있다. 그러면 여가는 휴식시간으로서 단순히 노동을 하기 위한 주변부적 의미만 갖는 것인가? 아리스토텔레스는 놀이가 여가의 목적이 되어서는 안 됨을 다음과 같이 강조한다.

> "일(ascholein)과 여가(scholazein) 둘 다가 필요하다면, 그러나 여가가 일보다 더 바람직하고 또 그 목적이라면, 여가활동을 위해 무엇을 해야만 하는지를 우리는 탐구해야만 한다. 그것이 놀이를 하는 것에 있지 않음은 명확하다. 그렇지 않으면 놀이가 필연적으로 우리에게 삶의 목적이 되어야 하기 때문이다."(*Pol.*, VIII.3, 1337b33-36)

위 인용문에서 아리스토텔레스는 일과 여가가 모두 필요하지만 여가가 더 선택할만하고 또한 삶의 목적이 된다고 말한다. 그런데 여가의 목적을 놀이에 있는 것으로 보는 것은 옳지 않다. 만약에 놀이가 목적이 된다면, 우리는 일생에 걸쳐 여흥을 즐기기 위해 노동과 고난을 감수하려 할 것이기 때문이다.[45] 물론 아리스토텔레스가 놀이의 필요성을 부정하는 것은 아니다. 일하는 자는 휴식이 필요하고 놀이가 휴식에 도움이 되기 때문이다. 즉, 놀이는 우리를 새롭게 충전시켜 더 나은 활동을 할 수 있게

---

[45] *EN.*, X.7, 1176b28-30.

해주는 긍정적인 측면도 있다. 마치 고통을 덜어주는 약(pharmakeia)처럼 말이다.[46] 그러나 이러한 약의 처방은 적절하게 이용해야지 지나쳐서는 안 된다. 결국 아리스토텔레스에게서 여가는 단순히 일을 하기 위한 놀이의 의미로만 이해되어서는 곤란하다. 일로부터 벗어난 단순한 쾌락추구나 소비행위와 같은 행위는 여가를 수동적으로 활용하는 것이며 이것은 직공계급이 활용하는 목적이 될 수는 있어도 최선정체의 자유시민의 목적은 될 수 없기 때문이다. 따라서 놀이는 여가의 최선의 활동이 될 수 없다.

여가의 두 번째 의미로 정치적 또는 군사적 활동을 생각할 수 있다. 아리스토텔레스는 이러한 활동이 여가를 사용하는 방식이 될 수 있다고 본다. 그것은 정의와 용기를 발휘하는 활동이라는 점에서 여가를 선용하고 있기 때문이다. 그러나 정치적이며 군사적인 활동을 위한 이러한 덕들의 발휘는 여가를 사용하는 최선의 의미가 될 수 없다. 그 이유는 이러한 활동들이 "그 자체적으로 선택되는 것이 아니기 때문이다"(ou di' hautas hairetai eisin, *EN*., 1177b18). 정치적이며 군사적인 활동은 그 목적을 활동 자체가 아닌 명예나 승리와 같은 외적인 것(heteron)에 두고 있기 때문이다. 따라서 정치적인 활동 역시 여가의 의미를 결여하고 있다는 점에서 최선의 목적이 될 수 없다.[47]

마지막으로 "관조"(theoria)의 의미를 갖는 것으로 볼 수 있다. 관조적 활동으로서의 여가는 다른 것을 위한 수단이 아닌 "고상함을 위한 자체목적적인 활동"(tou kalou heneka, autoteleis)으로 생각할 수 있다. 철학적 활동과 같은 관조적 활동이 여기에 해당된다. 아리스토텔레스가 여가를

---

[46] *Pol*., VIII.3, 1337b41-42.
[47] *EN*., X.7, 1177b6-18 참조.

통해 최선국가의 목적이 실현될 수 있는 것으로 보는 이유가 여기에 있다. 여가는 다른 것을 위한 수단이 아닌 관조와 같은 자체목적적인 활동이 될 수 있기 때문이다. 이것은 최선정체의 시민이 관조와 같은 자유로운 시간을 통해 자체목적적인 활동을 수행함으로써 더 자유로운 인간이 될 수 있음을 의미한다. 다시 말해 최선정체의 시민은 정치적 활동처럼 타인과의 관계를 통해서도 적극적인 폴리스적 동물로서의 본성을 실현하지만, 자신의 영혼 속에서의 사고활동을 통해서 보다 더 큰 행복을 실현할 수 있다는 것이다.

이상의 논의를 통해 알 수 있는 것처럼 아리스토텔레스에게서 여가는 놀이의 의미, 정치적 또는 군사적 활동의 의미를 포함한다. 그러나 이러한 활동들은 여가의 참된 의미를 보여주지는 못한다. 그것들은 여가로 가기 위한 과정에 있는 수단이지 그 자체 목적이 되는 활동은 아니기 때문이다. 스콜레(scholē)는 준비가 아니라 그 말의 어원인 echein에서 알 수 있듯 '가짐 또는 소유'가 완성된 것으로 이해될 수 있다.[48] 따라서 여가의 참된 의미는 인간의 누스(nous), 즉 이성을 통한 사고활동에 있는 것으로 이해할 수 있다. 그리고 이러한 누스에 의한 관조활동이 바로 철학적 삶이라고 볼 수 있다. 여가와 철학의 밀접한 관계에 대한 아리스토텔레스의 견해는 다음의 인용문을 통해 알 수 있다.

> "인간은 공동체적으로든 개인적으로든 동일한 목적을 갖는 것으로 보이기 때문에, 또한 동일한 목표가 최선의 인간과 최선의 정체에도 필연적으로 있어야만 하기 때문에, 여가를 위한 덕이 필히 존재해야만 한다는 것은 분명하다. 여러 번 말한 것처럼 전쟁의 목표는 평화이고 일의 목표는 여가이기 때문이다. --- 이런 이유로 폴리스에는 용기와 인내뿐만 아니라 절제

---

[48] K. Kalimtzis(2013), 38.

가 있어야만 한다. --- 일을 위해서는 용기와 인내가 필요하고, 여가를 위해서는 **철학이 필요하며**, 절제와 정의는 이 두 시기에 모두에 필요한데, 특히 평화를 누리고 여가를 즐길 때 더 필요하다. 왜냐하면 전쟁은 인간에게 정의롭고 절제하기를 강요하지만, 행운을 누리는 것과 평화를 동반하는 여가는 인간을 더 오만하게 만들기 때문이다. --- 특히 이러한 좋음들이 풍부한 가운데 더 여가를 즐기는 것만큼 **철학과 절제와 정의는 특히 더 필요하기 때문이다.**"(*Pol.*, VII.15, 1334a11-34)

위 인용문에서 아리스토텔레스는 최선의 인간과 최선의 정체가 추구하는 목적은 동일하며, 그것이 여가가 되어야 한다고 말한다. 그리고 여가를 올바르게 사용하기 위해서는 덕이 필요하다고 말한다. 그러한 덕의 종류는 크게 일(ascholein)과 여가(scholazein)에 의해 각각 구분된다. 먼저 일을 위해서는 용기와 절제가 필요하고, 다음으로 여가를 위해서는 철학이 필요하다. 마지막으로 아리스토텔레스는 절제와 정의는 일과 여가 모두에 필요하지만 여가를 누릴 때 절제와 정의가 더 필요하다고 본다. 전쟁 시에는 충분한 물품 공급이나 성적인 욕구가 충족될 수 없는 상황이기 때문에 절제가 필요하고, 고통과 두려움에 맞서 자신의 역할을 수행해야 하는 정의가 요구될 수 있다. 그런데 아리스토텔레스가 생각하게 절제와 정의는 전쟁보다도 평화와 같은 여가 시에 더 중요하다. 아마도 그것은 평화 시에는 물질적 재화와 같은 외적으로 좋은 것들이 충분히 제공되고, 이에 대한 유혹을 더 강하게 느낄 수 있고 그로 인해 무절제하거나 부정의해질 수 있기 때문이다.[49] 즉, 평화 속에서 번영이 이루어지는 여가 시에는 정의와 절제가 엄격하게 요구되지 않을 수 있고, 이것은 결국 사람들을 "더 오만하게"(hybristas mallon) 만들 수 있다는 것이다. 이런 이유로 아

---

[49] R. Kraut(1997), 143-144 참조.

리스토텔레스는 최선의 정체에서 특히 필요로 되는 여가 시의 덕은 철학(philosophia)과 절제(sōphrosynē), 그리고 정의(dikaiosynē)가 된다고 강조한다.

그런데 위 인용문에서 주목해야 할 언급은 "여가를 위해서는 철학이 필요하다"(philosophias de pros tēn scholēn, 1334a23)는 것이다. 철학이 여가를 위한 덕이라는 규정은 여가의 본질적 의미가 어디에서 찾아져야 하는지에 관한 중요한 정보를 제공하기 때문이다. 그것은 여가가 단순히 놀이나 또는 정치적, 군사적 활동의 의미가 아닌 자체 목적적인 활동으로서의 관조적 의미를 갖는 것으로 이해되어야 한다는 것이다. 결국 아리스토텔레스가 바라는 최선의 정체 건설은 여가를 어떻게 활용하느냐에 달려있다고 말할 수 있다. 여가가 철학이라는 덕을 함양하기 위한 자유시간으로 선용되면 그것은 훌륭한 시민들로 이루어진 최선의 정체를 만들 수 있지만, 그렇지 않고 여가를 부와 전쟁을 위한 수단으로 활용하게 되면 그것은 타락한 정체가 되는 것이다. 그래서 아리스토텔레스는 "평화와 여가 시에 이러한 좋음들을 사용하지 않음으로써 노예적임을 보여주는 것은 더 부끄러운 일이다"(1334a36-39)라고 말한다.

여가와 철학의 밀접한 관계성에 관한 아리스토텔레스의 견해는 앞서 언급한 최선의 정체가 추구하는 최선의 삶이 어떤 유형의 삶인지에 관한 논제와 그 해결의 가능성을 제공한다는 점에서도 중요하다. 즉, 정치적 삶과 철학적 삶 중 어느 것이 보다 바람직한 삶에 가까운 것으로 볼 수 있는지에 관한 중요한 단서를 얻을 수 있다는 것이다. 그것은 위에서 말한 것처럼 최선정체의 건설이 여가의 활용에 있고, 그것이 수단이 아닌 자체목적적인 활동을 실현하는 자유시간이 되어야 한다면, 철학이 그러한 여가를 위해 필요한 덕이라는 사실이다. 이러한 관계를 고려할 때 결국 아리스토텔레스가 기획하는 최선의 정체는 이성에 의한 철학적 삶을 최선의 삶으로 지향하는 정체라고 볼 수 있다.

최선정체의 교육과 관련해서 아리스토텔레스가 중요하게 강조하는 것이 음악교육이다. 『정치학』 8권 3장에서 아리스토텔레스는 "여가를 위한 활동에 기여하는 것들을 배우거나 가르쳐야만 한다는 것은 분명하다. 이 가르침들과 이 학과들은 그 자체를 위한 것이고, 일을 위한 그것들은 필요하거나 다른 것들을 위한 것들이다."(1338a9-13)라고 말한다. 여기서 중요한 것은 여가시간을 통해 가르쳐야 할 과목은 일을 위한 것이 아니라 그 자체가 목적이 되는 과목이 되어야 한다는 말이다. 그러면 다른 것들을 위한 것이 아니라 그 자체가 목적이 되는 과목은 무엇인가? 이에 대해 아리스토텔레스는 여가를 위해 가르쳐져야 할 과목으로 무시케(mousikē), 즉 음악을 언급한다.

> "오늘날 대부분의 사람들은 즐거움을 위해 음악활동에 참여한다. 그러나 애초 음악을 교육에 포함시킨 사람들이 누차 말하듯이, 그것은 자연 자체가 일을 올바르게 하기 위한 것으로뿐만 아니라 여가를 고상하게 보낼 수 있도록 하기 위한 것을 추구했기 때문이다."(Pol., VIII.3, 1337b28-32)

아리스토텔레스에 따르면 무시케 교육은 최선정체의 선하고 훌륭한 시민을 만드는데 중요한 수단이다. 실상 그가 무시케 교육을 강조하기 이전에 이미 고대 헬라스에서 음악교육의 중요성은 널리 인정되었다.[50] 플라톤이 『국가』편 3권과 『법률』편 2권과 7권에서 무시케 교육을 강조한 것 역시 이를 방증한다.[51] 이때 mousikē라는 말은 플라톤이 『법률』

---

[50] Pol., VIII. 3, 1338a30-36. E. C. Fiecconi(2016), 409. 고대 그리스에서 음악의 교육적 효과에 관한 상세한 논의는 A. Barker(2007), 11-12 and 252 n.29 참조.
[51] Platon, Politeia, III, 398c-403c. Nomoi, II. 665a-c. 400b-c.

편에서 사용하는 것처럼 시나 이야기 또는 그리스 비극에서 발견되는 춤이나 노래 등을 모두 포함하는 기술로서의 chōreia와 같은 넓은 의미를 갖는다. 그런데 아리스토텔레스가 『정치학』 8권에서 말하는 무시케는 도구를 사용한 소리로서의 음악이라는 좁은 의미를 가진다. 즉, 아리스토텔레스의 무시케 교육은 멜로디와 리듬을 통한 엄격한 의미의 음악교육과 관련된다.[52] 이런 점에서 아리스토텔레스의 무시케 교육은 플라톤의 『국가』 편 3권(398c-403)의 무시케와는 유사하지만 『법률』 편 2권(665a-c)에서의 춤과 노래의 기술로서의 코레이아(chōreia)를 포함하는 mousike와는 다르다.[53] 그러면 아리스토텔레스가 최선정체 건설을 위한 교육에서 왜 음악교육을 강조하는 것일까? 무시케 교육이 최선정체의 시민을 만드는 데 어떻게 기여한단 말인가? 아래의 인용문을 통해 그 답을 찾아 볼 수 있다.

"유용하거나 필요하기 때문이 아니라 자유인에 어울리고 고상하기 때문에 아이들에게 가르쳐야 하는 교과목이 있음에 분명하다. 그런 교과목이 한 가지인지 여러 가지인지 어떤 것인지 그리고 어떻게 가르쳐야 하는지는 나중에 논의될 것이다. 그러나 현 단계에서도 우리는 교과목에 대한 우리의 일반적인 견해를 전통이 뒷받침한다고 말할 수 있을 것이다. 음악이 그 증거다."(*Pol.*, VIII.3, 1338a30-37)

위에서 알 수 있는 것처럼 음악교육은 단순히 그 현실적 유용성 때문이 아니라 자유인에 걸맞은 고상함과 훌륭함을 가르치기 위해 필요하다. 아리스토텔레스는 음악의 중요한 기능을 세 가지로 구분하여 말한다. 첫째,

---

[52] *Pol.*, VIII.5, 1340a14-b26. P. Brüllmann(2013), 356-357. A. Ford(2004), 316-324 참조.
[53] E. C. Fiecconi(2016), 409-410.

음악은 휴식과 즐거움을 주는 놀이를 위해 유용한 교육이다. 이런 점에서 음악은 일을 하면서 겪게 되는 고통의 치료제가 될 수 있다.[54] 두 번째는 음악은 좋은 성격을 형성하기 위해 필요한 교육이다. 이것은 음악이 성격의 순수한 재현이기 때문에, 음악은 인간의 영혼에 영향을 주는 가치 있는 교육수단이라는 것이다. 아리스토텔레스에 따르면 음악은 무엇보다 즐거운 활동이며 그래서 젊은이들이 즐거움과 함께 고상한 에토스(ēthos)를 갖도록 습관화시키는데 좋은 교육방법이 된다.[55] 아리스토텔레스는 음악교육이 성격형성에 주는 효과에 대해 다음과 같이 말한다.

> "음악이 성격과 영혼에도 영향을 미치는지 살펴보아야 한다. 성격이 음악의 영향을 받는다면 음악에 그런 영향력이 있음에 틀림없다. --- 공연 때 리듬과 멜로디만 들어도 누구나 공감을 느낀다. 음악은 즐거움을 주고, 덕은 올바로 즐기고 올바로 사랑하고 미워하는 데 있기 때문에, 우리가 배우고 습관화시켜야만 하는 것에서 훌륭한 성격과 훌륭한 행위를 올바로 즐기고 판단하는 것보다 더 필요한 것은 아무것도 없다는 것이 분명하다. 리듬과 멜로디에는 분노와 온화함, 그리고 또한 용기와 절제 및 그와 반대되는 모든 것들과 그 밖의 다른 성격의 참된 본성에 가장 유사한 것들이 속해있다."(*Pol.*, VIII.5, 1340a6-21)

위 인용문에서 아리스토텔레스는 먼저 음악이 성격과 영혼에 영향을 준다고 말한다. 그것은 음악이 무엇보다 즐거움을 주며, 그래서 음악교육을 통해 젊은이들을 올바른 방식으로 사랑하고 미워할 수 있는 습관을 배울 수 있도록 할 수 있기 때문이다. 여기서 습관을 통한 훌륭한 행위와 성격 형성에 대한 아리스토텔레스의 견해는 이미 『니코마코스 윤리학』

---

[54] *Pol.*, VIII.5, 1339b17.
[55] *Pol.*, VIII.5, 1340a1-12 참조.

에서도 지속적으로 언급되었다는 점에서 그리 새로운 것이 아니다.[56] 그런데 음악이 좋은 감정과 성격에 강한 영향을 줄 수 있다는 것은 새로운 주장이다. 아리스토텔레스는 교육의 목적은 영혼을 선과 정의로 정향시켜주는 것이며, 음악이 바로 그러한 영혼의 변화를 가능케 하는 힘을 갖고 있는 것으로 강조하고 있기 때문이다.

그러면 음악에 어떤 힘이 있고, 그것이 어떻게 영혼에 영향을 줄 수 있다는 말인가? 아리스토텔레스는 음악이 그것이 모방하는 대상과 "유사한 것들"(homoiōmata)을 포함하고 있다고 말한다. 다시 말해 리듬과 멜로디 속에 분노나 온화함 또는 용기와 절제 같은 감정이나 덕의 본성에 유사한 것들이 포함되어 있다는 것이다. 즉, 음악의 힘은, 한편으론 그것이 즐거움을 줄 수 있고, 다른 한편으론 리듬과 멜로디에 실재와 유사한 것이 포함되어 있다는 데에 있다. 그리고 이러한 두 가지 요소가 음악을 듣는 사람의 성격이나 행위에 영향을 줄 수 있다는 것이다. 그러면 도대체 리듬과 멜로디가 훌륭한 행위와 좋은 성품을 형성하는데 구체적으로 어떻게 작용을 한단 말인가? 이에 대해 아리스토텔레스는 일단 우리가 음악에 의해 우리의 영혼이 영향을 받는 것은 경험적으로 분명한 사실이라고 말한다. 예를 들어 비슷하게 만들어진 상의 모양을 보고 즐거워한 사람은 실제로 그 상의 실물을 보고도 즐거워한다는 것이다. 이것은 "유사한 것에서"(en tois homoiois) 고통과 즐거움을 느끼는데 익숙해진 사람은 "참된 것에 대해서도"(pros tēn alētheian) 같은 방식으로 반응할 수 있기 때문이다. 즉, 유사한 것이 올바른 것에 대한 모방이라면, 마찬가지로 올바른 행위를 할 수 있는 영혼의 성향을 갖게 될 것이라는 것이다. 그런데 이때 유사한 것을 본다는 시각의 예가 음악의 교육적 효과와 관련해서

---

[56] S. Broadie(1991), 103-110. N. Sherman(1989), 152-199 참조.

도 유효한지는 좀 더 검토될 필요가 있다. 음악은 시각이 아니라 청각능력과 관계되기 때문이다. 이와 관련해서 아래의 인용문은 중요한 정보를 제공한다.

"다른 감각 대상들, 예를 들어 촉각이나 미각 대상은 성격과의 유사성을 제공하지 못한다. 비록 시각 대상에는, 즉 형태 속에 약간의 유사성이 존재하기는 하지만, 모든 사람이 이런 종류의 감각을 공유하는 것은 아니다. 또한 이러한 성격의 형태와 색깔은 성격에 유사한 것이라기보다는 성격의 징표들이다. 그리고 이러한 징표들은 감정을 겪는 몸의 감각이다."(*Pol.*, VIII.5, 1340a28-35)

위에서 아리스토텔레스는 청각적 감각을 촉각과 미각 그리고 시각적 대상과 비교하여 평가한다. 그리고 성격과의 유사성을 갖는 감각을 시각과 청각으로 말한다. 그러나 이 두 감각이 성격과 행위에 대해 갖는 영향력은 다르다. 아리스토텔레스에 따르면 시각 대상, 예를 들어 그림이나 조각상과 관련해서는 성격상의 유사성을 찾기가 어렵다. 이러한 시각 대상과 관련해서는 단지 성격의 징표들(semeia)만을 발견할 수 있다. 그림이나 조각상은 단지 화난 사람의 붉게 상기된 그리고 경직된 주름진 얼굴을 묘사함으로써 분노라는 감정의 양태를 보여줄 수 있을 뿐이다. 이와 달리 청각은 성격적인 질의 유사함을 보여줄 수 있다. 이것은 앞서 말한 것처럼 멜로디와 리듬만이 성격이나 행위의 유사함(homoiōmata)이나 모방(mimēmata)을 포함하고 있기 때문이다. 이런 이유로 음악만이 다른 예술적 기술과 다른 특별한 교육적 위상을 차지하는 것이다.

아리스토텔레스는 『문제들』에서 음악의 이러한 힘을 멜로디와 리듬이 갖고 있는 "운동성"(kinēsis)이라는 특성에서 찾고 있다.[57] 즉, 멜로디와 리듬은 일종의 연속적으로 전진하는 운동인데, 청각을 통해 이것을 감각하는 자는 마찬가지로 신체적인 변화 내지 운동을 경험하게 되는 것이다. 멜로디와 리듬이 시간 속에서 흐르고 변화하는 동안에 그것을 듣는 사람은 그에 유사한 행위로 이끌려진다는 것이다. 이런 이유로 아리스토텔레스는 멜로디와 리듬 그리고 행위와 성격이 모두 "실천적인 것"(praktikoi)으로 말한다. 멜로디와 리듬은 장단(長短)과 고저(高低)라는 일련의 질서 있는 연속적 운동을 통해 행위와 성격에 유사하게 되는 것이다. 이렇게 음악은 시간 속에서의 복합적이며 질서 있는 운동을 통해 행위와 성격에 유사하게 된다. 좋은 멜로디와 좋은 리듬은 좋은 행위와 좋은 성격을 모방한다. 행위와 성격 그리고 음악적 운동은 변화 속의 질서를 통해 상호 연결되어 있는 것이다.[58] 따라서 훌륭한 음악을 듣는 것은 훌륭하게 그리고 덕스럽게 행위하는 것과 유사하다. 문제는 모든 멜로디와 리듬이 좋은 것이 아니라는데 있다. 이것은 나쁜 멜로디와 리듬으로 구성된 음악을 듣게 되면 나쁜 성격과 행위로 이어질 수 있음을 의미한다. 즉, 멜로디와 리듬의 종류가 다름에 따라 그것이 주는 성격과 행위에의 영향도 나쁠 수 있다는 것이다. 이와 관련하여 아리스토텔레스는 다음과 같이 말한다.

> "그러나 멜로디 자체에는 성격의 유사성이 있다. 이것은 분명하다. 왜냐하면 선법(harmonia)의 특성이 달라서, 그 결과 듣는 사람들이 다른 반응을 보이며 그들 각각에 대한 반응이 동일하지 않기 때문이다. 예를 들어 반(半)뤼디아 선법을 들으면 어떤 사람들의 반응은 더 슬프고 더 엄숙해진다. 반면에 다른 선법 예컨대 부드러운 선법을 듣는 사람들은 그들의 이성이 약해지는 반응을 보인다. 그러나 다른 선법, 예를 들어 도리아 선법을 듣게

---

[57] *Problems*, xix 27, 29 참조.
[58] E. C. Fiecconi(2016), 416.

되면 균형 있는 반응을 보인다. 도리아 선법에만 그런 힘이 있기 때문이다. 한편 프뤼기아 선법을 들으면 열광하게 된다. --- 이것은 리듬에도 마찬가지로 적용된다. 왜냐하면 어떤 리듬은 성격이 좀 더 차분해지고, 다른 리듬은 역동적이다. 또한 어떤 리듬은 제한된 움직임을 갖고, 다른 리듬은 자유인에 더 걸맞은 속도를 갖는다."(*Pol.*, VIII.5, 1340a38-b10)

위에서 아리스토텔레스는 멜로디 자체 속에는 성격을 모방한 참된 유사성이 있다고 말한다. 계속해서 그는 멜로디와 영혼의 인과적 관계를 하르모니아(harmonia), 즉 선법(旋法)에 근거해서 그것을 듣는 사람에게 그에 유사한 다른 반응 내지 영향을 준다고 설명한다.[59] 즉, 선법에 근거한 멜로디와 리듬을 통해 고상한 성격과 훌륭한 행위를 재현함으로써 이것을 듣는 청중으로 하여금 고상한 성격과 훌륭한 행위를 하도록 영혼에 영향을 준다는 것이다. 예를 들어 도리아 선법은 조화롭고 절제 있게 해준다는 점에서 도덕교육에 필요하다. 또한 감정의 정화를 위해서는 좀 더 열정적인 선법이 사용되는 것이 좋다. 힘든 일을 한 후에 휴식을 위해서는 또 다른 선법의 음악이 필요할 것이다. 이중 아리스토텔레스는 도리아 선법이 절제 있고 차분하게 해준다는 점에서 음악교육에 좋다고 말한다. 이렇듯 하르모니아의 종류에 따라 그에 대한 우리의 감정적 반응도 다르다. 이처럼 아리스토텔레스에게서 음악은 최선정체의 훌륭하고 선한 시민을 만들기 위한 중요한 역할을 담당한다고 말할 수 있다.

지금까지 언급한 모든 것을 종합하면 아리스토텔레스는 자신의 최선의 정체를 건설하기 위한 중요한 수단으로 교육을 강조한다고 말할 수 있다. 그의 공교육(hē koinē paideia)은 최선의 정체가 적실성을 갖고 현실에 구현될 수 있는 구체적인 방안을 제시하고 있으며, 『정치학』 7권 후반

---

[59] *Pol.*, VIII.5, 1340a21-25 참조.

부와 특히 8권 전체를 차지한다는 점에서 그 중요성을 가늠할 수 있다. 그의 '바람에 따른 폴리스'는 하나의 목표, 즉 시민 모두를 행복하게 만드는 것을 추구하는데, 이것의 실현이 공교육을 통해 가능하기 때문이다. 아리스토텔레스가 교육론에서 강조한 바를 간단하게 정리하면 다음과 같다.

첫째는 최선의 정체를 구현하기 위한 교육계획에서 아리스토텔레스가 중요하게 고려하는 것이 '여가'(scholē)를 목적으로 하는 자유인을 위한 교육이다. 여가는 놀이나 군사적, 정치적 활동을 위해서도 필요하지만 무엇보다 최선의 여가 이용은 지혜를 추구하는 철학적 활동이 된다.

둘째는 음악교육(mousikē)의 중요성이다. 교육 커리큘럼과 관련하여 아리스토텔레스는 네 가지 과목을 언급하는데, 읽기와 쓰기, 그리기, 체육교육 그리고 음악이 그것들이다. 이 중에서 아리스토텔레스가 무엇보다 많은 부분을 할애하여 설명하는 것이 음악교육이다. 음악교육의 목적은 크게 세 가지를 고려할 수 있는데, 재미, 성격 형성 그리고 여가(scholē)이다. 음악은 즐거움을 주는 교육이며, 더 나아가 플라톤이 강조하는 것처럼 음악은 '올바른 판단을 형성하는데 그리고 좋은 성격과 고상한 행동들에 기쁨을 느끼는데' 도움을 준다. 젊은이들로 하여금 올바른 종류의 음악교육을 시키는 것은 올바른 판단과 성품적 덕의 구성적 요소가 되는 감정을 획득하는 수단인 것이다. 더 나아가 아리스토텔레스는 음악교육이 여가활동의 중요하면서도 주된 과목이 되는 것으로 말한다. 음악교육은 참다운 여가활동의 한 전형이라는 점에서 전통적 교육의 중요한 부분으로 간주된다.

마지막으로 철학교육의 중요성이다. 음악교육에서 알 수 있는 것처럼 아리스토텔레스는 유용성이나 삶의 필요성을 목적으로 이루어지는 교육을 참된 의미의 자유교육으로 간주하지 않는다. 그렇다면 이상국가의 시민들이 여가적 활동을 통해 배워야 할 교육은 어떤 종류의 교육인가? 여가활동이 비여가적인 활동보다, 비실용적인 것이 실용적인 것보다 더 가치 있는 것으로 배워져야 한다면, 실천적 활동이 제작적 활동보다 더 상위의 가치 있는 활동이 될 것이다. 그렇다면 관조적 활동이 정치적인 실천적 활동보다 더 여가적 활동이라는 점에서 철학교육이 자유교육에 합당한 교육이 된다. 아리스토텔레스는 철학적 활동이 비실용적이고, 유익하지 않기 때문에 곧 무가치하고, 쓸모없는 교육으로 평가하지 않는 것이다. 이런 점에서 아리스토텔레스가 희망하는 최선국가에선 시민들을 덕스럽게 만들기 위한 두 종류의 자유교육이 있는 것으로 볼 수 있다. 하나는 정치적 삶을 위한 교육과 다른 하나는 자체적인 활동 그 자체가 목적으로 향해진 철학 교육이 그것이다.

그런데 위의 세 번째에 해당되는 철학교육의 중요성과 관련해서는 정말로 철학이 최선정체의 시민들에게 가르쳐지는 교과목으로 볼 수 있는지의 문제가 제기될 수 있다. 아리스토텔레스가 이에 관한 분명한 언급을 하고 있지 않다는 점도 이러한 물음을 던지게 한다. 이 물음은 실상 『정치학』에서 가장 큰 물음(big question), 즉 아리스토텔레스의 '바람에 따른 폴리스'를 어떤 정체로 보아야 하는가의 문제와 밀접하게 관련되는 것으로 볼 수 있다. 그래서 아래에서 아리스토텔레스의 '바람에 따른 폴리스'의 정체성 문제를 고찰하면서 철학교육의 위상 문제를 함께 논의하도록 하겠다.

16장
아리스토텔레스의 '바람에 따른 폴리스'는 어떤 정체인가?

잘 알려진 것처럼 『국가』(Politeia) 편에서 플라톤의 이상국가는 지식(epistēmē)을 소유한 철학자-왕(들)과 같은 최선자에 의해 통치되는 왕정(basileia)[60]이라고 말할 수 있다. 그런데 아리스토텔레스는 『정치학』 2권에서 플라톤의 이상국가에 대해 상당히 부정적인 평가를 내린다. 그러면 아리스토텔레스가 생각하는 이상국가는 어떤 유형의 정체인가? 이 물음에 관한 답을 찾기 위해서는 아리스토텔레스가 자신의 이상국가에 관한 청사진을 기술하고 있는 『정치학』 7권과 8권을 분석해야 한다. 그런데 문제는 이곳에서 기술되는 아리스토텔레스의 이상국가가 특정정체로 규정되고 있지 않다는 것이다. 즉, 그는 정체분류에서 올바른 정체로 말해진 왕정이나 귀족정 또는 혼합정 중 어느 정체가 자신의 이상국가에 해당되는지를 명시하지 않는다. 아리스토텔레스는 단지 자신의 이상국가를 '바람에 따른 폴리스'(kat' euchēn polis, 1325b36) 또는 '최선의 정체'(hē aristē politeia)라고만 기술한다. 이것은 아리스토텔레스의 이상국가를 어

---

[60] 플라톤이 이상국가의 최선의 통치자의 수를 복수로도 표현하기 때문에 왕정뿐만 아니라 귀족정도 이상정체의 유형에 속하는 것으로 볼 수 있다.

떤 유형의 정체로 보아야하는지의 문제를 제기한다.

이 문제에 대한 가능한 답을 찾기 위해 먼저 아리스토텔레스의 '바람에 따른 폴리스'를 특정정체로 규정하기 위한 학자들의 해석을 간단하게 검토하겠다. 다음으로 『정치학』 7권과 8권에 나타난 최선정체의 목표와 정치,사회적인 구조와 원리를 검토한다. 이러한 작업 이후에 아리스토텔레스의 최선정체가 어떤 유형의 정체로 이해되어야 할지에 대한 필자의 견해를 밝힐 것이다. 마지막으로 아리스토텔레스가 건설하고자 하는 최선정체가 과연 보편성을 담보한 이상적인 정체가 될 수 있는지를 평가할 것이다.

1. 최선정체에 관한 해석들

아리스토텔레스가 『정치학』 7권과 8권에서 '바람에 따른 폴리스'를 어떤 유형의 정체로 보았는지와 관련해서는 그동안 여러 학자들의 다양한 해석이 시도되어 왔다. 아리스토텔레스가 정체분류에서 언급한 거의 모든 형태의 정체가 그 후보로 거론된다. 즉, 올바른 정체에 해당되는 왕정이나 귀족정 또는 혼합정을 비롯해서 그릇된 정체에 속하는 민주정까지 그 후보로 언급된다. 더 나아가서는 이들 정체들 중 두 가지 정체가 결합된 형태, 예컨대 귀족정과 민주정의 결합된 형태로서의 귀족주의적 민주정(aristocratic democracy)[61]이 최선의 정체가 되는 것으로 주장된다. 이렇듯 아리스토텔레스의 이상국가의 정체성에 관한 논의는 단순해지기보다는 더욱더 복잡한 양상을 보이며 진행되고 있다. 이제 아래에서 몇몇

---

[61] Ober가 주장한다. Ober (2015), 234-241 참조.

학자들의 최선정체에 관한 핵심적인 주장을 간단하게 살펴보면서, 이들의 해석의 문제점이 무엇이고 그래서 어떤 해석이 상대적으로 더 나은 해석인지를 검토해보도록 하겠다.

먼저 왕정을 아리스토텔레스의 최선의 정체로 보아야 한다는 주장이 있다. 이 주장에 따르면[62] 왕정은 『정치학』 3권 정체분류에서 단적으로 최선의 정체로 말해지고 있는데, 특히 3권 15장부터 17장에 걸쳐 기술되고 있는 절대왕정(pambasileia)이 그 예가 된다. 특히 이 부분에서 아리스토텔레스는 마치 "인간 중에 신"(theos en anthrōpois, 1284a10-11)과 같은 특출한 덕을 소유한 1인의 통치의 정당성을 인정하고 있다. 왜냐하면 덕과 지식에서 타인과 비교가 안 될 정도로 뛰어난 이런 종류의 인간에 의한 통치는 영원해야 하고 또한 다른 모든 사람들이 그에게 복종하는 것이 옳다.[63] 이런 이유로 웨르트(Waerdt)는 탁월한 1인에 의한 통치가 이루어지는 왕정이 최선의 정체로서 모든 시민이 참여하는 정치 체제보다 낫다고 주장한다.[64]

그러나 왕정을 아리스토텔레스의 최선의 정체로 인정하기에는 필자가 생각하기에 다음과 같은 몇 가지 난점이 있다. 첫째는 『정치학』 2권에서 알 수 있는 것처럼 아리스토텔레스의 플라톤 이상국가에 대한 비판이 부정되기 어렵다. 이것은 아리스토텔레스의 절대왕정에 관한 논의가 플

---

[62] 대표적으로 Waerdt를 들 수 있다. Waerdt(1985), 249-73.
[63] 이런 이유로 아리스토텔레스는 이러한 최선자를 도편추방(ostrakismos)과 같은 방법에 의해 추방하는 것은 부정의하다고 말한다(*Pol.*, III.13, 1284b20-34).
[64] 요컨대 왕정을 최선의 정체로 보아야 함을 주장하는 해석은 "자연에 따른 모든 곳에서 최선인 정체"를 왕정으로 보는 것이다(*EN.*, V. 7, 1135a3-5). 자연에 따른 최선의 정체를 모든 장소나 상황에서 하나의 정체로 보아야 하는지 아니면 다른 조건이나 다른 국가에 따라 최선의 정체가 있을 수 있는지에 관해서는 학자들 간에 이견이 있다. 이와 관련해선 Mulhern (2007), 284-297. Lockwood (2006), 355-370. 그밖에 Atack (2015), 297-320 참조할 것.

라톤의 철학자 왕의 통치에 대한 부정적인 답변이 반영된 것으로 볼 수 있음을 의미한다. 이곳에서 아리스토텔레스는 처자공유제와 재산공유제에 기반한 플라톤의 이상국가가 인간본성에 반(反)한 비현실적인 주장임을 강도있게 비판한다. 둘째로 『정치학』 3권에서 소개되는 탁월한 1인의 절대왕정에 대한 아리스토텔레스의 최종적인 평가가 긍정적인 것으로 보기 어렵다는 이유에서다.[65] 그 이유는 먼저 플라톤의 철인왕은 지식(epistēmē)이나 지혜(sophia)와 같은 불변하는 진리에 대한 이론적 앎을 소유하고 있지만, 아리스토텔레스의 입법가 내지 통치자는 실천지(phronēsis)를 소유하고 있다는 점에서 다르다. 또한 탁월한 최선자의 영원한 통치가 어디까지나 가정적인 조건하에 인정되고 있다는 점을 들 수 있다. 특히 인간의 감정에 의한 이성적인 판단의 어려움이나 인간의 제한된 인식론적 능력을 고려할 때 아리스토텔레스가 마치 '인간 중에 신'(theos en anthrōpois)과 같은 능력을 가진 자의 현실적인 존재성과 그 통치능력을 인정한 것으로 보기는 어렵다.[66] 마지막으로 왕정을 아리스토텔레스의 최선의 정체로 수용하기 어려운 또 다른 이유는 1인에 의한 절대적 통치가 다수시민이 교대로 정치에 참여하는 것을 부정한다는 점에서다. 아리스토텔레스는 최선의 정체는 시민들이 교대로 '통치하고 통치받는(archein kai archesthai) 폴리티케 아르케(politikē archē)를 따른다고 말하는데, 1인의 영원한 통치는 이러한 시민들의 정치적 참정권과 조화될 수 없기 때문이다.[67] 이것은 최선정체에 관한 논의가 이루어지는

---

[65] 특히 『정치학』 3권 15장에서의 "theos en anthrōpois", 즉 '인간중의 신'과 같은 표현은 플라톤이 『정치가』(Politikos) 편에서 "theos ex anthrōpōn", 즉 '인간중의 신'(303b4)과 같은 유사한 표현을 사용하고 있다는 점을 고려하면 더욱 신빙성이 있어 보인다.

[66] Buekenhout (2016), 515-537 참조.

[67] *Pol*., II.2, 1261b3-4, III.6, 1279a10-11, VII.3, 1325b8, VII.14, 1332b26. 물론 Riesbeck이 주장하는 것처럼 이때의 정치적 참정권을 최고의 통치관직을 제외한 다수 시민들의

『정치학』 7권에서 항상 지배만 할 수 있는 "우월한 왕들은 실제로 존재하지 않기 때문에, 여러 가지 이유로 필연적으로 모든 사람이 번갈아 가면서 지배하고 지배받는 데에 참여해야 하는 것은 명백하다"[68](1332b23-27)라든지 또는 "참된 왕정은 지금은 더 이상 생기지 않는다. 그러나 왕정이 있게 되더라도 그것들은 차라리 군주정과 참주정이 될 것이다. — 동등한 자들은 다수이고, 또 누구도 관직의 크기와 위엄에 걸맞을 정도로 특출하지 않기 때문이다"(1313a3-8)[69]라는 말이 이를 뒷받침한다. 상술한 것을 종합할 때 다수의 정치적 참정권이 배제되는 절대왕정을 아리스토텔레스의 최선의 정체로 보는 것은 타당하지 않다.

다음으로 혼합정(politeia)을 최선정체의 후보로 생각해볼 수 있다.[70] 혼합정은 다수의 시민들이 공동이익을 추구하는 정체로서, 무엇보다 아리스토텔레스의 최선정체의 핵심적 원리가 되는 폴리티케 아르케(politikē archē), 즉 자유롭고 동등한 시민들 사이의 교대로의 정치적 참정권이 인정되고 있기 때문이다. 특히 혼합정을 최선정체로 보아야 함을 주장하는 입장은 아리스토텔레스가 『정치학』 3권 마지막 부분에서 "우리는 이러한 결론들에 이르렀으므로, 최선의 정체에 관한(peri tēs politeias aristēs) 논의를 진전시켜야만 하며 그것이 어떻게 존재하고 건설되는지를 기술해야만 한다"(1288b2-6)라는 말에 근거해서 4권에서 논의되는 혼합정이 그 대상이 되는 것으로 주장한다.

심의권과 사법권만 인정하는 제한된 정치적 참정권으로 볼 수도 있을 것이다(Riesbeck (2016), 33-44). 그러나 아리스토텔레스의 최선정체는 실질적인 최고관직까지 맡을 수 있는 것으로 보아야 하기 때문에 설득력이 떨어진다.

[68] Pol., VII. 14, 1332b17 이하 계속 참조.

[69] Pol., V.10, 1313a4-9. III,15, 1286b7 이하 참조할 것.

[70] 혼합정을 최선의 정체로 보는 학자로 Bluhm과 Nichols를 들 수 있다. Bluhm (1962), 743-53. Nichols (1992), 88. 85-123 참조.

그런데 필자가 보기에 혼합정이 최선정체로 인정되기 위해선 그와 상충되는 아리스토텔레스의 다음과 같은 언급에 대한 만족할 만한 대응을 할 수 있어야 한다. 첫째, 위에서 인용한 3권 마지막 부분에서의 최선정체에 관한 논의의 이행 약속이 설사 4권에서의 혼합정을 가리키는 것으로 보더라도 그러한 혼합정에 관한 논의가 곧 혼합정이 최선정체임을 보증하지는 못한다는 것이다. 그리고 4권에서의 혼합정에 관한 아리스토텔레스의 논의는 최종적으로 혼합정이 최선정체의 자격 테스트를 통과하지 못하는 것으로 판단할 수 있다. 그 이유는 무엇보다 혼합정에서 강조되는 덕은 군사적 덕이며, 이것은 최선정체가 추구하는 평화와 여가에서 구현되는 시민덕과는 일치하지 않기 때문이다. 즉, 혼합정은 전쟁에서 요구되는 전투술로서의 군사적 덕을 강조하는 군국주의적인 정체라는 점에서 훌륭하게 잘 사는 삶을 추구하는 최선정체와는 거리가 있다. 이것은 아리스토텔레스가 스파르타 정체를 예로 들면서,[71] 스파르타인들의 전쟁에서 승리하기 위한 군사적 용기의 지나친 강조가 문제가 있음을 비판하는 데서도 알 수 있다.

이런 이유로 존슨(C. N. Johnson)은 중산정(hē mesē politeia)을 혼합정과 구별하면서 중산정이 최선의 정체가 된다고 주장한다.[72] 그가 두 정체를 구분하는 중요한 이유는 혼합정은 군사적인 덕을 추구하지만 중산정은 그것과는 다른 도덕적인 덕을 추구하는 것으로 이해시키고자 하는 목적에서다. 그러나 존슨의 입장은 텍스트적 근거가 미약하다. 중산정이 아리스토텔레스의 정체분류에서 특정한 정체로 분류되지도 않을뿐더러,

---

[71] *Pol.*, II.9, 1269a34-1269b13.
[72] 존슨의 주장과 관련해선 Johnson(2015), 158-159, 150-151. 또한 동일인(1988), 189-204 참조.

중산정이 추구하는 덕이 군사적 덕과 다른 도덕적 덕이라는 언급도 찾을 수 없기 때문이다.[73]

민주정을 아리스토텔레스의 최선의 정체로 보아야 한다는 주장도 제기된다. 특히 베이츠(C.A.Bates)는 아리스토텔레스가 민주정의 옹호자로서 그의 최선의 정체를 '법에 따른 통치에 의해 제한되는 민주정'(democracy restrained by the rule of law)으로 보았다고 주장한다.[74] 베이츠의 주장에 따르면 아리스토텔레스는 『정치학』 3권 11장에서 데모스(dēmos)의 '집합적 지혜'(the collective wisdom)에 따른 민주정의 우월성을 기술하면서 그것이 자신의 진의(眞意)임을 분명하게 표현하기를 원치 않았다는 것이다. 그래서 아리스토텔레스는 자신의 최선의 정체로서의 민주정에 대한 견해를 모호하게 숨겼으며 그것을 『정치학』 7권과 8권에서 에둘러 표현하고 있다는 것이다. 결론적으로 베이츠는 신중한 독자라면 아리스토텔레스가 주장하는 최선의 정체가 어떤 유형인지를 발견할 수 있다고 말한다.

오버(J. Ober) 역시 큰 틀에서 아리스토텔레스의 최선정체를 민주정의 유형으로 본다. 정확하게 말하면 오버의 주장은 최선정체가 귀족주의적 특성을 가진 민주정, 즉 귀족주의적 민주정(aristocratic democracy)이라는 것이다.[75] 오버에 따르면 아리스토텔레스의 목적론적 자연주의(teleological

---

[73] Miller(1995), 262-263. 그런데 중산정을 혼합정으로 보아야 한다면 왜 아리스토텔레스가 3권 11장에서 중산정을 혼합정으로 특정(特定)하여 말하지 않았는지는 여전히 의문이다. 아마도 아리스토텔레스는 중산정으로 이행할 수 있는 가능성을 다른 정체들에게도 열어두고자 한 것이 아닌가 하는 추측을 해볼 수 있다. 즉, 민주정이나 과두정뿐만 아니라 소위 제한된 귀족정이라 간주할 수 있는 스파르타나 카르타고 같은 정체도 중간계급이 강화됨으로써 이성에 따른 정체가 되면 중산정이 될 수 있는 것으로 볼 수 있다는 점에서다.

[74] Bates (2003), 155.

[75] Ober(2015), 224-243. 동일인(1998), 340-341.

naturalism)를 역사적 관점과 연결시켜 보면 왕정은 과두정을 거쳐 귀족정이라는 역사적인 이행과정을 거친다. 그리고 이러한 역사주의적 목적론에 따르면 정체의 역사적 전개과정은 최종적으로 다수의 덕 있는 시민이 통치하는 민주정에 이른다. 따라서 귀족주의적 민주정이 아리스토텔레스의 최선정체로 보아야 한다는 것이 오버의 주장이다.

그러면 아리스토텔레스의 최선정체를 민주정이나 또는 귀족주의적 민주정의 형태로 볼 수 있을까? 일단은 최선정체의 핵심적 원리가 되는 정치적 통치원리(politikē archē), 즉 자유롭고 동등한 자들 사이의 교대로의 통치가 인정된다는 점에서 긍정적인 답변이 가능하다. 또한 『정치학』 3권 11장에서 아리스토텔레스가 소위 데모스의 집합적 지혜에 근거한 민주정의 우월성을 우호적으로 기술하는 것도 사실이다.[76] 그러나 민주정을 최선의 정체로 보기 어려운 가장 중요한 이유는 민주정의 주도적인 시민계급이 최선정체에선 비(非)시민 계급으로 처리된다는 사실이다.[77] 즉, 아리스토텔레스의 '바람에 따른 폴리스'의 시민권 논의에서 *데모스*에 속하는 농부나 상인 또는 직공계급은 시민 계급에서 배제된다는 것이다. 이들은 최선정체의 부분(meros)이 아닌 단지 경제적인 필수품들을 제공하는 필요한(anankaion) 계급으로만 분류된다. 베이츠나 오버의 주장대로 아리스토텔레스의 최선정체가 민주정이라면 데모스 계급은 당연히 시민계급으로 편성되어야 할 것이다. 그런데 아리스토텔레스의 최선정체에선 이들 계급들은 덕을 연마할 수 있는 여가(scholē)를 확보할 수 없기 때문에 시민계급이 될 수 없다. 따라서 민주정의 주도계급인 데모스를 정체의

---

[76] 데모스의 집합적 지혜에 근거한 민주정의 상대적 우월성에 관한 상세한 논의는 손병석 (2000), 135-161 참조.

[77] *Pol.*, III.5, 1278a8-13. VII.9, 1328b33-1329a2. 이에 관한 상세한 논의는 Samaras (2007), 77-89 참조.

시민계급으로 분류하지 않은 아리스토텔레스의 최선정체를 민주정으로 보기는 어렵다.

이제 최선정체의 후보로 남는 정체유형은 귀족정(aristokratia)이다. 실상 아리스토텔레스의 최선정체를 귀족정으로 보아야 한다는 해석이 지배적인 것이 사실이다. 무엇보다 귀족정이 최선정체의 핵심적 기준이 되는 두 가지 검사를 모두 통과하기 때문이다. 하나는 덕(aretē)에 따른 통치가 이루어진다는 점에서, 다른 하나는 정치적 통치원리(politikē archē)에 따라 다수 시민들이 교대로 통치하고 통치받는 정치적 참정권이 실현된다는 점에서다. 특히 정체의 핵심적 가치를 오로지 덕에만 두고 있다는 점은 다른 정체와의 차이성을 분명하게 해준다는 점에서 중요하다. 교대로 통치하고 통치받는 원리는 귀족정뿐만 아니라 혼합정과 민주정에서도 채택된다는 점에서 귀족정의 고유한 기준이 되는 것으로 보기 어렵기 때문이다. 그런데 귀족정을 아리스토텔레스의 최선정체로 보아야 한다는 해석 역시 학자들 사이에 이견(異見)이 존재한다. 귀족정에 대한 아리스토텔레스의 언급이 다양하게 기술되고 있기 때문이다. 일단 『정치학』 전체에서 아리스토텔레스가 언급하고 있는 귀족정은 크게 세 종류로 구분되는 것으로 볼 수 있다. 첫 번째 유형은 3권에서의 정체분류에서의 귀족정이고, 두 번째 유형은 4권에서의 과두정과 민주정의 혼합정이지만 과두정에 치우친 혼합주의적 귀족정이다. 세 번째 유형은 2권에서의 스파르타와 크레테 그리고 카르타고와 같은 소위 현실정체로서의 귀족정이다.[78] 문제는 『정치학』 7권과 8권의 최선정체가 이들 세 유형의 귀족정

---

[78] *Pol.*, IV.7, 1293b1-21 참조. 아리스토텔레스의 6가지 종류의 정체분류에서 참된 귀족정은 정치적 권력을 배분하는 데 있어 덕의 기준만을 고려한다. 두 번째 유형인 혼합주의적 귀족정은 부와 자유가 고려되고(IV.7, 1293b20-21), 세 번째의 카르케돈과 스파르타와 같은 귀족정에선 덕과 부 그리고 자유와 같은 요소가 고려된다(IV.7, 1293b14-18). 아리스토텔레스는 두 번째와 세 번째 귀족정은 정체분류에서 최선의 정체로 간주되는

중 어느 것과 동일한 것으로 볼 수 있는가이다. 이와 관련하여 크라우트 (Kraut)는 3권의 정체분류에서 말해지는 귀족정은 단적으로 최선의 정체 이지만 7권과 8권에서 기술되는 최선정체는 그와는 다른 유형의 귀족정 으로 보아야 함을 주장한다.[79] 그 이유는 7권과 8권의 새로운 유형의 귀족 정에선 덕을 갖춘 '다수'(the many)의 시민들에 의한 폴리스적 통치원리 가 실현되고 있기 때문이다.

나는 아리스토텔레스의 최선의 정체 규정과 관련해서 일단 정체의 범 주는 귀족정에 속한다고 생각한다. 그러나 아리스토텔레스가 생각하는 '바람에 따른 폴리스'는 전통적인 정체분류상의 귀족정과는 다른 것으로 보아야 한다는 생각이다. 그런데 크라우트를 포함한 귀족정을 아리스토 텔레스의 최선정체로 해석하는 학자들의 주장은 그 논거가 기대했던 것 보다 불충분하다. 특히 최선정체가 추구하는 최선의 삶과 관련한 철학적 삶의 위상에 대한 평가가 그렇다. 이런 이유로 아래에서 나는 『정치학』 7권과 8권에서 묘사되고 있는 아리스토텔레스의 최선정체를 규정하고 있는 정치, 사회적 구조와 특성을 살펴볼 것이다. 이러한 검토를 통해 나는 아리스토텔레스의 정체규정이 새로운 유형의 덕에 따른 귀족정으로

왕정이나 참된 귀족정보다 못한 정체로 분류한다 (IV.8, 1293b23-27, IV.2, 1289a31-33, 1294a9-10, IV.3, 1290a24-29).

[79] Kraut (2002), 360-361, 417-423 참조. Alexander와 Chuska 역시 아리스토텔레스가 7 권과 8권에서 제시하는 귀족정은 앞선 세유형의 귀족정과는 다른 유형의 귀족정임을 주장한다. 노희천은 크라우트의 해석에 대한 비판을 제기하면서 아리스토텔레스의 최 선정체를 3권의 정체분류에서의 귀족정으로 보아야 함을 주장한다(노희천 (2017), 277-294 참조). 그러나 3권의 귀족정이 왕정과 더불어 단적으로 최선의 정체로 말해지 지만, 이 두 정체에 대한 3권과 4권에서의 논의의 결론이 부정적으로 기술된다는 점에 서 설득력이 떨어진다. 또한 이때의 귀족정은 소수의 명망 있는 가문이나 왕족과 연관 된다는 점에서 세습을 통한 귀족과 관련되며, 이것은 아리스토텔레스가 생각하는 교육 을 통한 시민 덕과 거리가 있어 보인다. Alexander (2000), 189-216. Chuska (2000), 184-185.

이해되어야 함을 확인하고, 그에 상응하는 정체명을 '자연적 귀족정'으로 부르고자 한다. 뒤에서 좀 더 설명이 되겠지만 '자연적 귀족정'은 기본적으로 『정치학』 1권에서 아리스토텔레스가 말한 '자연적 폴리스'가 구현된 일종의 '자연적인'(natural) 정체로 보는 입장이다. 요컨대 아리스토텔레스의 최선정체를 인간의 자연성(physis)과 덕(aretē)의 원리에 기반하여 최선의 삶, 즉 '자족적이며 잘 사는 삶'을 실현하고자 하는 정체로 이해하는 것이다.

이러한 작업을 시도하기 전에 한 가지 갖게 되는 의문이 있다. 그것은 왜 아리스토텔레스가 자신의 이상국가를 귀족정과 같은 정체로 특정(特定)하여 말하지 않았는가 하는 것이다. 이 물음과 관련하여 나는 두 가지 가능한 이유가 있을 수 있다고 생각한다. 하나는 정치, 현실적인 이유다. 즉, 아리스토텔레스가 자신의 이상국가를 귀족정과 같은 기존의 전통적인 정체 중의 하나로 명명했을 경우 아리스토텔레스 자신이 겪게 될 정치적 부담이 작용했을 수 있다는 것이다.[80] 다수의 데모스가 통치하는 당시의 아테네 민주정 하에서 농부나 장인 또는 직공계급을 비(非)시민계급으로 규정하는 것은 아리스토텔레스에게 심리적으로 큰 부담으로 작용했을 가능성이 있다. 다른 하나는 최선정체가 갖는 규범적 차원의 가치와 그 오해의 가능성이다. 이것은 어떤 특정정체를 이상정체로 말할 경우 아리스토텔레스가 건설하기를 희망하는 '바람에 따른 폴리스'의 본래적 의미가 상실될 수 있다는 것이다.[81] 즉, 바람의 정체가 특정 정체로 명시되

---

[80] 이러한 생각은 앞서 언급한 베이츠(Bates)에서 시사받았다. 베이츠는 최선정체를 민주정으로 보아야 함을 주장한다는 점에서는 다르지만, 아리스토텔레스가 민주정과 같은 특정정체를 거명하지 않은 가능한 이유를 생각해볼 수 있게 한다.

[81] 위에서 살펴본 것처럼 아리스토텔레스의 최선정체는 왕정이나 귀족정 또는 혼합정이나 민주정으로 이해될 수 있는 가능성이 다분히 있다. 덕의 기준을 갖고 보면 바람의 정체는 왕정이나 귀족정으로 간주될 수도 있고, 시민의 수를 갖고 보면 혼합정이나

는 순간 그것은 기존의 정체분류상의 왕정부터 참주정까지의 가치론적 위계 질서 속에 편입될 수밖에 없고, 이것은 그의 최선정체가 결과적으로 최선의 정체가 아닌 차선의 정체로 분류될 수도 있다는 그의 우려가 반영된 것으로 볼 수 있음을 의미한다. 나는 이 두 가지 모두가 고려되어 아리스토텔레스의 최선정체에 대한 이해가 이루어져야 한다고 생각한다. 이제 아래에서 나는 아리스토텔레스가 『정치학』 7권과 8권에서 제시하는 그의 이상국가가 일종의 '자연적 귀족정'으로 이해되어야 함을 최선의 삶과 시민교육의 관점에서 고찰할 것이다. 특히 시민교육을 위한 최선정체의 목표가 정치적이며 도덕적 활동뿐만 아니라 철학적 활동까지 지향하고 있음을 밝힐 것이다.

2. '바람에 따른 폴리스'에 대한 검토

아리스토텔레스는 자신의 이상국가를 '바람에 따른 폴리스'(kat' euchēn polis)로 정의한다. 이때 kat' euchēn이라는 표현은 그 의미가 좀 더 분석되어 이해될 필요가 있다. euchē라는 말은 '어떤 것이 이루어지기를 바라는 또는 기원하는' 의미를 갖는데, 이러한 바람이나 기원은 그것이 이루어질 수도 있지만 이루어지지 않을 가능성도 있다. 따라서 '바람에 따른 폴리스'는 하나의 이상으로서 추구되어야 하지만 그것의 현실적 구현이 필히 보장되는 것은 아니다. 이것은 '바람에 따른 폴리스'가 규범적 측면과 현실적인 측면에서 이해되어야 함을 의미한다. 즉, 바람에 따른

민주정이 최선정체로 말해질 수 있다. 또는 시민들의 교대로의 통치권이라는 폴리티케 아르케의 기준을 갖고 보면 귀족정이나 혼합정 또는 민주정이 그 후보가 될 수 있다.

폴리스는 불완전한 정체들이 지향해야 할 완벽한 정체의 모델이면서 또한 그 자체로 실재할 수 있는 정체여야 한다는 것이다. kat' euchēn 이라는 말이 담고 있는 이러한 이중적 측면을 고려해서 아리스토텔레스가 생각하는 최선정체의 의미를 짚어보면 그것은 현실 속에 구현되기를 희망하는 이상적인 정체라고 말할 수 있다.[82] 중요한 점은 아리스토텔레스가 자신의 최선의 정체를 단순히 바람에 그치지 않고 그 실현이 '불가능하지 않은'(adynaton) 정체라고 말하고 있다는 것이다. 그러면 어떤 점에서 바람의 정체는 하나의 이상적인 모델이면서도 실재할 수 있는 정체가 되는 것으로 볼 수 있을까?

이제 이것이 어떻게 가능할 수 있는지에 대한 아리스토텔레스의 견해를 살펴보는 것이 필요하다. 앞에서 이미 살펴보았지만 아리스토텔레스는 최선정체의 두 가지 중요한 요소로 '운'(tychē)과 '합리적 선택'(prohairesis)을 언급한다. 운적인 요소와 관련하여 아리스토텔레스는 바람에 따른 정체는 태생적으로 운적인 요소의 도움을 필요로 한다고 말한다. 즉, 최선의 정체는 외적인 장애요인이 없어야 그 실현이 가능한데, 이러한 외적인 방해요인은 "운과 함께하는 것"(to de symbēnai tychēs, 1331b20-21)이다. 아리스토텔레스는 최선정체의 이러한 운적인 요소로 적정한 인구수나 영토의 크기 또는 지리적 위치나 기후를 언급한다. 그러나 아리스토텔레스는 또한 최선의 정체는 단순히 운에 의해서만이 아닌, 무엇보다 지식(epistēmē)과 합리적 선택에 의해 이루어질 수 있음을 분명히 한다. "우리가 폴리스를 훌륭하게 만들려고 할 때, 그것은 운의 일이 더 이상 아니라 지식과 합리적 선택에 의한 것이다"(1332a29-32)라는 말이 이를 입증한다. 즉, 훌륭한 입법가나 참된 정치가의 실천지와 같은 이성적인 숙고에 의해 최선의 정체가 실현될

---

[82] Kraut(2002), p. 192. 주.1 참조.

수 있다는 것이다. 이것은 아리스토텔레스가 최선정체의 덕있는 시민을 양성하는 세 가지 요소, 즉 본성, 습관 그리고 이성 중에서 이성을 강조하는 데서도 알 수 있다. 즉, 이상국가의 시민을 육성하기 위해서는 단순히 습관이나 운에 의해서가 아니라 이성에 의한 의식적인 정치적, 법적 요소가 더 중요하다는 것이다. 이러한 이유로 아리스토텔레스는 "우리는 이상적인 상황을 추측해야 하지만 그러나 아무것도 불가능하지는 않다"(1325b39)[83] 라고 말한다. 결국 최선정체의 현실적 구현성은 운적인 요소보다는 지식과 합리적 선택에 의한 것으로 말할 수 있다. 운적인 요소는 정치적 숙고나 지식을 넘어선 것이지만 합리적 선택은 입법가나 정치가의 이성적인 숙고에 의해 발휘될 수 있기 때문이다.

그러면 정치가나 입법가가 최선의 정체를 건설하기 위한 이성적 숙고를 적용할 때 가장 우선시해야 하는 원리는 무엇인가? 이에 대한 아리스토텔레스의 답변은 '바람에 따른 폴리스'가 추구하는 텔로스(telos), 즉 목표가 무엇인지를 분명히 설정해야 한다는 것이다. 이것은 최선정체의 정체성(identity)이 어떤 유형의 삶의 방식을 목표로 하는지와 밀접한 관계를 갖기 때문이다. 즉, 정체의 궁극적 목적이 무엇인가에 의해 그 정치제도나 법적 원리가 근거 지워진다는 것이다. 이것은 아리스토텔레스가 최선의 정체에 대한 논의를 시작하는 『정치학』 7권 시작 부분에서 '최선의 정체'가 무엇인지에 대한 고찰은 먼저 "무엇이 가장 바람직한 삶"(tis hairetōtatos bios)인지를 알아야 한다는 말에서도 알 수 있다. "왜냐하면 이것이 분명하지 않으면 최선정체에 대한 것도 마찬가지로 불분명하기 때문이다."(1323a14-16). 그런데 아리스토텔레스는 '최선의 삶'(aristos bios)이 무엇인가에 대한 논의는 이미 『니코마코스 윤리학』과 같은 윤리

---

[83] *Pol.*, II.6. 1265a18.

학 관련 저술에서 설명이 제시되었고, 그래서 그것을 이용하면 된다고 말한다. 그것은 좋음에는 외적인 좋음, 육체적 좋음 그리고 영혼의 좋음이 있고, 행복은 이 세 가지 좋음을 모두 갖는 것이라고 말한다. 그런데 이 세 종류의 좋음에는 위계질서가 있고 외적인 좋음과 육체적 좋음은 결국 '영혼의 좋음'을 위한 것이라는 고 결론이 내려진다.[84] 이렇게 해서 아리스토텔레스는 인간의 최선의 행복은 덕(aretē)과 지혜(sophia)를 얼마만큼 갖추었느냐에 있지 외적인 좋음이나 육체적 좋음의 양에 의존하는 것이 아니라고 말한다. 그런데 중요한 것은 아리스토텔레스가 이러한 개인적인 차원의 행복이 공동체의 행복과 분리된 것이 아니라고 본다는 점이다. 아리스토텔레스는 개인의 행복과 최선정체의 행복이 동일함을 다음과 같이 말한다.

> "훌륭한 폴리스는 정체에 참여하는 시민들이 훌륭해야 한다. 그리고 우리의 폴리스에선 모든 시민들이 정체에 참여한다. 따라서 우리는 어떻게 해서 사람이 훌륭해질 수 있는지 고찰해야 한다. 시민 각자가 훌륭하지 않고서도 시민 전체가 훌륭해질 수 있겠지만, 시민 각자가 훌륭한 것이 더 바람직하다. 시민 각자가 훌륭하면 전체도 훌륭할 것이기 때문이다."(*Pol.*, VII.13, 1332a32-8)

위 인용문에서 알 수 있는 것처럼 최선의 폴리스는 구성원인 시민들 각자가 모두 덕을 소유함으로써 가능하다. 시민 각자가 정의롭고 절제 있고 용기 있을 때 최선의 정체가 실현될 수 있다. 이것은 아리스토텔레스가 생각하는 '바람의 정체'의 목표가 덕과 지혜에 따른 훌륭하고 잘 사는 삶에 있음을 의미한다. 요컨대 아리스토텔레스가 생각하는 "최선의 정체는 그 누구든지 최선의 방식으로 행동하고 행복하게 살 수 있는 질

---

[84] *Pol.*, VII.1.1323b41-1324a2.

서"(1324a23-25)를 갖춘 정체이다. 이런 점에서 그의 최선정체는 단적으로 말해 에우다이모니아(eudaimonia), 즉 행복을 추구하는 정체이다. 이것은 최선의 정체는 "생존을 위해 존재하지만 잘 사는 것을 목적으로 추구한다"(1252b29-30)는 말에서 분명해진다. 오해하지 말아야 할 것은 최선의 정체가 생존을 위해 필요로 되는 경제적인 부나 군사적인 힘을 부정하는 것은 아니라는 것이다. 충분한 물질적 공급이나 외적의 공격을 막아낼 수 있는 군사적인 힘은 정체의 자족적인 삶이나 생존을 위해 필요한 요소들이다. 그러나 이러한 요소들은 아리스토텔레스의 바람의 정체에서 필요조건이지 충분조건은 될 수 없다. 최선정체의 궁극적 목표는 군사적인 상호보호나 부의 축적이 아니라 어디까지나 덕에 따른 좋은 삶을 궁극적 목표로 추구하기 때문이다.[85] 부나 군사적 힘을 최고의 가치로 추구하는 정체는 과두정이나 혼합정 또는 귀족정은 될 수 있어도 아리스토텔레스가 생각하는 최선정체는 될 수 없기 때문이다. '바람에 따른 폴리스'에서 부나 군사적 힘은 좋음 자체가 아니라 어디까지나 고상하고(kalon) 잘 사는 삶(eu zēn)을 위한 덕의 수단인 것이다.

그러면 바람의 정체가 덕에 따른 최선의 삶을 목표로 추구한다면, 구체적으로 그것은 어떤 삶의 방식인가?『정치학』7권 3장에서 아리스토텔레스는 이 물음에 대한 답을 찾기 위한 논의를 시도한다. 그것은 최선의 삶의 후보로 말해지는 '정치적 삶'(politikos bios)과 '철학적 삶'(philosophikos bios)을 비교하는 것이다. 그런데 실상 최고로 행복한 삶에 대한 아리스토텔레스의 견해는 이미『니코마코스 윤리학』10권 8장에서 결론이 내려진 상태이다. 그것은 인간에게 가장 행복한 삶은 철학적 삶과 같은 '관조적 삶'(theōrētikos bios)이며, 정치적 삶은 2차적으로 행복한 삶이다.[86] 그런데 아리스토텔레스

---

[85] *Pol.*, III.9, 1280a34-b13.

는 『정치학』 7권에서 이 주제를 다시 언급하면서 바람의 정체가 추구하는 최선의 삶이 어떤 것인지를 고찰한다. 그러면 윤리학 작품에서 최선의 삶으로 말해지는 철학적 삶은 바람의 정체에서도 여전히 최선의 삶으로 볼 수 있는가? 앞에서 살펴본 것처럼 아리스토텔레스는 이 물음에 대한 답을 찾기 위해 정치적 삶과 철학적 삶에 대한 변증법적 검토를 시도한다. 이것은 두 삶의 방식을 각기 지지하는 자들의 주장이 한편으론 옳고 다른 한편으론 잘못되었음을 지적하는 것이다. 먼저 정치적 삶과 관련해선 그것을 단순히 전제적인 정복의 활동이 아닌 자유롭고 동등한 시민들에 대한 정치적 통치(politikē archē)술의 실현으로 이해하는 것이다. 아리스토텔레스가 보기에 철학적 삶만을 최선의 삶으로 주장하는 사람들은 정치적 삶을 주인의 노예에 대한 전제적 방식과 같은 지배술로만 본다는 점에서 문제가 있기 때문이다. 마찬가지로 철학적 삶은 반(反)폴리스적인 비활동적(aprakteīn) 삶이 아닌 폴리스에서의 활동적인 삶으로 바꿔 이해하도록 하는 것이다. 아리스토텔레스가 보기에 정치적 삶을 최선의 삶으로 보면서 철학적 삶의 비활동성을 비판하는 사람들은 철학적 삶 역시 폴리스에서 이루어지는 활동적 삶임을 간과하고 있다는 점에서 문제가 있다. 인간의 관조적 활동은 신의 사고와는 다르며, 그래서 철학적 삶을 주장하는 자들은 인간의 사고활동이 폴리스가 제공하는 자족성을 통해 더 잘 실현될 수 있음을 부정하지 않기 때문이다.[87] 이런 이유로 아리스토텔레스는 "그 자체로 완전하고 자체목적적인 관조와 사고가 훨씬 더"(poly mallonas tas autoteleis kai tas hautōn heneken theōrias kai dianoēseis, 1325b19-22) 활동적인 삶의 방식이 된다고 말한다. 이런 방식으로 아리스토텔레스는 두 유형의 삶의 방식에 대한 서로간의 잘

---

[86] *EN.*, X.7, 1177a12 이하 계속 참조.
[87] *Pol.*, I.2, 1253a2-4. *EN.*, X.9, 1178b33-35.

못된 관점을 수정함으로써 양자가 조화될 수 있는 가능성을 모색한다.

그러면 '바람에 따른 폴리스'가 추구하는 최선의 삶은 정치적 삶인가 아니면 철학적 삶인가? 아리스토텔레스가 7권 3장에서 어떤 삶이 최선의 삶인지에 대한 최종적인 판정을 내리지는 않는 것으로 보인다. 그런데 두 삶에 대한 양비양시(兩非兩是)론적 검토를 통해 아리스토텔레스가 무엇을 모색하는지를 가늠하기가 그리 어려운 것은 아니다. 뒤의 논의에서 좀 더 분명해지겠지만 그는 정치적 삶과 철학적 삶이 자신의 최선의 정체에서 조화될 수 있는 가능성을 모색하는 것으로 보이기 때문이다. 무엇보다 아리스토텔레스가 "개인에게 최선의 삶은 필히 폴리스와 인간 전체적으로 최선의 삶과 동일한 것이다"(1325b30-32)라고 말하고 있다는 것에서 이에 관한 추론이 가능하다. 그것은 윤리학 관련 작품에서 말한 것처럼 개인에게 최선의 삶이 관조적 삶이라면 폴리스 차원에서도 관조적 삶의 가능성이 부정될 수는 없기 때문이다. 이것은 『정치학』 7권 3장에서 아리스토텔레스가 정치적 삶과 철학적 삶을 모두 "활동적 삶"(praktikos bios)으로 보고 있다는 점에서도 알 수 있다. 두 유형의 삶의 목적(telos)은 모두 '잘 행위하는 것'(eupraxia)이라는 점에서는 같기 때문이다. 또한 『정치학』 7권 9장에서도 아리스토텔레스는 두 가지 삶의 방식이 상호 배타적이지 않을 수 있는 해법을 제시하고 있는데, 그것은 자연성에 근거한 연령이라는 삶의 단계에 따라 정치적 활동과 철학적 활동이 순차적으로 이루어질 수 있는 것으로 보는 것이다. 즉, 청년기는 군사업무에, 그리고 그들이 성년이 되었을 때는 심의하고 판결하는 정치적 활동을, 그리고 노년기에는 철학적 활동에 종사하는 것이다. 이렇게 보면 정치적 삶은 철학적 삶을 보다 완벽하게 실현하기 위한 준비를 한다고 볼 수 있다. 아리스토텔레스는 이런 방식으로 최선의 삶이 실현될 수 있도록 자신의 바람의 정체를 구조화하고 있다.

3. 여가(scholē)와 철학교육의 가능성

그러면 아리스토텔레스의 이상국가에서 정치적 활동과 철학적 활동을 수행할 수 있는 주체는 누구인가? 최선의 삶은 최선정체의 구성원이면 누구든지 누릴 수 있는 것인가, 아니면 일부의 구성원들에게만 주어진 특권인가? 이것은 아리스토텔레스의 최선정체에서 누가 시민이 될 수 있는가를 묻는 것이다[88].『정치학』3권에서의 아리스토텔레스의 시민에 대한 정의에 따르면 시민은 기본적으로 심의하고 판결할 수 있는 관직(archē)에 참여할 수 있는 자이다.[89] 즉, 시민은 정치적 판단능력을 갖추고 민회나 법정에서 심의하고 판결할 수 있는 정치적 참정권을 행사할 수 있는 자이다. 문제는 이러한 시민의 자격기준이 정체마다 다르다는 데 있다. 즉, 민주정에선 자유가, 과두정에선 부가 그리고 귀족정에선 덕이 정치적 참정권을 행사할 수 있는 기준이 된다. 그러면 '바람에 따른 폴리스'에서 아리스토텔레스가 시민을 규정하기 위한 기준으로 채택하는 것은 무엇인가? 그는 자신의 최선정체에서 정치적 참정권을 행사할 수 있는 시민의 자격을 아레테(aretē), 즉 덕에 있다고 본다. 요컨대 최선의 정체에서 시민의 자격을 규정하는 핵심적 가치는 덕이 된다. 그리고 덕 기준에 따르면 전사계급과 정치적 심의나 판결을 수행하는 자, 그리고 사제는

---

[88] 아리스토텔레스의 시민교육에 관한 상세한 논의는 손윤락(2012), 149-174. 동일인 (2015), 65-86 참조.
[89] *Pol.*, III.1, 1275b18-19.

시민계급에 속하지만, 농부나 직공은 시민이 될 수 없다. 전자의 계급은 최선정체의 '부분'(meros)이 되지만, 후자의 계급은 정체의 '필수적인 것'으로 규정된다.[90] 아리스토텔레스는 "최선정체에서는 직공은 시민으로 만들지 않을 것이다"(1278a8)라고 말한다.

> "우리는 최선의 정체를 고찰하고 있는데, 그런데 이것은 그 정체에 따라 폴리스가 가장 행복할 수 있는 것이며, 앞서 말했듯이, 행복은 덕과 분리되어서는 존재할 수 없기 때문에, 이로부터 가장 아름답게 통치되는 폴리스에서 가정되어 상대적으로 정의로운 것이 아니라 단적으로 정의를 소유한 사람들을 소유한 폴리스에서, 시민들은 직공이나 상인의 삶을 살아서는 안 된다는 것이 분명하게 도출된다. 그런 삶은 천하고 덕에 반하기 때문이다. 또한 시민이 되어야 할 사람들은 농부가 되어서도 안 된다. 왜냐하면 덕을 계발하고 정치적인 활동을 위해서도 여가(scholē)가 필요하기 때문이다."(*Pol.*, VII.9, 1328b33-1329a2)

위 인용문에서 알 수 있듯 아리스토텔레스는 자신이 기획하는 최선의 정체에서는 농부나 상인 또는 직공계급은 시민이 될 수 없다고 말한다. 이들 계급들은 덕을 계발하거나 정치적 활동을 할 수 있는 여가(scholē)에 참여할 수 없기 때문이다. 그러면 스콜레가 시민덕의 계발에 어떤 역할을 한다는 말인가? 스콜레 교육이 궁극적으로 추구하는 목표는 무엇이고 그 가치는 어디에 있는가? 일단 아리스토텔레스에 따르면 여가는 놀이나 휴식 또는 정치, 군사적 활동의 의미를 갖는다.[91] 여가는 노동의 수고와 긴장으로부터 벗어나 놀이를 통한 휴식을 제공한다. 또한 여가는 정치적

---

[90] *Pol.*, VII.8, 1328a21-1328b3.
[91] *Pol.*, VIII.3, 1337b41-42. *EN.*, X.7, 1177b6-18 참조. 아리스토텔레스의 여가개념에 대한 전반적인 논의는 송대현(2014), 123-164 참조.

이며 군사적인 활동을 할 수 있는 자유로운 시간(diagōgē)을 의미한다. 중요한 것은 아리스토텔레스가 최선의 정체에서 자유시민에 걸맞은 여가의 본질적 의미를 무엇으로 생각하는가이다. 이에 대한 아리스토텔레스의 생각은 여가의 "자체적 목적성"(autoteleis kai hautōn heneken, 1325b20)에서 찾아질 수 있다. 즉, 여가는 다른 것을 위한 수단적 활동이 아니라 그 자체가 목적이 되는 활동이어야 한다는 것이다. 요컨대 스콜레는 키네시스(kinēsis), 즉 운동과정이 아니라 그 자체가 완결된 활동으로서의 에네르게이아(energeia)가 되어야 한다. 그렇다면 앞서 언급한 놀이나 정치, 군사적 활동의 의미는 스콜레의 본질적 의미가 될 수 없다. 휴식은 노동을 위한 것이고, 정치적 통치 행위는 공동이익을 실현하기 위한 수단이며, 군사적 활동은 평화를 위한 수단이 되기 때문이다.[92]

이런 것을 고려할 때 아리스토텔레스가 생각하는 여가의 참된 가치는 활동 자체가 자족적이고 목적이 되는 것, 즉 행복과 관련되는 것으로 볼 수 있다.[93] 이것은 "행복은 스콜레 속에 있는 것으로 보인다. 우리는 스콜레에 있기 위해 일하고, 평화롭기 위해 싸운다"(*EN*., 1177b4-6)라는 아리스토텔레스의 말에서 알 수 있다. 여기서 "행복은 스콜레 속에 있는 것으로 보인다"(dokei hē eudaimonia en tēi scholēi einai)는 말은 아리스토텔레스가 생각하는 최고선으로서의 행복이 스콜레 속에서 실현됨을 의미한다. 그렇다면 아리스토텔레스에게서 관조적 활동이 최고의 행복으로 말해지므로 스콜레는 곧 관조적 활동과 관련된다고 말할 수 있다. 이것은

---

[92] *Pol*., VII.14, 1334a6-10. 아리스토텔레스가 스파르타를 예로 들면서 스파르타 정체의 스콜레 교육부재를 비판하는 것도 이런 이유에서다. 즉, 스파르타는 일이 여가를, 전쟁이 평화를 위한 것임을 인식하지 못했고, 이것은 기본적으로 여가에 대한 교육이 부재한 데서 비롯한 것이다.

[93] *EN*., X.7, 1177b4-6. 1177a12-17. *Pol*., VIII.3, 1338a1-6 참조할 것.

스콜레의 본질적 의미가 누스(nous), 즉 지성에 의한 관조적 활동처럼 자체목적적인 활동과 관련되는 것으로 볼 수 있다. 결국 아리스토텔레스가 생각하는 최선정체의 참된 여가교육은 지혜를 추구하는 철학적 활동에 있다고 보아야 한다.[94] 참된 여가는 휴식을 위한 것도, 전쟁에서의 승리를 위한 것도 아니다. 참된 여가는 최선의 삶의 관점에서 이해되어야 하고, 그것은 행복을 실현할 수 있는 완벽한 활동, 즉 관조적 활동이 실현되는 데 있다. 이렇게 보면 여가가 이루어지는 시간, 즉 디아고게(diagōgē)는 그것이 자유로운 시간이기 때문에 가치 있는 것이 아니라 그 시간이 무엇을 위한 것인지가 중요하다. 즉, 스콜레의 자유시간은 그것이 단순히 휴식을 위한 자유시간이거나 또는 통치활동이나 군사 활동을 위한 시간으로 활용되는 데에 국한되어서는 곤란하다. 그러한 디아고게는 스콜레의 본질적 의미가 실현되는 자유시간이 아니기 때문이다. 아리스토텔레스에게서 시민을 위한 참된 스콜레 교육은 단순히 유용한 것이나 여흥을 목적으로 하기보다는 관조적 활동과 같은 자체목적적인 덕을 함양할 수 있는 자유시간으로 선용되어야 한다.[95]

상술한 것을 고려할 때 아리스토텔레스가 여가를 강조하는 이유를 알 수 있다. 그것은 여가를 통해 시민들이 덕을 소유할 수 있고, 그러한 덕 활동을 통해 최선정체가 추구하는 최선의 삶이 실현될 수 있는 가능성이 확보될 수 있기 때문이다. 그리고 직공이나 농부 또는 상인 계급은 바로 여가활동을 통한 덕 계발에 참여할 수 없기 때문에 시민계급에서 제외되는 것으로 볼 수 있다. 그런데 여기서 하나의 물음이 제기될 수 있는데,

---

[94] *Pol*, VII.15, 1334a11-40.

[95] *Pol*, VIII.3, 1338a9-13. 여가교육의 쓸모없음(uselessness)의 '가치있음'에 관한 상세한 논의는 A. Nightingale(1996), 29-58 참조.

그것은 '행복이 스콜레를 통해 이루어지는 관조적 활동에 있다면 이러한 목표가 다수의 시민들에게 적용될 수 있는가'하는 것이다. 즉, 최선정체가 추구하는 여가를 통한 관조적 활동이 다수의 시민들에게도 실질적으로 구현될 수 있는 '보편성'을 확보할 수 있는가 하는 것이다. 잘 알려진 것처럼 플라톤의 이상국가에서 철학적 삶은 지식을 소유한 소수에게만 가능한 것으로 말해진다는 점에서 이 물음은 아리스토텔레스에게도 제기될 필요가 있다. 그런데 이 물음에 대한 아리스토텔레스의 만족할만한 답변을 텍스트 속에서 찾기 어렵다는 데서 어려움이 발생한다. 우리는 『정치학』 8권의 교육론에서 철학이 시민교육 교과목에 포함되어야 한다는 아리스토텔레스의 언급을 어느 곳에서도 찾을 수 없기 때문이다. 이렇게 되면 최선정체의 교육목표가 되는 여가를 통한 관조적 활동이 시민 모두에게 적용될 수 있는지가 의심스럽게 된다.

이 문제를 해소할 수 있는 가능성이 없는 것은 아니다. 그것은 솔젬(F. Solmsen)이나 로드(C. Lord)가 주장하는 것처럼[96] 다수의 시민들에게 이루어지는 교육은 철학교육이라기보다는 음악교육을 통한 '도덕적 시민' 형성교육으로 제한하여 이해하는 것이다. 즉, 이들 학자들의 주장에 따르면 최선정체의 여가교육은 음악 활동이 관조적 활동을 대체한다. 철학이라는 말 역시 음악이나 시 또는 비극작품을 포함한 넓은 의미의 문화(culture) 교육으로 이해될 수 있다.[97] 다시 말해 엄격한 의미의 누스를 통한 관조적 활동이 아닌 교양정도의 문화철학으로 이해하는 것이다. 크라우트(R. Kraut)는[98] 음악교육이 최선의 삶은 아니지만 음악이 최선의

---

[96] Solmsen (1964), 193-220, 특히 215-219. Lord (1982), 197-8.
[97] Solmsen (1964), 198. Lord(1982), 198.
[98] Kraut(1997), 139-140.

삶을 모방(imitation)하거나 그에 가까운 것(approximation)으로 본다. 즉, 최선정체의 목표는 시민들을 관조적 활동과 같은 철학적 삶을 준비하도록 만드는 것이 아니라 음악교육을 통해 실천지(phronēsis)와 성품적 덕(ēthikē aretē)을 함양하도록 만드는 데 있다는 것이다.

이렇게 음악교육을 통한 도덕적 삶 내지 문화적 삶이 시민교육의 목표로 설정될 경우 앞서 제기된 현실적 적용의 보편성 문제는 해결될 수 있는 가능성이 높다. 무엇보다 최선정체의 교육프로그램 속에 음악교육이 명시되어 있고, 다음으로 다수의 시민들이 음악교육을 통해 실천지와 같은 도덕적 덕의 성취가 가능할 수 있기 때문이다. 또한 음악교육은 아리스토텔레스가 앞서 말한 여가를 통해 다수 시민의 폴리스적 동물로서의 정치적 삶을 극대화할 수 있다는 장점도 갖고 있다.[99] 그렇지 않고 좁은 의미의 철학교육이 최선정체의 모든 시민들에게 여가를 통해 이루어지는 것으로 볼 경우 이에 관한 설득력 있는 논증이 제시되어야 할 것이다. 과연 아리스토텔레스가 여가교육이 궁극적으로 지향해야 할 목표를 철학과 같은 지적인 활동에 정향된 것으로 볼 수 있는 근거를 어디서 찾을 수 있을까? 최선의 정체라면 그래도 시민들에게 최고의 행복이라고 말해지는 관조적 삶을 향유할 수 있는 기회가 여가교육을 통해 마련되고 있다는 바람을 어떻게 가질 수 있을까?

이 물음에 일단 두 가지 관점에서 여가교육과 철학적 삶의 관련성을 생각해볼 수 있다. 하나는 플라톤의 교육론과의 연속성을 통한 외적인 접근이고, 다른 하나는 아리스토텔레스의 음악(mousikē) 교육을 통한 우회적 접근이다. 먼저 플라톤의 『국가』편과 『법률』편에서 제시되는 시민교육을 위한 교육 프로그램을 고려할 수 있다. 특히 아리스토텔레스의

---

[99] Koeplin(2009), 122.

최선정체와 상당히 많은 면에서 유사성을 보여주는[100] 플라톤『법률』편에서의 법에 따른 최선정체에서의 철학교육에 관한 청사진이 참조될 수 있다. 특히 플라톤은『법률』편 7권에서 음악과 시 그리고 체육 교육으로부터 시작해서 산술, 측정 그리고 천문학을 포함하는 이론적인 교육 프로그램을 제시한다.[101] 더 나아가 플라톤은 이러한 예비교육을 받은 이후에 철학적이며 신학적인 공부까지 이루어져야 한다고 기술한다.[102] 아리스토텔레스가 플라톤의 이러한 교육 프로그램을 인지하지 못했을 것 같지는 않으며, 따라서 어떤 식으로든 자신의 교육론을 구성하기 위한 모델로 고려했을 것이라는 추측이 가능하다. 요컨대 플라톤의 교육론이 어떤 식으로든 아리스토텔레스의 교육론에 반영되었을 가능성이 배제될 이유는 없다는 것이다. 이것은 아리스토텔레스의『정치학』이 현재 우리에게 전승된 미완의 작품이 아니라 적어도 아리스토텔레스 자신이 약속한 바에 따라 완성되었다면 그의 후기 교육 프로그램에서 철학과목이 포함될 가능성이 있었음을 의미한다.[103]

여가와 철학적 삶의 연관성에 관한 두 번째 가능성은 아리스토텔레스의 음악교육을 통해 접근해볼 수 있다. 아리스토텔레스에 따르면 음악은 "여가 속에서 자유로운 활동"(en tei scholei diagoge, 1338a21-22)을 가능하게 해준다.[104] 즉, 음악은 여가의 고상한 목적을 담당할 수 있다.[105] 무엇

---

[100] 플라톤『법률』편과의 유사성과 관련해서는 Depew(1991), 377-78. Morrow(1960), 145-162.

[101] 특히 Platon, *Nomoi*, VII.817e-818d 참조.

[102] 특히 Platon, *Nomoi*, XII.965b-968b 참조.

[103] Koeplin (2009), 125. 물론 음악교육에서도 알 수 있듯 아리스토텔레스의 플라톤 교육론에 대한 벤치마킹은 단순한 복사가 아닌 비판적인 선택적 수용이 이루어진 것으로 보아야 할 것이다.

[104] 아리스토텔레스는 음악교육이 놀이(paidia)와 휴식을 위해 유용한 과목으로 말한다. 이것은 음악이 일을 하면서 겪게 되는 고통의 치료제로 활용되는 것이다(VIII.5,

보다 음악이 미적인 판단(krisis)을 함양할 수 있다는 점에서 중요하다.[106] 아리스토텔레스에 따르면 어렸을 때 연주를 직접 해보는 것은 필요한데, 성년이 되었을 때 무엇이 좋은지 판단할 수 있기 때문이다. 여기서 음악의 구조와 형태의 이해를 위한 미적인 판단 능력은 관조적 활동을 행사하는 데 기여하는 것으로 볼 수 있는 여지가 있다. 즉, 아름다운 화음은 수적인 비례와 척도에 따라야 한다는 점에서 음악교육은 철학적 사고를 위한 준비를 할 수 있기 위한 지적인 훈련이 될 수 있다는 것이다.[107] 이것은 미적인 판단을 넓은 의미의 지적인 판단의 일종으로 보면서 그것이 관조적 활동과 갖는 관계를 연속성의 차원에서 이해하는 것이다. 아리스토텔레스가 말하는 무시케에서 지적인 측면이 적어도 플라톤의 무시케에서보다 더 강조되고 있다는 점도 이를 방증한다. 즉, 플라톤에게서 음악은 리듬과 멜로디가 가사에 의존하는 것에 반해 아리스토텔레스적인 음악은 가사가 포함되지 않고 어디까지나 리듬과 멜로디로만 구성되고 있다는 것이다.[108] 이것은 플라톤에게서 중요한 것은 무시케를 통해 가르쳐지는 도덕적 성격의 내용이 중요하지만, 아리스토텔레스에게서는 리듬과 멜로디를 구성하는 척도와 비례가 중요함을 의미한다. 그리고 이러한 척도와

1339b14-32). 그런데 아리스토텔레스에게서 음악교육은 단순한 놀이나 실용적 목적만을 위해 교육되는 것은 아니다. 이런 점에서 음악교육은 유용하고(chresimon) 필수적인(anagkaion) 것이 아니다. 그러나 음악이 비실용적이고 필수적이지 않다는 것이 가치가 없다는 말로 이해되어서는 곤란하다. 아리스토텔레스에게서 유용하지 않음은 달리 말하면 자유롭고 고상함을 추구하는 것으로 이해될 수 있고, 이것은 곧 내재적이며 적합한 가치를 추구함을 의미하기 때문이다. 이런 이유로 아리스토텔레스는 음악은 젊은이들의 영혼에 영향을 줌으로써 좋은 성격(ēthos)을 형성할 수 있도록 습관화시키는데 가치 있는 교육수단이 된다고 본다(VIII.5, 1340a8-12).

[105] *Pol.*, VIII.5, 1339b17-19, VIII.7. 1341b40-41.
[106] *Pol.*, VIII.6, 1340b35-9.
[107] Depew(1991), pp. 368-371 참조.
[108] *Pol.*, VIII.5, 1340a14-b19 참조.

비례에 대한 평가는 곧 지적인 판단을 좀 더 강하게 요구할 수밖에 없다는 것이다.

그러나 미적인 판단 능력이 존재의 원인을 탐구하는 "사고의 사고"(noēseōs noēsis)[109]와 같은 순수한 사고 활동과 관련되는 것으로 보는 것은 지나친 해석이다. 음악에서의 판단이 실천지와 같은 지적인 덕을 함양하는데 기여하는 것으로 볼 수 있지만, 실천지가 필연적이고 절대적인 존재에 대한 엄격한 의미의 관조적인 판단과 동일한 것으로 볼 수는 없기 때문이다.[110] 이것은 음악연주에서의 미적인 판단이 제한된 의미의 지적인 판단으로 이해되어야 함을 의미한다. 무엇보다 분명한 점은 음악교육이 직접적으로 철학교육을 위한 예비교육으로 가르쳐야 된다는 아리스토텔레스의 명시적인 언급이 부재하다는 것이다. 적어도 우리에게 전해지는 『정치학』 7권과 8권에서 아리스토텔레스는 어떤 식으로든 최선정체의 시민들은 음악교육을 통해 철학적 삶을 향유할 수 있도록 해야 한다는 언급은 하고 있지 않다. 따라서 음악교육을 통한 철학적 삶의 실현은 그 가능성이 인정되기 어려워 보인다. 결국 최선정체의 시민교육의 목표를 어디까지 설정해야 하는지의 물음은 여전히 남는다. 과연 아리스토텔레스는 자신의 최선정체에서 시민들의 교육목표를 어디까지 설정한 것일까? 아리스토텔레스는 관조적 활동을 다수의 시민들에게 적용하는 것은 비현실적인 것으로 생각하여 철학교육은 배제하고 음악교육을 통해 다수 시민들의 도덕적 삶을 실현하는 것만을 목표로 삼는가? 아니면 그는 여가교육을 통해 관조적 활동과 같은 철학적인 삶의 단계까지 실현하는 것을 목표로 삼는 것일까?

---

[109] *Metaphysica*, 1074b35.
[110] *EN.*, VI.7, 1141a20-2.38-b1.

이제 위의 물음과 관련해서 나는 『정치학』 전체에서 발견되는 철학의 중요성에 관한 아리스토텔레스의 언급에 근거해서 그의 '바람에 따른 폴리스'의 중요한 목표가 철학적 삶에 정향되어 있고, 따라서 철학이 시민교육의 중요한 교과목으로 포함되어야 함을 주장할 것이다.

첫째는 『정치학』 7권 15장에서 여가를 위해 필요한 덕이 철학(philosophia)으로 제시되고 있다는 점이다.[111] 이곳에서 아리스토텔레스는 삶을 크게 일(ascholein)과 여가(scholazein)로 구분하고 각각에 필요한 덕을 제시한다. 그리고 일을 위해서는 용기와 절제가 필요하고, 여가를 위해서는 철학(philosophia)이 필요하고, 절제(sōphrosynē)와 정의(dikaiosynē)는 일과 여가 모두에 필요한 덕이라고 말해진다. 여기서 철학은 절제와 정의와 더불어 여가 시 필요한 덕으로 말해진다. 중요한 것은 여가 시의 고유한 덕이 철학으로 말해진다는 것이다. 철학이 정의나 절제보다 여가의 고유한 활동을 위한 덕으로 제시되는 이유는 무엇일까?

이와 관련하여 나는 두 가지 이유에서 철학이 여가시의 고유한 덕으로서의 역할을 담당할 수 있다고 생각한다. 하나는 여가 시에 필요로 되는 정의나 절제는 철학적 활동을 위한 수단이 되는 덕으로 이해되어야 한다는 것이다. 이것은 절제나 정의는 시민들의 감정과 욕망을 제어함으로써 정체의 법과 질서를 유지하는 기능을 할 수는 있지만, 이것이 스콜레의 궁극적인 목적이 되는 것으로 보기는 어렵다는 것을 의미한다. 아리스토텔레스의 비유에 따르면 절제나 정의와 같은 성품적 덕의 철학적 지혜(sophia)에 대한 관계는 마치 집사와 주인의 관계와 같다고 볼 수 있다.[112] 집사는 주인을 대신해서 집의 모든 일을 지시하고 관리하지만 그것은 모두 주인의 스콜레를 위한

---

[111] *Pol.*, VII.15, 1334a11-39 참조.
[112] *Magna Moralia*, I.34.30-32.5 참조.

일들이 된다. 즉, 가정일은 집사에게 맡기고 자유인인 주인은 "철학과 정치에 전념하게 한다"(politeuontai hē philosophousin, 1255b36-37)는 것이다. 이것은 절제와 정의를 통한 정체의 질서와 안정은 궁극적으로 철학적 삶을 위한 것으로 볼 수 있음을 의미한다. 다른 하나는 철학적 활동은 평화시에 시민들이 가질 수 있는 부나 명예에 대한 과도한 욕망과 그로 인한 도덕적 타락을 방지할 수 있는 규제적 원리가 될 수 있다는 이유에서다. 아리스토텔레스가 인용하는 알키다마스의 "철학은 법의 보루"(philosophia epiteichisma tōi nomōi)[113]라는 말은 최선정체의 법의 목표가 무엇이 되어야 하는지에 대한 철학적인 비판적 물음을 통해 가능할 수 있다.

둘째로 최선정체에서의 철학의 역할과 그 필요성은 『정치학』 2권에서의 최선정체론에 관한 팔레아스의 제안을 검토하는 곳에서도 확인할 수 있다.[114] 아리스토텔레스의 설명에 따르면 팔레아스는 경제적인 부를 평등하게 만듦으로써 이상국가를 실현할 수 있다고 주장한다. 그런데 아리스토텔레스가 보기에 그의 제안은 너무 소박하다. 왜냐하면 인간의 욕구는 물질적인 부에 대해서만 있는 것이 아니라 철학적인 욕구도 있기 때문이다. 필로소피아(philosophia)라는 명시적인 언급은 그것이 단순히 성품적 덕이나 실천지와 같은 덕이 아닌 엄격한 의미의 지혜(sophia)나 누스(nous)와 같은 지적인 덕으로 이해될 필요가 있다. 적어도 팔레아스의 정체론에 대한 아리스토텔레스의 비판적 검토가 향후 자신의 최선정체의 밑그림을 그리기 위한 사전작업으로 본다면 철학에 대한 인간의 욕구가 그의 최선정체에서 배제되는 것으로 보는 것은 설득력이 떨어진다. 그렇다면 인간의 철학적 삶에 대한 욕구가 간과되어서는 안 된다는 아리스토

---

[113] *Rhetorica*, 1406b5-15참조할 것. McCoy(2009), 52-53. Tessitore(1990), 1251-1262 참조.
[114] *Pol*., II.7, 1266b1 이하 계속 참조.

텔레스의 강조는 그의 최선정체에서 이루어지는 시민교육에서 철학이 굳이 배제될 이유가 없음을 함의하는 것으로 볼 수 있다.

상술한 것을 종합할 때 아리스토텔레스가 기획하는 이상국가에서 철학교육이 다수의 시민들에게 이루어지지 않은 것으로 볼 이유는 없다. 아리스토텔레스의 이상국가에서 철학은 그가 바라는 최선정체를 보다 완벽하게 해주는 중요한 요소가 될 수 있기 때문이다. 물론 아리스토텔레스가 최선정체의 모든 시민들이 철학자가 되기를 바랐거나, 될 수 있다고 믿은 것으로 보기는 어렵다. 순수한 사고를 통한 존재의 원인에 대한 철학적 사고 능력을 다수의 모든 시민들이 갖출 수 있는 것으로 보기는 아무래도 무리가 있기 때문이다. 그러나 젊은이들의 일련의 교육과정에서 산술이나 기하학 또는 천체학과 같은 수학교육과 더불어 변증술이나 존재론에 관한 이론철학이 포함되지 못할 이유는 없을 것 같다. 이러한 철학과목을 통한 지적인 훈련의 습관화는 향후 성년이 되어 최선정체의 정치적 삶과 철학적 삶을 조화시킬 수 있는 시민덕을 갖추는 데 중요한 역량이 될 수 있기 때문이다. 요컨대 철학교육을 통한 시민덕의 함양은 최선정체에서 발생할 수 있는 정치적 갈등과 대립을 조화시킬 수 있는 원동력이 될 수 있을 것이다. 아리스토텔레스의 최선정체 역시 시민들의 다양하면서도 상반된 의견이 존재하고 이러한 의견들을 토론과 설득을 통해 합의에 이르게 하는 지적인 숙고와 판단능력을 필요로 하기 때문이다. 이러한 능력은 최선정체의 여가교육을 통한 논리적이며 비판적인 철학교육을 통해 이루어지는 것으로 볼 수 있을 것이다.[115] 상술한 모든

---

[115] 아리스토텔레스의 최선정체에서 모든 구성원들이 항상 같은 마음을 갖고 모든 사안에 대해 동의하는 것으로 보기는 어렵다. 최선정체 역시 정책결정과 판결을 위한 민회와 법정이 존재하고 이것은 다양한 의견 사이의 갈등과 경쟁이 존재함을 의미한다. 최고관직과 같은 명예를 건 정치적 경쟁도 부정하기 어렵다. 중요한 것은 플라톤과 달리 아리스토텔레스가 이러한 구성원들 사이의 갈등과 정치적 경쟁을 정치의 고유한 특성

것들을 고려할 때 '인간이 유한하지만 그럼에도 불구하고 불사적인 존재가 되도록 노력해야 하고'[116] 이것이 관조적 활동을 통해 가능하다는 아리스토텔레스의 윤리학에서의 권고가 그의 이상국가에서 포기되는 것으로 보기는 어려울 것 같다. 그 반대로 아리스토텔레스는 그의 이상국가에서 여전히 철학적 삶이 권장되고 시민들을 관조적 활동을 극대화할 수 있도록 정치, 경제적 구조가 갖추어진 정체를 기획한다고 말할 수 있다.

4. 정치적 자연주의에 근거한 자연적 귀족정

지금까지의 '바람에 따른 폴리스'의 목표가 되는 최선의 삶과 여가의 의미, 그리고 철학적 삶의 위상에 관한 검토에 근거해서 나는 아리스토텔레스의 최선정체를 '자연적 귀족정'으로 부르고자 한다. 최선정체를 일단 귀족정이라는 정체 유형에 속하는 것으로 보는 이유는 최선정체의 핵심적 가치이자 원리가 아레테(aretē), 즉 덕에 있다는 이유에서다. '자연적'이라는 말은 '자족적이며 잘 사는 삶'에 대한 인간의 자연적 본성(physis)의 의미로서 이해될 수 있다. 따라서 아리스토텔레스의 최선정체는 '인간학적'(anthropological) 관점과 목적론적(teleological)관점에서 '자연적 귀족정'으로 볼 수 있다. 이것은 아리스토텔레스의 '바람에 따른 폴리스'는 단순히 도토리나무 씨앗이나 또는 돌에서 탄생한 것이 아니라, 어디까지

으로 인정하고 그 위에서 구성원들의 한마음(homonoia)을 지향한다는 것이다. 논리적인 판단능력이나 합리적인 숙고능력은 철학교육을 통해 함양될 수 있는 것으로 볼 수 있을 것이다. 최선정체에서의 구성원들 사이의 이견과 정치적 갈등, 경쟁 그리고 한마음에 관한 논의는 Skultety(2009), 44-68. Klonoski(1996), 313-325 참조.

[116] *EN.*, X.7, 1177b30-35 참조.

나 행복에 대한 자연적 충동으로서의 인간본성과 그것의 실현태(energeia)로서 존재하는 정체가 된다는 것이다. 따라서 자연적 귀족정은 인간의 퓌시스가 그 본래적 목적으로 지향하는 것을 가장 잘 실현할 수 있는 완벽한 정체가 된다. 아리스토텔레스의 최선정체가 자연적 귀족정으로 말해질 수 있는 중요한 이유는 다음과 같다.

첫째, 아리스토텔레스의 정치적 자연주의(political naturalism)의 관점에서 자연적 귀족정은 인간본성이 추구하는 목적을 가장 잘 실현한 완벽한 정체이다. 아리스토텔레스에 따르면 "자연은 (목적없이) 헛되게 아무 것도 하지 않으며"(outhen matēn hē physis poiei, *Pol.*, 1253a9) 또한 "자연은 곧 목적이다"(hē de physis telos, *physica*, B2, 194a28-29). 아리스토텔레스는 이러한 자연적 목적론(natural teleology)이 인간과 폴리스의 관계에도 적용될 수 있는 것으로 본다. 그것은 인간의 자연적 본성이 추구하는 목적이 폴리스를 통해 실현될 수 있다고 보는 것이다. 그렇다면 인간의 자연적 본성이 추구하는 텔로스(telos)는 무엇인가? 아리스토텔레스는 인간의 퓌시스(physis)가 지향하는 목적을 '고상하고 잘 사는 삶'(kalōs kai eu zēn)으로 말하고 이것을 실현할 수 있는 존재가 폴리스라고 말한다. 이런 이유로 아리스토텔레스는 "폴리스는 자연적 존재다"[117]라고 정의하는 것이다. 그 근거는 폴리스가 인간의 자연적 본성(physis)이 완벽하게 실현된 끝(telos)이자 최선의 것(to beltiston)이 되기 때문이다. 그리고 이러한 인간의 자연성이 완벽하게 구현된 '자연적 폴리스'에 조응하는 정체가 바로 『정치학』 7권과 8권에서 기술되는 바람에 따른 폴리스가 되는 것으로 볼 수 있다. 요컨대 자연적 귀족정은 『정치학』 1권에서 말해진 자연적 폴리스가 현실적으로 구현된 정체라고 볼 수 있다.

---

[117] *Pol.*, I.2, 1252b30.

둘째, 자연적 귀족정의 덕 개념은 기존의 정체분류에서 말해진 귀족정이나 또는 혼합주의적 귀족정이나 또는 스파르타와 같은 소위 귀족정에서 말해지는 덕과는 다른 의미를 가진다. 다시 말해 자연적 귀족정의 기준으로 제시되는 아레테는 과거 왕과 귀족시대의 영웅에게 요구되었던 혈통이나 신분에 의해 소수에게만 세습화(hereditary)된 의미의 덕과는 다르다. 자연적 귀족정의 근거가 되는 덕은 어디까지나 정체에 의해 시민 모두에게 제공되는 공교육에 의해 계발된 시민덕의 의미를 갖는 것으로 이해될 수 있다. 즉, 자연적 귀족정의 덕은 시민 누구나 가능태로 갖고 있었던 덕의 성향이 최선정체의 법과 제도에 의해 제공된 여가교육을 통해 학습되고 획득된 덕이다. 이것은 최선정체가 단순히 물질적인 충분한 공급이나 군사적인 힘을 증대하는 것을 목표로 삼는 것이 아님을 의미한다. 이러한 것들은 덕을 발휘하기 위한 수단에 불과하며, 여가의 자체목적적인 활동을 위한 외적 좋음의 역할에 국한된다. 여가교육을 통해 최선정체가 추구하는 최선의 삶은 자유롭고 평등한 시민들 사이에 이루어지는 정치적 활동과 철학적인 활동이 조화된 삶이다. 이렇게 자연적 귀족정은 다수의 시민들의 덕의 역량이 최대로 발휘될 수 있도록 정치, 사회적 구조가 최적화된 정체라고 볼 수 있다.

셋째로 자연적 귀족정에서 시민들은 모두 교대로 통치하고 통치받는 동등한 정치적 참정권(politikē archē)을 갖는다. 이것은 중요한 의미를 갖는데, 왜냐하면 아리스토텔레스가 『정치학』 3권에서 말한 '좋은 인간'과 '훌륭한 시민'의 일치가 이루어지는 정치적 환경이 제공되고 있기 때문이다. 아리스토텔레스에 따르면 훌륭한 시민은 기능적인 측면에서 규정될 수 있기 때문에 각 정체가 추구하는 목표에 충성하면 된다. 반면에 좋은 인간은 특정정체의 목표가 아닌 보편적 좋음에 적중된 행위를 한다는 점에서 훌륭한 시민과 동일하지 않다. 그런데 아리스토텔레스는 이상적인 정체에서는 좋은 인간의 덕과 훌륭한 시민의 덕이 같을 수 있다고 말한다. 실천지를 소유한 통치자가 이에 해당된다. 통치자는 실천지를 통해 공동이익을 실현할 수 있다는 점에서 좋은 인간이며 그 정체의 목표에 기여한다는 점에서 훌륭한 시민이다. 그러나 이상적이지 않은 정체들에서 실천지를 소유한 좋은 인간은 통치자가 될 수 없다. 이것은 불완전한 정체에서 좋은 인간은 자신의 실천지를 발휘할 수 있는 기회가 주어지지 않음을 의미한다. 그러나 자연적 귀족정에서 좋은 인간은 통치자가 되어 실천지를 발휘할 수 있는 기회가 주어진다. 이런 점에서 자연적 귀족정의 시민계급은 온전한 의미의 폴리스적 동물이 될 수 있는 기회를 갖는다. 그것은 지배를 받는 훌륭한 시민으로서 뿐만 아니라 통치를 하는 좋은 인간으로서 실천지를 충분하게 발휘할 수 있는 정치적 권리가 보장되기 때문이다.

상술한 것을 고려할 때 아리스토텔레스의 polis kat' euchēn을 자연적 귀족정으로 볼 수 있는 이유는 무엇보다 인간의 자연적 본성이 추구하는 텔로스(telos), 즉 잘 사는 삶 또는 행복한 삶을 가장 완벽하게 구현할 수 있는 폴리스가 되기 때문이다. 설사 다른 모든 정체가 인간이 추구하는 목적을 실현하고자 하더라도 그 목적이 부나 정복에 있다면 그것은 자연적 폴리스가 아니다. 자연적 귀족정만이 공교육과 여가활동을 통해 계발된 덕을 통해 고상하고 행복한 삶을 실현할 수 있다. 이런 방식으로 아리스토텔레스의 최선정체는 인간본성이 추구하는 목적을 가장 완벽하게 실현할 수 있는 '자연적 귀족정'으로 재탄생하게 된다.

5. '바람에 따른 폴리스'는 최선의 정체가 될 수 있는가?

그러면 아리스토텔레스가 제시하는 이상국가는 우리가 바라는 마치 현실 속에 실재하는 유토피아적인 정체로 볼 수 있을까? 아리스토텔레스는 플라톤의 이상국가는 인간본성에 반(反)하는 비현실적인 정체로서 비판하는데, 과연 그의 최선정체는 인간본성이 지향하는 목적을 실현할 수 있는 정의롭고 행복한 국가로 볼 수 있을까? 이 물음에 테일러(C. Taylor)는 단호하게 아리스토텔레스의 이상국가는 "착취하는 엘리트, 좋은 삶을 추구하는 능력을 가진 무임승차자들의 공동체"로서 "체계적인 부정의"(systematic injustice)가 이루어지는 국가라고 비판한다.[118] 아리스토텔레스의 이상국가에선 노예제가 인정되고 무엇보다 다수의 계급을 차지하는 농부와 상인 그리고 직공계급이 비시민계급으로 규정되고 있다는 것이 그 이유다. 테일러의 비판은 설득력이 있다고 생각되는데, 그것은 최선정체의 경제적인 자족성이 이들 비시민계급의 노동에 상당부분 의존하고 있음에도 불구하고 이들의 공적(desert)에 따른 기여도가 인정되고 있지 않기 때문이다.

아리스토텔레스는 테일러의 이러한 비판에 대해 어떤 방식으로 자신의 최선정체를 변호할 수 있을까? 일단 최선정체의 목표가 덕을 통한 '잘 사는 삶'에 있지, 경제적인 부나 군사적인 정복에 있지 않다는 점을 들어 변호를 시도해볼 수 있을 것 같다. 이것은 최선정체를 규정짓는 근본적 가치를 덕의 관점에서 보아야지 경제적인 부의 관점에서 접근되어서는 안 됨을 의미한다. 농부나 직공계급이 제공하는 경제적인 풍요로움은 최선정체의 생존을 위한 필요조건은 될 수 있지만 그것이 최선정체

---

[118] Taylor(1995), 250.

의 목표가 될 수는 없다는 것이다. 만약에 최선정체의 텔로스(telos), 즉 목표가 부유한 국가나 군사적 강국의 건설에 있었다면 농부나 직공계급이 시민으로 인정될 가능성이 있다. 부를 핵심적 가치로 삼는 과두정에서처럼 부유한 상인이나 부유한 직공이 시민이 될 수 있는 가능성이 있기 때문이다. 또한 대외적인 군사적 정복을 통해 제국주의적인 패권을 추구하는 정체라면 다수의 병사가 필요할 것이고 민주정에서처럼 농부나 직공계급이 시민으로 편성될 수 있을 것이다.[119]

그러나 상술한 것처럼 아리스토텔레스가 희망하는 최선의 정체는 덕에 따른 행복한 삶을 추구하는 정체이며, 또 이런 이유로 자연적 귀족정으로 볼 수 있다. 그래서 아리스토텔레스의 최선의 정체에선 신체적인 노동활동으로부터 벗어나 여가를 확보할 수 있는, 그래서 덕을 갖출 수 있는 계급만이 온전한 의미의 폴리스적 동물, 즉 시민이 될 수 있는 것이다. 문제는 경제적인 생존업무에 종사하는 농부나 직공계급은 덕을 함양할 수 있는 여가적 활동에 참여하기 어려운 상황에 처해있다는 것이다. 설사 이들 계급이 온종일 노동을 하고 난 후에 여가를 가질 기회를 갖게 되더라도 그것은 단순히 휴식이나 놀이를 위한 자유시간에 그칠 가능성이 높다. 일을 하면서 덕으로 선용될 수 있는 삶의 에너지가 모두 소진되었기 때문이다.[120] 따라서 최선정체의 잘 사는 삶을 위한 현실적인 대안은 노예나 농부 또는 직공계급이 그러한 경제적인 충족을 위한 역할을 해주어야 한다는 것이다. 중요한 것은 이들 계급의 경제적인 역할에 대한 기여도가 부정되지는 않지만, 이것이 곧 이들 계급들을 시민으로 인정할 수 있는 충분한 자격을 갖춘 것으로 보기는 어렵다는 것이다. 아리스토텔레스가

---

[119] *Pol.*, III.5, 1278a15-25 참조.
[120] Kalimtzis(2017), 78-80. Kraut(2002), 234-235 참조.

희망하는 최선정체의 목표가 부나 군사적인 정복이 아닌 덕에 근거한 잘 사는 삶에 맞추어져 있기 때문이다.

또 하나 간과해선 안 될 점은 아리스토텔레스의 여가(scholē) 개념에 대한 오해이다. 흔히 근대의 자본주의적인 정치경제적 상황하에서 여가는 유한시민 계급이 다른 계급을 지배하기 위한 수단으로 이해되는데,[121] 이것은 아리스토텔레스적인 여가개념에 맞지 않다. 즉, 최선정체의 시민이 참여하는 여가는 자신들의 지배권을 유지하기 위해 노예나 농부 또는 직공계급을 착취하기 위한 활동이 아니라는 것이다. 따라서 아리스토텔레스의 여가개념을 소위 마르크스적인 관점에서 다른 계급을 지배하기 위한 이데올로기적인 의미로 이해하는 것은 곤란하다. 아리스토텔레스적인 여가는 정체의 공동선을 실현하기 위한 시민덕의 함양에 그 목적이 있기 때문이다.

최선정체의 시민구성에 대한 비판과 관련해서 아리스토텔레스는 자연성(physis)에 관한 이론적 체계를 통해 답변을 시도할 수도 있을 것이다. 다시 말해 '본성상의 노예'의 경우는 도덕적 숙고능력(to bouleutikon)이 결여되어 있고,[122] 또한 여성의 경우는 정치적 영역에서 여성의 숙고 능력이 '무력화'(akyron) 된다는 점을 근거로 제시할 수 있다.[123] 농부와 상인 그리고 직공계급은 어떤가? 일단 아리스토텔레스는 최선정체의 농부나 상인은 외국인으로 구성된다고 말한다.[124] 외국인은 헬라스(Hellas)인에

---

[121] 맑스주의적인 관점에서 여가를 유한계급의 계급지배를 위한 이데올로기로 여가를 보는 입장은 대표적으로 Veblen에 의해 주장된다. 이와 관련해선 T. Veblen(1994), 24-27 참조. Veblen의 잘못된 여가개념에 대한 비판과 관련해선 K. Kalimtzis(2017), 63-64 참조.

[122] *Pol.*, I.13, 1260a12.

[123] *Pol.*, I.13, 1260a13.

[124] *Pol.*, I.9, 1329a26.

비해 지적인 능력이 떨어지므로 그 본성이 노예와 비슷한 위치에 있는 것으로 볼 수 있다. 그런데 직공계급(banausoi)을 노예와 같은 본성을 갖는 것으로 보기는 어렵다. 무엇보다 태어날 때부터 거주민으로서 자유인인 직공계급도 있기 때문이다.[125] 그렇다면 자유민인 직공이 왜 시민계급에서 제외되어야 하는지 의심스럽다. 직공의 본성이 덕과 조화될 수 없다는 아리스토텔레스의 논증을 찾기 어렵다는 점에서도 더욱 그렇다. 안나스(Annas)가 말하는 것처럼[126] 이 점에서 아리스토텔레스의 자연성(physis)에 근거한 시민권 주장은 직공의 시민권 배제에 대한 좋은 철학적 근거를 제시하지 못한다. 바람의 정체에서 직공계급이 엄연히 존재하는 한 이들이 왜 비시민이 되는지에 대한 아리스토텔레스의 논증은 부재한 것으로 보이기 때문이다. 그렇다면 아리스토텔레스는 직공계급의 시민덕을 계발하기 위한 기회를 주기 위한 정치적, 법적 방안을 왜 강구하지 않았을까? 이것은 직공계급의 자연적 본성이 문제라기보다는 최선정체의 정치제도에 더 큰 원인이 있는 것으로 볼 수 있기 때문이다. 그렇다면 직공계급의 본성적 결함이 아니라 최선정체의 정치제도나 관행이 더 큰 원인이 되는 것으로 보아야 한다면, 아리스토텔레스는 이들에게 덕의 가능성을 계발할 수 있는 기회를 주기 위한 공교육 제도를 좀 더 확장시켜야하지 않았을까?.[127] 아리스토텔레스가 직공을 비시민 계급으로 처리한 것이 본성적 능력의 결여인지 아니면 정치제도의 불완전함에 있었는지가 보다 분명하게 논증되고 있지 않다는 것은 그의 최선정체의 결함을 보여주는 것으로

---

[125] 아리스토텔레스가 직공계급을 자유민으로 간주했는지에 관한 분명한 언급을 찾기 어렵기 때문에 이와 관련해서는 학자들 간에 이견이 있다. 이에 관한 논의는 Chuska(2000), 277-288. Samaras(2016), 131-145 참조.

[126] Annas(1996), 750.

[127] West(1994), 86-92.

생각된다.

아리스토텔레스가 구현하기를 바라는 최선정체에서, 만약에 노예가 해방되고, 여성이 민회와 법정에 참여할 수 있게 되고, 무엇보다 농부나 직공계급이 정치적 참정권을 갖는 시민으로 인정된다면, 그의 자연적 폴리스는 좀 더 현실적이며 이상적인 정체 모델로서 환영을 받을 수 있을 것 같다. 아쉽게도 아리스토텔레스의 바람에 따른 폴리스는 이러한 보편적인 인권과 정치적 평등권이 인정되지 않는다는 점에서 최선정체로서의 가치가 제한될 수밖에 없다. 그러나 이러한 결함에도 불구하고 아리스토텔레스의 최선정체는 불완전한 현실 정체들을 좀 더 완벽하게 이끌 수 있는 매력을 담보하고 있다는 점이 부정될 수는 없다. 그것은 최선정체에선 신분이나 부가 아닌 덕의 역량에 근거하여 모든 시민들이 교대로 통치하고 통치받을 수 있는 정치적 참정권이 실질적으로 보장되고 있다는 이유에서다. 또한 여가를 통해 도덕적이며 지적인 활동을 수행할 수 있는 정치, 경제적인 환경도 마련되어 있다. 가족제도와 사적 소유가 인정됨으로써 인간본성이 추구하는 즐거움도 향유할 수 있다. 무엇보다 아리스토텔레스의 최선정체는 정치적 공동체의 존립목적을 '시민 모두의 즐겁고 행복한 삶'이 되어야 함을 최고 가치로 삼고 있다는 점에서 여전히 바랄 수 있는 매력적인 정체인 것 같다.

결론

아리스토텔레스『정치학』은 오늘날에도 여전히 유효한가?

- 『정치학』이 주는 5가지 메시지 -

아리스토텔레스의『정치학』은 오늘날에도 읽을 만한 가치가 있을까? 이 물음에 일견 긍정적인 답변을 선뜻 주기 어려울 수도 있다. 본 저술의 앞선 검토에서 알 수 있듯『정치학』에 나타난 아리스토텔레스의 노예나 여성 또는 직공계급에 대한 차별적 견해는 자유와 평등에 기반한 인간의 보편적 권리가 강조되는 오늘날에 그 의미를 찾기 어려운 것으로 생각되기 때문이다. 그런데 여기서 기원전 4세기의 '그리스인으로서'의 아리스토텔레스와 '철학자로서'의 아리스토텔레스를 구분해서 생각해볼 필요는 있다. 즉, 그리스인으로서의 아리스토텔레스는 당시의 그리스인들처럼 노예나 여성 또는 직공계급에 대한 차별과 불평등의 의식을 넘어서지 못하는 시대적인 한계를 보인다. 하지만 철학자로서의 아리스토텔레스가 어떤 이유에서 노예나 여성 또는 직공계급이 온전한 의미의 '폴리스적 동물'이 될 수 없는 것으로 보았는지에 대한 '합리적인 설명'(logon didonai)에는 귀 기울일 필요가 있다. 더욱이 아리스토텔레스의 계급적,

성(性)적 그리고 인종적인 부정적 견해만 갖고 『정치학』 전체에 나타난 그의 정치철학적인 통찰력까지 부정하는 것은 온당치 않을 것이다. 이제 아래에서 나는 정치철학자로서의 아리스토텔레스가 『정치학』에서 역설한 것 중에 여전히 오늘날에도 재음미되거나 재평가될 수 있는 것이 무엇인지를 생각해보고자 한다. 우리가 아리스토텔레스의 정치철학에 공명(共鳴)할 수 있는 5개의 메시지를 통해 그 의미를 재조명하고자 한다.

1. 최선의 국가는 인간의 행복을 위한 정치를 추구해야 한다

첫 번째 메시지는 '최선의 국가란 최선의 삶을 추구해야 한다'는 것이다. 오늘날 정치는 선거에서의 승리나 권력 획득을 위한 정치집단의 타협 또는 통치를 위한 입법 과정이나 정책결정 과정과 같은 통치의 효율성을 극대화하기 위한 일련의 정치공학적인 관점에서 이해되는 것으로 생각된다. 그런데 아리스토텔레스에게서 이러한 것들은 어디까지나 정치의 수단이지 목적이 될 수 없다. 아리스토텔레스에게서 정치의 본래적 목적은 정치공동체의 구성원들의 '잘 사는 삶'(eu zēn), 즉 '행복'(eudaimonia)이 되어야 한다. 그리고 시민모두의 행복을 그 궁극적인 목적으로 삼는 정치가 이루어질 때 바로 그 정치공동체는 최선의 국가라고 불릴 수 있다.

그러면 정치의 목적을 공동체 구성원 모두의 '행복'에 정향(定向)시켜야 한다는 아리스토텔레스의 말은 오늘날 어떤 의미를 가질 수 있을까? 일견 국가의 목적이 단순히 경제적인 물품의 공급을 통한 생존이나 또는 법과 군사력을 통한 사회의 안정과 질서유지가 아니라 윤리적이며 지적으로 잘 사는 삶이라는 아리스토텔레스의 주장은 우리에게 현실적으로 다가오는 것 같지 않다. 그러나 아리스토텔레스에 따르면 경제적인 풍요나 법을 통한 질서유지는 국가의 생존을 위한 필요조건은 될 수 있어도 국가의 최고선(summum bonum)을 실현하기 위한 충분조건은 아니다. 물론 아리스토텔레스가 부나 법 또는 군사적인 힘의 중요성을 부정하는 것은 결코 아니다. 질서와 안정을 통해 인간의 생명과 재산을 수호하는 것은 행복한 국가를 건설하기 위한 필요조건으로서 중요하기 때문이다. 하지만 최선의 국가의 목적은 보다 상위의 목표에 정향되어야 하며, 그것은 인간본성이 지향하는 '최선의 삶'을 지향하는가 그렇지 않은가에 있다. 즉 국가의 존재이유(raison d'etre)는 시민 모두의 덕에 따른 삶, 즉 도덕적이며 지적으로 잘사는 삶을 실현하는 데에 있다. 요컨대 최선국가의 시금석은 부나 군사력에 비례하는 것이 아니라 덕의 실현여부에 비례한다.

그동안 우리의 정치는 분단이라는 불안한 정치적 상황을 이용하여 통치자들의 권력쟁취나 혹은 정권유지를 위한 그릇된 정치를 해왔으며, 따라서 정치의 본래적 목적이 되는 시민전체의 행복한 삶을 우선적으로 고려하지 않았다. 그러나 아리스토텔레스에 따르면 참된 정치는 단순히 인간의 생존방식을 넘어 인간의 존재방식에 관한 전망을 제시하고 그것을 구현할 수 있어야 한다. 그것이 적어도 최선의 정체가 추구해야 하는 텔로스(telos), 즉 목표가 되어야 하는 것이다.

2. 좋은 삶은 계몽된 시민정신을 통해 실현된다

두 번째 메시지는 '행복하고 좋은 삶'은 참된 시민성(citizenship)을 통해 실현될 수 있다는 것이다. 앞서 말했듯이 아리스토텔레스에 따르면 최선의 국가는 최선의 삶, 즉 '자족적이며 잘 사는 삶'을 추구해야 한다. 그런데 아리스토텔레스가 보기에 이러한 최선의 삶은 저절로 이루어지는 것이 아니다. 그것은 시민들이 적극적인 시민정신을 발휘할 때 가능하다. 아리스토텔레스는 그러한 시민성을 폴리스적 동물로서의 '정치적 삶'(politikos bios)과 관련시킨다. 즉, 폴리테스(politēs), 시민이란 자신의 사적(私的)인 일에 몰두하는 이디오테스(idiotēs, 바보)가 아니라 공적인 문제에 관심을 갖고 그것을 심의하고 판단하는 일에 참여하는 자이다. 요컨대 아리스토텔레스에게서 참된 행복은 공적이성(public reason)에 근거한 시민의 적극적인 시민성의 발휘를 통해 달성된다.

시민의 적극적인 정치적 참여에 대한 아리스토텔레스의 강조는 그의 민주정(demokratia)에 대한 긍정적 평가에서도 알 수 있다. 민주정이 욕망에 휘둘린 우중(愚衆)정체로 전락할 수도 있지만, 그럼에도 불구하고 데모스(dēmos)가 함께 모임으로써 '집합적 지혜'를 발휘할 수 있기 때문에 사려있는 시민들의 정치적 참정권이 최대한 보장되어야 함을 강조하고 있기 때문이다. 또한 아리스토텔레스가 자신의 이상국가에서 자유롭고 동등한 시민들에게 교대로 통치하고 통치받을 수 있는 기회가 최대한 주어져야 한다고 말하는 것도 같은 맥락에서 이해할 수 있다.

그러면 최선의 행복한 삶이 시민의 정치에의 적극적인 참여를 통해 가능하다는 아리스토텔레스의 견해는 오늘날 어떤 의미를 가질 수 있을까? 현대의 대의제 민주주의는 일견 전문성과 도덕성을 갖춘 더 뛰어난 자를 시민의 대표로 뽑아 정치적 권리를 행사하게 하는 간접 민주주의이다. 많은 인구와 거대한 영토라는 현실적 또는 물리적 제약을 고려할 때 고대 아테네 참여 민주주의처럼 중요한 모든 공적 사안을 모든 시민이 모여 심의하고 결정하는 일은 번거롭고 비효율적인 일이 될 수 있다. 그렇다면 도덕성과 전문적 지식을 소유한 훌륭한 대표를 뽑아 그들로 하여금 공적사안을 결정하도록 하는 것이 시민 자신에게 이익이 될 수도 있다. 아이가 자신보다 모든 면에서 지혜로운 판단을 내릴 수 있는 부모를 믿고 자신의 미래를 맡기는 것처럼 말이다. 그러나 현실은 너무나도 그 반대의 경우를 보여준다. 즉, 소수의 정치 엘리트들은 공동선이 아닌 시민들을 지배하거나 자신들의 부를 축적하기 위한 포식자로 변질되고 있기 때문이다. 따라서 오늘날 선거를 통해 마치 아이의 행복을 보호해줄 부모와 같은 시민의 대표자를 뽑는 것을 기대하는 것은 너무나 순진한 생각이다. 현대의 선거 민주주의는 일군의 잘 조직된 전문 엘리트 그룹을 뽑기 위한 형식적 절차로 변질되어 가고 있는 경향이 있기 때문이다.

　아리스토텔레스가 시민의 교대로의 정치에의 참여를 강조하는 이유도 이와 무관치 않다. 시민 각자의 행복과 이익은 다른 누군가에 의해 보장되는 것이 아니라고 생각하기 때문이다. 요컨대 행복은 '정치로부터 멀어짐'을 통해서가 아니라 '정치에 참여함으로써' 실현될 수 있다는 것이다. 물론 이때의 시민의 정치적인 참여가 과거 3,000년 전의 최초의 참여민주주의로 돌아가자는 말은 아니다. 하지만 민주주의가 말 그대로 다수 시민들에 의한 통치라면 자신들이 선출한 대표자들이 그 정신에 맞게 일하도록 감시하고(monitoring) 또한 잘못된 행동에 대해서는 책임을 물을 수 있어야 한다. 이것은 정치인이나 전문가를 '신뢰'(trust)하지 말자는 것이 아니라 그들이 신뢰받을 수 있도록 만드는 것이 더 중요함을 뜻한다. 다시 말해 모든 시민이 직접 정치를 하는 것이 현실적으로 어려운 상황에서 누군가를 대표자로 뽑아 정치를 하게 해야 하는 것이 불가피한 대안이라면 그 대표자들이 정치권력을 올바르게 사용할 수 있도록 만드는 것이 필요하다는 것이다. 이것은 대의제 민주주의하에서의 시민과 대표자들의 신뢰시스템을 구축하는 것이 중요함을 의미한다. 이를 위해서는 무엇보다 공적이성을 담보한 시민들의 적극적인 시민성이 중요하다. 이런 점에서 참된 행복은 타인에 의해 주어지는 것이 아니라 스스로의 시민의식에 근거한 정치적 삶에의 참여를 통해 가능하다는 아리스토텔레스의 말은 여전히 적실성이 있다.

3. 다름 속의 조화를 추구하라

세 번째로 아리스토텔레스의『정치학』에 나타난 견해가 오늘날에도 재평가되고 음미될 수 있는 중요한 이유는 '다름 속의 다양성'을 인정하고 그 속에서 '조화와 통일'을 추구한다는 점에서다. 이것은 아리스토텔레스의 정치철학이 기본적으로 인간본성의 관점에서 정치와 정치공동체에 대한 이해를 통해 구축되고 있음을 의미한다. 아리스토텔레스가 인간을 '폴리스적 동물'로 정의하면서 구성원들의 공동의 행위와 공동선(to koinon agathon) 추구를 강조하지만 실상 인간은 그 반대의 양태를 보이는 것이 사실이다. 즉, 정치공동체의 구성원들은 모두를 위한 '공동이익'보다는 각자 자신의 이익을 우선시하는 이기적이며 불완전한 존재이다. 따라서 현실정치는 누구나 보편적인 정의를 주장하지만 실상은 각자의 정의를 주장한다. 부자가 주장하는 정의와 가난한자가 내세우는 정의가 화해하기 어려운 이유이다. 이런 점에서 정의(to dikaion)는 특정 정치집단이나 계급의 이익을 정당화하기 위한 명분을 제공할 수 있고, 따라서 공동체 구성원들 사이의 갈등과 대립의 빌미가 될 수도 있다. 다시 말해 인간은 무소불위(無所不爲)의 정치적 권력을 소유하게 되면 그것을 타인을 지배하거나 또는 자신의 탐욕을 충족하기 위한 수단으로 사용하기 마련이다. 따라서 일상적인 정치의 세계에서 선(善)한 권력을 찾기는 쉽지 않다. 아리스토텔레스의 통찰력은 바로 이러한 인간본성의 이기심과 그에 따른 현실정치의 불완전함을 그대로 인정하고 출발한다는 것이다. 즉, 정치란 태생적으로 나와 다른 생각과 이해관계를 가진 타인과 함께 하는 공간이기 때문에, 현실적으로 좋은 정치란 이러한 다름을 인정하고 그 위에서 상생(相生)을 추구해야 한다는 것이다. 이것은 '아름다운 화음이 단일한 음에 의해서가 아니라 높고 낮은 다양한 음들 사이의 조화를 통해 가능한 것'[1]과 같다. 아리스토텔레스는 정치도 마찬가지라고 생각한다. 즉, 정치적 견해를 달리하는 경쟁자들을 적으로 간주하고 그들의 견해를 악으로 간주해서는 안 된다. 현실정치에서 정치적 적대감이나 불신은 제거하기 어려운 불가피한 요소이며, 따라서 구성원들 사이의 이견(異見)을 인정하면서 정치의 화해를 추구해야 한다는 것이 아리스토텔레스의 현실 인식이다. 그렇지 않고 불신과 갈등을 일거에 제거하고자 하는 시도는 의도하지 않았던 가장 최악의 결과, 즉 극단적인 파쟁(stasis)으로 인한 무질서와 전쟁으로 이어질 수 있기 때문이다.

4. 극단을 피한 중용의 정치가 최선이다

'아무것도 지나치지 말라'(meden agan)는 델포이 신탁의 '중용'(to meson)에 관한 격언은 아리스토텔레스의 정치철학에서도 중요하게 적용된다. 아리스토텔레스는 올바른 행위를 위한 중용의 원칙을 현실적으로 가능한 최선의 정체를 규정하는 중요한 원리로 강조한다. 『정치학』 4권에서 긍정적으로 평가되는 혼합정(politeia)이 바로 중용의 원칙에 기반한 정체라고 말할 수 있다. 특히 혼합정의 다양한 형태 중에서도 중간계급이

---

[1] *Pol.*, II.5, 1263b32-35.

주도적 역할을 맡는 중산정(hē mesē politeia)이 중용에 따른 정체라고 말할 수 있다. 중간계급이 혼합정의 핵심적인 역할을 맡을 수 있는 이유는 양 극단에 서 있는 두 계급, 즉 빈자와 부자 사이에서 중재자로서의 역할을 맡고 있기 때문이다. 즉, 부자는 그들의 부에 따른 오만함으로 인해 빈자를 경멸하고, 반대로 가난한 자들은 궁핍함으로 인해 부자를 증오하기 때문에 양자 사이의 타협이 가능하지 않기 때문이다. 이런 이유로 아리스토텔레스는 부자는 지배할 줄만 알지 지배받을 줄은 모르며, 가난한 자는 지배받을 줄만 알지 지배할 줄은 모른다고 비판한다. 따라서 부자와 빈자라는 양극단의 계급사이에서 중간계급만이 보다 합리적인 판단을 할 수 있는 영혼의 소유자가 될 수 있다는 것이 아리스토텔레스의 현실적 대안이다. 요컨대 혼합정이 좋은 정체가 될 수 있는 이유는 바로 두 극단적인 계급인 부자와 빈자사이에서 중간계급에 의한 타협이 이루어짐으로써 정체의 안정과 질서가 확보될 수 있기 때문이다.

'극단을 피해야 한다'는 아리스토텔레스의 중용에 관한 원칙은 오늘날에도 재평가될 수 있는 정치철학적 통찰력을 보여준다. 그것은 정치공동체의 어느 한 계급이나 집단의 지나친 이익추구는 결과적으로 정체의 모든 구성원들에게 피해를 줄 수 있기 때문이다. 다시 말해 정체가 부자들을 위한 과두정적인 방향으로 치우치거나 아니면 그 반대로 가난한 자들을 위한 극단적인 민주정적인 경향으로 기우는 것은 바람직하지 않다. 부자는 자신들을 위한 법을 제정함으로써 빈자들의 삶의 처지를 개선하려고 하지 않을 것이며, 빈자들은 자신들의 이익을 극대화하기 위해 부자들의 재산을 빼앗으려는 법을 제정할 것이기 때문이다. 결국 두 계급은 서로를 불신하고 증오하게 됨으로써 파쟁(stasis)으로 치닫게 되고, 따라서 정체의 안정과 발전은 담보되기 어려울 것이다. 그래서 아리스토텔레스는 양 극단의 두 계급 중 어느 한쪽이 국가의 권력을 차지하는 것은 위험하다고 경고한다. 그것은 마치 코의 곡선이 지나치면 더 이상 코가 될 수 없는 것과 같다.² 즉, 어느 한 방향으로 지나치게 나가게 되면 비례 관계가 깨지고 그래서 본래의 온전한 모습을 유지하기 어렵게 된다. 이것은 정체의 정의를 실현하는데도 마찬가지이다. 정체의 제도나 법이 부자나 빈자 중 어느 한쪽의 지나친 이익을 추구하는 방향으로 가게 되면 정체는 더 나빠지고 마침내 그것은 전혀 정체로서의 정체성을 확보할 수 없게 되기 때문이다. 아리스토텔레스가 중산층을 통해 부자와 빈자 사이에서의 '밸런스의 정치'를 추구하는 이유가 여기에 있다. 그것은 이성을 통해 공동이익을 추구할 수 있는 중간 계급으로 하여금 양 극단주의자들의 탐욕과 질투를 견제하고 조정하는 중간추의 역할을 맡도록 하는 것이다. 중산층이 형성되어 합리적인 판단에 근거한 정치가 이루어질 때 비로소 조화롭고 건강한 나라가 이루어질 수 있다는 아리스토텔레스의 견해는 오늘날에도 재평가될 필요가 있다. 무엇보다 경제적 부의 불평등으로 인한 양극화 현상이 날로 심해지는 우리사회에 시사하는 바가 있기 때문이다.

5. 교육(paideia)이 최선정체와 착한 권력을 만들 수 있는 힘이다

아리스토텔레스가 『정치학』에서 자신의 이상국가로 말한 '바람에 따른 폴리스'는 실상 그 시민수가 제한되어 있다. 그는 10만의 시민들로 구성된 국가에서는 이들 시민들이 참된 친구가 될 수 없다고 말한다.³

---

² *Pol.*, V.9, 1309b18-35.
³ *EN.*, IX, 10, 1170b29-32.

그렇다면 그의 '폴리스 정치학'은 그 몇 십 배 이상의 시민으로 구성된 현대국가에는 적실성이 떨어질 수밖에 없으며, 따라서 그 의미 역시 제한될 수밖에 없다. 그런데 이상국가에서의 시민의 숫자제한에 관한 아리스토텔레스의 언급은 실상 알렉산더 대왕에 의해 건설된 거대한 제국이 존재하는 상황에서 그의 의도적인 선택에 의한 것으로 볼 수 있다.[4] 그것은 무엇보다 거대한 제국이 '좋은 법'(eunomia)과 '좋은 질서'(eutaxis)를 통해 '좋은 국가'(hē agathē politeia)를 실현할 수 있는지에 대한 그의 강한 회의가 반영된 것으로 볼 수 있기 때문이다. 거대한 제국은 경제적인 부와 군사력을 가질 수는 있지만 제국에 대한 시민들의 충성심을 담보하기 어렵기 때문이다. 즉, 통치자와 피통치자는 서로 간에 '정치적 친애'(politikē philia)나 신뢰(trust)를 공유하기 어렵다는 것이다. 따라서 아리스토텔레스에 따르면 최선의 국가는 자족적이며 잘 사는 삶이 실현될 수 있는 정도의 적정한 인구로 구성되어야 한다. 너무 작아도 문제고 너무 많아도 문제다. 이것은 마치 배가 너무 작아도, 너무 커도 좋은 배가 될 수 없는 것과 같다.[5]

그러면 좋은 법과 좋은 질서에 기반한 최선의 국가는 어떻게 탄생할 수 있을까? 아리스토텔레스에 따르면 그것은 파이데이아(paideia), 즉 교육에 의해 가능하다. 최선의 정체는 곧 덕의 역량을 갖춘 시민들에 의해 건설되는데 교육이 바로 '좋은 인간'과 '훌륭한 시민'을 만들 수 있는 수단이 되기 때문이다. 아리스토텔레스에게서 통치자로서의 좋은 인간은 '공동선'을 실현할 수 있는 '실천지'(phronēsis)를 소유해야 하며, 피통치자인 훌륭한 시민은 잘 통치 받을 수 있는 '올바른 판단력'(orthē doxa)을

---

[4] Kraut(2002), 6-10.
[5] *Pol.*, VII.4, 1326a40-1326b2.

담보해야 한다. 교육이 바로 덕을 갖춘 이상국가의 시민들을 육성할 수 있는 수단인 것이다. 중요한 것은 아리스토텔레스가 생각하는 교육의 목표가 단순히 효율성을 목적으로 한 기술적 내지 실용적 교육을 의미하는 것이 아니라는 것이다. 그에게서 교육의 텔로스(telos), 즉 목표는 어디까지나 '인간적인 좋음'(anthropinon agathon), 달리 말해 '선하고 정의로운 인간'을 만들기 위한 덕교육을 의미한다. 요컨대 아리스토텔레스에게서 최선국가는 좋은 법과 좋은 정치제도에 대한 시민들의 충성과 준수에서 비롯하는데, 이것은 교육을 통한 시민성(citizenship) 내지 시민 덕(civic virtue)의 도야에 의해 이루어진다.

그러면 아리스토텔레스가 강조하는 시민교육은 오늘날 어떤 의미를 가질 수 있을까? 첫째로 시민의 의미를 되새겨볼 필요가 있다. 시민은 단순히 정치적 권리를 소유한 자가 아니라 그것을 공적영역에서 공적이성(public reason)을 통해 발휘(energeia)할 수 있어야 한다. 그것은 통치자는 공동이익을 실현하기 위한 지도력을 발휘하는 것이고, 피통치자는 한편으론 통치자의 통치에 복종하면서도 다른 한편으론 통치 권력의 남용이나 악용을 감시하고 견제함을 의미한다. 최선의 정체란 이렇게 통치자와 피통치자가 각각 그에 상응하는 덕의 역량을 적극적으로 발휘할 수 있도록 교육체계가 작동되는 것을 의미한다.

둘째는 교육의 목표가 어디에 정향되어야 하는지를 생각해보아야 한다는 것이다. 특히 아리스토텔레스가 강조한 최선의 정체에서의 여가를 통한 시민교육을 생각해볼 수 있다. 여가교육은 무엇보다 시민의 도덕적, 정치적 그리고 철학적 활동의 증진을 목표로 해야 한다.

여가교육은 먼저 호모 에티쿠스(homo ethicus), 즉 도덕적 인간을 만들기 위한 목표를 가진다. 도덕적 인간을 만든다는 것은 그 영혼을 선과 정의로 '전회'(periagōgē) 시키는 것을 뜻한다. 그렇지 않고 영혼이 무지나 불의 또는 무절제와 같은 악으로 물든 비도덕적인 인간은 공동체의 암적인 존재로서 결국 그 공동체를 병들게 한다.

여가교육은, 또한, 온전한 의미의 '정치적 동물'로서의 이성적인 시민을 양성하는 것을 목표로 삼는다. 아리스토텔레스가 말한 교대로 통치하고 통치받을 수 있는 정치적인 삶의 방식을 실천하는 시민이 이에 해당된다. 또한 이러한 시민정신은 모든 근본주의나 독단주의에서 비롯하는 폭력과 전제적 지배를 거부한다는 점에서 민주적인 시민의 이상에 부합한다.

마지막으로 여가교육은 무엇보다 '철학하는 시민'을 만드는데 기여한다. 철학교육은 관조적 활동이며 이것은 일견 쓸모없는 일로 비추어질 수 있다. 그러나 쓸모없는 것에 대한 지적인 탐구는, 달리 생각하면, 쓸모 있는 활동이 될 수 있다. 철학적인 삶은 다르게 생각할 수 있는 힘을 키우는 것이며, 이것은 보이는 것이 아니라 보이지 않는 것에 대한 사색일 수 있기 때문이다. 이제 과거의 지식정보는 구글과 네이버 그리고 위키피디아와 같은 인터넷 사이트를 검색해서 몇 초안에 알 수 있는 시대가 되었다. 과거와 달라진 이러한 상황 속에서 사회에서의 시민들이나 특히 대학에서의 학생들에 대한 교육 역시 달라져야 한다. 그것은 지식에 대한 단순한 습득과 이해를 넘어서 지식을 재구성하여 새로운 상상력을 통한 창조적 지식을 창출할 수 있는 역량을 갖추도록 하는 것이다. 요컨대 공동체의 교육 목표는 시민들로 하여금 '생각하는 습관을 통해 창조적 사고능력을 길러주는 것'이다. 그것은 수많은 지식을 자기 나름대로 정리하고, 체계화하고, 판별하고, 재구성하여 새로운 지식을 창출할 수 있는 비판적 사고력(critical thinking)을 기르는 것에 역점이 두어진 교육이다.

그래서 오늘날의 교육은 보이는 것보다 보이지 않는 것을, 현재보다는 미래를 볼 수 있도록 해야 하며, 그래서 4차 산업혁명이 아닌 5차나 6차 지식혁명을 준비하는 교육이 되어야 한다. 현재 우리에게 실용적인 것으로 보이는 것이 미래에는 쓸모없는 것이 될 수도 있고, 그 반대로 지금 쓸모없는 것으로 보이는 것이 미래의 언젠가는 더 큰 실용성을 창출할 수 있기 때문이다. 미래의 산업혁명 시대는 지식 경제사회이며, 점차 철학적인 창조적 상상력에 근거한 지식과 직업을 위한 기술적인 실용적 지식의 경계가 과거와 다르게 절대적이지 않다. 현재의 전문지식 = 실용성 대(對) 철학적 지식 = 비실용성이라는 이분법적 생각이 미래에도 계속적으로 유효하다는 보장이 없는 것이다. 보이지 않는 것, 그래서 쓸모없는 것에 대해 사고하는 철학 교육이 미래에 더 큰 기여를 수행할 수도 있는 가능성이 배제되어서는 안 되는 이유이다. 여가를 통한 철학 교육은 공동체의 구성원들을 좀 더 합리적이며 계몽된 시민으로 만드는 것을 목표로 삼는다. 그것은 시민들로 하여금 국가의 궁극적인 목표가 무엇이고, 인간이 추구해야할 최고선이 무엇인지에 관한 비판적이며 반성적인 사고를 할 수 있는 지적인 역량을 갖추도록 하는 것이다.

여가교육에 대한 아리스토텔레스의 강조는 그가 자신이 살던 당시에 최선정체로 평가되는 스파르타 국가에 대한 평가에서 단적으로 알 수 있다. 스파르타는 전쟁에서는 승리했지만 평화시의 시민들의 여가교육은 등한시했기 때문에 결국 몰락했다. 스파르타는 전쟁을 위한 시민들의 군사 교육이나 부의 축적을 위한 탐욕에만 관심을 가졌고, 이것이 결국 정체의 파멸을 불러오는 원인이 되었다는 것이다. 부나 군사적 힘을 목표로 하는 교육이 아니라 정의나 절제 또는 철학과 같은 도덕적이며 정신적인 시민교육이 중요하다는 아리스토텔레스의 견해는 물질적인 것에 대한 과도한 추구와 그로인한 노동에의 강요로 인해 점차 피로해져 가는 현대 사회에 다시 한번 재평가될 여지가 있어 보인다.

부록

아리스토텔레스 정치철학의 근·현대 정치철학에의 영향사적 개관

　아리스토텔레스의『정치학』이 갖는 정치철학적 의미는 아리스토텔레스 이후의 근·현대 정치 철학자들에게 준 영향력에서도 조명될 필요가 있다. 근·현대의 여러 정치 철학자들은 각자 그들이 처한 정치, 사회적인 문제나 모순을 극복하기 위해 아리스토텔레스의 정치철학에 관심을 가졌다. 이들은 근·현대라는 달라진 정치현실적인 상황에서 아리스토텔레스의『정치학』이 이론적인 측면과 현실적인 측면에서 어떤 의미를 가질 수 있는지를 관심을 갖고 들여다보았다. 물론 뒤에서 좀 더 설명이 되겠지만 아리스토텔레스 정치철학에 대한 근, 현대 사상가들의 수용이 긍정적인 것만은 아니다. 하지만 이들의 입장이 아리스토텔레스 철학에 대한 거부나 또는 반동으로 나타나더라도 큰 틀에서 보면 이들은 아리스토텔레스의 정치철학에 대한 선택적 수용이나 비판을 통해 자신들의 이론적 체계를 구축했다는 점에서 모두 '아리스토텔레스의 자식들'(Aristotle's children)일 수 있다. 아래에서는 아리스토텔레스가 근·현대의 정치 철학자에게 준 영향을 몇몇 학자들의 견해를 통해 살펴보도록 하겠다.

먼저 17세기의 영국 철학자 토마스 홉스(Thomas Hobbes, 1588-1679)를 들 수 있다. 홉스는 『리바이어던』(Leviathan)에서 '인간은 자연 상태에서 만인의 만인에 대한 투쟁 상태에 있다'를 주장한 정치철학자로 잘 알려져 있다. 아리스토텔레스와 관련하여 홉스를 주목해야 하는 이유는 그가 명시적으로 아리스토텔레스의 기본적인 정치철학적 주장을 부정했기 때문이다. 특히 홉스는 아리스토텔레스가 주장한 '폴리스의 자연적 존재'와 '인간은 본성상 폴리스적 동물이다'라는 테제에 동의하지 않는다. 홉스에게 국가는 이성에 의한 인위적 존재이며, 자연상태(the state of nature)에서 인간은 전혀 폴리스적이지 않기 때문이다. 요컨대 홉스에게 폴리스라는 국가는 인간의 본성상의 목적을 실현하기 위한 '자연적인 존재'(natural entity)가 결코 아닌 것이다.[1]

그러면 홉스는 인간이 정치적 공동체에 살려고 하는 성향이나 목적을 추구하지 않는 것으로 보는 것인가? 오해하지 말아야 할 점은 홉스가 아리스토텔레스가 말하는 '인간은 본성상 정치적 동물'이 될 수 있는 가능성을 부정하는 것은 결코 아니라는 것이다. 그 반대로 홉스는 아리스토텔레스처럼 인간이 정치적 동물로서 살아가고자 하는 욕구를 가지고 있음을 부정하지 않는다. 단지 홉스가 부정하는 것은 인간은 정치공동체 또는 국가가 등장하기 이전의 자연 상태에서는 정치적 동물이 될 수 없다는 것이다. 홉스에 따르면 인간이 정치적 동물이 될 수 있는 단계는 자연 상태가 아니라 이성에 의한 국가의 탄생이 이루어진 이후에나 가능하다. 그리고 홉스는 국가의 탄생은 인간의 자연적 충동에 따라 이루어지는 것이 아니라, 어디까지나 이성에 의한 계약을 통해 이루어지는 것으로 본다. 결국 아리스토텔레스와 홉스는 인간을 정치적 동물로 본다는 점에

---

[1] T. Hobbes(1949), Chap. I.2. 동일인(1996), introduction 1 참조.

서는 의견을 같이하지만 전자는 자연 상태에서, 후자는 자연 상태 이후에 가능한 것으로 본다는 점에서 의견을 달리한다. 홉스에게 자연 상태에 있는 인간은 아리스토텔레스가 말하는 짐승과 같은 존재이며, 이 상태에서는 자기이익의 극대화만을 추구하는 이리와 같기 때문이다. 즉, 홉스의 주장에 따르면 인간은 아직까지 정치 공동체에 참여할 수 있을 정도의 이성적인 능력을 갖고 그것을 발휘할 수는 없는 존재인 것이다. 홉스적인 관점에서 볼 때 인간은 아리스토텔레스가 낙관적으로 보는 것처럼 결코 본성상 폴리스적 동물이 되도록 태어난 것이 아니다. 이런 이유로 홉스는 인간이 공포(fear)와 이성에 의해 교육되어야만 한다고 주장한다. 즉, 인간이 정치적 동물이 되는 것은 이성에 의한 교육이나 전쟁에 대한 공포에 의해 이루어진다. 인간은 자연 상태가 아닌 계약에의 동의를 통한 리바이어던적인 국가를 형성함으로써 비로소 정치적 동물이 되는 것이다. 그러나 간과해선 안 될 점은 홉스 역시 인간을 국가의 기본원리이자 구심점이 되는 정의(iustitia)에 참여하고자 하는 정치적 동물로 본다는 것이다.

아리스토텔레스가 근대에 준 영향력과 관련해서 마키아벨리(Niccolò Machiavelli, 1469-1527)를 빼놓을 수 없다. 일반적으로 마키아벨리는 목적을 위해서는 그 어떤 악한 수단도 정당화될 수 있다는 소위 마키아벨리즘의 창시자이자 권모술수의 화신으로 평가받아왔다. 이런 이유로 통치자의 실천지와 같은 덕에 의한 정치를 주장하는 아리스토텔레스와 목적을 위해서는 어떤 수단도 선택될 수 있다고 보는 마키아벨리의 주장은 상반된 것으로 알려져 있다. 그런데 아리스토텔레스의『정치학』5권에서 기술되는 참주통치에 관한 교육적 조언과 마키아벨리의『군주론』19장의 군주에 관한 교육의 내용들은 두 철학자의 차이성보다는 상당한 정도의 유사성을 보여주는 것을 발견하게 된다.[2] 마키아벨리가 군주의 교육과 관련해서 명시적으로 아리스토텔레스를 말하지는 않지만 후자의 전자에 대한 영향력이 배제되는 것으로 보기 어려운 이유이다.

아리스토텔레스와 마키아벨리의 상관성에 관한 논의를 하기 전에 간단하게 소위 마키아벨리즘에 대해 이해할 필요가 있을 것 같다. 마키아벨리에 따르면 군주에게 중요한 것은 권력유지이다. 이를 위해서는 군주는 세련된 통치기술로 무장할 필요가 있다. 대중은 그 본성이 사악하고 변덕스럽고 폭력적이고 이기적이기 때문에 그러한 대중을 통치하기 위해서는 통치자는 좀 더 영리해질 필요가 있기 때문이다. 그래서 마키아벨리는 군주는 사자의 힘과 여우의 간교함이 동시에 필요하다고 강조한다. 특히 군주는 여우의 간교함이나 지략을 갖추어야 한다. 그 중요한 수단이 거짓말이나 위증이다. 그는 『군주론』 18장에서 군주가 갖출 덕목에 대해 말하면서 거짓말의 필요성을 역설한다. "군주는 위선과 속임수의 대가가 되어야 한다. 사람들은 단순하고 눈앞의 이익에만 관심을 두기 때문에 사기꾼은 언제 어디서나 자신의 희생자를 찾을 수 있다".[3] 마키아벨리가 보기에 역사 속의 많은 위대한 군주들을 보았을 때 위대한 성취의 원동력은 진실이 아니라 거짓 또는 기만이기 때문이다. 군주는 사자의 용맹함도 필요하지만 통치를 효율적으로 하기 위해 여우가 갖고 있는 지략이 필요하다. 마키아벨리가 이렇게 정치에서의 거짓말이 악이 아닌 선이 될 수 있는 것으로 보는 이유는 기본적으로 정치는 윤리나 종교와는 다른 영역이라고 생각하기 때문이다. 거짓말이 윤리나 종교적 측면에서는 악이 되더라도 정치의 영역에서는 선이 될 수 있고, 그렇기 때문에 적극적으로 이용되

---

[2] 아리스토텔레스와 마키아벨리의 공통점에 주목한 연구는 곽준혁(2013), 21-45 참조.
[3] 『군주론』, XVI-XVII.

어야 한다는 것이다. 이것은 마키아벨리가 기본적으로 인간의 본성에 대한 비관주의적 입장에 서 있음에 기초한다. 앞서 말한 것처럼 다수의 군중은 변덕스럽고 이기적이며 사악하기 때문이다. 그렇기 때문에 이들 군중을 대상으로 정치적 목적을 실현하기 위해서는 거짓말과 같은 수단의 사용이 정당화될 수 있다는 것이 마키아벨리의 생각이다. 군주는 인민이 원하는 목표를 달성하면 군주가 사용하는 수단은 언제나 고귀한 것으로 여겨지고, 모든 사람에 의해 칭송을 받는다.[4] 군주에게 도덕적 평가는 의미가 없다.[5]

그런데 군주가 인민을 통치하기 위해 거짓과 위선을 적극적으로 이용해야 한다는 마키아벨리의 주장은 아리스토텔레스가 『정치학』 5권에서 기술한 참주정의 보존과 참주의 통치를 위한 여러 조언들, 즉 참주적이지 않은 참주로서의 통치자의 모습을 강조한 것과 매우 유사하다. 즉, 참주가 왕이 통치하는 것처럼 시민들을 위한 통치를 하는 것처럼 보여야 한다는 아리스토텔레스의 제안은 마키아벨리의 『군주론』에서의 군주의 통치기술에 영향을 준 것으로 볼 수 있다는 것이다. 우리는 마키아벨리가 주장한 다음과 같은 몇 가지 내용을 통해 이것을 확인할 수 있다.

첫째, 마키아벨리는 부와 쾌락과 관련해서 군주는 절제 내지 인색하게 행동하는 것이 중요하다고 말한다. 이것은 아리스토텔레스가 참주는 정체를 유지하기 위해 쾌락에서도 절제의 덕을 보여주어야 한다고 말하는 것과 같다. 아리스토텔레스는 참주는 적어도 쾌락을 피하는 사람이라는 인상을 대중들에게 주어야 한다고 말한다. "술주정뱅이나 정신이 흐린 사람은 쉽게 경멸당하고 공격받지만, 정신이 똑바르고 경계를 늦추지

---

[4] 『군주론』, XVII, 5.
[5] 손병석(2016), 173-175.

않는 사람은 그런 일을 당하는 법이 없다".[6] 아리스토텔레스가 참주가 부와 관련하여 공공의 복지를 위한 수탁자(受託者) 내지 대리자로 보여야 한다는 말도 마키아벨리의 군주의 행위에 대한 조언을 선취(先取)하고 있다. 아리스토텔레스는 참주가 사사로운 수입을 위해서가 아니라 공적인 세수를 취급하는 보호자나 대리인의 역할을 하는 것처럼 보여야 함을 강조하기 때문이다.

> "먼저 그는 국가 재산에 깊은 관심을 갖고 잘 돌보는 것처럼 보여야 하고, 평민의 불만을 일으키는 행동을 삼가야 한다. 또한 수입과 지출을 기록하여 결산하는 일도 참주가 맡아서 해야 하는데, 이런 통치 방식으로 그는 국민들에게 참주라기보다 대리인 같아 보일 것이다. --- 물론, 선하게 보이는 군주라 할지라도 세금을 매기고 다른 기부금을 거두어들이는 일을 멈출 수는 없다. 그러한 일을 행할 때 군주는, 공공 업무를 위해서 혹은 군사적으로 긴급한 필요에 사용하기 위한 의도에서 그렇게 하는 것처럼 보이는 방식으로 해야 한다."(V.11, 1314a40-1314b14)

아리스토텔레스가 참주의 절제의 덕의 필요성을 강조한 것처럼 마키아벨리 역시 군주는 관후함보다는 인색함을 덕으로 삼아야 한다고 강조한다. 군주가 관후하게 보이는 것은 좋은 것이지만 관후한 행동을 보이기 위해선 군주는 부를 확보해야 한다. 이것은 군주로 하여금 인민들에게 아주 무거운 세금을 부과해야 한다. 문제는 과도한 세수를 거두어들이기 위해 이러한 착취적인 수단을 사용하게 되면 군주는 인민들의 증오를 사게 되고 결국 군주의 통치는 어렵게 될 수 있다는 것이다. 마키아벨리가 군주에게 필요한 것을 관후함이 아닌 인색함에 두는 이유가 여기에 있다.

---

[6] *Pol.*, V.11, 1314b29.

둘째로 종교적인 경건함의 태도를 보여야 한다는 점에서 아리스토텔레스와 마키아벨리는 생각을 같이한다. 아리스토텔레스는 사람들이 참주가 신을 두려워하며 신에게 관심을 가지는 것으로 보여야 한다고 말한다. 참주나 군주가 신과 가까운 사이라고 생각하면, 사람들은 참주에 대해 음모를 도모하기를 꺼린다는 것이 그 이유다. 따라서 신에 대한 경건함은 참주가 보여야 하는 덕 중의 하나다. 마키아벨리 역시 군주가 신에 대한 경건함을 보여야 함을 다음과 같이 강조한다.

"그를 대면하는 사람들에게 그는 지극히 자비롭고, 신의가 있으며, 정직하고 인간적이며 경건한 것처럼 보여야 한다. 그리고 그중에서도 특히 경건한 것처럼 보여야 한다."(『군주론』, 121)

마지막으로 형벌 방식에서의 아리스토텔레스와 마키아벨리의 유사성이다. 아리스토텔레스는 명예는 극대화하여 부여하고 형벌은 군주가 관여하지 않는 것처럼 보여야 한다고 말한다. 그래서 그는 "명예는 직접 나누어 주어야 하지만 모든 형벌은 관리나 법정이 내리도록 해야 한다"[7]고 조언한다. 참주가 형벌을 부과하는 방식에서도 참주는 적어도 형벌을 내릴 때 오만함에서가 아니라 아버지 같은 입장에서 버릇을 들이기 위한 것을 분명히 해야 한다고 말한다.[8] 마키아벨리 역시 형벌을 부과할 때 군주가 직접 벌을 내려서는 안 되고, 관리나 법정이 대신 행하도록 해야만 한다고 말한다. 마키아벨리는 그 대표적인 예를 체사르 보르자가 레미로 데 오로코라는 잔인하지만 정력적인 인물을 파견하여 전권을 위임한 것을 든다.

---

[7] *Pol.*, V.11, 1315a4.
[8] *Pol.*, V.11, 1315a20.

아리스토텔레스가 『정치학』에서 정체의 안정을 위한 최선의 현실적인 정체로 제안한 혼합정(politeia)은 미국의 건국이념에 가장 큰 영향을 준 것으로 평가할 수 있다. 특히 "미국 건국의 아버지들"(Founding Fathers of America)이라 불리는 연방주의자들인 해밀턴(A. Hamilton)이나 메디슨(J. Medison)에게 준 영향력이 그렇다. 아리스토텔레스의 혼합정에 관한 아이디어는 미국헌법 기초에 상당히 많은 부분에서 반영된 것으로 볼 수 있기 때문이다. '연방주의자들의 논설집'(The Federalists papers)에서 연방주의자들은 기본적으로 민주정보다 귀족정을 우선시하고 지지하는 것이 사실이다. 그런데 실상 미국 정체의 기본토대는 민주정과 귀족정의 원리를 통합한 혼합정이 정체의 기본구조라고 말할 수 있다. 연방주의자들이 혼합정을 미국 정체의 기본 토대로 선택한 데는 정체의 안정이 무엇보다 중요하다는 인식 때문이다. 정체의 안정과 질서가 없이는 국민자치나 자유, 평등 그 어떤 것도 실현될 수 없기 때문이다. 정체의 안정을 통해 국민의 행복을 보장하기 위한 자유나 평등을 반영한 "입헌주의"(constitutionalism)가 보장될 수 있기 때문이다. 그것은 무엇보다 정체의 구성원들이 정체에 대해 불만을 갖고 당파나 파쟁을 일으킬 생각을 가져서는 안 되는 것이다. 이것은 연방주의자 해밀턴의 다음과 같은 말에서 알 수 있다.

"여기서 나는 최선의 정부형태에 관한 나의 생각을 말할 것인데, 그것은 우리에 의해 성취될 수 있는 것으로서가 아니라, 가능한 한 우리가 가까이 도달해야만 하는 것이다. 영국의 최선의 정체가 그것이다. *아리스토텔레스 - 키케로 - 몽테스키외 - 넥커르*. 사회는 자연적으로 그 자체가 두 개의 정치적 부분으로 나누어지는데, 각기 특별한 이익을 추구하는 소수와 다수가 그것이다. 정부가 소수의 손에 있게 되면, 그들은 다수를 전제적으로 지배할 것이다. 그것이 다수의 손에 있게 되면, 그들은 소수를 전제적으로 지배할 것이다. 소수와 다수 양쪽 모두의 손에 있어야 한다. 그들은 분리되어야만 한다."[9]

위 인용문에서 우리의 관심을 끄는 것은 연방주의자들이 미국정체의 설계에 영향을 준 대표적인 인물로 아리스토텔레스를 명시적으로 밝히고 있다는 점이다.[10] 최선의 정체는 권력이 소수나 다수 어느 한쪽에 있어서는 안 되고 양쪽 모두가 공유해야 한다는 언급은 아리스토텔레스가 말하는 혼합정을 의미하는 것으로 볼 수 있다. 특히 "정부의 안정은 본질적으로 국가의 성격과 그것에 결합된 이익에 본질적인 것이다"[11]라는 말은 아리스토텔레스가 혼합정에서 말한 정체의 안정과 상통한다. 즉, 연방주의자들은 아리스토텔레스가 말한 정체의 안정을 위해서는 혼합정이 가장 효과적인 정체가 될 수 있다는 견해를 공유하는 것이다. 이것은 다수의 지배가 참주의 지배처럼 군중에 의한 폭정이 이루어질 수 있다는 아리스토텔레스의 우려를 연방주의자들 역시 기본적으로 공감하고 있기 때문이다. 연방주의자들이 보기에 극단적 민주정은 "위선과 미신, 아첨, 뇌물로 가득 찬 정체이다".[12] 연방주의자들이 시민들의 대표인 하원뿐만 아니라 기본적으로 엘리트들로 구성된 상원의 필요성을 주장하는 이유가 여기에 있다. 공동선과 정의에 대한 시민덕을 소유한 상원에 의해 하원의 독단적 권력행사가 견제될 수 있기 때문이다. 그래서 연방주의자들은 다음과 같이 상원의 필요성을 역설한다.

---

[9] Biondi(2007), 191 재인용.
[10] 연방주의자들과 고대 연방주의자 사이의 유사성은 『연방주의자들의 논설집』 4번과 9번에서 분명하게 알 수 있다.
[11] 『연방주의자들의 논설집』, No.37:226.
[12] 『연방주의자들의 논설집』, No.10:81

"나는 시민의 대표자가 되는 잘 조직된 상원의 필요성에 대해 이야기해 왔다. 편견 때문에 눈이 멀었거나 허영심 때문에 타락한 사람들의 경우 상원과 같은 기구는 자신들의 일시적인 실수와 환상에 대한 방어로써 필요하다고 감히 말할 수 있다.…"[13]

이런 점에서 아리스토텔레스의 혼합정에 대한 긍정적 평가는 미국 연방주의자들의 미국헌법에서의 공화정 수립을 위한 노력에 큰 영향을 준 것으로 평가할 수 있다. 이런 점에서 거미어(Gummere)가 "18세기의 어떤 정치가도 훌륭한 희랍인, 아리스토텔레스의 손을 벗어날 수 없다"[14]라고 평한 것은 시사하는 바가 크다.

20세기의 철학자 한나 아렌트(Hannah Arendt) 역시 아리스토텔레스와 밀접한 관계를 갖는 것으로 볼 수 있다. 잘 알려진 것처럼 아렌트는『인간의 조건』(The Human Condition)에서 '관조적 삶'(vita contemplativa)보다는 '활동적 삶'(vita activa)에 주목하고, 그것을 노동(labor), 작업(work) 그리고 행위(action)로 나누어 설명한다.[15] 노동은 생명유지를 위해 필수불가결한 인간신체의 생물학적 과정에 상응하는 활동으로, 작업은 인간실존의 비자연적인 것에 상응하는 유용성과 관련된 활동으로 규정된다. 그런데 아렌트는 노동과 작업을 모두 인간 고유의 활동으로 간주하지 않는다. 노동은 인간을 생의 필연성에, 작업은 제작을 통해 인간을 생산물을 만들어내는 경제적 활동에 구속시키기 때문이다.[16] 결국 아렌트에 따

---

[13] 『연방주의자들의 논설집』, No.63:384.
[14] Gummere(1962), 5.
[15] H. Arendt(1989), 7-11 참조.
[16] 물론 아렌트가 노동과 작업 자체를 전면 부정한 것은 아니다. 노동은 활동적 삶의 가장 낮은 단계이긴 하지만 인간 활동의 가장 기본적인 형태로서 인간에게 기쁨과 축복을 느끼게 하는 의미 있는 행위가 될 수 있기 때문이다. 작업 역시 인간생활에 필요한 생산물을 제작함으로써 안정적이며 영속적인 인공적 세계를 제공해준다는 점에서 인

르면 노동과 작업은 사적인 활동에 속하기 때문에 우리가 무엇인가(what-ness)만을 규정해주지 우리가 누구인가(who-ness)를 정의해주지는 못한다.[17] 이런 이유로 아렌트에게 있어 인간의 누구임을 규정해주는 인간실존의 고유한 조건을 제공하는 활동은 행위(action)밖에 없다. 행위만이 공적영역에서 인간의 정체성과 자유를 실현시킬 수 있는 활동이 될 수 있기 때문이다. 아렌트에 따르면 이것은 공적인 영역에서의 언어(speech)와 행위(action)를 통해 이루어진다. 그리고 그녀는 이러한 말과 행위가 가능할 수 있는 인간조건을 '복수성'(plurality)에서 찾는다. 복수성은 인간이 기본적으로 같으면서도 다름을 의미한다. 인간은 서로 동등하기 때문에 서로를 이해할 수 있으면서도 타인과 다르기 때문에 말과 행위를 통해 다른 사람에게 자신을 드러낼 수 있는 것이다. 그래서 아렌트는 공적영역을 모든 사람들이 서로 자신의 얼굴을 맞대고 말을 나누는 가장 폭넓은 '공공성'(publicity)을 갖는 "보임의 영역"(the space of appearance)이자 또한 공통의 세계로 규정한다.[18] 아렌트에게 있어 인간은 공적영역에서 말과 행위를 통해 자신의 존재성을 보이는 정치적 동물이다.[19] 그리고 아렌트에 따르면 공적 영역에서의 정치적 행위는 판단능력이 필요하다. 아렌트는 행위자로서의 판단을 "공적 영역인 정치적 영역에서 이루어지는 행위자의 판단과 결정을 의미한다"고 말한다. 이러한 행위자의 판단능력은 아리스토텔레스가 말하는 실천지를 원용한 것으로 볼 수 있다. 아리스토텔레스는 이러한 실천지를 소유한 대표적인 인물로 페리클레스를 들고 있는데, 그는 '자기 자신을 위해서 좋은 것뿐만 아니

간의 유용한 활동으로 볼 수 있다(Arendt(1989), 106)
[17] H. Arendt(1989), 175-179.
[18] H. Arendt(1989), 50-58 참조.
[19] 이상의 아렌트 언급은 손병석(2008), 113-114에서 재인용했음.

라 일반적으로 모든 사람을 위해서 좋은 것이 무엇인지 아는 사람이다'. 이처럼 아리스토텔레스의 실천지는 정치가의 공공선(common good)에 대한 판단과 유사하며, 아렌트의 행위자로서의 판단과 상통하는 것으로 볼 수 있다.

아렌트가 주목하고 있는 활동적 삶은 결국 아리스토텔레스가 말하는 '실천적 삶'(praktikos bios)이라고 말할 수 있다. 그리고 아렌트가 말하는 활동적 삶의 터는 곧 폴리스(polis)이며 폴리스가 곧 복수성의 실현을 가능케 한다. 그리고 이러한 폴리스적 삶은 바로 아리스토텔레스가 말하는 정치적 삶이며, 그러한 인간이 곧 폴리스적 동물인 것이다. 아렌트는 아리스토텔레스가 말한 실천과 정치적 삶을 현대의 다양한 문제를 풀 수 있는 개념적 지표 내지 수단으로 활용하는 것이다.

아리스토텔레스의 '덕윤리학'(virtue ethics)과 민주주의에 대한 견해를 적극적으로 현대 자유주의 사회의 문제를 해결하기 위한 정치철학적 재료로 활용하는 철학자는 너스범(M. Nussbaum)이다. 너스범은 아리스토텔레스가 말한 인간의 행복이 지적인 덕과 성품적 덕을 발휘할 수 있는 능력을 발휘하는 데 있다는 생각을 자신의 정치철학을 구성하는데 원용한다. 너스범은 정치학의 목적이 인간을 덕스럽게 살 수 있는 정치, 사회적인 환경을 만들어주는 것이라고 주장한다. 특히 그녀는 아리스토텔레스의 민주주의에 대한 견해에 근거하여 현대의 자유주의적 정치철학을 비판한다.[20] 그녀는 현대의 분배적 정의론자들이 수입이나 부만을 행복 내지 복지의 지표로만 간주하는 것에 불만을 가진다. 너스범의 주장에 따르면 분배적 정의의 대상이 되는 재화나 자원들은 인간이 처한 상황에

---

[20] 너스범의 자유주의자들에 대한 비판과 관련해선 Nussbaum(1988), 150-5. 동일인 (2002), 53-62 참조.

따라 그것들을 받는 사람들에게 다른 영향을 주고 있다는 것이 먼저 인정되어야 한다. 예를 들어 장애자들이나 임신한 여성은 그러한 문제나 어려움이 없는 사람보다 걷기 위해 더 많은 자원을 필요로 한다는 것이다. 따라서 너스범이 보기에 모든 사람이 동등하게 걸을 수 있는 환경을 유지하기 위해서는 불평등한 자원의 분배가 이루어져야 한다. 즉, 자원의 분배를 받는 사람들이 어떤 상황에 처해 있는가가 고려되어 그들의 '역량들'(capabilites)이 발휘될 수 있도록 자원의 불평등한 분배가 이루어져야 한다는 것이다.

그러나 아리스토텔레스의 정치철학의 재구성을 통해 현대의 정치철학을 조명하는 시도를 하는 너스범의 견해는 여러 학자들에 의해 비판을 받은 것이 사실이다. 이들 비판가들의 논점은 너스범이 아리스토텔레스의 정치철학을 현대의 자유 민주주의의 근본적 원리, 즉 개인의 자유(personal liberty)와 부합될 수 있는 것으로 본다는 데에 집중되어 있다.[21] 실제로 너스범이 인간역량에서 선택할 수 있는 능력을 가장 중요한 요소로 강조하고, 또 그러한 사회적 환경을 만들기 위해 정부의 역할을 강조하는 것은 사실이다. 아리스토텔레스주의적인 틀에서 사람들이 다양한 방식으로 선택을 할 수 있는 것으로 보는 것이다.[22] 그리고 이런 점에서 너스범의 자유주의적인 아리스토텔레스 독해는 실상 아리스토텔레스의 비(非)자유적인 견해와 잘 일치하지 않는다는 것이 비판자들의 주장이다.

이에 대해 너스범은 현대의 "아리스토텔레스적인"(Aristotelian)것은 적어도 인간의 자유문제와 관련해서는 역사적인 아리스토텔레스와 분리시켜 이해하는 것이 필요하다고 응답한다. 이것은 그녀가 주장하는 '역량

---

[21] Mulgan(2000), 94-5.
[22] Nussbaum(2002), 80-6. 동일인(1988), 179-84.

접근'(capabilites approach)론을 아리스토텔레스의 인간본성에 대한 형이상학적 원리가 아닌, 사람들에 의해 받아들여진 다양한 윤리학적 견해(endoxa)나 개념에 근거해서 이해하는 방식이다.[23] 너스범은 이러한 자신의 입장을 "아리스토텔레스의"(Aristotle's)가 아닌 "아리스토텔레스적인"(Aristotelian)으로 구분하여 부른다.[24] 너스범의 이러한 전략은 아리스토텔레스 정치철학에서 필요한 것만 선택하고 현재의 자유민주주의와 조화되지 못하는 것은 배제하는 것이다. 아리스토텔레스의 실천지나 정치적 동물로서의 인간의 공동체적 성격 또는 경제적 부는 그 자체 목적이 될 수 없다는 아리스토텔레스의 견해는 취하면서, 개인의 자유와 같은 것은 배제하는 전략이다. 이런 점에서 너스범과 아리스토텔레스의 차이점만을 강조하면서 여타의 다른 부분에서의 아리스토텔레스가 너스범의 철학에 준 영향이나 상관관계를 부정하는 것은 공평하지 못한 비판으로 생각된다.

---

[23] Nussbaum(2002), 91.

[24] Nussbaum(2002), 105-6.

| 참고문헌 |

■ 1차 원전과 번역 및 주석서

Aristotelis Opera, edited by Imm. Bekker, Berlin 1831-1970.
Platonis Opera, Vols.1-5, Oxford, 1900.
Aristoteles, *Politica*, W .D. Ross, Oxford Univ. Press, 1962.
_____, *Ethica Nicomachea*, I. Bywater, Oxford Univ. Press, 1970.
_____, *Ethica Eudemia*, H. Rackham, Cambridge, Mass, 1952.
Aristotle, *Politics*, H. Rackham, Loeb Classical Libr., Harvard Univ. Press, 1977.
Saunders, T.(1995), *Aristotle Politics, Books I and II*, Clarendon Press, Oxford.
Robinson, R.(1962), *Aristotle Politics, Books III and IV*, Clarendon Press, Oxford.
Keyt, D.(1999), *Aristotle Politics, Books V and VI*, Clarendon Press, Oxford.
Kraut, R.(1997), *Aristotle Politics, Books VII and VIII*, Clarendon Press, Oxford.

■ 국내 문헌

곽준혁(2013),『지배와 비지배: 마키아벨리의 군주 읽기』, 민음사.
_____(2014),「마키아벨리와 아리스토텔레스-참주 교육의 정치철학적 제고」, 『대한정치학회보』 21(3), 21-45.
권창은(1996),「아리스토텔레스의 정의관」,『서양고전학연구』 10, 11-39.
김인곤(2014),「플라톤의『법률』에서 법에 의한 통치와 혼합정체」,『西洋古典學硏究』 53, 67-90.
김재홍 역(2017),『정치학』, 길.
김진경(1976),『고대 노예제』, 탐구당.
김태경(1999),「플라톤의『정치가』편을 중심으로 한 나눔과 변증술」,『인문과학』 29, 35-51.
_____(2000),『정치가』, 한길사.
_____(2003),「플라톤의『정치가』에서 측정술(metretike)」,『범한철학』 31, 37-62.

노희천(2014), 「아리스토텔레스의 『정치학』 7-8책들에 나타난 이상국가관에 관하여」, 『대동철학』 69, 89-114.

_____(2017), 「아리스토텔레스의 이상 국가의 정체에 관하여」, 『범한철학』 84, 277-294.

문지영·강철웅(2011), 「플라톤 『국가』의 민주정 비판과 이상 국가 구상」, 『社會科學研究』 35(1), 243-268.

박상훈(2015), 『정치의 발견』, 후마니타스.

박종현 역(2005), 『국가』, 서광사.

_____(2008), 『법률』, 서광사.

서병훈(2004), 「플라톤의 '혼합체제'론 : 민주주의의 부분적 수용」, 『정치사상연구』 9, 151-169.

손병석(1991), 「아리스토텔레스의 정의관- 보원·보은 정의(to antipeponthos dikaion)를 중심으로」, 『철학연구』 16, 279-304.

_____(1999), 「폴리스는 개인에 우선하는가?」, 『철학연구』 22, 41-75.

_____(1999), 「폴리스는 자연적 존재인가?」, 『철학연구』 44, 167-191.

_____(2000), 「아리스토텔레스에 있어서 에르곤(ergon), 덕(arete) 그리고 행복(eudaimonia)의 의미」, 『철학연구』 76, 31-64.

_____(2000), 「아리스토텔레스에 있어서 민주주의와 데모스(demos)의 집합적 지혜」, 『서양고전학연구』 14, 135-161.

_____(2001), 「아리스토텔레스에 있어서 덕의 통일성과 민주주의」, 『철학』 68, 84-94.

_____(2003), 「부동의 원동자로서의 신은 목적인이자 작용인이 될 수 있는가?」, 『철학연구』 61, 63-84.

_____(2003), 「정치적 기술과 공적합리성: 프로타고라스와 플라톤을 중심으로」, 『철학』 75, 49-80.

_____(2004), 「아리스토텔레스에 있어서 자연적 정의와 권리의 문제」, 『철학연구』 65, 75-101.

_____(2008), 「전자 민주주의와 참여 민주주의: 몸의 확장을 넘어서 덕(德)의 고양으로」, 『철학연구』 36, 103-139.

_____(2012), 「공적주의 정의론과 최선의 국가 - 아리스토텔레스의 덕과 운 개념을 중심으로」, 『범한철학』 67, 103-139.

_____(2012),「Aristotle's View on Economics」, *The Journal of Greco-Roman Studies* 49, 45-63.
_____(2013),『고대 희랍 로마의 분로론』, 바다 출판사.
_____(2014),「플라톤『법률』편에 나타난 설득의 문제」,『西洋古典學硏究』53, 91-122.
_____(2015),「플라톤과 민주주의」,『범한철학』78, 39-69.
_____(2016),『호모 주리디쿠스』, 열린책들.
_____(2017),「아리스토텔레스의 행복과 외적좋음의 관계에 대한 고찰」,『철학연구』118, 177-208.
_____(2018),「아리스토텔레스의 '바람에 따른 폴리스'는 어떤 정체인가?」,『서양고전학연구』57(2), 139-175.
손윤락(2012),「아리스토텔레스의『정치학』에서 국가와 시민교육」,『西洋古典學硏究』48, 149-174.
_____(2015),「아리스토텔레스에 있어서 시민교육과 그 대상의 문제」,『西洋古典學硏究』54, 65-86.
송대현(2014),「아리스토텔레스의『정치학』7-8권에서 여가(scholē) 개념」,『서양고전학연구』55(2), 123-164.
송문현(1979),「플라톤의 노예사상에 대한 고찰」,『사총』23, 155-197.
앤토니 앤드류스(1991),『고대 그리스사』, 김경현 역, 이론과 실천.
유혁(2006),「플라톤『법률』편에서 입법의 궁극적인 목표와 원리」,『西洋古典學硏究』26, 115-152.
이창우 외 역(2006),『니코마코스 윤리학』, 이제이북스.
지동식 편역(1976),『희랍사 연구의 제문제』, 고대 출판부.
최자영(2005),「플라톤의 이상적 사회 구상의 변화」,『서양고대사연구』17, 53-90.
최장집(2010),『민주주의 이후의 민주주의』, 후마니타스.
편상범(1998),「아리스토텔레스 윤리학에서 실천적 인식의 문제」, 고려대학교 학위논문
한석환(1998),「인간의 본질과 폴리스」,『西洋古典學硏究』12, 229-257.

■ 컬렉션(collections) 및 선집(anthologies)

Patzig, G.(ed.)(1990), *Aristoteles' Politik*, Akten des XI.Symposium Aristotelicum, Gottingen.
Annas, J and R. Waterfield.(1995), *Plato's Statesman*, Cambridge Univ. Press.
Barker, E.(1906), *The Political Thought of Plato and Aristotle*, London.
_____(1958), *The Politics of Aristotle*, Oxford Univ. Press, London.
Benardete, S.(1984), *The Being of the Beautiful*, Univ. of Chicago press.
_____(2000), *Plato's "Laws"*, Chicago: University of Chicago Press.
Bien, G.(1985), *Die Grundlegung der politischen Philosophie bei Aristoteles*, Munchen.
Bloom, A.(2016), *The Republic of Plato*. Basic Books.
Boudouris, K.(1996), *Plato's Political Philosophy and Contemporary Democratic theory*, Samos.
_____(1995), *Aristotelian Political Philosophy* 2, Athens.
_____(1989), *Peri dikaiosyne*, Athens.
Castoriadis, C.(1999), *On Plato's Statesman*, Stanford Univ. Press.
Garver, E.(2012), *Aristotle's Politics: Living Well and Living Together*, Chicago.
Höffe, O.(2001), *Aristoteles' Politik*, Berlin: Akademie Verlag.
Jaeger, W.(1948), *Aristotle: Fundamentals of the History of His Development*, tr. R. Robinson, 2nd(ed), Oxford.
Keyt, D. and F. D. Miller(eds.,)(1991), *A Companion to Aristotle's Politics*, Oxford.
Klosko, G.(1986), *The development of Plato's Political theory*, New york.
Koutras, D. N.(1986), *He praktike philosophia tou Aristotelous*, Athens.
_____(1973), *He koinonike ethike tou Aristotelous*, Athens.
_____(2000) *He kat' Aristotele politike isoteta kai dikaiosyne kai ta problemata tes syngchrones koinonias*, Athens.
_____(1999), *Politike philosophia tou Aristotele kai hoi epidraseis tes*, Athens.
Kraut, R.(2002). *Aristotle Political Philosophy*, Oxford Univ. Press.
Kraut, R and S. Skultety(2005), *Aristotle's Politics*, Rowman & Littlefield Publishing, Inc.

Levinson, R. B.(1953), *In Defense of Plato*. Cambridge: Harvard University Press.
Miller, F. D.(1995), *Nature, Justice, and Rights in Aristotle's Politics*, Clarendon Press, Oxford.
Monoson, S.(2000), *Plato's Democratic Entanglements: Athenian Politics and the Practice of Philosophy*, Princeton University Press. Goteborg, 145-162.
Moukanos, D. D.(1993), *To Kath' auto aitia ton physeionton*, Athens.
Mulgan, R. G.(1977), *Aristotle's Political Theory*, Oxford.
Newman, W. L.(1887-1902), *The Politics of Aristotle* vol.1-4, Clarendon Press, Oxford.
Nussbaum, M. C.(1990), *Aristotelian Social Democracy, Liberalism and the Good*, Routlege, 203-252.
Pangle, T. L.(1980), *The Laws of Plato*, Chicago.
_____(1987), *The Roots of Political philosophy*, Cornell Univ. Press.
Reeve, C. D. C.(1998), *Aristotle Politics*, Indianapolis, IN, Hackett Publishing Company.
Roberts, J.(2009), *Aristotle and the Politics*, Routledge.
Rosen, S.(1995), *Plato's Statesman*, Yale Univ. Press.
Rowe, C. J.(1995), *Reading the Statesman, Proceedings of the III symposium Platonicum*, Academia Verlag.
Schűtrumpf, E.(1991), *Aristoteles, Politik* 3, Berlin.
Tessitore, A.(2002), *Aristotle and Modern politics*, Univ. of Notre Dame press.
Solomou, V-Papanikolaaou.(1989), *Polis and Aristotle*, University of Ioannina.

■ 1부: 「인간과 폴리스」와 관련된 자료

Allan, D. J.(1964), "Individual and State in the Ethics and Politics", *Entretiens sur l'Antiquite Classique IX, La 'Politique' d'Aristote*, Geneva, 53-95.
Ambler, W. H.(1984), "Aristotle on Acquisition", *Canadian Journal of Political Science* 17(3), 487-502.
_____(1985), "Aristotle's Understanding of the Naturalness of the City", *Review of Politics* 47, 163-85.
_____(1987), "Aristotle on Nature and Politics: The Case of Slavery", *Political*

Theory 15, 405-07.

Annas, J.(1976), "Plato's Republic and Feminism", *Philosophy* 51, 1-14.

_____(1990), "Comments on J. Cooper", *Aristoteles Politik*, Gottingen, 242-8.

Anton, J. P.(1996), "Aristotle on the Nature of Logos", *The Philosophy of Logos*, edited by K. I. Boudouris, Athens, 11-21.

Arends, J. F. M.(1993), "Survival, War and Unity of the Polis in Plato's Statesman", *Polis* 12(1-2), 154-187.

Balot, R.(2001), "Aristotle's Critique of Phaleas: Justice, Equality, and Pleonexia", *Hermes* 129(1), 32-44.

Barns, J.(1990), "Aristotle and Political Liberty", *Aristoteles' 'Politik' : Akten des XI. Symposium Aristotelicum*, ed. by G. Patsig, Göttingen, 249-263.

Bentley, R.(1999), "Loving Freedom: Aristotle on Slavery and the Good life", *Political Studies* 47(1), 100-113.

Berns, L.(1984), "Spiritedness in ethics and politics", *Interpretation* 12, 335-48.

Boas, G.(1943), "A Basic Conflict in Aristotle's Philosophy", *American Journal of Philology* 64, 181-186.

Bobonich, C.(2002), *Plato's Utopia Recast*, Oxford University Press.

Booth, W.(1981), "Politics and the Household", *History of Political Thought* 2, 203-226.

Bostock, D.(1995), *Aristotle's Metaphysics Books Z and H*, Clarenden Press.

Bradshaw, L.(1991), "Political rule, prudence and the woman question in Aristtole", *Canadian journal of political science* 24(3), 557-73.

Bradley, A. C.(1991), "Aristotle's Conception of the State", *A Companion to Aristotle's Politics*, Keyt, D. and F. D. Miller(eds.,), Oxford, 3-56.

Brunt, P. A.(2004), "Aristotle and Slavery," *Studies in Greek history and thought*, Oxford: Clarendon Press.

Burnet, J.(1900), *The Ethics of Aristotle*, London Methuen & Co.,

Calvert, B.(1987), "Slavery in Plato's Republic", *Classical Quarterly* 37, 367-372.

Cherry, K. M.(2012), *Plato, Aristotle, the Purpose of Politics*, Cambridge Univ. Press.

Cherry, K. M and E. A. Goerner(2006), "Does Aristotle's Polis exist by nature",

History of Political Thought 27(4), 563-585.

Christ, M. R.(1990), "Liturgy Avoidance and Antidosis in Classical Athens", *Transactions of the American Philological Association* 120, 147-169.

_____(2007), "The Evolution of the eisphora in Classical Athens", *Classical Quarterly* 57, 57-69.

Cohen, D.(1987), "The Legal Status and Political Role of Women in Plato's Laws", *Revue internationale des droits del'antiquité* 34, 27-40.

Collins, D.(1987), "Aristotle and Business", *Journal of Business Ethics* 6, 567-572.

Cooper, J. M.(1999), "Plato's Statesman and Politics", *Proceedings of the Boston area Colloquium in Ancient Philosophy* 13, 71-104.

_____(1990), "Political Animals and Civic Friendship", *Aristoteles' Politik*, Akten des XI. Symposium Aristotelicum, G. Patzig(ed.), Gottinggen, 221-42.

Day, H. and M. Chamber(1962), *Aristotle's History of Athenian Democracy*, Univ. of California Press.

De Laix, R.(1974), "Aristotle's Conception of the Spartan Constitution", *A Journal of the History of Philosophy* 12(1), 21-30.

Depew, D. J.(1995), "Humans and Other Political Animals in Aristotle's History of Animals", *Phronesis* 40(2), 156-181.

Deslauriers, M.(2003), "Aristotle on the virtues of Slaves and women", *Oxford Studies in Ancient Philosophy* 25, 213-231.

_____(2015), "Political rule over women in Politics I", *Aristotle's politics A Critical Guide*, edited by T. Lockwood and T. Samaras, Cambridge Univ. Press, 46-63.

Dierksmeier, C. and M. Pirson(2009), "Oikonomia versus Chrematistike", *Journal of Business Ethics* 88, 417-430.

Dobbs, D.(1994), "Natural rights and the problem of Aristotle's defense of slavery", *the journal of politics* 56(1), 69-94.

Everson, S.(1988), "Aristotle on the Foundations of the State", *Political Studies* 36, 89-101.

Finley, M.(1980), *Ancient Slavery and Modern Ideology*, New York: The Viking press.

Fortenbaugh, W. W.(1977), "Aristotle on Slaves and Women", *Articles on Aristotle 2, Ethics and Politics*, ed. J. Barns, M. Schofield and R. Sorabji, London, 135-139.

Foster, S. E.(1998), "Virtues and Material Goods: Aristotle on Justice and Liberality", *American Catholic Philosophical Quarterly* LXXI/4, 607-619.

von Fritz, U. and E. Kapp(1977), "The Development of Aristotle's Political Philosophy and the Concept of Nature", *Articles on Aristotle 2*, edited by J. Barns, M. Schofield and R. Sorabji, London, 113-34.

Garnsey, P.(1996), *Ideas of slavery from Aristotle to Augustine*, Cambridge Univ. Press.

Garver, E.(1994), "Aristotle's natural slaves", *Journal of the History of Philosophy* 32(2), 173-195.

Gallego, J.(2006), "Aristotle, Slavery, and Humanity in Classical Greece", *Boletim do Centro de Pensamento Antigo. Revista de Estudos Filosóficos e Históricos da Antigüidade*, Nº 20-21, 107-129

Gill, C.(1995), "Re-Thinking Constitutionalism in Statesman 291-303", *Reading the Statesman*, ed. C. J. Rowe, Academia Verlag, 292-305.

Griswold, jr., Charles L.(1989), "Politike Episteme in Plato's Statesman", *Essays in Ancient Greek Philosophy III*, eds. John P. Anton and Anthony Preus, State Univ. of New York Press, 141-167.

Guthrie, W. K. C.(1981), *A History of Greek Philosophy*, Cambridge Univ. Press, vol. VI.

Hare, J.(1988), "Eleutheriotes in Aristotle's Ethics", *Ancient Philosophy* 8, 19-32.

Harvey, M.(2001), "Deliberation and Natural Slavery", *Social Theory and Practice* 27(1), 41-64.

Heath, M.(2008), "Aristotle on Natural Slavery", *Phronesis* 53(3), 243-270.

Hegel, G. W. F(1971), *Vorlesung über die Geschichte der Philosophie* II, Werke 19, Frankfurt.

Hobbes, T.(1949), *De cive*, edited by S. P. Lamprecht, New York.

Huxley, G.(1978), "Aristotle on the origin of the Polis", *Stele*, Athens, 258-264.

Irwin, T. H.(1990), "The Good of Political Activity", *Aristoteles' Politik*, Pazig, 73-98.
_____(1991), "Aristotle's Defense of Private Property", *A Companion to Aristotle's Politics*, D. Keyt and F. D. Miller(eds.,), Oxford, 200-225.
_____(1987), "Generosity and Property in Aristotle's Politics", *Social Philosophy & Policy* 4(2), 37-54.
_____(1988), *Aristotle's First Principles*, Oxford 1988.
Kahn, C. H.(1990), "The Normative Structure of Aristotle's Politics", *Aristoteles' Politik*, Pazig, 369-84.
Kamp, A(1985), *Die Politische Philosophie des Aristoteles und ihre Metaphysischen Grundlagen*, Munchen, 106-117.
Kamtekar, R.(2016), "Studying Ancient Political Thought Through Ancient Philosophers: The Case of Aristotle and Natural Slavery", *polis* 33, 150-171.
Karbowski, J.(2014), "Aristotle on the Deliberative Abilities of Women", *Apeiron* 47(4), 435-460.
_____(2012), "Slaves, Women, and Aristotle's Natural Teleology", *Ancient Philosophy* 32, 323-350.
_____(2013), "Aristotle's Inquiry into Natural Slavery", *Journal of the History of Philosophy* 51(3), 331-353
Keyt, D.(1991), "Three basic theorems in Aristotle's politics", in Keyt and Miller, *A Companion to Aristotle's Politics*, Oxford, 118-41.
Kochin, M. S.(1999), "Plato's Eleatic and Athenian sciences of politics", *Review of Politics* 61(1), 57-84. Koutras, D. N., 1983, "He eudaimonia sten ethike philosophia tou Aristotelous", *Proceedings of the world congress on Aristotle* 4, Athens, 338-363.
_____(1995), "To dikaioma antistases ste didaskalia tou Aristotele", *To diakoma antistasis*, Athens, 51-60.
Kullman, W.(1991), "Man as a Political Animal in Aristotle", A Companion to Aristotle's Politics, edited by D. Keyt and F. D. Miller, Oxford, 94-117.
Lear, J.(1988), *Aristotle: The desire to Understand*, Cambridge Univ. Press.

Levy, H. L.(1990), "Does Aristotle exclude women from politics?", *Review of politics* 52, 397-416.

Lewis, T. J.(1978), "Acquisition and Anxiety: Aristotle's Case against the Market", *The Canadian Journal of Economics* 11(1), 69-90.

Garnsey, P.(1996), *Ideas of slavery from Aristotle to Augustine*, Cambridge, 107-27.

Lloyd, G. E. R.(1996), 『그리스 과학사상사』, 이광래 역.

Lockwood, T.(2007), "Is Natural Slavery Beneficial", *Journal of the History of Philosophy* 45(2), 207-221.

Long, R. T.(2004), "Aristotle's Egalitarian Utopia", *The imaginary polis*, 164-196.

Lord, C.(1982), *Education and Culture in the Political Thought of Aristotle*, Ithaca and London: Cornell Univ.

MacIntyre, A.(1981), *After Virtue*, Notre Dame.

Mayhew, R. A.(1993), "Aristotle on Property", *Review of Metaphysics* 46, 803-31.

_____(1997), *Aristotle's Criticism of Plato's Republic*, Rowman & Littlefield Publishers, Inc England.

_____(1993), "Aristotle on the Extent of the Communism in Plato's Republic", *Ancient Philosophy* 13, 313-321.

McDowell, J.(1995), "Eudaimonism and Realism in Aristotle's ethics", R. Heinaman(ed.,), *Aristotle and Moral Realism*, 201-18.

Meikle, S.(1991), "Aristotle and Exchange Value", *A Companion to Aristotle's Politics*, D. Keyt and F. D. Miller(eds.,), Oxford, 156-81.

_____(1996), "Aristotle on Business", *The Classical Quarterly* 46(1), 138-151.

_____(1994), "Aristotle on Money", *Phronesis* 39(1), 26-44.

Miller, F. D.(1991), "Aristotle on Property Rights", edited by John P Anton and Anthony Preus, *Essays in Ancient Greek Philosophy IV Aristotle's Ethics*, State University of New York Press, 227-247.

Millett, P.(2007), "Aristotle and Slavery in Athens", *Greece & Rome* 54(2), 178-209.

Modrak, D. K.(1994), "Aristotle: women, deliberation, and nature." In *Engendering Origins: Critical Feminist Readings in Plato and Aristotle*, ed. B. A. Bar

On. Albany, NY, Suny Press, 207-221.

Morrow, G. R.(1960), *Plato's Cretan City*, Princeton Univ. Press.

_____(1939), "Plato and Greek Slavery", *Mind*, New Series 48/190, 186-201.

_____(1939), *Plato's Law of Slavery in its Relation to Greek Law*. Urbana, University of Illinois Press.

_____(1960) "Aristotle's comments on Plato's Laws, *Aristotle and Plato in the mind Fourth Century*, Goteborg.

_____(1948), "Plato and the Law of Nature.", *Essays in Political Theory Presented to G. H. Sabine*. Eds. Cornell University Press.

_____(1953), "Plato's Conception of Persuasion.", *The Philosophical Review* 62(2), 234-250.

_____(1960), "Aristotle's Comments on Plato's Laws", *Aristotle and Plato in Mid-Fourth Century*, eds During and G. Owen.

Mulgan, R. G.(1974), "Aristotle's Doctrine that Man is a Political Animal", *Hermes* 102, 438-45.

Nichols, M.(1983), "The Good Life, Slavery, and Acquisition: Aristotle's Introduction to Politics," *Interpretation* 11, 173-76.

Nielsen, K. M.(2013), "Economy and private property", *The Cambridge Companion to Aristotle's Politics*, 85-87.

Nussbaum, M.(1980), "Shame, Separateness, and Political Unity: Aristotle's Criticism of Plato", *Essays on Aristotle's Ethics*, Rorty, 395-435.

_____(1986), *The fragility of Goodness*, Cambridge Univ. Press.

_____(1990), "Aristotelian Social Democracy", *Liberalism and the Good*, Routledge. Eds. R. Bruce Douglass et al, 217-226.

Okin, S. M.(1998), "Philosopher Queens and Private Wives: Plato on Women and Family", in *Plato: Critical Assessments*, N. D. Smith(ed.,), London, 182-190.

_____(1979), *Women In Western Political Thought*, Princeton University Press.

Pangle, T. L.(2013), *Aristotle's Teaching in the Politics*, The Univ. of Chicago Press.

_____(1988), *The Laws*, Chicago.

Pellegrin, P.(2013), "Natural Slavery", *The Cambridge Companion to Aristotle's Politics*, Cambridge Univ. Press, 92-116.

Popper, K. R.(2002), *The Open Society and Its Enemies*, Routledge, London.

Quinn, T. S.(1986), "Part and wholes in Aristotle's Politics, Book III", *The Southern Journal of Philosophy* 24(4), 577-599.

Roochnik, D.(2010), "Substantial City: Reflections' on Aristotle's Politics", *Polis* 27(2), 275-291.

Rosen, S.(1995), *Plato's Statesman: The Web of Politics*. New Haven: Yale University Press.

Ross, W. D.(1981). *Aristotle's Metaphysics* 1, Oxford.

_____(1923,1949), *Aristotle*, London.

Rowe, C.(1991), "Aims and Methods in Aristotle's Politics", A Companion to Aristotle's Politics, edited by D. Keyt and F. D. Miller, JR. Cambridge, 57-74.

Russell, D. C.(2012), "Aristotle's Virtues of Greatness", *Oxford Studies in Ancient Philosophy*, B. Inwood(ed.), Supplementary volume, Oxford Univ. Press, 115-147.

Sabine, G. H.(1973), *A History of Political Theory*, Texas.

Samaras, T.(2016), "Aristotle on Gender in Politics 1", *History of Political Thought* 37(4), 595-605.

Santas, G.(1995), "The Relation between Aristotle's Ethics and Politics", *Aristotelian Political Philosophy* 2, edited by K. I. Boudouris, Athens, 160-176.

Saxonhouse, A. W.(1982), "Family, Polity, and Unity: Aristotle on Socrates' community of Wives", *Polity* 15, 202-19.

Schofield, M.(2006), *Plato: Political Philosophy*, Oxford Univ. Press.

_____(1990), "Ideology and philosophy in Aristotle's theory of slavery", *Aristoteles politik*, Gottingen, 1-27.

_____(1999), "Appendix 2: Slaves and Friendship" in his *Saving the City*, London.

Simpson, P.(1991), "Aristotle's Criticism of Socrates' Communism of wifes and

Children", *Apeiron* 24, 99-113.
_____(1990), "Making the Citizens Good", *The Philosophical Forum* 22(2), 149-166.
_____(2006). "Aristotle's Defensible Defense of Slavery." *Polis* 23, 95-115
Smith, N. D.(1991), "Aristotle's Theory of Natural slavery", *A Companion to Aristotle's Politics*, Oxford, 142-155.
_____(1983), "Plato and Aristotle on the Nature of Women", *Journal of the History of Philosophy* 21(4), 467-478.
Solomou, V-Papanikolaaou(1989), *Polis and Aristotle*, University of Ioannina.
Stalley, R. F.(1995), "The Unity of the State: Plato, Aristotle and Proclus", *Polis* 14, 129-149.
_____(1991), "Aristotle's Criticism of Plato's Republic", *A Companion to Aristotle's Politics*, D. Keyt and F. D. Miller(eds.,), Oxford, 182-99.
Stocks, J. L.(1937), "The Composition of Aristotle's Politics", *Classical Quarterly* 31, 177-87.
Swanson, J. A.(1992), *The Public and the Private in Aristotle's Political Philosophy*, Corenell Univ. Press.
_____(1994), J. A, "Aristotle on Liberality", *Polity* 27(1), 3-23.
Vlastos, G.(1973), "Does Slavery exist in Plato's Republic", *Platonic Studies*, Princeton Univ. Press, chap.6.
_____(1941), "Slavery in Plato's thought", *Philosophical Review* 50, 289-304.
_____(1968), "Does Slavery Exist in the Republic?", *Classical Philology* 63, 291-5.
Vogt, J.(1974), *Ancient Slavery and the Ideal of Man*, tr. by T. Widemann, Oxford.
Wallach, J. R.(1992), "Contemporary Aristotelianism", *Political Theory* 20, 613-641.
Ward, A.(2011), "Generosity and Inequality in Aristotle's Ethics," *Polis* 28(2), 267-278.
Williams, B.(1993), *Shame and Necessity*, Univ. of California Press.
Westmann, W. L.(1995) *The Slave System of Greek and Roman Antiquity*, Philadelphia: American Philosophy Society.

Yack, B.(1993), *The problems of a political animal*, Univ. of California.
Young, C. M.(1994), "Aristotle on Liberality", *Proceedings of the Boston area colloquium in Ancient Philosophy*, J. J. Cleary and W. Wians(eds.,), Univ Press of America, Inc. Vol. 10, 313-334.
Zeller, E.(1897), *Aristotle and the Earlier Peripatetics*, London.

■ 2부: 「플라톤 이상국가와 현실 정체들」과 관련된 자료

Balot, R.(2001), "Aristotle's Critique of Phaleas: Justice, equality, and Pleonexia", *Hermes* 129, 32-44.
Christ, M. R.(1990), "Liturgy Avoidance and Antidosis in Classical Athens", *Transactions of the American Philological Association* 120, 147-69.
_____(2007), "The Evolution of the eisphora in Classical Athens." *Classical Quarterly* 57, 57-69.
Dobbs, D.(1985), "Aristotle's Anticommunism." *American Journal of Political Science* 29, 29-46.
Evangeliou, Ch.(1996) "Even Friends Cannot have All Things in Common: Aristotle's Critique of Plato's *Republic*." *Philosophia* 25-26, 200-212.
Frank, J.(2002), "Integrating public good and private right", In *Aristotle and Modern Politics*, ed. A. Tessitore, Univ. of Notre Dame Press.
Gallagher, R.(2011), "Aristotle's 'Peirastic' Treatment of the 'Republic.'" *Archiv fur Geschichte der Philosophie* 93, 1-23.
Irwin, T. H.(1987). "Generosity and Prosperity in Aristotle's *Politics*", *Social Philosophy and Policy* 4, 37-54.
_____(1991), "Aristotle's defence of private property." In Keyt and Miller, 200-25.
Mathie, W.(1979). "Property in the political science of Aristotle." In *Theories of Property: Aristotle to the Present*, eds. A. Parcel and T. Flanagan, 13-32.
Mayhew, R. A.(1997), *Aristotle's Criticism of Plato's Republic*, Rowman & Littlefield Publishers, Inc.
_____(1993a). "Aristotle on the Extent of Communism in Plato's *Republic*" *Ancient Philosophy* 12, 323-40.

_____(1993b), "Aristotle on Property", *Review of Metaphysics* 46, 803-31.

_____(1995), "Aristotle on the Self-Sufficiency of the City", *History of Political Thought* 16(4), 488-502.

_____(1996), "Aristotle's Criticism of Plato's Communism of Women and Children", *Apeiron* 29(3), 231-48.

Miller, F. D.(1991), "Aristotle on property rights." In *Essays in Ancient Greek Philosophy, vol. IV: Aristotle's Ethics*, eds. J. P. Anton and A. Preus. State University of New York Press, 227-48.

Morrison, D.(2013), "The common good", *The Cambridge Companion to Aristotle's Politics*, M. Deslauriers and P. Destr´ee(edits), Cambridge Univ. Press, 176-198.

Nielsen, K. M.(2013), "Economy and Private property", *The Cambridge Companion to Aristotle's Politics*, Cambridge Univ. Press, 67-91.

Nussbaum, M. C.(1980), "Shame, separateness, and political unity: Aristotle's criticisms of Plato." In *Essays on Aristotle's Ethics*, ed. A. O. Rorty. Berkeley, CA: University of California Press, 395-435.

_____(1990), "Aristotelian Social Democracy", *Liberalism and the Good*, B. Douglas, G. Mara, and H. Richardson, New York, 203-52.

Rubin, L.(1989). "Aristotle's criticism of Socratic political unity in Plato's Republic." In *Politikos*, ed. K. Moors, Pittsburgh, PA, 93-121.

Saxonhouse, A. W.(1982), "Family, Polity, and Unity: Aristotle on Socrates' Community of Wives." *Polity* 15, 202-19

Scott, J. T.(1997), "Aristotle and the 'city of sows': doing justice to Plato.", In *Politikos 3, Justice v. Law in Greek Political Thought*, ed. L. G. Rubin. Lanham, MD: Rowman and Littlefield, 41-68.

Stalley, R. F.(1991), "Aristotle's Criticism of Plato's Republic", *A Companion to Aristotle's Politics*, edited by David Keyt and F. D. Miller, Jr, Basil Blackwell, Inc., 182-99.

_____(1995), "The Unity of the State: Plato, Aristotle, and Proclus." *Polis* 14, 129-49.

- 3부: 「시민과 정체 그리고 민주주의」와 관련된 자료

Barns, J.(1990), "Aristotle and Political Liberty", *Aristoteles' 'Politik' : Akten des XI. Symposium Aristotelicum*, ed. by G. Patsig, Göttingen, 249-263.

Bertelli, L.(2013), "Plato's Criticism of democracy and oligarchy", *The Painter of Constitutions*, M. Vegetti(eds), Academia Verlag, 261-289.

Bookman, J. T.(1992), "The wisdom of the Many", *History of political thought* 13(1), 1-12.

Braun. E.(1959), "Die Summierungstheorie des Aristoteles", *Jahreshefte der Osterreichischen Archaologischen Instituts* 44, 157-184.

Butcher, S. H.(1951), *Aristotle's theory of Poetry and fine art*, New York.

Chroust, A. H.(1968), "Aristotle's criticism of Plato's 'philosopher king'", *Rheinische museum fur philologie* 111, 16-22.

Coby, P.(1988), "Aristotle's three cities and the problem of faction", *journal of politics* 50(4), 896-919.

Collins, S. D.(2006), *Aristotle and the Rediscovery of Citizenship*, Cambridge University Press.

_____(2002), "The Problem of Law in Aristotle's Politics", *Interpretation* 29(3), 261-264.

Contogiorgis, G. D.(1982), *He theoria ton epanastaseon ston Aristotele*, Athens.

Creed, J.(1990), "Aristotle and democracy", *Polis and Politics*, Loizou, Aand H. Lesser, Brookfield, 23-34.

Davis, M.(1986), "Aristotle's Reflections on Revolution", *Graduate Faculty Philosophy Journal* 11, 46-63.

Devlin, R.(1973), "The Good Man and the Good Citizen in Aristotle's *Politics*", *Phronesis* 18, 71-79.

Duvall, T. and D. Paul(1998), "Political participation and eudamonia in Aristotle's Politics", *History of Political thought* 19(1), 21-34.

Ehrenberg, V.(1938), *Alexander and the Greeks*, Oxford.

Euben, P.(1996), "Reading democracy", *Demokratia*, Princeton Univ. Press, 327-59.

Fissell, B. M.(2011), "Plato's theory of democratic decline", *Polis* 28(2), 216-234.

Fortenbaugh, W. W.(1991), "Aristotle on Prior and Posterior, Correct and Mistaken Constitutions", *A Companion to Aristotle's Politics*, D. Keyt and F. Miller(eds), Oxford.

Garver, E.(2005), "Factions and the paradox of Aristotelian practical science", *Polis* 22(2), 181-205.

Garrett. J. E.(1993), "The moral status of the Many in Aristotle", *Journal of the history of Philosophy* 31(2), 171-189.

Gottlieb, P.(1995), "Aristotle, The unity of the virtues and democracy", *Aristotelian political philosophy* 1, K. Boudouris(ed), Athens, 61-66.

Hansen, M. H.(1989), Was Athens a Democracy, Historisk-filosofiske Meddelelser 59, Copenhagen, 1-47.

Hare, J.(1986), "Aristotelian justice and the pull to consensus", *International Journal of Applied Philosophy* 3(3), 37-49.

Jaffa, H.(1972), "Aristotle", *History of Political Philosophy*, L. Strauss and CropseyJ(eds), Chicago.

Johnson, C. N.(1990), *Aristotle's theory of state*, New York.

_____(1988), "Aristotle's Polity: Mixed of middle constitution", *History of political thought* 9(2), 189-204.

_____(1984), "Who is Aristotle's Citizen?" *Phronesis* 29, 73-90.

Johnstone, M.(2013), "Anarchic Souls: Plato's Depiction of the Democratic Man", *Phronesis* 58(2), 139-159.

Kalimtzis, K.(2000), *Aristotle on Political enmity and Disease*, State Univ. of New York Press.

Kamtekar, R.(2004), "What's the Good of Agreeing? Homonoia in Platonic Politics", *Oxford Studies in Ancient Philosophy* 26, 131-170.

Katsimanes, K. S.(1982), "He politike armodioteta tou demou kata ton Aristotele", *Praktika* 3, Athens.

Kelsen, H.(1977), "Aristotle and Hellenic Macedonian Policy", *Articles on Aristotle* 2, London, 171-181.

Keyt, D.(1991), "Aristotle's Theory of Distributive Justice", *A Companion to Aristotle's Politics*, D. Keyt and F. D. Miller(eds), Oxford, 238-78.

_____(1993), "Aristotle and Anarchism", *Reason Papers* 18, 133-52.
Khan, Carrie-Ann B.(2005), "Aristotle, citizenship, and the common advantage", *Polis* 22(1), 1-22.
Kontogiorges, G. D.(1981), "To problema tes politikes exousias ton barbarikou tupou kraten ston Aristotele", *Epistemonile epeterida tes Panteiou Anotates scholes politikon epistemon*, Athens.
Legon, R. P.(1966), *Demos and stasis*, Cornell Univ. Press.
Lindsay, T.(1992), "Aristotle's qualified defense of democracy through political mixing", *The journal of Politics* 54(1), Machiavelli, Prince, Chicago.
MacKenze, M.(1989), "Aristotelian Authority", *Images of Authority*, the Cambridge Philological Society, Supplement vol. 16, 150-169.
Mara, G. M.(1981), "Constitutions, virtue, and philosophy in Plato's Statesman and Republic", *Polity* 13, 355-82.
_____(1987), "The role of Philosophy in Aristotle's Political science", *Polity* 19(3), 375-401.
Michels, S.(2004), "Democracy in Plato's Laws", *Journal of Social Philosophy* 35(4), 517-528.
Monoson, S. S.(2000), *Plato's Democratic Entanglements: Athenian Politics and the Practice of Philosophy*, Princeton University Press.
Morrison, D.(1999), "Aristotle's Definition of Citizenship: A Problem and Some Solutions", *History of Philosophy Quarterly* 16, 143-65.
_____(2013), "The common good", *The Cambridge Companion to* Aristotle's Politics, M. Deslauriers and P. Destr´ee(edits), Cambridge Univ. Press, 176-198.
Mulgan, R. G.(2000), "Was Aristotle an Aristotelian Social Democrat?", *Ethics* 111, 93-106.
_____(1970), "Aristotle and the democratic conception of freedom", *Auckland Classical Studies*, 95-111.
_____(1974a), "A Note on Aristotle's Absolute ruler", *Phronesis* 19(1), 66-69.
_____(1974b), "Aristotle and absolute rule", *Antichton* 8, 21-28.
_____(1991), "Aristotle's Analysis of Oligarchy and Democracy", in D. Keyt and

F. D. Miller, eds., *A Companion to Aristotle's Politics*, Oxford, 279-306.

Moutsopoulos, E.(1994), "physis kai kallitechnike mimese", *Aisthetike theoria tes technes*, Athens.

Newell, W. R.(1991), "Aristotle and absolute rule", *Essays on the Foundations of Aristotelian Political Science*, C. Lord and D. K. O'Connor(eds), Univ. of California Press.

Nichols, M. P.(1992), *Citizens and Statesman*, Rowman & Littlefield.

Ober, J.(1989), *Mass and elite in democratic Athens*, Princeton univ. press.

Panagioyou, E.(1987), *Justice, Law, and Method in Plato and Aristotle*, Canada.

Papageorgiou, C. J.(1991), *Aristotle and Democracy*, Univ, of London.

Pianka, R.(1995), "The Sovereignty of the Plethos in Aristotle's Politics", *Aristotelian Political Philosophy* 2, K. Boudouris, Athens.

Polansky, R.(1991), "Aristotle on Political Change", *A Companion to Aristotle's Politics*, Oxford, 323-345.

Rowe, C.(2001), "Killing Socrates: Plato's later thoughts on democracy", *The journal of Hellenic studies* 121, 63-76.

_____(2005), "The treatment of Non-ideal constitutions in the *Politicus*", Plato: *The internet journal of the international Plato society* 5.

Roochnik, D.(2010), "Substantial City: Reflections' on Aristotle's Politics", *Polis* 27(2), 275-291.

Samaras, T.(2002), *Plato on Democracy*, Peter Lang.

Santas, G.(2007), "Plato's Criticisms of In the Republic", *Social Philosophy & Policy*, 71-89.

_____(2007), "Plato's criticisms of democracy in the Republic", *Social Philosophy & Policy Foundation*, 70-89.

Schofield, M.(2006), *Plato Political Philosophy*, Oxford Univ. Press.

Scolnicov, S. and Luc Brisson(2003), *Plato's Laws: From Theory into Practice*, Academia Verlag, Auflage.

Scott, D.(2000), "Plato's critique of the democratic character", *Phronesis* 45, 19-37.

Skultety, S.(2008), "Aristotle's Theory of Partisanship." *Polis* 25, 208-32.

Spragens, T. A.(1973), *The Politics of Motion: The World of Thomas Hobbes*, Lexington.

Stalley, R. F.(1989), "Justice and law in Plato and Aristotle", *Classical review* 39(2), 256-57.

Stern, P.(1997), "The rule of wisdom and Rule of law in Plato's Statesman", *American political science review* 91(2), 264-77.

Strauss, B.(1991), "On Aristotle's Critique of Athenian democracy", *Essays on the foundations of Aristotelian Political science*, Univ. of California Press, 191-212.

Susemihl, F. and R. D. Hicks(1984), *The Politics of Aristotle*, London.

Yack, B.(1993), *The problems of a political animal*, Univ. of California.

Wexler, S. and A. Irvine(2006), "Aristotle on the Rule of Law", *Polis* 23(1), 116-138.

Winthrop, D.(1978), "Aristotle on Participatory Democracy", *Polity* 2, 159-160.

■ 4부: 「정체 변혁과 혼합정」과 관련된 자료

Balot, R.(2015), "The mixed regime in Aristotle's politics", *Aristotle Politics A cirtical guide*, edited by T. Lockwood and T. Samaras, 103-122.

_____(2001), *Greed and Injustice in Classical Athens*, Princeton.

Biondi, C-A.(2007). "Aristotle on the Mixed Constitution and its Relevance for American Political Thought." *Social Philosophy and Policy* 24, 176-98.

Bluhm, W.(1962), "The Place of 'Polity' in Aristotle's Theory of the Ideal State,", *Journal of Politics* 24, 743-53.

Boesche, R.(1993), "Aristotle's Science of Tyranny." *History of Political Thought* 14(1), 1-25

Brumbaugh, R. S.(1978), "Revolution, Propaganda and Education: Aristotle's Causes in Politics", *Paideia* 2, 172-81.

Cherry, K.(2009), "The Problem of Polity: Political Participation in Aristotle's Best Regime", *Journal of Politics* 71, 1406-21.

Creed, J. L.(1989). "Aristotle's Middle Constitution", *Polis* 8, 2-27.

Coby, P.(1988), "Aristotle's Three Cities and the Problem of Faction", *Journal of Politics* 50, 896-919.

Davis, M.(1986), "Aristotle's Reflections on Revolution", *Graduate Faculty Philosophy Journal* 11, 49-63.

De Romilly, J.(1977), *The Rise and Fall of States According to Greek Authors*, Ann Arbor: University of Michigan Press.

Destree, P.(2015), "Aristotle on improving imperfect cities", *Aristotle Politics*, 204-223.

Fuks(1984), *A Social Conflict in Ancient Greece*, Jerusalem: Magnes Press.

Garver, E.(2005), "Factions and the Paradox of Aristotelian Practical Science", *Polis* 22, 181-205.

_____(2007), "The revolt of the just", In Goodman and Talisse, *Aristotle's Politics Today*, Albany: Suny Press, 93-108.

Gehrke, H. J.(2000), "Verfassungswandel, *Pol.* V. 1-12", in O. Höffe (ed.), *Aristoteles Politik*. Berlijn, 137-150.

Gerson, L. P.(1995), "On the scientific character of Aristotle's Politics" In Boudouris.

Gottlieb, P.(1995), "Aristotle, the unity of the virtues and democracy", Aristotelian Political Philosophy, K. J. Boudouris(ed.,), Athens, 61-66.

Hansen, M. H.(1989), "Was Athens a Democracy: Popular rule, Liberty, and Equality in Ancient and Modern Political Thought", *Historisk-filosofiske Meddellelser* 59, Copenhagen, 1-47.

Hatzistavrou, A.(2013) "Faction", *The Cambridge Companion to Aristotle's Politics*, edited by Deslauriers, M. and P. Destree, Cambridge Univ. Press, 275-300.

Irrera, E.(2010), "Being a Good Ruler in a Deviant Community: Aristotle's Account of the Polity", *Polis* 27, 58-79.

Johnson, C.(1988), "Aristotle's Polity: Mixed or Middle Constitution?", *History of Political Thought* 9, 189-204.

_____(2015), *Philosophy and Politics in Aristotle's Politics*, Palgrave Macmillan.

Jordović, I.(2011), "Aristotle on Extreme tyranny and extreme democracy", *Historia: Zeitschrift für Alte Geschichte*, Bd. 60, H. 1, 36-64.

Kalimtzis, K.(2000), *Aristotle on Political Enmity An inquiry into Stasis*, State Univ. of New York Press.

Kamp, A.(1985), "Die aristotelische Theorie der Tyrannis", *Philos. Jahrbuch* 92, 17-34.

Koutras, D. N.(2000), *He kat' Aristotele politike isoteta kai dikaiosyne kai ta problemata tes syngchrones koinonias*, Athens.

_____(1995), "to dikaioma antistasis ste tes demokratias kata ton Aristotele", *Dikanikoi Dialogoi*, III, Athena, 51-60.

Lindsay, T. K.(1992), "Aristotle's Qualified Defense of Democracy through 'Political Mixing", *Journal of Politics* 54, 101-19.

Lockwood, T.(2006), "Polity, Political Justice and Political Mixing" *History of Political Thought* 27, 207-22.

MacKenze, M.(1989), "Aristotelian Authority", *Images of Authority*, MacKenze, M. M. and C. Roueche(eds), The Cambridge Philological Society, Supplement 16, 150-169.

Michaeliou-Nouarou, G.(1983), "hoi aities tōn epanastaseōn kata ton Aristotele", en *Praktika Pagkosmiou Synedriou Aristoteles*, 319-338.

Miller, F. D.(2007), "Aristotelian Statecraft and Modern Politics", in *Aristotle's Politics Today*, edited by Goodman and Talisse, State University of New York Press, 13-31.

Pianka, R.(1995), "The Sovereignty of the ΠΛΗΘΟΣ in Aristotle's Politics", *Aristotelian Political Philosophy* 2, K. I. Boudouris(ed.,), Athens.

Polansky, R.(1991), "Aristotle on political change", In Keyt and Miller, 323-345.

Richter, M.(1990), "Aristotle and the Classical Greek Concept of Despotism", *History of European Ideas* 12, 175-87.

Rosler, A.(2005), *Political Authority and Obligation in Aristotle*, Clarendon Press.

Rubin, L. G.(2018), *America, Aristotle, and the Politics of a Middle Class*, Baylor University Press.

Saxonhouse, A. W.(2015), "Aristotle on the corruption of regimes: Resentment and Justice", *Aristotle Politics A critical guide*, edited by T. Lockwood and T. Samaras, 184-203.

Shuster, A.(2011), "The Problem of the 'Partheniae' in Aristotle's Political Thought", *Polis* 28, 279-308.

Skultety, S.(2008), "Aristotle's Theory of Partisanship", *Polis* 25, 208-32.

_____(2009a), "Competition in the Best of Cities: Agonism and Aristotle's *Politics*", *Political Theory* 37, 44-68.

_____(2009b), "Delimiting Aristotle's Conception of *Stasis* in the *Politics*", *Phronesis* 54, 346-70.

_____(2008), "Aristotle's Theory of Partisanship", *Polis* 25(2), 208-232.

Smith, N. and R. Mayhew(1995), "Aristotle on what the political scientist needs to know." In *Aristotelian Political Philosophy*, Athens 1995, edited by Boudouris, 189-198.

Weed, R. L.(2007). *Aristotle on Stasis: a Moral Psychology of Political Conflict*, Berlin.

Wheeler, M.(1951), "Aristotle's analysis of the nature of political struggle", *The American Journal of Philology* 72(2), 145-161.

Yack, B.(1993), *Problems of a Political Animal*, Univ. of California Press.

■ 5부: 「이상국가」와 관련된 자료

Alexander, L. A.(2000), "The Best Regimes of Aristotle's Politics", *History of Political Thought* 21(2), 189-216.

Annas, J.(1996), "Aristotle on Human Nature and Political Virtue", *Review of Metaphysics* 49(4), 731-753.

Atack, C.(2015), "Aristotle's Pambasileia and the Metaphysics of Monarchy", *Polis* 32, 297-320.

Barker, A.(2007), *The Science of Harmonics in Classical Greece*. Cambridge University Press.

Bates, C. A.(2003), *Aristotle's Best Regime: Kingship, Democracy, and the Rule of Law*, Louisiana State Univ. Press.

Bluhm, W.(1962), "The Place of 'Polity' in Aristotle's Theory of the Ideal State", *The Journal of Politics* 24(4), 743-53.

Broadie, Sarah.(1991). *Ethics with Aristotle*. Oxford: Oxford University Press.

Brullmann, P.(2013), "Music Builds Character Aristotle, *Politics* VIII 5, 1340a14-b5", *Apeiron* 46, 1-29.

Buekenhout, B.(2016), "Kingly versus Political Rule in Aristotle's Politics", *Apeiron* 49(4), 515-537

Burnyeat, M. F.(1980), "Aristotle on Leraing to be Good", *Essays on Aristotle's Ethics*, A. Rorty(ed.), Berkeley, 69-92.

Chuska, J.(2000), *Aristotle's Best Regime*, UPA.

Cooper, J. M.(1996), "Reason, Moral Virtue, and Moral Value", *Rationality in Greek Thought*, M. Frede and G. Striker(eds.), Oxford, 81-114.

Curzer, H.(2002), "Aristotle's Painful Path to Virtue", *Journal of the History of Philosophy* 40, 141-162.

DePew, D. J.(1991), "Politics, Music, and Contemplation in Aristotle's Ideal State", *A Companion to Aristotle's Politics*, D. Keyt and F. Miller(eds), Oxford, 346-80.

Fiecconi, E. C.(2016), *Harmonia*, *Melos*, and *Rhythmos*: Aristotle on Musical Education, *Ancient Philosophy* 36, 409-424.

Ford, A.(2004), "Catharsis: The Power of Music in Aristotle's Politics", *Music and Muses*, P. Murray and P. Wilson(eds.), Oxford, 309-36.

Frank, J.(2004), "Citizens, Slaves and foreigners: Aristotle on human nature", *American political science review* 98(1), 91-104.

Furth, M.(1988), *Substance, form, and psyche*, Cambridge.

Garver, E.(2012), *Aristotle's Politics: Living well and Living together*, Univ. of Chicago Press.

Hitz, Z.(2013), "Aristotle on Law and Moral Education", *Oxford Studies in Ancient Philosophy* XLII, 263-306.

Johnson, C.(2015), *Philosophy and Politics in Aristotle's Politics*, Palgrave Macmillan.

_____(1990), *Aristotle's Theory of the State*, New York.

_____(1988), "Aristotle's Polity: Mixed or Middle Constitution?" *History of Political Thought* 9(2), 189-204.

Kalimtzis, K.(2013), "Aristotle on schole and nous as a way of life", *Organon*

45, 35-41.
_____(2017), *An Inquiry into the Philosophical Concept of Schole*, Bloomsbury Publishing Great Britian.
Klonoski, R. J.(1996), "Homonoia in Aristotle's Ethics and Politics", *History of Political Thought* XLII,3, 313-325.
Koeplin, A.(2009), "The telos of citizen life: Music and Philosophy in Aristotle's Ideal polis", *Polis* 26(1), 117-132.
Lord, C.(1982), *Education and Culture in the Political Thought of Aristotle*, Cornell Univ. Press.
_____(1987), "Politics and Education in Arstotle's Politics", *Aristoteles Politik*, akten des XI Symposium Aristotelicum Friedrichshafen, Bodensee, 203-243.
Lockwood, T. C.(2006), "The Best Regime of Aristotle's Nicomachean Ethics", *Ancient philosophy* 26, 355-370.
MacIntyre, A.(1981), *After Virtue*, Notre dame.
_____(1988), *Whose justice? Which rationalty*, Notre dame.
McCoy, M. B.(2009), "Alcidamas, Isocrates, and Plato on Speech, Writing, and Philosophical Rhetoric", *Ancient Philosophy* 29, 45-66.
Mulhern, J. J.(2007), "The ariste politeia and Aristotle's intended audience in the Politica", *Polis* 24(2), 284-297.
Murray, P. and P. Wilson(edd.)(2004), *Music and the Muses: The Culture of Mousike in the Classical Athenian City*, Oxford University Press.
Nichols, M. P.(1992), *Citizens and Statesman*, Rowman & Littlefield.
Nightingale, A. W.(1996), "Aristotle on the "Liberal" and "Illiberal" Arts, Proceedings of the Boston Area Colloquium in Ancient Philosophy 12(1), 29-58.
Nussbaum, M.(1987), "Nature, Function, and Capability", *Aristoteles Politik*, akten des XI Symposium Aristotelicum Friedrichshafen, Bodensee, 53-186.
Ober, J.(2015), "Nature, history, and Aristotle's best possible regime", *Aristotle's Politics A Critical Guide*, T. Lockwood and T. Samaras(eds.,), Cambridge Univ. Press, 224-243.

_____(1998), *Political Dissent in Democratic Athens*, Princeton Univ. Press,
Pelosi, F.(2010). *Plato on Music, Soul and Body*, Cambridge University Press.
Riesbeck, D.(2016), *Aristotle on Political Community*, Cambridge Univ. Press.
Reeve, C. D. C.(1998), "Aristotelian Education", *Philosophers on Education*, A. Rorty(ed.), London, 49-63.
Roochnik, D.(2008), "Aristotle's defense of the theoretical life", *Review of Metaphysics* 61, 711-35.
Rowe, C.(1991), "Aims and Methods in Aristotle's Politics", in Keyt and Miller(eds), 57-74.
Samaras, T.(2007), "Aristotle's Politics: The City of Book Seven and the Question of Ideology", *The Classical Quarterly* 57(1), 77-89.
_____(2016), "The Best City in Aristotle's Politics", *Philosophical Inquiry* 40(3-4), 131-145.
Schofield, M.(2010), "Music Is All Powerful", M. L. McPherran(ed), *Plato's Republic: A Critical Guide*, Cambridge University Press, 229-249.
Sherman, N.(1989). *The Fabric of Character: Aristotle's Theory of Virtue*, Oxford University Press.
Skultety, S. C.(2009), "Competition in the Best of Cities: Agonism and Aristotle's Politics", *Political Theory* 37(1), 44-68.
Solmsen, F.(1964), "Leisure and Play in Aristotle's Ideal State", *Rheinisches Museum für Philologie* 107, 193-220.
Taylor, C. C.(1995), "Politics", *The Cambridge Companion to Aristotle*, J. Barns(edit), Cambridge Univ. Press, 233-258.
Tessitore, A.(1990), "Making the city safe for philosophy: Nicomachean Ethics, Book 10", *The American Political Science Review* 84(4), 1251-1262.
Veblen, T.(1994), *The Theory of the Leisure Class*, New York: Dover publications.
Waerdt, V.(1985), "Kingship and philosophy in Aristotle's best egime", *phronesis* 30, 249-73.
West, S.(1994), "Distorted souls: the role of banasics in Aristotle's poltics", *polis* 13(1-2), 77-95.

■ 부록: 현대 논의

Arendt, H.(1989), *The Human Condition*, The Univ. of Chicago Press.

Biondi, C-A.(2007), "Aristotle on the Mixed Constitution and its Relevance for American Political Thought." *Social Philosophy and Policy* 24, 176-98.

Charles, D.(1988), 'Perfectionism in Aristotle's Political Theory', *Oxford Studies in Ancient Philosophy*, Supplementary Volume, 202-4.

Gummere, R. M.(1962), "The Classical Ancestry of the United States Constitution", *American Quarterly* 14(1), 3-18.

Hobbes, T.(1949), *De Cive or the Citizen*, ed. S. P. Lamprecht, New York.

_____(1996), *Leviathan*, ed. R. Tuck (Cambridge).

Hope, S.(2013), "Neo-Aristotelian Social Justice: An Unanswered Question", *Res Publica* 19, 157-172

Inamura, K.(2012), "Democratic and Aristocratic Aristotle", *Polis* 29(2), 286-308.

Mulgan, R.(2000), "Was Aristotle an "Aristotelian Social Democrat"?", *Ethics* 111, 79-101.

Nussbaum, M.(1988), "Nature, Function and Capability: Aristotle on Political Distribution", *Oxford Studies in Ancient Philosophy*, 145-184.

_____(2002), "Aristotelian Social Democracy", *Aristotle and Modern Politics*, ed. Aristide Tessitore, Notre Dame.

_____(2000), "Aristotle, Politics, and Human Capabilities: A Response to Antony, Arneson, Charlesworth, and Mulgan", *Ethics* 111, 105-6.

Rosler, A.(2005), *Political Authority and Obligation in Aristotle*, Clarendon Press.

Scheffler, S.(2003), "What is Egalitarianism?", *Philosophy & Public Affairs* 31(1), 5-39.

찾아보기

용어

ㄱ

공교육 ········ 203, 404, 423, 425–433, 445–446, 480–481, 485

공동식사 ······ 200, 223–224, 226, 314, 419

공유제 ········ 3, 10, 72, 135, 178, 180–182, 185, 188–191, 193–194, 196–199, 202, 204–206

공적이성 ······· 201, 492, 494, 499

공적주의 ······························· 211

과두정 ················· 149, 216, 226, 229–231, 251, 253, 257–258, 260–261, 264, 269–278, 281, 284–285, 287, 292, 294–295, 299–300, 303, 309–310, 314, 319–320, 324, 326, 333–334, 339–341, 346–353, 355, 357–359, 361, 366–367, 369–370, 374–376, 379–384, 454–456, 463, 466, 483, 496

관대함 ·········· 154, 168, 170–171 197, 200–201, 298

관조 ············· 415, 434–436, 464

귀족정 ····· 13, 93, 145, 220, 230–231, 251, 258, 264, 281, 284, 309–310, 314, 320, 324, 333, 339, 346, 348–351, 355, 362, 365–367, 374, 382–383, 403, 448–449, 454–459, 463, 466, 478–481, 483, 512

그릇된 정체 ····· 3, 239, 257, 259, 264–265, 268, 270, 274, 288, 299, 310–311, 332, 341, 353, 432, 449

ㄴ

누스 ··············· 436, 469–470, 476

ㄷ

데모스 ······ 12, 71, 216, 222, 226, 228, 230, 233, 240, 265, 273–274, 276, 285–292, 296, 299, 302, 304, 308–309, 311, 315–322, 324,

327, 331-332, 334-336, 350, 362, 398, 454-455, 458, 492
도편추방 ·················· 450
디아고게 ·················· 469

ㄹ
레이투르기아 ········ 171, 200-201
리바이어던 ················· 506-507

ㅁ
목적론적 자연주의 ··············· 454
민주정 ······ 3, 5, 11, 85-86, 117, 126, 215, 220, 229-230, 240-241, 250-251, 253, 257-258, 260-261, 264-265, 269-278, 281, 284-311, 314-316, 318-320, 323-324, 326-327, 331-336, 339-341, 346-353, 355, 357-359, 361-362, 366-367, 369-370, 374-375, 380-382, 384, 449, 454-456, 458-459, 466, 483, 492, 496, 512-513
민회 ······ 71, 250, 293, 313, 323, 351, 364, 466, 477, 486

ㅂ
본성상 노예 ·········· 97, 101-102, 106, 120

분배정의 ····················· 272
비극 ···················· 194, 281, 440

ㅅ
숙고능력 ················ 7, 99-101, 107-108, 110, 115, 120, 122, 127-128, 140-142, 147, 149-150, 478, 484
스타시스 ················ 12, 274, 340, 348, 354, 366-372, 374-380, 383-387, 394, 396, 399
스파르타 ·············· 8, 10-11, 47, 71, 137, 139, 175, 177, 198, 219-229, 233-235, 243, 341, 347, 352, 355, 365, 398, 408-409, 413, 433, 453-454, 456, 468, 480, 501
시민성 ·········· 239, 243, 491-492, 494, 499
실천지 ······ 7, 25-26, 32, 43, 49-50, 52, 68, 106-109, 122, 147-149, 151, 171-172, 254, 256-260, 312-314, 334, 336, 406-407, 431, 451, 460, 471, 474, 476, 481, 498, 507, 515-516, 518

ㅇ
에우다이모니아 ········· 67, 75, 463

찾아보기 **547**

여가 ········ 6, 223, 226, 231, 235, 365, 404, 418, 420–422, 429–430, 432–439, 446–447, 453, 455, 466–472, 475, 478, 480, 483–484, 486, 499, 501
오이코노미아 ·· 152, 160, 164, 166
올바른 정체 ········ 230, 239, 264, 268, 270, 305, 310, 318–320, 326, 332, 334, 346, 348, 360, 403, 448–449
왕정 ········ 10, 93, 103, 124, 143, 145, 220, 226, 261, 264, 267, 269, 284–285, 287, 309–320, 327–331, 333, 339, 346–398, 403, 448–452, 455, 457–459
외적 좋음 ········ 78, 153, 172, 480
운 ········ 224, 233, 405–407, 426–427, 460–461
음악교육 ········ 404, 439–441, 445–446, 470–474
인위적 노예 ········ 110, 113, 126

ㅈ
자연적 귀족정 ········ 13, 458, 459, 478–481, 483
자유인다움 ····· 78, 154, 168, 170–171, 196–197, 200
잘 사는 삶 ········ 13, 24, 29, 32, 44, 46, 67, 70, 83, 109, 167, 186, 263, 282, 285, 412, 417, 420, 432, 453, 458, 462–463, 478–479, 481–484, 490–491, 498
절제 ········ 23, 78, 103, 147, 148, 156, 196, 201, 203, 212, 223, 244–245, 247–248, 255, 287, 304, 393, 397–398, 411, 414, 418, 426–427, 436, 438, 441–442, 445, 462, 475–476, 501, 509–510
정치공동체 ········ 1, 70, 125, 139, 153, 159, 250, 262–264, 339, 347, 363, 395, 407, 490, 494, 496, 506
정치술 ·············· 18, 21–23, 25, 32, 34–35, 47–50, 52–53, 121, 124, 215, 265, 269, 400
정치적 동물 ········ 124, 263, 500, 506–507, 515, 518
정치적 자연주의 ·· 13, 30, 478–479
정치적 친애 ········· 80, 276, 314, 357, 498
좋은 인간   11, 239–240, 251–254, 256–260, 267, 400, 431, 480–481, 498
좋은 질서 ················ 418, 498
중산정 ················ 340, 346, 349,

353–356, 358–364, 453–454, 496
중용 ············ 6, 25, 76, 215–216, 324, 353, 356, 361, 495–496
지혜 ········ 12, 63, 112, 147, 155–156, 233, 235, 244, 248, 305, 347, 411–412, 421, 427–428, 446, 451, 462, 469, 475–476
직공 ············ 7, 20, 205, 418, 420–422, 430, 467, 469, 483, 485
집합적 지혜 ········ 240, 287, 309, 311, 316, 319, 324, 332, 334–335, 454–455, 492

ㅊ_____

참주정 ···· 12, 116, 258, 260, 264, 284, 303, 309, 320, 329, 339–340, 381–382, 385, 388–392, 394–398, 400, 452, 459, 509

ㅋ_____

카르케돈 ······ 8, 10–11, 175, 177, 219,–220, 224, 226–231, 233–235, 341, 408, 413, 456
쾌락 41, 49, 67, 78–79, 118–119, 157, 164, 195–196, 203, 212, 246–248, 288, 291, 296–300, 314–315, 384, 386, 425, 509
크레테 ········ 8, 10–11, 137, 139,

175, 177, 219–220, 224–229, 233–235, 341, 405, 408–409, 413, 456
크세노폰 ················ 198

ㅌ_____

테크네 ············ 32, 51–52, 266
텔로스 ········ 7, 28–29, 461, 479, 481, 483, 491, 499
튀모스 ················· 119–125
트라시마코스 ············ 261

ㅍ_____

파이데이아 ············ 423, 498
팔레아스 ······· 8, 10–11, 175–176, 208–213, 215, 217–218, 408, 431, 476
폴리테스 ········ 71, 242, 250, 492
퓌시스 ········· 25–26, 28, 31–32, 51–52, 479
플루토스 ················· 154–155
필로소피아 ················ 476

ㅎ_____

한마음 ········ 158, 185, 306, 357, 383, 478
혼합정 ··· 5, 8, 12, 220, 223, 226, 229–230, 264, 275, 305–307,

310, 318–320, 332–334, 339–340, 342, 345–365, 403, 448–449, 452–454, 456, 458–459, 463, 495–496, 512–514
훌륭한 시민 ·········· 11, 239–240,

251–260, 431, 438–439, 480–481, 498
힙포다모스 ········ 10–11, 175–176, 208, 213–215, 217–218, 282, 408

인명

ㄴ
너스범 ····················· 516–518
뉴먼 ···················· 320, 375

ㄹ
리브 ··························· 198

ㅁ
마키아벨리 ··········· 390, 392, 395, 507–511

ㅂ
블라스토스 ················· 90–91

ㅅ
소크라테스 ····· 21, 148, 155–156, 180–181, 188, 190, 265–268, 382, 397
솔론 ····· 8, 10, 47, 175–176, 208,

210, 215–217, 317, 319, 347, 352, 359, 369
쇼필드 ························· 112

ㅇ
아렌트 ················· 514–516
안나스 ············ 133–135, 485
예거 ······························· 9
오버 ····················· 454–455

ㅈ
존슨 ············ 354–355, 363, 453

ㅋ
크라우트 ················ 457, 470
키트 ·············· 26, 31, 43, 64

ㅌ
테일러 ························· 482

ㅍ

포퍼 ·································· 288

플라톤 ·········· 1–13, 17–18, 20–23, 55, 72, 77–78, 87–94, 106, 123, 125–126, 128–129, 131–140, 151, 153–159, 168, 171, 175–176, 178–195, 197, 199, 201–209, 218–219, 240–241, 243–248, 250, 261–262, 265, 268–269, 286–296, 298–301, 303–308, 322, 327, 330–331, 335, 340–341, 347–348, 352, 366–368, 381–386, 388, 390–391, 398, 403, 407–409, 418, 421–422, 429, 439–440, 446, 448, 450–451, 470–473, 477, 482

ㅎ

해밀턴 ································ 512

홉스 ······· 19–20, 39, 45, 506–507

| 본문 출처 |

다음의 글은 저자가 예전에 발표한 글을 일부 수정, 보완 또는 번역한 형태로 본문에 실었음을 밝힌다. 나머지 부분은 저술과정에서 모두 새롭게 작성되었다.

제1부___
■ 1장
2. 1) 폴리스는 자연적 존재다
손병석(1999), "폴리스는 자연적 존재인가?", 『철학연구』 44, 167-191.
2. 2) 폴리스는 본성상 개인에 우선한다
손병석(1999), "폴리스는 개인에 우선하는가?", 『철학연구』 22, 41-75.

■ 4장
2. 아리스토텔레스의 경제관
Son, Byung Seok(2012), "Aristotle's View on Economics", *The Journal of Greco-Roman Studies*, vol. 49, 45-63을 번역 및 일부 수정.

제3부___
■ 10장
2. 플라톤의 민주주의론
손병석(2015), "플라톤과 민주주의", 『범한철학』 78, 39-69.
3. 아리스토텔레스의 민주주의론
손병석(2000), "아리스토텔레스에 있어서 민주주의와 데모스(demos)의 집합적 지혜", 『서양고전학연구』 14, 135-161.

제5부___
■ 16장 아리스토텔레스의 '바람에 따른 폴리스'는 어떤 정체인가?
손병석(2018), "아리스토텔레스의 '바람에 따른 폴리스'는 어떤 정체인가?", 『서양고전학연구』 57(2), 139-175.